中国近代
思想家文库

◎

杨东梁 编

左宗棠卷

中国人民大学出版社
·北京·

左宗棠

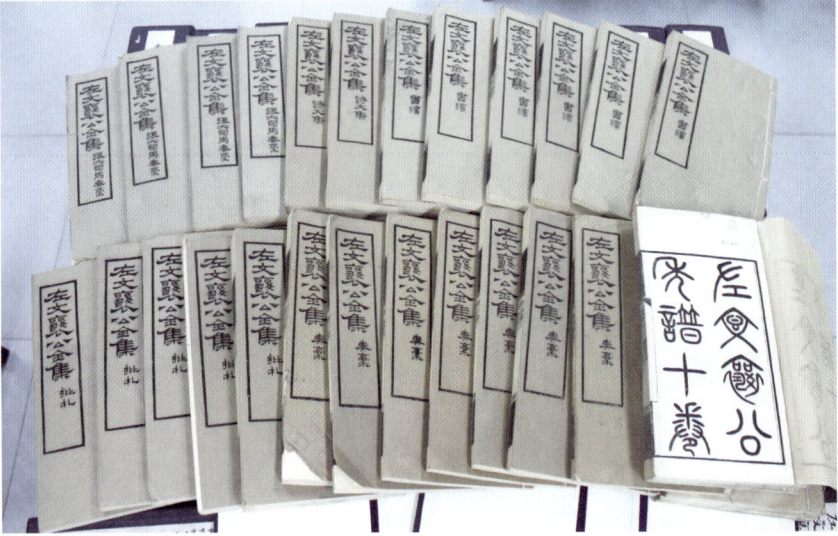

《左文襄公全集》书影

《左宗棠全集》书影

总　序

　　对于近代的理解，虽不见得所有人都是一致的，但总的说来，对于近代这个词所涵的基本意义，人们还是有共识的。一个国家、一个民族走入近代，就意味着以工业化为主导的经济取代了以地主经济、领主经济或自然经济为主导的中世纪的经济形态，也还意味着，它不再是孤立的或是封闭与半封闭的，而是以某种形式加入到世界总的发展进程。尤其重要的是，它以某种形式的民主制度取代君主专制或其他不同形式的专制制度。中国是个幅员广大、人口众多、历史悠久的多民族国家，由于长期历史发展是自成一体的，与外界的交往比较有限，其生产方式的代谢迟缓了一些。如果说，世界的近代是从 17 世纪开始的，那么中国的近代则是从 19 世纪中期才开始的。现在国内学界比较一致的认识，是把 1840 年到 1949 年视为中国的近代。

　　中国的近代起始的标志是 1840 年的鸦片战争。原来相对封闭的国门被拥有近代种种优势的英帝国以军舰、大炮再加上种种卑鄙的欺诈打开了。从此，中国不情愿地加入到世界秩序中，沦为半殖民地。原来独立的大一统的中央集权的君主专制国家，如今独立已经极大地被限制，大一统也逐渐残缺不全，中央集权因列强的侵夺也不完全名实相符了。后来因太平天国运动，地方军政势力崛起，形成内轻外重的形势，也使中央集权被弱化。经历第二次鸦片战争、中法战争、甲午战争、八国联军入侵的战争以及辛亥革命后的多次内外战争，直至日本全面侵略中国的战争，致使中国的经济、政治、教育、文化，都无法顺利走上近代发展的轨道。古今之间，新旧之间，中外之间，混杂、矛盾、冲突。总之，鸦片战争后的中国，既未能成为近代国家，更不能维持原有的统治秩序。而外患内忧咄咄逼人，人们都有某种程度"国将不国"的忧虑。

　　"天下兴亡，匹夫有责"，读书明理的士大夫，或今所谓知识分子，尤为敏感，在空前的危机与挑战面前，皆思有所献替。于是发生种种救亡图存的思想与主张。有的从所能见及的西方国家发展的经验中借鉴某些东西，形成自己的改革方案；有的从历史回忆中拾取某些智慧，形成某种民族复兴的设想；有的则力图把西方的和中国所固有的一些东西加以调和或结合，形成某种救亡图强的主张。这些方案、设想、主张，从世界上"最先进的"，到"最落后的"，几乎样样都有。就提出这些方案、设想、主张者的初衷而言，绝大多数都含着几分救国的意愿。其先进与落后，是否可行，能否成功，尽可充分讨论，但可不必过为诛心之论。显而易见，既然救国的问题最为紧迫，人们所心营目注者自然是种种与救国的方案直接相关的思想学说，而作为产生这些学说的更基础性的理论，及其他各种知识、思想，则关注者少。

围绕着救国、强国的大议题，知识精英们参考世界上种种思想学说，加以研究、选择，认为其中比较适用的思想学说，拿来向国人宣传，并赢得一部分人的认可。于是互相推引，互相激励，更加发挥，演而成潮。在近代中国，曾经得到比较广泛的传播的思想学说，或者够得上思潮的，主要有以下几种：

（一）进化论。近代西方思想较早被引介到中国，而又发生绝大影响的，要属进化论。中国人逐渐相信，进化是宇宙之铁则，不进化就必遭淘汰。以此思想警醒国人，颇曾有助于振作民族精神。但随后不久，社会达尔文主义伴随而来，不免发生一些负面的影响。人们对进化的了解，也存在某些片面性，有时把进化理解为一条简单的直线。辩证法思想帮助人们形成内容更丰富和更加符合实际的发展观念，减少或避免片面性的进化观念的某些负面影响。

（二）民族主义。中国古代的民族主义思想，其核心是"非我族类，其心必异"，所以最重"华夷之辨"。鸦片战争前后一段时期，中国人的民族思想，大体仍是如此。后来渐渐认识到"今之夷狄，非古之夷狄"，"西人治国有法度，不得以古旧之夷狄视之"。但当时中国正遭受西方列强的侵略和掠夺，追求民族独立是民族主义之第一义。20世纪初，中国知识精英开始有了"中华民族"的概念。于是，渐渐形成以建立近代民族国家为核心的近代民族主义。结束清朝君主专制，创立中华民国，是这一思想的初步实现。第一次世界大战爆发，中国加入"协约国"，第一次以主动的姿态参与世界事务，接着俄国十月革命爆发，这两件事对近代中国的发展历程造成绝大影响。同时也将中国人的民族主义提升到一个新的层次，即与国际主义（或世界主义）发生紧密联系。也可以说，中国人更加自觉地用世界的眼光来观察中国的问题。新生的中国共产党和改组后的国民党都是如此。民族主义成为中国的知识精英用来应对近代中国所面临的种种危机和种种挑战的一个重要的思想武器。

（三）社会主义。社会主义作为一种模糊的理想是早在古代就有的，而且不论东方和西方都曾有过。但作为近代思潮，它是于19世纪在批判近代资本主义的基础上产生的。起初仍带有空想的性质，直到马克思和恩格斯才创立起科学社会主义。20世纪初期，社会主义开始传入中国。当时的传播者不太了解科学社会主义与以往的社会主义学说的本质区别。有一部分人，明显地受到无政府主义的强烈影响，更远离科学社会主义。直到五四新文化运动兴起之后，中国人始较严格地引介、宣传科学社会主义。但有一段时间，无政府主义仍是一股很大的思想潮流。中国共产党的成立，从思想上说，是战胜无政府主义的结果。中国共产党把在中国实现社会主义乃至共产主义作为自己的奋斗目标。此后，社会主义者，多次同各种非科学社会主义思想的信仰者进行论争并不断克服种种非科学社会主义思想的影响。

（四）自由主义。自由主义也是从清末就被介绍到中国来，只是信从者一直寥寥。直到五四新文化运动兴起，具有欧美教育背景的知识精英的数量渐渐多起来，自由主义始渐渐形成一股思想潮流。自由主义强调个性解放、意志自由和自己承担责任，在政治上反对一切专制主义。在中国的社会条件下，自由主义缺乏社会基础。在政治激烈动荡的时候，自由主义者很难凝聚成一股有组织的力量；在稍稍平和的时候，他们往往更多沉浸在自己的专业中。所以，在中国近代史上，自由主义不曾有，也不可能有大的作为。

（五）激进主义与保守主义。处于转型期的社会，旧的东西尚未完全退出舞台，新的东西也还未能巩固地树立起来，新旧冲突往往要持续很长的时间，有时甚至达到很激烈的程度。凡助推新东西成长的，人们便视为进步的；凡帮助旧东西排斥新东西的，人们便视为保守的。其实，与保守主义对应的，应是进步主义；与顽固主义相对的则应是激进主义。不过在通常话语环境中人们不太严格加以区分。中国历史悠久，特别是君主专制制度持续两千余年，旧东西积累异常丰富，社会转型极其不易。而世界的发展却进步甚速。中国的一部分精英分子往往特别急切地想改造中国社会，总想找出最厉害的手段，选一条最捷近的路，以最快的速度实现全盘改造。这类思想、主张及其采取的行动，皆属激进主义。在中共党史上，它表现为"左"倾或极左的机会主义。从极端的激进主义到极端的顽固主义，中间有着各种程度的进步与保守的流派。社会的稳定，或社会和平改革的成功，都依赖有一个实力雄厚的中间力量。但因种种原因，中国社会的中间力量一直未能成长到足够的程度。进步主义与保守主义，以及激进主义与顽固主义，不断进行斗争，而实际所获进步不大。

（六）革命与和平改革。中国近代史上，革命运动与和平改革运动交替进行，有时又是平行发展。两者的宗旨都是为改变原有的君主专制制度而代之以某种形式的近代民主制度。有很长一个时期，有两种错误的观念，一是把革命理解为仅仅是指以暴力取得政权的行动，二是与此相关联，把暴力革命与和平改革对立起来，认为革命是推动历史进步的，而改革是维护旧有统治秩序的。这两种论调既无理论根据，也不合历史实际。凡是有助于改变君主专制制度的探索，无论暴力的或和平的改革都是应予肯定的。

中国近代揭幕之时，西方列强正在疯狂地侵略与掠夺殖民地和半殖民地，中国是他们互相争夺的最后一块、也是最大的资源地。而这时的中国，沿袭了两千年的君主专制制度已到了奄奄一息的末日，统治当局腐朽无能，对外不足以御侮，对内不足以言治，其统治的合法性和统治的能力均招致怀疑。革命运动与改革的呼声，以及自发的民变接连不断。国家、民族的命运真的到了千钧一发之际，危机极端紧迫。先觉分子救国之心切，每遇稍具新意义的思想学说便急不可待地学习引介。于是西方思想学说纷纷涌进中国，各阶层、各领域，凡能读书读报者，受其影响，各依其家庭、职业、教育之不同背景而选择自以为不错的一种，接受之，信仰之，传播之。于是西方几百年里相继风行的思想学说，在短时期内纷纷涌进中国。在清末最后的十几年里是这样，五四时期在较高的水准上重复出现这种情况。

这种情况直接造成两个重要的历史现象：一个是中国社会的实际代谢过程（亦即社会转型过程）相对迟缓，而思想的代谢过程却来得格外神速。另一个是在西方原是差不多三百年的历史中渐次出现的各种思想学说，集中在几年或十几年的时间里狂泻而来，人们不及深入研究、审慎抉择，便匆忙引介、传播，引介者、传播者、听闻者，都难免有些消化不良。其实，这种情况在清末，在五四时期，都已有人觉察。我们现在指出这些问题并非苛求前人，而是要引为教训。

　　同时我们也看到，中国近代思想无比的多样性与复杂性呈现出绚丽多彩的姿态，各种思想持续不断地展开论争，这又构成中国近代思想史的一个突出特点。有些论争为我们留下了非常丰富的思想资料。如兴洋务与反洋务之争，变法与反变法之争，革命与改良之争，共和与立宪之争，东西文化之争，文言与白话之争，新旧伦理之争，科学与人生观之争，中国社会性质的论争，社会史的论争，人权与约法之争，全盘西化与本位文化之争，民主与独裁之争，等等。这些争论都不同程度地关联着一直影响甚至困扰着中国人的几个核心问题，即所谓中西问题、古今问题与心物关系问题。

　　中国近代思想的光谱虽比较齐全，但各种思想的存在状态及其影响力是很不平衡的。有些思想信从者多，言论著作亦多，且略成系统；有些可能只有很少的人做过介绍或略加研究；有的还可能因种种原因，只存在私人载记中，当时未及面世。然这些思想，其中有很多并不因时间久远而失去其价值。因为就总的情况说，我们还没有完成社会的近代转型，所以先贤们对某些问题的思考，在今天对我们仍有参考借鉴的价值。我们编辑这套《中国近代思想家文库》，希望尽可能全面地、系统地整理出近代中国思想家的思想成果，一则借以保存这份珍贵遗产，再则为研究思想史提供方便，三则为有心于中国思想文化建设者提供参考借鉴的便利。

　　考虑到中国近代思想的上述诸特点，我们编辑本书时，对于思想家不取太严格的界定，凡在某一学科、某一领域，有其独立思考、提出特别见解和主张者，都尽量收入。虽然其中有些主张与表述有时代和个人的局限，但为反应近代思想发展的轨迹，以供今人参考，我们亦保留其原貌。所以本《文库》实为"中国近代思想集成"。

　　本《文库》入选的思想家，主要是活跃在1840年至1949年之间的思想人物。但中共领袖人物，因有较为丰富的研究著述，本《文库》则未收入。

　　编辑如此规模的《文库》，对象范围的确定，材料的搜集，版本的比勘，体例的斟酌，在在皆非易事。限于我们的水平，容有瑕隙，敬请方家指正。

《中国近代思想家文库》编纂委员会

目　　录

导　言

　　在中国近代史上，左宗棠是一位著名的政治家、军事家，同时也是一位在半封建、半殖民地时代没有奴颜媚骨、敢于坚决抵御外侮的杰出爱国者。鲁迅先生曾说过："我们从古以来，就有埋头苦干的人，有拼命硬干的人，有为民请命的人，有舍身求法的人"，并说"这就是中国的脊梁"①。左宗棠算得上是我国自古以来"拼命硬干的人"中的一个，说他是"中国的脊梁"式的人物之一，应不为过。

一

　　左宗棠，字季高，一字朴存，早年自号"湘上农人"。清仁宗嘉庆十七年十月初七日（1812 年 11 月 10 日）出生在湖南湘阴东乡左家塅。当时，统治中国的清王朝正急骤地走着下坡路：土地高度集中，政治腐败、黑暗，国防空虚，财政拮据，鸦片大量输入，白银不断外流，阶级矛盾日益尖锐，民众反抗斗争彼伏此起，所呈现的社会画面，正如经世学者龚自珍所描绘的那样："各省大局，岌岌乎不可以支日月，奚暇问年岁？"② 就在清王朝的封建大厦濒临崩溃之时，欧美列强也加紧了对华的侵略步伐。西方资本主义头号强国——英国，正以军舰、大炮为后盾，以毒品鸦片为敲门砖，紧叩中国的东南大门；在西北，野心勃勃的沙皇俄国也迅速向东扩张，决心用武力开辟新的通向东方的道路。内忧外患纷至沓来，民族危机日益加剧的形势，给左宗棠的思想打上了时代的印记。

---

①　鲁迅：《中国人失掉自信力了吗?》。
②　龚自珍：《西域置行省议》。

　　当然，除时代的影响外，家庭与社会的熏陶对其个人的成长、思想观念的形成也起着非常重要的作用。左宗棠出生在一个社会地位低微、生活并不富裕的"寒素之家"，他曾说过："吾家积代寒素，先世苦况百纸不能详。"① 其祖父左人锦、父亲左观澜都是秀才出身，家有薄田几十亩，平日教几名学生，是个典型的"耕读之家"，家里的日子过得很清苦。左观澜为全家生计，不得不经常奔波在外，"非脩脯无从得食"②。遇到荒年，竟然要"糠屑经时当夕飧"。父亲去世后，唯一的一点田地留给了左宗棠长兄宗棫之子世延（时宗棫已过世）。宗棠则就读于长沙城南书院，"日食不给，赖书院膏火之资以佐食"③。艰辛的生活使青年时代的左宗棠有机会接触下层社会，了解社会的弊端，民间之疾苦。于是，"经世致用"的思潮在他的胸中激起了波澜。

　　左宗棠从十七岁起，即好读经世致用之书，于顾祖禹的《读史方舆纪要》、顾炎武的《天下郡国利病书》、齐召南的《水道提纲》等无不毕览。道光二十三年（1843），他于乡试中举后首次赴京参加会试，写下了《燕台杂感》八首，抒发对时局的忧虑。其中之一说："世事悠悠袖手看，谁将儒术策治安？国无苛政贫犹赖，民有饥心抚亦难。"④ 他已感受到当时政治黑暗、饥民揭竿而起的严重社会危机。此次北上，左宗棠虽落榜而归，却在更大范围内接触到社会实际，进一步开阔了眼界，也更加注重"经世致用"之学，他表示："睹时务之艰棘，莫如荒政及盐、河、漕诸务。将求其书与其掌故，讲明而切究之。"⑤

　　在接受"经世致用"思想、探讨改革社会现实的过程中，陶澍（1779—1839）及贺长龄（1785—1848）、贺熙龄（1788—1864）等经世派官员对左宗棠影响最深。道光六年，魏源代贺长龄（字耦庚，湖南善化人，时任江苏布政使）辑成《皇朝经世文编》120 卷，选辑了从清初至道光初年有关经世致用的文章。左宗棠反复展读了这部文集，"丹黄殆遍"⑥，而且撰写评论，抒发己见。道光十年，贺长龄忧居长沙，与左宗棠初次见面，左宗棠即"蒙国士见待"⑦，贺长龄还为这位青年士

---

① 《左宗棠全集》，《诗文·家书》，64 页，长沙，岳麓书社，2009。以下简称《全集》。
② 同上书，458 页。
③ 左孝同：《先考事略》。
④ 《全集》，《诗文·家书》，456 页。
⑤ 《全集》，《书信一》，1～2 页。
⑥ 罗正钧：《左文襄公年谱》卷一。
⑦ 《全集》，《书信三》，460 页。

子敞开了家中的丰富藏书。翌年，左宗棠就读于长沙城南书院，长龄之弟贺熙龄（字光甫，号蔗农）适任该书院山长，"其教诸生，诱以义理、经世之学，不专重制艺、帖括"①，对宗棠极为欣赏，尝称赞道："季高近弃词章为有用之学，谈天下形势了如指掌。"② 道光二十七年，当时的名臣、两江总督陶澍（字云汀，湖南安化人）回湘省亲，在醴陵邂逅宗棠（宗棠时主持醴陵渌江书院），"一见目为奇才，纵论古今，为留一宿"③，后来两人还结为儿女亲家。陶澍病死后，左宗棠在安化陶家教读其子陶桄八年，饱览了陶澍的文稿及各种藏书。

如果说贺氏兄弟和陶澍是左宗棠经世思想的启蒙者，那么林则徐、魏源抵御外侮的爱国思想及睁眼看世界的时代精神，则为左宗棠增添了丰富的思想营养，对其爱国及"师长"思想的形成产生了深刻影响。

左宗棠与林则徐相差 27 岁（算得上是两代人），两人只有一面之缘，但左宗棠对林的思想作风、从政之道却由衷钦佩，曾说："然自十数年来闻诸师友所称述，暨观宫保（指林则徐——引者）与陶文毅往复书疏，与文毅私所记载数事，仆则实有以知公之深。海上用兵以后，行河、出关、入关诸役，仆之心如日在公左右也"，"乌知心神依倚，惘惘相随者，尚有山林枯槁，未著客籍之一士哉！"④ 道光二十九年八月，林则徐因病从云贵总督任上告老回乡，于十一月二十一日（1850 年 1月 3 日）在长沙湘江舟中约见左宗棠，"一见倾倒，诧为绝世奇才"⑤。两人"抗谈今昔"，相见恨晚，对坐之时，还曾"谈及西域时务"。是夜，"江风吹浪，柁楼竟夕有声，与船窗人语互相响答。曙鼓欲严，始各别去"⑥。林则徐的爱国思想及务实精神对左宗棠的启迪是不言而喻的。

除林则徐外，左宗棠还推崇龚自珍（字璱人，号定庵，浙江仁和人）和魏源（字默深，湖南邵阳人），曾说："道光朝讲经世之学者，推默深与定庵"。对魏源更是佩服得五体投地，认为他的著作"切实而有条理"，"伟为不可及"⑦。道光二十二年，魏源感于"海警飙忽，军问

---

① 《先考事略》。
② 贺熙龄：《寒香馆诗钞》卷四。
③ 《先考事略》。
④ 《全集》，《书信一》，68 页。
⑤ 《胡林翼集》二，75 页。
⑥ 《全集》，《书信一》，73 页。
⑦ 《全集》，《书信三》，596 页。

眚至"，发奋而著《圣武记》，希望执政者能振奋精神，仿效祖辈，建功立业。因"是记当海疆不靖时，索观者众"①，左宗棠就是"索观者"中的一个，他深深被该书所吸引，不禁赞叹说："默翁《圣武记》序次有法，于地道、兵形较若列眉，诚著作才也。后四卷附《武事余记》，其谈掌故，令人听之忘倦。"②《武事余记》有"兵制兵饷"、"掌故考证"、"事功杂述"、"议武五篇"等内容，"议武五篇"包括城守、水守、坊苗、军政、军储等篇，其中提出了"以彼长技御彼之长技，此自古以夷攻夷之上策"的观点。对主张改革社会弊政、具有强烈反侵略思想的包世臣（字慎伯，安徽泾县人），左宗棠也颇为注重，"其论著早见过盐、漕诸策及《艺舟双楫》"，直到同治十三年（1874）《包慎翁遗书》刊行后，他还特意写信给朋友，"敬乞购一全部见寄"③。

道光二十年（1840），鸦片战争爆发了，这是中国历史发展的一个转折点，也是左宗棠爱国思想形成的一个转折点。侵略者的炮火对更多的中国人起着振聋发聩的作用，也同样震惊了左宗棠。西方列强的入侵，使中华民族与外国侵略者的矛盾成为中国社会的根本矛盾，这种变局对部分关心国事的知识分子震动很大。当时，左宗棠正在安化陶家就馆，虽身居僻壤，却密切关注时局发展。道光十九年，林则徐在广东雷厉风行地严禁鸦片，左宗棠也预感到侵略者不会善罢甘休，遂更加勤奋地阅读有关国外的记载。尽管他接触不到有关西方的第一手资料，但"自道光十九年海上事起，凡唐、宋以来史传、别录、说部及国朝志乘、载记，官私各书有关海国故事者，每涉猎及之，粗悉梗概"④。这样勤奋地搜集、如饥似渴地阅读有关外国的资料，乃爱国热忱使然。

道光二十年六月初，英军北上攻陷定海，七月，又抵天津海口。道光帝惊慌失措，将坚决主张抵抗的林则徐、邓廷桢撤职查办，并派力主妥协的琦善赴广东办理交涉。对此，左宗棠忧愤万分，在写给贺熙龄的信中，一再形容自己此时的心情是"愁愤何言"、"令人愤懑"、"不胜愁愤"⑤。虽屏坐斗室，教习山斋，左宗棠却抱定"天下兴亡，匹夫有责"的志向，在"每披往昔海防记载，揆度近日情形"之后，提出了"练渔

---

① 魏源：《圣武记》第三次重订本"题记"。
② 《全集》，《书信一》，50页。
③ 《全集》，《书信二》，434页。
④ 《全集》，《奏稿三》，64页。
⑤ 《全集》，《书信一》，15、17、21页。

屯，设碉堡，简水卒，练亲兵，设水寨，省调发，编泊埠之船，（讥）〔设〕造船之厂，讲求大筏、软帐之利，更造炮船、火船之式"① 等具体抗敌措施。虽系书生谈兵，但爱国之志可佳！

左宗棠不满清廷排斥抵抗派、屈膝求和的媚态，发出"和戎自昔非长算，为尔豺狼不可驯"② 的警告。他痛斥琦善"以奸谋误国，贻祸边疆，遂使西人俱有轻中国之心，壮士无自固之志。东南海隅恐不能数十年无烽火之警，其罪不可仅与一时失律者比"③。但当时腐败的清政府根本无抗敌诚意，一度任"钦差大臣"的林则徐尚且落得发配充军的下场，作为一介小民的左宗棠，其抱负又何从实现？道光二十二年，清廷终于在江宁与侵略者签订了丧权辱国的城下之盟。目睹"洋事卒成和局，实意念所不到"，左宗棠痛心疾首，至于仰天长叹："市不可绝，则鸦片不可得禁。自此亿万斯年之天下，其奈之何！"④ 忧国之心，爱国之忧，跃然纸上。

二

左宗棠一生主要做了三件大事，即：镇压太平军、捻军及陕甘回民起义；在"师夷长技以制夷"的思想指导下，创办新式军用和民用企业；坚决抵抗侵略，捍卫国家领土完整，出兵收复新疆，并在东南抗法。鸦片战争对左宗棠刺激很大，他想一展抱负，却报国无门。面对险恶时局，"但愿长为太平有道之民"⑤。但现实却是天下并不太平，社会动荡，阶级矛盾日益尖锐，一场农民大革命的风暴已露端倪。在左宗棠的"桃花源"尚未觅就之前，太平天国运动已狂飙突起，首义广西，并挺进湖南，扰破了他"买山而隐"的清梦。滚滚风雷震撼着整个清王朝的统治，也直接危及左宗棠的切身利益。正是在风云变幻的阶级较量中，左宗棠先后两次进入湖南巡抚幕府，决心为本阶级的命运、前途一搏。

咸丰二年（1852）夏，太平军连克湖南诸州县，前锋于七月底直达

---

① 《全集》，《书信一》，16 页。
② 《全集》，《诗文·家书》，459 页。
③ 《全集》，《书信一》，24 页。
④ 同上书，29 页。
⑤ 同上书，45 页。

长沙城下。八月，左宗棠应新任湖南巡抚张亮基（字石卿，江苏铜山人）之聘，入其幕府，颇受重用，献计多被采纳。十月中旬，太平军撤围北上。年底，左宗棠又协助张亮基筹划镇压浏阳"忠义堂"（清官书称"征义堂"）起事。后因张亮基调任山东而辞归。咸丰三年四月，太平军西征，由江西入湖北。四年春，再克汉口、汉阳，下岳州，长沙大震。湖南巡抚骆秉章（字吁门，广东花县人）三次派人请左宗棠出山。左宗棠遂再佐湘幕六年，他督造战船，补充给养，改革征赋办法，积极筹措军饷，骆秉章倚之为左右手。

左宗棠在与太平军对垒中显露出的才干使他名噪一时，御史宗稷辰、翰林院编修郭嵩焘、署湖北巡抚胡林翼等在咸丰帝面前竞相举荐。但"天威"莫测，不久，左宗棠因"樊燮事件"险些身败名裂。

咸丰九年夏，已革湖南永州镇总兵樊燮为泄私愤在湖广总督官文、湖南布政使文格支持下，上控左宗棠"有不法情事"。咸丰帝即令召宗棠对簿武昌，"上谕"有"果有不法情事，即可就地正法"之语。郭嵩焘、潘祖荫等京官极力营救，潘祖荫（字伯寅，江苏吴县人）甚至说："国家不可一日无湖南，即湖南不可一日无宗棠也。"① 军机大臣肃顺在与皇帝的对答中亦称"人才难得，自当爱惜"②，宗棠终得免祸，且由此声誉更隆。不久，他受到清廷的破格重用，被授予四品卿衔、襄办曾国藩军务。曾国藩（字伯涵，号涤生，湖南湘乡人）立即嘱其募勇五千，自成一军。

咸丰十年夏，左宗棠在湖南募勇五千余人，别组"楚军"。八月，由醴陵取道江西，出祁门。九月，抵景德镇，攻占德兴、婺源，与太平军对峙。咸丰十一年七月，咸丰帝病死热河，九月三十日，"两宫"皇太后（慈禧、慈安）联合恭亲王奕䜣发动"北京政变"，推倒以肃顺为核心的"八大臣辅政"体制，确立了"两宫"垂帘、亲王辅政的格局。慈禧、奕䜣掌权后，更加重用湘系集团，已任两江总督的曾国藩受命节制苏、皖、赣、浙四省军务，左宗棠也受曾国藩推荐，被任为"督办浙江军务"，不久，又实受浙江巡抚，跻身地方大员行列。

左宗棠入浙的作战原则是："宁肯缓进，断不轻退。"同治元年（1862）正月，左军从皖南翻山进入浙江开化县境，攻占开化、遂安、

---

① 《潘文勤公奏疏》，25～26 页。
② 薛福成：《庸庵笔记》卷一。

汤溪、龙游、兰溪，又陷金华府城，再克诸暨、桐庐；东线清军则占领绍兴、萧山，逼近杭州。八月，在中法混合军（"常捷军"）配合下，占领富阳。同治三年二月，李鸿章（字少荃，安徽合肥人）部淮军攻占嘉兴，杭州太平军更失掎角之势。二十五日，左军攻占杭州，左宗棠也得以太子少保衔赏穿黄马褂。六月十六日，湘军攻陷天京，洪秀全时已病死，幼天王洪天贵福突围至湖州。左宗棠命楚军会同淮军攻占湖州城，太平军干王洪仁玕等保幼主转入江西。左宗棠也因夺得浙江全省被封为一等伯爵（爵名"恪靖"）。

同治三年九月，太平军余部分四路入闽。四年四月，时任闽浙总督的左宗棠至福州，而太平军已退入广东。八月又奉命入粤督师，太平军因守嘉应州（今梅州市），十二月，清军占领州城。五年正月下旬，左宗棠返回福州，赏戴双眼花翎。

为迅速扑灭太平军，清廷在"北京政变"后，曾提出"借师助剿"的方针。对此，左宗棠颇有疑虑，曾上奏云："自洋将教练华兵之后，桀骜者多投入其中，挟洋人之势横行乡井，官司莫敢诘治"，"若不稍加裁禁，予以限制，则客日强而主日弱，费中土至艰之饷，而贻海疆积弱之忧，人心风俗日就颓靡，终恐非计"①。又说："我不求彼之助，彼无可居之功，尚可相蔽以安。否则，衅端日积，何以善其后乎？"② 后见外国雇佣军颇具战斗力，又认为洋人可用，对那些肯为清廷卖命的洋将，更赞之曰："忠义奋发，恭谨有加。"③

同治五年八月，左宗棠调任陕甘总督，去西北镇压回民起义，遂于十一月离闽西上。其时，捻军已分为两支，张宗禹率"西捻"由河南趋商州，越秦岭，在华州击败陕西巡抚刘蓉，逼西安。清廷急命左宗棠为钦差大臣、督办陕甘军务，令其"迅即入陕"。六年正月，宗棠在汉口约见熟悉西北情形的旧友王柏心，接受其建议，将作战方略定为："以用兵次第论，非先捻后回不可，非先秦后陇不可"；在战术上，则针对捻军以骑兵为主的特点，提出"讲求阵法，先制其冲突，而后放枪炮；先立定脚跟，而后讲击刺"，又强调"惟多用火器，庶几制胜"④。此外，又从镇江调拨进口火药 500 斤，备作战之用，又通过胡光墉（字雪

① 《全集》，《奏稿一》，125 页。
② 《全集》，《书信一》，542 页。
③ 《全集》，《奏稿一》，189 页。
④ 《全集》，《书信二》，10、17 页。

岩，安徽绩溪人）在上海向洋商借款 120 万两白银，以充军费。

同治六年春夏之交，左军自湖北樊城三路入陕。抵潼关后，即拟卡住渡口，封锁渭河，拟围西捻于渭水以北，泾、洛以东，北山以南，黄河以西的狭长地区。九月，亲赴泾西，召集诸将会议，决定缩小包围圈，将西捻军就地歼灭。不料，西捻军冲破包围圈，进入北山，且与回军配合，南北、东西纵横冲突，左军难于招架。十一月下旬，西捻踏冰过黄河入晋，左宗棠极为气恼，于十二月中旬从临潼率五千人尾追。而西捻已于七年正月进至直隶易州，前锋径抵京郊卢沟桥，京师大震。左宗棠及淮军统帅李鸿章、河南巡抚李鹤章、直隶总督官文均夺职。但西捻军终因孤军无援折而南返，左宗棠抵保定，指挥所辖尾追不舍。旋西捻军入河南，扑山东，再入直隶，北上静海，逼天津。左宗棠则由大名赶到连镇，驻扎吴桥，被"交部严加议处"。五月，宗棠至盐山督师，又尾追西捻入山东。六月底，西捻遭淮军四面阻击，覆没于徒骇河畔。清廷论功行赏，晋宗棠太子太保，并受命入陕讨伐回军。八月，左宗棠抵北京"入觐"，当慈安、慈禧询及何时可平定陕甘时，左答以"非五年不办"①。

十月中旬，宗棠率亲军抵西安，召集诸将会议用兵方略。决定先平定陕北董福祥等汉族反清武装，一面屯军榆林、绥德、延安、延长，一面令刘松山统"老湘军"由晋入陕，并于十二月中旬攻占靖边镇靖堡，董福祥等投降。随后，又进击以董志原（属甘肃庆阳府）为基地的陕西回军，于八年二月下旬，占领董志原，夺取庆阳城。陕西回军北撤，投奔宁夏回军首领马化龙。三月，宗棠移营乾州，准备进军甘肃。其时，甘肃回军计有马化龙（据宁夏金积堡）、马占鳌（据河州）、马桂源（据西宁）、马文禄（据肃州）等四支。左宗棠认为应首先打击实力最强的马化龙，他说：欲平定陕甘，"非先攻金积堡不可"，"此关一开，则威震全陇，乃收全功也"②。

五月，左宗棠分兵三路：北路进定边、花马池；中路取平凉、固原，以上两路均专意金积堡。南路则进秦州（今天水），为取河州（今临夏）做准备。九月底，北路刘松山部攻占灵州城（今灵武）。十一月初一日，左宗棠进驻平凉，受陕甘总督印绶。九年元月，刘松山战死于金积堡，"老湘军"由其侄刘锦棠（字毅斋，湖南湘乡人）继统。七月，清军攻占峡口，逼攻金积。十一月中旬，马化龙出降。十年正月，左宗棠以"不宜少留根荄，重为异日之忧"①为由，下令处死马化龙及其家属、部众1 800余人。

随后，左宗棠指挥大军分三路进攻河州。八月初二日，进至安定督战。清军渡洮河后，于十月夺取河州第一道门户三甲集。十一年正月，马占鳌投降。七月中旬，宗棠进驻省城兰州。

八月初一日，刘锦棠率"老湘军"至碾伯（今青海东都），沿湟水进军峡口，解西宁城围。十二年二月初，马桂源兄弟投降被杀。西宁之役结束后，年届六旬的左宗棠本想告老返乡，但沙俄入侵伊犁的消息传来，使他大为震惊，当即表示"今既有此变，西顾正殷，断难遽萌退志，当与此虏周旋"②。遂派徐占彪（字昆山）率蜀军12营赴肃州（今酒泉），以扼嘉峪关。时肃州为马文禄所据，围攻一年半，仍劳师无功。

十二年八月，左宗棠抵肃州督师。九月中旬，马文禄至大营投降被杀，部属死者1 500余人。清军入城后，又滥杀5 400余人，"即老弱妇女亦颇不免"③。左宗棠事后亦承认"自办军务以来，于发、捻投诚时，皆力主'不妄杀，不搜赃'之禁令，弁丁犯者不赦"，而肃州之役，则"不能尽行其志"④。因夺取肃州，宗棠亦得进协办大学士，并又获一等轻车骑都尉世职。

在进军陕甘过程中，左宗棠一再强调"剿抚兼施"，特别重视善后措施，以达"长治久安"之目的。他上奏清廷说："陕甘频年兵燹，孑遗仅存，往往数百数十里人烟断绝。新复之地非俵给牛、种、赈粮，则垂毙之民势将尽填沟壑"，"甘肃克复一郡县，即发一处牛、种、赈粮，非是则有土无民，朝廷亦安用此疆土？"⑤此外，他还重视整顿吏治，在陕甘时，曾节选名家论吏治的文章，编成《学治要言》，下发地方官遵照执行。他反复强调"为政先求利民，民既利矣，国必与焉"⑥。在行政中，他还注重实际，不务虚华，表彰清官，惩治污吏。且严于律己，不受"别敬"（一种礼仪式的贿赂），不受礼物，颇为时人所重。

---

① 《全集》，《诗文·家书》，161页。
② 《全集》，《书信二》，246页。
③ 中国近代史资料丛刊《回民起义》四，185页。
④ 《全集》，《书信三》，418～419页。
⑤ 《全集》，《奏稿五》，119页。
⑥ 《全集》，《札件》，427页。

三

近代中国面临着"数千年未有之变局","数千年未有之强敌"（李鸿章语），清朝统治者闭关锁国、故步自封的心态与政策，无以挽救艰难的时局和可能出现的亡国灭种惨祸。一些有识之士开始冲破思想牢笼，提出了"师夷长技以制夷"的新命题，这对当时万马齐喑的思想界无异是一声惊雷。

左宗棠对魏源的名著《海国图志》极为赞赏，他说："默深《海国图志》于岛族大概情形言之了了，譬犹禹鼎铸奸，物形无遁，非山经、海志徒侈恢奇可比。"① 光绪元年（1875），左宗棠为重版的《海国图志》作序，对"师长"主张给予了充分肯定。

早在同治初年，左宗棠就决心把"师长"思想付诸实践，他首先考虑要仿制西式轮船，认为自造轮船是"中国自强要着"。同治五年（1866）夏，又上折强调自造轮船、建设近代海军的必要性："自海上用兵以来，泰西各国火轮兵船直达天津，藩篱竟成虚设，星驰飙举，无足当之"，"臣愚以为欲防海之害而收其利，非整理水师不可；欲整理水师，非设局监造轮船不可。泰西巧而中国不必安于拙也，泰西有而中国不能傲以无也"② 左宗棠深知在"强权就是公理"的国际社会中，落后必然挨打。他曾形象地比喻："彼此同以大海为利，彼有所挟，我独无之。譬犹渡河，人操舟而我结筏；譬犹使马，人跨骏而我骑驴，可乎?"③ 正是在这一思想指导下，经清廷批准，左宗棠于同治五年七月亲至福州海口罗星塔，购得马尾山下民田 100 多亩作为厂基，聘请法国人日意格、德克碑为正、副监督，创办了马尾船政局（亦称福州船政局）。他一面从外国订购造船机器、轮机、船槽，一面聘请西方工程技术人员。同时，设立"求是堂艺局"，以培养本国造船、驾船人才。尽管左宗棠不久即调任陕甘，但"身已西行，心犹东顾"，仍一直关注着船政局建设。

左宗棠到陕甘后，非常重视西北地区的开发建设，于屯田、开渠、筑路、植树均有所建树。特别是对在甘肃创办近代民用工业寄予厚望。

---

① 《全集》，《书信三》，346 页。
② 《全集》，《奏稿三》，60～61 页。
③ 同上书，63 页。

马尾船政局

光绪四年，他嘱令上海采运局委员胡光墉向德商订购织呢机器，并招聘技术人员，决心"为边方开此一利"①。光绪六年四月，全部 4 000 箱机器设备分批运抵兰州，计有各种机器 60 余台，纺锭 1 085 个。八月，"甘肃制呢总局"正式开工生产，建成为我国第一家机器毛纺厂，也是我国近代开发大西北的先声。

甘肃制呢总局

四

左宗棠抵达肃州之时，新疆地区的形势已危如累卵。先是，新疆于同治三年爆发各族人民反清武装斗争，随后，取得领导权的宗教上层分

---

① 《全集》,《书信三》, 297 页。

子以"排满、反汉、卫教"为旗帜，鼓吹"圣战"，建立了五个割据政权，相互厮杀，征战不已。这一混乱局势，为外敌入侵提供了可乘之机。

同治三年十二月（1865 年 1 月），浩罕汗国军官阿古柏入侵南疆，占领了喀什噶尔、英吉沙尔、叶尔羌、和田，后又继续东进，侵占阿克苏和库车，至同治九年秋，攻陷达坂，占领吐鲁番、乌鲁木齐，并建立了所谓"哲得沙尔"汗国的殖民政权。随即，沙俄出兵强占伊犁，作为鲸吞新疆的一个桥头堡。同时，英国也加紧对南疆的渗透，力图将阿古柏纳入自己的控制下。

同治十二年春，左宗棠复函总理衙门，详细分析了形势，提出了规复新疆的方案："从内布置，从新筹度"，"就兵事而言，欲杜俄人狡谋，必先定回部；欲收伊犁，必先克乌鲁木齐"；就饷事而言，则应"将各军专饷归并为一，相其缓急，均其多寡，应之不可"①。

同治十三年春，张曜、金顺、额尔庆额等部共约 17 000 余人相继出关。七月，清廷以景廉为钦差大臣，金顺（字和甫，满洲镶蓝旗人）为帮办大臣，负责关外事务；左宗棠则督办关外粮饷、转运，负后勤总责。但朝廷内外在是否出兵收复新疆的问题上，意见分歧，就海防与塞防问题展开了激烈争论。

时值日本入侵台湾，至是年秋，中日签订《北京专条》，清廷不但承认日本侵台为"保民义举"，且赔款白银 50 万两。鉴于当时形势，总理衙门提出筹备海防的六条举措，并在沿海、沿江及有关督抚中详细筹议。为争取更多的海防经费，直隶总督兼北洋通商大臣李鸿章主张放弃新疆，认为"新疆不复，于肢体之元气无伤；海疆不防，则腹心之大患愈棘"②，要求停撤西征军饷，匀作海防之用。湖南巡抚王文韶（字夔石，浙江仁和人）则主张为防沙俄，应"以全力注重西征"③。左宗棠在权衡全局后，于光绪元年（1875）三月上折指出："东则海防，西则塞防，二者并重"，"若此时即拟停兵节饷，自撤藩篱，则我退寸而寇进尺，不独陇右堪虞，即北路科布多、乌里雅苏台等处，恐亦未能晏然"④。

左宗棠的主张得到武英殿大学士、军机大臣文祥的支持，清廷遂下定决心出兵收复新疆。光绪元年三月二十八日，左宗棠被任为"钦差大

---

① 《全集》，《书信二》，375、376 页。
② 《李鸿章全集》，《奏议六》，164 页。
③ 《筹办夷务始末》（同治朝）卷九十九。
④ 《全集》，《奏稿六》，188 页。

臣、督办新疆军务"，金顺为帮办军务，山西巡抚谭钟麟（字文卿，湖南茶陵人），"督西征饷事"。

自受命之日起，宗棠即全力关注筹粮、筹饷、筹转运。他甚至认为西北用兵，军粮和运输是关键因素。北路在归化（今呼和浩特）设"西征采运总局"，南路则在肃州、安西、哈密分别设局筹粮，还从俄国购粮 500 万斤。此外，又指示"嵩武军"统领张曜（字亮臣，号朗斋，直隶大兴人）在哈密屯田，垦荒 19 000 多亩。关于运输，左宗棠主张关内以车驼为主，并征集到大车 5 000 余辆，驴骡 5 500 头，骆驼 29 000 头，在运输方式上则取"节节转运"的短途接力办法。又认真组织民运，合理给予报酬，严禁骚扰民间。经过努力，在军事行动开始前，前沿地区已集中军粮 2 480 万斤。

较之筹粮和筹运转，筹饷困难更大。左宗棠一年需军饷 800 余万两，除户部拨款外，多由各省、关（海关）分摊，称为"协饷"。"海防议"起，各省、关所解饷银每年仅二百几十万两，缺口很大。为摆脱窘困，左宗棠只得通过胡光墉在上海向英商高利贷款。此举颇受地方大员及舆论指责，宗棠本人亦甚痛心。光绪二年春，清廷发出上谕，决定由户部拨款 200 万两，各省关提前拨解"协饷"300 万两，并允宗棠自借洋款 500 万两，以足千万两之数。宗棠接此上谕，大喜过望，老泪纵横，不能自已。

为提高军队战斗力，宗棠还对西征军进行了整编集训，并裁撤冗兵，堵塞"空额"，严令出关各营勤加训练，刘锦棠（字毅斋，湖南湘乡人）在凉州（武威）训练数月后才出关。左宗棠还很重视出关各军的火力配备，分别配以后膛来复线炮、七响后膛枪，同时建立了一支由 116 人组成的专业化炮队，配置后膛炮 12 门。前线指挥官还使用了先进的双筒望远镜。当时一位研究中亚问题的英国学者曾说，左宗棠的西征军"基本上近似一支欧洲强国的军队"（D. C. Boulger, *The life of yakob Beg*，1878，p. 275）。

对于作战的战略方针、战术原则，左宗棠都做了缜密思考，提出"官军出塞，自宜先剿北路乌鲁木齐各处之贼，而后加兵南路"，"是致力于北而收功于南也"[1]。作战方法则强调"以缓行速战为义"[2]。这些

---

[1] 《全集》，《奏稿六》，421 页。
[2] 《全集》，《书信二》，544 页。

作战指导思想和原则在实战中均见成效。

光绪二年六月下旬,清军由小路攻占黄田,旋克古牧地,歼敌五六千人,复乘胜追击,一举收复乌鲁木齐。九月下旬,又克玛纳斯南城,结束了北疆之役。此时,阿古柏妄图凭借天山之险阻遏清军南下,在达坂、吐鲁番、托克逊三地重点设防。左宗棠分析当时的战场形势是:"至南路贼势,重在达坂、吐鲁番、托克逊三处。官军南下,必有数恶仗,三处得手,则破竹之势可成。"①战局发展果不出其所料。

光绪三年春,清军经过半年休整,发动收复南疆之役。左宗棠在加强后路防务后,命刘锦棠率"老湘军"逾岭而南,又派张曜部"嵩武军"、徐占彪部"蜀军"分别由哈密、巴里坤西进,总计兵力两万余人。三月初七日,"老湘军"一举攻克达坂城,毙敌2 000余,俘获1 200人。刘锦棠又率步骑6营趋吐鲁番,与嵩武军、蜀军会师,克复吐鲁番全境。达坂、吐鲁番之役共歼灭、俘获敌军约两万人,占阿古柏总兵力的一半,遂敲开了通向南疆的大门,造成破竹之势。四月,阿古柏暴死于库尔勒(一说"仰药自毙";一说与部下斗殴中死去;一说病死)。七月,刘锦棠率部从托克逊西进,连克喀拉沙尔、库尔勒、库车、阿克苏、乌什。于十一月中旬收复喀什噶尔(今喀什)。月底,又复和田。至此,除沙俄占据的伊犁外,全疆均告克复,左宗棠以功晋封二等侯爵。

光绪五年八月,赴俄谈判的崇厚(字地山,满洲镶黄旗人)在沙俄逼迫下签订了《里瓦吉亚条约》,仅收回九座空城,却割让了霍尔果斯河以西、特克斯河流域等大片领土,并应允赔款500万卢布。左宗棠得知后痛心疾首,上奏道:"兹一矢未闻加遗,乃遽议捐弃要地,餍其所欲,譬犹投犬以骨,骨尽而噬仍不止。目前之患既然,异日之忧何极!此可叹息痛恨者矣!"②为此,他提出"先之以议论"、"决之以战阵"③的方针,并表示:"衰年报国,心力交瘁,亦复何暇顾及!"④他积极准备对俄一战,认为"俄事非决战不可","无论胜负云何,似非将其侵占康熙朝地段收回不可"⑤。

光绪六年二月,左宗棠拟定了一个三路出击、收复伊犁的计划:以

① 《全集》,《书信三》,115~116 页。
② 《全集》,《奏稿七》,421 页。
③ 同上书,424 页。
④ 《全集》,《书信三》,535 页。
⑤ 同上书,656 页。

金顺部万人扼精河，阻截俄军东犯，另调"卓胜军"2 000 人协助；以张曜率步骑 7 000 余人出阿克苏，沿特克斯河趋伊犁为主攻；以刘锦棠率步骑万余人出乌什，为西路。四月，左宗棠率亲兵千余人出嘉峪关，为表抗俄决心，他"舁榇以行"①，"至马革桐棺，则固非所计矣！"② 五月初八日，抵哈密。但清廷对武力收复伊犁心存疑惧，遂改派驻英、法公使曾纪泽（字颉刚，湖南湘乡人，曾国藩长子）赴俄京彼得堡重开谈判，并于七月调宗棠回京。不过，左宗棠的积极备战，有力支持了曾纪泽的对俄交涉，使包括特克斯河流域在内的伊犁大部分地区重归祖国怀抱，总算争回了一些权益。

在收复新疆的进程中及新疆重归版图后，左宗棠还力图"为新疆画久安长治之策"。在经济上，他着力于减轻赋税，修筑道路，兴修水利，推广蚕丝；在政治上则提出"设行省，改郡县"，先后五次奏请在新疆建省，以巩固国家统一。

光绪七年正月，左宗棠应召抵京陛见，以东阁大学士入值军机，在总理各国事务衙门大臣上行走，管理兵部事务。九月，外放两江总督兼南洋通商事务大臣。时值法国加紧侵略越南，并觊觎我国西南边疆，左宗棠遂巡视沿江炮台，校阅渔团，部署长江口防务，力主援越抗法。光绪十年，他在一份《时务说帖》中说："迨全越为法所据，将来生聚训练，纳税征粮，吾华何能高枕而卧？若各国从而生心"，"鹰眼四集，圜向吾华，势将猾糠及米，何以待之？此固非决计议战不可也！"③

光绪十年五月二十日，左宗棠奉调回京，复入值军机，极力主张对法一战。六月，法军犯基隆，七月，又于福州外港马尾重创福建水师，清廷被迫对法宣战。左宗棠不顾 72 岁的高龄及衰病身躯，急请赴东南前线督师，遂被任为钦差大臣、督办福建军务。八月下旬，至江宁，调旧部 5 000 人从征。十月下旬，进驻福州，立即布置防务，巡视马江两岸；又派援军乘渔船偷渡赴台。同时，令地方士绅筹办渔团。光绪十一年六月，宗棠上疏称："台防紧要，关系全局，请移驻巡抚，以资震（摄）〔慑〕而专责成"④，这是台湾建行省的过渡步骤。随即，又上《复陈海防应办事宜请专设海防全政大臣折》，提出设"海防全政大臣"，

---

① 王定安：《湘军记》，332 页。
② 《全集》，《书信三》，583 页。
③ 《全集》，《札件》，577～578 页。
④ 《全集》，《奏稿八》，596 页。

"驻扎长江,南控闽、越,北卫畿辅",南北洋兵轮各自成军,共设十大军,"归海防大臣统辖。每军设统领一员,秩比提督"①。

光绪十一年七月二十七日(1885年9月5日),左宗棠病死福州,谥文襄。临终时他口授遗折说:"越事和战,中国强弱一大关键也。臣督师南下,迄未大伸挞伐,张我国威,怀恨生平,不能瞑目。"② 综观左宗棠的一生,其最大的特点就是在民族危机深重、国家饱受欺凌的时代,他能"锋颖凛凛向敌"③。也正如左宗棠去世后,有人在一首挽诗中所说:"绝口不言和议事,千秋独有左文襄!"④

五

左宗棠在40岁以前,曾致力于经世致用之学。入仕后,即与太平军、捻军、陕甘回军作战,晚年又出兵收复新疆,并赴东南抗法。他虽一任巡抚(浙江),三任总督(闽浙、陕甘、两江),并一度涉足枢垣,却始终以军事活动为中心。在戎马倥偬之中,他仍然关心着政治、经济、国计民生问题,并不时阐发其独到见解。在他留下的700多万字的文稿中(包括奏折、咨札、批札、书牍、诗文等)蕴涵着丰富多彩的社会政治思想。当然,其中可谓精华与糟粕并存,创新与守旧同在。这正是中世纪与近代社会交汇时的一种必然现象。综观左宗棠一生的思想主张,可简略概括如下:

(一)爱国与忠君思想

近代中国,由于外国资本主义列强入侵,沦为一个灾难深重的半殖民地半封建国家。此时,中华民族与外国侵略者的矛盾成为各种社会矛盾中的主要矛盾,而对待列强侵华的态度,就成为中国任何一个阶级、阶层、集团、个人是否坚持民族大义的试金石,高扬爱国大旗一直是时代的主旋律。

第一次鸦片战争的爆发是左宗棠成为爱国者的起点。其后,他以"师夷长技以制夷"为宗旨,兴办洋务,力图通过学习西方的先进科学、技术达到"富国强兵"的目的,这是他爱国思想的进一步发展。19世

---

① 《全集》,《奏稿八》,593~594页。

② 同上书,604页。

③ 《清史稿·左宗棠传》。

④ 《全集》,《附册》,783页。

纪 70 年代，左宗棠以古稀之年，出兵收复新疆，为国家统一大业做出了重大贡献。他衰年报国，不以用兵边塞为苦，即使"马革桐棺"，"固非所计"，这是左宗棠爱国思想发展到高潮的标志。

当然，左宗棠毕竟是地主阶级的代表人物，他的爱国思想不可能脱离封建地主阶级的根本利益，也不能不受到他生活的那个时代的限制。因此，热爱祖国、抵抗侵略的思想和忠于清王朝、报答皇帝"知遇之恩"的情感，总是不可分割地交织在一起，从而形成了左宗棠性格、观点的复杂性。他的爱国思想不可避免地要打上深深的阶级烙印，忠君思想就是这烙印的鲜明标记。

(二) 经世与民本思想

经世思潮在清代崛起于 18 世纪，鸦片战争前后，随着社会和民族危机的加剧，封建士大夫中一部分开明之士志匡时济世，主张经世致用，反对脱离实际、空谈义理的学风，力图兴利除弊，强国御侮。

经世思想的核心是"民本"思想，即所谓"民为邦本，本固邦宁"①。左宗棠承继了儒家的这种"务本原之学"，强调"为政先求利民"②，"保民之道，必以养民为先"③。"一片心肠都在百姓身上"④，为达"保民"、"养民"之目的，他发挥了经世学家（特别是包世臣"好言利"的观点，主张以合乎"情理"的手段（财与力）去求利，"农之畔，工之器，商贾之肆，此以其财与力易之者也"⑤。他赞赏那种以一艺一技得名的人，尽管这种人为一般士大夫所不齿，但他们自食其力，有益社会："吾益人而不厉乎人，尽吾力，食吾功焉，斯亦可矣!"⑥

左宗棠的民本思想较之前辈的地主阶级改革派有所发展，为"兴利除弊"的传统举措增添了新内容。他提出的兴利措施范围要宽广得多，除屯垦、畜牧、兴修水利、植桑养蚕、造林、制茶外，还从西方引进机器设备，办厂开矿，创办近代企业，并提出"不夺民间固有之利，收回洋人夺去之利，更尽民间未尽之利"，强调"民利仍还之民"⑦。这些主张在当时无疑具有很大的进步意义。

---

① 《尚书》。
② 《全集》，《札件》，427 页。
③ 《全集》，《书信三》，759 页。
④ 《全集》，《札件》，139 页。
⑤ 《全集》，《诗文·家书》，244 页。
⑥ 同上书，243 页。
⑦ 《全集》，《奏稿八》，539 页。

诚然，左宗棠对西方资本主义经济的认识还非常肤浅，他囿于封建时代的"农本"观点，否认资本主义经济的先进性，竟称"彼之末富安能与我之本富争，彼之淫巧安能与我之食货比"①，这种幼稚可笑的评论正是他认识局限性的表现。

(三)"师长"与洋务思想

左宗棠承继了林则徐、魏源"师敌长技以制敌"、"师夷长技以制夷"的思想，大声疾呼："策士之言曰'师其长以制之'，是矣。一惭之忍，为数十百年之安，计亦良得，孰如浅见自封也。"② 与林、魏不同的是，左宗棠不仅是"师长"思想的承继者，而且还是这思想的发展者和实践者。

为了达到自强的目的，左宗棠强调"中不如西，学西可也，匠之事也"③。又说："谓我之长不如外国，藉外国导其先，可也；谓我之长不如外国，让外国擅其能，不可也。"④ 在这种思想的指导下，左宗棠创办了马尾船政局和甘肃制呢总局。他虽提倡学习西方先进技术，却不迷信洋人而妄自菲薄。办洋务初见成效后，左宗棠颇有信心地说："后此赓续恢张，规模既得，熟极巧生，安知不突过西人耶!"⑤

左宗棠办洋务，坚持自造和自管的自主原则，并着力保护民族经济。他总结自己办洋务的经验时说："因思自强之道，宜求诸己，不可求诸人。求人者制于人，求己者操之己。"⑥ 船政局创办之始，他就鲜明地强调："夫习造轮船，非为造轮船也，欲尽其制造、驾驶之术耳。"⑦ 他创办甘肃制呢总局，也是想"以中华所产羊毛，就中华织成呢片，普销内地"⑧；又强调：电线、铁路，外人也不能干预。

左宗棠还很重视对洋务人才的培养。为此，他在创办马尾船政局的同时还创办了"求是堂艺局"（即后来的船政学堂），使"西法"得以"衍于中国"⑨。同时，他还主张向国外派出游历、游学人员（即考察团

---

① 《全集》，《书信三》，759 页。
② 《全集》，《诗文·家书》，292 页。
③ 《全集》，《书信三》，117 页。
④ 《全集》，《奏稿三》，63 页。
⑤ 《全集》，《书信二》，432 页。
⑥ 《全集》，《奏稿八》，136 页。
⑦ 《全集》，《奏稿三》，342 页。
⑧ 《全集》，《札件》，441 页。
⑨ 《全集》，《奏稿三》，342 页。

和留学生），对船政学生赴英、法留学，也大力支持，认为是"题中应有之义"①。

（四）吏治与教育思想

左宗棠的父亲、祖父都以教书为业，他年轻时也曾主讲醴陵渌江书院、长沙朱文公祠，且在安化陶家做了八年的家庭教师。他对育才之道相当重视，曾提出"吏治—人才—人心—学术"的公式，即所谓："天下之乱，由于吏治不修；吏治不修，由于人才不出；人才不出，由于人心不正，此则学术之不讲也。"② 在左氏看来，穷究"天下之乱"的根源就在于"学术之不讲"，换句话说，即文化教育的失败（这种说法自然不全面，也不完全正确）。故此，他希望通过兴办教育，培养出一批有学识、有操守，能为巩固封建统治出力的人才。他培养人才的着眼点在于德才兼备，名实相符，即"所贵读书者为能明白事理，学作圣贤，不在科名一路。如果是品端学优之君子，即不得科第，亦自尊贵"③。

（五）军事与作战指导思想

左宗棠是中国近代著名的军事家，他不但有着丰富的实战经验，也有一套系统的军事理论。首先，他很重视军事统筹艺术的运用，即中国古代军事家所强调的"庙算"。在国防战略上，他着眼全局，坚持海防与塞防并重的方针。在组织具体战役时，又非常重视基本打击方向的选择，比如进兵陕甘时，提出"先捻后回，先秦后陇"的方针；收复新疆时，则以"先北后南"、"缓进急战"为战略指导。此外，左宗棠军事理论中的另一个亮点是他的"慎战"思想，他反复讲要"慎之又慎"④，因为"打仗是过硬的事，一分乖巧着不得"⑤。所谓"慎"，是指思虑要周密，部署要妥帖，在军事行动前，要考虑到作战的各个方面，如敌情和己情、前方和后方、军心和民心、进攻和防御、筹兵与筹粮、平原作战与山地作战、正面进攻与侧面迂回等等。左宗棠甚至对"慎战"作了这样的概括："慎之一字，战之本也"⑥，可以说慎战是左宗棠军事思想的核心。

----

① 《全集》，《书信二》，432 页。
② 《全集》，《书信一》，181 页。
③ 《全集》，《诗文·家书》，19 页。
④ 《全集》，《札件》，167 页。
⑤ 《全集》，《书信一》，252～253 页。
⑥ 《全集》，《札件》，168 页。

六

左宗棠不仅是中国近代著名的政治家、军事家，也是著名的思想家。他一生笔耕不辍，著作等身，生前即有《恪靖伯奏稿》（同治七年福建刻本）、《盾鼻余渖》（为左氏诗文专集，光绪七年有陕西刻本、北京刻本两种）等问世。宗棠去世后的第四年（即 1888 年），左氏子孙始收辑他的遗稿，并请其门人杨书霖编次、校勘。光绪十六年（1890），由长沙萃文堂刻刷局开雕，历经八年，于光绪二十三年刻成。这是一部校勘精审、用力颇勤的精刻本。

20 世纪 80 年代初，国务院古籍整理出版规划小组将《左宗棠全集》列为第一批规划项目，由湖南社会科学院牵头承担，岳麓书社负责出版。1983 年春，刘晴波、刘泱泱等先生接受主持这一项目的任务，经各方支持，通力合作，历经十三个寒暑，终于在 1995 年秋完成了《左宗棠全集》的整理编辑工作，由岳麓书社从 80 年代开始陆续出版问世，全书十五巨册，总计 770 万字。

新编《左宗棠全集》以光绪十六年开雕的左氏家刻本《左文襄公全集》为底本，尽力访求有关文献，工作人员足迹遍及全国 16 个省、市、区。校点工作以准确、精当为标准，印刷装帧亦力求精美。编校者付出了大量艰辛劳动，终于取得了丰硕成果。新编《左宗棠全集》比底本新增文献 2 073 篇（增加 47％），以字数论，原《左文襄公全集》约 450 万字，新版《左宗棠全集》则达 770 万字，增加约 70％，这无疑是左宗棠研究中一项重要成就。

要从 770 万字的遑遑巨著中遴选出一部几十万字的选本，真是谈何容易！编者虽在 30 多年前就研究左宗棠这个晚清人物，但仍感选编工作之艰巨。不过既然承担此一任务，只有勉力为之。我的遴选原则（或曰标准）是：

一、力求全面反映入编者之思想、活动，入选文稿无论在时间上（早年、中年、晚年各个时期）、活动上（政治、经济、军事、文化、教育各个方面）还是文体上（奏折、书信、诗文、札件、题词等）均力求无重大遗漏。

二、重点选择能反映入编者主要思想（如左宗棠的爱国思想、洋务思想、军事思想、教育思想等）以及其思想演变、形成过程的论著。

三、由于入编者的身份定位（近代著名的政治家、军事家），入选论著自然以奏稿、书信为主，因为这两部分内容更集中体现了其政治、军事思想的精华。

四、左宗棠虽不以诗词见长，但他留下的数量不多的诗词颇具特色，且能反映其思想主张，故收入了少量诗作。

五、在版本选择上，因新编《左宗棠全集》（岳麓书社版）内容全面、丰富，校点准确、精当，故全部选文均出自该版本。同时，此次选本校改了先前的一些讹误。其中，原史料中的讹误及对其的校改，依《全集》体例，仍用"（　）"和"〔　〕"表示，"（　）"中为应删去的字，"〔　〕"中为要增补的字。《全集》中的讹误，均已出注。

《中国近代思想家文库·左宗棠卷》终于编辑完成了，编者、出版社希望该书能对读者了解、研究左宗棠这位中国近代名人有所帮助，特别是对那些工作繁忙、时间有限而又对左氏其人颇感兴趣的读者，一部左宗棠论著选本，或许是他们所需要的。能为读者略尽绵薄之力，也是我的心愿。

奏稿

遵旨督办浙江军务据探省城失守
敬陈办理情形折
（1862 年 1 月 14 日）

奏为遵旨督办浙江军务，现据探报浙江省城失守，敬陈办理情形，恭折奏祈圣鉴事。

窃臣于十一月二十六日江西广信营次，准两江督臣曾国藩恭录咨会兵部火票递到，咸丰十一年十月十八日内阁奉上谕："钦差大臣、两江总督曾国藩，着统辖江苏、安徽、江西三省并浙江全省军务，所有四省巡抚、提镇以下各官悉归节制。浙江军务着杭州将军瑞昌帮办。并着曾国藩速饬太常寺卿左宗棠驰赴浙江剿办贼匪，浙省提镇以下各官均归左宗棠调遣。"钦此。同日钦奉上谕："前因浙江情形吃紧，奉旨①令左宗棠统带所部克日援浙。旋经曾国藩复奏，以左宗棠方回救西路，未能分身，须俟湖北、江西攻剿得手，或安庆克复，再与左宗棠力谋援浙。兹据瑞昌、王有龄奏，江、皖攻剿得手，浙省贼势狓猖，请敕左宗棠督办浙江军务等语。逆首李秀成大股及江西湖坊等贼尽驱入浙，加以伪侍王李世贤大股盘踞金华一带，现已攻陷严州府城及浦江、义乌、东阳、余杭、新城等县，势必直扑省城，旁窜宁、绍，几于全浙糜烂。浙省不保，则金陵、苏、常、宁、广之贼得以进退自如，且徽州、广信必遭肆扰，其害曷可胜言！本日已明降谕旨，令曾国藩节制浙江全省军务，并令江苏、安徽、江西、浙江巡抚、提镇以下各官悉归节制。该大臣自不能不统筹兼顾。况安庆已经克复，湖北、江西军情亦有起色，将次肃清，自不致有顾彼失此之虞。着曾国藩即饬左宗棠带领所部兼程赴浙督办军务，浙省提镇以下统归调遣，迅奏肤公，以图挽救东南大局。左宗棠入浙之后，所需粮饷军火，浙江力难猝办。着毓科先行筹拨银十万两

---

① "奉旨"，当为"传旨"。

解交应用,于浙江代垫江西援军口粮项下如数划还。并着庆端、瑞昌按月筹银十万两,同军火等项一并源源接济,毋许迁延推诿,致误事机。"钦此。又同日准兵部火票递到议政王、军机大臣字寄,咸丰十一年十月二十三日奉上谕:"浙省待援孔亟,急盼左宗棠一军迅速赶到,方能挽救大局。着曾国藩仍遵前旨,迅饬左宗棠带领所部星驰赴浙督办军务,毋稍迟缓。所拨江西军饷十万两,即由左宗棠催提应用,以利师行。"钦此。跪诵之下,感悚难名。

伏念臣一介寒儒,未谙戎务,仰蒙先皇帝特达之知,由举人迭次拔擢,补授太常寺卿、帮办军务。每思殚诚尽瘁,以图一报。兹复蒙皇上恩命督办浙江军务,虽自恨才力庸下,未能匡时济变,仰副恩知,然当全浙鼎沸之时,又何敢稍事逶延,自干咎戾?十一月二十六日,准曾国藩恭录谕旨咨会之后,即宣示各营严装以待。一面飞咨江西抚臣速清臣军积欠之饷,以利师行;咨闽浙督臣筹备饷需,俾免临时掣肘。

正料理间,二十九日夜,忽接徽州防军副将张运桂驰报,逆首伪辅王杨辅清纠合大股由浙回窜,突犯徽州界口、深渡等处。据生擒贼供,杨逆意在扰徽郡以犯江西。臣以徽郡为皖南、江西大局所关,且系臣军入浙后路,断不可任其滋蔓。立派九营交花翎直隶州知州刘典督带,于十二月初二、三等日驰赴婺源,督同臣所部留防婺源之四营相机援剿,扼其奔冲。如可迅速藏事,各营即由婺入浙,路径亦不为迂。其随臣留驻广信各营共三千人,拟即进驻玉山,一俟江西欠饷解到,散给口粮,星速启行,以图进取。

惟浙江全省自金华、严州、处州失守后,绍兴、宁波、台州相继沦陷,局势全非。由江西入浙之道,遍地贼氛。逆贼每陷一城,即分党踞守,并盘踞村庄,设立卡隘,势非节节攻剿,不能深入。节节攻剿,又恐旷日持久,饷竭兵疲,先已自困,势非乘虚蹈瑕、诱贼野战不可。以东南现在大局言之,湖北、江西一律肃清,皖北逆氛渐熄,群贼悉萃江、浙两省。如各路统兵诸臣声势联络,能力保完善之区,以规进取,则江西、湖北、安徽数省生民稍得苏息,钱漕厘税征收日广,从此渐逼渐进,庶可作士气而扫贼氛,利戎机而速戡定。以江、浙现在局势言之,皖南守徽、池以攻宁郡、广德,浙江守衢州以规严州,闽军严遏其由浙窜闽以绕犯江西之路,然后饷道疏通,米粮军火接济无误,诸路互相知照,一意进剿,得尺则尺,虽程功迂缓,实效可期,此固一定之局也。

正在筹画布置,忽接署金衢严道江永康等片报,浙江杭州城外营盘逃出把总王祖达，禀称十一月二十八日辰刻，见逆众在凤山，望江两门扒城而进，城中各处火起，杭城登时失陷，现在溃兵纷纷四散等语。臣维杭城被围已久，外援不至，卒有此变。臣与闽浙督臣均奉旨援浙之人，坐视列郡沦胥，生民涂炭，罪何可逭？惟事势业已如此，则援浙之局应即通盘筹画，从新整理，以图恢复。

查浙江军务之坏，由于历任督抚全不知兵，始则竭本省之饷以济金陵大营、皖南各军，图借其力以为藩蔽，而于练兵选将之事漫不经心；自金陵、皖南大局败坏之后，又复广收溃卒，縻以重饷，冀其复振，卒之兵日增而饷日绌，军令有所不能行，以守则逃，以战则败，恩不知感，威不知惧，局势愈益涣散，遂决裂而不可复支矣！臣奉命督办浙江军务，节制提镇，非就现存兵力严为挑汰，束以营制不可；非申明赏罚，予以实饷不可；非另行调募，预为换补不可。然欠饷日久，则有不能汰遣之患；饷需不继，则有不能调拨之患；经费不敷，则有不能募补之患。名为节制提镇，实则营官、哨长亦且呼应不灵，不得其臂指之助，而徒受其迫促之扰。虽有能将，无饷何以驭兵？虽有谋臣，无兵何以制贼？此事之应办而不能办者。

奉旨令江西抚臣筹解臣军饷十万两，以速师行。现在江西悉力供支曾国藩大军，台库荡然，实形拮据。抚臣毓科于臣军饷事颇肯留心，然江西已积欠十余万两，其奉旨筹拨之饷，恐一时难以解齐。

至庆端前此奏请敕催臣军入浙时，已预将臣军之饷诿之江西，以后只有咨催，公牍私函于臣军饷需从无一字说及。虽奉旨按月筹拨十万两，同军火接济，臣比恭录谕旨咨商，请派实缺司道设立粮台，督臣即派署浙江金衢严道江永康办理。顷据江永康等禀，翻向臣请领米粮军火子药。明知臣军欠饷已多，军需无出，故意刁难，事同儿戏！臣军入浙以后，饷需茫然，兵勇即有饥溃之时，军火即有缺乏之虑。纵令竭力图维，何从措手？应否请旨敕下部臣，查明各省应协济浙江之款，闽省及各省奉旨拨解援浙军饷各款，赶紧径解广信府交臣后路粮台，以应急需；一面由部臣开单知会到臣。如各省拨解逾延，及委员逗留贻误，应由臣随时咨明部臣，查取藩司及委员衔名参奏候旨。是否可行之处，并候圣裁。

再，此次拜发折片，系借用广信府印。入浙以后，军行靡定，可否准用木质关防奏报之处，并祈训示。

所有遵旨赴浙缘由，谨专折由驿驰奏，伏祈圣鉴，训示施行。谨奏。

官军由徽入浙三获大捷衢属开化肃清折
（1862 年 2 月 27 日）

奏为官军由徽入浙，截剿巨股贼匪，三获大捷，衢属开化肃清，恭折奏报，仰祈圣鉴事。

窃贼首伪辅王杨辅清，率大股贼众回扑徽州，均由严州府属之遂安逾岭而入，一蔓延徽州府属之屯溪、篁墩、岩寺、潜口等处，杨逆率之，以窥徽郡；一蔓延衢州府属开化之张村、中村、马金、高坪、高环、徐塘口、秧畈、明连等处，贼目炳天义钟明佳、理天义蓝以道等率之，以窥婺源。两股合计，人数不下十万。其奸谋在深入江、皖腹地，阻我援浙之师，以合围衢郡。臣于上腊派花翎候选直隶州知州刘典，率各营由广信间道驰赴婺源，拟固婺以援徽，事竣后即由此入浙，业经奏报在案。

十二月十五日拜折后，刘典函报钟逆及各股匪盘踞张村、中村等十余处，将由济岭、大庸诸岭犯婺。臣以贼势趋重婺源，我军并留防婺源之兵仅止五千余，不敷防剿。婺源地势居安徽徽州、江西广信两郡之中，北可掣图犯安徽徽郡之贼，南可遏分窜江西饶州、广信之贼，中可截浙江开化、遂安之贼，地势在所必争。十九日，亲率留驻广信之亲兵营、老湘营拔营入婺。行抵德兴，饬办理老湘营营务、拟保运司衔花翎补用道王开来率老湘七营，赴德、婺交界之白沙关，臣自率亲兵营五百余人赴婺督剿。

时贼目钟明佳已遣零骑分犯大庸岭、济岭岭脚，婺源守岭练丁纷纷告急。刘典派队下岭击却之。二十六日，刘典率各营由江湾过大庸岭进剿，拟保花翎同知直隶州知州朱明亮带桂营由左路进，中营三哨继之；拟保副将衔花翎参将黄少春带左营由右路进，拟保花翎同知直隶州知州张声恒继之；拟保参将花翎游击黄有功，拟保副将花翎参将眭金城，拟保游击花翎都司杨和贵，带前、左、右三旗由中路进，中营两哨继之；拟保花翎游击衔都司马德顺，拟保副将衔参将杨芳桂，各率马队出中路步队之后，相机抄击。朱明亮恃勇先进，四鼓，列炬直摩张村贼垒。贼仓卒迎拒，势已不支。忽岭上瞭望之贼见官军深入，吹角摇鼓四路包抄而下。拟保训导廪生陈修匹马冲突，手刃数贼，力竭阵亡，勇丁从死者二十六名。朱明亮领队左右冲突。正危急间，黄少春、张声恒率所部从右路石佛岭驰下。贼分途迎拒，黄少春、张声恒整队冲杀，毙悍贼数百名。忽曾村贼从后路抄至，黄少春、张声恒并力分堵，杨和贵带所部缘岩驰下，刘典率中营中、后二哨及黄有功、眭金城等急进，马德顺、杨芳桂率马队斜出抄之，逆贼数路俱败。各营分途蹑踪猛追，至厚山始收队逾岭而还。此去腊二十六日进剿开化、张村、中村等处贼巢，克获大胜之实在情形也。是役连破贼卡、贼巢十余处，阵斩忾天福李逆及大小贼目五十余名，毙贼一千数百名，夺获大小伪印五十余颗，生擒长发贼百五十余名，拔出难民男妇幼孩数千名，夺获贼马四十余匹，刀矛枪炮约二千余件。兵勇阵亡者共三十七名，受伤者至百三十余名之多，盖亦血战矣。钟逆败后，退至马金街老巢。

是日，徽防副将张运桂、署皖南镇总兵唐义训、衢州镇总兵朱品隆，会击岩寺、潜口之贼，亦获大捷，贼巢一空，饷道无梗。伪辅王杨辅清遂于二十九夜丧胆鼠窜。徽郡解严，而婺源之防亦固。自二十六夜子刻大雪，至除夕止，岩壑皑素漫漫，不辨行径。元日天气晴霁，旬有余日，冰冻尚未全消，岭路艰阻。同治元年正月十五日，臣始率七营由汪口逾大庸岭进，刘典率五营由江湾逾济岭进，先饬王开来率老湘七营由白沙关进驻篁岸，兼扼开化、华埠之冲。十七日，臣部前队甫抵篁岸，忽报逆众数千先夕五更卷旗蛇行，由银坑出张村、曹门而至石佛岭。杨和贵等前驱遇贼，即与之战。贼由石佛岭分路包围，杨和贵分路御之，拟保游击衔都司张人和派队助剿。正鏖战间，王开来令参将罗瑞山、郭德馨、赵仁和，副将王明辉等，率所部分由篁岸左右冲出，帮办潘谟、康荣诏等，率所部由中路继之。贼不意官军突至，骇而奔。官军乘胜蹙之，愈战愈猛，斩馘无数，追至张村，始收队而还。臣于十八日率各营进驻张村，沿途按视战地，见满发贼尸骈列山谷。提讯所获生贼，知钟逆自退窜马金老巢后，纠约窜踞遂安之伪大佐将理天义蓝逆及桂逆等，挑选悍贼突袭篁岸营垒，遇官军大至，遂致败溃。共计毙悍贼近千名，生擒百余名，阵斩黄马褂贼目及伪检点、伪将军等十数名，夺获伪印十余颗，旗帜器械无算。此正月十七日迎剿开化、张村、银坑、石佛岭窜贼，克获大捷之实在情形也。

十八日，臣率各营行抵张村，刘典率各营进至何村，两路相距三十余里，持数日粮，约期分路进剿，皆以七成队出战，三成队守营。贼于马金街、高环、霞山、厚山、徐塘口、秧畈等处据险为巢，而于近巢数里、十数里山凹遍立卡栅及梅花桩，层层密布，守御甚固。十九日，周览地势，直逼贼卡始还。是夜，臣传知各营：二十日黎明，派队由严坑出口，先攻高坪一路贼卡；刘典率各营先攻高环一路贼卡。两处各分数支正兵遥张扑卡之势，不令遽进；奇兵卷旗登岭，度行过贼卡，始扬旗发鼓乘之。严申不准拾取贼赃、不准散队之禁。期扫除贼巢，乃许收队，违者斩。辰刻，黄少春、张声恒带所部由何村出竹岭之右攻高环，刘典督亲兵及中营三哨继之，虎营马队随后策应。候选知县陶鸿勋、贵州文生郑锡滓，督中营二哨及拟保游击佘萃隆之新前旗，别觅樵径，由横岭出大苏坑，径抵高环后岭，出贼不意压击之。贼见正兵先出，悉力凭卡堵御。忽岭后号鼓齐鸣，奇兵突出。贼不知所措，弃卡狂奔。刘典、黄少春、张声恒、杨芳桂分四支循岭包抄而下，遮贼去路，纵横痛击。适张村各营已攻破高坪贼卡，拟保记名总兵崔大光、朱明亮各率所部登岭急进，拟保同知衔即选知县刘璈、候选主簿杨鼎勋、同知衔候选知县李耀南率亲兵，及拟保参将李世颜，前补用参将彭定太、杨和贵、张人和、马德顺等，各率所部分途追剿前来，与何村各营会合，立将马金、霞山、厚山、徐塘口、炘岸各处十余贼巢扫荡一空。两路分途搜剿，共计毙长发悍贼五千余名，生擒逆贼二百余名，夺获伪印大小九十余颗，解散裹胁难民数千，拔出被掳妇女幼孩数百，夺获旗帜、刀矛、枪炮、牲畜不可胜纪。败贼或窜遂安，或窜常山地界，均弃械狂奔，经各乡民沿途截杀者，亦不下千余名。蓝逆以道，据生擒贼供，已于高环卡破时被官兵阵斩，并获其马。然未得其尸，不敢信以为实。钟逆闻高坪卡破，已单骑先遁。此外大小贼目如伪丞相、检点等伪官之被戮者约百余名，得伪照百二十余纸，皆五六年老贼。此正月二十日官兵攻破开化、马金等处贼卡、贼巢之实在情形也。

现在衢州府属开化县境一律肃清，臣饬老湘营进驻开化县城，亲率各营进驻马金街，相机再进。探报遂安县城尚有贼踞，而衢州探报龙游、兰溪逆贼有上犯江山县境之耗，大约与此股暗约会围衢城。今此股既经扫荡，江、皖边境无虞，衢州后路自固。臣当确探贼踪，相机援剿，务保完善之区以剿鸱张之寇，断不敢借口调兵未集，坐失事机。

至此次臣所部由广信赴婺，出岭剿除开化巨股，惟前营留婺未调，余皆随臣转战而前，三获大捷，将士踊跃随征，冒雪驰驱，著有劳绩。可否由臣择尤保奖之处，出自天恩。至阵亡之拟保训导陈修、都司衔蓝翎守备朱三和、蓝翎守备欧光保、蓝翎千总罗朝松、蓝翎把总曾义成、外委严福保、廖朝栋，可否请旨敕部照例给予恤典？

所有进剿浙江开化各股匪获胜缘由，谨会同协办大学士两江总督臣曾国藩恭折具奏，伏候圣鉴，训示施行。谨奏。

沥陈浙省残黎困敝情形片
(1863 年 3 月 22 日)

再，浙江此次之变，人物雕耗，田土荒芜，弥望白骨黄茅，炊烟断绝。现届春耕之期，民间农器毁弃殆尽，耕牛百无一存。谷豆、杂粮、种子无从购觅。残黎喘息仅属者，昼则缘伏荒畦废圃之间，撷野菜为食；夜则偎枕颓垣破壁之下，就土块以眠。昔时温饱之家，大半均成饿莩。忧愁至极，并其乐生哀死之念而亦无之，有骨肉死亡在侧，相视而漠然不动其心者。哀我人斯，竟至于此！

臣于去冬曾筹补救十二条，刊发各属。现复筹采买豆谷种子，购办耕牛，招集邻省农民来浙耕垦，冀将来或有生聚之望。惟浙省被难地方极广，巨富绅民早已避地远徙，捐无可捐。臣军之饷，积欠太久，日食尚艰；虽所过地方，每与各统领、营官、哨官共图分食煮粥，俵散钱米，所获贼中谷米，亦酌量赈粜煮粥，暂救目前，然涓滴之施，无裨大局。且距新熟之期太远，灾民朝不保暮，难冀生全。查有籍隶浙江之富绅杨坊、俞斌、毛象贤等十数员，身拥厚资，坐视邦族奇荒，并无拯恤之意，且有乘机贱置产业以自肥者。为富不仁，莫此为甚！现饬尽力速措巨款，广购米石运回办赈，以救阽危而昭任恤之谊。

理合将地方实在困敝情形，附片陈明，伏乞皇上圣鉴训示。谨奏。

复陈杭嘉湖三属减漕情形并温郡减定折
（1864 年 1 月 12 日）

　　奏为遵旨复查杭、嘉、湖三属征收漕粮情形，并浙东各属地丁亦应核减，温州府属已经减定，恭折具奏，仰祈圣鉴事。

　　窃臣钦奉同治二年六月初三日上谕："浙省迭遭兵燹，小民流离失所，殊堪轸念。自应将该省漕粮量予减免，以示公溥之仁。着左宗棠通饬杭、嘉、湖三属，将实在应征漕粮税则详细确查，各按重轻分成量减，奏明办理。"钦此。仰见我皇上惠爱黎元，痌瘝在抱，值此度支匮乏，犹议减赋薄征，厚泽深仁，实前代所未有。跪诵之下，钦服难名！

　　惟查杭、嘉、湖三属额征漕米一百零三万数千石，内实起运米八十六万二千四百余石，白粮、粳糯正耗米四万四千三百余石，改白征漕米四万九千八百余石，较之江苏常、镇两府为尤重。向年开征，杭、湖各属皆先本后折，嘉兴七属皆先折后本。其交折色者，初收每石已在六千余文，嗣后逐渐加增，折收一石，照时价约合两石有奇；其交本色者，每石有加六七斗至八九斗不等。竭小民终岁之力，徒为吏胥中饱、衿棍分肥之资。所以嘉、湖各属，时有闹漕之案也。是欲刬除宿弊，必先逐县清厘。现在杭、嘉、湖三府均未克复，户口半多流亡，征册亦俱毁失，势难核实勾稽。应俟地方一律肃清，遴派官绅查明向来额征若干，浮收若干，各就各县情形分别裁减，明定征数，颁示勒石，庶实惠得以均沾，民困可期稍复。此杭、嘉、湖三属漕粮刻下尚未能查办之情形也。

　　其浙东各属地丁、南米浮收之数，虽不及杭、嘉、湖之甚，弊端亦在所不免。除新复各郡县田亩未垦、庄册未全者应俟查明办理外，其温州一府稍称完善，当饬该管道府确查详办。兹据兼署温处道、温州府知府周开锡禀称：将道府衙署一切陋规全行裁革，按照历年官收民纳实数酌中核减，计温州一厅、五县、一卫、三场，额征银十六万六千零五十九两七钱三分七厘，谷三万五千五百六十九石零一斗一合，米三万七千八百二十七石六斗七升六合。此次除正额仍照常征解外，其余浮费共减去钱四万零五百余千，米三百余石，本年即照核减之数征收。此浙东各属钱、粮亦应核减，而温州府属已经减定之情形也。

窃维东南数省财赋之重，以江苏之苏、松、常、镇、太四府一州，浙江之杭、嘉、湖三府为最。查杭、嘉、湖额征漕粮一百零三万数千石，而州县浮收又不啻倍蓰。在州县宜有余矣，乃近来亏空更巨者，则以包户日多，帮费日重，摊捐之名目愈繁，往来之供应弥盛，以致乙年之漕，甲年已经挪用，损国病民，莫此为甚！咸丰七年，湖南省核减漕粮时，臣正在升任四川总督、前湖南巡抚骆秉章幕中，见其所定章程最为允协。嗣后湖北、江西仿照行之，官民称便。将来清厘杭、嘉、湖三属漕粮，自应查照办理。而今日之急务，尤在守令得人，斯立法可期久远。未有吏治不清，闾阎得以无扰；民生未遂，府库顾能独充者也。

所有遵旨复查杭、嘉、湖三属漕粮，及浙东各属地丁，温州府属已经减定各缘由，理合恭折具奏，伏乞皇上圣鉴训示。谨奏。

详陈攻克杭州余杭两城实在情形折
（1864 年 4 月 6 日）

奏为详陈攻克杭州、余杭两城实在情形，仰祈圣鉴事。

窃杭州、余杭两城，经官军于二月二十四日卯刻同时攻克，业将大概情形先行驰奏在案。二月二十一日，蒋益澧派记名提督高连陞率副湘四营，攻清泰门外观音堂贼垒，总兵刘清亮率五营助之，水师总兵刘连陞、唐学发、副将罗启勇率所部登岸助剿；派副将周廷瑞、游击徐文秀率湘军六旗，并楚军前营、闽字右后两营、忠毅军、漳诏勇攻古荡贼垒；派洋将德克碑用大炮轰攻凤山门城垣，蒋益澧分亲兵五哨助之，而自率亲兵四哨为诸路策应。卯刻，高连陞、刘清亮等齐抵观音堂，督队猛进，贼伏不出，官军一拥齐上，飞跃过濠，群贼惊窜，立破贼垒二座，贼卡数处。听逆陈炳文率悍党万余来援，刘清亮、刘连陞、唐学发、罗启勇各率所部继至，蒋益澧复督亲兵并参将马德顺马队驰往策应，酣战一时，贼始败退。然垒中枪炮雨集，城上炮石火弹并发，贼巢垂破复完。时德克碑在馒头山开放大炮，已将凤山门城垛轰塌三丈余，蒋益澧调转大队抢上，高连陞、刘清亮、副将王联芳等紧逼城根，洋兵十余名及守备丁贤发等奋勇先登。城贼拼死抗拒，勇丁被伤百余名，高连陞、王联芳均为枪炮所伤，犹裹创力攻，逾时始收队还。其周廷瑞、徐文秀等进攻古荡贼垒，因贼营隔水，环攻未下，乃分兵先攻葛岭贼垒。忽悍贼千余由钱塘门外狂奔来援，都司贺国辉、副将蒋荣彩截击，败之。周廷瑞、徐文秀、贺国辉、王东林乘势将葛岭贼垒两座攻克，共毙悍贼七百余名，无一漏网，各垒之贼始望风而溃。王东林、周廷瑞、徐文秀又连破武林门外二垒，副将曹魁甲、都司胡荣连破古荡二垒，追至武林门外十里街始收队而还。

二十三日，蒋益澧复派徐文秀等四营攻十里街贼垒，刘清亮等七营击武林门援贼，副将刘清望等三营及蒋荣彩水师攻钱塘门城根贼垒，高连陞所部四营会同洋将德克碑花勇由凤山门进攻，总兵王月亮等两营由清波门进攻，刘连陞、唐学发、罗启勇、副将谢永祜、游击布兴有水师各带五成队登岸分攻望江、清泰各门，以掣贼势，蒋益澧自率亲兵往武林门督战。徐文秀、周廷瑞、王东林、贺国辉督队衔枚疾进，至十里街旁始发号播鼓乘之，各勇争先抢拔木桩、竹签，越濠而进。该逆伏于垒内，见官军逼近，排炮轰击，勇丁被伤数十名。徐文秀亲执小旗冒炮跃进内濠，周廷瑞、贺国辉接踵而上，该逆死拒不退，官军之奋勇登垒者屡上屡蹶，徐文秀亦足受矛伤。各勇益愤，环攻益力。正猛击间，首逆陈炳文率悍党万余来援，刘清亮等各营分途堵击，王东林率所部横截而出，席得元率亲兵四哨驰往策应，贼稍却。时周廷瑞等奋攻贼垒，势已垂破，城中又出贼数千。蒋益澧饬都司谢茂胜、陈念亲率洋枪队紧逼城门轰击，其先出者悉被枪伤，不敢复出，惟陈逆炳文拼死相持，垒贼恃有外援，亦坚守不动。鏖战三时，毙贼极多，而官军伤亡者已四百余名矣。未申之交，大雨骤至，官军仍严阵以待，雨止复攻，直至酉刻收队。其高连陞、王月亮、刘清望、刘连陞、德克碑等分攻各门城垒，亦因贼枪炮太密，未能得手。是日城垒虽未攻拔，然凶悍之贼已多伤亡，听逆恇扰特甚，是夜四鼓潜启武林门逃窜。

蒋益澧当饬各营派勇潜伏城根侦伺，四鼓后，柝声渐稀，忽闻城中人声鼎沸，蒋益澧急派徐文秀、周廷瑞、贺国辉、王东林、刘清亮、李运荣、翁桂秋、李世祥、马云标、胡荣、李国栋、罗三纲、叶纪来等分两大队由武林、钱塘等门冲杀而入，蒋益澧率亲兵继之，徐文秀、周廷瑞、王东林等由武林门一带截杀，并将藏匿各街巷之贼悉行骈戮。人马纷驰，尸骸枕藉，呼号喊杀之声震闻数里。其高连陞、德克碑、王月亮、刘连陞、唐学发、罗启勇、谢永祜、余朝贵、张志公、张政顺、丁贤发、姜子豹、布兴有等，亦各率所部同时由凤山、清波、清泰、庆春等门梯城而入，四路搜杀，约共毙贼数千名，生擒千余名，拔出难民无数，夺获枪炮、器械无数，登于二十四日卯刻将杭州省城攻克。蒋益澧一面分军移扎各门，一面抽派马队跟追，沿途又毙贼数百名。此二十四日攻克杭州省城之实在情形也。

其余杭踞逆，入春以来，官军迭次攻击，颇有斩获。康国器所部各营，二月十六、十八等夜，攻仓前、李家塘等处贼垒，毙贼近千名。二十夜，臣饬各军环攻城垒，火箭、炸弹飞堕垒中，贼势惊乱，至晓收队。已刻复出，康国器令游击林本、参将吴光亮所部为前队，同知康熊飞、参将古捷芳、游击林珠等继之。游击蔡盛恩所部截剿仓前援贼。该逆见官军骤至，率党数千前来逆战，吴光亮、林本等督队冲击，立毙悍贼数十名，贼势不支。后队之贼又蜂拥而至，康熊飞、古捷芳等驰往接战，毙贼无数，乘势将附近蒋元坝贼卡焚毁。伪裕王刘逆率悍党来援，吴光亮、古捷芳、康熊飞、林本并力痛击，立即将刘逆轰毙，并斩黄衣贼目多名，贼败走。时仓前援贼由横渡桥斜抄而出，蔡盛恩力战，毙先锋悍贼数名，忽中枪落河身死。古捷芳、康熊飞等驰救，毙贼数十。贼愈裹愈厚，古捷芳往来驰突，手刃黄衣、红衣数贼，亦力竭阵亡。势正危迫，林珠率所部突围而入，康熊飞、吴光亮、林本等复奋力冲杀，贼始奔溃。官军乘势掩杀，又毙贼数百名。其西门所出之贼，经已革总兵罗大春、知府刘璈等各营截杀百余名；南门所出之贼，经总兵杨和贵等击杀数十名。贼经此挫败，势愈穷蹙，将城内辎重、妇女悉搬入城外垒中。臣知该逆将遁，当饬各营每夜多派零队虚作扑营之势以扰之，并令守备刘仁和舢板炮船驶入余城南湖，以备轰攻城垒。城贼益怖，二十四日黎明，汪逆海洋率党急由东门向瓶窑一路窜走。

　　罗大春与总兵刘荣合、副将简桂林等分路追杀，各营亦乘势跟追，毙贼数百名。其东门各处之贼尚有未及逃窜者，悉被康国器所部各营剿杀，追过东门数里。殿后悍贼见官军逼近，拼死回拒，林本、简桂林匹马冲杀，被贼砍伤，仍裹创力战，贼败走。罗大春等追至瓶窑，而杭城之逆亦已窜至，与瓶窑踞逆凭垒并力抗拒。臣得报，飞饬各营加派队伍蹑踪紧追，自率亲兵继进，贼闻官军大队速至，即夜窜走。臣驰抵瓶窑，即饬各营疾追，驰十八里抵安溪关。该处地势险峻，群峰矗立，前抚臣曾修筑炮台一座于此，以资控扼。汪逆之守余杭也，以瓶窑扼北路，又于安溪关筑一大石垒护之。比由瓶窑败窜至此，即分断后悍贼半伏垒中，半匿林内，妄冀官军攻垒，分股从后包抄。罗大春、刘荣合、杨和贵、道员朱明亮、张声恒等驰至，审视地势，先将伏贼搜剿殆尽，乘势攻垒，贼不能支，纷纷溃窜，当将安溪关要隘攻克，共夺获大炮数十尊，抬枪、鸟枪千余杆，旗帜、刀矛无算。二十六日，张声恒、罗大春等复分路出安溪关追剿。晓雾迷漫，咫尺不辨。张声恒率所部五营由中路转战而前，适入贼伏，勇丁亡伤二百余名，势几不支。朱明亮、罗大春、杨和贵等由左路率所部奋威冲杀，立毙悍贼数百名，生擒白号衣贼数十名，夺获汪逆姓旗数十面，洋枪、炮械无算，贼仍败走，其前队一趋德清，一趋武康，与踞城之贼会合抗拒。臣饬各营紧迫武康之贼，饬杨昌濬率亲兵暂驻瓶窑为各路策应，饬蒋益澧分督各营速攻德清、石门之贼，以期规复湖州，断贼回窜之路。此二十四日克复余杭县城，并攻夺各要隘，追贼至武康之实在情形也。

窃维杭州为全浙根本，余杭又为杭州西北屏蔽，逆首陈炳文、汪海洋负嵎死守，力抗大军，数月以来，攻剿殆无虚日。兹幸两城同时克复，浙西大局渐可次第肃清。此皆仰赖皇上福威，诸文武同心协力，得以迅奏肤公，用彰天讨。据各处探报，逆首黄文金、李远继等麇聚湖州，侍逆李世贤及各悍贼图窜江西，因淳、遂各军截断，返窜宜、溧，又因宜、溧已经苏军克复，复窜湖州。是湖州为苏、皖诸逆通逃渊薮，最为吃重。臣自当殚竭心力，慎以图之。贼在浙境则围攻，贼出浙境则追剿，务将积年逋诛剧寇聚而歼旃，免致流毒完善地方，又成不了之局。至于机势之顺利与否，则亦未敢逆计也。

此次克复杭州、余杭两城，在事文武不无微劳足录。浙江布政使额哲尔克克巴图鲁蒋益澧，调度有方，忠勤懋著。记名提督、广西左江镇总兵尚勇巴图鲁高连陞，朴勇善战，能得人和。应如何加恩以示优异之处，伏候圣裁。

浙江督粮道杨昌濬，请赏加按察使衔。江西记名道康国器，请遇有福建道员缺出，请旨简放，并赏加按察使衔。

记名总兵王月亮、刘荣合，均请赏加提督衔，并赏给该员三代一品封典。记名总兵刘清亮，请以提督记名请旨简放。记名水师总兵杨政谟、刘连陞，均请赏加提督衔。补用副将周廷瑞，请遇有总兵缺出，记名请旨简放。总兵衔补用副将刘树元、副将王联芳，均请以总兵记名请旨简放。总兵衔候补副将彭大光，请遇有闽浙水师总兵缺出，请旨简放。浙江补用副将简桂林，请遇有闽浙总兵缺出，请旨简放，并赏给勇号。已革总兵罗大春，请开复原官，遇有闽浙总兵缺出，请旨简放。记名总兵杨和贵，请赏给勇号。副将曹魁甲，请赏加总兵衔，并赏给该员两代二品封典。补用游击徐文秀，请免补游击，以副将仍留浙江，遇缺即补，并赏加总兵衔。副将衔补用参将李运荣，请以副将补用，赏加总兵衔。浙江候补副将罗启勇，请赏加总兵衔，并赏给勇号。副将衔补用参将马德顺，请以副将仍留浙江补用，并赏加总兵衔。副将衔江西候补参将吴光亮，请以副将仍归江西补用，并赏加总兵衔。四川补用副将刘清望，请以副将改留浙江补用，并赏给勇号。

补用游击余朝贵，请以副将仍留浙江补用。参将衔江西补用游击林珠、江西补用游击林本，均请以参将仍归江西补用，并加副将衔。补用游击翁桂秋，请以参将补用，并加副将衔。浙江补用游击席得元、陈念亲、梁云山，均请以参将仍留浙江补用，并加副将衔。游击衔都司王东林，请以游击仍留浙江尽先补用，并加副将衔。游击衔都司贺国辉、张志公，请以游击留于浙江补用，并加副将衔。花翎都司谢茂胜、都司衔守备张政顺、丁贤发、李世祥，均以游击留于浙江补用。花翎都司胡荣，请以游击补用。花翎守备姜子豹，请以都司补用。蓝翎守备衔千总李国栋，请以守备补用，并加都司衔。福建补用道朱明亮，请赏加按察使衔。运同衔浙江补用同知魏光郎、杨道洽，均请免补本班，以知府仍留浙江遇缺即补。知府衔湖南尽先补用同知直隶州知州吴作梁，请免补本班，以知府仍归湖南遇缺即补，并赏给该员祖父母、父母两代正四品封典。候选同知康熊飞，请免选本班，以知府留于浙江补用。游击高有志，请以副将尽先补用。参将丁应龙、署浙江提标游击补用参将布兴有，均请加副将衔。其余出力员弁兵勇，可否由臣查明从优保奖，出自恩施。其力战阵亡之广东即补参将古捷芳、江西尽先补用游击蔡盛恩，应请旨敕部从优议恤。其各战阵亡员弁，容俟查明再奏，请一并给予恤典。

臣拜折后，即入省办理善后事宜，并分饬各军迅速攻剿。所有克复杭州、余杭两城实在情形，理合由驿六百里驰奏，伏乞皇上圣鉴，训示施行。谨奏。

进驻省垣设局赈抚筹办情形片
（1864 年 4 月 18 日）

再，臣于三月初二日进驻省垣，巡视各城垛身，间有轰坍之处，尚易修葺，惟驻防城身概行拆卸，房屋但存墙壁。省城以内仓库、衙署，俱已荡然无存。街市房屋，亦大半拆毁。闻无事时，省城内外居民共有八十一万余口。现除逃亡死故外，陆续来归及存留遗民，合计不过数万口。一片劫灰，伤心惨目！盖两次沦陷，被祸为尤酷也。现已遴派员绅设立赈抚局，收养难民，掩埋尸骸。并一面招商开市，一面将急须修浚工程办理，以期通商惠工，暂救时局。其余善后事宜，容再次第筹办。理合附片陈明，伏乞圣鉴。谨奏。

筹修海塘土塘片
(1864 年 5 月 18 日)

　　再，浙江海塘，惟仁和、海宁、海盐所辖地段险工最多。而海宁地形尤高于他处，势若建瓴。海宁之塘一决，不独杭、嘉滨海一带将尽变为斥卤，即苏、松各属亦有波及之虞。向来于石塘之外修筑柴塘，石塘之内修筑土塘，每岁修补，以御潮汐。近因海宁、杭州久被贼踞，石塘要工无人过问，柴塘、土塘亦皆任其冲刷。自上年以来，坍卸地段愈多，咸水内灌田畴，桑枯稻萎，沿海农民失业。正委员勘估兴修，并咨江苏抚臣李鸿章劝谕苏、松绅民通力合作。旋准李鸿章咨，据署松江府钱德承禀称：上海向系淡水，现在水味忽咸，查系海宁塘工坍卸，潮水灌入所致，于下游各郡民田大有关碍，请派员勘修前来。

　　臣查海塘工程，关系苏、浙两省农田水利最为紧要。亟应设法兴修。惟石塘工繁费巨，无从筹此巨款，即将土塘稍为修葺，而约略估算，亦需银二三十万两。现在饷需支绌，库款荡然，非劝捐办理不可。臣当会同江苏抚臣，饬令苏、浙各属绅富一体捐输，并一面派员前赴桐庐、建德一带收买塘柴，俾得早为集事。至此项工程，现拟民捐民办，将来应请免其造册报销。

　　谨会同江苏巡抚臣李鸿章合词附片具奏，伏乞皇上圣鉴训示。谨奏。

敬陈浙江应办善后事宜片
（1864 年 11 月 25 日）

　　再，浙江初复，百度更新，臣与僚属竭力经营，尚只甫有端绪。如除匪安良，剔除痼弊，修复水利诸大端，关系尤重。臣智虑短浅，又兼时日迫促，未克稍究厥施，实维心疚。如嘉、湖枪匪一节，为奸盗之源，风俗之害，业经蒋益澧节次拿办，斩除著名巨匪百余名，编立船埠，稽查保甲，勒交船械。迩来浙境渐已敛戢。风闻徒党之逃入上海者尚多，臣曾函请李鸿章密速捕治，以净根株，未知如何办理；苏境未清，则亦浙境之患也。至台州，负山面海，风气素称悍戾，土豪动辄结党相攻，玩视官长，及今不治，必为后患。臣已檄委留浙补用道衔知府刘璈署理台州府知府，其台州协副将一缺，以留浙副将谷香山署理。各带所部勇丁赴任，冀其惩除豪恶，俾愚懦得以安生，然亦非旦夕可期之效。至杭属及宁、绍、台、温滨海之区，海盗时有出没，水师直同虚设，船、炮全无。欲治洋盗以固海防，必造炮船以资军用。轮船、红单两式均不可废，仿造、雇驾两议非钱不行，一时筹措无从，不得不缓期以待。此治匪之事尚须妥为经理者也。

　　杭、嘉、湖三属钱漕之重，实浙中数百年民瘼攸关。现虽拟议筹办大概情形陈奏，然非守令实心经理，难期尽善而垂久远。至南、北新关榷税之害，关系杭郡一方民瘼。现甫议划厘抵税，未卜能否邀恩。其金、衢、严、台四郡征收钱粮章程，尚未及筹办。此剔弊之事尚须妥为经理者也。

　　浙江全辖土田，近山者瘠，近水者腴。民田赋重，更赖蚕桑为生理。蚕桑之利，惟浙西为最饶。民之治桑，其栽培灌溉，与治水田无异。故自古治浙有声者，莫不以水利为重也。海塘关系吴、越两省农田，寇乱以来，石工坍卸过甚，欲及时修复，约略估计非百余万两不可。此时公私荡尽，捐垫俱穷。臣前已奏明先备办土塘，暂御咸潮，计亦非得银二十万两不可；其工概由绅捐绅办，官不与闻。现在虽经兴工，而乱后人稀，料贱工贵，一时尚难迅期蒇事。至杭州西湖，为仁和、海宁水利所关；余杭南湖，为仁、钱水利所关；省城中河，为民商炊汲舟楫之利。今虽中河修浚完工，南湖草草毕事，而西湖则淤垫已高，莳长水枯，未遑议浚。此修复之事尚须妥筹经理者也。

臣已交卸抚篆，料理起程，而每念此邦疾苦情形，殊深耿耿。幸护抚臣蒋益澧与臣共事已久，于整军、治民各事极意讲求，署布政使杨昌濬与臣相处多年，信心有素，必能补臣缺漏，仰答恩知。臣已将应办、未办各事交其妥为筹画。惟是为治之道，兴利不如除弊，任法不如用人。两臣扬历未久，于部中一切文法则例均未深悉，若遽以此相绳，正恐力有未逮。是则区区之愚，不敢不尽者耳。谨附片具奏，伏乞皇上圣鉴。谨奏。

全闽肃清现饬越境追剿折①
(1865 年 6 月 27 日)

奏为官军追剿获胜，全闽肃清，现饬越境追剿，恭折驰奏，仰祈圣鉴事。

窃高连陞、黄少春、刘清亮等驻军平和，将漳浦、云霄窜贼悉数歼除后，因永定警报踵至，即各率所部驰援。比抵永定，汪逆已经各军击败，向上杭中都窜走，侍逆余党亦续由大姑滩逃逸。高连陞、黄少春等蹑踪紧追。五月初十、十二等日出队至大姑滩对岸，该逆尚率众渡河回扑，经官军排枪轰击，毙贼甚多，贼败走。旋侦知贼之先走上杭西门外上墩乡与武平之象洞者，汪逆均调来中都，仍图回扑官军，适知府魏光邨所部及高连陞、黄少春两军留驻漳州四成队驰至，十五日黎明，高连陞率各营进扎大姑滩下，黄少春各营进扎大姑滩上，均于沿河密布营垒。时悍贼数千将所扎木篷千余架搬至河边，正图搭架浮桥。官军突至，枪炮齐发，汪逆亦令随身洋枪悍党拼死抗拒。官军纵击，历三时之久，毙悍贼数百名，带伤者无算，贼犹死拒不退。高连陞、黄少春各挑洋枪队百名，潜从大姑滩上下踩浅过河抄击。瞥见各山头号火齐起，知汪逆方嗾群贼来援，高连陞等麾洋枪队，及其未至遽前薄之，轰毙头旗悍贼一名，群贼惊骇，乃弃马翻山而遁。河边搭桥之贼与山头来援之贼亦同时窜走。官军乘势压击，毙悍贼一二百名，生擒二十六名，坠岩落水死者千计。时刘清亮留驻湖雷各营，因丁太洋一股业已击败投城，后路无事，亦率所部驰至，会商十七日卯刻分三路过河痛击。讵该逆败后胆落，即夜夺路狂窜。官军追杀二十余里，毙贼无算，生擒三十一名，拔出难民数百，余逆悉窜武平。署武平县知县八十四飞禀告急，高连陞等急率四

---

① 此折与福建巡徐宗干、福州将军英桂会衔。

成队赴之。派马队先（至）〔进〕①，侦知该逆尚踞中赤、岩前一带，十九日，疾驰百里至武平所。二十日，追至风车旁，见贼千余方屯聚山下各村，追军至，立毙贼百余名，生擒七名，各馆之贼一齐惊走。又追二十里，始收队回武平县城。二十一日，黄少春、高连陞、刘清亮正分路进剿中赤之贼，讵该逆经官军迭次击败，已向下坝逃窜，官军追及，仅斩尾贼二百余名，生擒四十余名，拔出难民三百余。据获贼供称，汪逆本喙岩前之贼先窜镇平，因粤军扼截，折回下坝，现经官军追击，仍向粤东边界窜去。高连陞、黄少春、刘清亮已率军进驻下坝。计各战擒斩逆贼，实不下三四千名，拔出难民无算。此各军追剿获胜，闽境肃清之实在情形也。

窃维李世贤、汪海洋等逆上年九月由江、粤突窜闽疆，连陷府厅州县凡七，人数实二十余万，加以闽、粤土匪从乱如归，首逆李世贤复以重利啖洋人，购其枪炮，勾其助逆，势甚鸱张。幸赖圣谟广运，救浙军迅赴戎机，资以浙饷；复以地广兵单，救苏军赴闽助剿。数月之间，得将各城次第克复，全境一律肃清。李世贤、林正扬两股擒斩殆尽，丁太洋一股窜蹙投诚，仅余汪逆一股伙党数万，逼聚江西、闽、粤三省交界之区，势孤力薄，可冀就歼。现因该逆出没闽、粤之交，为各军所扼，不能窜越江西，转窜粤境，直趋嘉应州。臣等已饬康国器及关镇邦所部粤勇五千余人由峰市追剿，冀与粤东嘉应官军共收夹击之效。惟汪逆本谋在窜江西，似不久留粤境。臣等已饬王开琳率所部老湘营由汀赴赣，已报启行。其高连陞、黄少春、刘清亮三军转战闽、粤之交，驰驱千里，实形劳瘁，应暂留武平休息，觇贼所向截之。其刘典一军，俟整理就绪后，亦即由汀赴赣，或径赴南安，截其由江西窜湖南之路。期将此股歼除，稍纾慈廑。断不敢存画疆自守之见，亦不敢居越境剿贼之功。所有此次各军追剿窜贼，迭获全胜，出力将弁兵勇，及防守转运出力员弁，可否并由臣等查明，汇案请旨奖叙之处，出自天恩。谨合词恭折由驿驰奏，伏乞皇上圣鉴，训示施行。

再，此折系臣宗棠主稿，合并声明。谨奏。

---

① 据"录副奏折"校正。

沥陈闽盐试行票运情形折
（1866 年 1 月 2 日）

奏为沥陈闽盐试行票运情形，恭折复奏，仰祈圣鉴事。

窃臣接准户部咨开议复闽盐试行票运一折。同治四年九月十五日奉旨："依议。"钦此钦遵。抄折飞咨到臣。窃维前奏福建试行票运一案，实因鹾务积弊相承，渐至不可收拾，致国家自有利源尽供中饱。因检阅旧卷，见咸丰元年户部有就场征课，按包抽税之奏，咸丰三年御史蔡征藩有修复收税旧章，按照闽省现商完课数目，改收场税、关税之奏，皆奉旨详悉妥议，切实具奏。维时督抚诸臣皆劫于浮言，不敢独执其咎，因循至今，全纲颓坏，良用慨然。因与抚臣会商，毅然有改行票运，试办一年之请。初不意遽有成效也。旋查自本年闰五月起试行票运，截至十月底止，甫及半年，盐库实支解司暨臣营军饷已一十五万两，一切照例杂支之款一万数千余两，尚有各商在帮应完未收之一半课厘，约计亦可十余万两。伏查同治元年报收银二十一万两有奇，实支解京饷及司库共只八万两有奇，二年报收一十六万两有奇，实支解京饷及司库共只六万两有奇。两相比较，试行期内半年之久，所收实解之款已抵前此一年及一年半之数。此其明效大验，一览而知者。臣初亦疑上有所益，则下必有所损，课厘并纳，民或有食贵之虞，乃询诸市价，则无所增也；赢绌相形，商或有偏累之苦，乃察之商情，均以为便也。臣方诧为始愿所不及。即当创议之初，腹诽而窃笑之者亦爽然若失，不敢妄持异议。

兹阅部咨，部臣亦知以闽鹾敝坏为可虑，亦不以票运为不可行，而特以慎重更张，预为诘责，于是有四可虑之议。如原奏云：在前严定考成，尚有挪移之弊，此时免计分数，能无侵蚀之虞？又云：现办各商一经裁撤，万一新贩稀少，课额亏短，再欲复归旧章，势有万难一节。臣所以请免计分数考成者，以闽鹾痼弊最深，骤议改章，难求速效，是以援照两浙成案恳请试办。从前考成虽严，每届奏销仅以五分塞责，其中虚抵虚收尚复不少。现在试办票运，实收实解，方且一洗从前挪移陋习。从前解款半，而今解款倍之，其无侵蚀之事可见。旧商只令照额认办，分别买票帮销，完缴课厘，不准挂欠，一切浮费则概行革除，并未撤退旧商，全招新贩；向之疲滞口岸，自试行新章，渐有商贩认办，视前此佥派殷富充商，以行盐为勒捐之计者迥不侔矣。此不足虑者一也。

部议西路商帮额大课重，招徕小贩力不能胜，又苦陋规太多，必致捆运无人，则不但亏课，而且病民。夫陋规不除，则由昔之道、由今之道均一亏课病民，岂有力求整饬而不革除陋规之理？今西路世业大商，仍任其认岸专办，此外官运亦归一律。而自臣衙门至大小盐务衙门规费一概革除，计所裁之数每年不下七八万两，又停收一切杂支之款。是皆向之所谓以陋规太多为苦者，一经厘革净尽，群情欣然，如沉疴之释体。方且于应完正课外，输厘金，捐牙帖，开设官行，一以弥补杂款，一以接济军需，无加额之名而有裕课之实。此不足虑者二也。

部议开场，滨海民风强悍，枭贩繁多，抽厘更难措手，师船弹压，万一办理不善，得不偿失。臣查此次试办章程，厘随课出，皆取之买票商贩，并未沿海散抽商贩。既完课厘，成本较重，必须官为缉私，销路乃畅，卫商即所以顾课也。数月以来，并无私枭拒捕之案。如果奸枭滋事，则执法惩之，岂有虑民强而废法之理乎？至谓闽省从未报解盐厘，遂谓无从措手。则未知从前闽事之积玩，有非意想所到者。沿海州县多系县澳官帮，平时包与稉户，官但坐收课费以充私囊，而报解实银者寥寥，正赋尚缺，遑云抽厘。今设局招徕，不假丁胥之手，新贩既认口岸，与西路商帮无异，无不交相奋感，以冀畅销。现在县澳各帮次第遵照新章完纳课厘，该局随收随解，并无蒂欠。盖挈向时官吏私攫之款涓滴归之公家，名虽取之于商，实则变私费为公帑，益上而不损下。此不足虑者三也。

部议闽盐积欠不下数百万两，虽未能依限清完，而军务肃清，可期渐有起色，一旦全议更张，欠款未便置之不论。如票运仅能保完课额，前项已无着落，现充各商一经裁撤，责令如数完欠，恐亦甚难。臣查闽盐积欠已至四百余万两之多。此非一朝一夕之事，亦非始于军兴之时，盖其积疲也久矣。票运仅能保完课额，前项固无着落，然若不早议变通，日复一日，前项岂归有着乎？即军务肃清，顿如从前无事人物滋丰之时，而利孔百出，虽行销日旺，亦只悉归中饱，于国计有何裨益？未改票运以前，求保完课额，而犹有未逮，部臣不之责也，甫试改票运，力顾课额，而部臣尚欲求多，是举数十年之不能办者责望于一时，恐管、晏竭其才，桑、孔尽其术，而亦有所不能。譬如力举百钧者，如以百钧之重责其负荷，已觉不能日中其程，若再累而增之，其不致颠蹶者几何？况现虽试行改票，专顾课厘，而旧欠仍未尝不按期催缴，自四月至十月官欠商欠收回银五万余两，视前百呼而不一应者亦觉迥异。惟闽商资本素微，又值雕敝之后，责其赶完课厘，又责其清完陈欠，恐陈欠未必能清，而旧商日益倒罢。是以请将积欠带输等银分别减免，总期商力稍纾，渐能照额买票赶运畅销，或可以盈补绌。此不足虑者四也。

至部议以先清埕坎，次查户口，出入兼权，可得大概，议臣原奏未之及一节。窃谓清埕坎、查户口，本是盐务常谈，非救时急务。闽省官埕、官坎倒废奚止百年！所仅存者，多系滨海穷民自行修整，非次第清理，不能挈私而还之官。若骤夺私修之埕、坎而归之官，事必有所难行，必致如部臣所虑，办理不善，得不偿失，翻不若抽厘之较为得实。至户口星散，稽核难周，海滨掬水成盐，人皆食盐之人，即人皆煮盐之人，必欲计口授食，不但徒托空言，转恐益滋烦扰。故原奏未之及而但以抽厘权其转贩之盐也。

部议务期毫无窒碍，确有把握，再议试办。果如部臣所言，臣能预知毫无窒碍，确有把握，则当径奏改票，不必以试行为请。试行云者，原欲详察利弊，决其可否，斟酌行止，以俟请旨定夺。今必谓试行亦须俟部议而行，则凡外吏遇有试行事件均必先咨部臣定议而后入告，亦似与定制不符。从前部臣知闽鹾之日坏，奏议改章。若前任督抚臣肯不计身家利害，毅然为国家长久之计，则现在新获之效早行之十余年以前，计所获已不下二百余万两，何至积欠至四百余万两之多？乃从前积欠至四百万两，不闻部臣参办责赔；兹力排群议奏请试行，而部臣转持苛论。事关国计，臣安敢缄默不言？

总之，任法不如任人，人存而政斯举；兴利不如除弊，弊尽而利自生。盐务为腥羶之场，为奸弊之薮，见效最难，致谤则易。苟无洁己奉公、独立不惧之员，即改行票运，臣亦安能保其必无流弊？惟据现在而论，臣虽不肖，断不敢计及身家利害，重负君父。盐道吴大廷尚知自爱，又正当感恩图报之时，断无背公营私之理。试行期内，虽部臣责臣与抚臣、盐道以参赔，并称如该督等不候命下已竟撤商行票，将来课额亏短，全纲涣散，臣部惟有从严参办，并将亏短课款责成率详之盐道与率准之督抚分成赔缴，以肃功令而重醝政。臣与吴大廷无所愧，亦无所怯也。若后此兼管盐政以及盐道不得其人，则此时试行之章，安知非从前相沿之弊？是则非微臣所敢任，而亦部臣所能议者。

可否敕下部臣，将闽盐试改票运应止应行，速议具奏，俾微臣得免意外吹求，不胜感悚之至。

至盐政原督臣兼管，与抚臣无涉。盐道虽系专司之员，然举行票运，实微臣一时愚昧之见，并迭次函牍责令毋避嫌怨，详议候核，非盐道所能专，似可一并无庸置议。

所有此次复陈，由臣单衔拜发之处，合并声明。伏候皇太后、皇上圣鉴，训示施行。谨奏。

收复嘉应州城贼首歼毙净尽余孽荡平折①
（1866 年 2 月 14 日）

奏为官军围逼嘉应，逆匪宵遁，各军分路截剿，均获大捷，贼首歼毙净尽，州城收复，余孽荡平，恭折驰报，仰祈圣鉴事。

窃自十二日之战汪逆伏诛后，伪偕王谭体元代统其众，与胡瞎子等负嵎死拒，尚敢抗我官军，图扑东路营垒。经帮办福建军务二品顶带刘典、广东陆路提督高连陞、署浙江提督黄少春、福建布政使王德榜会商联营进扎，臣宗棠复饬道员朱明亮桂营进驻井塘，顾各军后路，每日出队协护筑垒。于十九、二十两日，高连陞、黄少春、王德榜各军环逼州东北、东面之黄竹洋、佛子高、曹塘一带而营，刘典督所部福建福宁镇总兵刘明灯、总兵简桂林、道员李耀南等，于十八日冒雨进扎西洋市。十九日，留闽补用副将署龙岩游击赖长水陆三营进扼龙津桥。并饬各军于西洋搭造浮桥，夹河并进。该逆见我军彼此列队声威极壮，不敢复犯。适浙江提督鲍超全军于十七日抵州西北三十里之相公亭，十九、二十两日率队至平城铺山子下筑垒。广东布政使李福泰亦至州西蓝口，令总兵方耀、都司邓安邦所部至古塘坪列队，与鲍超为掎角之势。十九日，该逆出七树径直扑粤军。方耀、邓安邦扼金鸡石坳口，列阵以待。贼分三路猛扑数次，方耀等分途迎击。自午至西，鏖战四时，将贼击败，毙贼百余名，生擒一名，我军阵亡三名。二十日，鲍超出队相视营地，谭逆复率悍党分股来扑。鲍超令提督唐仁廉等由中路进，已革提督谭胜达等由左路进，总兵曾成武等由右路进，以提督李文益、总兵衔副将龚占敖、记名总兵贵州清江协左营都司罗运昌等分路策应。总兵段

---

① 此折与署两广总督瑞麟、署广东巡抚郭嵩焘并江西巡抚刘坤一、福建巡抚徐宗干会衔。

福，记名提督、直隶正定镇总兵娄云庆，分率各营左右抄击。唐仁廉等
击退中路之贼，左右路贼党尚蜂拥而来。谭胜达等奋力猛击，毙贼甚
众，左路贼亦溃。曾成武鏖战一时，与已保守备顾惟奇皆受子伤，裹创
血战，力将右路贼击败，乘势追杀。娄云庆率副将徐连陞等横截之，贼
益惊乱。鲍超督各军掩杀，直追至城下而返，毙贼四千余名，生擒老贼
二百余名，我军阵亡弁勇四十名。此十九日、二十日两军击贼获胜之实
在情形也。

汪逆伏诛，贼中胆落，又不得逞于西北，臣宗棠料其必图速窜，咨
行各军统领迅合锁围，以便剿抚兼施，免其漏逸。而州南一面，必须粤
军迤扎而东，闽军迤扎而西，方无罅隙。粤军总兵曾敏行、副将郑绍
忠，十八日进罗衣堡，拟俟二十二日进州西南十五里之长沙墟，延扎州
南之小密。而刘典所部总兵张福斋，二十一日已进扎黄坑、芹菜洋之
间，距州南稍东不过数里。江军记名布政使、贵州按察使席宝田，总兵
刘胜祥两军，十九日驰扎大坪后，臣宗棠饬其延扎州西面一带，以便蓝
口粤军方耀、邓安邦延扎州西南之大乍堡、三门坳，策应曾敏行、郑绍
忠〔两军〕①，俾可速由长沙墟进逼州南，与闽军联成一气。臣宗棠于
二十一日率亲兵及总兵杨和贵新右营前进。二十三日巳刻，在州东三十
里之井塘途次，接据各军禀报，贼于二十二夜二更后潜启西南门，由小
密出黄沙嶂而遁，胡瞎子当先，谭逆及各贼首断后。幸刘明灯先遣降贼
入城侦探，至是到营飞报。刘明灯与简桂林、赖长立率所部疾趋黄沙嶂
一路追截。黄沙嶂者，州南狭隘，群峰峭削，一径萦纡，为嘉应出新
田、大田，右至丰顺，左至潮州之间道。贼以数万之众冒死出险，急不
得前。刘明灯、简桂林、赖长驰抵泮坑，斩杀尾贼数百名，生擒三十余
名，追过小密，遇郑绍忠安勇营盘，彼此不相识别，混战一时，天明始
各向黄沙嶂并力追击，复毙贼二千余名，生擒五百余名。先是，贼目刘
廷贵、沈文有等已输款于黄少春，城贼出走时，沈文有飞报各军。高连
陞、黄少春与记名提督、署浙江衢州镇总兵刘清亮，四鼓率队入东门搜
剿余贼，副将马骏发追至南门外水南坝河边，排枪击之，轰溺甚夥。伪
佐将刘廷贵率三垒之贼投降黄少春军前，其另股千余人赴刘典军前乞
降。高连陞、王德榜、布政使衔福建延建邵道康国器各军，径向黄沙嶂
追剿，鲍超督所部入州城，旋即派队继进。刘典率所部追及小密、长沙

---

① 据"录副奏折"勘补。

墟，黄少春亦至，各路官军齐进。山路逼窄不能容众，因回营安插降众，资遣难民。张福斋、李耀南追至合溪，毙贼不可胜计。方耀、邓安邦由七树径、三门坳、大乍堡过河追击，亦至黄沙嶂而返。此二十三日黄沙嶂以北各军追剿、受降之实在情形也。

其过黄沙嶂者，刘明灯、简桂林、赖长，缘崖冲杀。该逆初犹死斗。经各军奋力压剿，逆众丧胆狂奔。我军乘势痛剿，如摧枯拉朽，杀不胜杀，斩贼目二十余名，贼三千余名，生擒千余名，堕崖落涧死者，人以数千计，马以数百计，解散难民数千名，夺获贼马五百余匹，伪印数百余颗，枪械无数。我军阵亡勇丁数名。正追杀间，高连陞、刘清亮又至，合兵纵击，追至土地园，贼众狼奔豕突。高连陞、刘清亮率总兵丁贤发，道员魏光邴，副将曹光德、张志公、黄北海，游击孙永忠、陈得胜等，奋威剿杀，枪击矛刺，毙贼极多，直至分水坳，刘明灯等因将士夜半出队，穷追竟日，饥疲特甚，且鲍超、王德榜、康国器各军又已踵至，前路愈形拥挤，乃收队回营。高连陞等追杀至新田，少憩觅食。鲍超前队又至。三更后，高连陞等整队急迫，黎明及贼于大田，该逆大股麇聚，犹抵死夺路而奔。我军奋勇掩杀，又追二十余里。贼尸枕藉，被胁贼党伏地乞降者约万余人，高连陞受之，搜斩叛勇头目欧阳辉及逆首赖裕新即赖剥皮之母，枭首军前。悍贼犹越岭狂窜，我军四路搜杀，计又毙贼二千余名，夺贼马千余匹，枪炮五百余件。高连陞、刘清亮暂驻大田，督队搜捕余贼，至长崀，见高山密林中一黄衣贼，拥贼千余人，蚁聚伏匿。匦飞登山顶，逆众骇奔，丁贤发直前奋击，手擒黄衣贼，乃伪总统胡瞎子即永祥也。余贼悉降。又搜二十里，遇粤军于岭脊，询知附近无贼踪，始收队回。

其王德榜一军，由黄沙嶂左路追杀，二十三夜，及贼于北溪。该处四围皆山，贼众遍野，我军扼其去路，登高呼曰："降者弃械上山。"伪右先锋眉天义曹玉科，伪前先锋钧天义杨世如，伪会天福何玉清，伪天将彭大贵，伪神将马有玉及伪天义、天福彭大元、刘福胜等，率众跪马前泣求免死，王德榜受之，约四万人。

鲍超所部二十三日由黄沙嶂左路追至北溪白沙坝，何明亮、黄矮子等仍思抗拒。唐仁廉率各营纵击，总兵衔副将孙开华等由右路击贼之腰，谭胜达等由左路越岭，将贼截断，逆众大溃，各军连夜蹑追，唐仁廉率洋枪八营，由两崖小径乘夜疾绕贼前。二十四日黎明，该逆复嗾党拼死夺路狂冲数次。鲍超亲率驻城十营由小路追及，飞令唐仁廉扼塞前途山衔，副将杨德珍率两营抄捷径而前，为唐仁廉后应；谭胜达、孙开华等由左右山冈压下，段福率五营往来策应；娄云庆由中路进击，参将鲍昌寿应之。鲍超麾兵奋威齐进，逆众向前鼠窜，唐仁廉排洋枪环击，孙开华等由右路疾驰而下，逆众扑跌落崖者甚夥。娄云庆在中路奋剿，谭胜达自左侧抄出，乘胜喊杀。唐仁廉等不避险阻，愈战愈奋，将贼截作数段，尸横遍野，积械如山。两日共毙贼八千余名，坠崖死者难以计。逆众见四面皆已被围，始罗拜求生，当将二万余众一律兜擒，查出伪忠诚天将何明亮，伪大佐将何明辉、戴礼煌，伪佐将萧秋林，伪朝将黄寿发，伪先锋钟有诚、黄正元、刘明盛，伪增天义吴庆宝，伪奋天安廖大顺，伪祈天安杨文魁，伪袁天义袁戴春，伪意天豫钟意兴，伪段天福巫得盛，伪隩天安陈世路，伪卫国侯龙大宾及张孟元、黄茂林、黄得胜、吴水源、张元柏，及叛勇头目黄矮子等，陆续诛磔。其伪侯丁德泰等大小头目七百三十四名，亦经讯明军前正法。惟康国器一军从右路拦击，尚未接其禀报。计斩擒亦必不少。此二十三、四两日黄沙嶂以南各军穷追痛扫，分别剿抚之实在情形也。

臣宗棠于二十三日闻报后，以各军所收降贼佥称，谭逆因官军围逼，泣商各贼首，欲西窜兴宁、和平以趋广西，胡逆不允，坚欲由丰顺、潮州一带窜越闽浙边界以归皖南等语。贼踪既趋丰顺县境，距潮郡不远，当即飞饬潮州文武固守城池；一面飞调三河坝篷辣滩炮船五十号迅赴留隍，以扼要津，并将追贼各军已收队者抽拨前往潮郡，水陆依护防守。臣宗棠于二十五日折回松口，即向留隍进发。仍饬席宝田、刘胜祥扼兴宁，以固江西藩篱。粤军方耀等四军，共扼长乐、永安之冲，以固惠州门户。檄高连陞、刘清亮所部在嘉应者，分扎州城及长沙墟一带。令鲍超及闽军之未收队者，跟踪追剿。无论该逆向惠、向潮，均以尽贼为度。旋据各军报称，二十三、四两日追至北溪白沙坝，距丰顺县尚四十里，全股业已荡平。臣宗棠自可无须驰赴潮郡，即在松口暂驻，将降众分别办理。拟将其著名桀黠罪恶贯盈者，仍从严惩处。其情罪可原者，应即免其骈戮，给护票散遣回籍，以广皇仁。仍挑其精壮，分隶各军，暂给口粮，以俟分起遣散。

伏查嘉应城踞逆不过十万余众，综计各军擒斩轰毙之贼，实一万六七千名，生擒数千名，坠崖死者不计其数，解散难民万余，先后收降五万余人，夺获贼马一千六百余匹，伪印、旗帜、枪炮、器械抛弃满途，拾不胜拾。而此股各首逆，谭体元被首先追及之闽军于黄沙嶂北枪伤，坠马落崖死；胡瞎子为高连陞所部生擒；何明亮、黄矮子，为鲍超所擒斩，汪麻子亦中枪殒命；奸除殆尽，无一漏网，即多年稽诛之积贼，与近时投附之叛勇，本地从贼之土匪，亦皆扑灭无遗。此固非臣等始愿所及也。仰蒙皇上圣谟广运，将士用命，一旬三捷，将十余年发逆种类一鼓荡平，从兹海澨山陬凶悍之民，当益震慑天威，不敢狡焉思逞；而东南各省亦可脱甲解严，与民休息矣。

此次尤为出力之记名提督唐仁廉，已请开复，遇缺题奏。提督谭胜达，记名提督、直隶正定镇总兵娄云庆，拟保记名提督、总兵曾成武，可否悬恩从优奖励；拟保提督衔记名总兵、副将孙开华，可否交军机处记名，遇有提督总兵缺出，请旨简放；拟保记名提督总兵邓训诰，请以提督遇缺题奏。记名提督彪勇巴图鲁萧得龙，记名提督、署浙江衢州镇总兵靖勇巴图鲁刘清亮，记名提督智勇巴图鲁李运胜，提督衔记名总兵胜勇巴图鲁黎荣钧，并请赏换清字勇号。提督衔福建福宁镇总兵刘明灯，请赏给清字勇号。

拟保遇缺题奏，并请换清字勇号之记名闽浙总兵简桂林、闽浙总兵张福斋，及记名总兵杨和贵、拟保记名总兵刘端冕、拟保总兵萧连贵、闽浙总兵丁贤发，均请赏加提督衔；丁贤发并请赏给清字勇号。记名总兵齐兰礼，请赏给该员三代二品封典。拟保总兵马骏发，请赏给勇号。暂行革职记名总兵方耀，请开复革职处分。拟保总兵衔留川副将龚占鳌，副将张志公、曹光德，可否均以总兵记名，请旨简放，龚占鳌并请赏加提督衔。总兵衔副将张再胜，两江补用副将赖光斗、喻名扬，副将衔参将涂祖昌，均请以总兵补用，并均请赏给勇号。留闽副将著勇巴图鲁赖长，请赏换清字勇号，并加总兵衔。副将徐连陞，拟保副将江自康、易进春，均请免补副将，以总兵补用，并均请赏给勇号。总兵衔闽浙副将宋定元、总兵衔副将陈集贤，均请赏给勇号。留闽副将甘大有、毛惠德，闽浙补用副将萧宝林，署广东罗定协副将郑绍忠，均请赏加总兵衔。副将黄北海、谭胜清、黄喜光，均请赏给勇号。

拟保留闽副将谢复云、副将眭金城，拟保闽浙遇缺即补副将邹玉林、戴清辉、杜登云、吴茂轩，均请赏给勇号。副将衔留浙参将唐得胜，副将衔参将柳玉清，参将叶善明、朱长林、陈道亨、戴荣陞，均请赏给勇号。副将衔参将邓荣佳，请免补参将，以副将尽先补用，并赏加总兵衔。副将衔留闽参将曾华国，请以副将仍留闽尽先推补。留浙参将陈得林、参将王正明、参将衔游击徐万福，均请以副将留浙尽先补用。

副将衔留浙参将张介和，拟保副将衔留浙参将邹正魁，留浙参将伍先申，均请以副将仍留浙江补用。参将黎东溪，请以副将留闽补用。四川补用参将姜南金，请以副将改留广东尽先补用。副将衔参将萧佑飞、副将尽先参将佘兰桂、尽先参将萧长兴、参将林传榜，均请以副将留浙补用。拟保闽浙遇缺即补参将张金榜、陈厚顺、黄复顺，拟保闽浙即补参将余宏亮，均请以副将仍留闽浙补用。游击张复顺，请以参将留闽补用，并赏加副将衔。拟保留闽游击刘甫田，请以参将仍留闽补用，并赏加副将衔。参将衔游击张逢春，参将衔尽先游击张荣华，游击廖得扬、刘道得，请以副将补用。

游击孙永忠、陈得胜，均请以参将留闽补用。游击衔尽先都司彭惟贵、盛照魁，游击衔都司万起顺、黄仁山，拟保都司秦添福，均请以参将补用。留闽都司彭锡芝，请以游击仍留闽尽先补用，并请赏换花翎。都司赵焕弛，请以游击尽先补用，并赏加参将衔。蓝翎都司喻经魁，请以游击补用，并赏换花翎。拟保都司江同恩、陈殿立、叶义秀，均请以游击即补。守备吴起顺、胡昌海、范长春、文希财，均请以游击即补。广东尽先都司邓安邦，请赏加游击衔。都司衔尽先守备朱芳遂，请以游击留闽尽先补用。

守备桂顺传，请以都司留闽尽先推补。守备衔丁太洋，请以都司留闽尽先补用，并请赏戴花翎。留闽千总宛乾元，请以都司仍留闽尽先补用。蓝翎千总聂章寿、程宏彪、贺宋来、邵添寿，请以都司即补，并赏换花翎。蓝翎把总黄承佐，请以千总即补。军功王苾臣、刘忠发、祝鉴延，均请以千总尽先拔补，加守备衔，并赏戴蓝翎。军功陈顺和，请以千总留闽尽先补用，并赏戴蓝翎。

拟保二品顶带按察使衔浙江补用道李耀南，请赏加勇号。按察使衔福建补用道朱明亮，请赏给二品顶带。记名闽浙道员魏光邴，请赏加盐运使衔。同知衔候选知县丁华先，请免补知县，以同知直隶州留闽遇缺尽先补用。留浙补用从九品谭成章，请以府经历县丞仍留浙江遇缺尽先补用，并赏加盐提举衔。

其帮办福建军务、二品顶带、前布政使衔浙江按察使阿尔刚巴图鲁刘典，浙江提督苏博通额巴图鲁赏戴双眼花翎赏穿黄马褂一等子爵鲍超，广东陆路提督赏穿黄马褂穆特本巴图鲁高连陞，简署浙江提督达春巴图鲁黄少春，福建布政使达冲阿巴图鲁王德榜，统兵围剿，誓殄余氛，谋勇兼资，勤劳懋著，惟职分较崇，臣等未敢妄拟甄叙，应如何奖励之处，出自天恩。其余在事出力各员弁，并请由臣宗棠查明，择尤汇案保奖。

拟保留闽副将宋成祥，十二日在塔子坳奋勇杀贼，身受重伤，旋于十六日因伤殒命，应请旨敕部照副将阵亡例从优议恤。并鲍超所部二十日阵亡之蓝翎守备钟福春，守备衔千总章邦俊，蓝翎千总余胜才，蓝翎把总萧大春、方惠林，蓝翎外委王与志，蓝翎军功王锡坤，军功王金玉、查成巷、顾洪平、汪心田、朱福才、何福兴、谢光辉、汪炳林、李桂芳、李正洪、傅松亭、梁大发、梁英阶、张有登、叶得胜、刘亮顺、黄谦益、桂明东、李振义、何上交、萧连陞、李国才、周泰和、朱进达、吕士之、温同胜、潘文盛、黄荣富、蒋崇棋、陈德贵、刘炳荣、戴双福、杜善功，及追贼阵亡之拟保守备顾惟奇，蓝翎千总李贤连，均请从优议恤。其顾惟奇一员，请照拟保官阶优恤。

拟购机器雇洋匠试造轮船先陈大概情形折
（1866 年 6 月 25 日）

奏为谨拟购买机器，募雇洋匠，设局试造轮船，先陈大概情形，仰祈圣鉴事。

窃维东南大利，在水而不在陆。自广东、福建而浙江、江南、山东、直隶、盛京，以迄东北，大海环其三面，江河以外，万水朝宗。无事之时，以之筹转漕，则千里犹在户庭，以之筹懋迁，则百货萃诸（厘）〔廛〕肆，匪独鱼、盐、蒲、蛤足以业贫民，舵艄、水手足以安游众也。有事之时，以之筹调发，则百粤之旅可集三韩，以之筹转输，则七省之储可通一水，匪特巡洋缉盗有必设之防，用兵出奇有必争之道也。况我国家建都于燕，津、沽实为要镇①。自海上用兵以来，泰西各国火轮兵船直达天津，藩篱竟成虚设，星驰飙举，无足当之。自洋船准载北货行销各口，北地货价腾贵，江浙大商以海船为业者，往北置货，价本愈增，比及回南，费重行迟，不能减价以敌洋商。日久销耗愈甚，不惟亏折货本，寖至歇其旧业。滨海之区，四民中商居什之六七，坐此阛阓萧条，税厘减色，富商变为窭人，游手驱为人役。并恐海船搁朽，目前江浙海运即有无船之虑，而漕政益难措手。是非设局急造轮船不为功。从前中外臣工屡议雇、买、代造，而未敢轻议设局制造者，一则船厂择地之难也；一则轮船机器购觅之难也；一则外国师匠要约之难也；一则筹集巨款之难也；一则中国之人不习管驾，船成仍须雇用洋人之难也；一则轮船既成，煤炭薪工需费不訾，月需支给，又时须修造之难也；一则非常之举，谤议易兴，创议者一人，任事者一人，旁观者一人，事败垂成，公私均害之难也。有此数难，毋怪执咎无人，不敢一抒

---

① "建都于燕，津、沽实为要镇"，"朱批奏折"为："建都于燕京，天津实为要镇"。

筹策以徇公家之急。

臣愚以为欲防海之害而收其利，非整理水师不可；欲整理水师，非设局监造轮船不可。泰西巧而中国不必安于拙也，泰西有而中国不能傲以无也。虽善作者，不必其善成；而善因者，究易于善创。

如虑船厂择地之难，则福建海口罗星塔一带，开槽浚渠，水清土实，为粤、浙、江苏所无。臣在浙时，即闻洋人之论如此。昨回福州参以众论，亦复相同。是船厂固有其地也。

如虑机器购觅之难，则先购机器一具，巨细毕备，觅雇西洋师匠与之俱来。以机器制造机器，积微成巨，化一为百。机器既备，成一船之轮机即成一船，成一船即练一船之兵。比及五年，成船稍多，可以布置沿海各省，遥卫津、沽。由此更添机器，触类旁通，凡制造枪炮、炸弹、铸钱、治水，有适民生日用者，均可次第为之。惟事属创始，中国无能赴各国购觅之人，且机器良楛亦难骤辨，仍须托洋人购觅，宽给其值，但求其良，则亦非不可必得也。

如虑外国师匠要约之难，则先立条约，定其薪水，到厂后由局挑选内地各项匠作之少壮明白者，随同学习。其性慧夙有巧思者，无论官绅士庶，一体入局讲习；拙者、惰者，随时更补。西洋师匠尽心教艺者，总办洋员薪水全给；如靳不传授者，罚扣薪水，似亦易有把握。

如虑筹集巨款之难，就闽而论，海关结款既完，则此款应可划项支应，不足则提取厘税益之。又，臣曾函商浙江抚臣马新贻、新授广东抚臣蒋益澧，均以此为必不容缓，愿凑集巨款，以观其成。计造船厂、购机器、募师匠，须费三十余万两；开工集料、支给中外匠作薪水，每月约需五六万两，以一年计之，需费六十余万两。创始两年，成船少而费极多。迨三、四、五年，则工以熟而速，成船多而费亦渐减。通计五年所费，不过三百余万两。五年之中，国家（损）〔捐〕① 此数百万之入，合虽见多，分亦见少，似尚未为难也。

如虑船成以后，中国无人堪作船主，看盘、管车诸事均须雇倩洋人，则定议之初，即先与订明：教习造船即兼教习驾驶，船成即令随同出洋，周历各海口。无论兵弁各色人等，有讲习精通能为船主者，即给予武职千、把、都、守，由虚衔洊补实职，俾领水师。则材技之士争起赴之，将来讲习益精，水师人材固不可胜用矣。且臣访闻浙江宁波一

① 据“朱批奏折”改。

带，现亦有粗知管驾轮船之人。如选调入局，船成即令其管驾，似得力更速也。

如虑煤炭薪工按月支给，所费不訾，及修造之费为难，则以新造轮船运漕，而以雇沙船之价给之，漕务毕则听受商雇，薄取其值，以为修造之费。海疆有警，专听调遣，随贼所在，络绎奔赴，分攻合剿，克期可至，大凡水师宜常川住船操练，俾其服习风涛，长其筋力，深其阅历，然后可恃为常胜之军。近观海口各国所驻兵船，每月操演数次，俨临大敌；遇有盗艇，即踊跃攫击，以试其能，所以防其恶劳好逸者如此。且船械机器，废搁不用则朽钝堪虞，时加淬厉则晶莹益出。故船成之后，不妨装载商货，借以捕盗而护商，兼可习劳而集费，似岁修经费无俟别筹也。

至非常之举，谤议易兴，始则忧其无成，继则议其多费，或更讥其失体，皆意中必有之事。然臣愚窃有说焉。防海必用海船，海船不改轮船之灵捷。西洋各国与俄罗斯、咪利坚，数十年来讲求轮船之制，互相师法，制作日精。东洋日本始购轮船，拆视仿造未成，近乃遣人赴英吉利学其文字，究其象数，为仿制轮船张本，不数年后，东洋轮船亦必有成。独中国因频年军务繁兴，未暇议及。虽前此有代造之举，近复奉谕购雇轮船，然皆未为了局。彼此同以大海为利，彼有所挟，我独无之。譬犹渡河，人操舟而我结筏；譬犹使马，人跨骏而我骑驴，可乎？均是人也，聪明睿知，相近者性，而所习不能无殊。中国之睿知运于虚，外国之聪明寄于实；中国以义理为本，艺事为末；外国以艺事为重，义理为轻。彼此各是其是，两不相喻，姑置弗论可耳；谓执艺事者舍其精，讲义理者必遗其粗，不可也。谓我之长不如外国，藉外国导其先，可也；谓我之长不如外国，让外国擅其能，不可也。此事理之较著者也。如拟创造轮船，即预虑难成而自阻，然则治河者虑合龙之无期即罢畚筑，治军者虑蒇役之无日即罢征调乎？如虑糜费之多，则自道光十九年以来，所糜之费已难数计。昔因无轮船，致所费不可得而节矣；今仿造轮船，正所以预节异时之费，而尚容靳乎？天下事，始有所损者，终必有所益。轮船成，则漕政兴，军政举，商民之困纾，海关之税旺，一时之费，数世之利也。纵令所制不及各国之工，究之慰情胜无，仓卒较有所恃。且由钝而巧，由粗而精，尚可期诸异日，孰如羡鱼而无网也！计闽、浙、粤东三省通力合作，五年之久，费数百万，尚非力所难能。疆臣谊在体国奉公，何敢惜小费而忘至计？至以中国仿制轮船，或疑失体，则尤不然。无论礼失而求诸野，自古已然。即以枪炮言之，中国古无范金为炮施放药弹之制，所谓炮者，以车发石而已。至明中叶始有"佛郎机"之名，国初始有"红衣大将军"之名。当时得其国之器，即被以其国之名，谓"佛郎机"者，即"法兰西"音之转；谓"红衣"者，即"红夷"音之转，盖指红毛也。近时洋枪、开花炮等器之制，中国仿洋式制造，亦皆能之。炮可仿制，船独不可仿制乎？安在其为失体也？

臣自道光十九年海上事起，凡唐、宋以来史传、别录、说部，及国朝志乘、载记，官私各书，有关海国故事者，每涉猎及之，粗悉梗概。大约火轮兵船之制，不过近数十年事，于前无征也。前在杭州时，曾觅匠仿造小轮船，形模粗具，试之西湖，驶行不速。以示洋将德克碑、税务司日意格，据云大致不差，惟轮机须从西洋购觅，乃臻捷便。因出法国制船图册相示，并请代为监造，以西法传之中土。适发逆陷漳州，臣入闽督剿，未暇及也。嗣德克碑归国，绘具图式、船厂图册，并将购觅轮机、招延洋匠各事宜逐款开载，寄由日意格转送漳州行营。德克碑旋来漳州接见，臣时方赴粤东督剿，未暇定议。德克碑辞赴暹罗，属日意格候信。彼此往返讲论，渐得要领。日意格闻臣由粤凯旋，拟来闽面订一切。臣原拟俟其来闽商妥后，再具折详陈请旨，因日意格尚未前来，适奉购、雇轮船寄谕，应先将拟造轮船缘由，据实驰陈。伏乞皇太后、皇上圣鉴训示。

至设局开厂、购料兴工一切事宜，极为繁重，俟奉到谕旨允行后，再当条举件系，恭呈御览。合并声明。谨奏。

复陈筹议洋务事宜折
（1866 年 6 月 25 日）

奏为遵旨密陈，仰祈圣鉴事。

窃臣钦奉寄谕："各就该处情形及早筹维，仍令将通盘大局，或目前即可设施，或陆续斟酌办理，或各处均属阻滞断不可行，务须条分缕析，悉心妥议，专折速行密奏。此事关系中外情形甚重，该督抚大臣等务当共体时艰，勿泥成见，知己知彼，保国保民，详慎筹画，不可稍涉疏略，是为至要。外国论议及说帖、照会四件，均抄给阅看。将此由五百里谕令知之。"钦此。

臣维西洋各国，向以船炮称雄海上。从前中国虽许通市，番舶鳞集南洋，然彼贪贸易之利，素仰中国之威，未敢妄逞。嘉庆、道光年间，始有兵船阑入中国之事，虽称坚致殊常，然不过夹板等类，借保护洋商为词，实则护送鸦片，地方大吏以理喻之，旋即引去。其时各国未造火轮船，彼尚无所挟也。道光十九年海上事起，适火轮兵船已成，英吉利遂用以入犯。厥后寻衅生端，逞其狂悖，瞰我寇事方殷，未遑远略，遂敢大肆披猖。

此次威妥玛、赫德所递论议、说帖，悖慢之词，殊堪发指。威妥玛所论与赫德同，可知即赫德之意。我之待赫德不为不优，而竟敢如此，彼固英人耳，其心惟利是视，于我何有？臣揣其意有三：发逆既平，彼无所挟以为重，恐启中国轻视之渐，一也；结款已满，彼无所图，欲借购雇轮船器械因缘为利，二也；西洋各国，外虽和好，内实险竞，共利则争，英人欲首倡雇船、买船之议，见好各国，以固其交，又知各国必将以新法售我，思先发以笼其利，三也。若云别蓄诡谋，借以挑衅，尚或不然。前此中国贼势甚炽，彼尚未以险语恫喝；兹值巨逆殄除，东南敉静，乃直举不轨阴谋坦然相示，似无是理。

且就彼己强弱言之，中国前此兵力，制土匪不足，何况制各国夷兵；前此枪炮，制发逆不足，何能敌彼中机器。今则将士之磨练日久，枪炮之制造日精，不但土匪应手歼除，即十数年滔天巨寇亦已扫除净尽。英、法两国助我讨贼者，需我援救策应，乃能成其功；其助贼拒我者，经我擒斩赦宥，亦已挫其气，彼独无所闻无所见乎？

就英、法两国而言，英诈而法悍。其助我也，法尚肯稍为尽力，英则坐观之意居多；法之兵头捐躯者数人，英无有也；法人与中国将领共事，尚有亲爱推服之词，英则忌我之能，翘我之短，明知中国兵力渐强，彼之材技有限，而且深藏以匿其短，矜诩以张其能如此。

彼之所恃以傲我者，不过擅轮船之利耳。若枪炮之制，广东无壳抬枪，三人可放两杆，一发可洞五人，无需洋火药、铜帽之费，足收致远命中之功，较之洋人所推来福炮更捷而更远。大炮之制，新嘉坡所铸不如其祖家之良，中国若讲求子膛、药膛、火门三事合式，改用铁模，净提铁汁，可与来福炮同工。硼炮一种又称开花炮、天炮，用生铁铸成者重百余斤，可放十余斤炮子；用熟铁制成者重四十五斤，亦可放十斤零炮子，远可三里许，落地而始开花，其巧在子而亦在炮。臣回闽后督匠铸制，共已成三十余尊，用尺测量施放，亦与西洋硼炮同工。至轮车机器、造铁机器，皆从造船机器生出。如能造船，则由此推广制作，无所不可。其信线一种，则运思巧而不适于用，安置数十里之远，无人常川监护，则机牙易坏，徒增烦扰，非民间所宜，非官所能强。上年臣过福州时，美里登曾申前请，臣以此谢之，给以价值，收其器具，现尚存福州府库也。此外奇巧之器甚夥，然皆美观而不适于用，则亦玩艺而已，奚足与于有无之数乎？

抑臣窃有虑者，各口未开以前，英人专互市之利，所获甚饶；各口既开之后，有约、无约之国均来中国贸易，利以分而见少。近闻英商各行买卖折阅渐多，譬如巨贾，多开子店，费用益繁，利市更少，其倒歇实在意中。虽彼自失计，于我无尤，然事急变生，不夺不餍。未届换约之期，或无异说，数年以后，彼因生计愈耗，求赢于我，将顾而之他，借端要挟，恐所不免。如有决裂，则彼己之形所宜审也：陆地之战，彼之所长皆我所长，有其过之，无弗及也；若纵横海上，彼有轮船，我尚无之，形无与格，势无与禁，将若之何？此微臣所为鳏鳏过计，拟习造轮船，兼习驾驶，怀之三年，乃有此请也。

据德克碑云，中国拟造轮船，请以西法传之中土，曾以此情达之法国君主，君主允之，令其选国中工匠与之俱来，未知确否。现在借新法自强之论既发之威妥玛、赫德，则我设局开厂，彼虽未与其议，当亦无词阻挠。至我国家自强之道，莫要于捐文法，用贤才，任亲贤以择督抚，任督抚以择守令。政事克修，远人自服。是在皇太后、皇上圣谟广运，非微臣所敢议也。

谨据实密陈，伏乞圣鉴训示。谨奏。

附录上谕　谕左宗棠设厂制造轮船及调派习战营官赴甘听用
（1866 年 7 月 14 日）

军机大臣字寄，同治五年六月初三日奉上谕："左宗棠奏现拟试造轮船，并陈剿捻利用车战各折片，览奏均悉。中国自强之道，全在振奋精神，破除耳目近习，讲求利用实际。该督现拟于闽省择地设厂，购买机器，募雇洋匠，试造火轮船只，实系当今应办急务。所需经费，即着在闽海关税内酌量提用。至海关结款虽完，而库储支绌，仍须将此项扣款按年解赴部库，闽省不得辄行留用，如有不敷，准由该督提取本省厘税应用。左宗棠务当拣派妥员认真讲求，必尽悉洋人制造、驾驶之法，方不致虚糜帑项。所陈各条，均着照议办理。一切未尽事宜，仍着详悉议奏。至所陈剿捻宜用车战等语，捻踪剽疾异常，飘忽靡定，日前鲍超曾有拟用独轮车放炮之奏，能否合用制胜，尚未据该提督续陈。行军之道，全在因地制宜，将来仍须谕令曾国藩斟酌办理。所论调派习战营官，令赴豫、秦一带挑选土著、散丁，练成队伍，赴甘听用之处，事属可行。即着该督遴选得力营员，奏明调派。另折奏复陈筹议洋务事宜，着留中。将此由五百里谕令知之。"钦此。

册封琉球国王使臣到闽备办
一应事宜择期放洋折^①
（1866 年 6 月 25 日）

奏为册封琉球国王使臣到闽，备办一应事宜，择期放洋，恭折奏祈圣鉴事。

窃照琉球国王世子尚泰恳请袭封，由部题准，仰蒙钦派詹事府右赞善赵新充正使，内阁中书于光甲充副使前往，经礼部咨行到闽。当经行司查照历届成例，将一应事宜督饬该管厅县妥为预备，并经署福建布政使周开锡会同前署督粮道周立瀛亲赴南台海口，督同府厅县挑选雇备"福宝玉"、"金振茂"商船两号，验明船身坚固合式，复加修整，堪以涉历大洋。现已饬营备齐枪炮、器械，按船分配，以资防御；并照例制备旗帜、仪仗，以崇体制。所有应派护送官兵，由臣左宗棠委现署金门右营游击、水提后营游击谢国忠，现署闽安右营都司、水提左营守备萧邦佑，照例选带兵丁二百名，配齐军装、盔甲，随船分配护送；另委文员候补从九品胡颐龄随船弹压。并钦遵选奉谕旨，严禁随往兵役、匠作人等，不准私带货物前往勒销扰累。兹于同治五年四月二十二日，正、副使臣行抵闽省，臣等当即会同福州将军臣英桂、副都统臣富勒浑泰，率领在省文武各官，出郊跪接敕书入城，恭请圣安。使臣即暂驻省城，静候风汛。兹择五月十三日登舟，乘汛启行。

除遵历奉谕旨，将敬藏右旋白螺谨移送该使臣赵新等供奉舟中，以祈灵佑，一面分饬沿海镇将带领舟师在洋小心探护外，所有使臣到闽及乘汛启行日期，谨合词恭拆具奏，伏乞皇太后、皇上圣鉴。

再，正使赵新、副使于光甲交到奏折一封，恭呈御览，合并陈明。谨奏。

---

① 此折与福建巡抚徐宗干会衔。

请简派重臣接管轮船局务折
（1866 年 10 月 31 日）

奏为请旨简派重臣总理船政，接管轮船局务，以便开局试办，恭折驰奏，仰祈圣鉴事。

窃维试造轮船，兼习驾驶一事，臣详加谘度，始敢据以入告，钦奉谕旨允行。比即函知原议之洋员日意格，令转告德克碑速来定议。时日意格方充江汉关税务司，得信后来闽，一面函寄德克碑，德克碑时方在安南海滨也。

日意格于七月初十日来闽〔后〕①，臣与详商一切事宜，同赴罗星塔，择定马尾山下地（趾）〔址〕②，宽大二百三十丈，长一百一十丈，土实水清，深可十二丈，潮上倍之，堪设船槽、铁厂、船厂及安置中外工匠之所。议程期，议经费，议制造，议驾驶，议设厂，议设局。冀由粗而精，由暂而久，尽轮船之长，并通制器之利。日意格立约画押后，候德克碑未至，返沪见法国总领事白来尼，画押担保。八月二十七日德克碑自安南来闽，臣出示条约，无异词，惟虑马尾山下土色或系积淤沙所致，未能径决。臣比令开掘取验，泥多沙少，色青质腻，知非淤成，德克碑乃信其真可用也。正议令其到沪见白来尼，并约日意格及始议之按察使衔福建补用道胡光墉等同来定议，〔缘〕③ 此事系德克碑、日意格两人承办，非齐来面订不可定约，臣亦非俟条约订定，不敢率行陈奏也。九月初六日奉到恩命，调督陕甘。时德克碑正在臣署议事，比即令其遄赴宁波约日意格。据称：日意格江汉关税务司已经辞退，惟向例须三月始能离任，恐不能同来。臣谓日意格已经面议画押，即不偕来亦可。惟该洋员

---

① 据"朱批奏折"补。
② 据"朱批奏折"校正。
③ 据"朱批奏折"补。

到总领事白来尼处画押后，须速来此以便面订移交后任。德克碑即觅轮船于十三日赴沪，大约十月初旬内外始可回闽也。

臣维轮船一事，势在必行，岂可以去闽在迩，忽为搁置？且设局制造，一切繁难事宜，均臣与洋员议定，若不趁臣在闽定局，不但头绪纷繁，接办之人无从谘访，且恐要约不明，后多异议，臣尤无可诿咎。臣之不能不稍留〔两〕① 三旬，以待此局之定者此也。惟此事固须择接办之人，尤必接办之人能久于其事，然后一气贯注，众志定而成功可期，亦研求深而事理愈熟。再四思维，惟丁忧在籍前江西抚臣沈葆桢，在官在籍久负清望，为中外所仰。其虑事详审精密，早在圣明洞鉴之中。现在里居侍养，爱日方长，非若宦辙靡常，时有量移更替之事。又乡评素重，更可坚乐事赴功之心。若令主持此事，必期就绪。商之英桂、徐宗干，亦以为然。臣曾三次造庐商请，沈葆桢始终逊谢不遑。可否仰恳皇上天恩，俯念事关至要，局在垂成，温谕沈葆桢勉以大义，特命总理船政，由部颁发关防，凡事涉船政，由其专奏请旨，以防牵制。其经费一切，会商将军、督抚臣随时调取，责成署藩司周开锡不得稍有延误。一切工料及延洋匠，雇华工，开艺局，责成胡光墉一手经理。缘胡光墉才长心细，熟谙洋务，为船局断不可少之人，且为洋人所素信也。此外尚有数人可以裨益此局者，臣当咨送差遣，庶几制造、驾驶确有把握。微臣西行万里，异时得幸观兹事之成，区区微忱亦释然矣。

至此事系臣首议试行，倘思虑未周，致多疏漏，将来察出，仍请旨将臣交部议处，以为始事不慎者戒。

谨沥悃驰陈，伏乞皇太后、皇上训示施行。谨奏。

---

① 据"朱批奏折"补。

拣员调补台湾镇总兵折
（1866 年 11 月 11 日）

奏为遵旨拣员调补台湾镇总兵，仰祈圣鉴事。

窃臣于六月十七日准兵部咨开，五月初十日内阁奉上谕："福建台湾镇总兵员缺紧要，着该督于通省总兵内拣员调补。所遗员缺着罗大春补授。"钦此。

臣维台湾地险民庞，易乱难治，镇道之选，实难其人。以吴大廷奏调台湾道，实为海疆要缺需才起见。总兵如不得人，则道员力薄势孤，事多掣肘。台郡政事殷繁，粉饰苟安，相沿已久。臣前因驰驱戎马，未暇兼顾。兹自粤凯旋，甫经半载，察看地方情形，时深忧惕。承命于通省总兵内拣调镇缺，实鲜惬心之人。惟简放福宁镇总兵、斐凌阿巴图鲁刘明灯，由湖南武举随臣讨贼，积功洊擢今职。其人谋勇兼资，廉干而善拊循，朴质而通方略，可望成一名将。以之调补台湾镇总兵，并带所部楚军新左营弁勇赴任，必期称职。

惟该员系实缺总兵，应请陛见。且自简放福宁镇缺后，即随征闽粤。嗣因粤东军务速竣，回籍省亲，尚未到任。兹始销假前来，而台镇亟需整理。合无仰恳天恩，俯念海疆要缺需才甚急，允以该员调补台湾镇总兵，暂缓陛见，先赴新任。俟台镇营伍料理粗有端绪，地方安谧，再由该镇具折请旨，出自圣裁。

如蒙圣慈俞允，以刘明灯调补台湾镇总兵，所遗福宁镇总兵员缺，即以现署福建陆路提督、简放总兵罗大春补授，堪期胜任。合并陈明。伏乞皇太后、皇上圣鉴，训示施行。谨奏。

筹办台湾吏事兵事请责成新调镇道经理折
（1866 年 11 月 11 日）

奏为台湾吏事、兵事，均宜及早绸缪，以惠边氓而弭异患事。

窃臣忝督闽浙，于今三载有余。初因浙寇未平，专意两浙。嗣浙事勾当甫毕，巨逆李世贤、汪海洋由粤东分道犯闽，臣率诸军入闽讨贼。闽疆肃清，臣遵旨入粤。迨粤事速藏，臣始回闽治事，以次按治各郡县土匪。治军之日多，治事之日少。计自二月十八日回闽以后，甫七阅月，复奉恩命移督陕甘。自维时日迫促，智虑短浅，上孤朝廷倚注之恩，下负十郡士民望治之意，俯仰愧怍，莫可言宣。其最抱歉者，莫如福宁、台湾两府。初意拟俟各郡治匪事毕，再图次第整理。福宁一郡距省匪遥，尚易随时料量。至台湾则远隔大洋，声气间隔，该镇道等遇事专制，略不禀承。细察所办各事，无非欺饰弥缝，毫无善状。现檄调朴台湾镇总兵刘明灯、台湾道吴大廷于抵台后逐加访察，冀可销患未萌。而吏事、兵事应早为筹画者，不敢以去闽在即，稍事缄默。谨为我皇上一一陈之。

台湾设郡之始，议由内地各标营调兵更番戍守，三载为期，用意至为深远。计额兵一万四千余，可谓多矣。咸丰初年，因内地兵事孔亟，班戍之制不行，现今存者不及三分之一。名册有兵，行伍无兵。一有蠢动，即须募勇。所募者本处游手无籍之徒，聚则为兵，散仍为匪，勒索骚扰，不问可知。从前台湾道设有道标，以备调遣。近自道标裁撤，遇有剿捕之事，文员不得不借重武营，一切任其虚冒侵欺，莫敢究诘。武营纵兵为奸，营兵以通贼为利。全台之患，实由此起。道光四年奉旨镇兵归台湾道察看，久未奉行，群已习焉忘之。今欲复兵制，则宜遵班兵旧章，三年更戍；欲重道员事权，则宜复设道标，俾有凭借。申明镇兵归道察看之例，以杜欺罔，而重操防，庶几互相维制，而军政可肃也。

　　台湾水师向设战船九十六号，今无一存者。战船既无，而大修、小修之费仍不肯减。船无可修，而修船之费仍不能无。武营虚冒侵欺，藉口定例，非文员所能禁革，而历任总兵从未有举而厘正之者。将弁炀蔽于下，镇臣回惑于上，积习相因，由来已久。如欲剔除痼弊，移此款项制船巡洋，募练水兵，以求实效，必须镇道得人，同心共济，而部中不复以旧制相绳，庶几实事求是，而船政可举也。

　　台湾物产素饶，官斯土者惟务收取陋规，以饱私囊，厅县有收至二万余两者。台湾道除收受节寿礼外，洋药、樟脑规费概笼入己。知府于节寿外，专据盐利。武营以亏挪为固然，恬不为怪。交代延不结算，自副将至守备多者十二任，少者八九任、四五任，并无结报，侵吞款项，不知若干。非廉明镇道澈底清厘，何从穷其底蕴。现据吴大廷禀，拟将道署陋规樟脑、洋药等项悉数归公，永革节寿陋规，以昭清白。刘明灯亦毅然以裁陋规、革节寿为请。是皆正本清源之策，所不容已者。惟陋规既已裁革，则必别筹津贴，以资办公。庶廉吏可为，乃收正己率属之效也。

　　闽省文武锢习，以办案、索兵费为取盈之计。近时内地严加惩诫，此风稍止。台郡则远隔大洋，肆无忌惮。民俗挟仇械斗，胜者辄占败者室家田产，谓之"扎厝"。地方官不为按治，先勒索勇粮夫价。及其临乡，则置正凶于不问，或捕捉案外一两人，聊以塞责。民忿官之贪庸也，乃相率结会私斗，浸成巨案。谚云："十年一大反，五年一小反"，大概由此。必赖廉正明干之道员时以洗冤泽物为心，严操守，勤访治，孜孜奉公，不敢暇逸，庶几惠泽下究，人心固结，乃收长治久安之效也。

　　台湾生番性虽蛮野，却极驯顺。地方官如能清悫自持，以简佚之道处之，最易见德。从前生番献水沙连六社之地，请得剃发比于内地民人，疆臣以闻，而部议格之。生番鞅鞅失望，卒致游民勾番私垦，徒长械斗之风，寖且藏垢纳污，终为逋逃之薮。至今台人言之，犹有余憾。夫驭边氓之道，与内地殊。此辈山兽河鱼，但能顺其性而抚之，勿有扰害，积渐自然，自可无事。无论生番输款内附，供粮当差，于国家有益无损，即令稍有所费，亦当羁縻弗绝，以示恩信。何有摈绝不受，坐视客民强占虐使，留为肇衅之端？况近自洋人入驻要口以来，游历内山，习知形势，设我弃而人取之，尤于事体非宜。现当生齿繁盛，游民辐辏之时，似宜弛垦荒之令，并听生番剃发，齿于编氓。所有番社情事，愿内附者听之。但勿强为招致，于事理似无不可。

至台郡虽属产米之区，近因番舶搬运颇多，地方官绅士民时有盖藏空虚之虑，禁止势有不能，则当社立仓，广谋储积，似不可缓。

凡此均应由该镇道察看情形，随时筹办者。臣原拟于诸务就绪后，东渡一行。今去闽有日，无暇及此。幸刘明灯、吴大廷皆实心任事，相信有素，必能绸缪未雨，为东南奠此岩疆。

以上所陈，可否仰恳皇上天恩，敕下该镇道察看地方情形，随时会衔陈奏，责成妥为办理。不胜感幸之至。

所有台郡事宜，臣任内未及办理，谨拟责成新调镇道筹办情形，据实陈明，伏乞皇太后、皇上圣鉴，训示施行。谨奏。

筹款购买轮船机器请令沈葆桢仍管船政折
(1866 年 11 月 14 日)

奏为筹拨购买轮船厂机器等件银两，并请旨谕令沈葆桢仍接管船政事。

窃臣前请简派前任江西抚臣沈葆桢总理船政，当即抄折咨请接办去后。沈葆桢以丁忧人员不应与闻政事，具呈固辞，引据经义，坚不可夺。惟思总理船政究与服官不同，所履之地，并非公署，所用之人，亦非印委。无宴会之事，不以素服为嫌；公事交接，可用函牍往返，不以入公门为嫌。且在籍监造，不为夺情，久司船政，可侍养严亲，于忠孝之义究亦两全无害。若以事非金革勿避非宜，则此局所关，非徒一时一地之计，谓义同金革也可，谓更重于金革也亦可。臣既奉命西征，克日就道，洋员回闽，即须与之要约，以便交替，非得中外仰望之人担荷远猷，无以坚远人之信。非远人信服，事难必成，不敢辄发巨款。交替之际，间不容发，复以此商之沈葆桢。续准沈葆桢函称，如果奉旨敕令办理，亦必请俟明年六月母丧服阕后，始敢任事。其未释服以前，遇有咨奏事件，可由署藩司周开锡、道员胡光墉详请督抚臣代为咨奏。

臣维制造轮船一事，大致已有头绪，德克碑、日意格等于旬日内即可齐来定议。应先行备办之事，臣早为筹及，周开锡、胡光墉皆与知之。数月以内，沈葆桢暂缓应事，尚无不可。惟当饬周开锡、胡光墉遇事禀承，庶接办时头绪了然，更期妥善。遇有咨奏事件，暂由周开锡、胡光墉面禀督抚臣代为咨奏。庶大局可冀有成，而沈葆桢居忧读礼一事，可无遗议。其感荷朝廷矜全之恩，更当何如耶！应请旨敕下沈葆桢，于服阕后总理船政，未任事之先，所有船局事宜，仍一力主持，以系（全）〔众〕① 望而重要工，勿许固辞。至购买机器、轮（船）〔机〕②、

---

① ② 据"录副奏折"校正。

钢铁及募雇师匠、辛工路费、洋匠薪水与器具、水脚、包扎、保险等项，有须半领者，有须全领者，共计关平银十三万三千八百六十六两五钱，应先动款应付。

理合恭折驰陈，伏乞皇太后、皇上圣鉴，训示施行。谨奏。

船局创始之初未可期以速效片
（1866 年 11 月 14 日）

〔再〕①，自通商以来，各海口大小马头，番舶鳞比，而中国海船则日见其少。其仅存者船式粗笨，工料简率。海防师船，尤名存实亡，无从检校。致泰西各国群起轻视之心，动辄寻衅逞强，靡所不至。

此时东南要务，以造轮船为先着，人皆知之。其所以不敢遽议及此者，以事体重大，工费繁巨，难要其成，遂莫执其咎。其留意此事者，又率存姑为尝试之心，欲泯其学习制造之迹，彼亦靳不肯与，固无如何。兹既开设船局，名正言顺，彼无所庸其阻挠，我亦无所庸其秘密。晋人谋吴，先造江船，木柿蔽江而下，正可伐敌之谋，似不必少有隐护，示人不广。岛人性情贪诈，好胜争强。然遇将领之朴勇者，未尝不心慑之；官吏之真廉者，未尝不心敬之。与之交涉，过亢固虞启衅生端，过卑亦必招尤纳侮。外间各大吏如能据理折其骄横之气，总理衙门亦可引以为重，虽未免有哓舌之嫌，却于事体有限制之益。故居今日而论驭夷之策，要在内外一心，而疆臣必须廉干之人，方资镇压。语云："廉生威"，实自然之理也。

沈葆桢清望久著，总理船局实其所宜。将来成一船即练一船，兵将仍应请简用熟谙水战、勇略过人之人，令其拣调将弁，破格用之，而后轮船一事乃臻完备。

抑臣窃有所请者。此局创设固已嫌其迟，然所重者在尽洋人之艺事与夫驾驶之方，实未可期以速效。与其速而无成，曷若迟而必效。如有为欲速之说者，不可听也。创始之初，所费必多，不宜过于刻核。任事之人，如果工归实济，自然费不虚靡。若一一加以综核，则牵掣必多，或至废于垂成之时，更为可惜。现在洋人闻有开设船厂之举，明知无可

① 据"录副奏折"补。

阻挠，多谓事之成否尚未可知，目前浪费可惜者。实乃暗行阻挠之意。福州领事贾禄即屡为此言。臣已权词谢之。如有以虚糜之说为言者，不可听也。

所有轮船条约，旬日间日意格、德克碑同来呈送后，即当随折分送军机处、总理衙门备案。谨先据实密陈。〔伏乞皇太后、皇上圣鉴。谨奏。〕①

---

① 据"录副奏折"补。

详议创设船政章程购器募匠教习折
（1866 年 12 月 11 日）

　　奏为详议创设船政章程，饬洋员回国购器，募匠来闽教习，恭折奏祈圣鉴事。

　　窃臣前议习造轮船，曾将应办情形及请简总理船政大臣接管、筹发购器、募匠银两各缘由，业经迭次陈明。臣于交卸督、盐两篆后，驻营城外东教场，严装以待洋员之至。（本）〔上〕① 月二十三日，道员胡光墉偕日意格、德克碑来闽。据日意格等禀呈保约、条议、清折、合同、规约各件，业经法国总领事官白来尼印押担保。臣逐加复核，均尚妥洽。所有铁厂、船槽、船厂、学堂及中外公廨、工匠住屋、筑基砌岸一切工程，经日意格等觅中外殷商包办，由臣核定，计共需银二十四万余两。船槽尤为通局最要之件，应用法国新法，购办铁板运来船厂，嵌造成槽。此外一切局中应用什物，由护抚臣周开锡委员估置。日意格、德克碑俟厂工估定，即回法国购买机器、轮机、钢铁等件，并购大铁船槽一具，募雇员匠来闽。一面开设学堂，延致熟习中外语言文字洋师，教习英法两国语言文字、算法、画法，名曰求是堂艺局，挑选本地资性聪颖、粗通文义子弟入局肄习；并采办铜、铁、木料，一俟船厂造成，即先（修）〔制〕② 造船身。庶来年机器、轮机运到时，可先就现成轮机配成大小轮船各一只。此后机器、轮机可令中国匠作学造。约计五年限内，可得大轮船十一只，小轮船五只。大轮船一百五十匹马力，可装载百万斤；小轮船八十匹马力，可装载三四十万斤，均照外洋兵船式样。总计所费不逾三百万两。惟采买物件一切，有此月需多、彼月需少者，势难划一。应将关税每月协拨兵饷五万两划提四万两归军需局库

----

　　① 据"朱批奏折"校正。
　　② 据"录副奏折"校改。

另款存储，以便随时应付。而前后牵计，仍不得逾每月四万之数，以示限制。

抑区区之愚，有不敢不尽者。兹局之设，所重在学造西洋机器以成轮船，俾中国得转相授受，为永远之利也，非如雇买轮船之徒取济一时可比。其事较雇买为难，其费较雇买为巨。臣德薄能浅，不足为其难；又去闽在即，不能为其难。当此时绌举盈之际，凡费宜惜，巨费尤宜惜。而顾断断于此者，窃谓海疆非此，兵不能强，民不能富。雇募仅济一时之需，自造实擅无穷之利也。于是则虽难有所不避，虽费有所不辞。然而时需五载，银需二百数十万两；事属创举，成否未可预知。幸而学造有成，纵局外议论纷纷，微臣尚有以自解；设学造未能尽洋技之奇，即解造轮船不能自作船主、曲尽驾驶之法，则费此五年之时日、二百数十万之帑金，仅得大小轮船十六号、机器一分、铁厂、船槽、船厂及各房屋，虽所造轮船较寻常购买各色轮船精坚适用，而估计所费多于买价一倍，于大局仍少裨益，责以糜帑，咎何可辞？凡此皆宜预为绸缪，而不能预为期必者。故此局之定，爱臣者多以异时之咎责为臣虑，局外阻挠为臣疑；即日意格亦言此时局面既更，势难兼顾，如欲停止，愿将已领之银仍即缴回。臣答以事在必行，万无中止之理。但愿一一谨守条约，尽心经画，共观厥成。如有差谬，当自请朝廷严加议处而已。察看情形，尚可望其有成。

合将日意格、德克碑会禀保约、条议、清折、合同、规约照抄咨呈军机处、总理各国事务衙门存案外，谨胪举船政事宜十条，另缮清单恭呈御览。谨会同兼署闽浙总督臣英桂恭折具奏，伏乞皇太后、皇上圣鉴，训示施行。谨奏。

附清单

谨将船政事宜胪列十条，缮具清单恭呈御览。

一、洋员应分正副监督也。日意格、德克碑各有所长，臣前折曾陈及之。现经上海总领事白来尼以日意格通晓官话汉字，办事安详，令德克碑推日意格为正监督，德克碑为之副。各咨商允洽，均无异词。一切事务均责成该两员承办。

一、宜优待艺局生徒，以拔人材也。艺局之设，必学习英、法两国语言文字，精研算学，乃能依书绘图，深明制造之法，并通船主之学，堪任驾驶。是艺局为造就人才之地，非厚给月廪，不能严定课程；非优予登进，则秀良者无由进用。此项学成制造、驾驶之人，为将来水师将材所自出。拟请凡学成船主及能按图监造者，准授水师官职；如系文职、文生入局学者，仍准保举文职官阶，用之水营，以昭奖劝。庶登进广而人材自奋矣。

一、限期、程期应分别酌定也。轮船一局，实专为习造轮机而设。俟铁厂开设，即为习造轮机之日。故五年之限，应以铁厂开厂之日为始。一面造铁厂房屋，一面购运铁厂机器。计自法国购运来闽，约须十个月、十一个月不等。日意格、德克碑两员回国后，一员约五个月带船厂洋匠来闽，开船厂、造船槽；一员俟机器等件齐备，交铁厂洋匠管解起程后，先趁轮船来闽，八九个月可到。

一、定轮机马力，并搭造小轮船也。大轮船轮机马力以一百五十匹为准。除拟买现成轮机两副外，其余九副皆开厂自造。铁厂造轮机颇费时日，船厂配造成船转为迅速。恐船厂闲旷，虚縻辛工，因议于大轮船十一只外，另购八十匹马力轮机五副，其式与外国梗婆子兵船相近，乘船厂闲工，加造小轮船五只。

一、饬洋员与洋匠要约也。洋人共事，必立合同。船局延洋匠至三十余名之多，其中赏罚、进退、辛工路费，非明定规约，无以示信。已饬日意格等拟定合同、规约，由法国总领事钤印画押，令洋匠一律遵守。

一、宜预定奖格，以示鼓舞也。洋员及师匠人等，须优定奖格，庶期尽心教导，可有成效。现已与日意格等议定：五年限满，教习中国员匠能自按图监造，并能自行驾驶，加奖日意格、德克碑银各二万四千两；加奖各师匠等共银六万两。计定奖格银共十万八千两。如果有成，则日意格、德克碑之忠顺尤为昭著，应更恳天恩，再加奖励，以示优异。

一、购运机器等件来闽，须筹小费也。各项器具、物件由外洋运载来闽，非按洋法包扎，恐多损坏；非交洋行保险，难免疏虞。此项包扎、保险银两，已一并议给。

一、凡需用纹银之项，应准开销银水也。闽省通行银色，向较江、浙、广东为低。番银到闽，无论官民皆不辨花样，但用铁錾烙印，以辨真假，行之他省、外洋，即减程色。船局支发各款，除在闽境采办物料无庸补水外，其采买洋料等用款，应准将补水银两作正开销。

一、宜讲求采铁之法也。轮机水缸需（钱）〔铁〕① 甚多。据日意格云，中国所产之铁与外国同，但开矿之时，熔炼不得法，故不合用。现拟于所雇师匠中，择一兼明采铁之人，就煤、铁兼产之处开炉提炼，庶几省费适用。此事须临时斟酌办理。

一、轮船中必需之物宜筹备也。轮船中应用星宿盘、量天尺、风雨镜、寒暑镜、罗盘、水气表、千里镜、玻璃管，以及垫轮机之软皮即音陈勒索等件，现饬日意格等回国探问制造器具价值，如所费不过数千金，即由日意格等筹购一分，并约募工匠一人同来，一并教造。

---

① 据"录副奏折"校正。

密陈船政机宜并拟艺局章程折
(1866 年 12 月 11 日)

〔奏为密陈船政机宜并拟艺局章程，恭折奏祈圣鉴事。〕①

窃惟轮船为泰西独有之秘，彼之雄长岛夷、垄断互市之利者，所恃在此。法国君臣欣然愿以其秘输之中国，盖亦有故。法国商船较诸国为最少，其争利之见淡于英。法又与英国本非同教，英习耶苏，法习天主，仇隙素深。其暂时依违其间不敢立异者，特以英吉利首与中国通商，法乘之后，不欲显与为难耳。而其不甘久居英夷之下，实在意中。现在日本习造轮船，亦系法国韦而宜监督。是其欲广轮船之制以夸主为名，仍不外好胜争利之本性可知。英国商船最多，深恐中国学成挠其生计；又阴谋叵测，必欲以此傲我所无。据日意格所述，赫德昨次晤面之语已情见乎词。但借用新法之论，既自彼启之，今我借法自强，伊不能别有异说耳。如此后英国仍思设计阻挠，造谣惑听，或从旁妄议者，请婉谢之，概置勿论。如果轮船学造已成，夺彼所恃，彼将弭耳帖伏，不敢妄有恫喝矣。臣前附片密陈不可惜费、不可欲速之说，正以稍存惜费、欲速之心，彼即将乘机间沮，不可不预防也。法国既乐为我用，正可引而进之，为将来远树外援之计。此尤机不可失、时不可再者，惟我皇上熟筹之。

夫习造轮船，非为造轮船也，欲尽其制造、驾驶之术耳；非徒求一二人能制造、驾驶也，欲广其传，使中国才艺日进，制造、驾驶展转授受，传习无穷耳。故必开艺局，选少年颖悟子弟习其语言、文字，诵其书，通其算学，而后西法可衍于中国。艺局初开，人之愿习者少，非优给月廪不能严课程，非量予登进不能示鼓舞。谨拟定艺局章程，另缮清单，恭呈御览，伏恳天恩俯准照拟办理。臣一面即饬司刊刻章程，出示

---

① 据"录副奏折"补入。

招募艺局子弟，仍饬逐加遴选，方准报充，以昭慎重。

至轮船既造，必有得力水师方无赍寇之虑，则沿海水师尤宜实力训练，此又不可不预为筹及者。臣愚昧之见，是否有当，谨具折密陈，〔伏乞皇太后、皇上圣鉴。

再，此折未便宣示，所有艺局章程，仍恳天恩训示施行。谨奏。〕①

附清单②

谨将拟定艺局章程缮列清单，恭呈御览。

一、各子弟到局学习后，每逢端午、中秋，给假三日。度岁时，于封印日回家，开印日到局。凡遇外国礼拜日，亦不给假。每日晨起，夜眠，听教习洋员训课，不准在外嬉游，致荒学业。不准侮慢教师，欺凌同学。

一、各子弟到局后，饭食及患病医药之费，均由局中给发。患病较重者，监督验其病果沉重，送回本家调理。病痊后，即行销假。

一、各子弟饭食既由艺局供给，仍每名月给银四两，俾赡其家，以昭体恤。

一、开艺局之日起，每三个月考试一次，由教习洋员分别等第：其学有进境，考列一等者，赏洋银十圆；二等者，无赏无罚；三等者，记惰一次。两次连考三等者，戒责。三次连考三等者，斥出。其三次连考一等者，于照章奖赏外，另赏衣料，以示鼓舞。

一、子弟入局肄习，总以五年为限。于入局时取具其父兄及本人甘结，限内不得告请长假，不得改习别业，以取专精。

一、艺局内宜拣派明干正绅常川住局，稽察师徒勤惰，亦便剽学艺事，以扩见闻。其委绅等，应由总理船政大臣遴选给委。

---

① 以上数句，据"录副奏折"补入。
② 此清单，原附《左文襄公全集·奏稿》第二十卷《详议创设船政章程购器募匠教习折》后，现据左宗棠《密陈船政机宜并拟艺局章程折》及"录副奏折"移此。

敬陈筹办情形折
（1867 年 2 月 14 日）

奏为迭奉谕旨，敬陈筹办情形，仰祈圣鉴事。

窃臣于上年十二月十六日在江西九江府奉到寄谕："着即驰赴甘肃督办军务，暂时毋庸来京。俟甘省军务事竣，再行奏请。"钦此。二十三日行抵湖北黄州，复奉寄谕："现在陕西贼匪已窜南山、希图直达汉滨。该处棚民、签匪本属不少，设令勾结引导，西逼川疆，东扰楚境，皆意中事。而商雒之长岭关、竹林关、漫川关等处，紧与郧西接壤，其势尤易波及。左宗棠带兵由湖北入秦，着即确切侦探，觇贼所向，迎头扼堵，杜贼窜鄂之路。如贼尚在秦，即着该督迅赴陕西，督饬诸军先剿南山一带之贼。俟此股办有眉目，再赴甘肃督剿回逆。刘典一军曾否启行？并着催令赴营，以资得力。"钦此。二十六日武昌行次复钦奉寄谕："刘典奏因病不能即日起程，并募勇尚需时日，请赏假五个月等语。甘肃情形，待援孔急。前因陕西贼势鸱张，督率无人，令左宗棠由鄂入秦，先行督剿陕西贼股。惟左宗棠兵数不多，必须刘典赶紧料理到营，兵力始能稍厚。若迁延数月，则军情、贼势变幻靡常，局势何堪设想？刘典着赏假两个月，一面赶紧调理，一面募勇训练，剋期启行。左宗棠懔遵本月十六日寄谕，带兵迅即入陕，杜贼入鄂，督同该抚等肃清陕境。"钦此。

窃维臣由闽启行，时念旧部分驻两省，得力将领除蒙恩简放实缺外，均已奏委署理要缺镇将，若檄调随征，则闽浙顿觉空虚，殊为可虑。虽各员告请西征，概未敢许。其所携以同行者，仅三千余人。奏请刘典帮办军务，亦仅令选募旧部三千人。初意南人用之西北，本非所宜，只可多挑营官、哨长之才，入秦后，再将陕甘现存各营兵勇分别汰留，而匀拨胆技稍优弁勇充当亲兵护哨，编列成营，以倡勇敢之气。庶臣部行粮可资节省，而陕甘饥军亦可渐有位置，两得之道也。

又，臣军频年转战东南山泽之乡，无须多用马队，每次上口采买，为数本属无多。当由闽拔队之时，以岭峤艰阻，水陆数易，所有战马驱以随行，必形疲乏。故遂留之闽中。原拟抵鄂后派弁上口采购；至鞍鞴一切，又须在陕西制买。故前此预先陈明抵鄂、抵西安后，均不能无少耽延也。昨抵黄州，接见守令，始知捻逆大入鄂疆，汉、黄、德一带均形震动。复奉寄谕：窜陕捻逆又已扰及南山。传闻贼踪蔓延甚广，万骑纵横，鄂、陕官军均不得手。臣于二十六日相度营地，暂于汉口镇北桥口地方安扎六营。二十八日入驻新营，一面飞催刘典迅速选募成军，来鄂会队。并增调各营，于原拟六千人外再加募六千，合成一万二千人，均限一月到鄂。惟马匹无从购觅，托官文代为搜索，亦仅得马二百八十余匹而已。谕旨敕臣由鄂入秦，先剿陕逆。此时臣军步队仅止三千余，马队尚未习练，双轮、独轮车式尚未动工制造。所拟以制贼者步队、马队、车营，而皆无以应手，仓卒就戎，必贻后悔，臣不敢不慎也。

方今所患者，捻匪、回逆耳。以地形论，中原为重，关陇为轻；以平贼论，剿捻宜急，剿回宜缓；以用兵次第论，欲靖西陲，必先清腹地，然后客军无后顾之忧，饷道免中梗之患。谨即一面就地采买口马，练习马队，先造独轮炮车，暂应急需。俟所调各营取齐，由襄樊出荆紫关径商州以赴陕西，即古由武关入秦之道，沿途遇贼即击。比抵陕西，则制造双轮炮车，兼雇买车轮，俟采买口马到陕，增练马队，并习车营。一面开设屯田总局，相度秦、陇紧接要隘有水草可田可牧者开设屯田；一面汰遣陕甘各营，去疲冗，省军食，为久远之规。其愿留屯田者，编入册籍，指地屯牧；不愿留者，资遣散回各本籍，禁其逗留为患。然后军制明而内讧可以免，屯事起而军食可渐裕也。

甘省回多于汉。兰州虽是省会，形势孑然孤立，非驻重兵不能守。驻重兵，则由东分剿各路之兵又以分见单，不克挟全力与俱，一气扫荡。将来臣军入甘，应先分两大枝，由东路廓清各路，分别剿抚，俟大局戡定，然后入驻省城，方合机局。是故进兵陕西，必先清关外之贼；进兵甘肃，必先清陕西之贼；驻兵兰州，必先清各路之贼。然后饷道常通，师行无梗，得以壹意进剿，可免牵掣之虞。亦犹之江、皖布置周妥，然后入浙；浙江肃清，然后入闽；闽疆肃清，然后入粤。已复之地，不令再被贼扰。当进战时，即预收善后之效。民志克定，兵力常盈。事前计之虽似迟延，事后观之翻为妥速。

　　自古边塞战事，屯田最要，臣已屡陈其利矣。汉宣帝时，先零羌反，赵充国锐以自任，其所上屯田三疏，皆主持久之义。宣帝屡诏诮责，充国持议如初，卒收底定成效。可知兵事利钝，受其事者固当身任其责，至于进止久速，则非熟审彼己长短之形，饥饱劳逸之势，随机立断不能。此盖未可以臆度而遥决者也。

　　臣频年转战东南，于西北兵事未曾经历；所部均南方健卒，于捻、回伎俩并无闻见。若不慎之几先，加以迫促，诚恐所事无成，时局亦难设想。明臣孙傅庭催促出关，卒以致败，可为前鉴也。伏恳皇上假臣便宜，宽其岁月，责臣以西陲讨贼之效，不效则治臣之罪，以明军令。臣惟勉竭驽钝，次第规画，以要其成。剿捻、剿回均惟事机所在，若兵力未集，马队未练，屯务未举，车营未成，则无所借手以报君父。臣虽身任咎责，无补时艰。此则耿耿愚忱，有不能不预为披沥者。

　　谨恭折具陈，借用湖广总督预印驰递。伏乞皇太后、皇上圣鉴训示。谨奏。

复陈筹办情形折
（1867 年 6 月 21 日）

奏为遵旨复陈，仰祈圣鉴事。

窃臣与刘典分道入关，及豫陈办回情形，业于五月十一日恭折由驿驰奏。旋因雇觅大小车辆，略敷装运辎重，所迎提饷项亦到，即于十三日启行。十五日行次河南瓦店，钦奉寄谕："有人奏练马队、重赏格、防要隘、保完善四策。所见不无可采。着曾国藩等妥筹办理。逆骑飞窜靡常，李鸿章当严密布置，合力兜围。山西河防尤为紧要，着左宗棠、赵长龄督饬陈湜认真办理，并催陈膺福等迅速募勇赴防。其防河各员，应否就近归陈湜调度，着左宗棠、赵长龄妥筹具奏。原件着抄给阅看。"钦此。同日又奉寄谕，以任、赖股匪由新野北窜，张逆扰至鄂、鄂，将由临、渭回窜豫省，赖李鹤年严防；李鸿章督饬湘、淮各军追截；英翰出境防剿；刘长佑饬张树声筹办河防；丁宝桢择要驻扎。张逆由鄂、鄂趋临、渭，救臣军迎剿；乔松年督同刘松山、郭宝昌追击，先灭此股，勿任窜出与任、赖等股复合。敬绎谕旨，无微弗至，曷胜钦服。

臣维山西密迩京畿，实资拱卫。以形势言之，大河缘边千数百里，有险可凭。骑贼虽多，势难投鞭飞渡。惟道里修远，津渡处处可通。禹门迤南，至河、渭合流之处，恃有陈湜水陆各营分段防守。其自禹门至北，河曲、保德州等处，则仅绿营兵及团勇聊为点缀，可恃与否，不待烦陈。臣前奏所以鳃鳃过虑，拟催吉林新募炮手循大河东岸南下入秦者此也。兹幸张逆大股已经刘松山等军击败，折而西趋，河防无警。禹门迤北，只防回匪。又河流正盛，偷越为难，陈湜力可兼顾。臣方率师西上，行过渑池，循河南岸亦可就近指挥。是晋之河防，已较前时少缓矣。分防各员，如归陈湜调度，呼应自灵。惟各员既非择能而使，兵丁团众又无足深恃，即令归陈湜调度，镇、道能听受节制，亦似于事无益。容臣路过时察酌情形，与赵长龄从长计议，再行陈奏。

捻首张总愚，前由鳌、鄂东趋，贼踪已近临、渭。旋闻关外大军将到，踉跄西奔，为刘松山所败。现复踩浅渡渭，向西北而走，其急思觅路他窜无疑。陇西荒瘠殊常，北山屡经踩躏，此皆非贼所欲窜也。臣军出潼关可扼东窜河南之路；刘典一军出荆紫关可扼东南窜豫、窜鄂之路。惟南山各峪口可窜兴、汉以入蜀、入鄂，山路虽狭，可通骡马，贼如铤而走险，亦所宜防。臣昨临发时，得提督高连陞函报，四月杪已抵长沙。臣比函商，请其到襄阳后溯汉水而上，由郧阳以抵洵阳之蜀河口登陆，五百七十里北达西安。如贼窜入兴安、汉中，高连陞一军可以迎剿。届时四川防军提督周达武，亦可调其与高连陞会师，以剿为防，臣已函商周达武矣。

就目前局势而论，张捻自经刘松山、郭宝昌、黄鼎剿败后，势颇衰蹙。臣军三路并进，足乘其敝，当不致任其窜出，与任、赖等股复合。惟刘典已行抵荆紫关，而臣军取道潼关，陆程多四百五十里。高连陞一军五月初旬由长沙启行，此时计已行过武昌，由樊城过船溯汉而上，至蜀河口约在六月下旬。未知均可到在贼前否耳。臣惟有慎速图之，不敢迁延贻误，致失事机。

所有筹办情形，谨据实复陈。伏乞皇太后、皇上圣鉴训示。谨奏。

遵旨密陈折
（1867 年 11 月 14 日）

奏为遵旨密陈事。

九月二十一日，臣于临潼营次钦奉寄谕："总理各国事务衙门奏豫筹修约事，请敕滨海、沿江通商口岸地方将军、督抚大臣各抒所见一折。前因原议十年修约为期已近，据该衙门奏请南北洋通商大臣于洋务各员中每处选派二员，于十月间咨送来京，当经降旨允准。惟前奏只欲于选派各员内收群策群力之效，而于通盘大局，尚待筹商。咸丰十年换约后，原因中国财力不足，不得不勉事羁縻。而各国诡谋谲计，百出尝试，尤属防不胜防。转瞬换约届期，彼必互相要约，群起交争，或多方胁制，以求畅遂所欲，均属意中之事。值此时势惟艰，仅恃笔舌以争之，此外别无可恃。各该将军、督抚大臣受国厚恩，当此外患方殷，亟应合力齐心，先事图维，为未雨绸缪之计。左宗棠、沈葆桢筹办船政事宜，于洋务尤有关系，并着悉心核酌，妥筹速奏。俟总理衙门密函条说寄到时，详细复奏，毋得徒托空言。原折抄给阅看。"钦此。

窃维洋务关键在南北〔洋〕①通商大臣，而总理衙门揽其全局。臣于海疆只历闽、浙两省，仅与海口领事、税务司交涉，事务简少，未睹其全。西行以后，距闽、浙太远。又吴棠到任后，务求反臣所为，专听劣员怂恿。凡臣所进之人才，所用之将弁，无不纷纷求去；所筹之饷需，所练之水陆兵勇，窃拟为一日之备者，举不可复按矣。臣以吴棠宰清河时曾得时誉，意其为群小蒙蔽所致，即曾寓书规之。吴棠虽仍以萧规曹随见复，而时移势易，废绪难寻。是闽浙现在应筹之事，臣未能遥揣也。船局一事，蒙皇上天恩，交沈葆桢经理，事有专司。专就船政而

---

① 据《筹办夷务始末》（同治朝）第五十一卷校补。

言之，沈葆桢自能体察情形，据实具奏，臣亦无庸渎陈。敬绎谕旨，敕令通盘筹画，则耿耿愚衷，有不能不为我皇上敬陈之者。

夷务之兴，其始由于中国不悉夷情，而操之太蹙，疑之太深，遂致决裂不可收拾。迨庚申之变，则寇深祸迫，不能不暂与羁縻。立约之初，原冀乘此闲暇，急谋自强，以待事机之转。乃发逆之祸甫销，回、捻之祸复炽，各处匪盗肆起，游勇充斥，解兵洗甲未卜何年？而人才凋耗，财力殚竭，更甚于数年以前。于此而谓彼如决裂，我有以待之，不知计将安出？此次修约，但能就已成之局仍与羁縻，不能禁其多方要挟也明矣。

窃维各夷争执之事，约有两端：一为伊国公事，如入觐、遣使、传教是也；一为伊国商人之事，如信线、铁路、内地设行栈、内河驶轮船、请减新关洋税是也。臣承准总理衙门咨函，谨就见闻所及、愚衷所臆度者，一一函复，附具说帖，聊备采择。事关重大，臣阅历素浅，不敢自以为是，径渎宸聪。所有遵旨密陈缘由，谨据实驰奏，伏乞皇太后、皇上圣鉴训示。谨奏。

复陈甘肃饷事通筹陕甘全局折
（1867 年 11 月 29 日）

奏为遵旨复陈甘肃饷事，通筹陕甘全局，从长计议，据实驰奏，仰祈圣鉴事。

窃臣钦奉同治六年五月二十三日寄谕："穆图善奏甘省军饷奇绌，请将各省协饷变通办理一折。所有本年三月以前及续解饷银，仍由湖北径解汉中交陈丕业经收，转解林寿图，不得擅行截留，致误大局。惟前据左宗棠奏称：借用洋商银一百二十万两，自本年七月起分六个月于各关税项下拨还，由各省将应解甘饷拨交各关。是本年七月以后各省协甘之饷，已归左宗棠收款。此后甘省军饷，左宗棠即当遵照前旨，酌定数目，按月拨给，以资接济。"等因。钦此。又奉九月初七日寄谕："西安粮台应否裁撤，并着左宗棠等酌度奏闻办理。"等因。钦此。又奉十月初七日寄谕："穆图善奏请敕催各省协甘饷银，并筹拨雷正绾军饷各等语。着左宗棠、李瀚章、曾国荃、乔松年分饬陕西藩司及湖北后路粮台，遇有协甘饷银，随到随解，不准停积截留，致误军食。"等因。钦此。仰见我皇上轸念西陲，于严催饷运之中，仍寓通盘筹画之意。

臣伏查甘肃地方荒瘠，承平之日，专恃各省协拨。军兴以来，饷绌兵增，遂致困敝不可收拾。陕甘归督臣统辖，甘有事，则陕受其害；陕无事，则甘蒙其利。安陕乃能固甘，此如一家一人之事，不可区而为二也。

前督臣杨岳斌，设甘肃后路粮台于西安，以陕西布政使林寿图领其事，支应平、固、庆、泾各军，初制甚善。迨甘事日棘，杨岳斌不及通筹饷事，林寿图身任陕藩，兼办甘肃粮台。平、固、庆、泾各军如有饥哗，陕西先受其害，自应酌量截留甘饷接济。其截留也，仍以饷甘军，非以饷陕军也。杨岳斌后令道员陈丕业于汉中改设粮台转饷，径解秦安，不由西安经过。亦明知林寿图势处万难，而急于自救，目前不遑兼顾，本非其心之所安。毕竟自汉中、秦安径解甘省，饷道时形梗阻，杨岳斌亦未尽得改道之利也。

上年九月，臣承恩命调任陕甘，筹西征的饷，兼催各省协饷。各省以甘饷为臣军所需，故急于措解。去冬甘饷之旺，为比岁所无。臣方由闽起程，凡饷银、军装，多由闽、浙、湖南运至湖北，乃设陕甘后路粮台于鄂。杨岳斌恐臣截留甘饷，情见乎词。臣念甘肃需饷之殷，冀杨岳斌得饷后整饬各军，维持甘局，臣度陇时亦可资其兵力。比臣又但拟酌带五六千人自鄂而秦，徐图入陇，计新增闽、粤、甘三省协饷，尚可支持，故有不截甘饷之议。嗣因捻逆张总愚入秦后，凶焰更张，任柱、赖汶洸又盘旋鄂境，不能不添募勇丁为剿捻之计，遂至增兵数倍，加以购买骡马、车驮、料量行资，需用更为繁巨。① 臣军月饷仅福建四万两、浙江二万两，不敷甚巨。入秦之际，已不能不挹注甘饷。入秦后，刍粮腾贵，馈运奇艰，费益不訾。而陕甘各军之极困者，既不能不略予通融，客军之出力者，尤不能不时其缓急。臣舍甘饷无可动之款。而甘军数经败溃，其勇数已大减于杨岳斌在甘时，以所得协饷计之，亦尚不至窘于往岁。若以甘饷全畀甘省，甘军能办贼与否，臣不敢知，而臣军且立困于中道。此臣动用甘饷缘由，不得不直陈于君父之前者也。

臣所筹借洋商银两，除水脚、保险、汇费、息银外，实可得一百一十余万两。此事先为上海税务司所梗，幸道员胡光墉设法办成，已不免稍稽时日。而山西解州票商，因晋省河防戒严，不敢诺承汇解，洋款多由各省实解鄂台。舟至湖北安陆府属，又值钟祥狮子口堤决，不能迅速挽运，头批解到已在九月下旬。臣军待饷正急，应手而尽。二批到时，除分润各营外，筹凑银六万两拨解甘省。而臣军各营饷项，现已积欠三四月不等。此后洋商借款陆续运到，即须陆续拨用。计本年十一、十二两月支发军饷、粮价，即形竭蹶。各省明春协饷就令正月即解，已须三月抵奏，已恐停兵待饷。况陕西军务方殷，主、客各军粮价及泾、庆各军又不能不随时匀济。此洋商借款未能按月多济甘军之实在情形也。

查甘军饷项，除六月间据陈丕业禀报，续由汉中收解银十五万五千余两外，经臣催拨四川协饷银共四万两，近又拨浙江协饷银十万两，筹

---

① 《全集》为"加以购买骡马、车驮、料量行资，需用更为繁巨"，疑误，应为"加以购买骡马、车驮、料粮、行资需用更为繁巨"。

解署督臣穆图善。本年秋冬，江宁月饷银六万两，又催提山西河东协饷，由林寿图先后拨解银六万两，拨给甘军总兵胡世英所部饷银一万两，并饬四川援甘局将翎捐一项催缴解甘，约尚可得十余万两，计自六月间臣入秦后，共拨银三十七八万两，并陈丕业、林寿图前后所解，总计约六十余万两。甘省前数年所得协饷，尚未必如此之多。从前数年奏咨案牍可查也。然臣犹思竭力筹画，以济甘军。一俟三批洋款到日，即再拨银五万两，饬林寿图委员迅解秦安，转解兰州，以应甘省年终之用。一面飞咨四川督臣，于前此臣商恳川省代办军米内先尽署督臣酌提济用；将来米捐如能起色，亦就近于四川捐局随时酌拨济甘。虽事有先后缓急，亦断不敢膜视甘军，重烦宸念。

惟署督臣穆图善现饬林寿图撤西安粮台，悉以饷事归秦安粮台。又分拨山西河东协饷归雷正绾委员守催，而令曹克忠旧部张在山泾州一军仰给于雷正绾。泾军先存疑虑。在署督臣恐林寿图截留饷银，因并西安粮台撤去，正与杨岳斌汉中转饷事出一辙。而以泾军饷事寄之雷正绾，坐使泾军解体，实觉非宜。若令庆、泾各军概取给于秦安粮台，又鞭长莫及，庆、泾防军皆将涣散，陕省即有剥肤之灾。自古用兵西北，必多筹运道，以备不虞。似此专注汉中、秦安一路，设有梗阻，必致贻误。且自西安至甘十六站，自汉中至甘二十七站，远近攸殊。于汉中设分局转运四川银米可也，若转运各省甘饷，于道里、军情两无所取。此后臣军入甘，亦必仍于西安设陕甘总粮台。则现设西安之甘肃后路粮台岂有撤理？林寿图虽再四恳请裁撤，臣未允行，良以事势了然，无烦再计。此西安粮台未便裁撤之实在情形也。

窃谓寇来自外，急藩篱而缓堂奥；用兵于内，后枝干而先本根。督臣总制陕甘，当筹两省全局。甘省此时之患，在兵多而不能战，或被奸回软困，或与土匪勾连。现在存营名册未可复按，而陕省西、北各路已大受甘军之累。即如胡世英一军十营，经署督臣檄来延安，其逃勇从贼抗拒官兵，曾为提督刘厚基所擒斩。胡世英来陕日久，坐视回、土各逆剽掠，曾无一矢相加。欲撤之使去，则欠饷已巨；欲督之使战，则挫衄无疑。即此类推，甘军大略可想。陕省捻、回交讧，又益以甘军溃勇串合蔓延，势方岌岌。陕境不靖，甘饷从何转运？军事既先陕后甘，饷事亦不得不移缓就急。臣今日在陕，固不能视甘肃为遐方；异日入甘，亦仍必以陕西为根本。可否敕下署督臣穆图善，将甘军屡经哗溃、有名无实各营，核实察验，综计每月撙节支用约实需饷粮若干，咨臣商办。然后议立两省分总粮台，酌量缓急，分别拨济，乃为正办。

至于议抚、议剿，必俟陕境捻平之后，臣军向甘，始可办理。盖现在议剿固无兵力，议抚频售回欺。是甘饷仅可暂为点缀，不能以全力注之。即臣将来以全力注甘，亦必先筹转运，先筹屯垦，而后可以下手，亦断不能苟且目前，为一时权宜之计，致蹈故辙。愚昧之见，甘肃改设之台，只宜责令就近转输川、湖饷米；陕省现设之甘肃后路粮台，仍留以司协饷之总汇。不可因迁就目前，自误大局。

是否有当，谨据实复陈，伏乞皇太后、皇上圣鉴，训示施行。谨奏。

复陈防剿事宜折
（1868 年 11 月 8 日）

奏为遵旨复陈事。

窃臣于九月十二日汤阴县宜沟行次钦奉九月初十日寄谕："给事中陈廷经奏西陲未靖，宜及时抽调会剿、屯垦、招安，敬陈管见一折。现在直、东等省虽已肃清，而粤、捻各股降众在各军中尚不下三两万人，各省凯撤兵勇为数亦多。陕甘军务方股，左宗棠所带之兵不过三万。该给事中以东、皖等省或酌留万余人，或数千人，坐耗粮饷，不如驱使剿贼，请留养精锐，以杜乱萌；分路进兵，防剿互用；及时兴屯，兼备安抚。所陈不为无见。陕甘防剿事宜，是左宗棠专责。李鸿章剿贼有年，于东南将士性情知之最悉。该大臣等均属国家重臣，当此边陲未靖，自应急筹长策，以收底定之功。着即就该给事中所奏各条，彼此函商，务须屏除成见，通筹全局，迅速奏闻，以资采择。"钦此。跪聆之下，敬仰我皇上眷念西陲，亟筹底定至意。

窃维陕甘不靖，山西所恃以为固者，黄河自塞上迤东折而南流，足以陷戎马之足耳。兵从秦出，由东而西，晋防尤宜布置谨严，毫无罅漏。然后秦军进剿，无前突后竭之虞，晋防复严，得形格势禁之道，庶几屏蔽宽而关键利，大局固而异患销。是故欲重黄河之险，固宜合秦、晋以通筹，而欲一秦、晋之心，又宜分防剿而并任也。

按山西河防，自河曲、保德以南，夹岸山谷迤逦，有险可据。前据陈湜函称，已一律修砌垒卡，设险增防。似西河一带尚可无虞。近奉谕旨，敕豫军分防中路，并以大支径驻榆林。接李鹤年函称，已遵调张曜、宋庆各增募数营赴防。是北路亦期严固。惟绥远、归化地界极边，萨、托、清等处黄流浅漫，地势平衍，闻该处兵力殊不足恃。定安来函，亦以此为虑，此固秦、晋所难代谋者也。

陕回被剿穷蹙，铤走草地，亦在意中。似宜预事防维，早为之所。臣前于陛辞后，接晤李鸿章，论及西事，亦深知秦陇饷事太绌，不能用众，而旋有简选锐卒相助之说。三品衔候补翰林院侍讲学士袁保恒，曾为臣言，伊故父袁甲三旧部并隶李鸿章，中多可用者。意欲于淮军中选募成军，自当一路。臣甚壮之。该员现在都寓，可否敕下袁保恒，令其赴淮选募成军，克期入晋，径驻归化城，作为游剿之师，相机截击，于大局实有裨益。所有该军饷需，自应由李鸿章宽为筹备。李鸿章如赴新任，应为酌定的饷，源源筹解，方无掣肘之虞。并请敕下李鸿章妥为筹画。山西塞外有此一军，局势庶臻严密。如蒙俞允，则金顺一军俟宋庆到榆林后，应仍回驻定边、花马池，联络宁条梁、宁夏一带，以扼草地之冲。秦之北路，陇之东北，晋之西北均可相庇以安矣。至袁保恒已蒙恩擢至翰林学士，例得奏事。如蒙简派，所有该处军务应否令其会同定安具折驰报，以期径捷之处，出自圣裁。

所有遵旨复陈缘由，谨据实驰奏。伏乞皇太后、皇上圣鉴，训示施行。谨奏。

榆林绥德土匪一律肃清片①
（1869 年 3 月 5 日）

　　再，榆、绥土匪董福祥，倚靖边镇靖堡一带为老巢，自率悍党数千并分遣贼众四出窜掠。道衔知府、署绥德州知州成定康既随刘松山转战而西，忽闻董逆由府谷、神木窜入葭、米，遂急率队回州。上年十二月十八日，师次何家岔。十九日，自王家圿探报该逆向东折窜，已至开化寺、刘家堰等处，逼近黄河，成定康即令陈瑞芝、龙锡庆督率各旗冒雪前进。初更抵棘铖店，距贼尚三十余里。二十日，整队前行，沿途即遇骑贼数百由右路冲来，经陈瑞芝、戴光明、喻先恕麾队冲击，贼即疾走。我军追至刘家堰，贼万余分踞左右山坡，严阵以待。陈瑞芝即率喻先恕、戴光明由右，成光熙率李长乐等由左，龙锡庆率成荣华等由中路策应。贼见我军三路进攻，蜂拥来扑。陈瑞芝率队进击，枪轰矛刺，毙贼数名，贼阵未动。龙锡庆即由中路冲出，贼死拒，喊杀声震山谷。正在相持，成光熙遽自左路山下掩至，哨官张德荣、徐尚清等跃马上山，殪贼先锋白联桂，贼气夺。李长乐率马队纵横陷阵，中、右两路乘势冲突，阵斩黄衣贼目二名，贼大溃，追至刘家下堰，贼夺路狂奔。我军分途掩杀，毙贼数百名，夺获骡马四百余匹，穷追二十余里，沿途擒斩无算，余贼向西北窜逸。时值高逆余党张万飞自张家台败后，乘我军西剿，收合各处余贼复得数千，窜入绥德州南王家沟一带。成定康即飞调各旗队伍于二十二日回州，二十三日进驻雷家沟。二十四日抵王家沟。该逆正攻民寨甚急，突见我军数路掩至，步贼大乱狂奔，而马贼犹复直前抵拒。军功刘炳莲发一枪适中狐裘贼目一名落马，后讯知为伪帮办胡梯云，甘肃固原廪生也。贼见匪目就歼，无复斗志。各旗乘胜冲杀，贼

---

　　① 此片与西安将军库克吉泰、署陕西巡抚刘典会衔。

悉奔溃。我军跟踪追剿，及之于柏树坪，二十五日又及之于清涧河，计共毙贼三百余名，夺获骡马百余匹。余众窜向延川，二十六日扰及贝河子。抚标亲兵前营记名提督刘声集在延川闻报，即率队驰剿，阵斩红旗贼目数名，贼败走。我军跟追十余里，毙贼甚多，余贼悉翻石山坡西窜。此成定康一军十二月下旬进剿州南各匪，两获大胜，及刘声集一营截剿获胜实在情形也。

现据刘厚基、成定康禀报，榆林、绥德已一律肃清。谨附片陈明，仰慰慈厪，伏乞圣鉴，训示施行。谨奏。

陕境肃清进驻泾州督办甘肃军务折
（1869 年 6 月 28 日）

　　奏为官军搜剿各匪迭获胜仗，陕境地方一律肃清，臣谨遵谕旨由邠州、长武进驻泾州，督办甘肃军务，仰祈圣鉴事。

　　窃自董志原回巢扫平，绥德、宜君叛军同时绥定后，陕西北路降人董福祥、李双良、张万会、扈良儒、梁植、刘文浩、刘永春等股众，经署绥德州知州陈瑞芝会同刘松山、委员提督黄万友等，安插于瓦窑堡、老君殿、周家崄等处，耕垦荒地，均就安帖。惟绥德、延安交界各县，时有游匪、溃卒、土匪暗相勾结，假息山谷间，肆行劫掠。其近延长、延川、宜川者，记名提督、安徽寿春镇总兵郭宝昌，记名提督刘声集，迭次派队擒斩各数百名。其近洛川者，副将刘竹田时出队截捕，多所斩馘。其叛军畏诛漏逸及变易姓名混迹营中者，又经刘松山、记名提督周绍濂先后搜缉正法。于是北山迤北纵横数百里间渐有宁宇，而鄜州、甘泉西北一带游匪数十数百，飘忽出没，动辄数十百里，莫测其栖泊之所。臣于董志原回巢扫平后，檄留陕道员魏光焘、提督刘端冕两军，由黑水寨、王家角进太白镇、合水县一带，以渐向庆阳。正运粮待发间，忽捕获蓄发悍贼张有福等五名，讯供为首老贼即上年盘踞云岩镇巨逆袁大魁。自上年六月云岩老巢经官军攻破后，袁大魁乘雨夜窜逸，随身死党数十人，七月内窜至宜川县燕曲堡，招集败党及甘肃饥民、溃卒约共数百人，复经官军击败。袁大魁仍偕其死党窜出，冬间逃至保安县属之老岩窑。其地绝险，有居民百余户，凭险结寨自保，回、土各匪频年攻之未破。袁大魁伪为官军籴粮者绐寨民，遂入据之，纠集游匪溃卒约数百，遍胁邻寨土民千余，皆蓄发从贼，分为五队，每队一伪将军、一指挥统之，瞰官军进止为趋避，倏忽狎至，官军不能得其踪迹也。魏光焘既讯毕，斩张有福，而释其余党，令为前导。一面会商提督刘端冕、副将张星元、邢部主事周瑞松各派所部助剿，期速藏事，庶移营前进，可免后顾之忧。四月初五日，潜师夜起，黎明抵老岩窑前面三十里马蹄沟。守卡贼惊起抗拒。副将王正和、萧玉元，游击李夺魁，参将魏纪鋆，奋威冲杀，立斩执旗贼目数名，夺隘而入。适总兵于奇泮、副将石茂林、总兵周振南、参将谭吉士，左右截出，将马蹄沟贼登时擒斩殆尽。其踞头道川之贼，闻风惊却。官军合势蹙之，穷追二十里，毙贼约共四百余名，夺骡马百余头，生擒伪将军徐荣、韩清荣，伪指挥张洪太、余天贵等，讯毕斩之。时已薄暮，大雨如注，始令收队。初六日黎明，刘端冕所部提督甘大有、副将喻经魁率师抵陈家纸坊，遇贼百余，歼之，进逼鹞子川。守卡贼分布拒守，枪子如雨。参将章和荣、颜禧承等斩关而入，贼大哗溃。官军分途截击，生擒伪指挥张复盛、何文彪等逆，讯明斩于阵前，士气倍奋，当将鹞子川之贼数百，一并擒斩。

初七日，驻守延安之副将贺卓吾、帮统之副将张星元，又率所部驰来。魏光焘会集诸营，分路直逼老岩窑。方拟兵力厚集，乘胜而前，纵贼巢天险，亦无难一攻即下也。派州判方大焘督前、后营及前营马队攻老岩窑之前，自率中营、奇营及中营马队绕出老岩窑之后。各营筑垒环攻竟日，将士屡前屡却，苦于无力可施。收队后，审视贼巢，见老岩壁立千仞，下临洛水，窑孤悬岩中，左右立木为栅，两旁皆深堑，小桥横架，仅通人行，为贼出入之路。贼早将巨绠曳桥令起，路已断矣。窑前石磴螺旋，近洛处水楼兀立，贼踞其上，层开枪眼，是为窑之外郭。议先将水楼攻毁，以渐逼窑外。初九日，令贺卓吾、张星元率所部攻水楼之贼，而自率各营从窑外两旁夹击。力攻竟日，外窑虽破，毙贼不过数十，而壮士之伤亡已十余名，参将袁海寿手受子伤，窑内炮石纷下，带伤者益众。俯视水楼已经着火，旋被贼扑熄，收队而回。诸军均拟速平贼巢，以便及时前进，举办屯垦诸务，见贼踞岩穴极险，无路可通，欲罢不能，欲速不可，惭愤交并。连日会商，岩旁岩下均无可着手，非从岩顶凿石立柱，潜缒壮士引绳而下，无由得抵洞门。魏光焘急雇石工，而挑勇丁之习此艺者助之。一面会各营逐日更番扑卡，多积蒿草枯柴，伪为火攻之状疑之。十五日，岩上石路成，穴石多安横柱，下令军中能从岩缒下扑洞门者受上赏。自十五日起，派队轮攻，枪炮昼夜不绝，时放喷筒火箭，令贼防范不得休息，五鼓撤队。十七日，方鸣金收队，昧爽，壮士十余由岩巅抱皮绳缒至栅外，贼犹酣卧。少顷，缒下者益多，拔栅闯入，连抛火弹。袁大魁急嗾悍党迎拒，窑内人声沸起。官军短兵撞刺，贼尸枕藉。袁大魁经官军又伤倒地，贼弟袁二亦刃伤未殊。时都司涂国荣，守备杨振家、陈如美，千总范潮海、董大荣、蒋得胜、戴鹏程，外委张金明、徐有礼，军功李洪泰、周元吉、刘开年、陈万得，一齐杀入，割取袁大魁、袁二首级，大呼以徇。各军竞奋，立将上下卡水楼一并攻拔。老岩十五窑之贼，除斩馘外，纷纷堕岩、堕水以死，无一免者。官军将洞窑一律铲除，免为山寇窃踞，乃次第拔营前进。函袁大魁首级驰送大营验明，遍传被害各地方示众，而鄜、延巨患以平。

周瑞松既会克老岩窑贼巢，收队回延安，诇知府城南三十里野猪洼等处，时有游勇出没，商旅苦之，而未悉其巢穴所在。正拟派队搜捕间，二十四日，捕获游勇朱俊林，讯知匪目杜占元，自上年腊月勾结土匪连破英沟、龙耳沟、鲁家湾等寨，即踞鲁家屯，收留游勇、哥老会匪，分布韩家原、纸坊村、孙家沟，不时远出数十里、百余里外，肆行劫杀。所得脏物，辄以少许分给近寨民人，故伏匪虽久，迄无举发者。二十六日黎明，周瑞松率所部抵鲁家屯察看，寨踞山颠，小径已经掘断，兵不能入。乃令副将贺卓吾带同武举彭春亭及亲兵二名，持谕叩寨，托言买粮。杜占元不疑，放板桥纳之。贺卓吾过桥，以亲兵守护桥头，急放号炮。周瑞松麾军夺隘而入，武举彭春亭手缚杜占元，霎时队伍齐至，搜杀游匪殆尽，坠岩死者二十余人。同时，副将张维美、参将彭芝兰亦将纸坊村、盘龙寨、韩家原各处游匪一律搜捕，并获土匪刘大福，斩之。周瑞松将所获牲畜、资粮俵给贫民，亲讯匪目杜占元、张光如、李凤先、张兆霖、吴东元、张世显、杨林元、朱洪胜等，均积年哥老会匪，一并斩决。

而郭宝昌前次剿散狗头山贼后，贼目张大仁即张三胖子复勾结游勇、土匪，于延长县东南八十余里，界连宜川之小梅村、南庄、羊肚原等处，时出剽掠。四月十四日，扰及城东七十里之白家河。知县孙永成侦悉贼踪，商请郭宝昌所部记名提督宋朝如、副将李长胜分路前往围捕。甫抵王家河，遇掠食之贼二百余。官军奋击，毙贼多名，生擒李根儿等十余名。白家河之贼即解围潜遁。宋朝如收队后，贼仍折回攻扑白家河。十七夜，宋朝如、孙永成复督兵围击之，毙贼百余名，贼败归巢。十八夜，官军袭破冯家岭、南庄、羊肚原诸巢，阵斩匪目吕邦科，毙贼数百名，生擒王守正、李金贤等四十余名，分别斩释。惟张大仁由深涧遁去，二十八日窜至鄜州东北牛武镇，仅残匪百余名。驻鄜官军急起遮截，擒斩二十余名，余皆散逸无踪。

总计榆林、绥德、延安、鄜州各府州所属，游匪、溃卒、土匪巢穴铲削一空，潦净潭清，数郡残黎得安耕作，臣军得以一意西征，免虞牵掣。以局势言之，虽较之前此度陇诸军获效稍迟，将来蒇事或速未可知也。绥、延之间，安抚渐有成局。北路刘松山一军，由西北进指定边、花马池一带，以截宁、灵之贼，令不得东。中路魏光焘、刘端冕、周绍濂诸军，西出合水、正宁、宁州以向环、庆；雷正绾、黄鼎诸军由董志原、泾州趋镇原、固原、崇信、华亭，以蔽汧、陇而规平凉。南路李耀南、吴士迈诸军，由陇州、宝鸡趋秦州。臣率亲兵及正营、良营由永寿、邠州、长武以赴泾州，饬马德顺、简敬临原名桂林马步各军暂驻灵台之上良百里镇，以策应南北两路，且耕且战，安民以除土匪，整军以戢溃卒，抚良回以剿逆回，不敢以小谋近功误国家安边至计也。

所有陕西肃清，臣军度陇情形，谨会同西安将军臣库克吉泰、署陕西巡抚臣刘典，据实驰陈。其老岩窑之战，虽仅攻克一坚巢，斩馘不过千余，然将士缒幽凿险，昼夜环攻，不遗余力，较之平原列队，决胜负于旦夕之间者，劳逸悬殊。可否由臣择尤酌保，汇入肃清案内从优请奖之处，合并声明，伏恳皇太后、皇上训示施行。谨奏。

北路官军连获大胜现筹办理折
（1869 年 10 月 4 日）

奏为北路官军由花马池进剿，连获大胜，现筹办理情形，恭折驰陈，仰祈圣鉴事。

窃维刘松山北路进兵，臣于八月十一日曾声明计期已抵花马池，进剿宁、灵之贼。嗣接刘松山七月二十四日定边所发函牍，知拟于二十六日进花马池。探报前审后套之贼，因官军西进，折回一股，仍从花马池迤北向西南窜去。又据灵州汉民称，宁夏窜回已过东岸，现踞金积堡附近一带。该提督二十八日整队西行。八月二十四日接刘松山初八日灵州下桥营次驰报，二十八日自花马池西行四十余里，诇回骑有从边墙外南窜者，刘松山饬苏松镇总兵章合才、道员刘锦棠率马步各营南出击之，自率队西行，驻安定堡以待。章合才、刘锦棠等南行十余里，即与贼遇。官军三路奋击，立毙马贼十余名。贼骇而奔。官军蹑踪猛追二十里，至天池子，毙贼约二百余名，生擒二十一名，并夺获逆回所掳边外牛羊驴四百余头。讯据生贼金供，此股系甘回苏光棍伙党。讯毕斩之。

二十九日，进兴武营。八月初一日，抵磁窑。诇知陕回踞灵州附近一带，与甘回杂处。初二日，行三十里，探骑飞报甜水河见贼数骑。刘松山以地势甚狭，饬中军各营护辎重缓行，自率前、左、右三军，马队五营前进。甫至甜水河，贼骑千余忽从两旁山坞冲出，意似绕截官军。提督易德麟、李就山，知州李树棠率所部迎头截击。刘松山饬章合才，提督李占椿、喻执益率步队击其左，提督余虎恩、陈宗藩率马队继之；提督萧章开、曾德喜、李云贵率步队击其右，提督潘运璋、彭绪炘、谭上连率马队继之。逆回见官军大至，骇而奔。官军分路纵击，毙贼约二百名，生擒十九名，夺贼马七十余骑。追近灵州城北二里许，城南一带陕回悉向南路狂奔，惟灵州本地回民未动。刘松山令于城南筑垒。是夜灵州已抚回目周斌诣营面禀：陕回败遁灵境后，分踞甘回各庄，甘回畏其凶悍，不敢与校。刘松山比即飞札金积堡马朝清，令其传知各寨堡：官军只剿陕回，已抚之甘回安居无恐。并令周斌选派十余人随队行走，传示所过各回堡，俾咸知官军此来无他也。行二十余里，所历各回堡均安堵如故。适探骑追获一陕回，供称：逆众昨经官军击败，悉归郭家桥老巢，头目系余彦禄、马正和、马长顺等，距此约六七里。讯毕，整队齐进。

逆回见大军逼近郭家桥，各庄贼众纷纷吹角出巢，马步横排数十团，人马约计七八千，势甚嚣悍。刘松山立饬易德麟率李就山、李树棠，刘锦棠率提督陶定昇、易致中及五品军功董福祥，分两支进中路；章合才率李占椿、喻执益进左路；萧章开率提督曾德善、李云贵进右路；自率提督何作霖、谭拔萃、周国胜及马队五营由中路继进。正列队间，骑贼分两面猛冲而来，步贼数路继进，凶悍殊常。刘松山饬余虎恩、陈宗蕃、彭绪忻率马队从左路之左进，何作霖率步队继之；潘运璋、谭上连率马队从右路之右进，周国胜率步队继之。各营枪炮连环开放，间以炸弹，声震山谷。贼中人马纷纷倒毙，悍贼犹挺矛死扑，数却数前，鏖战逾时。刘松山见马贼甚厚，飞令何作霖、周国胜督步队附马队加劲猛扑，自督谭拔萃及步队各路奋威冲杀。贼始大乱。各营乘势追杀，败回不敢归巢，立将郭家桥贼巢二十余处一律平毁，巢内外贼尸枕藉，军械抛弃满地，败贼悉数南趋。官军齐队追至下桥。下桥跨秦渠之上，水深桥小，败贼不能遽过，仍返旗回拒。刘松山督马步各营薄之，立将贼众冲为十余起，人马溺毙无数。渠西沟港环绕，败贼更难速遁。官军又追杀数里，将近吴忠堡，始行收队，回驻下桥一带村庄。计是役共毙贼千数百名，生擒一百十三名，夺获战马骡驴千余匹，枪械数千件。余逆向金积堡一带逃去。官军员弁勇丁阵亡者十五名。记名提督、苏松镇总兵章合才，右肩肋中炮子伤骨断，提督李占椿左腿受炮子伤穿透，其余员弁勇丁受伤者五十二名。此八月初三日攻破灵州南郭家桥一带回巢，大获胜仗之实在情形也。

方官军进郭家桥，沿途各寨堡开放枪炮，且傍堡列队呼杀官兵。刘松山饬各营只追陕回，暂置不理。是夜接马朝清来禀：陕回抚有端倪，已禀知陕甘总督、署总督饬办。刘松山饬将乞抚情形据实禀知。初四日，附近各回寨纷纷出队向官军索战。刘松山恐马朝清尚未传遍，又恐甘回惊疑致然，仍按兵不动，并出示晓谕免剿。初五日，各寨甘回复列队近营施放枪炮，比官军出队，仍即却退。初六日，复列队近营，图扑官军营垒，人数更多。刘松山始令各营出队击之，毙贼多名，贼仍败退。马朝清迄未将乞抚情形禀复，并嗾金积堡各处精壮回民及击败之陕回踞吴忠堡一带，嗾灵州附近各寨堡回民踞官军之后，又嗾踞宁安堡四百户一带之陕回马正和、崔三等前来助逆，复决秦渠之水以自固而困官军。用意险毒如此！臣于八月十三日接马朝清第三次禀，仍代陕回求抚，并据陕回各目递具乞抚禀结前来。察其禀词，颇露惶惧之意，却于刘松山兵至何处一字不提，惟言穆署制宪已委署河州镇胡昌会由省城来灵州，饬职员察看陕回如果穷蹙，善为开导，谕令投诚。意若惟恐不允其请。窃以时日计之，刘松山必定已进兵，马朝清及各陕回或因畏剿而为缓兵之计。惟未接刘松山函牍，究难臆度。因批示：汉、回同是朝廷赤子，本无异视。如果诚心悔罪，求为良民，自当仰体皇恩，奏请宽其既往。惟前据第二次禀称，陕回言行相背，反复无常，其求抚者引领而待命，其凶狡者犹涉险而跳梁。近在宁、灵地面以及中卫、宁安、恩和、石空寺等堡肆扰，汉回均受其害。等语。是陕回多有不求抚者。回不求抚，官军自不得不剿。兹复据禀，陕回一律求抚，其前此窜至后套沙金托海、磴口，围阿拉善、定远城，犯鄂尔多斯、五胜札萨等旗之回，是否一并在内？其中卫、宁安、恩和、石空寺等堡是否仍前肆扰？未据声叙，此次递具禀结求抚各回，目情词虽极恳切，然从前屡次求抚，迄无成说，现据转禀决无反复，何能深信？所有该回等求抚各情，北路应由广东陆路提督刘松山，南路应由陕西提督雷正绾，就近察看诚伪，以凭核明会奏请旨。其咨刘松山公牍，即交马朝清转递，令其不疑。批发后，并飞咨穆图善查照。盖不欲遽许其降，掣刘松山之肘，又不欲峻拒其降，绝良回之望也。

兹据刘松山报初八日以前战状，则马朝清初四日递禀代陕回求抚，正在初三日官军郭家桥大捷之后。其畏剿缓兵已无可疑。刘松山所驻下桥地方，在金积堡之前，吴忠堡之后。来牍原拟先剿后路。据雷正绾函报，固原回民宣传吴忠堡已被官军击破，马朝清急调预望、同心、黑城子各堡回民助逆。虽尚未据刘松山续报，而以时势揣之，似吴忠堡之克亦在意中。日内固原回民纷纷挈眷北徙，游骑时越固原而南，似逆回意欲阻截官军北行，而以全力拒刘松山也。臣又催黄鼎、简敬临、马德顺各率所部队伍由固原前进，且抚且剿，冀分贼势而收夹击之效。

惟刘松山军食全赖后路转输，自该军由花马池南下后，后套败回之贼陆续由草地入边掠食。顷据署延榆绥道成定康迭报,镇靖堡、定边一带逆回零骑劫夺官粮,运道中梗。而郭宝昌前因伤疾举发,喀血增剧,请假两月调治未痊。臣前催金运昌拨卓胜军马队由绥德、镇靖堡、定边前进,并催副都统全福饬所部马队迅由绥德拨行搜剿,兼护粮运,然饷道远至千数百里,未卜能否疏通。据刘松山函称,宁夏收成丰稔,已委员采办。臣虑宁夏至灵州一带运道,难免逆回扰截。应请敕下署将军金顺,广为采购,派队护运刘松山军前,俾免缺乏,庶饱腾可期,局势始臻稳固。其粮价、运脚,臣当指拨山西米捐的款解还,伏恳圣恩酌度施行。

所有北路连获大捷,现筹办理情形,谨会同帮办陕甘军务、署陕西巡抚臣刘典据实驰陈,伏乞皇太后、皇上圣鉴,训示施行。谨奏。

刘松山剿贼大胜中炮阵亡现筹办理情形折
（1870 年 2 月 26 日）

奏为刘松山迭攻贼垒，克获大捷，中炮殒命，现筹办理情形，据实驰陈，仰祈圣鉴事。

窃刘松山一军，上年十一月十五夜至腊月二十五日进剿逆回，攻破寨垒，迭获胜仗情形，经臣于正月二十二日驰报。其上腊二十九日剿贼新揭堡获胜，及正月初八日攻破金积堡附近地方陕回新修贼垒各公牍尚未接到。正月二十五日接刘松山十四日来牍，据称：初十夜四鼓，吴忠各营飞报有马步贼千数百名，由东南胡家堡窜至秦渠南，踞石家庄一带空堡，及马五、马八条、马七三寨。刘松山以石家庄距吴忠堡东南四五里，该各寨扼秦渠之要，与下桥、永宁洞、水口紧接，地势在所必争，立督步队四营及亲军马队驰往吴忠堡。天明抵石家庄，见贼已于西南废堡修成三垒，刘松山饬提督谭拔萃、周国胜、李占椿、易致中、曾松明、朱德开，副将赵彩照等三路齐进，各指一垒，奋力齐攻，一鼓克之。其东、西两垒贼逸出者，投入马五寨。刘松山即令易致中、朱德开、李占椿分驻三新垒。计毙陕回、甘回一千数百名，头目马幅喜亦经焚毙，生擒七十二名，正法军前。弁丁阵亡者三十七名，受伤者一百零七名。

收队后，刘松山周览正南马五寨，正东马八条、马七两寨，墙厚濠深，殊不易攻，留之则终为后患，遂令各营逼寨筑垒，以便围攻。十二、十三两日，垒成。十四日，饬各营齐队往攻未下，午后忽有援贼马步约二千余自东南驰至，排列营前二三里，以时日考之，当即临洮谢四及靖远马聋子也。刘松山虑其入各寨助守以抗官军，适是夜金运昌已将马殿魁一寨攻克，擒斩甚多，十五日，商令金运昌先剿援贼。黎明，各路齐出。步贼阵于各破庄之前，骑贼左右排列，布队甚整。刘松山令先剿骑贼，李占椿、赵彩照分左右抄击，火器并发，刀矛继进。骑贼先奔，步贼仍屹立不动。刘松山麾各军奋威冲杀。贼殊死斗，屡却屡前，骑贼仍纵马回扑。官军锐气百倍，纵横荡决，毙悍贼甚多。贼始向东南胡家堡一带窜遁，沿途冰凌凝滑，驰走不前。官军追杀五里，乃收队。计共毙马步悍贼近千名，夺获善马百余匹，枪械无算。

刘松山传令乘胜攻马五寨。寨大而坚，悍贼踞寨东一卡，誓以死抗。刘松山饬谭拔萃、周国胜、李占椿、曾松明携攻具攻寨；饬易致中、朱德开、赵彩照带所部截马七寨、马八条寨来援之贼；商令金运昌率两营列队该寨东北，防马五寨逸出之贼。布置既定，谭拔萃等麾所部由寨边绕出，径薄外卡，一鼓齐登，克之。外卡悍贼百数十名，无一脱者。刘松山急督各弁丁举薪焚寨门，策马由寨下督攻益急，忽为寨中飞子洞中左乳坠马，弁丁负入破屋中。谭拔萃等闻统领受伤，齐来省视，刘松山叱令速督所部猛攻，毋庸顾我，乱行列。谭拔萃、周国胜、曾松明、李占椿见统领受伤，含泪而出，手执火包四面梯登，督各弁于猱附继上，纵火延烧，见贼即斫，寨贼焚死、溺死、坠墙、堕井死者无数，生擒贼目马五，收队缴令。刘松山谕以"受伤已重，不得复活，尔等杀贼报国，我死不恨"，言毕气绝。是时攻马七寨、马八条寨之队仍未撤也。据总理湘军营务、布政使衔即选道、法福灵阿巴图鲁刘锦棠，记名提督、珊松额巴图鲁黄万友，分统左军、记名提督、江苏苏松镇总兵、法福灵阿巴图鲁章合才，分统右军、记名提督、绷武巴图鲁萧章开会禀前来。臣接阅之余，悲悼不已！

窃维刘松山以湘乡勇丁从征，积功洊擢广东陆路提督，转战湖南、湖北、江西、广东、福建、江南、河南、陕西、山西、直隶、山东、甘肃各省，剿办长发、捻、回各巨寇，无役不从，无战不克，迭蒙天恩，颁赏小刀、火镰、大荷包、小荷包，赏换达桑阿巴图鲁勇号，赏穿黄马褂，赏给三等轻车都尉世职。刘松山感荷殊恩，力图报称。自入灵州以来，荡平堡寨五十，贼巢九十余，皆策马前行，躬冒锋镝。回逆之曾犯颜行者，无不闻名胆落。上年七月初，师由花马池前进时，马化漋潜调西宁马尕三嗦撤回助逆，马尕三以千五百骑应，未及一月，经刘松山剿败，丧其大半遁归，自此西宁逆回不敢复至。

西宁镇总兵黄武贤前来营时，为臣具道其详。彼时刘松山不辨其为西宁回番与各堡甘回，未形诸公牍也。河州逆回马占鳌前在宁夏，大言以股众助陕回，及刘松山屡捷，目睹军威，不敢复逞。故此次马化漋求援于临洮谢四及靖远马聋子，而河回未与之俱，其威震西陲如此！臣方冀灵州蒇役，奏请驻师宁夏，以取猛虎在山之势，为西陲规久远，不料事未了而忽有此变也！其治军严，不尚苛察。其临财廉，不肯苟取。其布阵方圆平锐迭用，得古人静如山、动如水之义。其居心仁厚，而条理秩如。语及时局艰危，辄义形于色，不复知有身家性命。从征伐者十有八载，仅因募勇归籍一次，家居只十余日。年已三十有七，聘妇未娶者二十余年。臣由直隶西旋时，知其妇家送女至南阳已两年余矣，属其行抵洛阳，于募勇未到之暇，克期完婚。适甘肃土匪二十万蔓及延、榆、绥一带，臣饬其派队由山西渡河入秦，刘松山奉檄即行，届婚期甫半月耳。观人于微，虽古良将何以过之。合无仰恳天恩，敕部将刘松山照提督阵亡例从优议给恤典，加恩予谥，敕祀京师昭忠祠，并准陕甘各省建立专祠，而以所部阵亡各员弁附祀。其刘松山各处战绩，并乞宣付史馆，立传表彰，以慰忠魂。其遗槥一俟道路疏通，臣当派员护送归籍，仰副我皇上轸念忠勤至意。

所有剿败援贼，攻克寨垒，统将捐躯各情形，谨据实驰奏，伏乞皇太后、皇上圣鉴，训示施行。谨奏。

收抚回民安插耕垦片
（1870 年 8 月 14 日）

再，办回之道，与办发逆、捻逆不同。发逆剃发，捻逆抛弃马械，即与平民无殊。故战胜受抚，给以免死牌票，资遣归家，如其措置得宜，便可相安无事。其无家可归及悍鸷不驯者，或暂羁之营中，钤以军令，编管既密，久亦相忘。解散之策行，则贼势孤；安插之地多，则贼群涣。此办发逆、捻逆必由之道也。

回则不然。其与汉民积仇既深，婚姻不同，气类各别，彼此相见，辄起杀机，断难孚洽。又种族攸分，状貌亦异，杂一回民于稠众中，令土人遍识，必能认别，百不一爽。回民中岂绝无稍知顺逆、亟思自拔来归者？然久处贼巢，既苦头目之侵陵迫胁，甫离巢穴，又畏汉民之报复寻仇。当死生莫卜之时，靡不依违其间，以求苟免。此解散之难也。以陕回人数计之，从前无事时，散处各州县地方丁口，奚啻数十万。现计除西安城中土著两三万外，余则尽族西行，陕西别无花门遗种。即合金积、河、狄、西宁、凉州等处现剩陕回计之，丁口亦不过数万。其死于兵戈、疾疫、饥饿者盖十之九，实回族千数百年未有之浩劫。区区遗种，既无归陕之望；就甘地安插，而甘民痛定思痛，又不免他族逼处之虞。此安插之难也。

迭奉谕旨："不论汉回，只论良莠。"仁育义正之怀，昭然若揭。回民亦具人心，岂独毫不知感？无如仇衅四结，每苦无处求生，莫知祸之所届。臣维解散安抚，实办回不可少之着。因于经理屯垦之余，划出荒绝地亩稍成片段者，以处求抚之陕回。现在平凉大岔沟等处，收抚陕回老弱妇女及务农丁壮约数千人，均给以赈粮、牲畜、籽种，课其耕作，与赈抚各属灾黎，招辑屯垦，一律办理，以广皇仁。

所有办理情形，谨附片陈明。伏乞圣鉴训示。谨奏。

密陈马化漋暂缓伏诛片
（1871 年 1 月 31 日）

　　再，关陇安危，机括全在金积。金积一克，全局已在掌中。现在首逆就擒，勒其缴械平堡，而官军锁围如故。臣且时时申儆，严禁扰掠，严防松懈者，虑其因胜而骄，功败垂成也。马化漋稔恶三世，谋逆已久，蓄机甚深，纵有后效，不蔽前罪，暂若从宽，必滋后患。臣早知为国家必讨之贼，而此时议暂缓其诛者，王家疃堡墙高厚，存粮极多，非猛攻所可骤得，金积既克，其势已孤，以马化漋徇之，宜可速下，若先诛马化漋，回酋或怀疑惧，必滞戎机。王家疃一下，通昌、通贵自更无难料理。至河州贼首马占鳌，早有就抚之意，西宁贼首马尕三，自援金积败归后，已略识兵威，无能为患，尚非所急耳。大约金积堡城平毁后，宜先图王家疃。王家疃抚定后，马化漋及其父子兄弟亲属伙党，重者诛夷，轻者迁徙，乃收全功。至马化漋所以公为戎首者，以新教惑众敛钱，以贸易经营致富，又据金积堡膏腴之地，侵占汉民产业，富甲一方，故蕴利生孽也。臣现饬诸统领俟平毁堡城后，凡马化漋父子兄弟亲属财产，均勒令悉数充公，以之颁赏将士，赈抚地方，庶几天理得、人心顺而国法亦伸矣。

　　又闻该逆于北省各口开设店铺，分布伙友，领本营运，藉以探听衙门消息，交结回民、洋商，尤为可骇。臣自燕、齐反旆而西，张曜自豫入晋，各省回商皆驰报陕回金积堡，此其明征。臣拟俟诸务就绪后，次第奏明办理。惟事机秘密，未可轻露端倪。而局外不悉此间情形，若不预为陈明，必且凭空揣摩，徒滋议论，此任事之难也。

　　谨据实密陈，伏乞圣鉴。谨奏。

平毁金积各巢首要各逆伏诛宁灵肃清折①
(1871 年 3 月 15 日)

奏为金积各巢概行平毁，马械概行搜缴，首要各逆概行诛夷，余众分别迁徙安插，宁、灵肃清，恭折驰报，仰祈圣鉴事。

窃陕回就抚，首逆马化漋就擒办理情形，臣宗棠于上年腊月十一日拜折后，即委总理营务处前山西按察使陈湜驰赴金积堡，会商各军统领，分别次第，慎密筹维，期于周妥。维时据刘锦棠禀称：堡墙冰凝如铁，该堡回民掘毁不速，因派勇丁助其掘毁，一面勒催逆弟马九、逆子马耀邦及逆党谭生成等，搜缴马械。旋据刘锦棠、黄鼎、雷正绾等续报，马化漋遣人招抚河西王家疃逆贼，并招回前遣助逆之何生洲等三百四十余人归金积就抚，马耀邦等呈缴车轮大铜炮四尊，九节藜炮四尊，威远炮二十八尊，劈山炮二十尊，鸟枪一千另三十杆，抬枪二百九十三杆，刀矛二千四百十八件，洋枪一百八十杆，火药五篓，铅子七百斤，硫磺二百九十斤。臣宗棠知其隐藏尚多，终为后患，密饬各统领将堡回勒限迁徙，以便清厘堡逆，分别首从办理，以弭后患。刘锦棠、黄鼎、雷正绾、徐文秀等会商陈湜，于陕回悉数起解后，首令马耀邦、马九等将堡众挑选精壮者千名，马家滩挑选精壮者四百名，王洪堡挑选精壮者百余名，及何生洲伙党三百余名，名为义勇，置之外壕空堡中，分交官军就近钤制。次清点堡中贸易侨寓，及被掳被胁各甘回，造具户口名册，听候遣散迁移安插。次搜捕通匪文武员弁，一面勒令马化漋、马耀邦、马九尽缴枪械马匹。旋据缴到马四十三匹。据供，近因官军围逼，草料早乏，牲畜饿毙净尽，除前缴马五百余匹、续缴四十余匹外，实无存留，洋枪、军火实无藏匿，如经搜获，心甘坐罪，并取具切结。适助

---

① 此折与宁夏将军穆图善、陕西巡抚蒋志章会衔。

掘堡墙勇丁于堡根掘获洋枪二百余杆，旋于堡内又掘出洋枪一千另数十杆。陈湜、刘锦棠、黄鼎，雷正绾、徐文秀、金运昌会议诸务均经料理就绪，各堡回民渐释惊疑，乃迁王洪堡回众于灵州城附近地方安插，迁马家河滩回众于张家圈安插。正月初七、八等日，乃迁马化漋父子兄弟及各亲属眷口于壕外各废堡中。初十、十一等日，提马化漋、马耀邦、马九、谭生成等分别熬讯，有无藏匿军械及北口开设店铺、交通洋人情事。马化漋尽诿其子马耀邦。比昼夜熬讯，马耀邦复茹刑不吐，惟诘以既具切结，军械并无隐匿存留，何以官军复掘出洋枪、洋炮至千二百余杆之多。无词抵饰。贼情之狡猾凶顽，始终叵测如此！十二日，刘锦棠提马化漋，徐文秀提马耀邦、马中邦、马参三犯，黄鼎提马成漋、马恒邦、马定邦、马建邦、马正邦、飞飞子六犯，雷正绾提谭生成父子三犯，金运昌提马九一犯，同时凌迟处死。其分置各废堡之悍党及逆党何生洲部众一千八百余名内，统领、参领、佐领、先行等伪官王六、马喜等八十余名，概予骈诛，无一漏网。其贸易侨寓之客民及被掳、被胁之甘回三千余名，解赴平凉安插。金积堡老弱妇女一万二千余名口，解赴固原州附城数十里地方，分拨荒地安插。其贼巢保生堡，伪号王城，僭称东府、西府，一切违制器具、什物、仪仗，概予销毁，仍留房屋为将来建置文武衙署、兵房及死事诸臣祠庙之用。于是元恶悍党，歼灭无余，而罪不至死者，亦无稍冤滥矣。该逆陆续呈缴金、银、铜钱三项，共合银十九万两有奇。除分赏前敌马步七十一营每营二千两，老湘一军在事最久，出力最多，酌量加给外，余银提为迁居灵州、张家圈之王洪堡、马家河滩回民购办赈粮，及水八堡修复渠工、中卫采买麦种之用。察看情形，边患全销，地方安谧，人心称快，天讨亦申。非仰赖宸谟独运，训饬周详，枢部诸臣筹拨饷需，乘东南底定，全力注之，何以及此！

至办此贼与办发贼、捻逆机局不同，方略亦异。如湘军之由晋入秦，先平土匪，继穿重险千余里，坚堡数百座，夺踞要隘，击退西宁、河州援贼，迳捣老巢；中路诸军之迳趋峡口，不顾饷道，不顾后路，皆犯兵家之忌。将领士卒，半带重伤，而战无虚日，气不少衰，卒能履险如夷，平兹积年巨患，其功固伟，其劳苦尤为可矜。合无仰恳天恩，破格优奖，以昭激劝。三品卿衔、布政使衔即选道、法福灵阿巴图鲁刘锦棠，自接统老湘马步全军以来，和辑将士，恪遵纪律，谋而能断，虑以下人，其临阵身先士卒，英锐绝伦，实统将中不可多得之才，应请旨逾

格录用，并赏穿黄马褂。统领蜀军二品顶带、存记录用陕西陕安道、呼
敦巴图鲁黄鼎，筹画精详，临阵整暇，扼贼要津，连克坚堡，洵属谋勇
兼资，应请赏穿黄马褂。陕西提督、赏穿黄马褂、革职留任达春巴图鲁
雷正绾，胆力坚定，能得士心，临阵勇敢，不辞劳瘁，应请旨开复革职
留任处分，并照一等军功例从优议叙。记名提督、铿僧额巴图鲁金运
昌，心地朴诚，近尤英锐异常，不避艰险，应请赏穿黄马褂。提督衔广
东高州镇总兵、达春巴图鲁徐文秀，胆识兼优，英锐出众，所部炮队最
为得力，应请旨开高州镇缺，以提督遇缺题奏。记名提督、猛勇巴图鲁
王衍庆，朴实勇往，攻坚出力，应请赏换清字勇号。头品顶带、记名提
督、江苏苏松镇总兵、赏穿黄马褂法福灵阿巴图鲁章合才，头品顶带、
记名提督、赏穿黄马褂达桑阿巴图鲁何作霖，头品顶带、记名提督、赏
穿黄马褂绷武巴图鲁萧章开，以上三员，均系湘军分统，在事最久，劳
绩卓著，原禀请保世职，臣等以世职未敢妄拟，应候圣裁。头品顶带、
记名提督、赏穿黄马褂博奇巴图鲁陶定昇，头品顶带、记名提督、呼敦
巴图鲁赏穿黄马褂李云贵，以上二员，均系湘军营官之最为出力者，原
禀请保世职，臣等以世职未敢妄拟，应候圣裁。头品顶带、记名提督、
倭什洪额巴图鲁熊有常，头品顶带、记名提督、绷武巴图鲁喻执益，头
品顶带、记名提督、请换清字勇号曾松明，头品顶带、记名提督、穆精
阿巴图鲁王承赞，头品顶带、记名提督、请换清字勇号尹兴茂，头品顶
带、记名提督、刚安巴图鲁周云祥，头品顶带、记名提督、请换清字勇
号席大成，以上七员，均系湘军营官之出力者，原禀请保世职，臣等以
世职未敢妄拟，应候圣裁。记名提督、请换清字勇号曹义胜，记名提
督、请换清字勇号汤彦和，记名提督、请换清字勇号孙桂亭，记名提
督、请换清字勇号朱德开，记名提督、请换清字勇号邓光发，记名提
督、请换清字勇号谭和义，记名提督、请换清字勇号罗照升，以上七
员，攻剿奋勉，均请赏给头品顶带。记名提督、佃勇巴图鲁彭焕彰，记
名提督、勖勇巴图鲁曾万友，记名提督、爽勇巴图鲁王福田，记名提
督、骠勇巴图鲁金德恒，提督衔总兵、杰勇巴图鲁张春发，以上五员，
均请赏换清字勇号。记名提督舒云翼，记名提督谢明月，记名提督谢寿
松，总兵衔尽先补用副将谭慎典，以上四员，均请赏给清字勇号。记名
提督、请换清字勇号李其森，记名提督、请换清字勇号舒永胜，以上二
员，均请旨交部照一等军功例从优议叙。记名提督、请换清字勇号萧元
亨，记名提督、请换清字勇号陈启明，记名提督、请换清字勇号李胜

本，提督衔记名总兵、请换清字勇号张拔萃，以上四员，请赏给三代正一品封典。提督衔记名总兵何明海，请旨记名，以提督遇缺题奏。尽先推补副将郭宗仪，请旨记名，以总兵遇缺题奏。副将衔安徽尽先补用参将陈宗蕃，请以副将仍留安徽尽先补用，并赏加总兵衔。参将衔补用游击陶鼎金，请以参将补用，并赏加副将衔。都司衔五品军功董福祥，请以都司补用，并赏戴花翎。都司衔张俊、李双良，均请以都司补用，并赏戴蓝翎。盐运使衔分发省分补用知府李树棠，请免补知府，以道员分发省分补用。都统衔记名副都统、蒙古镶红旗佐领、铿僧额巴图鲁双寿，冲坚陷阵，迅厉无前，请赏穿黄马褂。记名副都统拉林，正白旗佐领、花翎委营总花良阿，请赏给头品顶带。吉林鸟枪营镶黄旗花翎骁骑校、尽先协领吴俊，请赏换清字勇号。花翎尽先副将李广珠，请免补副将，以总兵记名，遇缺题奏。花翎副将衔参将陈天寿，请免补参将，以副将尽先补用，并赏加总兵衔。花翎尽先游击赵连科，请免补游击，以参将尽先补用，并赏加副将衔。花翎尽先参将郎永清，请以副将尽先补用。花翎守备胡起云，请以都司尽先补用，并赏加游击衔。留川补用游击郑朝刚，请赏给勇号。尽先提督、哈西巴巴图鲁徐占彪，骁勇超群，深谙战略，数被重创，壮怀弥厉，请赏穿黄马褂。升用提督、捷勇巴图鲁黄有忠，升用提督、效勇巴图鲁刘治均，提督衔补用总兵、强勇巴图鲁赵兴隆，提督衔尽先补用总兵、壮勇巴图鲁陈攀仙，尽先补用总兵、扬勇巴图鲁黄虎臣，尽先补用总兵、著勇巴图鲁何玉超，以上六员，均请旨记名，以提督遇缺题奏，并均请赏换清字勇号。提督衔尽先补用总兵、呼敦巴图鲁陈春万，请旨记名，以提督遇缺题奏。尽先补用总兵黄祖福，请以提督升用，并赏给勇号。补用副将陈登云，补用副将黄得胜，均请以总兵补用，并赏给勇号。补用参将龙得胜、李登高，均请以副将尽先补用，并赏给勇号。补用游击李洪超、黄兆熊，均请以参将尽先补用，并赏给勇号。补用游击高青云，尽先补用游击李吉安，均请以参将补用，并赏加副将衔。花翎都司刘玉同，请以游击补用，并赏加参将衔。拟保花翎守备吴元璋，请免补守备，以都司补用，并赏给勇号。记名提督、绷武巴图鲁王凤鸣，记名提督、霍隆武巴图鲁方庭芝，以上二员，临阵勇敢，办事安详，请赏穿黄马褂。提督衔记名总兵、法克精阿巴图鲁宋朝如，提督衔记名总兵、武勇巴图鲁张怀玉，记名总兵、请换清字勇号王化成，以上三员，均请以提督遇缺题奏，并赏加头品顶带。补用提督、请换清字勇号徐名扬，记名提督、斐凌阿巴图鲁隋君廷，以上二员，均请赏给头品顶带。提督衔总兵、信勇巴图鲁杨步斗，请赏换清字勇号。总兵衔副将、精勇巴图鲁韩尚吉，总兵衔副将、固勇巴图鲁李华文，以上二员，请旨记名，以总兵遇缺题奏，并赏换清字勇号。副将衔参将、循勇巴图鲁高得胜，补用参将、拟请勇号邵升堂，均请以总兵补用。副将衔参将、悍勇巴图鲁董布亮，请以副将尽先补用，并赏加总兵衔。副将衔参将、拟请勇号郭占元，请以副将补用，并赏加总兵衔。游击衔都司龚心明、牛允诚，均请免补游击，以参将补用。副将衔游击马心胜，尽先补用游击邵维常，请以参将补用，并赏加总兵衔。总兵衔福建补用副将彭清和，请以总兵留于陕甘补用，并赏给勇号。总兵衔广东补用副将郑守南，请以总兵留于陕甘补用，并赏给正二品封典。甘肃补用参将陈缔高，请以副将仍留原省尽先推补，并赏给勇号。副将衔尽先补用参将周玉南，请以副将留于甘肃补用，并赏加总兵衔。守备衔蓝翎外委季胜忠，请以守备尽先补用，并赏换花翎。五品军功、外委杨德高，请以守备尽先补用，并赏戴蓝翎。福建尽先补用参将邓增，请以副将归原省补用。头品顶带、记名提督、刚安巴图鲁陈广发，总兵衔福建补用副将冯南斌，攻克峡口，堵御援贼，最为出力，陈广发请赏给正一品封典，冯南斌请旨以总兵记名，留于甘肃补用，并赏给清字勇号。其余前敌各军出力员弁，及各军拟保文员，应请汇入攻克金积堡案一并保奖，以示鼓励。

臣宗棠衰病之躯，智虑钝拙，一切剿抚机宜次第，均密商督办甘肃军务、宁夏将军臣穆图善，赞理军务、陕西巡抚臣蒋志章酌夺办理，幸免疏误。谨合词恭折驰报，伏乞皇太后、皇上圣鉴，训示施行。谨奏。

安插就抚回众请增设平凉通判都司折
(1871年3月15日)

奏为安插陕西就抚回众事毕，请增设平凉通判一员，平凉营都司一员，以资镇抚，恭折驰奏，仰祈圣鉴事。

窃陕回窘蹙就抚，经臣驰报，钦奉恩旨允准。旋据三品卿衔即选道刘锦棠、陕西提督雷正绾、陕安道黄鼎等，分起押解陈林一起男妇大小一千五百六十四名口，马振江一起男妇大小八百四十八名口，赫青选一起三百八十三名口，马化沨一起一千二百七十八名口，余彦禄、阎兴春、余兆临、拜万江、金明堂、安杰等各起男妇大小五千五百五十余名口，内除挑出壮丁四百名交安杰、蓝明泰带随官军征剿外，余俱陆续解赴平凉。其老幼妇女无亲属夫男者五百七十余口，病饿不能行走，留养广武营，听其痊愈择配。沿途除病毙外，复收集从前散匿东、西两山余众五百余名口。比齐抵平凉，臣两次亲临点验，实共一万有奇。内除前安插平凉回民认领亲眷五百余名口外，实发化平川安插者男女共九千四百余名口，察看壮丁不过二千，余皆老弱疲病而已。化平川地在华亭县西北一百七十余里，东南距平凉百里，南连崆峒，西、北均阻高阜，岩壑环峙，两水萦绕，一为化平川，一为圣女川，合流汇白面河，入清水县界。川中横宽五六里，长三十余里。似亦前代安置降人之地，顾其详不可得知。臣前委记名道冯邦棅前往相度，改圣女川曰圣谕川，为宣讲之所；白面河曰北面河，示拱极之义。饬千总牟春阳带土勇二百四十名，分扎关山、三才镇各口；调记名总兵喻胜荣带所部平江营扼扎化平镇，以司稽查。冯邦棅带同委员于化平镇点验之后，按口表给赈粮，丈量地亩，按户分拨房屋窑洞，大致定妥。购给附近该处土宜种子，酌发耕牛骡驴，督其开垦播种。察看回众情形，于九死中得此生路，其不敢再萌异志，固在意中。

惟回俗畏所管头目，较之汉民畏官尤甚，而彼教诵经祈福之师名为阿浑，又时以异说蛊惑愚蒙，为回俗所信奉，以致一夫倡变，乱者四起。从前道光年间，张格尔以回教阿浑、和卓构乱者此也。按阿浑，回教名阿訇，訇与洪音近，汉民呼为阿洪。今之马化漋，即新教总阿訇也。和卓即回教所称教师，后裔贵种，在阿浑中尤尊。明史所称火者即和卓之音讹。马化漋署其父墓碑称为教父，盖窃和卓贵种之意耳。欲变其旧俗同我华风，亦非先王不易民而治之理。惟于安插伊始，于编审户口中隐寓联甲之意，十户一长，百户一百家长，令其钤束散户，而设官董之，凡一切户婚词讼，均取决焉，乃可散回目之势，而以其权归之官，庶几政令行而统纪一。回民鲜读孔孟之书，故不明义理，因而不知趋向。今欲其诵读服习，一从儒教，事有难行。然臣前奉到《圣谕十六条》，附《律易解》一书，义蕴精深，词旨易晓，而大经大法，毕具于此。上年曾敬谨刊印，颁发陕甘各州县校官，朔望宣讲，令汉、回士民有所遵守。今复发化平川回民，俾知不易其教者，朝廷惇大之施，不鄙夷其民者，圣化覃敷之义。长治久安，或基于此。

如蒙俞允添设化平川厅通判、化平川营都司，则厅属各员、营属各弁，亦应添设。容当续行陈明请旨。

谨将筹办情形，据实附奏，伏乞皇太后、皇上圣鉴，训示施行。谨奏。

附录上谕　谕左宗棠檄饬地方官加意抚绥化平川回众
（1871 年 3 月 22 日）

同治十年二月初二日内阁奉上谕："左宗棠奏安插陕西就抚回众，请增设官员以资镇抚一折。陕西就抚回众一万有奇，除该亲属认领外，共男女九千四百余名口，均安插华亭县化平川地方。经该督饬令道员冯邦栋前往散给赈粮，丈量地亩，按户分拨房屋、窑洞，并购给籽种，酌发耕牛驴骡，督其开垦播种。办理均属妥协。着该督饬令总兵喻胜荣等妥为弹压，一面檄饬该地方官加意抚绥，毋使失所。遇有词讼案件，止分曲直，不分汉回，总以持平办理，勿任稍滋事端。其所请添设化平川厅通判、化平营都司各缺，着该部议奏。余着照所议办理。"钦此。

请禁绝回民新教折
（1871 年 5 月 26 日）

奏为请禁绝回民新教，以弭衅端，而崇圣化事。

窃回民以西戎族类，杂居中土，自古已然，载籍详矣。就回民自数之典言之：祖曰阿丹，生于天方之野，产七十二胎，每胎男一女一，自为夫妇，至咉撒而其教始兴。又六百年，当隋开皇中，有穆罕默德者，生而神灵，阐明清真之教，回众翕然从之，其教始盛。今回民称天方教，自称曰穆民，以尊穆罕默德故也；又曰膜民，以阿丹初生之祖言也。其书有《天经》一部，回族称为穆罕默德所受之天者；又《天方性理》、《天方经典》两部，则明代金陵回人刘智所撰，皆发挥《天经》遗意，以华人文字润色之。其教以识主为宗旨，似儒者所言明心见性；以敬事为工夫，似儒者所言制外养中。其教规所谓天道者五：一曰念，谓诵经；一曰礼，谓报恩；一曰斋，谓绝物；一曰课，谓忘（已）〔己〕；一曰朝，谓归真。所谓人事者五，谓伦常之理。七日一礼拜，亦与泰西各国同，盖其原本出于天主耶稣，而时杂以佛氏之说。称华人为大教，自称小教。非如奇邪诡异之流，专以勾结为事，煽诱为能也。是故杂处中国，千数百年婚姻未通，俗尚各别，传习不同，而未尝敢萌他志。历代任其翔泳区宇之内，讥禁无闻。我朝录其人才，准其仕进，由文武科甲得官，擢至督抚提镇者，亦不乏人，固未尝以其进于中国而外之也。乾隆年间，两江督抚臣奏回教不宜留于中国，高宗纯皇帝特加训饬，圣谟洋洋，足为百世法。乾隆四十六年，逆回马明心、苏四十三由西域归，诈称得天方不传之秘，创立新教，煽惑愚回，谋为不轨。四十九年，田五继之。大军先后致讨，罪人斯得，然其根株未能净绝也。嘉庆年间，有穆阿浑者，与首逆马化漋之父马二复以新教私相传授。至马化漋而其焰渐张，复托名经商，到处煽惑回民，行其邪教。近据各贼供，京师齐化门、直隶、天津及黑龙江、吉林之宽城子、山西之包头、湖北汉口等处，均有新教徒党在彼传教。其传教之人曰海里飞，如内地之称经师；曰满拉，如内地之称蒙师，而品望皆在阿訇之次。马化漋则自称总大阿訇也。其教规大略与回回老教亦同，惟老教诵经则合掌向上，新教则两掌向上而不合；老教端坐诵经，新教则伙诵唧嗾，头摇而肩耸；老教送葬不脱鞋，新教则脱鞋送葬。凡兹细节异同，固无关彼教轻重。然新教之所以必宜断绝者，为其自托神灵，妄言祸福，行为诡僻，足以诱惑愚回，俾令甘心役使，同陷大逆而不知，加以显戮而不悔，一如白莲、清香、无为、圆顿诸邪教之足以酿乱阶而祸天下也。

臣于金积各犯解讯时，细心推鞫，有供称马化漋能知未来事者，如远客来访，必预知同伴多寡之数；从前官军攻剿宁、灵，马化漋父子兄弟悉众抗拒，预言官军将退，回民无事之类。有供称马化漋时露灵异，疗病则愈，求嗣则得之类。有供称马化漋于投入新教之人，向其自陈过犯，罚挞皮鞭，代为忏悔，即可免罪之类。回性多疑善诈，异于常人。然一经新教蛊惑，即如醉如痴，牢不可破。方金积长围久合时，陕甘各回饥困殊常，至杀人以食，而马化漋父子兄弟藏有余粟，无敢窃议之者。迨局势危迫至极，犹且互相宽慰，谓总大阿訇必有保全之法。马化漋诣营求抚，意在一身塞咎，见好诸回，而诸回目踵营看视者日凡数辈，见马化漋辄双膝齐跪，不呼之起不敢起。如非迷惑陷溺之深，岂能至此！

兹幸诛夷迁徙，异患可冀永除。惟新教传染已广，回民聚集之处，率有传习新教之人。不及时严加禁绝，仍虑历时稍久，故智复萌，不逞之徒，时思窃发，又将重烦兵力也。除已获海里飞、阿訇诸逆穆四、穆五、马承祺、牛占元、牛占宽等，业经讯明惩处，未获之金师傅，马篆鲜二犯，咨行各省一律捕治外，一面出示晓谕所属各府厅州县回民，严禁传习新教。其从前误被新教迷惑之人，概准自首悔教，免治其罪。庶几渐趋觉路，永拔迷津，新教绝而回族安，关陇可保百年无事也。至各省传习新教，为时尚浅，良回金称新教传染虽广，各省回民亦颇知为彼教异端，多有不肯遽信者。如黑龙江回民约二千余，而传习新教者仅只百余，即其明验。若乘此时严加谕禁，无难预杜乱萌。合无仰恳圣慈，敕下各将军、督抚大臣，严禁回回新教；出示辖境各回寺，嗣后遇有新教阿訇、海里飞等到境煽惑愚回，即由各回寺首董缚送所在官司讯明惩处；其从前被诱误入新教之人，仍准首悔免罪。则愚回有所惧，良回有所慕，不但地方可臻安谧，即回民亦长荷高厚保全之恩于无既矣。

臣每绎廷旨"分良匪，不分汉回"，敬仰我皇上仁育义正之德，上符高宗，实握千古治戎机要。谨就愚昧之见，据实陈奏，伏乞皇太后、皇上圣鉴，训示施行。谨奏。

附录上谕 谕左宗棠禁绝回民新教一事可从缓办理
（1871 年 6 月 23 日）

军机大臣字寄，同治十年五月初六日奉上谕："前据左宗棠奏请禁绝回民新教一折。所称乾隆年间回逆马明心等创立新教，惑众滋事，先后伏诛，根株未绝。至马化漋之父马二等，复以新教私相传授，遂致酿成变乱。皆由新教行为诡僻，足以诱惑愚回，迷而不悟。现在马化漋虽已伏法，而新教传染渐广，必须严加禁绝，以杜乱萌等语。所奏自为思患预防起见。惟回民散居各省，同隶编氓，各安生业，若因区别旧教新教，设为厉禁，地方官稍不加察，书吏借此搜求，骚扰必至，回众惊疑，转生枝节。从前乾隆四十九年回逆田五等滋事以后，钦奉高宗纯皇帝圣谕："查办此事，只当分别从逆与否，邪正之殊，不必论其教之新、旧。"钦此。嗣于乾隆五十四年，经勒保奏称，新教为回教之大害，拟令静宁等处头人访察禀首。复奉圣谕，令其设法化导，不可区别新、旧之名。仰见垂训周详，具有深意。此次马化漋倡乱，及身既被刑诛，徒党亦遭歼戮，正可借此剀切晓谕，俾该回众等及早改悔，不至误入迷途，自陷罪戾。该督现既出示所属州县禁习新教，并准自悔免罪，仍着严饬该地方官妥为开导，不可操之过蹙，致激事端。所请敕令各省一体禁绝之处，可从缓办理也。将此谕令知之。"钦此。

敬陈进兵事宜折
(1871 年 7 月 31 日)

奏为敬陈进兵事宜，仰祈圣鉴事。

窃甘肃回乱，虽由陕回构衅牵连而起，实则新教久怀不轨，无陕回牵连亦不能保其不变。适因汉回结怨，得所借口以迫胁其族类，其变乃益速。时值东南兵事方殷，重兵巨饷，难于分布，不得不勉事羁縻，而玉关内竟无完土。兹幸皇威震迭，金积荡平，陕回窨慭归诚，又经划地安插，朝廷仁育义正之怀，天下共喻。回民虽善诈多疑，自忖党坚耐战，孰如陕回，堡寨之密，枪炮之多，孰如金积，其不敢妄肆鸱张，固意中事也。春间，清水县张家川抚回李德昌自请赴河州谕抚马尕大、马占鳌，臣知为河回央托而来，谕令听其自投，不准招致。盖自行投首，准与不准官操其权，苟由招致而来，设有不可抚者，碍难处置，一涉操切，转无以示大信而服其心也。李德昌行至洮河东岸，马尕大等递呈求抚。适闻河西用兵，心怀惊惧，疑李德昌之绐己，李德昌亦疑抚局有变，忿惧而归。嗣西路各郡县见荡平金积缘起告示，又探知灵州、平凉、固原、化平川等处安插陕甘各起回民，安居耕垦，适然无惊，始悟抚局终无可疑，马尕大、马占鳌求抚之心乃益切。观其于李百宽，马彦潊等投入河州时拒不容留，亦可概见。此时而言招抚，固可省兵力而赴戎机。

然以地势言之，河州、西宁即汉、唐河湟故地，为历代战争之场。兰州东、西、南三面均紧连河州，河州贼氛不静，兰州不能解严。以贼势言之，河回嗜利轻生，性喜剽掠，无事时即常骑马远出抄掠。变乱十年，未受惩创，更无畏忌。此等嗜乱之民，非创巨痛深，固难望其永久帖服世。现在宁夏、平凉、庆阳、泾州、巩昌、秦州、阶州各属，大致实已肃清，赈抚、耕垦、安插、迁徙、兵屯、民屯善后诸务，实已具有端绪。虽中卫、盐、固一带时有游匪出没不常，甘南之徽、两、西、礼等县亦时有伏匿之匪伺劫粮运，然统计实不过数起，人马多者实不过数百，少仅数十而已，倏隐倏见，如蝨虱着体，殊费爬搔，然固无能为害。现拟令黄鼎、雷正绾、魏光焘、左日升等各营，自中卫至平凉扼要分驻，其南路徽、两一带，加派提督殷华廷马队护运，搜缉游匪。一面慎选地方官，会同各防营严密掩捕，以净根株而重后路。据各路禀报，浮桥、渡船已办，各营刍粮军用粗备，道路修治已平。乃檄各将领克期会师而进，进窥河州。记名提督、凉州镇总兵傅先宗，率所部马步由狄道进，以其半渡洮而西，修立坚垒，以其半驻洮东岸，为中路；记名提督杨世俊率所部马步队及提督张仲春宗岳马步队，取道南关坪进峡城，为左路；记名提督刘明灯由马营监进红土窑，由红土窑进安定县，扫除零匪，以扼康家岩之要，记名提督徐文秀由静宁州进会宁继之，为右路。俟中路渡洮之师修垒毕，左、右两路乃渡洮继进。其岷州及洮州厅地居河州西南，山径丛杂，以五营分驻两城，调土司杨元带番勇守隘口，相机防剿，统归杨世俊调遣。会宁西北、安定东北均接靖远县地境，当北窜之冲，檄黄鼎分所部步队八营，益以副将桂锡桢马队三营，归记名提督徐占彪统领，由中卫进靖远，南搜会宁、安定游匪，西顾兰州。臣俟诸路布置略定，即率亲兵由隆德赴静宁、安定督剿；俟河州大定，乃图西宁也。西宁著名逆首马尕三已于三月内自伏冥诛，陕回崔三、禹得彦、白彦虎等，近时凶焰颇形消阻。至甘州、凉州、肃州本无大股耐战之贼，惟未睹兵威，故尔时形倔强。如果锄其桀黠，宽其良愿，办理悉当人心，则剿足令其畏，抚足令其怀，自可永期安谧。臣惟殚诚尽瘁，慎以图之，不敢迁延以误事机，亦不敢草率而贻后患，以求仰纾宵旰忧勤于万一。伏乞皇太后、皇上圣鉴训示。谨奏。

官军先后渡洮攻克要隘大胜折^①
（1871 年 12 月 8 日）

奏为官军先后渡洮，攻克要隘，连破垒卡百余，迭获大胜，恭折驰报，仰祈圣鉴事。

窃臣等于八月二十九日，将夺据康家岩要隘、造桥济师各缘由驰报，声称康家岩在洮河东岸，对岸十里为三甲集，三甲集正西为太子寺，三甲集迤西稍北为大东乡，均逆回麇集之所，为河州门户，不渡洮奋击，破此要隘，无以扼河州之吭而制其命。无如岸峻溜急，人力难施，急切不能成此要工，殊深焦灼。八月二十一日，令提督傅先宗、杨世俊将造成船只于狄道先架浮桥，缘狄道对岸地势宽坦，又北距贼巢尚隔山沟数重，非若三甲集岸峻溜急，又正对贼巢，为贼所必争也。二十二日，傅先宗、杨世俊各督所部临河放船，牵缆横渡。船甫抵岸，即派营过河筑垒。二十三、四日，桥工成。二十六日，傅先宗饬提督彭忠国四营渡洮，营于西坪。二十七日，杨世俊饬提督张仲春以宗岳四营渡洮，营于三叉河；饬游击何建威以四营渡洮，营于陈家坪山顶。每官军渡洮结垒，贼时以零骑数十或百余往来窥伺。然一击便走，不肯恋战也。惟陈家坪山巅立营时，贼以其与三甲集巢穴渐逼，二十八、九日，亦于黑山头筑四垒七卡守之；又于大坪山红庄连筑数垒，与黑山头贼垒互相联络。其高家集、胭脂山亦皆添筑贼垒，以防狄道官军。九月十二日，贼纠高家集各股分扑官军营盘，均经击退，毙贼二百余名。是夜四更，有贼千余潜袭彭忠国营。彭忠国诇知之，先伏精锐于营盘左右山沟，贼至伏发，毙贼多名。十八日，傅先宗、杨世俊会攻高家集，傅先宗率所部由平川进，杨世俊率所部由西平山梁进，何建威率所部由杨家

岭进，立将当路十数卡一律踏平，贼皆望风溃逸。师抵杨家岭西，适黑山头贼垒出贼来援。总兵敖天印击走之，乘胜破红庄贼营一座。十九日，仍分三路疾进，步卒整队排行，马队分左右抄击，立将高家集八营一律踏毁，败贼缩退高家集大堡。傅先宗、杨世俊令步军合围堡贼，以马队遮格援贼。甫将大堡外木棚拔毁，参将廖嵩鼓勇先登，中炮殒命。将士愤甚，四面猱附而上，立克高家集大堡，分兵平毁新集子、鄜平川、吉家山各庄堡。计两日内杀贼二千余名，生擒马玉等二十一名，军前正法。其红庄各贼垒亦以次攻破。二十六日，杨世俊所部攻马家集，克之。毙执红旗贼目一名，余贼鲜得脱者。随向草滩前进。行至中途，瞥见骑贼一起从西驰至，即设伏截之，擒骑贼十余名而夺其马。余贼惊觉，突围窜去。讯之生擒逆贼，供称：窜去者为宁河贼目马五、马沉亮及悍党数十名。杨世俊率所部策马疾追，主将马五、马沉亮及余逆悉数生擒而还，马五因伤重不肯行，比于军前正法，槛送马沉亮来安定，臣宗棠亲提讯鞫。据马沉亮供：本名马格力布，即上年狄道阵毙巨目绰号张非之弟，在宁河充阿浑，管回众二千余名，此次因探荠台消息被擒。比经斩决枭示。此狄道各军八月二十二日至九月二十六日，渡洮迭破贼巢，擒斩要逆实在情形也。

方傅先宗、杨世俊两军之架桥渡洮也，臣等会商，狄、河逆回悍党尽踞三甲集、太子寺、大东乡，固宜设法渡洮痛剿，然不先由狄道出师牵制贼势，令贼备多力分，既非先其易者、后其节目之义，且其时雪雨连旬，洮河旋消旋涨，康家岩近岸之处，州渚纵横，尤可枭水而过。然正溜扫西岸边家湾、邓家湾而下，水面虽仅数丈，深可灭顶，人马不能逾越。且康家岩对岸山脚直插洮滨，即得达彼岸，亦无列队之处，贼又于岸边掘濠数道，伏匿其中，开枪抵拒，勇士争渡不得，往往被伤，实为非策。拟俟洮流渐落，再议架桥。而诸军急于赴战，必欲力为其难。八月二十八日，提督徐文秀、刘明灯亲赴狄道接取新造船缆，顺流而下，驶到邓家湾贼垒，副将喻有才、参将殷德益为枪子所中，登时殒命。幸各营隔岸竞开劈山炮，将船缆抢护提归东岸，得免损失，毙贼亦多。九月初一日，枭水冲渡，攻夺隔岸炮台，弁勇淹毙者三十余名，受枪炮伤者十余名。适臣宗棠派营务处前福建布政使王德榜、道员朱明亮，带亲兵两哨察看形势，到康家岩列队助剿，共开洋枪，测准轰击，毙贼约二百名。贼复用皮船纷渡康家岩上下游及沙泥站等处，图劫运道。初七日，徐文秀率队击之。值贼由洪济桥渡过沙泥，徐文秀调各营劈山炮轰之，击沉贼船一只，毙贼多名。十二日，徐文秀、刘明灯见水势稍退，议挽缆牵船抢过河滩筑垒。贼出大股排列河干。徐文秀等见贼势团聚，连施开花大炮，毙贼极多，并开放螺丝后膛大炮，轰坍对岸炮台一座，贼纷纷骇窜。军士拨船牵缆，乘势急进，卒以水深溜急，不能径渡，废然而返。十七日，贼由上游柳林沟口偷渡，经总兵黄宏藻击退，擒斩多名。副将眭金城被贼飞于洞穿左胁，登时殒命。二十三日，总兵杨芳桂赴兰州运粮回营，所部参将杨其昌率步队百余人由沙陇迎护，中途遇伏，力战阵亡，弁丁从死者七十余名。徐文秀、刘明灯所部游击边得贵、参将杨正茂击贼新田铺，刘明灯率马队袭贼邓家湾东，均获小胜。此康家岩各军八月二十七日至九月二十七日屡次抢渡未遂，互有胜负实在情形也。

徐文秀因水势渐落，船桥终不能成，愤甚，禀请由狄道过浮桥，从黑山头横捣三甲集。臣宗棠深韪其议。然康家岩对岸及沙泥以下一带，洮西渡船约二十余只，皮船更多不胜数，皆贼有也。官军绕狄道浮桥以登彼岸，虽胜算可操，然黑山头一带贼垒林立，官军逾沟数重仰攻已难，设师期稍滞，而贼乘船竞薄东岸，留防兵力已单，尤非妥策。因饬暂辍此行，饬王德榜、朱明亮率臣营亲兵千余名，益以提督陈广发、副将凌春台步队两营，提督陶生林马队一营，于距康家岩六十里站滩间道过狄道浮桥，以趋八羊沟，并饬调杨世俊宗岳数营以厚兵力，饬傅先宗率所部力攻黑山头以掣贼势，饬刘明灯预备柳林沟架桥，饬徐文秀预备康家岩架桥，如见王德榜师出八羊沟，则列队东岸以待。二十九日，王德榜率数十骑由站滩先行，过枫树湾，突遇回逆自丛薄间冲出，刺伤数人下马，王德榜测准发枪，连殪二贼。正相持间，大队驰至，贼始骇逸。旋派队搜山，擒斩三十余贼。讯供：此起乃宁河回党，闻头目马格力布槛送安定，伏此以图劫因也。

十月初一日，王德榜、朱明亮由狄道过浮桥，杨世俊调宗岳军，亲率马队同进。连日审看地势，见黑山头贼垒凭高俯瞰，官军仰攻非便，维石鼓墩与黑山头共一山梁，官军立垒于此，据贼之中，则左扫黑山，右扫边湾，均为得势。初五日五鼓，潜师夜起，王德榜、杨世俊派宗岳营总兵高登玉、亲兵营总兵邓荣佳、副将余起立各率所部上石鼓墩抢扎两垒。适值风雾四塞，贼不辨官军多少，未敢径前扑犯。比垒成雾散，贼以大股来扑，官军凭墙轰击，毙贼无算。黎明，贼以一股围扑石鼓墩营，一股踞山腰。徐文秀等于隔岸遥见官军已到石鼓墩，即列队架桥抢渡。山腰之贼飞赴边家湾堡助守，王德榜挥队截之。其围攻石鼓墩营之贼见势不支，亦撤围来援。官军分途纵击，勇气百倍。朱明亮怒马冲锋，手刃三贼。陶生林继乏，高登玉、邓荣佳、佘起立从石鼓墩山压下，合攻边家湾贼垒，破之。徐文秀、刘明灯挥所部抢过西岸，立成三垒。随派队助剿，毙贼无数。初七日，傅先宗率所部由石鼓墩进攻黑山头各垒，王德榜分宗岳两营及亲兵两哨助之，而自率亲兵八哨及陈广发、凌春台、陶生林等营，会同徐文秀攻邓家湾。三甲集贼众见邓家湾被围，急嗾悍党万余由山梁纷驰来援。王德榜、朱明亮、徐文秀、刘明灯一面分御援贼，一面紧攻垒贼，枪炮刀矛层递轰刺，鏖战两时许，贼尸山积，立将邓家湾贼垒攻破，援贼败溃不可止。马队沿岸扫荡，步队上山蹑追，愈战愈奋，遂将三甲集、邓家湾附近各村堡一律破除。擒匪供称：逆目谢头号、王海发均毙于阵。傅先宗攻黑山头之军探悉该逆缘冈结垒，绵亘二十余座，其西南又与新路坡、红庄、马家坪贼巢相连，既需仰攻，尤防牵制，因饬王德胜设伏莲花山腰，遏新路坡等处援贼；饬何建威率所部攻黑山中梁为中路；彭忠国率所部绕八羊沟出黑山之南，攻其前；敖天印、张得胜率所部携锄锹循樵径出黑山之北，袭其后；自率所部为中、前两路援应。其石鼓墩赴黑山头之路为匪掘断，峻削难登，又守以坚垒，惟饬石鼓墩两营作进攻之势，以缀其力。部署后，衔枚各发。四更时，中、前两路皆抵贼垒，枪炮雷轰，贼死拒，历两时许，何建威拔帜先登，破其第一卡，守贼坠濠鼠窜。彭忠国、朱运广亦督队猛进，继破左右两卡。各垒之贼以黑夜未出，天明均悉锐来援。傅先宗挥队冲突，正酣斗间，敖天印已攀藤缘磴从山后压下，贼咸惊愕。傅先宗突入贼阵，手刃悍逆二名。贼慌乱不及入卡，四散奔溃。各营风驰电扫，立将黑山头袤延数十里大小贼垒悉数铲平，阵斩匪党五百余名，获骡马炮械甚夥。其新路坡之贼闻黑山头炮声，于卯刻由莲花山后拥至。王得胜伺其逼近，由山腰截出，贼遇伏气夺。王得胜率队绕前击之，贼败奔返巢，擒斩亦众。初八日，傅先宗留彭忠国所部两营并建字两营分扎黑山要隘，自率所部缘黑山后岭抢上三甲集南山巅立营。睄得黑山败贼屯扎八甲口两傍，依山为固，以阻大东乡之路，当饬亲兵中、右两营下山逼扎川中，御八甲口之贼，调马队向王家坪一带沿河搜剿。各村出马步贼四千余结阵负嵎，提督丁桂智、总兵王铭忠分两路包抄，贼亦分队以应。敖天印率队由山巅压下，贼腹背受敌，夺路分逃，马步各队立将三甲集以西村寨、土堡扫荡无遗。王德榜等初七日破贼后，扎黑山迤南三甲集之前，傅先宗扎三甲集之后，以相犄角。徐文秀、刘明灯亦于初八日将康家岩浮桥搭成，刘明灯驻守之，徐文秀接扎赵家地，声势均已联络。惟杨世俊一军因胭脂、三川、油油沟等处尚有贼垒，于初七日五鼓率所部分三路进剿，贼凭垒死守，各弁勇填沟锐进，立破贼垒三座，杀贼三百余名，生擒九名。弃垒逃者为马队所蹙，越山狂窜。撤队后，接王德榜函会，以邓家湾、黑山头皆经得手，惟三甲集巨巢未下。遂于初八日率马队翻山南下，与各军合，沿途截杀败贼多名。初九日，会攻三甲集，王德榜、朱明亮率所部出其前，宗岳军继之；杨世俊率马队沿河顺川而进，杨芳桂及杨正茂继之；徐文秀率所部及尤成章横扫而前，沈玉遂督果军继之；傅先宗所部据山俯击，兼瞭遏援贼；刘明灯所部于水家沟沿河截剿。黎明，各路以次进逼。逆首马占鳌初犹嗾党登墙防守，枪炮如雨，继以木石。各军冒险猱升，前者坠，后者继，自卯迄未，周麾而登。马占鳌杂败贼中夺门向八甲口而逃。各军分攻康家口各大小堡卡十余所，破之，共毙贼二千余名，生擒百七十四名，夺获铜炮、劈山炮多件，军装、粮食无数。官军亦有伤亡。初十日，徐文秀移扎三甲集，余军分扼要隘。此十月初一日至初九日王德榜、朱明亮以偏师渡洮，会合各军踏平黑山头，攻克边家湾、邓家湾、王家坪，剿除胭脂、三川、油油沟各卡垒，力破三甲集巨巢之实在情形也。

十二日，各军攻破张家坪堡及大贝坪、甘坪、红庄、张家湾各堡。十三日，刘明灯、朱明亮攻破鲍家庄、大坪等堡。十四、十五等日，诸军进大东乡口，攻剿各贼巢，擒斩均多。惟仅据各路驰报，其战事详细情形，应俟续奏。

窃维狄道、河州凤为回众萃聚之所，土著汉民不过十之二三。回民恃其族大丁多，习为盗贼。汉民之弱者，供其役使，谓为从教之户；其稍强者，不甘从教，而势力不敌，往往失业为匪，游掠他方，所谓黑头勇丁者是也。又一种撒拉回民，居河、洮、西宁之间，别为风气，亦以剽掠为业，百余年来，不受官司约束，与河、湟诸回互相勾结，承平无事时，燕、齐、皖、豫响马剧盗多出其中。此固不独甘肃应除之贼。臣宗棠初到安定，河州诸贼目纷纷上禀求降，而于缴马械、求安插诸务独不一。比知其未受痛创，贼心未死，遂饬诸军渡洮进剿。兹幸连夺要隘，扼贼之吭，斩馘共万余计，足寒贼胆而快人心。察看贼势，由三甲集以西至太子寺，虽贼垒林立，而其眷属死党尽聚大东乡一隅。大东乡在三甲集、太子寺北，周百余里，山峦层迭，路径狭险，贼以重利啖撒拉逆回，诱其助拒官军。非克期数路冒险排进，节节扫除，不能确操胜算。现密饬傅先宗，杨世俊先攻七甲集各垒卡，直捣太子寺，留兵守之，乃回攻大东乡，与诸军分道并进，庶可掣贼势而速戎机。

此次诸军分道渡洮，将士猛烈异常，每战必陷阵争光，行列仍复整齐静肃，故屡次冒险出奇，而亡伤尚少。一俟续报到齐，臣等当择尤随折请奖，以示鼓励。其巡视渡口阵亡之总兵衔副将眭金城，护运阵亡之参将杨其昌，均请旨交部议给恤典。首先登垒之副将衔参将廖嵩，首先抢渡之副将喻友才，副将衔参将殷德益，皆中炮登时殒命。该三员平日胆力胜人，此次冒险争先，壮怀未遂，尤堪痛惜之至，应恳天恩，交部从优议恤，以慰忠魂。

谨合词驰陈，伏乞皇太后、皇上圣鉴，训示施行。谨奏。

复陈福建轮船局务不可停止折
（1872 年 5 月 2 日）

奏为遵旨复陈事。

窃臣于三月初十日钦奉二月三十日密渝："前因内阁学士宋晋奏制造轮船糜费太重，请暂行停止，当饬文煜、王凯泰斟酌情形，奏明办理。兹据奏：闽省制造轮船，原议制造十六号，以铁厂开工之日起，立限五年，经费不逾三百万。现计先后造成下水者六号，具报开工者三号，其拨解经费截至上年十二月止，已拨过正款银三百十五万两，另解过养船经费银二十五万两，用款已较原估有增。造成各号轮船，虽均灵捷，较之外洋兵船，尚多不及。其第七、八号船只，本年夏间方克葳工，第九号出洋尚无准期。应否即将轮船局暂行停止，请旨遵行。等语。左宗棠前议制造轮船，用意深远。惟造未及半，用数已过原估，且御侮仍无把握。其未成之船三号，续需经费尚多。当此用款支绌之时，暂行停止，固节省帑金之一道。惟天下事创始甚难，即裁撤亦不可草率从事。且当时设局，意主自强；此时所造轮船，既据奏称较之外洋兵船，尚多不及，自应力求制胜之法。若遽从节用起见，恐失当日经营缔造之苦心。着李鸿章、左宗棠、沈葆桢通盘筹画，现在究竟应否裁撤？或不能即时裁撤，并将局内浮费如何减省，以节经费，轮船如何制造，方可以御外侮各节，悉心酌议具奏。如船局暂行停止，左宗棠原议五年限内应给洋员、洋匠辛工并回国盘费、加奖银两，及定买外洋物料，势难退回，应给价值者，即着会商文煜、王凯泰酌量筹拨。该局除造轮船外，洋枪、洋炮、火药等件是否尚须制造？及船局裁撤后，局中机器、物料应如何安置存储之处，并着妥筹办理。已经造成船只，文煜等以拨给殷商驾驶，殊为可惜，拟将洋药票税一款仍作养船经费，酌留两号出洋训练。即着照所拟办理。其余各船，俟各省咨调时分别派往。将此由五百里各密谕知之。"钦此。跪诵再三，敬仰我皇上于慎节经费之中，仍切思患预防之念，钦感难名！

　　窃维制造轮船，实中国自强要着。臣于闽浙总督任内，请易购、雇为制造，实以西洋各国恃其船炮，横行海上，每以其所有傲我所无，不得不师其长以制之。其时英人威妥玛、赫德有借新法自强之说，思借购、雇而专其利；美里登、有雅芝等亦扬言制造耗费，购、雇省事，冀以阻挠成议。幸赖圣明洞鉴，允于福建设立船局，特命沈葆桢总理船政，而后群喙息而公论明。臣于具奏后旋即去闽，然于船政一事则始终未敢恝置也。西征以后，迭接沈葆桢、周开锡、夏献纶函牍，皆称船政顺利，日起有功。第一号轮船万年清驶赴天津时，华夷观者如堵，诧为未有之奇。臣时于役畿郊，目睹其事，私怀幸慰尤深。嗣是率作兴事，成效益臻。

　　臣原奏自铁厂开工起，限五年内，造成大小轮船十有六只。计闽局自八年正月铁厂开工，至今已造过九号，为时尚止三年，纵限内十六号轮船未能悉数报竣，然亦差数不远。此时日之可考者也。试造之始，本拟由浅入深。近来船式愈造愈精，原拟配炮三尊者，今可配炮八尊，续造二百五十匹马力轮船，竟配新式大洋炮十三尊。此成效之可考者也。据夏献纶禀，各厂匠作踊跃精进，西洋师匠所能者均已能之，而艺局学徒一百四十余名，既通英、法语言文字，于泰西诸学，尤易研求。臣前据闽局函报，天文、算学、画图、管轮、驾驶诸艺童，有学得七八分者，有学得五六分者，屡请英、法教师考校，列上等者约七八十名，次亦三四十名，将来进诣尚未可量。如果优其廪饩，宽以时日，严其程督，加以鼓舞，则以机器造机器，以华人学华人，以新法变新法，似制造、驾驶之才，固不可胜用也。前闻西人议论，每叹华人质地聪颖犹胜泰西诸邦，未之能信。观近时艺童能事渐多，所学日进，参之西人羡者、妒者之口，观其消沮敛退之形状，似非无因。此人事之可考者也。文煜、王凯泰称较外洋兵船，尚多不及，臣未见其原奏，不知所称不及外洋兵船者何事，无从悬揣。惟文煜等既于造成轮船称其灵捷，又以拨给殷商为可惜，是已成之船非不适用，数百万之费非虚掷也明矣。其称尚多不及外洋兵船者，亦只就目前言之，并非画地自限，谓此事终应让能于彼族也。泰西各国制造轮船，自始至今，阅数十年，所费何可胜计！今学造三年之久，耗费数百万之多，谓遂能尽其奇巧，无毫发憾，臣亦不敢信其诚然。然侧闻西人议论，佥谓中国制造、驾驶必可有成，而闽局地势之宜，措置之当，索图传览，靡不叹服，亦足证前功之有可睹，后效之必可期也。至制胜之有无把握，此时海上无警，轮船虽成，未曾见仗，若预决其必有把握，固属无据之谈；但就目前言之，制造轮船已见成效，船之炮位、马力，又复相当，管驾、掌轮，均渐熟习，并无洋人羼杂其间，一遇有警，指臂相联，迥非从前有防无战可比。此理势之可考者也。

谕旨："局内浮费如何减省？"窃维船局经费一款，臣于同治五年奏请试造轮船时，议于闽海关结款先提银四十万两为创始之用，系专为购器、募匠、买地、建厂之需。当初撙节确估，原虑支销不足。厥后增拓厂基，添购机器料物，用工日多，需费日巨，视原议增至一倍有余。嗣复于洋税项下每月拨银五万两，自五年十二月起，至九年八月止，共二百三十万两；自九年九月起，至十年十二月止，共八十五万两。据闽局开报各项用款，有因开创之始，不得不从宽估拨者；有因购办外洋物料，商贾居奇，不得不按照时价以广招徕者；亦有趁价值平减，预购备用者。局中工匠人数，较原议各有增加，如铁厂、船厂工匠一千六百名，后渐增至二千名；铁厂原只五处，后添至八处；艺局学徒原只六十名，后添至一百四十余名等类。工料既以求精而加，经费自以宽筹而细，势有固然。惟匠作技艺熟习而精，或可期其速；外洋物价争趋而贱，或可期其减。夏献纶上年总办局务，曾禀节减经费银数万两。此后有无可节之费，臣相距太远，无从悬揣。大约工作之事，创始为难，亦惟创始为最巨。即如仿造轮船，必先建生铁厂、拉铁厂、捶铁厂、钟表厂、帆厂、舢板厂、陶厂、水缸厂、火锯兼模厂、熟铁兼铜厂、轮机兼合拢厂、铁船槽等各项工程，以应一船之用。各工既毕，量材分厂，并力凑办，庶机器相联，工作无间，船成而费亦省。各项工程既均因造船而设，其费自应汇入船工销算。创造伊始，百物备焉。故始造数只所费最多，以船工之先，凡轮船各具均须修造齐全，名目既多，款项甚巨也。迨接续造作，则各项工程无须再造，经费专用之船工，而经费亦日见其少。此时造船虽仅数号，而经费已逾臣原估三百余万之数，良由工料、马力既较臣原估之数有增，而又将创始各项工程经费一并计算之故耳。以臣愚见揣之，闽局已成及将成轮船约共九号，闻十一号、十二号之番木亦已购备齐全，则通计告成所费自少。而现造二百五十匹马力机器，实与西洋各国兵船无异。厂中既能自造，将来再增马力，只须增机器，不须增厂，尤为便利。

　　窃维此举为沿海断不容已之举，此事实国家断不可少之事。若如言者所云即行停止，无论停止制造，彼族得据购、雇之永利，国家旋失自强之远图，隳军实而长寇仇，殊为失算；且即原奏因节费起见言之，停止制造，已用之三百余万能复追乎？定买之三十余万及洋员、洋匠薪工等项能复扣乎？所谓节者又安在也？臣于同治五年奏请试造轮船时，即预陈非常之举，谤议易兴，事败垂成，公私两害，所虑在此。兹幸朝廷洞瞩情形，密交疆臣察议，成效渐著，公论尚存，微臣得于钦承垂询之余，稍申惓惓不尽之意。否则，微臣虽矢以身家性命殉之，究于国事奚所裨益？兴念及此，实可寒心！

　　所有福建轮船局务必可有成，有利无害，不可停止实在情形，谨披沥直陈。伏乞皇太后、皇上圣鉴，训示施行。谨奏。

收复河州安插回众办理善后事宜折^①
（1872 年 7 月 30 日）

奏为收复河州城池，分起安插陕回，办理善后事宜，恭折驰陈，仰祈圣鉴事。

窃维河州土回马占鳌、马尕大等，沥诚求抚，呈缴马匹、枪炮、刀矛，臣等迭次驰报。嗣据该回目自限分途按户搜缴，一月完竣，复缴马五百余匹，枪械称是，出具并无隐匿存留切结。计先后共呈缴马匹已四千有奇，枪矛一万四千有奇。候补按察使陈湜委员同时分起赴各乡按村勘验无异。

方马占鳌等之自限分途搜缴马械也，各遣子弟并偕各回目马永瑞等十二人，赴安定军前献马五十匹，具禀悔罪投诚。臣宗棠宣布朝廷威德，谕以生死祸福，听其自取。比仍纵令归巢，催缴马械。该回民疑畏益释，誓为良民。至是据报马械尽缴，乃明白晓示准其就抚。

办抚之道，以编审户口为要；编审户口，以迁徙客回、安辑土回为要。河州全境周五六百里，回多汉少，杂以番众。同治元年变乱以来，陕回多避居其中。自陕境肃清，金积扫荡，固原东、西山相继平定，所有各处倡乱之回，亦多寄孥其间，以避诛戮。此客回之应迁徙者也。其本籍汉民，有受河回胁制，甘为役使，名为随教，以图保全者；有仇隙已深，逃至岷、洮、狄道，充当勇丁，而亲属仍留河境者。宜分别拔出，以免衅端。此本境汉民之应迁徙者也。其外来汉民，有因陕回裹胁，而随其同窜河境者；有被河回裹胁，而认为义子、齿诸奴仆者。应逐一勒令交出，护送原籍，以别种类，而资完聚。此外来汉民之应迁徙者也。抚事既定，乃次第图之。

---

① 此折与宁夏将军穆图善会衔。

顾谋迁徙必先定安插之地。安插之地，汉、回各有攸宜。汉民安插狄道、金县、安定、会宁一带，凡近城驿，汉民聚积之处宜也。回民则近城驿非所宜，近汉庄非所宜，并聚一处非所宜。从前安插陕回，如化平厅、平凉县大岔沟及北原各处，丁口已一万数千名，既未可多所附益，又此次安插回民，有籍隶陕西者，有籍隶甘肃者，当其并力抗拒官军，固无彼此之分也。一旦缴马械就抚，还为齐民，则甫被新恩，旋寻旧怨，不但陕回与甘回气类攸分，即陕回与陕回、甘回与甘回，亦有难并域而居者。以抚局论，分起安置，涣其群，孤其势，计之得也。即以回情而论，亦非分起安置不可。乃预饬安定、会宁、平凉、隆德、静宁州各牧令，觅水草不乏、川原相间、荒绝无主、各地自成片段者，以便安置。旋委员分途履勘，乃度其地之广狭，迁陕回杨文彦一起二百五十三名口于平凉之谢家庄、桃家庄；迁陕西张代雨一起二百九十一名口于平凉之张家庄、曹家庄；迁陕回拜崇花一起五百三十七名口于会宁之姚王家、曲家口；迁陕回马生彦等一起六百四十三名口于静宁州、隆德县境之王家下堡、刘戴家山；迁陕回马文元一起一百五十七名口于安定之刘家沟；迁陕回马维骧七十四名口于安定之石家坪；迁陕回马振清一起三百六十三名口于安定之好地掌；迁甘回安鸿庆一起四十三名口于安定之刘家沟；迁汉民陈富贵等四百四十七名口于安定之青岚山；迁汉民董永海一百零八名口于安定之新套河；迁汉民水映江一起四百二十八名口于安定之夏家营坊。其陕回中亲属有已安置化平厅、平凉县境者，汉民中亲属有已流寓陇西、狄道州各境者，听其自行投赴完聚，而皆给以赈粮，大口每日八两，小口每日五两。其迁出稍晚，尚能播种粟糜、荞麦者，照所垦地亩，给以籽种；其节候已过，不及下种者，令其尽力耕垦，以待明春。所需农器及各器具，必不可少者，一律酌给。惟陕回冯均禄一起，住河州西北二百余里黄河北岸，已于彼处耕垦栽种，乞俟收获后迁徙，听候安插；而盐茶、固原回民从前寄居者，尚待清查。其应迁之汉民，亦有求缓俟收获者，然丁口亦无多矣。

迁徙安置渐有头绪，乃命署河州知州潘效苏赴河州知州新任；新授河州镇总兵沈玉遂，带所部后路五营赴河镇任；署河州州判米联璧赴太子寺，分驻任所。据潘效苏禀报，五月十三日到任；沈玉遂禀报，五月二十四日到任。沿途汉、回列案焚香，迎送络绎。马占鳌、马尕大、马永瑞及各回目、阿浑等，咸跪道旁，膜拜感泣，并纳粮百万斤备军食。因乱后空城仅存，于关厢建知州官廨，暂资办公。沈玉遂五营列帐城中，分饬所部果军四营由城关外延扎宁河一带。记名提督张仲春领所部宗岳六营，进驻太子寺一带，前接宁河，后接七甲集等处。记名提督陈广发、总兵凌春台，以所部良辅、平西等营驻三甲集，前接七甲集，后接康家岩、洮河西岸。记名提督王衍庆所部左路五营，及镇西忠营两营，仍驻康家岩，西通三甲集，北连沙泥站，南达狄道州，东达站滩以抵安定。提督衔记名总兵张福齐所部六营，由沙泥站分布，北由阿干镇以达省城，南出沙仑接康家岩分布之营。前福建布政使王德榜所部定西等营，仍驻狄道，西北接宁河、太子寺、三甲集各营，南接岷、洮各营，东接巩、秦所属各营。河州抚局虽定，而诸路连环布置，仍未稍疏也。

惟西北二百余里，循化同知所辖，番、回杂处，毗连西宁，即前史所称吐谷浑地，今为撒拉回巢，地险民悍，为甘肃边患久矣。乱后，回、番自相残杀，人物雕耗，文武不能履任，遂以化外置之。兹因河州抚定，撒拉各回亦赴军前求抚。陈湜询知逆首狗齿牙子即杨继芳、马彦滩、马聋子等，败后窜匿河州地境，密谕马占鳌掩捕。马占鳌陆续将狗齿牙子、马聋子、马彦滩获解，其希图自立功效之情，尚似可信。

现筹办理善后要务，如清厘地亩，编审保甲，分给门牌，安设驿站，修葺城垣、关隘各事宜，正在次第办理。而今岁春夏之交，雨泽早降，夏收最稔，秋稼亦卜丰登，土民佥称实十数年来所未见，尤为意外之幸。上忙已报开征，民间输将亦觉踊跃。察看情形，人心大定，各路大致又渐次肃清。臣宗棠料理妥毕，即可进驻省垣也。

所有河州回逆抚定，收复城池，办理善后实在情形，谨合词恭折驰陈，伏乞皇太后、皇上圣鉴，训示施行。谨奏。

恳豁免蒙盐商人积欠税银并拟变通试办折
(1872 年 9 月 19 日)

　　奏为蒙盐商人积欠历年税银，无力交纳，恳恩豁免，并拟变通试办章程，恭折仰祈圣鉴事。

　　窃查阿拉善地方，向产食盐，咸丰八年经前督臣乐斌奏请改私为官，抽收商税，以充兵饷。随经酌拟定章，每岁共完税银一万六千两，分期交纳，指定行销地界，公举商人张永泰、张公远充当商首，分住省城及秦州总理稽查，按限交税银各八千两，仍由住省商人张永泰汇解司库，备拨兵饷，按年清解，并未拖欠。迨同治元年陕甘军兴以来，道路梗塞，盐运滞销，税课遂积欠至二万数千两。五年经前督臣杨岳斌奏请暂行缓征，奉旨交部核议，经户部议准咨行在案。惟地方军务未平，从前存盐之所，如一条山、五方寺，地当贼冲，频年被贼惊扰，居民流亡，旧商资本荡然，转徙流离，杳无踪迹，遂致征无可征。前据署兰州道蒋凝学详报，一条山、五方寺两处，查有商人张永泰遗剩蒙盐、水烟等项，请派员在该处变价充饷，陆续收获银二万五千七百余两，尚存盐斤约可值银三千两有奇。除抵欠税外，积欠尚巨。旧商既无从追缴，拟招新商接充，而新商均以旧商欠款未清，恐干赔累，裹足不前。臣饬司道会议变通行盐章程，期收实效。据藩司崇保、前署兰州道升任山西臬司蒋凝学酌议四条，具详前来，并请将张永泰等递年欠税银一十三万三千余两一并豁免等情，详请具奏。

　　臣维行销蒙盐之策，必先清引地，于漳盐庶无窒碍；必另开官店，于商贩庶易流通。他如减厘税以恤边民，设局卡以杜绕越，均为目前要务。该司道所拟，尚中窾要。至张永泰等积欠之款，实因匪扰所致，与寻常商欠不同。合无仰恳天恩，将该商等积欠银两，概予豁免，俾新商得以划清界限，承完新税，免赔旧欠，以广招徕。并请俯允暂照所议章程先行试办，以济急用。如有应行增减各事宜，容臣随时陈明，以期周密。

除将条议恭缮清单，进呈御览，并抄咨部科外，谨将蒙盐商人积欠税银请免追缴，并拟变通试办缘由，恭折具陈，伏乞皇太后、皇上圣鉴，训示施行。谨奏。

恳豁免茶商积欠课银并拟变通试办折
(1872 年 11 月 15 日)

奏为茶商积欠历年课银，无力交纳，恳恩豁免，并拟变通试办章程，恭折仰祈圣鉴事。

窃查甘肃茶商承办西甘庄三司茶引二万八千九百九十六道，岁纳课银一十二万八千九百余两，内改折正供银八万六千九百余两，养廉、捐助、充公、官礼四项杂课银四万一千九百余两。军兴以来，引茶被焚，道梗商逃，茶务因以废弛。同治五年前，督臣杨岳斌据前兰州道华祝三议设官茶总分各店，归并古城茶税，以及免厘税、缉私贩计四条，奏蒙敕部议覆照准。数年以来，因回逆滋扰，久未试行。兹军务渐平，而逃商不敢复充，新商亦无应募者。推原其故，实因停办已久，积课过多，商情咸畏代偿前欠额引，故皆裹足不前。若不于成例稍示变通，茶务终难整顿。前据署兰州道、升任山西臬司蒋凝学酌议清欠、清引、清课、清商四条，尚称详晰。臣复饬司道悉心研究利弊源委，择其可行者妥议详复去后。

兹据藩司崇保、臬司杨重雅、署兰州道瑝武公同筹议，查茶商积欠带征课银及已领茶引欠课，不下四十余万两，各商委因匪扰无力呈交。至每年额领茶引二万八千余道，引地多被蹂躏，诚难足额。每引一道，改折银三两，又征杂课银一两四钱零，试办之初，断难照数完纳。必须豁免积欠课银，停止应征杂课。仍分咨陕西、山西两省转饬各商原籍传力能承引之商，饬令到甘，量力由臣给票，以票代引，赴湖采茶。自同治十二年为始，能行一引之茶，即纳一引之课。从前积引，饬令一律呈缴，不复代为行销，以杜弊端。俟试办二年，察看实能行销茶引若干道，再行饬领引，以昭核实。庶茶课可冀日有起色。等情，详请具奏前来。

　　臣复核无异。合无仰恳天恩，俯念该商等积欠银两，因频年贼扰，销路梗滞，实与寻常商欠不同，概予豁免，俾试办商人得以划清界限，承完新课，以免赔累。并请俯允暂照所议章程先行试办，其同治元年奉颁茶引，缓至办有成效，再饬承领。此外如有增减未尽各事，宜容臣随时陈明，以期周密。所有变通四条，恭缮清单，进呈御览。

　　除饬该司道查明商人积欠之正杂课银细数，并已领茶引，分别已行、未行，又，同治元年被匪焚劫茶封各实数，缮单详候奏咨外，谨恭折具陈，伏乞皇太后、皇上圣鉴，敕部议覆施行。谨奏。

西宁解围后办理情形片
（1873 年 1 月 12 日）

再，西宁解围后，土、客各回目互相猜贰，纷纷乞抚。刘锦棠遵臣历次示谕，饬令先将所有马匹枪械悉数分日呈缴，然后言抚。计西宁县属已缴马一千六百余匹，枪矛四千余支；大通县属已缴马五百余匹，枪矛一千余支；其观音堂沟土回则令赴统领安西军提督刘明灯行营就近呈缴，亦据报收马数百匹，枪械千余件；陕回崔三等，土回冶福兴、马福寿等，皆款营献良马，自限按日追缴马械，彼俗所谓拉马投诚者也。其西宁城关各回民随马本源、马桂源遁巴燕戎格者，刘锦棠饬回目马永福往招之，计陆续投归复业者三千数百名，感官军不杀不扰之德，放胆来投者尚络绎于道。马桂源等见党伙已离，赴刘明灯处递呈，言为西北川回民所误，意为脱罪求免地步，盖以臣购捕告示中有解营讯办一语也。马永福在西宁回目中最称朴愿，本马本源之堂叔，马本源等纠陕回叛乱，马永福在城助官民守御甚力。其子马德源即马三娃，为彼教之海里飞，素凶狡，马永福不能制，至是因促马本源等速归就抚，又为马本源等所杀。马本源兄弟既杀马德源，为其族众所不容。据河回马占鳌、马永瑞等密禀，陈湜现纠约八工撒拉回众，截其入撒拉之路。陈湜已与刘锦棠密商办法，不容其深入番地也。

大抵回性多疑善诈，似黠实愚，其用心有非寻常意料所及者。办理之法，不可稍涉迁缓，致失事机；亦不可操之太蹙，令其疑畏。察看刘锦棠、陈湜，皆深识此意。臣惟有专其委任，责其成功，务求数十百年之安，不敢夸近功而忘远大也。

谨附片陈明，伏乞圣鉴训示。谨奏。

附录上谕　谕左宗棠迅图攻拔肃州妥抚西宁各回捕获马本源等
（1873 年 1 月 24 日）

　　军机大臣字寄，同治十一年十二月二十六日奉上谕："左宗棠奏官军剿击肃逆，屡获胜仗，及西宁土、客回目乞抚，现在办理情形各折片。肃州回逆困踞孤城，迭次出扑官军营盘，经徐占彪奋勇击退。惟城中悍贼尚多，困兽犹斗，允宜稳慎进取，迅拔坚城。该大臣现已派陶生林等营前赴肃州，交徐占彪节制调遣，金顺一军计期亦应到肃，即着左宗棠饬令徐占彪会同金顺，乘此声威，迅图攻拔，以竟全功。西宁土、客各回呈缴马匹枪械，纷纷乞抚，并着饬令刘锦棠等妥为办理，毋稍疏虞。逆首马本源、马桂源逃遁巴燕戎格，因党与已离，亦思投诚免罪。该逆等狡诈性成，恐以乞抚懈我军心，万一逃入番地，则捕获尤难。仍着饬令刘明灯、陈湜、刘锦棠等妥慎筹办，无论是否就抚，总以捕获为要，不可稍涉迁缓，致误事机。将此由六百里谕令知之。"钦此。

克复巴燕戎格城擒获叛逆折^①
（1873 年 3 月 27 日）

奏为官军克复巴燕戎格城，擒获叛逆，并筹办善后情形，恭折驰陈，仰祈圣鉴事。

窃臣宗棠先饬前山西臬司陈湜、河州镇沈玉遂率各营由河州前进情形，业于正月二十七日驰陈在案。马本源兄弟窜踞巴燕戎格城，自知罪在不赦，意图负嵎。闻刘锦棠进剿大通，复纠股窜扎巴什城，冀袭后路。臣宗棠先檄饬提督刘明灯、总兵敖天印扼屯险隘，该逆惧不敢前。而陈湜、沈玉遂已率河州各军于正月二十六日抵大何家，侦知该逆眷属均在巴城，因商派提督张仲春、陈广发，总兵杨芳桂、戴定邦，率五品花翎马占鳌及马仲有、马良义等，分起黉夜疾趋。查大何家赴巴城之路，一由循化，一由米拉三沟，两路稍平而较远。乃议取道番地，翻山直捣巴燕戎格厅城，攻其不备。连日大雪迷漫，各军冲寒度险。二十九日抵端庄，距巴城二十里，回目马永福等率众迎降。询知马桂源兄弟带其死党数百骑甫赴扎巴什城，正图挈眷他窜，陈湜等立饬马占鳌率马如蛟、马德等急进，沈玉遂等督轻骑继之。驰至巴城，叛逆业经四窜，余党正络绎奔赴。官军急分队入城，一面蹑追十余里，及贼后队，贼仍返旗抗拒，官军奋威冲杀，毙悍贼七八十名，夺马八十余匹，截获逆眷六口及其姻党十余名。

二月初一日，刘明灯、敖天印率所部由米拉沟来会，分驻城关，置所获马本源、马桢源妻子于狱。时大雪不止，知该逆未遽远飏，刘明灯、沈玉遂饬弁带回勇杨生魁、周世祥、蒋来成、马仲魁、马永昌、马伏清等深入贼中，谕以胁从罔治之意，回众争缴马械乞抚。叛逆马桂源

兄弟见人心已离，惶惧益甚，阴遣死党求救于军功马占鳌。马占鳌饬其尽缴马械。初四日，齐赴城外东山乞抚，一面禀知沈玉遂。沈玉遂密派马步队环伏东山要隘，比该逆至，遂俯首就缚。陈湜赴巴燕戎格厅，先提其死党马主麻、海乙什、马肖个、麻个子等三十余犯斩之，下马桂源、马本源、马桢源于狱。连日搜拿余匪，并勒限外五工撒拉各头目悉缴马械，并拨各营扼要驻扎，拟俟办理循化一律就绪，乃可班师。先派两营将马桂源兄弟眷口押解赴省讯办。盖遵臣宗棠前檄也。

臣维巴燕戎格回、番杂处，山谷幽险，与循化厅境紧接。叛逆马桂源等本循化回族。其由西宁遁入巴燕戎格也，盖图广行勾结，为西窜之谋。幸陈湜筹策精审，沈玉遂及各营将士戮力一心，其始不露声色，以缓其谋，其继解散党羽，以孤其势，遂令狡猾凶竖，自入网罗，不致重烦兵力。又，河、湟表里，互为声应，荒服阔绝，用兵至难。就河、湟而言，非先定河州，剿抚兼施，湟中亦难措手。此次收复巴燕戎格厅城员弁勇丁，均皆平定河州著绩之人，应请汇入一案保奖，以昭激劝。花翎布政使衔前山西按察使、著勇巴图鲁陈湜，谋虑周详，才能济变，在事出力最久，应请赏换清字勇号，存记录用。河州镇总兵、喀尔莽阿巴图鲁沈玉遂，静定勇毅，谋勇兼优，应请以提督存记，请旨简放。头品顶带、记名提督、刚勇巴图鲁陈广发，应请旨交部从优议叙。头品顶带、记名提督、博启巴图鲁、三等军功加一级张仲春，提督衔浙江处州镇总兵、勤勇巴图鲁杨芳桂，遇缺题奏提督、前福建台湾镇总兵、斐凌阿巴图鲁刘明灯，记名总兵振勇巴图鲁敖天印，均应请旨交部议叙。提督衔补用总兵、策勇巴图鲁戴定邦，应请旨以提督补用。其余出力各将士，可否由臣宗棠汇案请奖之处，出自鸿施。

谨合词具陈，伏乞皇上圣鉴，训示施行。谨奏。

进规循化获胜折①
（1873 年 5 月 7 日）

奏为官军克服巴燕戎格城后，剿办逆回，进规循化获胜情形，恭折具陈，仰祈圣鉴事。

窃前山西臬司陈湜自二月二十一日将叛员马桂源兄弟眷属解省，当即发交司道监禁会讯，录供讯办，另案陈奏。陈湜传饬巴燕戎格城乡呈缴马械，准其自新。数日之间，陆续缴到叉子枪约二千杆，马约一千三四百匹。巴燕戎格界连循化，地分八工，均系撒拉回族，每工约户口数千。其五工惟木胡隆一工马械较多，各庄尚知畏威呈缴。独距六十里之青科庄回族，虽自称限期呈缴，然暗中牵连藏匿，屡催罔应。陈湜稔其为撒拉悍回，平时远出扰掠商旅，素称剧盗，凶横尤甚者，不乘威创之，终贻后患。二十八日，整旅前进。道员刘锦棠亦率队来会。青科悍回竟敢空庄出拒，守隘放枪。官军突前，擒斩数名，贼始翻山而逸，遂进兵驻扎青科。次日，陈湜传饬各工各庄回族，不准容留青科一回，并声言将青科田屋给各良回。该回闻之，乃于三月初二日归庄投诚，听候察办。陈湜当将著名回匪马乙麻、马米力、冶主麻等五十六名，就庄骈戮，枭首以徇。初三日，派提督张仲春、都司马占鳌勒缴该处及附近各庄马械，拆毁各庄炮楼，宥其驯者，安业如故。清科一庄遂平。乃接办卡勒冈十三庄抚事。

查卡勒十三庄内，惟三庄驯顺，其十庄则隐匿枪械，各回目亦屡传不到。初四日，杨芳桂往查，该十庄鸣枪抗拒。又，大胡、卡勒两工交界之东山内，亦多藏匿马械。初五日，张仲春同所部仁营营官总兵刘厚福往查。刘厚福率弁勇数十人，独出一路，途中被伏贼暗枪中伤，殒于阵前，并亡勇弁数名。初七日，陈湜派提督刘明灯前往助剿，马占鳌亦率队入山穷搜，该逆抗拒如故。陈湜以该逆怙恶逞凶，亟应痛剿，即商派河州镇总兵沈玉遂、提督陈广发、总兵邓荣佳等带后路队伍分支急追。其驯顺三庄给以良民旗，令植门首，禁止官军，不得擅入，专攻十庄。五日破其六庄，斩悍贼三百余名，带伤者不计其数。然每破一庄，贼拚死抵拒，官军中枪伤亡者共数十人，马占鳌所带回勇亦伤亡三（千）〔十〕余人。余四庄遂哀恳求抚。卡勒东为甘都工，自陈不敢助逆。卡勒、甘都之河对岸，旧为循化上四工撒拉回族所居，上四工素怀反侧，与下四工仇隙本深，至是暗煽卡勒、甘都中匪回并挟制良回，希图蠢动。军功马永瑞自循化下四工来称：上四工内除叉家工外，均议纠众滋扰，下四工则愿剿贼自效。陈湜连日调度进剿。十五日，上四工内街子、苏治、河沿三工回众已渡河者，果耀队于卡勒工地。十六日，复分三路图犯官军营垒。沈玉遂等饬各营列队山头，自率数十骑诱贼，饬后路各营偃旗潜伏山沟待之。贼果纠众来扑，沈玉遂左膊被枪子洞穿，仍裹创诱敌。贼以官军势单，翻山涌进。忽伏兵扬旗突起，四面冲截，贼遂大败。官兵追奔十余里，立毙悍贼百余名，并夺其叉子枪。贼之带伤者无算，均滚滚四散。是日，下四工头目韩老大攻街子等工巢穴，亦有擒斩。十七至二十一二等日，刘锦棠遣西宁镇总兵何作霖率湘军四营及抚回崔伟马队二百骑到戎，助破卡勒余庄，搜诛凶逆。余回哀恳免剿，并将马械缴尽。街子等工头目亦乞先缴叉枪、刀矛各一千五百件，容俟缚献丑类，尽缴马械。陈湜现驻甘都工河岸，俟诸事妥毕，再过河赴循化，次第办理。

臣维该逆回族，均撒拉一种，生性犷野，儿时即操习叉子枪，技最精练。平时较猎，能于百步之外取飞鸟，百不失一。所居依山濒河，地势险恶。乾隆中檄调随征金川番族及石峰堡逆回，官兵倚为军锋，猛鸷可想。嗣仍屡次扰边。官军迭次进剿，皆未能痛加创艾，率于巴燕戎格、循化边界耀兵而还。该回族自恃地险众悍，时与汉、番构衅弄兵，益无畏忌。官军至，则诡词求抚，旋复杀掠如故，为陇省边患者近百年矣。兹乘河、湟底定后，深入其阻，大加搜剃，冀可潜销隐匿，一靖边陲。陈湜办理此事，于回庄中稍明顺逆者曲加抚慰，并严禁弁丁毋令稍有扰累；其桀骜者则必痛加剿办，俾识兵威。总期恪遵谕旨，分别剿抚，以规永久。臣宗棠函饬陈湜、沈玉遂等，苦心分明，毋枉毋纵，以持情法之平。此时多费一分心力，将来即免一分衅端，不敢草率从事，致烦圣虑也。现在诸回震慑，相率归诚，或无难悉就安谧。此次阵亡之总兵刘厚福，营规整肃，朴勇善战，以深入贼伏，中枪殒命，实堪悼恤之至，应请旨敕部从优议恤。余俟查明汇奏。

所有克复巴燕戎格城后，进规循化，获胜情形，谨合词具陈，伏乞皇上圣鉴训示。谨奏。

克复肃州尽歼丑虏关内肃清折①
(1873 年 11 月 26 日)

奏为克服肃州城垣，首要各逆及土、客各悍贼一律歼灭净尽，并办理善后情形，恭折驰陈，仰祈圣鉴事。

窃官军自七月初一至二十七日围攻肃城踞逆，迭获胜捷，及臣宗棠于八月十二日抵肃各情形，业经详细陈奏。臣宗棠于八月十二日驰抵肃州，驻营城南两里许。十三日巡阅长濠，察看各军棋布星罗，锁围密合，其西北及南门外稍有单薄处所，旋饬随带镇西、副中两营分拨驻札。诸统将均拟乘势攻拔，迅藏斯役。臣等商各将领，约期会攻。时臣金顺已于东北角开掘地道，准备至期举发，拟商宋庆合攻东北。臣宗棠饬徐占彪、降补参将杨世俊各挑壮士于城西南角开花炮轰塌处所填塞贼濠，以便腾踢而上；一面派队严扼长濠，防其冲突。首逆马四即马文禄，在城上见臣宗棠整饬遥临，汹惧殊甚。十四日，遣人赍禀赴徐占彪所部归化营乞抚，请出关讨贼赎罪。臣等觉其诈，不与批答，惟出示晓谕城中回民老幼、妇女免死，其诚心乞抚者，准诣营投审，听候分别办理。马四奉到告示，匿不张贴。十五夜三鼓，徐占彪、杨世俊督队填濠。城上枪炮连声不绝。副将赖长等连用后膛炮指轰，毙贼不少。五鼓，填濠登城，杨世俊麾队猛扑，甫及城腰，贼乘高死抗，枪子石块纷集如雨，官军未能骤登。十六日黎明，东北角地雷轰发，宋庆所部营官游击张林急麾壮士，冒枪石登城，贼负嵎死斗，张林身中数枪，裹创血战，旋中子殒命。十七日，徐占彪、杨世俊于西南城根各掘地道，副将赖长，守备陈文英、李思经，以后膛炮向贼丛连轰，臣金顺、宋庆等以劈山洋炮对东北城环击，臣宗棠令副将邓增移大炮一尊置东北角炮台，

昼夜指轰，各毙贼无算。十九日五鼓，徐、杨两军地道掘成，同时举发，杨世俊率奇捷各营壮士奋勇先登，副将欧阳吉星率副中营继之，连扑数次，毙贼甚多。逆众于城上斜掘深坎，伏踞其中，坎上密挂叉枪，伺官军上城，连环施放，官军稍却。杨世俊愤甚，持刀督战，甫上城头，忽飞子贯脑，将士扶救归营，次日而殒。徐占彪见杨世俊创甚，仍督壮士分队猛扑，复阵亡二十余名，带炮石伤者五百余名。此官军自十五至十九等日攻城未下之实在情形也。

臣等商议，贼剩孤城，援绝粮乏，自无不灭之理，仰攻徒损精锐，不如增修濠垒。仍一面用后膛开花大炮向城中测准轰击，一面加掘地道困之。时刘锦棠报由西宁取道永安赴甘州候调，臣宗棠令带数营前来助剿，以所部抚定之河、湟番回本贼旧党，可以用奇也。九月初四日，臣金顺派所部壮士从东北城缺口抢登城头扎卡，断贼由城上往来之路。悍贼连日猛扑，均经大炮洋枪击退，毙贼甚多。其西南各城土回老弱，纷纷款营乞命。臣宗棠逐一提讯，据称：城中粮尽，悍贼宰驴马充饥，老弱乞其皮煮食度活，饿毙者不知其数，闻官军不杀老幼妇女，故偷出逃生也。比设局临水地方，留养听候安插。初十日，刘锦棠率湘军五营及已抚回、番至肃，臣宗棠令其驻营南门。陕回军功崔伟、禹中海、毕大才，甘回军功法镜泉、马福寿等，日驰马城下呼马四及各贼目，告以死期已至，善自为谋。马四自知生路已绝，哀恳出城乞抚，十五日亲诣臣宗棠大营，泥首乞命。适臣金顺与宋庆、徐占彪、刘锦棠均在坐，臣等当谕以罪在不赦，仍宜遵前谕先缴马械，次造客、土各回户口清册，听候审办安插；并令将各悍目分班带赴大营，听候面谕。马四唯唯听命。嗣是陆续款营呈缴叉枪一千一百七十余件，劈山炮、过山鸟枪、狗头炮、抬枪数百件，矛千余件，刀叉无数。惟战马仅缴七十余匹。据称，连日饥甚，已将饿瘦之马，悉数宰食，所剩止此。臣等饬客回分缴册籍，籍甘州者出东门，由宋庆点验；籍口外沙州者，由臣金顺点验；籍西宁、河州、循化及陕西者，由南门出，归刘锦棠、徐占彪点验，各军预于附近废堡分男女安置。二十一夜，土回头目金自明领贼数十人潜由大北门窜出，臣金顺督队轰击歼之，金自明伏诛。二十二日点验毕，核对册籍，人数有多。复拔出汉民男妇一千一百余名口。二十三日申刻，臣宗棠令提逆首马四即马文禄、马永福、马照、马金龙、马良臣即秃乡约、王得胜即王大汉、马金才即贵德老四、马梁臣、尕阿浑等九犯，数其罪，磔之中军。号炮三响，臣金顺、宋庆、徐占彪、刘锦棠立将各起凶悍客回一千五百七十三犯悉数骈诛。是夜，诸军入城纵火，枪轰矛刺，计土回五千四百余名，除拔出老弱妇女九百余名口外，尽付焚如，肃州以平。二十四日，安肃道史念祖、署肃州知州李宗笏入城闉视，尸骸枕藉，即老弱妇女亦颇不免，盖昏夜乱刃交加，有不及辨者也。

计逆回窃踞州城，于今十载。始则土回肇衅，继则马文禄、蓝吉桢受首逆妥得璘伪封元帅，凶焰更张。蓝吉桢死，马文禄以西宁猎户纠聚撒拉回、番及西宁、河州剧盗，偷息于此，以通关内外花门消息。西路妥逆，中路马桂源、马本源，东路马化漋，皆资其联络。中间就抚受职，更名马忠良，实则自称马文禄，人仍呼之马四而已。当就抚时，城内汉民尚三万余名口，该首逆残杀其精壮，掳辱其妇女，至今仅存老羸男妇千一百余口。其客回从逆者，关外则沙州、哈密缠头，红庙子各种，关内则西宁、河州、循化、保安营、陇西、狄道、伏羌、甘州各种，及陕西流徙之回，约共两万有奇，能战者半之。汉民日微，回党日聚，势不至沦为绝域不止。自前年徐占彪一军进剿，由甘州、高台转战而来，大小数十战，逼贼进聚一城。臣金顺继至，而围始合。宋庆继至，而围始密。东关既破，储积空矣。关外贼走，外援绝矣。犹敢倔强一隅，誓决死斗。是其命中之技、坚悍之性诚有异于他贼者。

兹幸天网高张，俾积年逋诛悍贼，按籍而诛，屠豕刲羊，无一漏逸。在事诸军，功绩卓著。合无仰恳天恩，优加甄叙。记名提督、赏穿黄马褂、哈西巴巴图鲁徐占彪，勇略超群，战功素著，身先士卒，屡受重伤，此次孤军深入，卒拔坚城，始终出力，应恳恩施，逾格奖叙，以励戎行。湖南提督、赏穿黄马褂、格洪额巴图鲁、轻车都尉世职宋庆，远道遄征，不辞劳瘁，机宜允协，谋勇兼优，应请旨交部从优议叙。提督衔记名总兵、业普铿额巴图鲁刘宏发，提督衔记名总兵、湖南绥宁营游击、果勇巴图鲁李考祥，均请以提督记名，请旨简放。副将衔湖广督标补用参将、霍罗奇巴图鲁詹恩科，请以副将补用，并赏加总兵衔。头品顶带、记名副都统、奇车博巴图鲁萨凌阿，请赏加都统衔。副将衔湖南抚标补用参将、霍隆武巴图鲁方春发，请以副将补用，并赏加总兵衔。副将衔湖广督标补用参将、制勇巴图鲁李大洪，请以副将补用，并赏换清字勇号。总兵衔河南补用副将、果勇巴图鲁黄玉安，陕西补用副将、法什善巴图鲁曹正兴，均请以总兵记名简放。副将衔河南抚标补用参将、精勇巴图鲁张大发，请免补参将，以副将仍留河南尽先即补，并赏加总兵衔。蓝翎、五品军功徐文康，请免补千、把，以守备尽先补用，并赏换花翎。记名总兵、摄勇巴图鲁李成金，请赏加提督衔，并赏换清字勇号。副将衔尽先游击、固勇巴图鲁胡治国，请免升参将，以副将补用。记名提督、额腾额巴图鲁蒋东才，请赏穿黄马褂。提督衔记名总兵、图勒炳阿巴图鲁李宝林，记名总兵、挚勇巴图鲁宋得胜，均请以提督记名简放。记名提督胡保林，副将衔尽先游击刘知俭，均请赏给勇号。副将衔尽先游击、健勇巴图鲁李大川，尽先游击、精勇巴图鲁邱明礼，均请以参将留于河南尽先补用，邱明礼并赏加副将衔。记名提督、呼敦巴图鲁陈春万，请赏穿黄马褂。记名提督、励勇巴图鲁金庆元，请赏换清字勇号。补用提督、励勇巴图鲁苏洪顺，提督衔记名总兵、精勇巴图鲁戴宏胜，补用总兵、壮勇巴图鲁李玉春，均请以提督记名简放，并赏换清字勇号。记名总兵、锡林巴图鲁龙得胜，请以提督记名，遇有提督、总兵缺出，请旨简放。记名总兵李玉山，请以提督记名简放，并赏给勇号。遇缺题奏总兵、克勇巴图鲁康得胜，请以提督记名简放，并赏换清字勇号。补用总兵、绷僧额巴图鲁宋贤声，请以提督记名，遇有提督、总兵缺出，请旨简放。记名总兵、噶尔萨巴图鲁齐怀松，请以提督记名简放。总兵衔甘肃补用副将、精勇巴图鲁桂锡桢，请以总兵补用。升用副将、铿僧额巴图鲁李洪超，闽浙补用副将符先陛，尽先副将张存义，均请以总兵补用，符先陛、张存义并赏给勇号。尽先副将萧兰玉，请赏加总兵衔。尽先副将、富勇巴图鲁李逢春，请以总兵补用，并赏换清字勇号。副将衔尽先参将方友升，请以副将补用，并赏换清字勇号。副将衔留豫补用参将、强勇巴图鲁冯桂增，请免补副将，以总兵补用。副将衔尽先参将马良骥，请免补参将，以副将尽先补用，并赏给勇号。总兵衔福建补用副将、伊博德恩巴图鲁邓增，请以总兵记名简放。尽先游击、勖勇巴图鲁秦玉盛，请以参将尽先补用，并赏加副将衔。尽先游击董阳春、李长乐，均请免补参将，以副将尽先补用，董阳春并赏给勇号。尽先游击、达勇巴图鲁武朝聘，请以参将补用，并赏加副将衔。花翎尽先都司邓洪贵、徐春先、罗平安，均请以参将尽先补用，并赏加副将衔。花翎尽先都司李得宜、汪春海，均请免补游击，以参将尽先补用。花翎尽先都司蒲阳春，请以游击尽先补用，并赏给勇号。蓝翎补用都司张长安、萧学刚，均请免补游击，以参将尽先补用，并赏换花翎。尽先守备关占春，请免补都司，以游击尽先补用，并赏戴花翎。蓝翎尽先守备陈文英、周泽溥，均请免补都司，以游击尽先补用，并赏换花翎。尽先守备廖登第，请以都司尽先补用，并赏戴花翎。花翎守备蔡义兴，请免补都司，以游击尽先补用。蓝翎千总何国学、李华林、蓝明泰，均请免补守备，以都司尽先补用，并赏换花翎。三品卿衔、布政使衔即选道、云骑尉世职、法福灵阿巴图鲁刘锦棠，请旨交部从优议叙。头品顶带、陕甘遇缺题奏提督、伯奇巴图鲁谭上连，头品顶带、陕甘遇缺题奏提督、奇车博巴图鲁余虎恩，头品顶带、记名提督、倭什洪额巴图鲁熊有常，均请旨交部从优议叙。升用提督、记名总兵、湖松额巴图鲁黄锦云，请以提督交军机处记名，遇有提督、总兵缺出，请旨简放，并赏加头品顶带。总兵衔湖南补用副将、巴图隆阿巴图鲁张沛，请免补副将，以提督、总兵交军机处记名，遇有缺出，请旨简放。记名总兵、都隆额巴图鲁谭慎典，请以提督交军机处记名，遇有提督、总兵缺出，请旨简放。副将衔补用参将、胡敦巴图鲁陶鼎金，请免补副、参，以总兵交军机处记名，遇有缺出，请旨简放。留陕补用游击、果勇巴图鲁张俊，请免补游击，以参将仍留原省尽先补用，并赏给勇号。记名提督、甘肃肃州镇总兵官、懿勇巴图鲁章洪胜，请旨交部从优议叙。福建补用总兵陈上达，河、湟肃清案内拟保总兵，交军机处记名，遇有闽省总兵缺出，请旨简放，并赏给勇号，此次请以提督补用。总兵衔副将唐友山，请免补副将，以总兵尽先补用，并赏给勇号。陕甘补用副将杨金魁，请以总兵记名，请旨简放。副将衔尽先参将朱逵陆，河、湟肃清案内拟保副将，加总兵衔，并赏给勇号，此次请以总兵尽先补用。花翎都司徐凤高、雷文胜，均请免补都司，以游击尽先补用，并赏加参将衔。花翎守备杨凤山、黄忠和，均请免补守备，以都司尽先补用，并赏加游击衔。头品顶带、福州副都统、清阿图克巴图鲁全福，请旨交部从优议叙。花翎骁骑校、尽先佐领、委参领双成，请以协领尽先即补，并赏换二品顶带。花翎尽先骁骑校、委参领德胜，请免补防御，以佐领尽先即补，并先换顶带。总兵衔补用副将、克勇巴图鲁欧阳吉星，请以总兵记名，请旨简放。花翎尽先补用参将张佳志，河、湟肃清案内拟保副将衔，并赏给勇号，此次请以副将尽先补用，并赏加总兵衔。补用守备萧芳林，河、湟肃清案内拟保花翎都司，此次请以游击尽先补用。蓝翎补用守备周桂林，河、湟案内拟保花翎，此次请以游击尽先补用。湖南补用总兵、壮勇巴图鲁佘起立，请赏换清字勇号。花翎游击杨月照，河、湟案内拟保参将，加副将衔，此次请以副将留甘补用。蓝翎都司王锦銮，河、湟案内拟保花翎游击，此次请以参将留甘补用。花翎补用参将魏治家，河、湟案内拟保副将，此次请赏加总兵衔，并赏给勇号。蓝翎都司李清贵，河、湟案内拟保花翎游击，此次请以参将补用，并赏加副将衔。六品军功毛占魁、易紫临，河、湟案内拟保把总，此次均请免补千总，以守备尽先补用，并赏戴蓝翎。蓝翎外委艾玉臣，河、湟案内拟保千总，此次请以守备尽先补用，并赏换花翎。花翎都司衔尽先守备汪海春，请以都司留甘即补，并赏加游击衔。花翎游击衔尽先都司周鹏翥，请以游击留甘补用，并赏加参将衔。留陕补用副将胡珍品，河、湟案内拟保总兵，此次请赏加提督衔，并赏给勇号。湖广补用副将贺兴隆，河、湟案内拟保总兵，此次请以总兵仍留原省，请旨简放，并赏加提督衔。花翎湖南补用参将易玉林，河、湟案内拟保副将，此次请免补副将，以总兵仍留原省，请旨简放。花翎副将衔尽先即补参将左桂棠，河、湟案内拟保副将，此次请免补副将，以总兵分省补用。提督衔记名总兵、健勇巴图鲁万守根，请以提督补用，并赏给正一品封典。提督衔记名总兵、果勇巴图鲁杨龙彪，河、湟案内拟保清字勇号，此次请以提督记名简放，并赏给一品封典。尽先都司宋得禄，请以游击留甘遇缺即补，并赏给勇号。蓝翎游击衔补用都司刘福田，请免补都司，以游击尽先补用，并赏换花翎。副将衔尽先补用参将蒯发祥，请免补参将，以副将尽先补用，并赏加总兵衔。花翎游击衔尽先补用都司胡得贵，请免补都司，以游击留于陕甘，遇缺尽先补用，并赏加参将衔。记名题补总兵李嘉泰，请免补总兵，以提督记名，请旨简放。头品顶带、记名提督、叶铿额巴图鲁陶生林，请旨交部从优议叙。总兵衔尽先补用副将卢有升，河、湟案内拟保总兵，并赏给勇号，此次仍请以总名记名，遇缺请旨简放。总兵衔尽先补用副将周国泰，河、湟案内拟保赏给二品封典，此次请以总兵尽先补用。蓝翎都司衔尽先守备黄得荣，河、湟案内拟保都司，加游击衔，并赏换花翎，此次请以游击尽先补用。蓝翎把总熊来海，请免补千、把，以守备尽先补用，并赏换花翎。军功崔伟、毕大才、禹中海，均请赏给花翎、五品顶带。六品军功法进全、马福寿、海有德、冶承兴、杨迎春、高秀春，均请赏给蓝翎，五品顶带。此外尤为出力将领弁尚多，容即核明汇保。其应咨部者，亦即分别咨部注册，以励戎行。

　　所有克复肃州城垣，尽歼丑虏，甘省关内一律肃清缘由，谨合词恭折驰陈，伏乞皇上圣鉴，训示施行。谨奏。

请救张曜额尔庆额带所部出关并简重臣总司粮台片
（1873 年 11 月 26 日）

　　再，臣同治十二年八月二十日钦奉上谕："关外回匪窜扰巴、哈两城，哈密被围甚急，景廉现派吉尔洪额、沙克都林、札布统带马步队前往救援。惟此股回逆人数甚众，悍贼尤多，非厚集兵力，难图剿洗。着景廉饬吉尔洪额等兼程前进，迅速驰援。该都统将济、古两处防守妥为布置，即着督带兵勇亲往援应，毋稍稽迟。该处地方为西进大军粮运后路，刻下哈密城围甚急，万一稍有疏虞，则不独西进大军粮路阻绝，即肃州全局亦为掣动。金顺前有带兵西进之请，现在关外情形较关内十分紧急，该前将军曾否起程，着懔遵迭次谕旨，趱程前往，并先拨得力官兵，星驰前进，会同明春各队迅解哈密之围。并着左宗棠饬令各属认真筹办军粮，在玉门地方安设转运粮台，以资接济。该大臣仍当懔遵前旨，速拨劲旅数营，驰赴巴、哈两城，迅扫贼氛，毋得顾此失彼。金顺一军屡次严谕克期出关，现在哈密被围情形如此紧急，若再迁延不进，致误事机，定将金顺从重治罪。左宗棠所部兵力甚厚，尽可分拨出关，刻下关外贼势鸱张，巴、哈两城盼援甚急，若坐视不救，致该城稍有疏失，定惟左宗棠是问。"等因。钦此。臣闻命之下，惶悚实深。

　　关外军情紧迫，金顺一军整理需时，臣自当遴派劲旅出关，以资臂助。惟肃州甫经克服，各军劳乏过甚，损折亦多，亟须整理。现正拟酌量汰撤，稍节虚糜。若于各营中零星抽拨，凑合成营，则兵将两不相习，恐难骤收实效。惟驻扎镇番广东陆路提督张曜所部嵩武一军，步队十二营，马队两营，整理年余，蓄锐已久。张曜夙娴韬略，曾蒙圣明洞鉴及之，且与金顺共事数年，彼此相习，臣前路过凉郡面商关外增军一事，张曜毅然请行，臣深佩慰。此时金顺所定出关二十营，整理既需时日，臣若仅派数营先往，诚恐兵力仍单。此不得不请调嵩武全军之实情也。

惟所部马队仅止两营，仍应添派得力之营，以期得力。查穆图善续调之吉林、黑龙江马队，颇有堪资挑拨者。臣窃见凉州副都统额尔庆额，勇干有为，由管带吉、江马队著绩，简放是职，金顺亦稔知其人，堪以派往。

应请旨敕下张曜、额尔庆额，各带所部出关，共收实效。臣一面先筹两军粮运，俾资裹带，毋误师期。如蒙俞允，张曜、额尔庆额应请敕帮办金顺军务，俾尽其赞画之长，庶期共济。近据玉门、安西州商民传言，哈密解严，贼复西遁，未知确否？然增军出关，则仍未敢视为缓图。

至钦奉谕旨，饬于玉门安设转运粮台一节，窃维用兵必设粮台，总司收发支应，各处皆然。从前西北用兵，钦派重臣驻肃办理粮台，历有成案。臣调督陕甘时，因饷需不济，只于湖北设后路粮台，陕西设西征粮台，专司各省协饷。而一切军需支应、制造转运诸务，皆节节设局经理，不敢多设粮台。愚陋之见，实因粮台一设，所需差委员弁及制造军需匠作夫役、护台将弁兵勇办公薪粮等项，需费浩繁，当兹艰巨之秋，自应力求撙节，惟恐局势日侈，需用日多，不如设局之结算较便，稽核易施也。究之头绪纷繁，事无巨细，均须躬亲裁决，于庶务时有丛脞之虞，而报销亦难以速办。兹蒙谕设立转运粮台，实关外亟应兴办之事，亦微臣早拟陈请者。可否仰恳天恩，于户部堂官内简任贤能，总司其事，并令选派廉干司员，携带帑银，出关办理，以昭慎重之扯，出自圣裁。

谨一并附片复陈，伏乞训示施行。谨奏。

安插肃州老弱回民片
(1873 年 11 月 26 日)

　　再，肃城土、客逆回业已办结，其老弱妇女二千数百名，概行递解兰州，设局留养，俟臣宗棠凯旋，择地分起安插，以广皇仁。惟客回种类不一。其由哈密迁来之缠头回子一种，现止二百零八名。据称系康熙年间来肃，近为肃逆迫胁，死伤甚多，哀恳于内地安插。其沙州、红庙子一带回族，则地方尚未肃清，更无遣归之理，且人数所剩无多，妇女老弱居其大半，臣等已饬一同解赴兰州，再候安插。现在肃州实无一回羼杂。其甘州、凉州各回，死亡殆尽，亦无遗种。从此关内外花门勾结，当可无虞。

　　特自古徙戎之举，均系自内及外，无由边迁腹之例。局外议论，非所敢知。然熟察情实，非此不能杜衅隙而靖边疆。

　　理合据实附陈，伏乞圣鉴训示。谨奏。

甘肃茶务久废请变通办理折
(1874年4月2日)

奏为甘肃茶务久废，宜相时变通，以袪商累而广招徕，浚利源而便民用，据实陈明，仰祈圣鉴事。

窃维甘肃自军兴以来，茶务废弛。同治四年，前护督臣恩麟奏称频年贼扰，引滞课悬，请将咸丰八年欠课分三年带征，其咸丰九年、十年、十一年茶引，仍令照旧行销完课，其同治元年后茶引暂缓发商。同治五年，前督臣杨岳斌议设官茶总、分各店，归并古城茶税，及免厘税、缉私贩具奏。均经户部议准，而皆未及遵行。

谨案：陕甘官茶，均由湖南采运而来。咸丰二年以后，粤逆狓猖，湖南、北两省贼踪肆窜，道路中梗，茶商时被劫掠，采运顿稀。恩麟所奏欠课自咸丰八年起，实则咸丰三年以后引滞课悬，已历五年。此五年中，陕甘湖茶引课，多系官商从前殢销之引及私贩偷运之茶也。咸丰八年以后，楚境渐次肃清，茶运稍畅。而九年、十年、十一年，洋商续在各口岸收买红茶，湖南北所产之茶多由楚境水路就近装赴各岸分销，而陕甘官商办运甚少。恩麟虽有仍令照旧领引完课之奏，官商迄无应者。同治九年，陕回构变，湖茶入陕者囤集泾阳，听候盘验，城陷，尽被焚掠。自是由关而陇，贼氛充斥，官茶片引不行矣。

溯甘省茶商，旧设东、西两柜。东柜之商，均籍山、陕；西柜则皆回民充商，而陕籍尤众。乱作，回商多被迫胁，死亡相继，存者寥寥；山西各商逃散避匿，焚掠之后，资本荡然，引无人承，课从何出？恩麟所请分年带征及仍令商人照旧行销，本是纸上空谈，初未见诸行事。杨岳斌接任总督，距恩麟前奏仅止数月，见旧商无人复充，新商畏累裹足，而陕境私贩充斥日甚一日，故请在陕设立官茶总、分各店，意欲化私为官。卒以经始费用无措，遂止。所请撤各省局卡厘税，议分古城估抽课厘，亦无应者。是甘省茶务从前徒有变通之名，并无试办之事也。

臣上年奏请豁免积欠课银，以票代引，招商试办，盖拟于官引无着时，先筹变通之策，冀行之或效，渐可仍复旧章。而户部仍据恩麟、杨岳斌原奏，以旧引责之原领商人，新引责新商承领。杂课暂虽展缓，未准遽停。并应仿五年杨岳斌奏案，令商人于陕西先开官茶店，试办新引。臣接准部咨，即饬兰州道瑃武遵办，招商领引纳课。自上年二月至年底，据瑃武禀，旧商无力领引，新商无人承充，勉强招致，仅只陆续承引二千数百道，按之原额，不过十分之一，茶务难望转机。臣体察情形，甘肃频年贼扰，汉、回户口死丧、流离、失业者众，不独茶商为然。欲招集旧商，从新开办，势固不能。新商以欠课未免，惟恐一经充商，其获利与否尚未可知，而前课未清，势将代人受累。虽多方譬晓，依然观望不前，非官所能强。若仿照杨岳斌奏，在陕开设茶店，无论地远人众，稽查难周，一疏检校，便致亏折。且官民交易，既非政体所宜，又距产茶之地数千里，商贩以销路归官，利息顿减，茶之来源难期畅旺。是禁私茶转碍官引，尤非所宜。

至请撤各省局卡茶厘，意在缓厘急课。然各省局卡厘税，向章茶与百货同征。专免茶厘，易启夹带、偷漏之弊。且隔省局卡，自有督抚主持，无由陕甘裁撤之理。古城漏课之茶，系由山西出口。应咨由山西抚臣委藩司、道、府设局卡查缉，以清其源，始免偷漏；一至古城，则形势散漫，难期周密。

兹值关陇安谧，局势与恩麟、杨岳斌在任时不同，亟宜通筹并计，以规永久。比按照部议，就陕省现在情形斟酌损益，因时因地，筹拟变通试办章程，谨缮列清单，伏候圣明裁察。

因茶市届期，一面分咨产茶地方及茶运经由各省，一面行知陕甘藩司及各道府等，妥为料理，以期划一。务期商累祛而招徕自广，私销化而课额可充，以仰副我皇上便民利用、抚绥远人至意。

所有未尽事宜，容候随时察酌情形，奏明办理。合并陈明。伏乞圣鉴训示，敕部议复施行。谨奏。

谨拟《变通茶务章程》，恭呈御览。

一、山、陕西旧商无可招致，回商存者更属寥寥，整饬甘肃茶务，所苦先在无商承引，固法穷必变之时也。窃思国家按引收课，东南惟盐，西北惟茶。茶务虽课额甚微，不足与盐务比例，然以引课有无为官私之别，与盐务固无异也。道光年间，江西盐务废弛，先臣陶澍力排众议，于淮北奏改票盐，蹉纲顿起，且有溢额。曾国藩克复金陵，犹赖票盐为入款一大宗，其明验也。盐可改票，茶何不可？按茶引之设，向系总商承领。领某司引、销某司茶若干斤，纳正课若干、杂课若干，均有定数。其资本不足者，一商名下，数家朋充；或领引转卖与人。正商但雇伙营运，领引分销，坐享其利，与盐商略同。试办之初，人皆以充商承引为畏途者，盖一经充商承引，则定为永额，将来须责赔旧欠，一也；或行销不旺，致有亏折，不能辞商缴引，亏累无穷，二也。今仿淮盐之例，以票代引，官商犹形裹足，应改拟商贩并招，一俟销路疏通，商贩有利可图，资本渐裕，届时或议仍复旧章；或行票尚无流弊，额引更多溢销，届时再当据实陈明，听候部议。

一、正课照定例征收，杂课归厘税完缴，方期简明核实，易知易从，蹊径清而弊窦塞，课额自可不致虚悬。按茶务正课每引征银三两外，征养廉银四钱三分六厘，捐助银七钱三分二厘八毫。西庄甘各司征收九成改折银二两七钱，官礼银二钱四分。内如捐助一条，本系雍正初征准噶尔时茶商捐银十二万两六年分缴之款，事平仍接续征收，遂成课额。其他各款，多应外销，名目既繁，易滋流弊。承平时商力已苦难支，试办之初，不大加厘剔，正课势必虚悬。且陕甘厘局，茶斤已与百货同征，若于正课外加入杂课，又加入厘税，是一物三征，杂课、厘税所定翻多于正课，于事体非宜，姑勿论成本过昂、商累已甚也。兹拟将杂课并归厘税项下征收。其行销内地者，照纳正课银三两外，于行销地面仿照厘局章程，在陕甘境内行销，均各一起一验，完纳厘税。大率每引以收银一两数钱为度，至多不得过二两，由陕西藩司、甘肃藩司按照各厘局现行章程分别酌议增减，以归划一而免重征。其出口之茶，则另于边境所设局卡加完厘一次，以示区分而昭平允。杂课既归厘局征收，所有各项名色概予删除，以清款目而杜影射。是杂课虽蠲，仍于厘税项下完缴，课额不致虚悬，而茶务得归简易，中饱之弊庶可免矣。

一、试办之初，以督印官茶票代引，不分何省商贩，均准领票运销，不复责成总商。惟恐散而无稽，遇有零星欠课，无凭追奉委会同前往沙金套海查询宁夏部员祥升被民绑捆情形，当即传集该处总管张瑜、边官李荣等细加察询，该员祥升遇事信任家丁胡二，勒取陋规，纵役扰民，索诈银钱属实，该员不加稽察，以致民怨沸腾。该处自被回匪蹂躏之后，多系逃难人等避居其地，不胜其苦。旋又强拉马匹，搜取物件，激成公愤。该难民及管押人等集公寓鸣冤，兼讨马匹。各役持械凶殴。

该员亦自称跟役，讳官易姓，亲身格斗，以致误缚。追察知后，随即谢罪。该员自谓"居官失察，自侮人侮，姑念愚民无知，一概免究"等语。由署宁夏将军丰绅会同署宁夏镇总兵官谭拔萃，咨请核办前来。

臣查该员祥升驻扎宁夏，办理蒙古民人事务。兹值巡查北口，纵令丁役索诈，众民赴寓鸣冤，各役持械凶殴，该员挺身格斗，致被误缚，实属不知自爱，有玷官箴。应请先行革职，由理藩院查办。相应请旨，将驻扎宁夏办理蒙古民人事务理藩院候补主事祥升先行革职；其所遗之缺，并恳天恩迅赐简放，以重职守。

除咨明理藩院外，谨会同署宁夏将军、副都统臣丰绅恭折具奏，伏乞皇上圣鉴训示。谨奏。

特参查禁罂粟办理两颟顸并失察委员
丁役诈索之知县请分别革降折①
(1874 年 6 月 19 日)②

奏为特参查禁罂粟办理颟顸并失察委员丁役诈索之知县，请旨分别革降，以资整饬事。

窃臣前钦奉谕旨："左宗棠奏陕甘民食紧要，请严禁种植罂粟一折。民间栽种罂粟，本干例禁。现在陕甘地方疮痍甫复，耕垦无多，民食、军粮犹虞不继，亟应讲求农务，以冀丰盈。即着左宗棠严饬各地方官申明定例，悉行禁止。"等因。钦此。臣钦奉谕旨后，当即恭录行知，通饬各府厅州县实力查禁。

窃意甘肃被祸惨酷，残黎无衣无食，一息仅存。当此浩劫甫离，患难之余，易与为善。如果地方有司诚心爱民，于抚绥安辑之时，导以善机，督课农功，锄除恶卉，较之寻常查禁，其效实有事半功倍者。无如各州县颟顸从事，视若缓图，甚且于罂粟含苞成果时始行勘验，徒使委员丁役收受规费，虚报民间畏怯拔除，希图掩饰；或竟以罂粟现杂禾稼内种之，碍难拔除；或以愚民护惜罂粟，动辄集众阻勘，恐致激成事端，虚词掩饰。臣均逐一驳斥，择其尤者撤任察办。代理成县知县张廷庆，借乡民愿罚修庙宇为词，擅议酌罚，始行具禀。代理宁远县知县熊宝光，派差役下乡查勘，议罚钱免拔，虽罚款均未入己，而罂粟未能拔除。代理伏羌县知县余寿鼎，奉札后委典史吕鹤年收受规费，余寿鼎漫无觉察，意在徇隐。署古浪县知县赵德龄，于上年六月罂粟长发时始具禀请示办理，臣赴肃路过该县，驻营城外，犹见罂粟遗卉满地，询访赵德龄在任官声狼藉，比饬详参。旋据藩、臬两司会详请参前来。臣复核无异。除将伏羌县典史吕鹤年咨革饬司拟议外，应请旨将五品衔陕西补

---

① 此折选自《申报》同治十三年五月十六日，《同治十三年五月初六日京报全录》。
② 此系《京报》刊载时间。

用知县张廷庆、同知衔分发补用知县熊宝光、补用知县赵德龄一并革职，永不叙用。其余寿鼎一员，业经另案革职，应请旨饬部以"永不叙用"注册，用示惩儆。

又，前署西和县知县、升用同知、广东补用知县刘凤新，因筹办粮运未能兼顾，仅据札委典史履勘查据，致乡民啧有烦言。虽查无授意科敛情事，究属怠玩。应请旨以佐杂降调，归部诠选。

以上各员，均经各道府揭报，藩、臬两司提讯会详请参。臣复核无异。谨据实具劾，伏乞皇上圣鉴，训示施行。谨奏。

办理出关诸军饷数及粮运情形折
(1874 年 11 月 12 日)

奏为出关诸军饷数及粮价运脚现筹办理情形，谨遵谕旨陈明，仰祈圣鉴事。

窃臣前奏出关诸军饷数及粮价运脚应由户、兵两部会议一折，声明除额尔庆额所统马队、金顺所统冯桂增一营饷粮、脚价由臣与穆图善饷项内划给，毋庸另筹外，其金顺、张曜、宋庆等出关各军饷粮应否酌中定议，俾诸军饷馈有着。嗣准部复：金顺、张曜、宋庆应各将该军所需正饷、粮料等项，查照例章，并体察关外情形，每月实需银若干，并原拨饷项，分晰咨报，由臣奏明，再由部臣核办。等因。已经奏明，奉旨："依议。"钦此。臣比恭录，并抄部文，飞咨金顺、张曜、宋庆钦遵办理。

顷接张曜咨报：所部嵩武军马步十四营，按人马实数，每月应支净粮料四十三万六千九百五十斤；其管驼骡差弁、长夫应支食之粮，驼骡应支食之料，尚不在内。该军由河南应饷，计每月照章应得正杂饷银三万七千二百八十余两。若将粮料价值、转运各费摊扣，不但全军无饷，且欠数甚巨。应请奏准将该军粮运经费作正开销，俾各营仍得正杂饷款，以资食用津贴。其自出关以后军装、军火、军饷等项转运，应请再添拨银五千两，以清垫款。此张曜所报军饷数目也。

宋庆所部毅军，据报步队十四营又一旗、马队一营又一起①，统计步勇七千二百名，长夫一千五百余名，马勇四百名，长夫一百三十六名，共计马步勇夫九千一百三十六名，随员差弁、丁夫不计，月需净粮料四十九万三千一百余斤。照河南饷章，大建月支银四万二千余两，小

---

① 《全集》为"起"，疑误，应为"旗"。

建月支银四万一千余两。前因出关各军采粮转运艰阻万状，奏明暂由肃州移驻凉州、宁夏，就近采运粮料供军，价平脚省，尚可毋庸议加。惟现拟拨马步勇丁千名、马百余匹，先进哈密放水灌池，为续进开垦之计，及将来各营出关所需粮运，届时再照张曜饷事议增，乃昭平允。至宋庆所称前因料理出关，挪用正饷购办骆驼千只，现已到营，雇驼夫三百名，此项驼料、夫粮，每月须银四千两，应请按月添拨。此宋庆所报军饷数目也。

金顺一军合明春所部，自定马、步二十营，人数在一万以外。嗣奉谕旨："明春所部归其自带。"闻金顺仍自定马、步二十营，所需粮料，计已由局发过一千二百万斤。除派提督刘宏发等六营赴古城外，金顺拟于九月内亲带马步四营赴巴里坤，余仍屯驻肃州、安西。该军马步饷章与楚军相仿，较之张、宋豫军饷章为优。其在安、肃粮料，均由肃局应付，应请作正开销。该军饷项提解不少。顷据额尔庆额、桂锡桢等古城来报：该处一带粮料，每石重三百余斤，合银三两；近因官军陆续到境，景廉定作四两三钱，已为金顺订买二万余石。旋据史念祖等禀报，所闻相同。似金顺全军可供十个月之食。但臣所接景廉八月来函，尚云须由关内赍粮前往；金顺近日来牍，亦以为言。无从揣测。按关内采粮，由凉州起，历甘州、肃州以达安西，计程一千五百六十里，合粮料价值、车驮驼只运脚及各项费用计算，每粮料百斤，实需银十一两七钱有奇。惟由凉州而西抵肃州，所采粮料，近西一站，则运脚之费可递省一站。故甘属运脚省于凉，肃属运脚又省于甘也。是粮运价值虽由凉起算，而程途远近即价脚多寡所关，并非以十一两七钱上下为定也。原奏亦曾声叙及之。景廉前奏称科布多、乌里雅苏台采粮一石，运至古城，需银十余两，劳费甚多，已奏停止，而以出关各军粮料应由关内接济为言。不知由乌、科采运至巴、古，需银十余两之多，仅与由凉采运至安西所费价脚相等，而由乌、科采运至古城，一石计重三百余斤，较由凉州运安西计重百斤之价脚，已少三分之二，况由安西逾哈密转运巴、古，计二十六站一千九百八十七里，每百斤又须加运脚过倍乎！臣前函致金顺，言之颇详，然犹不知巴、古一带本有粮可采，价并不昂，又可省运费二十余倍也。以臣所见所闻言之，金顺到巴、古后，万无舍近求远、舍易图难、舍贱食贵之理。臣与景廉、金顺同办一事，所用同系朝廷至艰之饷，但论于军情国计有裨，何庸妄存意见？所有金顺一军饷事、粮事，就所知者据实陈之。至查照例章，体察关外情形，每月实需若干，应请敕金顺自行陈明，听部臣核办。金顺既蒙简放帮办大臣，本军事体，应自径陈，臣尤不应越渎也。

所有诸军饷数及粮运价脚，谨据实复奏，伏乞皇上圣鉴，训示施行。谨奏。

饷源顿涸筹借洋款折
(1874 年 11 月 12 日)

　　奏为饷源顿涸，局势难支，吁恳天恩，敕部筹催，并拟筹借洋款，暂资接济，仰祈圣鉴事。

　　窃自肃州、安西州收复后，关内外渐就澄清，而各省积欠协饷为数过巨。臣去冬自肃凯旋，仰蒙天恩，敕拨库款银一百万两，户部续拨各省、关有着之款又一百万两，内除收到七十余万两划还各台局代借商款，尚不敷银二十余万两。现虽咨催各省、关，尚未报解。各省协饷截至八月止，仅解到实银一百数十万两。此入款之约略可考者也。

　　甘肃用兵以来，饷匮财殚，公私耗竭。臣度陇后，见客、土各勇冗杂特甚，实坐困之由，亟拟次第裁并，为节饷整军计。惟遣撤无资，但能随时挑汰，缺额勿补。今春入款稍多，即钦遵谕旨，速筹遣撤。先饬应撤各营造册呈阅，核明分包，点名给饷。计自二月至今，次第遣撤客、土各营员弁、勇丁、长夫、马步二万余名骑，用过实饷八十余万两。所以遣撤虽多而费饷只此者，由核删统领营哨历年应支截旷细数，减给薪水、办公款项，添补勇夫应得欠饷，故勇夫无可藉口，领持路引，分起归籍，约省常年饷二百二十余万两。此出款之可考者一也。

　　迭奉谕旨，办理关外军粮转运。查出关各军粮料，取之关内，价值由各局按时价订采，约略相同。运脚则远近攸殊，近者占少，远者增多；愈近则愈少，愈远则愈多。所有脚价，自应归入粮价均匀摊算，庶免粮价参差，亦免各军争论。兹合凉州、甘州、肃州各属粮价贵贱、运脚多少新旧牵算，每粮百斤，应合银五两五钱。自上年五月起，截至本年八、九月，新旧订采各色粮共一万万数百万斤，共用过粮价、脚价银二百四十万两，未发粮价、脚价银尚需百数十万两。若粮、运各款支至来年新熟，银数尚不止此。其关内分防各军营食用粮料，应由臣照向章津贴报销；其供支关外各军营食用粮料，应由各军营截算清晰，由臣汇请作正开销，均俟另案办理。此出款之可考者二也。

其臣所部马步百数十营，合穆图善、雷正绾各军饷糈，由臣统收分拨。月支盐菜、马干、粮价各费，支借恤赏诸款，与夫军装、军火、车驮采制，州县驿站津贴，绿营饷折，一切杂支，通截至九月分止，共支过实银二百数十万两。均由臣随时察酌赢绌情形，通融挪垫，勉资敷衍。除将上年底截存现银四十四万九千余两，以及新收库款各银三百数十万两，尽数划拨各出款，计不敷银尚百数十万两，无从设措。

窃维臣军协饷，向以东南各省为大宗。自福建筹办台防，沿海各省均以洋防为急，纷议停缓协饷。臣虽远在西陲，谊关大局，何敢稍分畛域，先顾其私？故虽饷源顿涸，拮据不遑，从未以窘迫情形上廑圣虑，亦未尝频催各省速筹解济，以应急需。现据后路各台局禀报，合臣现在挪借各款，积欠已数十万两，无款拨还；应发各项，无款筹发。而西路出关采运脚价需发现银，尤难缓待。虽由臣酌定三联银票，饬司盖印，发交各粮局行用，以两个月为度，如期发银，稍资支展；然使届期无银发给，则失信小民，此后遇有缓急，必致无可周转。此出入两抵不敷数目及办理竭蹶实在情形也。

时届年终，百数十营照向章应发一月满饷，年前三个月与明年春月应发各军盐菜、粮价、马干正款，又需及早筹算。总全局计之，非确得实饷三百万两，难以支持，其地方营县一切杂支尚无论也。筹维再四，断非息借洋商巨款，不能权济急需。查两江每年应协甘饷六十万两，浙江每年应协甘饷一百四十四万两，广东每年应协甘饷八十四万两，此时若奏请如数拨解，各该省本年停缓既多，必难骤应。而陇饷顿涸，大局已不可支。不得已饬上海转运局道员胡光墉筹借洋商银三百万两，分批汇解臣军，指江苏、广东、浙江三省应协甘饷分作三年还款，其息银仍于三省每年应协甘饷内划还，免其赔累。就三省而言，每年应协甘饷以洋款抵去三十三万余两，应解之款不似从前繁巨难筹，事轻易举。就陇事而言，臣获实饷三百万两，虽自认息银，然得所藉手，以资展布，极力搏节，仍可再图遣撤勇夫，以资弥补；而关外粮运必期无误。关内急需各款亦归有着矣。

合无仰恳皇上天恩，敕下江南、浙江、广东三省督抚臣，遇上海转运局道员胡光墉商借洋款如有成议，即饬各关、道出票，督抚加印，交胡光墉，俾得妥速办理，汇解前来，大局幸甚！不胜悚息待命之至！

谨据实驰陈，伏乞皇上圣鉴，训示施行。谨奏。

特参滥索供应擅责乡民
之前署游击吴锡康折①
(1874 年 11 月 24 日)②

奏为特参滥索供应、擅责乡民之前署靖逆营游击、补用参将吴锡康，恭折仰祈圣鉴事。

窃臣上年督师肃州，访闻署靖逆营游击吴锡康劣迹多端，并有侵蚀粮草馈银情事，当将吴锡康撤任，交安肃道史念祖察讯详办。

兹据史念祖详称：饬署玉门县知县陈宗器传集赤金农坊邓建业、柳渠小屯崔爱贵、商民鲁世銮等到肃，当堂讯据。各供：吴锡康在署游击任内，虽无侵蚀粮价情事，然责令民间供支麸面、草料、油柴等项，屡次擅打百姓。供证确凿，吴锡康亦自认不讳，咎无可辞。所收麸面、料草、油柴等项，勒限照原价缴出，仍发玉门县按数给还。等情。由道详请奏参前来。

臣查兵燹之后，残黎喘息仅存，吴锡康竟敢滥索供应，擅责乡民，鄙谬特甚！相应请旨，将前署靖逆营游击、补用参将吴锡康革职，勒令回籍，永不准投效军营，以昭儆戒。

谨恭折具陈，伏乞皇上圣鉴，训示施行。谨奏。

---

① 此折选自《申报》同治十三年十一月初六日，《同治十三年十月十六日京报全录》。
② 此系《京报》刊载时间。

附陈开屯实在情形片
(1874 年 12 月 11 日)

再，袁保恒原奏以屯田为大宗，需费巨款，而引历次用兵肃州，办理转运在事诸臣无不首务屯田为证。

查新疆用兵，随处屯田，自昔已然，无非为节省粮运起见。考诸关内志乘及关外官私纪载，所称渠、坝、屯等名，皆往昔屯田遗址。即现在北路巴里坤及镇迪各属，以至伊犁，南路辟展、吐鲁番各城，以至喀什噶尔，皆有屯田，其中有民屯、兵屯、兵民屯等名目，不独关内肃州一处也。

近日关外诸军之以屯田为言者，其志不在恤民，不在济军，惟勒派取盈以顾目前而已。预借籽粒，秋后数倍取偿。民不能堪，弃耕避匿，则系累其家属，追呼迫索，至不可堪。故立开屯之名，而地亩转荒也。即哈密言之，缠回先有二三万余口，今只存二三千口，其被白逆掳胁者不过数千，其弃耕避匿，逃入吐鲁番者多也。

臣调督陕甘，即以营屯为急。惟时师行所至，蒿棘成林，狼嗥遍野，路断人行，遂令所部于驻营地方尽力耕垦，随时招徕户民，杂居耕获，师过则已开荒成熟，民争趋焉。以故残破之余，渐有生气。

上年春间，袁保恒来兰。接晤时，曾商及屯政。臣告以此时饷事大绌，何能多请巨款？且屯事虽由渐而入，随时随地得实心之人办理，自有成效。若徒骛开屯之名，设局兴办，正恐复业之民少，而局员、丁役之费翻多于散赈给种之费，殊非此时所宜。因指其经过东路泾、平一带从前情形与现在情形，告以屯政大意。袁保恒亦已欣然。昨见其抄示折稿所拟办法，仍与平昔持论无异。即此一端，可知其未尝虚心体会矣。以实在情形言之，关内外一带现办兵屯、民屯，大致一律。其收获多少，则以收复迟早，人户稀密为断，不过臣未及列款奏报耳。

袁保恒所奏开屯经费应否开除，以示撙节而昭核实？伏候圣鉴施行。谨奏。

嵩武军进驻哈密垦荒片
(1874 年 12 月 11 日)

再，臣前准统领嵩武军广东提督张曜来牍：现在军进哈密，必就该处荒芜地亩开垦，以益军食。查该处荒地极多，缠回现存者不过二三千人，尚多无力耕种者。除哈密大臣两军已种之地及回民自行耕种外，荒地尚数万亩，应否由其尽力垦耕，以尽地利？

臣维哈密地方，本回王迈哈默特世守之业。兹缠回离逊，荒地无人承耕。文、明两军既已分拨所部耕垦，客军事同一律，自可尽力开荒，聊佐军食。惟屯田一事，名虽同而实则异：有初时用兵征剿，就地兴屯，事定入官者，为兵屯，现在南、北两路各城皆有之；有属境被贼扰害，户口逃亡，官军讨贼，于师行地方且耕且战，随地招徕难民复业，杂居耕种，比事定后，地已开荒成熟，仍还之民，此即甘肃近时办法，其始虽名兵屯，然地仍归之民，不得谓为兵屯也，其后民归旧业，各安陇亩，亦不得指为民屯。查哈密内附已久，素称恭顺，事体本与南、北两路不同。缠头回民，虽此时避匿于他方，如果屯务办理得宜，自将襁负而至。此时官军就地耕垦，既非兵屯，应随时察酌情形，遇有哈民来归，即发赈给种，并指给地亩，俾得自种自食，或给予雇值，令其随同耕获，俾得自食其力。异时官军拔行，地亩开荒成熟，哈民复业者必日多一日。是官军开荒，于军食有裨，于哈民故业无损；而哈民复业，得免开荒之劳，尤所心愿。所办屯务，与关内外无殊，是视哈密如关内外也，庶可仰体朝廷覆载生成之意。至文、明两军已垦地亩之外，尚余荒地甚多，客军杂处承耕，自须约束勇夫，凡遇农工交涉，彼此勿因争执而酿事端，亦古昔耕者让畔之义。

除咨复张曜并咨明文麟、明春外，谨附片陈明，伏乞圣鉴，训示施行。谨奉。

复陈海防塞防及关外剿抚粮运情形折
（1875 年 4 月 12 日）

奏为遵旨复陈，仰祈圣鉴事。

窃臣于光绪元年二月十二日，承准军机大臣密寄光绪元年二月初三日钦奉上谕一道，敕臣"妥筹密奏"。钦此。敬绎再四，钦仰圣虑精深，无微弗喻，凡愚臣思念所及未敢率陈者，均已曲蒙慈衷鉴谅，训示周详。跪聆之余，譬犹蛰虫坏户，一闻春霆，乃逌然而有昭苏之意也。

窃维时事之宜筹、谟谋之宜定者，东则海防，西则塞防，二者并重。今之论海防者，以目前不遑专顾西域，且宜严守边界，不必急图进取，请以停撤之饷匀济海防；论塞防者，以俄人狡焉思逞，宜以全力注重西征，西北无虞，东南自固。此皆人臣谋国之忠，不以一己之私见自封者也。臣之愚昧，何能稍抒末议，上渎宸聪？顾闽浙承乏，稍知海国情形；及调督陕甘，虽拮据戎马之间，迄少成绩，而关塞征戍局势、地形亦尝留意。既蒙垂询及之，敢不毕献其愚，以备圣明采择。

窃维泰西诸国之协以谋我也，其志专在通商取利，非必别有奸谋。缘其国用取给于征商，故所历各国一以占埠头、争海口为事，而不利其土地、人民。盖自知得土地则必增屯戍，得人民则必设官司，将欲取赢，翻有所耗，商贾之智固无取也。惟其志在征商也，故设兵轮船、议保险以护之，遇有占埠头、争海口之举，必由公司召商集议，公任兵费，而后举事。自通商定议，埠头、口岸已成，各国久以为利，知败约必妨国用也；商贾计日求赢，知败约必碍生计也，非甚不得已，何敢辄发难端？自轮船开办，彼挟以傲我者我亦能之，而我又坚心抑志，方广求善事利器，益为之备，谓彼犹狡焉思启，顾而他之，似亦非事理所有。

论者乃欲撤出塞之兵，以益海防之饷。臣且就海防应筹之饷言之。

始事所需，如购造轮船、购造枪炮、购造守具、修建炮台是也；经常之费，如水陆标营练兵、增饷及养船之费是也。闽局造船，渐有头绪，由此推广精进，成船渐多，购船之费可省，雇船之费可改为养船之费。此始事所需与经常所需无待别筹者也。海防之应筹者，水陆练军最为急务。沿海各口风气刚劲，商渔水手取才非难。陆路则各省就精兵处募补，如粤之广、惠、潮、嘉，闽之兴、泉、永、漳，浙之台、处、宁波，两江之淮、徐、凤、泗、颍、亳诸处，皆可训练成军，较之召募勇丁，费节而可持久。现在浙江办法，饷不外增，兵有实用。台防议起，浙之开销独少，似非一无可恃者比也。海防应筹者止此。

论者乃议停撤出关之饷匀作海防。夫使海防之急倍于今日之塞防，陇军之饷裕于今日之海防，犹可言也。谨案：臣军二次凯旋入关，请拨的饷四百万，分六十万两界陕，余以饷臣部各军。凡军需、军粮、军火、军装、转运、赈抚、津贴、召募一切，均挪移饷项，暂应急需，未尝另立款目。嗣后户部议拨各省关厘金解济臣军，而后臣军之军饷乃有八百余万之数。而撤遣冗兵、溃卒有费，抚辑土匪、安插回民有费，局势日扩，用费日多。甘肃旧有各军，均照臣军每月发盐菜、发粮食、发寒衣、发转运费、发月满饷。合计入关度陇，每年牵算，所获实饷不满五百万两，而应出之款不下八百余万两。协饷到营，一散即尽；陈欠相因，旋成巨款。故臣军每年初发满饷两月，继则发一月满饷尚虑不敷。每至冬尽腊初，辄绕帐彷徨，不知所措，随时随事加意撙节。截至十二年腊底止，欠常年饷八百二十余万两，挪空恤赏银三十余万两，而各省关积欠臣军之饷则已三千数百万矣！上年春夏之交，仰蒙圣恩，特给库款一百万两。臣次第撤遣马步四十营，续又撤马步千名，省常饷二百余万两。此即指八百二十余万两之积欠饷数而言，非实银也。肃州克复后，筹办采粮、转运，新旧两届共计已垫价脚实银三百数十万两。粮可供至本年见新，运脚则由凉运甘，由甘运肃，由肃运安西，由安西运哈密，约尚短实银数十万两。部章虽准作正开销，而仍只取给于臣军之饷，计又占去一年应得实银之数。是欲求如常年通融敷衍，苟顾目前，而亦有所不能。况关外粮运愈远愈费，甘肃全局应图渐复旧制，经费又将有增无减也。溯查沿海五省，同治十一、十二两年每年解到协饷约近三百万两。上年台防事起，福建奏停不解，广东、江苏解款稍减，而浙江则比十一年多解二十九万两，比十二年多解三十七万两，山东亦多解二万五千两。四省牵算，所解实银尚二百四十余万两。非赖广东、江苏、浙江、山东疆臣公忠之谊，则出关粮运巨款欲停不可，欲垫不能，又不知计将安出也。

论者拟停撤出关兵饷。无论乌鲁木齐未复，无撤兵之理；即乌鲁木齐已复，定议划地而守，以征兵作戍兵为固圉计，而乘障防秋，星罗棋布，地可缩而兵不能减，兵既增而饷不能缺，非合东南财赋通融抱注，何以重边镇而严内外之防？是塞防可因时制宜，而兵饷仍难遽言裁减也。高宗先平准部，次平回部，拓地二万里。北路之西以伊犁为军府，南路之西以喀什噶尔为军府。当时盈廷诸臣颇以开边未已、耗斁滋多为疑，而圣意闳深，不为所动，盖立国有疆，制置方略各有攸宜也。谨按：天山南北两路，旧有富八城、穷八城之说。北自乌鲁木齐迤西，南自阿克苏迤西，土沃泉甘，物产殷阜，旧为各部腴疆，所谓富八城者也。其自乌鲁木齐迤东四城，地势高寒，山溪多而平川少；哈密迤南而西抵阿克苏四城，地势褊狭，中多戈壁，谓之穷八城。以南北两路而言，北八城广，而南八城狭，北可制南，南不能制北。故当准部强盛时，回部被其侵削，后为所并。高宗用兵准部，以救回部。准部既平，回部降臣阿逆又公行背叛，妄冀踞其旧有腴疆，自成戎索。天威所临，凶竖授首，遂并回部有之。腴疆既得，乃分屯列戍，用其财赋供移屯之军，节省镇迪以东征、防徭费实亦不少。今若画地自守，不规复乌垣，则无总要可扼。即乌垣速复，驻守有地，而乌垣南之巴里坤、哈密，北之塔尔巴哈台各路，均应增置重兵，以张犄角，精选良将，兴办兵屯、民屯，招徕客、土，以实边塞，然后兵渐停撤，而饷可议节矣。届时户部按其实需经费，酌拨各省协饷，严立程限，一复道光年间旧制，则关内外或可相庇以安。若此时即拟停兵节饷，自撤藩篱，则我退寸而寇进尺，不独陇右堪虞，即北路科布多、乌里雅苏台等处恐亦未能晏然。是停兵节饷，于海防未必有益，于边塞则大有所妨，利害攸分，亟宜熟思审处者也。

论者又谓："海疆之患，不能无因而至，视西陲之成败以为动静。俄人攘我伊犁，势将久假不归。大军出关，艰于转运，深入为难。我师日迟，俄人日进。宜以全力注重西征，俄人不能逞志于西北，各国必不致构衅于东南。"其于海防情势言之甚明，而于边塞情势容有未审。俄人之窃据伊犁也，乘我兵事纷繁，未遑远略，因借口代守，图攫其财利以自肥。其肇事伊犁，亦艳其土沃泉甘，川原平衍，物产丰饶，夙号腴区，又距其国南界稍近，伸缩得以自如也。自肃回尽歼，安西州县收复，官军迭进哈密、巴里坤、济木萨，关内外声息渐通，中间仅乌鲁木齐、红庙子为逸贼白彦虎所踞，尚稽天讨，黑子着面，何足重轻？俄罗斯，北方名邦，非如寻常无教之国，谓将越乌垣、红庙子挟逆回与我为难，冒不韪而争此不可必得之瘠壤，揆之情势，殆不其然。至土耳其即都鲁机国，于五印度之西，距伊犁、喀什噶尔万数千里而遥。印度为古佛国，在唐称身毒、痕度，音转而讹，不知何时奉天方回教，遂忘其旧；地奥而腴，广产鸦片，英人据其东南孟买、孟加喇为利薮，转市中国；道光年间，东印度尽沦于英吉利；厥后，俄人又侵其北境、西境、土耳其，国势分崩离析，非复寰宇中央之旧矣。英人以鸦片入中国，均由孟买、孟加喇兴贩而来。近询沪局委员，知鸦片来源仍旺。旧惟公班及巴第古喇两种，今添大、小白头土。所谓大、小白头番，本印度回教之人，其地即土耳其也。喀什噶尔回酋之叛附土耳其，与俄、英两国通商，闻海口已刊入新闻纸，此间尚无闻见。果如新闻纸所言，喀什噶尔附其同教之土耳其，与英、俄通商，我既兼顾不遑，无从问及，则将来恢复后能否久守，原可姑置勿论。但就守局而言，亦须俟乌鲁木齐克复后察看情形，详为筹画，始能定议。若此时先将已经出塞及尚未出塞各军概议停撤，则实无此办法也。

　　谕旨："中国不图规复乌鲁木齐，西、北两路已属堪虞，且关外一撤藩篱，难保回匪不复啸聚肆扰近关一带，关外贼氛既炽，虽欲闭关自守，势有未能。"于边塞实在情形了如指掌，臣本毋庸再赘一词。特以事关时务大局，不备细陈明，必贻后悔。身在事中，有不敢不言、言之不敢不尽者，耿耿此衷，良非有他。

　　至规复乌鲁木齐，非剿抚兼施不可，非粮运兼筹不可。

　　按：陕逆白彦虎由西宁、大通窜遁关外时，除老弱妇女外，能战之贼至多不过数千而止，人所共见；即被裹出关各回由安、玉、哈密逃归就抚者，其说亦同。前敌所报，或多或寡，未足为凭；其言贼势，或旺或衰，亦非确论。据实而言，白逆悍鸷不如陕回诸目，而狡诈过之。计该逆自陕至甘，未尝占踞城池，遇劲军未尝恋战。有时见劲军蹑踪而至，绐诸逆目断后，自挈党伙先逃。所犯之处未尝久留，专为觇便窜逸之计。观其过肃城不赴马四之招，现踞红庙子不踞乌垣，亦可概见。贼智长于用伏，官军计画稍疏，辄为所陷。臣前接关外诸军函牍言贼可取状，曾告以勿论贼势强弱，且自问官军真强与否；贼之以弱示形，须防其赢师诱我；此贼如败，必乘机窜逸；如阵前殪毙，乃为了局。此为言剿者策也。

南路辟展、吐鲁番至阿克苏，地狭民贫，土回暗弱，近为浩罕属部安集延所制。安集延踞吐鲁番之头人帕夏，能以诈力制伏回众，与白逆通，善持两端。此时跧伏未动，且貌为驯顺，以示无他。如遽加以兵，则减后劲之军，增前路之贼，非计之得也。汉赵充国之讨羌，急先零而释罕开，厥后先零平而罕开自服，效犹可睹。现之屯军哈密，修水利，兴屯田，一为鸠集哈回，以固藩卫；一为置子中央，杜贼勾结；而取刍粮、节挽输，犹其小者。此为言抚者策也。

甘、凉与肃向称腴郡，乱后人少地荒，物产销耗，关外安、玉、敦则尤甚焉。今采买至十九万石，抵承平时全省一年额赋，犹疑其尚可加采！夺民食以饷军，民尽而军食将从何出乎？

以挽运言之：车骡负粮多，而饲养所耗亦多；驼负粮少，而饲养所耗亦少。以所运程途计之：车行三十日，而所负之粮尽；驼行三十日，而所负之粮尚可稍余，以济待饷之军。驼行内地及戈壁，日耗粮三斤；若行边外，则食草不必食料，所省又多。自来军行北路，用北路之粮，无由关内运济北路者。今〔由〕肃、甘、凉运安西，由安西运哈密，已为从前承平时所难，若尚责其逾天山运巴里坤，更由巴里坤运古城，劳费固不必言，试思关内之粮，除人畜食用，无论骡之与驼，能运至哈密者几何？能运至古城、巴里坤者更几何也？于是为之说者曰：盍易长运为短运？盍于肃州、玉门、安西、马莲井、哈密建仓廒，备起卸军粮之用？建厂店、开井、积草、储薪、歇驼骡，备转般更替之用？现于灰烬、沙砾之间勉为之，已据报有成效。无如运粮不能舍驼与骡，驼、骡往返行住，均不能停喂养。以骡、驼所运之粮喂所运之骡、驼，非往多而返则少，行多而住则少，一转所耗如是，数转所耗亦如是，并非长运耗多、短运耗少也。臣前称军粮仅可运至哈密者，只就运至哈密尚有余粮供军计之，且指负多食少之驼而言，非指车骡也。景廉但知乌、科之粮难运，不知肃州之粮可采可运而无可供前敌之军，翻不如北路驼运劳费相当，免耗粮草，究有可供前敌之军。西路用兵，肃州、哈密原有设粮台成案，大都集饷调车驮，就北路采粮，运北路济军。岳钟琪由四川、甘肃调驻巴里坤，其初不知地形，故有南路设粮台办粮十四个月之议，旋即停止。人力所限，地实为之，今岂必异于古？臣之所以拟从北路采运军粮而指乌、科一带为言者，盖以北路商旅往来均问途乌、科；除北、南、中三大路外，南有一捷路，由归化城、包头而西，不经乌、科，不由四路，别有间道可达巴里坤。自包头向西稍北至蛇太、大巴，共十余站，其间为乌、科及归化各城，所属蒙地无台站而有屯庄，蒙、汉杂处，自为聚落，产粮之地颇多，雇驼亦易。由大巴西北十六站抵巴里坤，则无台站、无屯庄。计程以驼行一日为一站，自归化城起，驼行三十余日可抵巴里坤，遂呼为三十余站。所经之地属何城管辖，无从确悉，但称乌、科。实则近时商旅赴西路者，均以此路为径捷，未尝绕道乌、科两城也。臣意若此路粮运可办，于前敌军食有裨，而关内之粮递运安西、哈密，亦可由巴城用驼接运，庶前敌军食以两路供之，不虞缺乏。但求于事有济，得免诿谢之愆，虽艰阻劳费，固不恤也。如天之福，此后哈密屯务可兴，敦、玉耕垦渐广，庶粮、运两事尚或不至束手。臣惟尽其心力所能到者图之。

谨将海防、塞防实在情形及现在关外应剿应抚、筹粮筹运实在情形披沥陈之。其应密覆者，谨按垂询次第附片条对，以清眉目而便省览。伏恳皇太后、皇上训示施行。谨奏。

遵旨密陈片
(1875 年 4 月 12 日)

谨将垂询各条遵旨密陈，伏乞圣鉴。

奉谕："关外现有统帅及现有兵力能否剿灭此贼？抑或尚有未协之处，应如何调度始能奏效？或必须有人遥制，俾关外诸军作为前敌，专任剿贼，方能有所禀承？着通盘筹划，详细密陈。"

臣谨按：关外统帅景廉，素称正派，亦有学问，承平时回翔台阁，足式群僚。惟泥古太过，无应变之才。所倚信之人如裕厚等，阿谀取巧，少所匡助，而倚势凌人，时所不免。额尔庆额初到时，因采办粮食与局弁商办，局弁备举以告，裕厚恶其漏泄，立将局弁棍责三百，额尔庆额衔之。又，额尔庆额初见景廉，接待不甚款洽，自此晋见甚稀，不乐为用。额尔庆额虽性情粗莽，不甚晓事，然胆力尚优，如有以慰其心，未尝不可得其力也。此金顺在安西州时曾与张曜言者。金顺在肃时，曾诛黎献叛卒头目，而收其散卒百余入营。后遣刘宏发带五营赴古城，此散卒即杂附其内，到后复为黎献诱去，并勾引其同营勇丁与俱。金顺尝为张曜言之。桂锡桢于时禀来，亦言彼间近有勾致外营勇丁之事，大约指此，景廉不知也。兵、农既分，不能复合，景廉泥古"寓兵于农"之说，误拟屯丁为战兵。上冬，曾委一金姓统领率五营驻济木萨附近地方，甫筑营垒，偶闻贼警，一夕溃退。臣初不信，后接其函牍，称该军频年且战且耕，近多疲乏，兹特委员入关，于肃、甘一带募勇丁补缺额，属转饬各属速为资给。是屯丁溃退之说似非无因。并悟其前奏仿古徙民实边，欲调取关内户口赴古、济耕垦，为"寓兵于农"起见。不料其经历有年，若不知农之不可为兵，游勇之不足恃也。巴、古、济各处粮非宽裕，臣前迭接额尔庆额、桂锡桢等禀报采粮地方及粮价数目，疑其不实。比函致金顺，附开原单，属其逐加察看。兹接金顺正月二十四日巴里坤来函，具言巴城办粮三千余石，价渐增至十七八两，且无买处；奇、古、济一带已分途广采，仅得一万石，除刘宏发五营食用外，只剩数千石；南山口一带，闻可采者不过数百石；红土坂滩一带，并稻米可采二三千石，又经锡大臣采办甚多，所示采粮原单数目相符。惟景大臣亦在各处采买，故仅得此数。是人言景大臣已为金都统订买二万数千石，实非无因。如果巴、古粮绌，景廉肯于北路设法采买，不勒定本境市价，人情趋利若鹜，境内价高，商贩闻风而至，粮价自当平减，何至客军到境，百货价值尚均如常，粮价独腾贵数倍乎？现在关外议论，均谓景军有粮无兵，金军有兵无粮。按其增募部勇，力止金军，足知其计之拙也。金顺为人心性和平，失之宽缓。虽有时觊便乘利，而究知服善爱好，无忌嫉之心，故亦为众情所附。平时粥粥无能，带队临阵，尚能奋勉。臣前在肃州目击而知。观其在军营数载，过无可指，功有可言，其人之大概可想。臣于景廉而知古所称殷浩、房琯，终不失为清流也；臣于金顺而知古所称宫之奇、董安于，终不失为智土也。以僚友私谊而言，奚必求全责备？惟既蒙圣明垂询及之，固有不敢不尽者。

以现在通筹全局而言，金顺既居前敌任战事，似宜以战事责之。关外统驭之权，在乌鲁木齐都统。若以景廉之任改畀金顺，令得节制各城办事、领队大臣，而以金顺所任京秩改畀景廉，似于前敌事宜呼应灵通，较易措手。

关外兵力本不为薄，惟胜兵少而冗食多，以至旷日稽时，难睹成效。于此而欲从新布置，非严加汰遣不可。臣前在肃州，与金顺定议，先将旧部挑汰资遣，足成十二营外，挑留明春所带成禄旧部并成三营，合为十五营。金顺又请调臣部冯桂增马队一营、炮队一起，以勇丁五百、夫二百为一营计算，已近万人。嗣明春奉旨授哈密帮办大臣，不归金顺统领。金顺又广收投效将弁勇丁，遂至营数渐增，多至二十营有奇。如果一律精实，则此二十营已足敷攻剿之用，不须更调。现在贼势无增，而官军渐增渐多，不符原议之数。若就现有兵力而言，岂复尚虞不足？

至用兵之道，规摹局势，先后缓急，尚可预为商酌；至临敌审几致决，瞬息不同，兵情因贼势而生，胜负止争呼吸，断无遥制之理。臣自忝预军事，至今阅时颇久。窃维用兵一事，在先察险夷地势，审彼己情形，而以平时所知将土长短应之，乃能稍有把握。其中，有算至十分而用七八分已效者，有算只七八分而效过十分者，亦有算至十分而效不及三四分者，更有我算多而贼不应，并有贼算出于我算之外者。始叹古云"多算胜少算"及"每一发兵，须发为白"非虚语也。平时用兵，亲临前敌，于地势、贼情、军情审之又审，尽心力图之，可免贻误。有时不必亲履行阵，但画定大局，料定贼情，用其相信之将领并所部之人才，亦可集事；惟过则归己，功则归人，以策后效，以励将来，可常胜而不败。盖于所部将士知之有素，所部饷需计之已深，故随事随时泛应，而可期其曲当也。若以此骤加之别部，行之异地，譬如盲人道黑白，又若絷人手足，令其搏斗求胜，不能尽人之长，适成己之短，其害将不止人、己两负。此可见遥制之难矣。

关外之事，自嘉峪至哈密，臣渐有布置，并拟办理巴里坤事宜。惟该管镇迪道照例虽应归督臣统辖，而乌鲁木齐都统久视为专属，不乐其别有禀承，致关外事体不相闻问，甚至到任履历并不呈递，寻常寒暄启候亦不之及。现任之镇迪道即系如此，臣非于部文中见其名，尚不知其谁，何况望其禀商公事乎！应请敕下乌鲁木齐都统仍归旧制，凡镇迪道所有公事随时禀报督臣备档，以凭考核。督臣得以藉悉一切，遇事尽心赞画，或可稍资裨助。否则阃闼之内，畛域攸分，督臣无从过问，何能借箸代筹？至遥制之说，尤非疆臣分所当然，易生嫌隙，不特事非旧制，难议更张，且一人智虑才力，责以数千里外擘画经营，势固不逮，徒滋诿谢之端，更启观望之渐，无益于事而又害之，实非宜也。

谕询："肃州克复后，令将所部裁并遣撤，以备出关饷需，并着一并奏闻。"

臣谨按：各路楚军并甘肃向存各营改照楚军发饷者，除陆续撤遣四十余营外，现存马步一百四十一营，每年共应发满饷四百八十万两；各路就地召募土勇，预拟改为额兵者四千余名，每年应发实银十八万余两；西宁、甘、凉、肃各提镇标营，每年共需实银约三十余万两。合计军饷项下共需实银五百数十万两。此外军需项下，如军装、军火、采买、制办之费，每年需实银三十余万两，并棉衣、单衣及各防军粮价、津贴，约共需实银四十余万两，加入水陆转运脚费，台局薪粮津贴各项（下）① 每年约共需实银三十余万两，总饷需实数计之，共银六百数十万两。自办理西路出关采运以来，每年出款又增实银二百余万两。合饷需实数计之：一岁入款近五百万两，出款需八百余万两，以入

---

① 据"朱批奏折·军务类"校删。

抵出,不敷实银三百余万两。同治十二年办理奏销,截算是年腊底止,积欠饷数八百二十余万两,恤养项下实银三十余万两;以撤遣四十余营销抵积欠饷数二百余万两,尚欠六百数十万两,加入十三年欠数,又七百余万两〔矣〕①。当此时艰同值,各省协解之款难于议增。就常年饷数言之,以入抵出,不敷之数已百余万两;而频年积欠之款,除裁撤四十余营外,尚悬欠七百余万两;现办关内外采运,新旧已垫、未垫出款又增至四百余万两。昼夜焦思,无从设措。拟俟奏借洋款三百万两到后,再设法裁并遣撤,以济出关之需。现存之一百四十一营,除西路、北路边防及安插新抚诸回各处不可轻议外,其东路、南路防营专司缉匪护运,现在地方渐安,游匪敛迹,有可裁并者、可减汰者。内如穆图善马步各营实可全撤,雷正绾各营可渐改制兵,均当次第奏请施行。此外,军装、军需、军火等件暂可减办、可缓办者,津贴、转运等费可减省者,均当分别酌减,汇案奏闻。关内省一分,关外即多一分匀济。臣惟殚诚竭虑,不惜心力,黾勉图之而已。

谕旨:“西路用兵,不能不以肃州一带为后路粮台。朝廷不另简派户部堂官办理,迭谕左宗棠驻扎肃州,专司其事,亦以粮运事宜经本省大吏〔督办〕② 呼应较灵。又恐该大臣公务纷繁,不遑兼顾,并以袁保恒前办西征粮台数年以来,尚无与左宗棠不能和衷痕迹,故特授袁保恒以户部侍郎并作为帮办,以为该大臣指臂之助。乃近来彼此龃龉,殊失协和之道。袁保恒既不能与左宗棠平心商榷,深恐贻误事机;且遇事各存意见,则两人同办不如一人独办。关外粮饷转运事宜应如何办理,自必筹之至熟。而镇西、迪化各厅州皆该督所辖,尤应独任其难。左宗棠前有不驻肃州亦可随时料量之奏。如该大臣可以兼顾,抑或一人不能兼顾,而袁保恒实(不)〔难〕③ 胜帮办之任,该大臣意中另有得力之员可以分任其事,亦不妨据实直陈。均着妥筹密奏。”

臣谨案:从前西路用兵,肃州、哈密均曾设立粮台,而运粮逾天山,济西路之北者,实止岳钟琪一人,旋以车驮烦费,自议停止。后此,查郎阿议开山修道以通粮运,而迄未举行。此外,则无可考。当丰亨豫大之时,不虑无财办运,不虑无驼骡应调,承办诸员不乏敏干之才。而顾未主此策者,非因此道劳费太甚,尽存畏难之心,实缘所运不

---

① 据“朱批奏折·军务类”补入。
② 据前 1863 号附录上谕校补。
③ 据“朱批奏折·军务类”校改。

敌所耗，粮之可到前敌供军食者少也。现于肃州、安西、哈密修建仓
廒，各以存仓斗二万石为率，以待辘轳转运；拨袁保恒现成车辆，分置
肃州、安西州，以济驼运之穷；于北路粮驼试办采运，以补肃州、安
西、哈密之乏。窃维事之可为者止此。

至袁保恒于同治七年钦奉谕旨，派赴臣军差遣委用。臣念学士清
班，非如僚属之可加督责，正以难于位置为疑。闻其为人，姿性警敏，
素尚圆通，而豪侈骄矜，习惯成性，在所不免。因奏请其办理西征粮
台，专司开单奏催协饷及咨函分致各省关之事，饷到即交驻陕总理军需
局道员沈应奎，由其一手经理，而军装局亦附焉。西征粮台只管饷之入
款，不预饷之出款。台中薪粮、幕俸、勇饷按月支给，均有定章，遇有
需用，均由臣批饬总理军需局照发。意在用其所长，避其所短也。于体
制，优以仪文；于酬答，隆其礼意。至于稽核一切，则未尝有所假借。
如是者五年。袁保恒遇事启告，曲致衷忱，亦无过失可指。乃自奉帮办
出关转运事宜恩命而后，一变其从前所为，不特遇事不相关白，即奏报
亦不令臣预闻。所请巨款，动称某款需用若干，初年若干，常需若干，
浑言应需，而不条举所需数目。其空言无实，已可概见。臣因意议不
合，曾具折直陈，并将历次咨驳之稿抄送军机处、户兵两部，亦谓所言
公则公之，何尝有逞辩争胜之意？袁保恒立意牴牾，意图牵帅，仍以臣
所言为错误，而不顾此心所安。又藉购备军械、觅买物件，任性妄为，
并无顾忌，视粮台协款为私计，恣其挥霍。各局靡所适从，臣亦无凭稽
核。同役而不同心，事多牵掣。诚如谕旨"两人同办，不如一人独办"
之为愈矣。

至臣前奏不驻肃州亦可随时料量，原以西路所设各局委员均经审
择，随时察看，弊混难容。而局章：旬报不逾旬外三日，月报不逾月外
十日。由此达彼，节节皆然。如有奸弊，容易觉察。轻则撤委，重则劾
办。董之以甘凉，安（西）〔肃〕① 两道，而臣总其成，各委员弁毋敢
逋慢。良以官轻秩卑，驱策较易，局密期促，舞弊为难，亦犹泰西互市
官少而事举也。历考从前兵事，多设粮台，而粮员之以贪缘进，以贪墨
终者，比比而是，厥有明征。臣自忝预戎事以来，有鉴于此，每设局而
不设台。惟由东南而西北，曾于湖北奏设后路粮台，兼司饷需出入。如
道员王加敏，相知廿余年，相从于湘、鄂、江西、皖、越、八闽，办理

---

① 据"朱批奏折·军务类"校改。

台局要务，不特臣军倚赖最深，亦为各省大吏所共信，彼此推诚相待，始终弗渝，实为一时罕见。虽假以粮台之名，而庶务躬亲，与寻常局务委员无异。此外，如道员沈应奎，总理军需局，名为局员，而所办皆粮台之事，亦一时之选。惟两员现办臣军饷需要务，正资臂助，未可调令他往。肃州事定后，奉旨在玉门地方安设转运粮台，臣曾附奏，请于户部堂官内简任贤能，总司其事，并令选派廉干司员携带帑银出关。原冀有贤能分任，资以历练，可储异日边才。未蒙俞允，臣亦不敢再渎。区区愚衷，窃以关外时势而论，应请缓设粮台，仍仿照现行章程，于哈密、巴里坤各处设立粮局为宜。哈密一局，（见委）〔委现〕① 署通判张季方经理，咨张曜照料，专司收粮转运；巴里坤一局，委现署总兵王凤鸣经理，由臣遴选员弁帮办，专司收发。臣虽远距省城，尚可以时钩稽，加之督责，务归实济，以裕军储。而护台之军可省，粮台陋习可除，一切经费可节矣。如有必须亲临察核之时，自当力疾前往，断不敢顾惜微躯，致滋贻误。袁保恒既撤，西征粮台可否责成陕西藩司经理，遇有应行奏催及咨行各省事件，均呈由陕西抚臣核办，应候圣裁。

谕询："钱鼎铭拟将宋庆所统全部调回潼关扼扎。宋庆所部应否留扎内地？如不令该军西征，关外兵力是否足敷剿办？着左宗棠体察情形，迅速具奏。"

臣按：兵之用在精，兵之精在将。宋庆治军能整，约束能严，而虚怀好善，尤有可取。本拟俟金顺全军拔行后，粮运可以通融，再率所部由凉州出关，屯驻安西，以备继进。其前队千人，则已于去秋先进哈密，耕垦荒地。兹钱鼎铭拟调其回扎潼关，意在镇压中州，拱卫畿辅。臣察看乌鲁木齐贼势非极狓猖，金顺所部亦非单薄，宋庆一军既未深进，应即照其所请调回。惟已到哈密之前队千人是否可以拔令同归，应由宋庆自行酌度。臣已照录钱鼎铭来咨移会宋庆，属其由镇番取道宁夏以归。就西事论，将来进兵之际，恐须别简劲军，方期周妥。现计未撤各营尚有堪以应调者，宋庆一军东旋，自无不可。

谨据愚臣思念所及者胪陈入告，是否有当？统候圣明裁择。敬承密谕，敢不披沥直陈！惟辞太繁冗，未能简当，迟稽时日，惶恐难任。伏恳圣恩曲加鉴亮，不胜悚息待命之至！谨奏。

① 据"朱批奏折·军务类"校改。

筹借洋款片
(1875 年 4 月 12 日)

再，臣上年奏请筹借洋款三百万两，奉旨："户部议奏。"钦此。维时年关逼近，臣军照章应发满饷及年关前后应发盐菜、粮价、出关采运价脚，应发未发之款积欠累累，无可设措。窃虑部复到迟，迫不及待，一面飞饬上海、湖北、陕西各台局委员胡光墉、王加敏、沈应奎等先筹借银一百万两，赶解臣军，俾济急需。俟部准借洋款到齐，划还归款。幸各员极力筹借，如数汇解前来，腊底春初，得资敷衍。此外又挪借各处之款二十余万两，现存待用。将来洋款三百万两到齐，先须划还现借各款百二十余万两，其存留备用者不过一百七十余万两。嗣据胡光墉禀：遵檄向丽如、怡和两洋行筹借，该洋商均援台湾现办成案，议照洋人西林时价，以烂洋圆作足纹抵付，将来仍照西林时价，以足纹作算匀还。胡光墉默计：按照台湾办法，虽期约十年，息只八厘，似较合算，然以烂洋板抵足纹银，一收一付，暗中亏折不少。请示前来。

臣以洋商向来出借规议，年月久则取息薄，借数多则取息减。兹只议借三年，则息银自不能仅照八厘计算。若照十年议借，为期过远，又非所宜。饬仍议借三年，照章给息，而借款不能以烂洋准折。比即飞函示知。

顷据胡光墉禀，已照臣原议，向怡和洋行定借银一百万两，约期光绪元年三月初一日在沪提银；向丽如洋行定借银二百万两，约期光绪元年四月十五日提银。每年加利银一分零五毫，均从交银之日起算。匀作三年六期，归粤、苏、浙三省协甘饷项如数划拨清款。每六个月一期，利银随本银照数算给，以后按批递减。现援照上届成案，先由各海关照议定期限，本银、利银分别填给关票，加盖该三省督抚、监督关防、税务司印信签押，发交胡光墉，以凭交割提银。该洋商等公议，希总理衙门行文照会驻京英国公使、总税务司转行上海领事府、三关税务司知照，俟三省关票印押齐到，始肯提银。揆度商情，或以此次借款三百万两，臣未催提，疑有停减之说。实则臣因户部前此有应通盘核计，如果暂敷应用，毋庸再借洋款，节省息银一奏，须与袁保恒商议，稍事迟回，遂添缪轕。洋人生性多疑，商情惟知计利，毋怪其然。闻此次胡光墉及拿能哆哇吧与该洋行定议，颇费唇舌。合无仰恳天恩，速敕总理各国事务衙门转行遵办，以释群疑而资迅速。毋任祷切之至！

　　谨附片具陈，伏乞圣鉴，训示施行。谨奏。

督办新疆军务敬陈筹画情形折
(1875 年 7 月 30 日)

奏为遵旨督办新疆军务，敬陈筹画情形，恭折仰祈圣鉴事。

窃臣于四月初八日承准军机大臣字寄，光绪元年三月二十八日奉上谕："本日已有旨令左宗棠以钦差大臣督办新疆军务；金顺调补乌鲁木齐都统，仍帮办军务；景廉调补正白旗汉军都统，回京供职。景廉着俟金顺行抵古城后，将各营兵勇粮饷移交金顺接管，再行起程回京。新疆军务孔殷，必须速筹进兵，节节扫荡。金顺本有自带各营，益以景廉所部，兵力已不单薄。着即督率各营，亲临前敌，相机进剿，为收复乌鲁木齐之计。所有进兵机宜，随时会商左宗棠酌办。袁保恒已令回京供职，西征粮台，已谕左宗棠责成陕西藩司经理，应行奏催及咨行各省事件，呈由陕西巡抚核办。关外转运事宜，即在哈密、巴里坤各处设立粮饷分局，由左宗棠派员经管。袁保恒将经手事件逐一交代清楚后，起程回京。现在关外兵事、饷事并转运事宜均归左宗棠督办，兰州相距遥远，鞭长莫及，该大臣当统筹全局，酌核办理。关外军食务当源源运济，以期士饱马腾，毋令停军待哺。宋庆一军，该大臣已咨令回扎潼关，本日亦谕知钱鼎铭，商令该提督择要驻扎矣。"等因。钦此。跪聆之下，悚惕实深。

窃维新疆之事，从前因兵力、饷事未能兼顾，遂致叛回构变，强敌窥边，土宇人民不可覆按。于此而欲力图恢复，挈二万里戎索之旧还之职方，戢万千族殊俗之民渐以声教，正值寰区甫靖，财力久殚，内患虽平，民劳未艾，其难诚有倍于拓疆之始者。微臣庸朽菲才，又值衰疾侵寻，志虑钝竭，何敢不自忖量，谬以自承？顾念臣子之义，厥重匪躬；疆场攸司，责无他诿。自从戎伊始，即矢尽瘁驰驱；岂头白临边，忽易初志？谨将所筹情形为我皇上敬陈之。

一曰广筹军粮也。师行北路,宜用北路之粮,不但节费,亦免耗粮,臣前疏已详之。南路肃局既有现粮,又车驮、驼只购雇稍多,可以灌运,自宜严切督催,以广储峙。北局设于归化,分局设于包头,饬升用知府、前署绥德直隶州知州陈瑞芝,提督衔总兵萧兆元司之。雇民驼转运。计自三月秒至五月,据报陆续运过四十余万斤至巴里坤,每百斤牵合银八两内外。袁保恒前奏宁夏采运,臣饬署宁夏镇总兵、记名提督谭拔萃,宁夏府知府李宗宾接办。现据报已雇驼数百,先由察罕庙试行;如果此路通利,再为加办。察看漠北素产健驼,又便水草,惜久未开运,仓卒应募者少。又,驼户每以拉差为苦,疑沮不前。臣现饬巴里坤镇、镇迪道严行示禁,冀闻风踵至,运道畅行,庶饷馈可通,亦收节省之益。正办理间,适俄国游历官索思诺福斯齐等到兰。与之谈论近事,索思诺福斯齐自称:俄国在山诺尔地方产粮甚多,驼只亦健,距中国古城地方不远。如中国需用粮食,伊可代办,送至古城交收。由俄起运,须护运兵弁,均由在山诺尔派拨,其兵费一并摊入粮脚价内,每百斤须银七两五钱。如年丰粮多,驼脚不贵,则价尚可减也。比即与定议,书立合约,计年内可运古城粮二百万斤,明年春夏可运足三百万斤。索思诺福斯齐已专兵八瓦劳伏,前往告知其地巡抚,据称断不致误。臣现委知府衔甘肃候补同知丁鹗等赴巴里坤,又委布政使衔甘肃即补道陶兆熊等赴古城,办理采粮、开垦及收支事宜。此北路筹粮情形也。南路肃局存现粮三万余石,安西局存现粮一百数十万斤,哈密局除张曜各营外,存现粮一百三十万斤,现正赶紧灌运。张曜在哈密办屯垦水利,事必躬亲,不惜劳瘁。据报垦荒地一万九千余亩,可获粮数千石。现据甘、凉、肃各厅州县禀报:今岁夏雨优渥,冀获丰稔。将来新粮市价有减无增,车驼之受雇者亦日多一日,转运较从前稍易。此南路筹粮情形也。臣因归化、包头采运巴里坤较凉、甘、肃采运巴里坤价脚大减,而粮则实装实卸,别无虚耗,故决计于北路开一运道,陆续拨兑实银已四十余万两,宁夏已发银三万两。计秋高驼集,运数可增。南路由甘运肃,由肃运安西,均用车驮;由安西运哈密,运巴里坤,均用驼只,节设厂局,浚水泉,刈草薪,以利运道。一切经费统于现办采运项下开支。计辘轳转般,运数可倍。此合南、北两运筹巴里坤之粮也。俄国在山诺尔地方紧接我布伦托海边界,距古城数百里。俄人代为采运二百万斤送古城,视巴里坤运古城路程较近,实属获之意外,计需银十五万两。此于北路之北筹古城之粮也。就目前局势,筹应前敌急需,事之所得为者止此。历代之论边防，莫不以开屯为首务。或办之用兵之时，以省转馈；或办之事定之后，以规久远。要之，得人则有益军储，不得其人则虚糜经费。且西北治地开荒，尤资水利。就洼潴水，障之令深；引渠溉田，洒之令普。既需人工，尤资器具。而哈密土质善渗，土工、石工外，别有毛毡包裹之工，为他处所罕见。既需多筹器具，又需广备毡条。开垦之先，所费即巨。臣于张曜由安西进屯哈密时，已津贴过运脚等银五万余两，购办毡条、价脚银约九万一千余两。张曜躬率所部，殚力经营，而后得著成效。以后踵而行之，固此奥区，保绥戎藩，可成数十百年无穷之利。现复经画巴里坤，收召饥兵一千三百余名，每月给饷银三千两，配以矛杆、枪炮、子药，俾其复成劲旅。复委甘肃同知丁鹗等襄办屯垦事务，兼收包、归、宁夏所解军粮。惟巴里坤地当天山顶畔，气候凝寒，旧设天时、地利、人和等厂久已荒废。屯务虽兴，恐暂尚难供客军坐食也。由巴城而西北七站，地势沃衍，天气渐和。由此而古城迤西一带，更称膏腴上壤。景廉所办公屯、私屯外，余荒甚多。若兵民尽力耕垦，不虞乏食。臣现委布政使衔甘肃补用道陶兆熊拣带员弁，前赴古城，验收俄人代办军粮，支发脚价；一面察看古城一带情形，经画屯垦事宜，随时驰禀核夺。此筹哈密、巴里坤、古城粮运、屯垦情形也。

一曰兵事宜早为整理也。西事稽延至今，未睹成效，由于冗食多而战士少耳。旗、绿诸营久不足额，就近各省无劲兵应调，于是取土著兵民及各处就食兵民授地耕垦，一备军食，一备战守。无事则驱其尽力陇亩，有事则调其效命锋镝。谓之且耕且战，事非不劳；谓之即兵即农，名非不美。然调赴期会，则彼此观望，数日不能取齐；麾令前驱，则勇怯杂糅，气势不能完整，其何以战？且既挂名伍籍，又令其从事耕耘，譬犹左手画圆，右手画方，两者相兼，必致一无所就。是且战之兵不能战，且耕之兵不暇耕也。兹宜画兵、农为二，择其精壮有胆之兵，宜马者马，宜步者步，束以营制，一如内地军营。其曾著战绩如徐学功辈，用之为管带、为督带；其才能办事如孔才辈，用之为帮办。凡督带、管带以及所部哨官、什长，酌给薪水、办公银两，散人给饷与粮，按照客军营制减给。其愿弱不任战者，散之为农，按照户口，指余荒地亩令其承垦，由官酌给籽种、农器、耕牛。收获后缴本归仓，外不取息；其所获粮石，由官照时价收买。庶简其精壮，营伍可得而实；散其愿弱，屯垦可得而增：两利之道也。关外各城，所驻大臣有办事、领队、帮办之分；所驻之兵有锡伯、索伦、达呼尔、察哈尔、蒙古厄鲁特、沙毕纳尔及绿营携眷兵、换防番戍兵之分。乱后，旧制不可复按，而办事、帮办、领队大臣于本营存兵外兼带马步各营，各请专饷。所称马队、步队，既罕能战之兵，而办事、帮办、领队各员，又非尽知兵之选，徒糜饷粮，无济实用。都统及各大臣因虑产粮未极其丰，增灶更形其绌，力主画地自封、闭关谢客之议，以护官、私屯粮，不顾兵事利钝。金顺进驻古城，张曜进屯哈密，迟回不前，而后队尚逡遭原防者以此。现在巴里坤、古城已办采运，哈密已开营屯，金顺、张曜两军留后之队应即陆续开拔。兵力既增，则屯丁可减。窃维此时必分别兵农，责兵以战，课农以耕，而后饷事可节，兵事可精也。哈密、巴里坤、古城所驻各大臣，就现在所存旗营核定粮饷。如缺额过多，准照旧额马步就地挑募丁壮补数，但责其保守城隘，不必责以战事。脱屯丁伍籍，散之归农，则尽力陇亩，民乐耕其野；而官屯、私屯地亩收获余粮，准照时价发粜，民益得其饶。不但分驻各军可资接济，即调发续进马步，沿途就地采购，毋须裹粮以趋，于兵事更觉顺利。较之现在办法兵农两荒，不犹愈乎！如蒙圣明鉴允，应请敕下金顺、文麟遵照办理，庶于时局有裨。此筹整理哈密、巴里坤、古城兵事实在情形也。

谕旨：关外兵事、饷事并转运事宜，均责臣督办。而兰州距前敌数千里，饷粮转运虽可总其成，至忝预戎机，则调度指麾不能发当其可。自当简率大军亲驻肃州，相机办理。惟师行粮随，事豫则立。当此新谷未升、驼只歇厂、转运难期畅旺之时，不先将前敌各军食粮灌运充裕，催其留后各营陆续开行，而遽率大军进发，致占前敌军食，向后彼此兼顾，更费周章。督臣兼司关、陇，辖境辽阔，移节肃州，距关内腹地太远，又苦鞭长莫及。调集各军所遗营垒，均是扼要地方，非权其缓急，移拨填扎，于建威销萌之计亦形疏略。现在一面督饬西路各局于驼只起厂之前赶催车驼，层递灌运，一至八月，即调新驼分驻安西、哈密各处，分段层递转输，而调回车驼搬运新粮，一灌运安西粮局，一运供臣部军食，庶期会从容，畜力舒展，于事均便；一面调集各路将领，商议出关随征、留后防守各事宜及移营分扎一切，务臻周妥。臣之进驻肃州未能求速者，此也。

至景廉所奏关内运粮至古城，应以十万石为度，以斤重计，则三千余万斤，非竭四五年之力不能办到。金顺函开："所有会衔函牍，全未与闻。所需军粮，合留后十余营并计，每年以市斗二万石为度，尚只六百万斤。"然此皆金顺未调补乌鲁木齐都统以前就彼时局势言之也。合并声明。

所有筹办粮运、兵事，谨据实陈奏，伏乞皇太后、皇上圣鉴，训示施行。谨奏。

饷源涸竭拟续借大批洋款权济急需折
（1876 年 1 月 10 日）

　　奏为遵旨整军出关，饷源涸竭，拟筹巨款，权济急需，恭折驰陈，仰祈圣鉴事。

　　窃臣上年遵旨裁并，留马步一百四十一营。嗣撤穆图善所部步队四营半，零星资遣，仍存马步一百三十余营。每岁需实饷六百余万两，加出关粮运军需每年需银二百数十万两，通计一年出款共需实银八百数十万两，经臣据实陈奏在案。

　　各省关原拨、添拨协甘饷数，原共八百二十余万两，归臣实收分拨，实则每年陕西抚臣划收六十万两，凉庄营每月额饷五千两，毅军运费每月万五千两，穆图善马队每月划收江南一万两，通计一年拨去协饷银九十六万两。是协甘饷数入款归臣经收者，实只七百余万两也。臣二次督师入关度陇，各省关每年解到协饷约五百万两，合捐输入款，极力撙节支销，截长补短，挪东掩西，每年亏挪勇饷百数十万两，新陈递欠，无可弥补。近自筹办海防，东南沿海诸省协解甘饷日渐减少，除江西、浙江两省尚肯力顾大局，仍旧报解外，福建、河南两省协饷全停不解。现据西征粮台呈报：截至本年十月，合苏、浙、粤三省划还洋款借项，共只收过各省关协饷实银二百六十余万两，仅逮常年解款之半。其奏提本年年关满饷六十万两，仅浙江七万两已准照解，四川报解五万两，山西报解三万两，此外尚无起解消息。入款之减如此。

　　臣现遵旨整军出关，军需应用火器、子药、皮棉衣裤、毡包、棚帐、驼骡、马匹，采买、制造、转运诸费，一款动需数万、十数万不等。出款之增，一也。汰遣弁丁应清欠饷，添募精壮应增正饷，出塞征夫除食粮应照章核扣正饷外，余饷均需现银实发。出款之增，二也。哈密、巴里坤诸处饷项，部臣责其核奏，渐且改为挪垫。出款之增，三也。南、北各路粮运，九月以后愈加畅旺，用车驼、骡马、人夫、畜牲各数万计，脚费、薪粮概须现发，口袋、毡条、车驮配带什物需随时添置预备，所费倍加于前。出款之增，四也。师出南路，安西西迄古城属之三个泉子，沿途戈壁相间，人烟断绝，薪桂米珠，军粮须数百里转馈，柴草须数百里割刈，非预先发价饬各该印官局员设法购备不能过师。巴、古兵民屯垦之委员设局者，耕牛、籽种、农具采购制造，动需巨费。出款之增，五也。俄人允为承办军粮，劳费虽省，而脚价均须现银发给，至迟不能逾三个月之限，道远运艰，宜预为筹解。出款之增，六也。关以内马步百余营盐粮、饷干、薪炭、公费、地方津贴诸款，每月仍非数十万两不能点缀。出款如此。

上年奏借洋款，原拟凑集现饷，遵旨大加裁撤，减一分积欠，即省一分出款。乃洋款到甘迟缓，除扣还前借商款外，余银一百七十余万两先后到甘，只敷支发，随到随罄。欠发勇夫正饷八百余万两，上年已清厘二百余万者，今又渐增新欠，陈陈相因，莫知所底。现因年节届时，应发满饷一月，各营将弁兵勇盼望甚殷；出关马步各营已调赴凉州合队，待饷进发；各路粮运脚价，待银应付。禀牍纷来，急如星火。臣无以应也，不得已饬办理臣军驻鄂后路粮台道员王加敏、驻陕军需局道员沈应奎筹借商款六十万两，提前解甘，由臣分别点缀，权济目前。欠饷之日益加增又如此。

臣前奏军饷支绌，请速筹解济。嗣接准部复：请旨敕下各直省督抚将军即行查明上年由部提拨各款欠解若干，勒限一个月解清；福建欠解银三百余万两，应饬遵旨赶紧如数筹解；其余各省欠解西征月饷，统限一年内先行提解一半，其余一半欠饷，仍随每月应解协饷陆续分解；从本年为始，各省关应解协饷月清月款，不准丝毫蒂欠，俾该督得以迅赴戎机，免致贻误。奉旨："依议。"钦此。嗣经陕西抚臣谭钟麟奏提元年年关满饷。部臣援照成案，请由浙江等十一省共提银六十万两，奉旨统限十一月解清。各等因。钦遵咨行，并饬粮台分别委员遵限守催。车马舟船，相望于道，舌敝唇焦，迄少应者。

朝廷轸念出塞征军，所有应解西征协饷严切限催，廷旨煌煌，各省疆臣非敢视为具文也。陇饷奇绌，停兵待发，共见共闻。婉恳谆催而延缓如故者，非必悉存膜视也。饷源只有此数，此盈则彼绌，顾此则遗彼，理所必至，势有固然。查部拨西征军饷一岁应解之数虽有七百余万两，其实在可靠专款，向以东南七省厘金为大宗。上年部臣筹拨海防各饷，内由苏、浙等六省每年划分厘金二百万两，虽曾声明在于应协西征军饷之外添拨，各省关自应各解各饷，一体兼顾，毋稍偏重，固已预虑省关之先洋防而后塞防。然究之沿海腴区与陇中荒瘠既非可相提并论，整军待发之饷与先事预防之饷亦非可并责之一时者，疆臣畛域之见难忘，望其捐己急公，固无其事；即责其先人后己，亦势有难能。就目前实解协甘之饷计之，几比常年短至一半。积欠协饷非独未能遵旨先提一半，依限照解；现截至十月，且增欠至二千七百四十余万两。是东南厘金大宗既被洋防占去，其波及塞防者，固不能多也。

谕旨敕令"先其所急"，原统洋防、塞防言之，令疆臣权其缓急以为先后也。部臣划洋防、塞防为两款，疆臣之专协洋防，势难兼顾塞防，亦必至之势。前此李鸿章议停撤西师，减塞防之饷以裕洋防，意本如此，特无如事有所不可耳。现在西师既不可撤，且须增出塞之师。筹塞外之粮运、屯垦经费日增于前，而各省关应协西饷且愈减于前。全陇瘠苦情形甲于天下，就地既无可筹，专盼各省厘金协济，而各省厘金大宗又均为洋防占尽。部限虽严，转瞬即届年关，各省应解各款迄未报解。臣万不获已，饬台局筹借六十万两，暂顾目前。原约明年二、三、四月归款。届期各省协款即令旺解，必陆续清还借款。而臣军已寅支卯粮，协款一到即尽，仍属无济。若不提还借款，则失信商人，此后并筹借之一线生机而亦塞矣。昼夜图维，罔知攸措。

窃维上年筹办台防，经今两江督臣沈葆桢议借洋款一千万两，按每年八厘行息，分作十年筹还，业与洋商定约，具有成议；嗣台防事定，减借二百万两，仍分十年拨还在案。应恳天恩，俯念陇饷涸竭，事机急迫，俯准援照台防成案，允借洋款一千万两，仍归各省关应协西征军饷分十年划扣拨还，于国计丝毫无损，于各省应解协饷藉资腾挪，微臣得所藉手，迅赴戎机，于目前局势实有裨益。如蒙允准，仰恳敕下两江督臣查照上年成议，迅速妥筹具奏办理，大局幸甚。

所有出关饷源涸竭，局势难支，拟续借大批洋款权济急需各情，谨据实陈奏，伏乞皇太后、皇上圣鉴，训示施行。谨奏。

新疆贼势大概片
（1876 年 3 月 16 日）

再，乌鲁木齐踞逆，本地土回居多，逆首白彦虎所带陕回及甘肃从逆之回踞红庙子、古牧地、玛纳斯等处，而皆与南路踞逆回酋帕夏通。帕夏，即敖罕部安集延回酋和硕伯克也，帕夏当即伯克转音。俄罗斯既灭敖罕，踞其塔什干都城，敖罕所部安集延独免。同治四年乘回部之变，入踞南路喀什噶尔及各回城。于是，吐鲁番、辟展以西土回皆附之。帕夏能以诈力制其众，又从印度多购西洋枪炮，势益猖獗，陕甘窜踞之逆及本地土回均倚之为重。然不敢显然与俄罗斯较，是俄兵之强可知。俄人颇言其狡悍异于诸贼，以敖罕向未用西洋枪炮，安集延多洋枪队，而帕夏又能用其众，是安集延之强亦可知。

官军出塞，自宜先剿北路乌鲁木齐各处之贼，而后加兵南路。当北路进兵时，安集延或悉其丑类与陕甘窜逆及土回合势死抗官军，当有数大恶仗。如天之福，事机顺利，白逆歼除，安集延之悍贼亦多就戮，由此而下兵南路，其势较易。是致力于北而收功于南也。若北路军威未至，而贼先图自固，不敢互相援应，但作守局，以老我师，则旷日持久，亦在意中。外间议论，颇谓军临前敌，陕甘窜回必有倒戈之事，臣不敢信其诚然；即令诚然，白逆必遁入南路。安集延未经重创，其狡焉思逞之志不忘。如其并力稳抗，自可奖率师徒，为一了百了之计；倘诡词乞抚，仍思踞我腹疆，或兵至则逃，妄拟乘间窃逞，为死灰复燃之计，则新疆隐患方殷，岂可不预为之所？

议者但以陕甘窜回及新疆各城为虑，不复知有安集延窜踞南路之事。或以为易，或以为难；或以为事可缓图，或以为功可速就；或主撤兵节饷之议，或并为难得易失之谈。辩说纷纭，横议歧出。揆其命意，皆因裨益洋防起见，岂真由衷之谈哉！

　　臣本一介书生，辱蒙两朝殊恩，高位显爵，出自逾格鸿慈，久为生平梦想所不到，岂思立功边域，觊望恩施？况臣年已六十有五，正苦日暮途长，乃不自忖量，妄引边荒艰巨为己任，虽至愚极陋，亦不出此！而事顾有万不容已者：乌鲁木齐各城不克，无总要之处可以安兵；乌鲁木齐各城纵克，重兵巨饷，费将安出？康熙、雍正两朝为之旰食者，准部也；乾隆中，准部既克，续平回部，始于各城分设军府，然后九边靖谧者百数十年。是则拓边境腴疆以养兵之成效也。今虽时易世殊，不必尽遵旧制，而伊犁为俄人所踞，喀什噶尔各城为安集延所踞，事平后应如何布置，尚费绸缪。若此时即便置之不问，似后患环生，不免日蹙百里之虑。区区愚忱，窃有不敢不尽者。

　　谨将新疆贼势大概一并附陈，伏乞圣鉴训示。谨奏。

复陈借用洋款并催解协饷折
(1876 年 3 月 16 日)

奏为遵旨复陈，仰祈圣鉴事。

窃臣于光绪二年二月十七日承准军机大臣字寄，二月初七日奉上谕："沈葆桢等奏筹议关外饷需，碍难借用洋款，暨江苏拟力筹西征协饷各折片。据称：借用洋款，耗息甚多，海关、部库均受其害。应于各省关移缓就急，并江苏竭力筹措。等语。所陈亦属实在情形。西征饷事甚殷，自当通盘筹画，于国计、军饷两无妨碍，方为有济。应如何斟酌尽善之处，着左宗棠妥为筹画，迅速具奏。原折片着抄给左宗棠阅看。沈葆桢所请将湖北、湖南协济江防银两移解西征粮台济用，俟左宗棠复奏到日再行降旨。"钦此。跪诵谕旨，并细阅原奏折片，具悉江苏抚臣竭力筹措、两江督臣将两湖协济江防银两拨济西征，深维大局苦心。微臣身值时艰，一筹莫展，徒烦远省疆臣代纡筹策，感愧奚如！岂敢乞余不足，又顾之他，益增歉仄！顾事有万不得已者，不敢自安缄默，谨就愚见，为皇上陈之。

臣之奏借洋款，原因各省关应协款项积欠成巨，陈陈相因，驯至洋防议起，照常年又减至一半以外，频催罔应，计无复之，万不得已而有此请，非不知借用洋款非正办也。沈葆桢与臣素相契合，其清强有执，臣常自愧不如。原奏义正词严，复举两湖应解江防银两移拨西征，亦实情理两得。然其代为臣谋，究不如臣之自为谋也。

姑就其论国债一说详之。泰西各国经常用度，原有定数。其格外之费，均由其国富商酌度承认，自出资本经营，由公司抽收课税，以裕国用，如开矿、治水诸大工作，原奏所谓轻利博重利者是也。下非放债，上非借债，不得概以国债名之。间有由其官中授意兴办，如英吉利开印度通缅达滇边山路，图就近销售鸦片，则官主谋而商应募，不在此例。至各国用兵，除报怨雪仇外，均为其国商贾争利起见，兵费例由绅士商

民认定，计期取偿于官，则为国债，非臣臆说也。原奏英、美有国债不
失为富强，西班牙、土耳其以债倾国，日本蹈其覆辙。而谓英、美举债
于本国，犹是富藏于民，非西班牙等国输息邻封之比是矣；至论各国举
债攸殊，效有同异之分，尚非探原之论。夫英、美富强甲于海国，由来
已久。兵费借其本国之债，不待求助邻封，自然之理。西班牙不善经
营，土耳其耽吸鸦片，日本因欲去其大将军之逼，举国以奉西人，割地
以给俄人，出其额征为质。各国衰亡之征，由其自致。若谓借本国之债
者必富且强，借邻封之债者自贻困蹙，而引之为借用各国洋款之戒，非
定论也。就日本借用洋款而言，因其国有逞志朝鲜、取偿国债之心，洋
人遂以此蛊之，阴为各国外海总埠头之计；日本未尝不知，只缘既与定
议，不敢复有异同，隐忍迁就，勉而出此，非所论于西征一局。夫西征
用兵，以复旧疆为义，非有争夺之心。借千万巨款济目前急需，可免悬
军待饷；十年计息所耗虽多，而借本于前，得以迅赴戎机，事之应办者
可以速办，如减撤防军以省糜费，筹设新制以浚利源，随时随处加意收
束，计十年中所耗之息可取偿十年之中，非日本之寻衅举兵、与洋人共
利可比。至西班牙举债经商，本奸商骗赖之类也，土耳其举债倾国，本纨
袴败家之类也，乌可同年而语哉！以海疆按年应协之饷，了还按年应还陕
甘借款本息，不必得半而已足，是大有造于塞防，而无所损于洋防〔也〕。①

　　原奏谓洋款取偿于海关，海关仍待济于各省，各省仅筹协饷，已催
解不前，令兼筹协饷之息，何能如期以应？查借用洋款，向章海关出票
定数，督抚钤印归款。此次办法，自亦如此。各省关印票之数，原划定
各省关应协之款，并非于协饷外兼筹协饷之息，事理著明，非可隐占，
其与解部之款本不相涉。原奏所称海关病、部库病者，其源在各省协饷
之愆期。现奉谕旨："自光绪二年起，如不能照原拨、添拨数目解至八
成以上，即将该藩司、监督照贻误京饷例，由该部指名严参。"此后海
关自可不至代人受过。

　　平心而言，借用洋款实于中国有益无损。泰西各国兴废存亡，并非
因借债与不借债之故，其理易明。即以现在局势言之，臣非先后借用洋
款，则此军不能延至今日。上年李鸿章有二千万待借之奏；即沈葆桢办
理台防，亦曾借用洋款六百万两，嗣因倭事速定，部议停止四百万。今
倭患息而西事殷，重理旧说，似非不可。应请旨敕下两江督臣，即代臣

---

① 据《宫中档光绪朝奏折》第一辑补入。

借洋款四百万两，迅解来甘。臣得此款，清还新借陕、鄂、上海各款一百二十万两，尚可余二百数十万两，暂资敷衍。如各省关自本年正月起协款能解足八成以上，臣军有的饷源源而来，苟可设法腾挪，何肯以催饷频烦，自取憎厌？倘各省关未能如数报解，微臣计无复之。洋款既不能借，则非息借华商巨款不可；而息借华商巨款，若不谋之两江，则又无从着想。此臣之苦衷所不得不预为陈明者也。

江苏协款每年除划抵前借洋款本息外，仅应补解二十余万两。苏省虽允竭力筹措，为数非多，而协款外尚有应解老湘营每月四万五千两一款，甫解至上年七月，计截至今正，已欠解六个月。沈葆桢虽将湖北欠解江防之十二万两、湖南欠解江防之八万两拨解西征，然以之抵老湘营月饷，截至今正，尚欠七万两！

原奏穆图善月饷一万两、关内外各军均由臣酌量统收分拨，意在清眉目、一事权，亦俾臣得稍资周转耳。然自统收分解之议起，臣军之饷正因垫解过多，大受其累，迭经奏明有案，何能稍资周转乎？

总计沿海各省关协甘之款，山东为数少而报解勤，浙江则更不遗余力；其欠解之最多者，闽为最，粤次之。粤东自瑞麟故后，闽自英桂内召后，解款日渐减少，闽之积欠则已至三百余万矣。合无仰恳天恩，敕下两广督臣、广东抚臣、福建督抚臣尽力筹维，务将本年应协甘款如数迅解，共支危局，毋准以八成自限，则犹陇饷之一大宗也。

臣拜折即行，马步共二十九营，每营仅携四个月盐菜、马干就道。幸各处粮料、水草均已预备，师行无阻。当各营启行〔时〕①，臣适奉谕旨准借洋款，士气甚奋。阅沈葆桢原奏，则未敢宣布也。

谨一并复陈，伏乞皇太后、皇上圣鉴训示。谨奏。

附录上谕　谕左宗棠等为肃清西路以竟全功加恩允准筹备一千万两款项
（1876 年 3 月 26 日）

军机大臣字寄，光绪二年三月初一日奉上谕："左宗棠、刘典奏会

---

① 据《宫中档光绪朝奏折》第一辑补入。

报抵兰、出塞日期；左宗棠奏新疆贼势大概情形，请筹借洋款四百万两；丁日昌奏洋债不宜多借各折片。览奏均悉。刘典现已驰抵兰州。所有关内关外各事宜，左宗棠业已统筹全局，布置妥协，督率马步各营分起西进，为规复新疆各城之计，足见公忠体国，力任其艰。该督抵肃州后，应如何次第进兵之处，均着随时相机筹办，朝廷不为遥制。所陈新疆贼势、军情，了如指掌。唯期节节扫荡，收复乌鲁木齐、吐鲁番，以次廓清南北两路，奠定西陲，为一劳永逸之举。后路催运粮饷、军火，关系紧要，刘典当随时筹画，以资接济。左宗棠出师塞外，必须士饱马腾，方足以壮军威而张挞伐。各营将士踊跃前驱，尤深廑念。各省协解西征饷银未能足数，致有积欠口粮。此次远道进兵，粮饷必须充裕。左宗棠前议借洋款一千万两以备应用，因耗息过多，现请减借用四百万两，系为节省经费、顾全大局起见。唯现当大举深入，酌发欠饷，预备行粮，需款甚巨，恐不足以资周转。该督既以肃清西路自任，何惜筹备巨款，俾敷应用，以竟全功？加恩着于户部库存四成洋税项下拨给银二百万两，并准其借用洋款五百万两，各省应解西征协饷提前拨解三百万两，以足一千万两之数。该督得此巨款，务将新疆军务早日蒇事，迅奏肤公。国家经费有常，似此竭力凑拨，可一而不可再，万不可虚靡帑项，日久无功。洋款如何筹借？着左宗棠自行酌度，奏明办理。拨用四成洋税二百万两，如何解还部库？着户部筹拨归款。所借洋款，着仍遵前旨，在各省应协西征新饷内分年拨还。各省应解西征协饷现令提前赶解三百万两，并着户部酌量指提，毋任延宕。其余应解西征协饷，仍着各该将军、督抚懔遵前旨，严饬各该藩司、监督尽力报解，毋得以八成自限。左宗棠奏闽、粤欠解较多，请饬将本年应协甘款如数迅解，等语。着该督抚遵照办理。筹借洋款本系万不得已之举，因西征大局所关，是以允借五百万两，俾利军行。丁日昌所陈变通西饷办法亦有所见，并先行凑齐六十万两，汇由沈葆桢处汇解，具见急公。嗣后应解左宗棠协饷，仍着会商文煜、李鹤年源源筹办，以应急需。将此由六百里谕知左宗棠、刘典、文煜、沈葆桢、李鹤年、刘坤一、翁同爵、吴元炳、裕禄、刘秉璋、杨昌濬、丁日昌、丁宝桢、鲍源深、李庆翱、谭钟麟、王文韶、张兆栋，并传谕文格、李文敏知之。"钦此。

驰抵肃州各军分起出关折
(1876年5月6日)

奏为微臣驰抵肃州，资遣马步各军分起出关，恭折驰报，仰祈圣鉴事。

窃臣于二月二十一日由兰州拜折启行，沿途整队前进，三月十三日驻军肃州。总理行营营务三品卿衔二品顶带、法福灵阿巴图鲁刘锦棠先率马步全军驻于城北，记名提督、新授汉中镇总兵谭上连领所部先进，记名提督、宁夏镇总兵谭拔萃继之，记名提督、陕安镇总兵余虎恩又继之。四月初三日，刘锦棠亲率汉回马步各军祃旗启行，拟抵安西后分起以次前进，盖师过哈密，行戈壁中，粮糗可裹带以趋，柴薪草束可储峙以待，唯水泉缺乏，虽多方疏浚，不能供千人百骑一日之需，非分起续进不可也。现据谭上连禀已抵巴里坤，谭拔萃已近哈密，余虎恩已过安西。臣因古城所收俄粮尚只四批，金顺函牍频来，需粮甚急，非得三百六十万斤不能见新，臣允于巴里坤取粮百万斤，哈密取粮二百六十万斤，以供军食，而古城所收俄粮四批，亦概付之，计新粮可资接续矣。唯刘锦棠马步二十五营所需军食，本指巴、哈存粮转运古城，兹两处已分济金顺，虽余粮尚多，而一时运脚难期周转，缺乏堪虞。除前雇商驼万只由安西、哈密径运古城外，复由肃州尽官、民、商三项车辆，装粮料运古城，以广储峙。幸归化、包头、宁夏商驼之运巴里坤者，踊跃如常，存粮尚敷转馈。刘锦棠到哈密后，计古城储峙稍充，即率各营长驱大进，直捣贼巢。战事当在五月闰月之际。届时节近秋初，新谷遍野，有粮可因，转战而前，士气自倍。臣与刘锦棠熟商进兵机宜，以先迟后速为稳者，此也。幸兰州、凉、甘各属俱霈春霖，肃州、安西于三月二十一二等日同沾优渥，农祥有兆，丰稔可期。如天之福，关内外幸获丰年，则就近采运供支，劳费亦可渐图撙节，而西征大局庶几速振矣。

所有分起出关事宜，谨据实陈明，伏乞皇太后、皇上圣鉴训示。谨奏。

详陈攻拔古牧地克复乌鲁木齐迪化州城
战状请奖恤出力阵亡各员弁折
（1876 年 9 月 18 日）

　　奏为详陈官军攻拔古牧地坚巢，克复乌鲁木齐、迪化州等城战状，分别请奖，以励军心，并筹布置情形，恭折仰祈圣鉴事。

　　窃官军会师进剿，攻拔黄田贼栅、古牧地坚巢，克复乌鲁木齐、迪化州各城大概情形，臣已于七月十八日专折驰陈。兹据总理行营营务三品卿衔布政使衔西宁道、法福灵阿巴图鲁刘锦棠续报：六月二十四日，攻拔古牧地关垒，并击败援贼大捷之后，金顺、刘锦棠策马巡视，知古牧地城贼守备甚严，金顺遂饬所部环城正西、西北、西南三面结垒，刘锦棠环城之正北、东北、正东、东南、正南等面结垒。抽派营勇于南城外昼夜修筑炮台，以高过城身一丈为度；其各面原有炮台，均令培土铺板，以便安炮。迨炮台告成，布置就绪，金顺督所部攻西北一带，并分开花铜炮一尊置湘军炮台。二十六日，刘锦棠饬宁夏镇总兵谭拔萃率千总庄伟以开花大炮轰塌东北面城垛，复用开花铜炮并劈山炮紧对缺口连轰之。二十七日，移开花大炮斜轰城之正东，其轰塌缺口与东北相似；复以开花小炮及劈山炮环（攻）〔轰〕① 不歇。城内贼众踞守益坚。

　　二鼓后，刘锦棠传集将领，商定策略，饬谭拔萃督同提督席大成、副将汤仁和率左军三营由东北缺口进攻，汉中镇总兵谭上连督同提督萧元亨、戴宏胜率右军三营由正东缺口进攻，均各留队以遏贼窜；知府罗长祜督同副将杨金龙及庄伟率亲兵移开花大炮于正南炮台，伺天色向明，指轰南门左侧，并调集标针快响枪、七响洋枪、劈山炮排列炮台左右，同时轰击；提督谭慎典、谭和义率中军左四旗，参将董福祥、副将张俊率董字两营，各饬勇丁囊土潜伏墙濠，俟大炮轰有缺口，即行攻

────────────

　　① 据《宫中档光绪朝奏折》第一辑校改。

入；直隶州知州袁尧龄，提督唐国华、汤秀斋率中军右三旗，列队南城左右，以备策应，并遏贼出窜之路；陕安镇总兵余虎恩督同总兵陶鼎金率马队两营，提督黄万鹏督同千总崔伟、毕大才、禹中海，守备禹益长、马正国，率马队五旗，提督陶生林率马队一营，分布正南一带山冈，提督张春发、陈广发率步队两营，分布西南一带平川，俟城贼出窜截击。布置已定，刘锦棠自率老马队，于城南山垒凭高督阵。

二十八日黎明，开花大炮轰动南城，左侧子墙渐圮。大炮测准连轰，城身坍卸过半。城头悍贼潜伏城隈，仰施枪炮，官军标针快响枪、七响枪、劈山炮连发，子注如雨，贼多死者。城南垒中号鼓齐发，南路攻城队伍飞奔齐进，贼犹以枪炮凭墙抵放。官军既上缺口，各以火包向贼纷掷，后队复囊土填濠，一拥而入，将施放枪炮拒贼悉数斩杀。城中悍贼分扼巷口死拒。谭慎典、谭和义、张俊、董福祥等各督队短兵相接，斩馘甚众。时谭上连、谭拔萃均已入城，金顺所部又由东北面并进合击。巷战之贼砍杀殆尽；其由缺口逸出者，均经预派各马步截杀，无一漏网。陕回头目马十娃为禹中海素识，擒而斩之；其余所斩贼目，则不知谁何也。刘锦棠见城贼已净，始饬所部收队还营。计是役击毙、杀毙悍贼不止五六千人，生擒二百十五人，拔出难民妇女、幼孩甚众，夺获贼马二百余匹，枪炮、旗帜、刀矛无数。刘锦棠所部阵亡员弁勇丁一百五十八员名，受伤四百五十五员名。据擒贼供：回酋王智即王治及金中万，均经官兵歼毙；其安集延派援两贼目，一绷塞奇，一玉孜把什，共带夷兵三百五十八人，已于二十四日尽歼；其城内夷兵，除生擒外，亦均于是日尽矣。白逆彦虎本踞红庙子，时往来卡子沟，未曾入城，故得幸免。此二十八日会师攻拔古牧地坚巢，首要各逆擒斩净尽之实在情形也。

刘锦棠入城察看，尚存火药、硝磺数千斤，拾回、汉文各一通，阅系王治、金中万等被困，求救于乌城逆首阿奇木者。其批回言：乌城精壮已悉数遣来，现在三城防守乏人，南疆之兵不能速至，尔等可守则守，否则退回乌城，并力固守亦可。阿奇木系帕夏派甘回马人得所充之伪官，管辖古牧地、乌垣、红庙、玛纳斯及伪王城回兵者。所称三城，盖指乌鲁木齐、迪化州及已死伪清真王妥得璘所筑之王城；所称南疆，则指安集延而言也。刘锦棠以乌垣空虚，当乘胜急攻，遂一面知会金顺，一面派弁侦探。旋据报称：卡子沟两贼垒已空，距卡子沟二十里之七道湾有贼窜走。刘锦棠即饬谭和义、唐国华两营留守古牧地城，余队均于二十九日黎明亲督进乌垣。金顺亦督所部继进。行近七道湾堡，马队回报：堡外尚有余贼，见官军至，飞骑而窜。马队蹑追，毙贼十余名。刘锦棠即留董福祥步队一营守堡，余队悉拔前进。行近乌城十里地方，探报三城骑贼纷窜。遂催马步急进。甫抵迪化州城北，见窜贼千余已出城里许，向南奔逸。刘锦棠立饬余虎恩、陶生林、陶鼎金率马队三营由左路追击，谭拔萃、席大成、张春发、汤仁和率步队四营继之；黄万鹏、崔伟、毕大才、禹益长、马正国、禹中海率马队五旗由右路追击，谭上连、萧元亨、戴宏胜、陈广发率步队四营继之；谭慎典、汤秀斋、张俊率步队三营由北城冲入。刘锦棠率罗长祜、袁尧龄及老马队、亲兵，列队城北。旋据入城各营飞报：城中悍贼百余人悉经斩杀，生擒贼十三名；此外未持械者，悉释勿诛。刘锦棠复分队入伪王城及乌鲁木齐，合金顺所部，将未窜零贼尽杀无遗。据擒贼供：二十四日古牧地关垒克复，援贼败退，贼首马人得与白彦虎等聚议，以官军锐不可当，莫如先遣妇女、辎重南窜，留精壮驻守，再候消息；嗣见官军大至，遂相率逃奔。讯毕斩之。适追贼马步各营收队入城，据称：分追至十余里地方，贼回头拌拒，马队合力猛击，斩杀甚多；陶鼎金腮受矛伤，裹创与余虎恩、黄万鹏等急麾马队追杀至城南三十里之盐池墩，因逾此而南即系戈壁，未便深追；时谭拔萃、谭上连率步队继至，遂与收队而还。是役毙贼约五六百名，生擒二十六名。刘锦棠所部阵亡员弁勇丁一百三十员名，受伤四十七员名；夺获战马七十余匹。拔出城中难民老幼、妇女及避匿山谷者，均设法安抚，派营务委员、直隶州知州袁尧龄经理其事；一面商由金顺暂委该员代理迪化州篆务，以专责成。乌城克复，刘锦棠连派哨探，擒获零贼。金称：昌吉、呼图壁、玛纳斯等城踞逆，先后向南窜逸；安集延酋帕夏遣来援贼四五千骑，闻已至距乌城一百八十里之达坂地方。刘锦棠拟派队迎击，旋诇知援贼已退，遂止。此二十九日会师连克乌鲁木齐、迪化州等城，追击窜贼之详细情形也。

现在新疆北路一律肃清，臣拟商金顺、锡伦布置各城堡要隘，一面商办善后事宜，一面咨调张曜、徐占彪会同刘锦棠进规南路，并增派马步各营及枪队、炮队赴前敌助剿。一俟布置妥毕，再行驰报。

窃维乌鲁木齐各城，自同治三年逆回妥明即妥得璘肇乱，戕都统、提督，窃踞其中，逾二年，自称为清真王。逆党马泰、马仲、马明、马官各署伪号，分踞古牧地、吐鲁番、玛纳斯等城。又六年，妥明嗾〔马泰率〕① 党与安集延战于库车，为安集延所败。安集延旋赴吐鲁番，纠妥明之党马仲并攻妥明，妥明乞降，仍令为清真王，踞守乌城，别以马仲为阿奇木，总管各事。嗣徐学功带队进剿，阵斩马仲，其子袭阿奇木伪职，与妥明积不相能，复纠安集延酋攻妥明。妥明既毙，马明、马官等悉降，自是安集延遂于此征收地税，令回汉剃发易服，效其旧俗，皆光顶圆领以自别，而乌垣各城遂沦为异域矣！安集延酋帕夏两次与逆回搏斗，降妥明等，尽掠其遗资，搜汉回民人金帛转输南路，实其窟穴，而驱其丁壮踞守乌垣各城，以为屏蔽。迨陕逆白彦虎纠陕甘悍回窜至，自知势力不敌安集延，思藉为声援以自固，凡帕夏所欲，不敢违也。故帕夏日富，而土回日益贫。比闻大军由巴里坤、古城浩荡而来，白逆亦剃发易服，窃附于安集延。其绐死党与土回坚拒官军，自观成败，伺间脱走，则又此贼之惯技也。

此次兵由北路而进，一在扼其纷窜，以省防兵；一在下兵南路，防其牵缀。而自关内出兵，逾伊吾、车师之地，越天山、蒲类重险，与犬羊相角逐，不自忖兵力、饷力之足与不足，置成败利钝于不顾者，盖不得乌鲁木齐，无驻军之所，贼如纷窜，无以制之，不仅陕甘之忧，即燕晋、内外蒙古将无息肩之日。若停兵巴、古以东瘠区，兵少无以扼奔冲，兵多徒以耗军饷，无论非时局所堪，即四海宴安、军储赡裕，亦断难为持久之计。兹幸圣谟广运，宸虑独操，枢垣、计部诸臣仰体渊衷，详为筹措，俾行间将士得以一意前驱，旬日之间连下坚城，肃伸天讨，固非微臣始念所及也。在事尤为出力文武各员，著有微劳，合无仰恳天恩，先加甄叙，以昭激劝。

赏穿黄马褂三品卿衔布政使衔西宁道、云骑尉世职、法福灵阿巴图鲁刘锦棠，忠勇罕俦，机神敏速，有谋能断，履险如夷，实一时杰出之才，其应如何破格优奖之处，出自天恩。

赏穿黄马褂头品顶带记名提督、甘肃宁夏镇总兵、嘎什普祥巴图鲁谭拔萃，赏穿黄马褂头品顶带题奏提督、陕西汉中镇总兵、伯奇巴图鲁谭上连，赏穿黄马褂头品顶带题奏提督、陕西陕安镇总兵、奇车博巴图鲁余虎恩，以上三员，朴勇沈毅，洞晓机宜，此次督队连克数城，勋勤卓著，均请破格恩施。

赏穿黄马褂头品顶带记名提督、奇朗阿巴图鲁谭和义，赏穿黄马褂

头品顶带记名提督、霍隆武巴图鲁席大成，以上二员，勇敢过人，饶有识略，此次督队攻城，劳绩丕著，均请破格恩施。

记名提督、前署陕西汉中镇总兵、伯奇巴图鲁黄万鹏，头品顶带记名提督、克坦阿巴图鲁萧元亨，以上二员，均请赏穿黄马褂。

二品顶带陕西推补参将、戢勇巴图鲁董福祥，请免补参将、副将，以总兵交军机处记名，遇有缺出，请旨简放，并赏换清字勇号。

头品顶带记名提督、叶铿额巴图鲁陶生林，头品顶带记名提督、爱什兰巴图鲁唐国华，头品顶带记名提督、阿克丹巴图鲁汤秀斋，以上三员，均请以提督留于陕甘遇缺尽先题奏，并请交部照头等军功从优议叙。

头品顶带记名提督、刚安巴图鲁陈广发，请交部照头等军功从优议叙。记名提督、额尔克巴图鲁戴宏胜，记名提督、都隆额巴图鲁谭慎典，遇缺题奏提督、哲尔精阿巴图鲁张春发，以上三员，均请赏给头品顶带，并赏给正一品封典。总兵衔升用副将、留陕补用参将、倭欣巴图鲁张俊，请免补参将、副将，以总兵交军机处记名，遇有缺出，请旨简放，并赏给正二品封典。记名总兵、胡敦巴图鲁陶鼎金，请以提督交军机处记名，遇有提督、总兵缺出，请旨简放，并赏给正一品封典。总兵衔湖北补用副将、威勇巴图鲁汤仁和，请免补副将，以提督交军机处记名，遇有提督、总兵缺出，请旨简放，并赏给正一品封典。赏穿黄马褂头品顶带记名提督、果勒明阿巴图鲁罗照陞，记名提督、鸷勇巴图鲁贺长发，以上二员，均请赏给正一品封典。二品顶带留陕补用参将、霍伽春巴图鲁李双良，请免补参将，以副将仍留原省尽先补用，并赏加总兵衔。

蓝翎拔补千总崔伟、毕大才、禹中海，以上三弁，均请免补千总、守备，以都司留于甘肃尽先补用，并赏换花翎。花翎守备禹益长、马正国，以上二员，请免补守备，以都司留于甘肃尽先补用。

头品顶带记名提督、苏彰阿巴图鲁李隆宝，头品顶带记名提督、努克齐斯思珲巴图鲁李有成，头品顶带记名提督、额尔德蒙巴图鲁赵宝林，头品顶带记名提督匡义志，头品顶带记名提督、多托哩巴图鲁潘长青，记名提督、伊白德巴图鲁彭明达，记名提督、瑮武巴图鲁彭桢祥，记名提督、奇车伯巴图鲁张辅文，以上八员，均请交部照头等军功从优议叙。

记名提督、西吉尔珲巴图鲁李清胜，记名提督、乌勒兴额巴图鲁彭连陞，记名提督、效勇巴图鲁刘赓昌，记名提督张锦文，提督衔记名总兵李克常，补用提督陈义和，记名提督、霍钦巴图鲁萧万和，记名提督、胜勇巴图鲁张玉辉，记名提督、法什尚阿巴图鲁刘象贤，记名提督、壮勇巴图鲁周玉卿，以上十员，均请赏给头品顶带，周玉卿并赏换清字勇号。

头品顶带记名提督、讷恩登额巴图鲁陈建厚，请赏给正一品封典。提督衔补用总兵、伯奇额巴图鲁潘凤翔，提督衔记名总兵、奇勇巴图鲁刘兆元，遇缺简放总兵李超群，补用总兵范守云、张仕林，补用总兵、强勇巴图鲁方南英，总兵衔补用副将、严勇巴图鲁苏有庆，留甘补用副将易喜正，提督衔补用总兵、西林巴图鲁李泗益，补用总兵、奋勇巴图鲁唐宗尧，记名总兵宋有贵，补用总兵、哈丰阿巴图鲁孙仕尚，记名总兵杨文彪，补缺后升用总兵、陕西补用副将、强勇巴图鲁杨金龙，留陕补用总兵、绰勒果罗劻额巴图鲁丁连科，以上十五员，均请以提督交军机处记名，遇有提督、总兵缺出，请旨简放，李超群、杨文彪、方南英、唐宗尧、苏有庆，并赏换清字勇号，范守云、张仕林、李泗益，并赏给正一品封典。

总兵衔安徽补用副将梁冠葵，请免补副将，以提督交军机处记名，遇有提督、总兵缺出，请旨简放。补用总兵、彰勇巴图鲁邓政升，请赏加提督衔，并赏换清字勇号。提督衔补用总兵易荣昌，请以提督交军机处记名，请旨简放。记名提督、执勇巴图鲁葛致清，记名提督、翌勇巴图鲁刘国斌，补用提督、进勇巴图鲁王义和，记名提督、胜勇巴图鲁杨泰球，总兵衔补用副将、秀勇巴图鲁苏贵兴，记名总兵、彦勇巴图鲁曾楚南，总兵衔补用副将、承勇巴图鲁龙春华，补用副将、承勇巴图鲁沈祥发，补用副将、锐勇巴图鲁杨玉恒，以上九员，均请赏换清字勇号，杨泰球并〔请〕① 赏给正一品封典，杨玉恒并〔请〕② 赏加总兵衔。

补用总兵曹复胜、记名总兵傅长春、总兵衔留甘补用副将李桂堂、总兵衔补用副将余醒寿，以上四员，均请赏给清字勇号。补用总兵李春发，补用副将田登云，副将衔补用参将唐华光、沈宝堂，补用参将钟琼林，参将衔补用游击廖廷赞、王建林，副将衔补用参将董天海，补用都司姚建仁、董占富，以上十员，均请赏给勇号。

副将衔补用参将刘福田，请免补副将、参将，以总兵交军机处记

---

① ② 据《宫中档光绪朝奏折》第一辑补入。

名，遇有总兵缺出，请旨简放，并赏给勇号。总兵衔推补副将、机勇巴图鲁朱凌云，补用副将周世福、王秀伟、许得胜、蒋太和、朱星贵，副将衔补用参将、忠勇巴图鲁岳朝珍，补用副将、恒勇巴图鲁胡克华，副将衔补用参将汪友德、谢复胜，补用副将、壮勇巴图鲁刘长其，总兵衔补用副将王太山、陈国明、张佳志，以上十四员，均请免补副将，以总兵交军机处记名，遇有总兵缺出，请旨简放，朱凌云、岳朝珍、胡克华、朱星贵、汪友德、王太山，并〔请〕① 赏加提督衔，周世福并〔请〕② 赏给清字勇号，王秀伟、谢复胜、陈国明并〔请〕③ 赏给勇号。

副将衔补用参将杨先胜、田仲魁、王俊邦，补用参将熊瑞堂、彭胜全，蓝翎补用参将伍得荣，补用参将、雄勇巴图鲁胡登花，补用参将、尚勇巴图鲁张果，以上八员，均请免补参将，以副将尽先补用，并赏加总兵衔，伍得荣并〔请〕④ 赏换花翎，彭胜全、田仲魁并〔请〕⑤ 赏给勇号。

两江补用参将胡少廷，请赏加副将衔，并赏给勇号。两江补用参将、毅勇巴图鲁陈鹏翯，副将衔留陕补用参将、便勇巴图鲁赵辉南，副将衔湖南补用参将彭秀文，留甘补用参将黄得云、石蕴玉，以上五员，均请免补参将，以副将仍留各原省尽先补用，陈鹏翯、赵辉南并〔请〕⑥ 赏换清字勇号，陈鹏翯、赵辉南、彭秀文、黄得云、石蕴玉均〔请〕⑦ 赏加总兵衔，石蕴玉并〔请〕⑧ 赏给清字勇号。

补用副将徐文麟，请以本班留于江西尽先补用，并赏给勇号。补用游击张复良，请免补游击、参将，以副将尽先补用，并赏给勇号。留陕甘补用游击曾昭德，请免补游击、参将，以副将仍留原省尽先推补。补用游击李明清，请免补游击、参将，以副将尽先补用，并赏给勇号。补用参将郑得茂、王廷俊，副将衔补用参将张友云，以上三员，均请免补参将，以副将留于甘肃尽先补用，并赏给勇号。

补用游击冯金山、萧长青、李能杰、王中才、彭常茂、刘道忠、张金发、王金胜、汪大吉、万本华、彭得清、刘高汉、方成德、查春华，游击衔补用都司赵自新、杨其祥，以上十六员，均请免补游击，以参将尽先补用，冯金山、李能杰、王中才、彭常茂、刘道忠、赵自新并〔请〕⑨ 赏给勇号，萧长青、张金发、王金胜、汪大吉、万本华、彭得

①②③④⑤⑥⑦⑧⑨ 据《宫中档光绪朝奏折》第一辑补入。

清、刘高汉、方德成、查春华并〔请〕① 赏加副将衔。

补用游击谭正南、留陕补用游击杜锡斌，以上二员，均请免补游击，以参将尽先补用，谭正南并〔请〕② 赏加副将衔，杜锡斌并〔请〕③ 赏给勇号。花翎补用都司吴首怀，请免补都司、游击，以参将尽先补用，并赏加副将衔。补用游击杨厚德，请免补游击，以参将尽先补用，并赏加副将衔。补用都司宋祖喜、李永昭二员，均请免补都司、游击，以参将尽先补用。留陕补用游击胡得贵，请免补游击，以参将仍留原省尽先补用，并赏加副将衔。补用游击胡桂廷，请免补游击，以参将尽先补用，并赏加副将衔。补用游击田九福，请免补游击，以参将留于陕西尽先补用，并赏加副将衔。花翎补用都司贺云陶，蓝翎补用都司张立德，都司衔补用守备江三元、许献德、张花、赵辅清、张管英等七员，均请免补都司，以游击尽先补用，贺云陶并〔请〕④ 赏给勇号，张立德并赏换花翎，江三元、许献德、张花，并〔请〕⑤ 赏加参将衔。

安徽补用游击罗成魁，请赏加参将衔。补用都司谭法青，请免补都司，以游击尽先补用，并赏给勇号。蓝翎补用守备张大林，请免补（守备、都司）〔都司、守备〕⑥，以游击尽先补用，并赏换花翎。花翎守备杨荣贵，请免补都司、守备，以游击尽先补用。蓝翎补用都司周福贵，请免补都司，以游击留于甘肃尽先补用，并赏换花翎。补用守备陈得时、赵奉乐，蓝翎补用守备史得萼，以上三员，均请免补都司、守备，以游击尽先补用，史得萼并〔请〕⑦ 赏换花翎。

补用守备刘万明，请免补都司、守备，以游击留于陕西尽先补用。蓝翎补用守备马正扬、萧益星、邹占春，补用守备王保山，蓝翎守备衔拔补千总魏其德、胡得成，都司衔补用守备李有仓、黄贵、倪元霄，守备衔拔补千总苗生有，以上十弁，均请免补守备，以都司尽先补用，马正扬、萧益星、邹占春、王保山、李有仓、黄贵、倪元霄并〔请〕⑧ 赏加游击衔，马正扬、萧益星、魏其德、胡得成并赏换花翎，邹占春并赏给勇号。

补用守备赵楚南、蓝翎补用守备黎贵发，以上二员，均请免补守备，以都司留于陕甘尽先补用，并赏加游击衔。蓝翎补用守备雷开明，请免补守备，以都司尽先补用，并赏加游击衔，赏换花翎。蓝翎拔补千

---

① ② ③ ④ ⑤　据《宫中档光绪朝奏折》第一辑补入。

⑥　据《宫中档光绪朝奏折》第一辑校改。

⑦ ⑧　据《宫中档光绪朝奏折》第一辑补入。

总庄伟，蓝翎守备衔拔补千总连福，以上二弁，均请免补千总、守备，以都司尽先补用，并赏换花翎。花翎五品顶带补用卫千总左执簧，请免补千总、守备，以都司尽先补用，并赏加游击衔。蓝翎补用千总谭用宾、汤殿恒，以上二弁，均请免补千总、守备，以都司尽先补用，并赏换花翎。蓝翎拔补千总高必达、黎积善、左长清，以上三弁，均请免补千总，以守备尽先补用，并赏加都司衔，赏换花翎。

蓝翎拔补把总贾永清、李先藻、喻文定、汤如发，蓝翎拔补把总崔金魁、米万荣、黑万贵、哈万虎、郭定祥、李金良、禹宝山、黑明昌、禹彦发、符永先，以上十四弁，均请免补千总、把总，以守备尽先补用，并赏换花翎，喻文定并〔请〕① 赏加都司衔。军功胡德、马源，均请免补外委、把总，以千总尽先拔补，并赏戴蓝翎。六品军功马荣，请免补外委，以把总尽先拔补，并赏戴蓝翎。

花翎留陕补用知府罗长祜，请免补本班，以道员仍留原省，遇缺尽先题奏，并赏加按察使衔。花翎陕西候补知府黄光达，请免补本班，以道员仍留原省尽先补用。花翎知府用浙江候补同知、直隶州知州袁尧龄，请免补本班，以知府仍留原省，归军功候补班前补用，并赏加盐运使衔。遇缺选用知县胡焜，请免选本班，以知州分发省分归候补班前补用，并赏戴花翎。举人、拣选知县、关陇肃清各项差使案内汇保分省补用知县蔡抡科，请免补知县，以知州分省归候补班前补用，并赏戴花翎。知县用分省补用府经历虞志云、分省补用县丞左承伯，以上二员，均请免补本班，以知县仍分发省分归候补班前补用，并赏加同知衔，赏戴花翎。蓝翎分省补用县丞刘式南、刘昭南，以上二员，均请免补本班，以知县仍分发省分归候补班前补用，并赏加同知衔，赏换花翎。花翎盐提举衔尽先即选知县段兆熊，请免选本班，以同知直隶州知州分发省分，归军功候补班前补用。分省补用县丞吴忠炳、曾广疆，以上二员，均请免补本班，以知县仍分发省分归候补班前补用，并赏戴蓝翎。六品衔分省补用从九品高樟，请免补本班，以县丞仍分发省分归候补班前补用，并赏戴蓝翎。即选从九品周宗恒，请免选本班，以县丞留于甘肃，归候补班前补用，并赏戴蓝翎。盐运使衔陕西候补道王诗白，请赏加二品顶带，并赏给三代正二品封典。陕西候补知府周汉，请免补本班，以道员仍留原省尽先补用。此外出力员弁勇丁，容即核明汇案

---

① 据《宫中档光绪朝奏折》第一辑补入。

保奏。

  阵亡记名提督、松勇巴图鲁杨万义，记名总兵王春和，总兵衔两湖补用副将徐桂林，尽先补用副将朱炳森、蒯发祥、沈有金、彭文英，参将衔补用游击彭怀寿，补用游击邱长明，都司周金龙、周俊德、刘接亨、王兰惠、谢麒麟、曾添龙，守备乔松山、萧有连、殷长发、戴荣华、刘高升、林宗贵、许占云、徐得云、蔡永福、黄清平、陈明高、李养元、萧华富、陈紫林、王得意、曹东汉、苏春华、陈东林，把总郭玉堂、王春和、张致祥、周友玉、王玉贵、谭长易、蒋松泉、赵义胜、马吉祥、彭广仁，外委麻天元，六品军功汤云龙、杨海堂、林昌炳、宋玉发、陈志胜、祁班成、侯牛九、宋先登、姚家玉、陈胜发、邓家全、贺永寿、萧永明、龙丕承、姚金荣、罗永发，以上六十员名，均系攻坚夺隘，血战捐躯，深堪悯恻，应请旨敕部各照官阶从优议恤。余俟查明汇奏。

  至金顺一军战状详细，除由金顺自行驰奏外，谨将刘锦棠会师进剿，攻拔古牧地城坚巢，克复乌鲁木齐、迪化州各城池战状详细情形，会同帮办军务臣金顺合词具陈，伏乞皇太后、皇上圣鉴训示。谨奏。

搜剿窜贼布置后路进规南路折
（1876 年 11 月 2 日）

奏为官军搜剿窜贼，布置后路，增调枪炮各队、马步各营，并采储新粮，筹备军火，分道进规南路，恭折驰陈，仰祈圣鉴事。

窃官军会师克复各城详细情形，业于八月初一日驰陈。旋据总理行营营务三品卿衔布政使衔西宁道、法福灵阿巴图鲁刘锦棠禀报：乌鲁木齐、迪化州各城克复后，昌吉、呼图壁各城客土逆回及踞玛纳斯北城逆目余小虎，均于六月底先后翻山鼠窜南路；玛纳斯南城土回头目黑宝财，亦于七月初一日率其死党向南窜逸，余逆犹踞城死守。金顺由昌吉亲率各营赴玛纳斯督攻。臣得金顺函告：两城中间相联关厢尽破，携大炮轰攻，可期速克。福珠哩书来，亦云旦夕可望得手。

刘锦棠诇知各城败窜之贼伏匿东南山谷间，觇官军动静，遂下令分路搜山。七月初六日，提督谭和义、陶生林等率所部取道七道湾赴东山，提督黄万鹏、陕安镇总兵余虎恩、宁夏镇总兵谭拔萃、汉中镇总兵谭上连，取道大小盐池墩，向东南一带节节搜捕至柴窝堡，均略有斩获。讯据活贼供称：败贼眷口辎重已悉数南徙，壮丁均麇集柴窝堡西百二十里达坂城，其白彦虎、余小虎等败残股匪踞南山小东沟口，嗾各贼赴南山大西沟、水西沟、板房沟一带收秋稼、备干粮、俟官军进攻达坂城，即乘机由南山、古牧地、阜康扰官军后路。刘锦棠一面咨商锡纶、额尔庆额及东路各防营严密准备，一面饬余虎恩、谭拔萃率所部马步于初九日仍赴盐池扼扎，派马队复进柴窝堡，防贼横窜。是夜，刘锦棠带马步各营向小东沟进发。初十日黎明，瞥见山旁骑贼数十飞奔而西，遂整队急追，行四十里，抵小东沟口，追斩四十余骑，生擒三贼。讯据供称：贼眷先一日移进金口峡，距小东沟约九十里。刘锦棠率马（部）〔步〕① 紧

追。比抵金口峡，惟见老幼妇女踉跄奔逃，而白、余诸逆则已率党遁逃托克逊安集延贼巢矣。刘锦棠令各营收贼遗未获秋粮。十二日仍返乌垣。因后路古城、济木萨以西三台、滋泥泉、阜康等境时有零骑剽掠，不辨其为土回与游勇，复派马步各队会同该处防营严密搜捕。

适闻玛纳斯南城土回仍坚踞如故，官军屡次猛攻，均未得手，且有伤亡，金顺函调数营助剿。刘锦棠派宁夏镇总兵谭拔萃、道员罗长祜、提督黄万鹏、总兵董福祥等率步队六营、马队五旗赴之。八月十五日启行。尚未接其战事禀报。

据探：安集延酋帕夏已派贼骑五千，合乌垣、红庙逸去之贼，踞乌垣南二百余里之达坂城即噶逊营，以拒官军。帕夏自踞托克逊，筑三城为犄角，与其悍党守之。白、余两逆入托克逊，帕夏待之甚倨，并勒其随行贼众剃发易服，傍三城以居。察度南路贼势，守吐鲁番者拒哈密官军，守达坂者拒乌垣官军，皆所以护托克逊坚巢也。而达坂、托克逊，尤悍贼麇聚之区，贼骑皆多至数千，守御甚固。

臣现咨广东提督张曜率所部嵩武军由哈密之西进至瞭台，入吐鲁番界，取道七克腾木以向辟展；饬提督徐占彪率所部蜀军由巴、古之间分队搜山，凡通吐鲁番各径皆遍行搜捕，搜过纵火焚山，杜其零星伏匿；其马步大队，则由木垒河节节搜捕而进。木垒河地势宽衍，可容万骑，亦饶水草，本通吐鲁番大道，雍正中岳钟琪奏称以重军驻此，可保必效者也。七克腾木、辟展贼均设卡，官军须循道攻拔，以便屯集粮饷军火。由七克腾木西行二百余里，则吐鲁番。其刘锦棠由乌鲁木齐南下之军宜先固后路。计古城以西济木萨、三台、滋泥泉、阜康、古牧地相距五百里。金顺所部防兵陆续调拨前进，底营寥寥。刘锦棠分驻马步各营，仍应相随南下。臣函商刘锦棠，令各防营亦节节搜捕前进，然后以金顺续调锡纶马步各营扼之，重后路之防。

刘锦棠马步全军仅二十五营，既须分布后路，又须留守乌垣，屯集粮饷军火，乃可进攻达坂城。而进攻之军行过小东沟口地方，有横路通过托克逊，又须分营扼截抄后之贼，是兵力以分而愈单也。张曜、徐占彪两军能速拔吐鲁番，分趋西北以攻达坂之南，庶可牵掣贼势，与刘锦棠收夹击之效。而吐鲁番毗连托克逊，防御又不可少疏。臣拨副将秦玉盛马队一营交徐占彪，拨副将武朝聘马队一营交张曜，并令炮队游击陈文英带开花炮及仿制短劈山开花炮助之，已陆续成行矣。臣念刘锦棠全军分而见单，饬参将侯名贵所管炮队护开花后膛大炮两尊、车架开花后膛小炮四尊，又饬解后膛七响枪三百杆，匀配子药，赴乌垣；续调肃州镇总兵章洪胜、总兵方友升带所部马队两营，总兵桂锡桢马队一营，均归刘锦棠节制调遣，冀可稍助军锋。凡所添调马步，加拨军械，均令次第前进。其张曜、徐占彪两军已整齐队伍，准备启行。臣以两军防所距吐鲁番道路迂直险夷不一，程途远近攸分，应各确计日期，以为启行先后之准，其师期则由刘锦棠酌定。庶彼此进止合度，不致先后参差；协力并规，乃期周妥。现接刘锦棠禀报：已派十一营赴玛纳斯之调，其必俟北路一律肃清，收队回乌，乃能下兵南路，师期固未可由臣预定也。

至南路今岁旱蝗为灾，收成歉薄，官军转战而前，恐未能因粮于贼，自不得不预为广筹采运，以赴戎机。现饬古城采新粮三万石，备运乌鲁木齐；巴里坤采新粮七千石，合归包、宁夏已采陈粮，共两万余石，备供徐占彪一军及防营之用；哈密无粮可采，由肃州、玉门、敦煌采运新粮接济，约可二万石，供张曜一军之需。

徐占彪西行后，以总兵徐万福三营、提督范铭一营填防。张曜西行后，以总兵刘凤清豫军八百人移驻七克腾木，防护运道。哈密之防，已咨办事大臣明春就近办理。明春肯顾大局，所部兵勇自简练后均精实可用，与张曜极为联络，差为慰幸。

所有布置情形，谨据实驰陈，伏乞皇太后、皇上圣鉴，训示施行。谨奏。

筹调客军以资厚集折
(1876 年 11 月 2 日)

奏为官军南下，筹调客军，以资厚集而速戎机，恭折驰陈，仰祈圣鉴事。

窃臣与金顺会师西征，幸仗皇威，速戡北路，应即下兵南路，规复旧疆。南路自乾隆二十四年平定后，建城凡八：曰喀什噶尔，曰英吉沙尔，曰叶尔羌，曰和阗，曰阿克苏，曰乌什，曰库车，曰喀喇沙尔，世呼为南八城；而吐鲁番别为一部，不在八城之列，以其地在天山之南，为南八城门户，官吏兵民商贾赴回疆者必取道于此，故志西域者附列之。由吐鲁番而西，历喀喇沙尔、库车、阿克苏、叶尔羌、英吉沙尔以抵喀什噶尔，计四十九台，为程四千一百余里，较之乌鲁木齐至伊犁一千三百余里，程途远逾三倍。兹拟以刘锦棠全军自北而南，张曜、徐占彪自东而西，以规南路。马步合共四十余营，兵力不为不厚。然大军前进，不特后路根本之地兵力宜增，即饷粮、军火均宜层递设局，以便取用，是监护不可无军也；前敌攻克城堡，必须留营驻守，以资抚辑，是留后不可无军也。师行日远，留防之兵日增，进战之兵日减，势有固然。况转战数千里，士卒之伤亡疾病又在所不免。额数有缺，则士气易堕，历观军兴以来始称精军者，末路或难复振，半由乎此。又查南路地势，（东南）〔东西〕① 长而（西北）〔南北〕② 狭，由吐鲁番、达坂城西至阿克苏，尚可一路随行，无取分道并进；一至阿克苏，则局势宽阔，中路一千四百里抵叶尔羌，又三百六十里抵英吉沙尔，又二百里抵喀什噶尔，而阿克苏之北切近伊犁，叶尔羌之东南又遥与和阗相接，均须分

---

① ② 据《宫中档光绪朝奏折》第一辑校改。

派大支扼其总要，然后直捣中坚，可以迅图藏役。〔溯〕① 查道光年间张格尔之变，仅踞南路西四城，故长龄、杨遇春兵由乌鲁木齐、托克逊以进。其时长清先扼阿克苏，凭河击退逆众。扼守阿克苏，然后东四城无敢蠢动，而长龄、杨遇春乃得据无贼之地以击贼，饷丰运速，卒成底定之功。此次兵由乌鲁木齐进，局势依然。而吐鲁番、达坂城、托克逊皆为贼踞，前途二千余里皆为贼守，其致力难易，固已判然；而饷之绌、兵之少，又不如当时远甚。与其徘徊中道，始请济师，正恐旷日需时，事有不可测者。臣因此踌躇再四，实不得不预拟增兵。

伏查现驻包头之统领卓胜全军头品顶带记名提督、铿僧额巴图鲁金运昌，前在甘肃宁、灵一带会剿，所部淮北勇丁，好勇尚气，甚耐劳苦，金运昌整理数年，愈就驯顺；近自黄甫川移扎包头，军民相安，颇得时誉。臣自移驻肃州，金运昌屡以在防无事坚请随征，臣时正以采运维艰、难议增灶置之。而金运昌西征之志益决，所部各营官共相怂恿，众志相同。闻其军马步五千有奇，尚称精实，饷事每月三万数千两，皖、晋各任其半，已有成说。窃维〔现在〕② 北路解严，山西、包头防军本可议撤，而金运昌全军西上，尤与远防不如近剿之说相符。金运昌前在金积堡与金顺、刘锦棠共事一方，彼此尚称孚洽。今调其西征，既期与刘锦棠同心，又适符金运昌本愿，合之两美，于时局实属相宜。臣已函商山西抚臣鲍源深，请其酌度资遣。合无仰恳天恩，敕下该抚臣迅即转饬金运昌，乘秋末冬初，迅速开拔西来，归刘锦棠调遣，庶刘锦棠中路之军得此后劲，可以一意驰驱，而将来克复各城，有移驻之军更番迭进，前敌兵力常足，免滞戎机，遇有必须分支防剿之时，亦可不虞竭蹶矣。至金运昌西来，距皖愈远，每月半饷似难再由皖省解济，应由鲍源深与臣分任其半，俾该军饷事得归有着。其军粮另由臣津贴，以昭公允。

应否如斯？伏祈皇太后、皇上圣鉴，训示施行。谨奏。

---

① ② 据《宫中档光绪朝奏折》第一辑补入。

筹画俄人交涉事务片
(1876 年 11 月 2 日)

再，新疆与俄境毗连，疆埸之事一彼一此。现当边务交涉，议论方滋，不独措置乖方，遇事动多妨碍，即语言交际偶尔失当，亦足启猜嫌争执之萌。臣奉恩命督办新疆军务，身在事中，边防利害之分，百年安危之计，既不敢不引为己任，当先权其轻重缓急，审机宜以泛应，合局势以通筹，庶期久远相安，诈虞可泯。

察看俄国情形，虽权出一尊，而事多分属。其来中国者暂虽驯谨有加，似无寻衅生端之意，然不慎之于始，固有难策其终者。现在边方将军、都统各大臣除金顺外，臣多未曾谋面。一切因应之宜，有函牍所不能详者，亦有未可形诸函牍者，相距过远，并有多处业已见之行事而臣犹无所闻者。事关中外交涉，诚虑议论纷歧，无以示远人而昭画一。合无仰恳天恩，敕下将军、都统各大臣，于俄人交涉事件，除现行事宜本有定章，应各照常办理，此外遇俄人交涉新疆者，应咨臣定见主办，不必先与商议，致远人无所适从，庶期径路绝而轨辙可寻，论说少而争辩自息，似亦省心省事之一道也。

应否如斯？伏乞圣鉴，训示施行。谨奏。

会师攻克玛纳斯南城详细情形
请奖恤出力阵亡各员弁折①
（1876 年 12 月 26 日）

奏为详陈官军会师攻克玛纳斯南城战状，并恳恩奖恤以励军心，恭折仰祈圣鉴事。

窃官军会师攻克玛纳斯南城大概情形，业经臣金顺具折驰报。嗣臣宗棠接准臣金顺咨会：七月十五日率所部马步各队驰抵玛纳斯南城，饬统领礼字营提督刘宏发扎南城正东，亲兵营总兵张大发扎城东北，统领英字营副将方春发扎城东南，与统领振武营副将徐学功、统带马队广州副都统福珠哩联络一气，城西则令健锐营营官和振兴驻扎，臣金顺率亲军步队营官参将余致和与统带定西营提督孔才分扎城北，令吉江马队翼长、巴里坤领队大臣沙克都林札布为游击之师。分布既定，臣金顺于二十日亲率总兵邓增、都司张玉林以后膛开花大炮轰城东北角楼，横塌丈余。刘宏发、方春发趁势移卡逼扎城根。臣金顺与乌鲁木齐领队锡纶麾队于缺口直上，贼乘高死抗，炮石如雨。总兵李大洪、熊佑林，参将陆辉先，冒枪石抢登，均被炮子中伤，登时殒命。方春发、张玉林愤急猛扑，均带枪伤。张大发、余致和率队继进，更番仰攻，缘城头褊窄，难于施展，未能得手。计是役枪毙、炮毙之贼约四百余名，官军阵亡亦一百余名。

二十六日，统带军胜营提督马玉崑遵臣金顺檄调，率队抵玛，扎营城北。八月初二日，马玉崑率队潜登西北角楼，斩守贼十余人，因群贼哗觉，拌死抗拒，旋即收队。初三夜四鼓，臣金顺亲督马玉崑麾军攀堞而上，夺西北角楼，贼负隅死斗。马玉崑麾壮士连扑数次，毙贼甚多。适楼中贼储火药为炮火引着，榱桷倒塌，勇丁被压伤者十余名，马玉崑

---

① 此折与乌鲁木齐都统金顺会衔。

亦被石伤。副将衔游击胡耀群冒火冲杀，被枪子中伤殒命。余致和麾队直前，面带石伤，犹裹创血战。刘宏发赶于西北角缺口抢筑三卡，高出城头。卯刻，忽南风大作，烟焰蔽空，遂即收队。计是（日）〔役〕①毙贼约三百余名，官军伤亡亦二百余名。

嗣是城贼守备愈严，晚间以绳系柴草灌油燃烧，光如白昼，各面缺口均以芦席裹土填砌，沿城屋顶俱筑垛口，排设油枪，为死守计。孔才、方春发复分军于关厢内添筑坚卡。十一日，诇知贼将出窜，饬马步各营严备。刘宏发与营官刘占魁、李大全率队越卡截击，杀贼数十名，刘宏发左手中指被飞子击断。马玉崑督队继进，抢夺城楼，毙贼多名。贼复踞短垣，密排叉子枪，伺官军上城，连环施放。相持既久，官军伤亡者七十余名。

十四日，饬邓增、三等侍卫双全以后膛开花大炮轰城西、南两面。十五日，密饬马玉崑仍于日夕率队向西北角缺口抢登，刘宏发率队继之，孔才、方春发两军由北门炮楼分东、西攻击，和振兴、张长安攻西门炮楼，张大发、张志德、余致和攻东北角楼，徐学功、刘春元攻东南角楼。届时臣金顺凭高调度。饬营务处委员知县长庚、员外郎周先檀、佐领恩泽、光禄寺署正俞应钧分面督攻。各军或肉薄而登，或缘梯猱上，毙悍贼多名。西（城门）〔门城〕②楼匿贼蜂出，官军猛进，贼既败，复又回扑，如是者十数次。定西营营官总兵张大发、杜生万缘城直上，均被枪伤毙命。总兵衔副将司世道、把总邵芝、游击杨占魁甫上城头，或中枪伤，或被矛伤，皆逾时而殒。计是役毙贼约七百余名，官军阵亡二百余名。

十七日，总统湘军西宁道刘锦棠派湘军营务处道员罗长祜、统领湘左军宁夏镇总兵谭拔萃、统领旌善马队提督黄万鹏、统领董字营总兵董福祥各率所部，驰抵玛纳斯助剿。当令扎营城南及西南隅，高筑炮台，并与臣金顺所部分段修掘长濠。二十六日，工竣。适署伊犁将军、臣荣全抵玛纳斯会剿。二十九夜，饬方春发由关厢内掘成地道，九月初一日午刻举发，轰塌城身二丈余，方春发麾队从缺口入，贼凭城内短垣密施枪炮，墙上砖石纷飞，未能抢进。湘军谭拔萃等同时由南面进攻，亦因城头贼众密布，无隙可乘，开放大炮数十子飞入城中，旋即收队。讯据难民供称：贼中伪元帅韩刑脓已被官军炮毙。

---

① ② 据"朱批奏折·民族类"校改。

初二日早，臣金顺所部与湘军仍由缺口进攻。贼预竖木栅，加裹湿毡，以挡枪炮。旌善旗旗官都司崔伟督队猛攻，手刃数贼，臂中矢伤，拔矢疾战，贼拌死抵拒，遂仍收队回营。计是役官军阵亡勇丁十九名，受伤弁勇九十五名。

十二夜，方春发复于关厢内掘成地道，湘军营务处罗长祜及谭拔萃、董福祥等仍由缺口进攻，臣金顺与荣全亲督方春发、马玉崑各军由北城楼进攻。天色向明，地雷举发，轰塌城身两丈余，各壮士奋勇抢登，毙贼无算。忽南风大作，烟尘障天，咫尺莫辨，贼乘势猛扑。提督杨必耀持刀督战，被枪子中伤殒命。孔才搴旗继进，亦被枪伤。计是役官军伤亡百九十余名。

十六、十七等日，贼乘夜越濠，经官军枪炮击走，旋又复来。湘军营官提督汤秀斋停止更鼓，饬守濠弁丁静伏濠边，并备绳索铁钩，密排枪炮待之。夜深，贼果复至，枪炮排击，毙贼颇多。有三贼堕入濠沟，官军用绳系钩引之而上。据供：均系西河营贼党，原籍或西宁，或河州。因城中粮尽，无路可窜，逆首韩刑脓既毙，海晏接充头目，遣令侦探虚实，以便乘间窜走。讯毕斩之。十九夜三鼓，海晏赴徐学功营乞抚，禀臣金顺，示谕呈缴马械，捆献各逆首，然后造余众名册，听候点验，分别办理。海晏愿即遵办。

二十一日平明，贼众二三千人突出西门，老幼妇女居中，悍党持枪械排队夹护。臣金顺知其有诈，饬所部各营列队城北，湘军列队城南，皆严阵以待，另拨马队分布隘口，以防窜逸；一面令徐学功向前开导，谕令抛弃枪械，仍准免死。伪元帅何碌忽开放洋炮，嗾众扑濠。徐学功立麾部卒直前，擒何碌，斩于阵前。各贼目及悍党弃眷猛扑。谭拔萃、董福祥等督队奋击，臣金顺所部由北面截杀而来。贼众左冲右突，毙者大半。伪元帅黑峻见势不支，以洋枪自毙。其逸出之贼，经臣金顺所部与湘军马队及荣全、额尔庆额所派各队分途追斩无遗。城中匿贼经步队一律搜斩，老幼妇女悉释勿诛。湘军营官汤秀斋生擒伪帅马有才，与臣金顺所部生擒伪帅海晏、王奇玉、马受等，概由臣金顺会同荣全提讯，极刑处死。其韩刑脓、黑峻等尸，于克城后与肇乱之伪清真王妥得璘尸骸一并搜掘，戮以示众。此二十一日官军会师克复玛纳斯城，擒斩首逆，歼除悍党之实在情形也。

臣宗棠续接总理行营营务处西宁道刘锦棠禀报湘军战状，核与臣金顺咨报各情相符。

窃维新疆北路乌垣、迪化等城克复后，陕回白逆等与昌吉、呼图壁、玛纳斯北城踞逆先后向南窜逸，唯玛纳斯南城贼党恃其城小而坚，负隅死守。官军会师围攻，计两月余，伤亡精锐甚多。幸赖皇上威福，将士一心，俾积年悍贼悉数歼除。在事诸军功绩卓著。合无仰恳天恩，先加甄（别）〔叙〕①，以昭激励。

赏穿黄马褂记名提督、业普铿额巴图鲁刘宏发，克复乌鲁木齐各城案内已保头品顶带、三代正一品封典；头品顶带记名提督、博奇巴图鲁马玉崑，克复乌鲁木齐各城案内已请赏穿黄马褂，此次均恳恩施，破格优奖。记名副都统、巴里坤领队大臣、库楚特依巴图鲁沙克都林札布，克复乌鲁木齐各城案内已保头品顶带、三代正一品封典，此次应请交部从优议叙。记名提督、矫勇巴图鲁孔才，请赏给头品顶带。尽先副将、霍隆武巴图鲁方春发，克复乌鲁木齐各城案内已保总兵，（请）〔并〕②赏穿黄马褂，此次请以提督记名简放，并赏给头品顶带。三等侍卫双全，请赏二等侍卫，并赏给勇号。都统衔记名副都统、博清阿巴图鲁依精阿，请赏穿黄马褂。

候选员外郎周先檀，克复乌鲁木齐各城案内已保知府花翎，此次请赏加道衔。记名总兵、克勇巴图鲁刘占魁，记名总兵、武勇巴图鲁龙得胜，记名总兵、勉勇巴图鲁李怀兴，以上三员，克复乌鲁木齐各城案内已保提督、清字勇号，此次均请赏加头品顶带，刘占魁并赏穿黄马褂。尽先副将、刚安巴图鲁徐得彪，克复乌鲁木齐各城案内已保总兵、提督衔，此次请以提督记名简放，并赏穿黄马褂。蓝翎荆州驻防黄旗、蒙古佐领恩泽，克复乌鲁木齐各城案内已保协领，换戴花翎，此次请以副都统记名简放，先换顶带。记名总兵邓增，克复乌鲁木齐各城案内已保提督，赏穿黄马褂，此次请赏给三代正一品封典。尽先副将、资勇巴图鲁刘万发，克复乌鲁木齐各城案内已保总兵提督衔、清字勇号，此次请以提督记名简放，并赏加头品顶带。记名总兵罗永兴，克复乌鲁木齐各城案内已保提督，此次请赏加头品顶带。副将衔江西补用参将、刚勇巴图鲁余致和，克复乌鲁木齐各城案内已保副将总兵衔、清字勇号，此次请以总兵记名简放，并赏穿黄马褂。知州衔山西补用知县长庚，克复乌鲁木齐各城案内已保直隶州知府衔，此次请免补直隶州，以知府仍留原省，归候补班遇缺尽先前补用，并赏加盐运使衔。副将衔参将、彪勇巴

---

① ② 　据"朱批奏折·民族类"校改。

图鲁徐学功，请免补副将、参将，以总兵记名简放，并赏加提督衔，赏换清字勇号。尽先副将、固勇巴图鲁孙复胜，请免补副将，以总兵记名简放，并赏加提督衔，赏换清字勇号。副将衔尽先游击、经勇巴图鲁黄占彪，克复乌鲁木齐各城案内已保参将、两代二品封典，此次请免补参将，以副将尽先即补，并赏加总兵衔，赏换清字勇号。副将衔尽先参将、安勇巴图鲁张志德，尽先参将、锋勇巴图鲁张富贵，以上二员，均请免补参将，以副将尽先即补，并赏加总兵衔，赏换清字勇号。副将衔尽先游击、靖勇巴图鲁李得林，副将衔尽先游击、丽勇巴图鲁万长发，以上二员，均请免补游击，以参将尽先即补，并赏换清字勇号。尽先参将、克勇巴图鲁张长安，请免补参将，以副将尽先即补，并赏加总兵衔，赏换清字勇号。副将衔尽先参将和振兴，请免补参将，以副将尽先即补。

湖北抚标补用游击李大全，请免补游击，以参将仍留原标尽先即补，并赏加副将衔，赏给勇号。光禄寺候补署正俞应钧，请以知州归部不论双单月遇缺尽先即选，并赏戴花翎。湖广督标补用游击、卓勇巴图鲁李代兴，请免补游击，以参将仍留原标尽先即补，并赏加副将衔，赏换清字勇号。湖北抚标补用都司、匡勇巴图鲁李复盛，请免补都司，以游击仍归原标尽先即补，并赏加副将衔，赏换清字勇号。尽先都司杨金发，请免补都司，以游击尽先即补，并赏加副将衔，赏给勇号。蓝翎尽先都司柴洪山，请免补都司，以游击尽先即补，并赏加副将衔，赏给勇号。总管衔尽先佐领、骁骑校岱通阿，请赏给勇号。尽先防御、骁骑校、委参领春凌，请免补防校，以佐领尽先即补。军功范忠，克复乌鲁木齐各城案内已保守备、花翎、都司衔，此次请免补守备，以都司尽先即补，并赏加游击衔，赏给勇号。五品花翎、委防御哈勒他尔，请赏给勇号。尽先守备、骧勇巴图鲁张玉林，克复乌鲁木齐各城案内已保都司游击衔，此次请免补都司，以游击尽先即补，并赏加副将衔，赏换清字勇号。五品花翎千总边生有，请免补千总，以守备尽先即补，并赏加三品顶带，赏给勇号。五品蓝翎尽先把总孔荣、仙生禄、李伏、尹绍禄，蓝翎尽先把总王振海，以上五员，均请免补千、把，以守备尽先即补，并赏换花翎。蓝翎千总崔正邦、鲁明珠，以上二员，均请免补千总，以守备尽先即补，并赏加都司衔，赏给勇号。五品军功秦汉仓，请以守备尽先即补，并赏戴花翎。把总何长春，请免补千、把，以守备尽先即补，并赏戴花翎，赏加都司衔。

都统衔记名副都统、苏苏克巴图鲁萨英阿，请交部从优议叙。提督衔甘肃补用总兵、精勇巴图鲁桂锡桢，请赏换清字勇号，赏穿黄马褂。头品顶带记名提督、甘肃宁夏镇总兵、云骑尉世职、嘎什普祥巴图鲁谭拔萃，请旨照一等军功例从优议叙。花翎按察使衔留陕遇缺尽先题奏道罗长祜，请交部从优议叙。记名总兵、阿尔杭阿巴图鲁董福祥，记名总兵、倭欣巴图鲁张俊，均请赏加提督衔，赏穿黄马褂。记名提督、伯奇巴图鲁黄万鹏，头品顶带遇缺题奏提督、哲尔精阿巴图鲁张春发，头品顶带陕甘遇缺题奏提督、阿克丹巴图鲁汤秀斋，均请交部从优议叙。

花翎留甘补用都司崔伟、毕大才、禹中海、马正国、禹益长等五员，均请免补游击，以参将尽先补用，崔伟并〔请〕① 赏给勇号。花翎补用守备李金良，请免补守备、都司，以游击尽先补用。记名提督、威勇巴图鲁汤仁和，请赏换清字勇号。此外出力员弁勇丁，容即查明汇案保奏。

阵亡拟保提督、记名总兵、西拉绷阿巴图鲁李大洪，总兵、精勇巴图鲁张大发等二员，此次均冒险登城，血战捐躯，死事尤为惨烈，恳请敕部各照提督阵亡例从优议恤，李大洪并恳加恩予谥。拟保副将衔游击胡耀群，拟保都司尽先守备、健勇巴图鲁杜生万，拟保守备、尽先把总邵芝，总兵衔湖广督标补用副将、振勇巴图鲁司世道，总兵衔副将、烈勇巴图鲁熊佑林，副将衔尽先游击杨占魁，副将衔参将陆辉先、张清福，参将衔游击廖全胜，都司宋全忠、陈如恒、孔万生、何元新、张有德、何起发，守备罗金山、池宗发、邢万一、丁占魁、萧得胜、杨达胜、陈得胜、钟自运、萧保平、李玉卿、张永发、燕玉龙、孙荣贵、汪洪昌、焦明清、王廷选、范国胜、沈松林、何绍明、董长明、詹永祥、刘定邦、胡元发、张守荣，千总岳凌云、吴大喜、余广德、宋怀成、王有富、刘得功、全乐天、许能行、王贵生、侯得功、张炳荣、赵金山、王万银、朱保忠、王光禄、陈广泰、张青莲、裴云友，把总张金标、高文彬、李福、马升、王才、周国安、胡得胜、赖明山、严得胜、李保臣、余化明、胡应福、方祥开、周保青、张福、王经纶、赵志友，外委袁吉清、马保山、赵凤魁、高占魁、张大发、杨来贵、杨正春，经制李有，遇缺题奏提督、甘肃宁夏镇属灵武营参将、穆精阿巴图鲁杨必耀，记名提督、霍伽春巴图鲁邓胜友，副将胡俊升，二品顶带参将冯金山，

___
① 据"朱批奏折·民族类"补入。

游击聂秀春，都司苗生有，都司衔守备黎积善，守备陈福顺，千总杨添福、周祥发，连金城、文义和，把总成萃庭、张得荣、王得能、范得胜、马迎朝、丁洪发、欧阳清、郑儒选、周兰桂，军功严春华、李荣贵、谢晓全、胡得云、易瑞祺、曹万楚、苏有才、李全福、钟光德、庞春和、刘向成，从九职衔王道政等一百十五员名，均系血战捐躯，深堪悯恻。应请旨敕部各照官阶从优议恤。余俟查明汇奏。

所有官军会师攻克玛纳斯南城战状详细情形，谨合词恭折具陈，伏乞皇太后、皇上圣鉴，训示施行，谨奏。

进规南路师期片
(1876 年 12 月 26 日)

再，大军进规南路，一切布置情形，已详陈在案。适因玛纳斯南城未克，需军助剿，刘锦棠分军赴之，戎机遂滞。比九月二十一日蒇事，原派马步各营收回，已在十月，正值大雪封山，冰凌凝结之时，师行不便。且刘锦棠自前赴南路搜剿逸贼，行次感受瘴气，致染沉疴，派营赴玛纳斯时，即已困惫难支，浸至不省人事，迨由古城觅医诊治，始就痊可，然旋愈旋发，尚未复元。而所部弁丁，因转战而前，未得休息，旋又收割贼种秋粮，劳乏之余，多染疫气；幸入冬时证渐次减退，稍予调养，可冀如常。臣函致刘锦棠酌定师期，以明岁春融为妥。届时金运昌一军亦可赶到，后路可期周密。现正加拨官民车驮、驼只，速运军装、军火、粮料，存储哈密、古城，以便层递灌运，免致临时竭蹶。其张曜、徐占彪两军亦均照办。巴、古中间及济木萨至乌鲁木齐运道，时有游氛出没，伺间劫掠，已饬各防营照护搜剿矣。

谨附片陈奏，伏乞圣鉴。谨奏。

附录上谕　谕左宗棠金顺妥行裁并金顺
各营并复核荣全请奖折片刘锦棠等
军俟春融进军南路
(1877 年 1 月 9 日)

军机大臣字寄，光绪二年十一月二十五日奉上谕："前据左宗棠、金顺驰奏克复玛纳斯南城大概情形，兹复据奏陈详细战状；并左宗棠奏减汰北路征军，请拨部款及规画南路情形各折片。本日已明降谕旨宣示，特予金顺并刘宏发等优奖，出力阵亡各员照请奖恤矣。现在北路一律肃清，各城防守事宜自应妥筹布置。金顺一军为数不少，现值饷需缺乏，必须汰弱留强，庶军士不至饥疲，驱策可资得力。左宗棠请拨部款四十万两作为金顺所部裁遣之费。惟部库需用浩繁，亦形支绌。本日已谕知户部拨给银二十万两，并将各省欠饷催令拨解矣。金顺俟拨款解到，即着将所部各营分别裁汰归并。其遣撤之兵，亦当妥筹安插，毋任滋事。刘锦棠、张曜等军规取南路，现值冬令严寒，大雪封山，未能进发，只可暂时休息。一俟春融冰泮，即着饬令各军，鼓勇前进，迅扫逆氛，廓清疆圉。前因荣全不候谕旨，遽赴玛纳斯城助剿，殊属冒昧，已谕令折回塔城。其所奏请将出力各员奖励，未免过优；双眼花翎，尤非臣下所得擅请。所有荣全原折单各一件、片三件，均着抄交左宗棠、金顺复核，另拟具奏，再降谕旨。将此由六百里各谕令知之。"钦此。

官军三道并进会克吐鲁番两城
大概情形折
(1877 年 5 月 12 日)

奏为官军三道并进，连夺城隘，会克吐鲁番两城大概情形，恭折驰陈，仰慰圣廑事。

窃自乌鲁木齐、迪化州两城俱下，即拟乘胜进规南疆。因会攻玛纳斯城凯旋收队，大雪封山，未能急进，改以今年春融为师期。进兵次第，一遵原议。总理营务三品卿衔布政使衔西宁兵备道、骑都尉世职、法福灵阿巴图鲁刘锦棠于三月朔由乌鲁木齐逾岭而南，先攻达坂贼巢，分军会攻吐鲁番。记名提督、云骑尉世职、哈西巴巴图鲁徐占彪由穆家地沟西南进，入山排搜，与嵩武军分统、记名提督、博奇巴图鲁孙金彪会师盐池，先攻七克腾木，接攻辟展，分下诸城垒，以攻吐鲁番。总统嵩武军广东陆路提督、骑都尉世职加一云骑尉世职、霍钦巴图鲁张曜由哈密西进，先以五营交孙金彪进驻东、西两盐池，亲率大队继进。

迭据张曜、徐占彪驰报：徐占彪会商孙金彪，以七克腾木地方为吐鲁番门户，筑有坚垒，贼所必争，应乘其不备，迅图拔取。三月初五日，徐占彪饬提督何玉超、宋贤声，总兵黄祖福率马步三营，度戈壁前进。初六夜，抵离七克腾木二十里之张家卡贼垒，更鼓弛懈，何玉超等即饬步队勇丁由垒北爬入，内外号鼓齐发，贼始惊起，黑夜仓皇奔逃，马队邀截于外，杀贼颇多。初七日，何玉超等率队进攻七克腾木。初八日，徐占彪督后队至，晡时，分三路进攻，孙金彪率队齐至，四路猛扑，呼声震天，号鼓雷动。贼夺门而出，徐占彪所部枪毙红衣贼目一名，群贼胆落，无心恋战，向辟展狂奔。徐占彪、孙金彪督队急追，沿途毙贼约百余名，生擒五名，夺获旗帜、枪械数十件、马十三匹。初九日，乘胜进攻辟展。甫至城边，城贼望风西遁。两军蹙剿，毙贼三百余名，生擒三十余名。孙金彪所部擒安集延贼二十五名，内有贼目一名才米邪斯，均讯明斩之。夺获枪械百余件，骡马二十四头。此三月初六、初八、初九等日连克贼垒、收复辟展城获胜之情形也。

讯据〔擒〕① 贼供：安集延头目调辟展一带贼众踞六古庆、胜金台等处，俟官军前进，并吐鲁番守贼与官军拌死一战，等语。徐占彪、孙金彪会商，率队分路前进。十二日，徐占彪行抵鲁克沁城。贼见官军至，出城迎战。徐占彪挥马队冲之，贼稍却。步队继进，枪轰矛刺，贼不能支，向西遁去。孙金彪至连木沁台，垒贼纷纷出窜，擒斩数十，蹑踪紧迫至胜金台。该处新筑土城一座，踞贼数百，齐出抗拒。孙金彪率马步各队奋威冲击，毙贼甚多，生擒数十名，内安集延贼二十三名；夺获枪械数十件。两军仍会合于哈拉和卓城东，守贼仓皇出奔，追斩颇众。十三日，会师前进。行至距吐鲁番十余里，守卡贼并东路败窜之贼列阵抗拒。徐占彪从左路进，孙金彪从右路进，步队大呼突阵，枪矛并举。贼殊死斗。乃麾马队分两旁抄袭，贼阵始乱，纷纷溃窜。两军紧迫至城边，城贼倾巢出拒，败贼复回戈搏斗。正酣战间，道员罗长祜分领湘军马步倏自北路驰至，贼益骇愕，不知所为。三军合势夹攻，毙贼无算，败贼向西路狂奔。各军紧追数十里，沿途擒斩亦复不少。帕夏所立阿奇木伪官马人得乞降军前，孙金彪受之，送罗长祜讯明处治。即各收队，分驻吐鲁番两城。本地缠回万余跪地乞命，罗长祜、徐占彪、孙金彪逐加抚慰，令各复业。此三月十二、十三等日攻拔鲁克沁城、连木沁台、胜金台、哈拉和卓城，会克吐鲁番满、汉两城之大概情形也。

刘锦棠于三月初一日由乌鲁木齐率马步十九营逾岭而南。初三日，进攻达坂城即噶逊营，乘贼不觉，已合长围，分五营交罗长祜带赴吐鲁番会剿。其达坂城战状，尚未据禀报前来，缘函由乌垣驿站驰递，较由吐鲁番递肃远逾千里，不能速也。谨将会克吐鲁番大概情形先行驰报。其达坂城战事及会克吐鲁番详细情形，容俟刘锦棠禀报到日再行具奏。合并声明。

谨据实驰陈，伏祈皇太后、皇上圣鉴，训示施行。谨奏。

---

① 据《宫中档光绪朝奏折》第一辑补入。

复陈移屯实边折
(1877 年 5 月 12 日)

奏为遵旨复陈，仰祈圣鉴事。

窃臣钦奉寄谕："翰林院侍讲张佩纶奏请抽调旗丁屯田新疆一折。据称乌鲁木齐等处亟应兴办屯田，以固边防，及三便三利各情形。是否可行并如何办理之处，着左宗棠通盘筹画，妥议具奏。原折着抄给阅看。"钦此。跪聆之余，敬仰我皇上因时损益，执两用中至意，感服莫名！比将张佩纶原奏详加阅看，并酌度事宜，求可见之施行、要诸永久者谨略陈之，以备圣明采择。

窃维张佩纶原奏虽本开屯实边立言，而实则为八旗生计愈艰，亟筹因时制宜起见。谨按：八旗生齿日繁，甲分有定，国家以有定之钱粮，养无限之丁口，势必有时而穷。从前舒赫德、孙嘉淦、富俊、英和诸臣先后条陈及之，老成深谋远虑，固已预为绸缪，而究无成效可睹，中外臣工且以窒碍多端、人情不便为虑，难见诸施行者，非无故也。八旗官兵系出国初勋裔，环卫京师，体制饷糈较绿营为优，而营运资生之策则较绿营为绌。绿营兵丁饷粮虽薄，应名差操之暇，可佣雇谋食、手艺营生，辞粮退休，尚能自食其力。八旗之聪明俊达者为士，勇敢强壮者为兵，惟在致身仕途，博廉俸为仰事俯畜之计；无官禄者或传习经蒙，教练弓马，以其所能食于人已耳。然不习行商服贾之业，不知服田力穑之劳，不谙匠作工师之技，于世之所谓四民者仅可名之为士，而农与工商无与焉。日荒于嬉，惟慢游自便，望其食力行身，俯仰足给，岂可得哉？又况逸豫之久，由昏惰而长恶缘，才者浸成废材，愚者或流于匪僻，不仅饥渴之足为心害也。于是，怀久远之虑者急思有以拯之，而移屯实边诸议以起。

然事体终多窒碍、人情未免疑沮者，约有数端：八旗子弟扈从入关，除驻防各省外，均萃居都中，例禁无故远出，近虽允其游宦四方，随在隶籍，而或以选补升转之迟速，考试录取之难易，京旗视外省为优，未肯舍之遽去，一也。都居既久，坟墓庐舍在焉，赖祭产、薄田、住宅以给饘粥而蔽风雨，一旦捐弃，便致茫然，二也。少小即无执业，口分而外不名一钱，今既离故居而适新土，举目无依，纵口分照常支给，设有窭苦，谁与周恤？设有缓急，谁与通融？三也。四民之业，惟农最多，亦惟农民最为劳苦。大凡以农世其家者，子弟自成童后责其牧牛、拾粪，成人以后，习锄耰、耕获、牵车、扶犁之事，故童而习之，壮而称良，老以传家也。八旗官兵，平时未亲耒耜，未知种植之宜，未习农家诸务，骤驱之陇亩，责以为农之效，正恐"耕也而馁在其中"，重烦筹济，四也。此窒碍疑沮之见于旗籍者也。

外省民事，均责成各厅、州、县，监之以道府，董之以两司，而督抚总其成。今以旗员领旗兵，杂民耕作，兵与民不能耦居无猜，官与官难言同舟共济，调停之术偶乖，则箕帚锄耰，动成嫌隙，钱谷交涉，易启猜疑，诚恐于八旗生计无补，而各省地方有司徒增烦累。移屯之难，一也。移旗籍而兴屯事，迁移路费及到地修造庐舍、制办耕具、采购牛籽粮料一切，需费甚繁，迩值部库空虚，洋防、塞防待用孔急且巨，更增此款，时绌举赢，中外无从设措。移屯之难，二也。此窒碍疑沮之见于官司者也。

窃维张佩纶原奏移屯实边诸策，为国家节经费，为八旗裕生计，为边域固封守，洵为济时要务，终难废格不行。部臣疆吏谊在奉公，岂宜苟安目前，置远猷于不顾？如果尽心协力，黾勉图维，行之以渐，持之以恒，亦未有为其事无其功者。

八旗世居都下，本取居重驭轻之义。今议散之西陲，移腹心之寄置诸股肱，于初制似有未协。新疆距京师万里之遥，迁移需费甚巨。创行之始，百务艰难，到地兴屯，数年之间，耕获未能遽睹成效。臣之度陇也，首以屯田为务，师行所至，相度形势，于总要之处安营设卡；附近营卡各处，战事余闲，即释刀仗，事锄犁，树菽五谷，余种蔬菜；农功余闲，则广开沟洫、兴水利以为永利，筑堡寨以业遗民，给耕具、种籽以周贫苦，官道两旁种榆柳垂杨以荫行旅。自臣以下至营哨各官，于驻营之地，日巡行省视，以劳来而劝勉之。时逾八九年，流亡渐复，客作渐集，所有兵屯之地尽付之民，缓催科而急储峙。自泾州以抵嘉峪，大道两旁各厅州县附近地方，居然井灶相望，而乡野则尚未能遽复旧观，盖陇上本土旷人稀，边塞又多沙石不毛之地也。所以多费时日、稍著薄效者，由微臣家世寒素，耕读相承，少小从事陇亩，于北农、南农诸书性喜研求，躬验而有得；所部楚军，向用农家，不收游手，其将领又多由佣耕作苦而来，故以其所习课其所能，不烦教督而自劝。至所属蜀、豫、淮各军，则固未能一律绳之。若以八旗不士不农之子弟散之边陲，驱之陇亩，窃虑于八旗生计无所裨益，而于国计边储则又有所损，臣固不敢以为然。再四思维，若本张佩纶之意而举行畿辅水利，不但无其损，且有其益，请得而毕陈之。

直隶水利，自虞集始，徐贞明《潞水客谈》言之至为详尽。明代或作或辍，迄鲜成功。国朝畿辅水利四案，如怡贤亲王之苦心经画，固已功在民生，而诵其遗烈者，惟广平府属磁州沟洫依然，岁获丰稔，余则旧迹湮没，难以复按矣。论者谓当时议兴水利为广种粳稻计，北农方以沾体涂足为苦，又以稻非食用所需，销售不若麦豆杂粮之广，舆情不以为便，故法良意美，终扞格而不行。若专行沟洫之政，听民自种麦豆杂粮，则因所利而利之，其被润泽而大丰美，传之久远者，当不仅磁州已也。今直隶旱涝频仍，水利之兴修宜亟，八旗子弟虽难骤即田功，但令其亲畚锸，开浚沟洫，当不以为苦。且散布于畿辅之间，工作余闲仍可演习武艺，有事一呼即应，于居重驭轻之义更有攸宜。而操作既勤，执业专而筋力健，薪复曩昔敦庞纯固之风无难，异时颇、牧之俦，或可仍于禁旅求之矣。其天姿颖悟能读书者，听其照旧应试；捐纳官职者，随时分发各省试用，较现行事例而又宽之；其次发赴各机器局学习制造，增益其所不能，上者可望异时专门名家之选，下者执艺事以食于人，不至悠忽无成，坐废五谷。是为八旗筹生计之所从出，于士之外，增农与工两途，生计固可裕也。直隶郡县均畿辅近地，迁移之费无多。旗兵每月饷粮，应即由神机营、直隶总督分给。其由神机营派出者，神机营各以其应得口分照旧开放；由八旗派出者，直隶总督酌提三口厘税及酌撤客军腾出之饷，照神机营饷章一律开放。神机营与八旗既各拨官兵移屯直隶，先兴水利，该官兵等每月应划留若干为赡养家口之需，若干为本身赴工食用衣履之费，应由神机营、八旗传询明白酌定，以归画一。其人数多寡，神机营与八旗约略相等。间起赴工到工，则专由直隶总督遴派官委管束，分段课功，奖勤责惰，与齐民等，神机营与八旗都统不复过问，庶几心志定而工作勤，自有成效可期也。迨直隶水利渐兴，八旗子弟渐习劳苦工作，风气渐开，责其长为农夫，亦将安之若素。直隶、直东荒隙地亩，固可就近安插，作为世业；即山西、陕西、甘肃迤北地方，水草丰美、可耕可牧之区，亦可议渐次移屯矣。

至新疆土旷人稀，地多饶沃，张佩纶原奏尚有征引未及者。臣前闻之故云贵总督林则徐，当遣戍时，大兴伊拉里克水利，前伊犁将军曾奏请加新赋二十万两有奇。惜其取之太多。今画其地在吐鲁番、托克逊之间，土名亦拉里，水田甚多。已属刘锦棠、张曜访察其详具报。大抵东自木垒河起，逾古城、济木萨而西，三台、滋泥泉、阜康抵迪化州、昌吉、绥来，再西至伊犁，壤地肥润，种一石可获数十石，较之巴里坤、哈密各城硗瘠薄收，奚翅数倍！方今新疆北路，除伊犁外，已一律肃清，汉回土著孑遗仅存，屯务难以复旧。诚移八旗丁壮屯于新疆，事之便利，势之可乘，无逾此者。特虑以未习农务之人骤处之艰难新复、边远阔绝之地，于生计未能裕，于国计未能节，而边防亦未能藉以为重，不但劳费可惜已也。若先修直隶水利，徐议移屯新疆，似于事体尚无窒碍，于人情亦免疑沮。

谕旨敕臣通盘筹画，敢不披沥愚忱，一敬陈之。可否敕下神机营王大臣，八旗都统会同户部广咨博访，定议具奏，以期妥慎？伏乞皇太后、皇上圣鉴，训示施行。谨奏。

嵩武军蜀军连克城隘会同收复
吐鲁番两城请奖折
(1877 年 6 月 6 日)

奏为嵩武军、蜀军连克城隘，会同湘军收复吐鲁番满、汉两城详细情形，请旨奖叙，以励军心，恭折驰陈，仰祈圣鉴事。

窃官军会克吐鲁番大概情形，臣已于三月二十九日专折驰陈，先慰圣廑。

兹据广东陆路提督、骑都尉世职加一云骑尉世职、霍钦巴图鲁张曜，记名提督、云骑尉世职、哈西巴巴图鲁徐占彪续报：张曜与徐占彪得刘锦棠函告，拟暮春之初大举南下。维时张曜已先派所部记名提督、博奇巴图鲁孙金彪分统五营，先扎东、西两盐池；三月初一日，率大队由哈密继进。徐占彪率所部由巴里坤、古城中段穆家地沟搜山而进，与孙金彪会师于盐池。议以七克腾木地方坚垒为吐鲁番要隘，贼所必争，初五日，徐占彪饬提督何玉超、宋贤声，总兵黄祖福率马步三营，暗度戈壁。初六夜，抵张家卡贼垒，夜静更鼓稀少，似尚不知官军已至也。何玉超等选派勇卒数十，由北隅攀登，周麾而呼，号鼓齐发。贼揽衣起，仓卒不知所为。官军乘势启门，一拥而入，遂夺卡垒据之。初七日，何玉超等率队进攻七克腾木。初八日，徐占彪察看地势，分军三路进攻。同日孙金彪率队齐至，四面合攻，连施枪炮，两军愈战愈猛。贼不能支，夺门逃窜。有红衣贼目一名，领群贼出战，凶悍异常，徐占彪饬炮手指击，应声而倒。群贼向西路狂奔。徐占彪、孙金彪督队蹑追。沿途毙贼约百数十名，生擒五名，夺获枪械百余件，战马二十余匹。初九日，乘胜进攻辟展。甫至城边，城贼望风而遁。徐占彪、孙金彪督队蹑剿，毙贼数百名，生擒三十余名。孙金彪所部阵擒安集延贼二十五名，内头目一名，装束稍异，供：名才米邪斯，系安集延酋派守辟展城者。讯毕斩之。遂复辟展城。是役计夺获枪械百余件，健马数十匹。此三月初六、初八、初九等日，攻克张家卡、七克腾木各城垒，并会克辟展之实在情形也。

孙金彪等会议：贼或调集丑类，节节准备，则攻取为难；不如出其不意，迅速掩击，易于蒇事。十一日，各率所部分道急进。徐占彪率所部蜀军由左，孙金彪率所部嵩武军由右，十二日抵连木沁台。贼闻官军骤至，纷纷出窜。孙金彪督队疾驰，斩贼数十名，立将连木沁台克复。查该处系新筑之城，城中缠回甚多，跪地乞抚。孙金彪受之，并将所获牛马发给抚回，张贴告示，令其安业。仍督队抵胜金台。该处亦有新筑土城，踞贼数百，背城迎拒。孙金彪饬步队与贼挑战，饬游击林秀全等率马队绕后抄击。贼阵遂乱，四散狂奔。立将胜金台新城攻拔，追斩骑贼二百余名，生擒数十名，内有安集延兵二十余名，夺获枪械数十件。是日辰刻，徐占彪督队抵鲁克沁城。贼见官军至，即列队城边拒战。我军以马队冲之，贼亦以马队抵御。我军步队以长矛继进，骑贼却退，由城北折转城西，向吐鲁番窜去。城中守贼亦夺门西遁。两军仍会合于哈拉和卓城东。城中守贼仓皇出走。饬马队蹑追，败之。收队入城，安抚本地回民。十三日丑刻，两军疾趋，行距吐鲁番十余里地方，探报贼已倾巢出窜。刘锦棠已由达坂派马步各营星夜由北面驰至，三军会同收复吐鲁番满、汉两城。安集延所立阿奇木伪官马人得降于军前，本地缠回万余罗拜乞命，刘锦棠所派道员罗长祜、孙金彪、徐占彪受之，令呈缴马械，各安生业。查吐鲁番汉城本缠回所居，满城为安集延所踞，逆竖海古拉修建伪府，壮阔逾常，其军械、军粮萃聚于此。事后藉获贼粮数十石，贼储子药约三十余万斤。此三月十二、十三等日嵩武军、蜀军连克鲁克沁城、连木沁台、胜金台、哈拉和卓城，会同收复吐鲁番满、汉两城之实在情形也。

窃维吐鲁番旧本车师王庭，形势与古城并重。大军由东道进规南八城，必问途于此。回乱以来，地为安夷所踞，防守益严。安酋帕夏自占踞吐鲁番，征敛繁重，虐使其民，缠回苦之久矣，顾为其诈力所屈，欲自拔而不能。臣上年拟下兵南疆，当三路同时并进，使贼备多力分，不至为所牵缀。而张曜、徐占彪两军进取之期，当各以防所远近为先后，尤必由刘锦棠酌定师期，庶几路程适均，不至彼此参差以愆期，致贻后悔。而哈密抵吐鲁番为程千一百余里，巴、古中间取道穆家地沟通车大道，以抵吐鲁番，亦七百余里，尚不若由乌鲁木齐取道达坂城抵吐鲁番仅只四百余里之较捷也。兹张曜、徐占彪一闻刘锦棠进兵有期，即各自防所络绎奔赴。三月初五日以后，次第攻克城卡，遄赴戎机，卒能于十三日与刘锦棠别部同时会克吐鲁番满、汉两城。以战事言，似未若达坂、托克逊之神奇；而破敌之果、赴机之速，实微臣始愿所不及也。非将士踊跃用命，其效不能臻此。应恳天恩先加甄叙，以昭激劝。

广东陆路提督、骑都尉世职加一云骑尉世职、霍钦巴图鲁张曜，识略最优，才兼文武，筹剿筹抚，曲协机宜，应如何破格优奖之处，出自天恩。

赏穿黄马褂记名提督、云骑尉世职、哈西巴巴图鲁徐占彪，赏穿黄马褂记名提督、博奇巴图鲁孙金彪，以上二员，均请赏给头品顶带。记名提督、绷僧额巴图鲁宋贤声，记名提督、霍霏彦巴图鲁何玉超，以上二员，均请赏穿黄马褂。记名提督、德愣额巴图鲁李玉春，请旨交部照头等军功例议叙。

提督衔记名总兵王明泰，记名总兵李永芳，以上二员，均请以提督尽先题奏。总兵衔尽先补用副将杨寿山，请以总兵交军机处记名简放，并赏加提督衔。副将衔尽先补用参将乔凤友，请以副将尽先补用，并赏加总兵衔。副将衔尽先游击孙万林，请以副将尽先补用。副将衔尽先游击石玉山，请赏给勇号。副将衔尽先游击林秀全，请以参将尽先补用，并赏给勇号。补用都司王明兰、姜成立，以上二员，均请以游击尽先补用，并赏加副将衔。补用千总孟广山，请以守备尽先补用，并赏加都司衔。开复补用总兵黄祖福，请免缴捐复银两。副将衔尽先补用参将、勘勇巴图鲁秦玉盛，请以副将尽先补用，并赏换清字勇号。尽先补用游击蔡义兴，请以参将尽先补用，并赏给勇号。留甘补用都司谷振杰，请以游击仍留原省尽先补用，并赏加参将衔。尽先补用都司牟春阳、廖登第，以上二员，均请以游击尽先补用，并赏加参将衔。尽先补用守备帅九成，请以都司尽先补用，并赏加游击衔。蓝翎拔补把总雷福庵，请以守备尽先补用，并赏换花翎。其余出力员弁兵勇，容俟查明汇案保奖。

所有嵩武军、蜀军连克城隘并会师克复吐鲁番满、汉两城详细情形，谨会同帮办新疆军务大臣、伊犁将军臣金顺恭折驰陈，伏祈皇太后、皇上圣鉴，训示施行。谨奏。

陈明借定洋款折
（1877 年 7 月 6 日）

奏为借定洋款，请旨敕下总理各国事务衙门分别知照，以期迅速集事，恭折驰陈，仰祈圣鉴事。

窃臣军饷项奇绌，上年春间奏奉谕旨，准借洋款五百万两，臣因已蒙天恩敕拨部款二百万两，又敕各省提前解饷三百万两，尚资接济，不必多借洋款，耗费息银，是以于上年夏间奏请缓借。仍饬上海采运局道员胡光墉随时与各洋商筹议，以今岁成交，（时限）〔明〕① 年按次还款，庶于军饷有济，而各省之力亦纾。均经奏明有案。前因洋款事多夹杂，久无确音，不得已于四月内有筹拨部款之请。兹接据胡光墉禀称：洋商知许厚如不足信，臣〔处〕② 借用洋款事均仍旧，疑虑顿释，因向汇丰银行借定五百万两。彼国电报已先以银二百五十万两装船，余俟装船有期再报。惟洋商狃于同治十三年闽省所借洋款先收烂番、后还实银故事，计息虽少，获利转饶，固以比照闽案为请。胡光墉与之再四斟酌，彼借此还，均用实银，按每月一分二厘五毫起息，由浙海、粤海、江海、江汉四关出票，作七年匀还，每年还两次，每次以六个月为期。洋商犹虑胡光墉或蹈许厚如前辙，无以取信远人；胡光墉亦以东西洋事故迭生，虑有中变，遂各议罚银十五万两：如三个月内关票不到，则罚银归胡光墉承认；如三个月内洋银不交，则罚银归汇丰洋行承认。此等曲折，固非华商常例也。

臣维南路用兵，局势实为顺利。只因粮饷转运筹措艰难，未能应手，戎机遂因而稍滞。兹据胡光墉禀呈前情，是秋深尚可望巨款到甘，

① 据《宫中档光绪朝奏折》第一辑校改。
② 据《宫中档光绪朝奏折》第一辑补入。

虽议息较前稍重，固未可吝小费而忽远猷也。以七年计之，每岁还其本银不过七十余万两，每次尚只三十余万两，初年息银甚微，末年息银稍增。以四省匀还，初起数年，每省岁不过二十余万两。而四省协济甘饷，浙江每岁应一百四十余万两，湖北、江苏、广东皆岁协九十余万两内外。从中划拨归款，既各省力所优为，又时日尚舒，不致以迫促为苦；而臣军得此巨款，除还陕、甘、鄂、沪借款外，尚不致束手无策，坐失机宜。遂饬其如议赶办。除将胡光墉原禀抄稿咨呈总理各国事务衙门外，惟向章洋行付银必须由该国驻京公使、总税务司知会各关领事官、税务司，又必以各关印票为凭。合无仰恳天恩，俯念边军待饷孔殷，敕下总理各国事务衙门咨行广东、浙江、江苏、湖北四省督抚暨监督关道，迅将前项借银五百万两作七年匀还本息银两分别出具关票，加盖督抚、关道关防，仍照会英国总税务司转饬四关税司一律盖印签押，交上海采运局道员胡光墉妥速办理，并由总理各国事务衙门知照驻京英使，分别知照上海英领事暨汇丰银行照付银两。盖关票早到，借银可以早提，而西事亦得早为部署。臣不胜激切待命之至！

其关票本息银两每省每次应还若干，均有向章可循，臣已札饬胡光墉照前办理，就近禀咨各省督抚、监督关道查照速行，以免转折，合并声明。

谨具奏驰陈，伏乞皇太后、皇上圣鉴，训示施行。谨奏。

逆酋帕夏仰药自毙折
（1877 年 7 月 26 日）

奏为逆酋仰药自毙，逆子舁尸西窜，经库车缠回截杀，据各军先后呈报，恭折驰（呈）〔陈〕①，仰祈圣鉴事。

窃达坂大捷，安集延兵头大通哈、胖色提等概行就缚，自请公同上书酋长帕夏，擒陕西逆回白彦虎解赴军前，献还南八城，再恳恩宥。刘锦棠许之，令其各选亲信数人，同所遣八城缠回前去去后。迄未得其回报。

兹据刘锦棠禀：五月十四日，有哈密回王迈哈默特从前迭次所遣探迎其母之回目和加木牙斯、买卖色德可，又阿布都买卖提、绕孜买卖提，又苏卜尔、盖秋如可等六名，带同逃出难回到托克逊投营，并持回哈密大臣路票呈验，诉称："我们前后奉亲王三次派赴南路，访寻老福晋，一入吐鲁番境，均被安集延卡兵盘获，送托克逊见帕夏，帕夏即将我们监押。嗣随帕夏到库尔勒地方，仍照前监押。上年听得官军破古牧地，得了红庙子，安集延人、南八城人都害怕。今年官军破达坂城，安集延人尽死，其头目又被生擒，缠头九百余人蒙恩释放，帕夏杀过数十人，监押一半，余俱潜逃回家。各城缠回畏官军之威，感官军之德，愈恨帕夏，不服其约束。帕夏知人心已去，日夜忧泣。四月上半月，服毒药死了。其子海古拉将尸沉水中三日，取出用香牛皮包裹，嗾其死党舁行。昨闻库车回子已将海古拉拿去，原留库尔勒之安集延大通哈、胖色提一闻此信，即将库尔勒之粮仓、军火、财物交白彦虎接管，星夜驰赴库车。我等绕南面海沿子逃归。"等情。据张曜牍开："吐鲁番缠回陆续自喀喇沙尔逃归者，金供：四月初十内外，帕夏在库尔勒饮药自毙。帕

---

① 据《宫中档光绪朝奏折》第一辑校改。

夏之子率党伙向西窜去。白彦虎移踞开都河西岸。"与刘锦棠禀报相同。
是逆酋帕夏畏惧自尽，确凿可据。

惟逆竖海古拉经库车缠回拿去，如何下落，尚无确报。顷复据张曜
转据鲁克沁回目迈引报：四月二十三日，派萨吾提等五人前赴罗布淖侦
探贼踪，见罗布淖伯克，据称："老帕夏在库勒死了。小帕夏护尸西走，
将库勒事务交白彦虎，并派有阿（克）〔奇〕木管理。小帕夏走到库车，
有托胡的夏带领库车、阿克苏、萨牙三处缠头回将小帕夏及和阗呢牙斯
阿奇木伯克两人杀了，并将安集延人杀散。其留在库勒之阿（克）〔奇〕
木得信，即将银钱交付白彦虎，说库车三处人现与小帕夏打仗，我去一
看就来，想是不回来了。"查所供之小帕夏即指海古拉，库勒即库尔勒
也。萨吾提等并言，罗布淖伯克盼官军早到。并开其子孙三品伯克三名、
五品伯克三名、七品伯克三名花名清单呈阅。连旬以来，迭据各营侦报，
大略相同。是逆子海古拉经库车、阿克苏等缠回截杀，亦确凿可据。

窃维安集延酋帕夏，本浩罕四部之一。浩罕既亡，帕夏乘中原多
故，远略未遑，竟敢盗踞南疆，招纳溃兵叛弁，尽取回部四千余里据而
有之，与北路客回同恶相济。迨天戈西指，不即束身归命，遁归故巢，
竟敢勾结漏诛逆回白彦虎，肆其猺猖，公然抗拒。及古牧大创，乌垣、
红庙子迭克，犹复坚（据）〔踞〕[1] 达坂、托克逊、吐鲁番各城隘，遏
大兵南下之锋，为三窟深藏之计。诸将士肃申天讨，甫及旬余，各城隘
一律扫除，而达坂之克，无一人一骑得还，老贼尤为胆落。比逆属大通
哈爱伊德尔呼里等劝其缚送白彦虎、献回南八城自赎，而帕夏闻败震
惧，不能制白彦虎，又平时恃其诈力，虐遇缠回，攫其资财，掠其男
女，靡恶不为，缠回怨毒已深，至是群思报复。帕夏有所闻，忧惶无
措，决计自毙，希免显戮。而逆子异尸西窜，中途复经库车、阿克苏等
缠回截杀。是诚积恶灭身，天网无漏也。

查帕夏自称毕调勒特汗，有子四人：长哎哥；次名哎都噜股鲁，急
呼则海古拉；第三子曾充阿克苏伯克，四子曾在吐鲁番，均不知其名。
其留守本境之长子哎哥，则尤非帕夏所爱也。其留守喀什噶尔者，闻系
何姓，本前换防武员，不知何时叛投安集延，以其女改名色哩吗罕，妻
帕夏，闻现尚带叛兵二千余。此外，除安集延兵数千，又有汉人五六
千，缠回万余人，在彼耕种、经商、当兵，均剃辫回装以自别。据各路

---

[1] 据《宫中档光绪朝奏折》第一辑校改。

侦报所陈如此。谨参核而识其大略，尚未知确否也。

安集延在浩罕各部中素称强悍，敢为大言。道光初张格尔为变，即恃其部众为亲兵，与官军抗。部人以经商致富，与泰西诸国通，亦颇习其制造。帕夏性暴而贪。窃踞南疆八城后，狡焉思启，不仅夜郎自大已也。此次屡经大创，自取灭亡。回部内讧，已成瓦解之势。计八城中，除喀什噶尔尚须重烦兵力，此外师行所至，当无敢再抗颜行者。刘锦棠、张曜军律严明，尽心抚辑。从贼中逃归者随时安集，各处之被贼裹胁者随时资遣。计送归乌鲁木齐者二千七八百名口，送归哈密者二千五六百名口，皆给以牛种、赈粮，俾得各安生业。远近闻风景附，不约而同。察看情形，南疆戡定有期，差堪仰慰圣廑。

所有夷酋自毙、逆子复经截杀缘由，谨据实陈明，伏乞皇太后、皇上圣鉴，训示施行。谨奏。

遵旨统筹全局折
(1877 年 7 月 26 日)

奏为遵旨统筹全局，谨将愚虑所及据实密陈，仰祈圣鉴事。

窃臣于五月二十四日钦奉谕旨："关外军情顺利，吐鲁番等处收复后，南八城门户洞开，自当乘胜底定回疆，歼除丑类，以竟全功。惟计贵出于万全，事必要诸可久。吐鲁番固为南路要隘，此外各城，如阿克苏等处，尚有可据之形势否？回酋报知帕夏缚送白彦虎、缴回南八城之说，是否可恃？喀什噶尔逆首依附彼族，尤易枝节横生。伊犁变乱多年，前此未遑兼顾，此次如能通盘筹画，一气呵成，于大局方为有裨。该大臣亲总师干，自以灭此朝食为念，而如何进取，如何布置，谅早胸有成竹，为朝廷纾西顾之忧。其即统筹全局，直抒所见，密速奏闻，以慰厪念。"等因。钦此。跪诵之余，具仰我皇上眷顾西服，圣虑深远，于保大之中廑驭边之略，钦佩何言！

窃维立国有疆，古今通义。规模存乎建置，而建置因乎形势，必合时与地通筹之，乃能权其轻重，而建置始得其宜。伊古以来，中国边患，西北恒剧于东南。盖东南以大海为界，形格势禁，尚易为功；西北则广莫无垠，专恃兵力为强弱，兵少固启戎心，兵多又耗国用。以言防，无天险可限戎马之足；以言战，无舟楫可省转馈之烦，非若东南之险阻可凭，集事较易也。周秦至今，惟汉、唐为得中策。及其衰也，举边要而捐之，国势遂益以不振。往代陈迹可复按矣。顾祖禹于地学最称淹贯，其论方舆形势，视列朝建都之地为重轻。我朝定鼎燕都，蒙部环卫北方，百数十年无烽燧之警，不特前代所谓九边皆成腹地，即由科布多、乌里雅苏台以达张家口，亦皆分屯列戍，斥堠遥通，而后畿甸宴然。盖祖宗朝削平准部，兼定回部，开新疆、立军府之所贻也。是故重新疆者所以保蒙古，保蒙古者所以卫京师。西北臂指相连，形势完整，自无隙可乘。若新疆不固，则蒙部不安，匪特陕、甘、山西各边时虞侵轶，防不胜防，即直北关山，亦将无晏眠之日。而况今之与昔，事势攸殊。俄人拓境日广，由西而东万余里，与我北境相连，仅中段有蒙部为之遮阂。徙薪宜远，曲突宜先，尤不可不豫为绸缪者也。

高宗平定新疆，拓地周二万里，一时帷幄诸臣不能无耗中事西之疑。圣意坚定不摇者，推旧戍之瘠土，置新定之腴区，边军仍旧，饷不外加，疆宇益增巩固，可为长久计耳。方今北路已复乌鲁木齐全境，只伊犁尚未收回；南路已复吐鲁番全境，只白彦虎率其余党偷息开都河西岸，喀什噶尔尚有叛弁逃军，终烦兵力，此外各城，则方如去虎口而投慈母之怀，自无更抗颜行者。新秋采运足供，余粮栖亩，鼓行而西，宣布朝廷威德，且剿且抚，无难挈旧有疆宇还隶职方。此外如安集延、布鲁特诸部落，则等诸丘索之外，听其翔泳故区可矣。

英人为安集延说者，虑俄之蚕食其地，于英有所不利。俄方争土耳其，与英相持。我收复旧疆，兵以义动，彼将何以难之？设有意外争辩，枝节横生，在我仗义执言，亦决无所挠屈。

至新疆全境，向称水草丰饶、牲畜充牣者，北路除伊犁外，奇台、古城、济木萨至乌鲁木齐、昌吉、绥来等处，回乱以来，汉回死丧流亡，地皆荒芜。近惟奇台、古城、济木萨商民、散勇、土著民人聚集开垦，收获甚饶，官军高价收取，足省运脚。余如经理得宜，地方始有复元之望。南路各处，以吐鲁番为腴区，八城除喀喇沙尔所属地多硗瘠，余虽广衍不及北路，而饶沃或过之。官军已复乌鲁木齐、吐鲁番，虽有驻军之所，而所得腴地尚不及三分之一。若全境收复，经画得人，军食可就地采运，饷需可就近取资，不至如前此之拮据忧烦、张皇靡措也。

区区愚忧，实因地不可弃，兵不可停，而饷事匮绝，计非速复腴疆，无从着手。局势所迫，未敢玩愒相将。

至省费节劳，为新疆画久安长治之策，纾朝廷西顾之忧，则设行省、改郡县，事有不容已者。合无仰恳天恩，敕户、兵两部，速将咸丰初年陕甘、新疆报销卷册各全分及新疆额征、俸薪、饷需、兵制各卷宗由驿发交肃州，俾臣得稽考旧章，按照时势，斟酌损益，以便从长计议，奏请定夺。

兹因钦奉谕旨，统筹全局，直抒所见，谨据愚见所及，披沥密陈，伏乞皇太后、皇上圣鉴，训示施行。谨奏。

复陈办理回疆事宜折
（1877 年 10 月 7 日）

奏为复陈办理回疆事宜，恭折由驿具奏，仰祈圣鉴训示事。

窃臣钦奉寄谕："郭嵩焘奏英人照会调处喀什噶尔事宜，并传闻俄古柏病殁各折片。据称：英国德尔比屡遣威妥玛为喀什噶尔调处，照会章程三条，意在护持安集延；又闻喀什噶尔俄古柏病殁于古拉尔地方，等语。该侍郎所奏各节，于新疆南路军务得手情形自尚未悉。着左宗棠将郭嵩焘所奏体察情形，斟酌核办。原折、片、单着抄给阅看。将此由五百里谕令知之。"钦此。

窃维西北兵事，自陕西肇乱，甘回继起，关内外遍地贼氛，而新疆遂因之瓦解。乱北路者，妥、索两逆贼党，均关内陕甘客回也。乱南路者，浩罕所部之安集延酋帕夏贼党，皆其部人，南八城、吐鲁番等缠头回及旧土尔扈特等种人概为帕夏所劫，不特回疆之民望风而靡，即换防弁兵亦叛附之。迨北路贼首妥得璘为其所败，降于安集延，于是帕夏阑入北路，而新疆几成异域矣。

安集延本浩罕四部之一，浩罕为俄人所并，安集延遂诏附英人。帕夏侵占回部十余年，英人阴庇之亦十余年。明知为国家必讨之贼，从无一语及之者，盖坐观成败，阴持两端之故智也。上年官军克复北路数城，英人乃为居间请许其降，而于缴回各城、缚献叛逆紧要节目一字不及，经总理衙门向其辩斥乃止。兹德尔比、威妥玛复以此絮聒于郭嵩焘，彼意以护持安集延为词，以保护立国为义，其隐情则恐安集延之为俄人所有。臣维安集延系我喀什噶尔境外部落，英、俄均我与国。英人护安集延以拒俄，我不必预闻也。英人欲护安集延，而驻兵于安集延境，我亦可不预闻。至保护立国，虽是西洋通法，然安集延非无立足之处，何待英人别为立国？即欲别为立国，则割英地与之，或即割印度与之可也，何乃索我腴地以市恩？兹虽奉中国以建置小国之权，实则侵占中国为蚕食之计。且喀什噶尔即古之疏勒国，汉代已隶中华，固我旧土也。喀什译义为"各色"，噶尔译义为"砖房"，因其地富庶多砖房，故名为喀什噶尔。南八城之富庶，素以喀什噶尔与和阗、叶尔羌为最，此固中外所共知者。英人以保护安集延为词，图占我边方名城，直以喀什噶尔为帕夏固有之地，其意何居？从前恃其船炮横行海上，犹谓只索埠头，不取土地，今则并索及疆土矣！彼阴图为印度增一屏障，公然向我商议，欲于回疆撤一屏障，此何可许？臣奉职边方，才疏德薄，致启远人轻视之心，无所逃罪。惟以局势言之，我愈示弱，彼愈逞强，势将伊于胡底！亦惟有勉竭驽钝，不顾目前成败利钝图之而已。

帕夏于库尔勒地方服毒自毙，英国既有所闻，赛德尔意仍照郭嵩焘前议办理，德尔比意欲饬署理公使傅磊斯赴总理衙门会议，莯赛斯亦拟来京调处。此皆无关紧要。彼向总理衙门陈说，总理衙门不患无词；彼来臣营陈说，臣亦有以折之。

现在南路之师，刘锦棠所部三十二营于八月中旬分起西进，张曜拟于九月初旬继发。臣前调徐占彪所部蜀军，移驻巴、古之间。兹委记名提督、前安徽寿春镇总兵易开俊率马步数营进驻吐鲁番，以资镇抚。与郭嵩焘片奏"乘俄古柏冥殛之时席卷扫荡"一语，尚无不合。惟迫于数月之内转战三千余里，窃恐势有难能。

臣前闻英人有遣淑姓赴安集延之说，已驰告刘锦棠、张曜，属其善为看待。如论及回疆事，则以我奉令讨侵占疆宇之贼，以复我旧土为事，别事不敢干预，如欲议论别事，请赴肃州大营。臣于此次奉到谕旨，当加饬其体察情形，妥为办理，务期预为审酌，以顾大局。

谨据实陈明，伏乞皇太后、皇上圣鉴训示。谨奏。

附录上谕　谕左宗棠督饬各军速图规复喀什噶尔并随时察办与英人交涉事宜
（1877 年 10 月 22 日）

军机大臣字寄，光绪三年九月十六日奉上谕："左宗棠奏复陈办理回疆事宜一折。喀什噶尔为回疆南路屏障，现在军务顺手，自应席卷扫荡，复我旧疆。左宗棠已派刘锦棠所部于八月中旬分起西进，张曜亦拟于九月初旬继发，徐占彪一军移扎巴、古之间，易开俊率马步数营进驻吐鲁番。所筹均合机宜。即着督饬各军，转战而前，力图规复，不得稍涉迟延，致启外人觊觎。将来克复各城后应如何妥筹布置，俾得一劳永逸之处，并着豫为筹画，计出万全，用纾朝廷西顾之忧。英人以护持安集延为名，意图蚕食。该督豫饬张曜、刘锦棠答复英人各语，词义正大，当可折其阴谋。仍着该督随时体察情形，妥为办理，以顾大局。将此由五百里谕令知之。"钦此。

筹办陕甘赈务折
(1877 年 10 月 7 日)

奏为陕西亢旱成灾，会商抚臣办理赈务，并筹办甘肃庆阳赈务，恭折仰祈圣鉴事。

窃查陕省今岁雨泽愆期，夏禾收成歉薄，秋禾多未播种，民食孔艰。又值邻省河南、山西亢旱频仍，来秦告籴，陆续搬运，储蓄早空。本辖民食无从接济，目前即苦饥荒，距明岁豆麦收获之期尚远，邻省又无可采运。抚臣谭钟麟率同司道悉心筹画，捐廉筹款，委员分赴湖南、北两省采米，水陆转运入秦，以资赈抚。臣于接到抚臣函牍及各府州县禀报灾歉情形，随时筹画，咨商办理荒政。甘肃庆阳府各属旱灾情形，与陕境相同。现饬平庆泾固道魏光焘察酌地方情形，妥为赈抚；复倡捐养廉银一万两，以七千两备陕西赈务之用，以三千两备庆阳赈务之用；其西征粮台前次挪用陕库银三十万两，已饬该司道等遇有饷项解到，陆续划拨归款，以济急需。各在案。

窃维陕西自去冬雪泽稀少，土不保泽，本年春雪又悭，入夏以来，雨虽屡降，而入土即干，不获沾润之益，秋后则亢旱更甚，糜谷荞麦种不能降，而灾象成矣。庆阳一郡亦然。此时筹办赈抚，莫难于筹粮。除庆阳尚可于陇辖有收之处随时采运挹注外，陕西则非远求之湘、鄂，近求之于川、蜀不可。赈粮采之楚、蜀，水陆迢递数千里，价脚繁重，倍蓰于粮，兵燹之余，何从取给？是非择绅商之稍有力者劝令捐输不可。就两省而论，甘肃贫瘠著名，素乏殷实之户；至陕西除南山、北山瘠区不计，此外富室较多，又经商获利之家所在皆有，近遭回乱，多散居贸易各省，生计仍完。兹值桑梓奇荒，理宜尽力捐输，以敦任恤之谊。臣现饬甘肃司道劝令官绅量力酌捐，一面咨商陕西抚臣督饬司道劝谕各绅士富商尽力捐助。其悭鄙太甚者，恐非择尤勒令承捐不可。

　　至恤贫以保富为先，办赈以遏乱为急。办赈之际，如有匪徒借口饥荒，倡众掠食，必致强者饱飏，懦者槁饿，而地方殷实之家畏祸运徙，贫户更无以谋生。是宽容一二刁徒，致令众贫民失所，且恐饥民啸聚日众，致酿巨端。故荒政重在救饥，而治匪之政亦宜并举也。现拟简明告示，会太仆寺卿臣刘典、陕西抚臣谭钟麟全衔刊发晓示，以杜浮嚣而定众志。

　　愚昧之见，一并附陈，伏乞皇太后、皇上圣鉴训示。谨奏。

进规新疆南路连复喀喇沙尔
库车两城现指阿克苏折
（1877 年 11 月 18 日）

奏为官军进规新疆南路，连复喀喇沙尔、库车两城，仍蹑踪追剿，进规阿克苏，并布置后路，恭折驰陈，仰祈圣鉴事。

窃臣前奏奉谕旨："左宗棠拟俟新秋采运足供，鼓行而西。刻下已届新秋，着即檄饬各军克日进兵，节节扫荡。"比即恭录行知。

嗣据总理行营营务处、总统马步各军三品卿衔布政使衔甘肃西宁道、法福灵阿巴图鲁刘锦棠报称：七月十七日，先派提督汤仁和率队由托克逊进扎苏巴什、阿哈布拉两处。八月初一日，续派总兵董福祥、张俊等率步队三营由阿哈布拉、桑树园、库木什、榆树沟、星星子、乌沙塔拉一带前进，安扎哨垒，至曲惠安营；又派提督张春发率队由伊拉湖小道进至曲惠，与张俊会队。均曳负薪草，开浚泉井，按程预备，以待大队续至。二十一日，刘锦棠分饬各步队由大路进，自率马队各营由小路进。二十六日，齐抵曲惠。询知十八日有骑贼百余前来窥探，瞥见官军队伍，即返马狂奔。二十七日，派提督余虎恩、黄万鹏等率马步十四营，取道乌沙塔拉，傍博斯腾淖尔西行，出库尔勒之背，为奇兵。二十九日，刘锦棠率队由大路向开都河进发，为正兵。开都河源自天山之麓，汇而南趋，贯库尔勒、喀喇沙尔之中，下流注于博斯腾淖尔，古所谓泑泽者也。白逆自喀喇沙尔过开都河西岸，即壅开都河水以阻官军，漫流泛滥，阔可百余里。刘锦棠师至，遣骑试探，深者灭顶，浅者亦及马背。次日，舍淖路，望碱地迤行六七十里。一溪前横，深亦丈许，传令将士凫水径过。仍向碱地纡折而前，约百二十里，方达开都河东岸。饬马步五营搭造浮桥，堵塞上流，就原来碱地掘修车道。九月初一日，刘锦棠亲入喀喇沙尔城中巡视，大城水深数尺，官署民舍荡然无存，所有缠回均被白逆追胁随行，间有存者，隐匿山谷，不敢出也。刘锦棠谕

和硕特台吉扎希德勒克速迁所管蒙民数百户前来，以实后路。初（一）
〔二〕① 日，率蒙民向道探河身浅处，轻骑减装，乱流而渡。沿途民舍
均已烧毁，亦无居民。初三日，过哈尔哈阿满沟。马队在前，突有骑贼
百余斜掠而过，骑兵纵马追斩十余骑，生擒两贼，验视皆安夷装束，讯
之则陕回也。据供：白逆于秋粮甫获，即迫缠头回悉数搬粮入库车。闻
官军将至，迫其随行。回性怯弱，不敢有违。此来为探官军进止。讯毕
斩之。是日，余虎恩等亦从间道驰至。比入库尔勒，则空城一座，阒无
人烟，而行粮已罄，后路转运车驼未至，军无现粮。刘锦棠令军士觅掘
窖粮，得数十万斤。一面飞挽后路转运接济，一面派员招辑难回。此九
月初一、初三等日，官军收复喀喇沙尔、库尔勒等城，安抚难民之实在
情形也。

　　刘锦棠侦知白逆因策达雅尔、洋萨尔两处缠回及乌鲁木齐、吐鲁番
各难回尚有未经尽徙者，复至洋萨尔迫胁随行，乃于各营步队挑选健卒
一千五百名，马队挑选精骑一千名，作为头队，亲率以行；令道员罗长
祜管带后队各营及辎重继进。初十日，行百七十里，驻库尔楚。次日，
行百六十里，驻策达雅尔。探报白逆于日内尽驱洋萨尔缠回同回布告
尔。即令头队炊食，二更启行，行八十里至洋萨尔。但见各村堡火光烛
天，杳无人声，知该逆临行放火，传令后队扑救，仍率头队即进。行一
百里，至布告尔，日已交午。报称回庄之前，贼骑千余排列。黄万鹏等
率马队进击。贼欺其少，猛扑前来。谭拔萃等率步队趋前接战。骑贼败
却。我军乘势追击，阵斩百余名，生擒十余名，至庄西十余里收队。盖
是日已行二百里矣。讯据擒贼供称：白逆家口已于前十日过此，并有悍
贼二千护之。此间与洋萨尔缠头及乌鲁木齐、哈密、吐鲁番各城裹来汉
回，喀喇沙尔裹来蒙民，均经白逆派令头目驱向库车，此起系殿后之
贼。等语。初十日五更，头队行四十里，瞥见前面骑步数万，以测微镜
瞭之，见持械贼不过千余，其余皆扶老携幼、驱车牵牛、杂遝攒集，知
为贼胁难民。刘锦棠传令：手执军械者斩，余均不问。须臾号鼓齐鸣，
马步并进。贼败，委难民而去。甫数里，复列队挺矛以待。官军奋威冲
杀，贼乃狂奔。是日驻营阿尔巴台。刘锦棠派陶生林护难民归布告尔、
洋萨尔两处，权为安插。十一日，驰抵托和奈地方，令数十骑侦视回庄
有无伏贼。遇数贼夺门出，擒讯，始知白逆于是日径向库车窜走。庄中

---

　　① 据《宫中档光绪朝奏折》第一辑校改。

蒙、回未被胁去者尚万余人，均伏地号呼。刘锦棠抚谕安居如常，勿庸惊怖。

是夜四鼓，拔队行三十里，距库车大城不远，闻枪炮声。官军急进，见缠回数万，散布郊原，讯知皆库车之不愿随贼西行者。贼见官军至，方集队抗拒。刘锦棠令黄万鹏、崔伟、毕大才、禹中海、禹益长、李金良、马殿林率旌善马队由右，谭拔萃、贺长发、戴宏胜率步队继之；章洪胜、方友升、夏辛酉、张宗本率马队由左，张俊、胡登花、石蕴玉率步队继之；刘锦棠自率马队居中，调罗长祜率后队马步继进。骑贼四五千分两路来拒，官军击之，毙贼已多，贼仍死斗。谭拔萃等步队继进。正鏖战间，罗长祜后队马步大至，横跃入阵，贼始大溃。官军乘胜蹴之，追杀四十里，沿途贼毙骈列，约计阵毙之贼不止千数也。自此西行，即度戈壁，非携水不可，而库车缠回急宜安抚，遂收队回库车，抚谕回民，令各安堵如故。讯擒贼供：本日阵前轰伤贼目，即城中总领马由布也。白逆闻官军速到，先遣人护眷口西行，己为殿后，并嗾悍党迫胁回众随行。比官军奋至，回众不愿前进，诸贼正开枪轰逼，忽官军大至，悍党乃舍所胁回众，以拒官军，不料一败至此。问白逆裹回众随行者，何意？擒贼供：闻贼中计议，一使官军无所资藉，难以远追；一欲多裹缠回，至喀什噶尔献之新帕夏伯克胡里，为结纳计。讯毕斩之。此九月十二日克复库车城、安抚回众实在情形也。

十三日，刘锦棠拔队启行，驰百八十里。次日，抵和色尔，发报后仍紧追拜城，以指阿克苏，将穷贼所往尽力追杀。其张曜一军，于九月初旬次第进发。张曜料理善后毕，中旬亦即启行。

臣以喀喇沙尔本南路八城之一，库尔勒旧号腴区，蒙回被贼驱迫，非其本怀，应设抚辑善后局，筹给赈种，待其来归，课以耕牧；一面平治道路，修造渡船，安设驿站，以通商旅而速邮传。现委同知衔留川补用知县黄继裕、分省补用巡检颜廷奎，作为喀库善后抚辑局员，携银前往，妥为经理。其库车至阿克苏一带，虽咨请张曜于继进之便随时规画，而经理必有专员，已饬古城采运局布政使衔道员陶兆熊，驰赴刘锦棠军前听候差委。将来大军前进，局势日宽，克一城即须设一局，委员尚宜预为遴派，庶资差遣也。

此次刘锦棠率所部马步追剿逆回，擒斩悍贼虽不过千数百名，而自库尔勒启行，蹑踪奋击，六日夜驰九百里，收复喀喇沙尔、库车两城，其余城堡回庄无数，现指阿克苏，拔出被裹回众以十万计。据报库车一带粮料充足，用价采买，较吐鲁番尚易，不但可省转运劳费，并免迟误戎机，尤为幸事。将士感沐皇仁，踊跃前驱，不辞艰瘁，其劳烈实有未可掩抑者。应否恩允存记汇奖？出自圣裁。

其力战阵亡之记名提督、精勇巴图鲁王庆福，提督衔记名总兵曾又得，尽先补用都司杨玉昌，都司衔补用守备杨宝林、李景清，蓝翎补用守备廖翰卿，蓝翎千总孙得胜、康福、梁得胜，蓝翎把总邓臣忠、鄢得胜等十一员，应请旨敕部，各照官阶从优议恤，以慰忠魂。

谨将追剿获胜，连复喀喇沙尔、库车各城，现筹进取，并筹布后路情形，会同帮办新疆军务大臣、伊犁将军臣金顺恭折驰陈，伏乞皇太后、皇上圣鉴，训示施行。谨奏。

刘锦棠部攻克达坂托克逊坚巢并会师克复吐鲁番城尤为出力员弁恳恩奖叙折① （1878 年 1 月 18 日）

奏为汇保刘锦棠所部攻克达坂城、托克逊贼巢并会师克复吐鲁番满、汉两城尤为出力文武员弁，恳恩奖叙，恭折具陈，仰祈圣鉴事。

窃臣于本年四月二十五日奏报官军进规南路，攻克达坂，夷回擒斩无遗，连克托克逊坚巢，逆竖狂窜，并分兵会克吐鲁番满、汉两城详细情形请奖一折，并声明其余出力员弁勇丁容即查明汇案保奖。钦奉谕旨："着照所议办理。"

窃查官军自上年克复乌鲁木齐，军威正盛，安集延酋帕夏阿古柏及陕回白彦虎、甘回马人得等偷息南路。官军原拟乘胜急进，以次扫除，因会克玛纳斯南城后节交冬令，大雪封山，前进征军、后路转运均有阻碍停滞之虞，中途又别无憩息之所，是以不果。安集延酋帕夏阿古柏将达坂新城移筑两山间，高厚坚整，迥殊常度，阿古柏以大通哈及各头目踞之。又以托克逊为由乌垣入南路要隘，亦坚筑两城，以次子海古拉率党踞之。并分布贼党于吐鲁番以东，添筑卡垒，护其巢穴，为久抗计。总理行营营务三品卿衔布政使衔西宁兵备道、法福灵阿巴图鲁刘锦棠，于三月初一日亲率马步由乌鲁木齐逾岭而南，侦知达坂之贼窃踞如故，新城内并坚筑小城为稳抗计，派陕安镇总兵余虎恩、汉中镇总兵谭上连于初三日潜师夜起，衔枚疾进，乘贼不觉，五鼓会集达坂城外，立合锁围。紧攻三日，火器猛烈，先摧其外城，继轰其内城，大小炮子及枪子连环施放，毙贼无数。群贼屡次突围，均被刀矛截杀殆尽，生擒安集延大小头目百二十余名，无一人一骑漏网者。乘势进攻托克逊，并分军攻吐鲁番城。声威一播，海古拉、白彦虎等均已丧胆。会张曜、徐占彪两

军由东路转战而来，士气百倍，逆贼鼠窜，遂会克吐鲁番城，伪官马人得乞降军前。官军于两旬之间攻拔各要隘，迭复各城池，斩擒以万计，受降以数万计，迅雷下击，不及掩耳，自此新疆南路破竹之势成矣。将士感荷皇仁，踊跃奋迅，劳烈未可掩抑。据刘锦棠开单禀请奖励前来。

臣详加复核，人数虽多，并无冒滥。谨缮清单，恭呈御览。其蓝翎千总以下各弁，照例咨部注册，伏恳恩施，允加奖叙，俾有勇知方之选咸知所劝，于军务不无裨益。

谨会同帮办新疆军务大臣、伊犁将军臣金顺恭折具陈，伏祈皇太后、皇上圣鉴，训示施行。谨奏。

札萨克头等台吉札希德勒克恳恩旌奖片
（1878 年 1 月 19 日）

再，喀喇沙尔地方有和硕特、土尔扈特两部蒙众游牧介居回族之间，始遭土回肇衅，继遭缠回肆扰，安夷复乘乱阑入。土尔扈特一部荡析离居，存者无几；和硕特一部，亦丧其大半，其余户口，赖札萨克头等台吉札希德勒克聚集孑遗，避居博尔吐山中，竭力保守，未遭浩劫。本年官军收复托克逊后，该台吉来营面谒。刘锦棠谕令仍回博尔吐扼守，并侦探贼情，随时报闻。八月中旬官军进兵以后，该台吉随同驰驱，于地势险夷、贼情虚实、水道深浅，据实备陈。师逾开都河，遂将该部落帐房迁居河东防堵。其劳绩未可掩抑。合无仰恳天恩，准将札萨克头等台吉札希德勒克赏戴花翎，以示旌奖，出自逾格鸿施。

谨附片具陈，伏乞圣鉴，训示施行。谨奏。

剿除沙雅尔逆回分道进规
喀什噶尔各城折
（1878 年 1 月 20 日）

奏为官军剿除沙雅尔逆回，收抚余众，分道进规喀什噶尔各城情形，据实驰陈，仰祈圣鉴事。

窃臣接据总理行营营务、候补三品京卿刘锦棠十月二十七日阿克苏驰报：东四城既复，各城堡回民就抚〔复业〕①，安堵如常。惟库车迤南沙雅尔回目麻木尔，曾充安集延玉子巴什之职，甘心从逆，官军攻克达坂城时生擒纵归。麻木尔得归沙雅尔故巢后，煽诱土回及哈密各处客回，仍附安集延所设库车胖色提，听其指嗾。比官军攻克库车，麻木尔挈其党伙三四百人潜窜哈番地方。哈番在阿克苏城南迤西四百四十里。适已就抚之宁河滑蹄回目款营来报，同时接前路侦报：十月初五日，哈番又到一股匪回六七百人，与麻木尔合势，谋拒官军。刘锦棠令提督谭慎典、副将夏辛西带马队，提督席大成、戴宏胜带步队，亲率以行。十月初八夜三鼓拔营，初九日抵宁河滑蹄，初十抵巴河。侦知贼复窜哈番西五十里屈乌克拱拜地方，河流深阔，贼过后，船筏均提泊彼岸。刘锦棠令缠回踩浅觅路，策马先行，马步继进。诇知贼尚踞原处，官军号鼓齐鸣，整队而前。麻木尔嗾众鏖斗，枪炮环施。谭慎典、席大成、戴宏胜、潘长清奋威冲击，贼不能当。马队中有旧识麻木尔者，测准开枪，正中麻木尔面颊，子由口内穿耳旁出，贼众惊溃。刘锦棠挥队冲杀，阵斩悍贼三百余级，生擒数十名。其老幼、妇女、牲畜，则先已散匿林中。次日，入山搜捕，获沙雅尔老小眷属五百余名口，交随军回目带归沙雅尔，其哈密客回，则由营派员解回阿克苏。讯据各回供称：麻木尔受伤，瞥见数骑拥之穿林鼠窜，伊等不知其下落也。刘锦棠派令搜

---

① 据《宫中档光绪朝奏折》第一辑补入。

山，杳无贼踪，乃收队回阿克苏。

正拟分道进兵，布署一切，忽接南路侦报：求抚回目、和阗伯克呢牙斯闻官军西进，遽率所部回众进图叶尔羌。帕夏长子伯克胡里得据叶尔羌之大通哈飞报，即由喀什噶尔带五千骑赴援叶尔羌，彼此搏斗甚力，呢牙斯为伯克胡里所败，并失和阗。而从前换防官军守备何步云、旗员英韶等遣汉、回间道来营递禀，急求反正。据称：逆回白彦虎，九月底窜至喀什噶尔东北百八十里卡里他亚以两克地方，人不满百，饥疲殊甚；惟新掳布鲁特马，则倍多于人。伯克胡里已由喀什噶尔带骑贼赴叶尔羌南与呢牙斯战，胜负未分。留踞喀什噶尔头目阿里达什拒白彦虎不纳，何步云、英韶率满汉兵民数百人占据汉城，乞发兵救援。旋据探报：伯克胡里闻官军已克库车，引众向英吉沙尔窜走，留人据和阗。何步云又报：占据汉城后，阿里达什逐日攻扑；并闻伯克胡里准白彦虎入喀什噶尔助攻汉城之信。刘锦棠统筹西四城局势，原应先取叶尔羌，次规喀什噶尔、英吉沙尔。惟喀什噶尔兵民反正，已据汉城，机未可失，则先攻喀什噶尔边城，裹贼中央，俟张曜全军取齐，分道并规，纵横扫荡，机局更无不宜。遂饬提督余虎恩率步队三营、马队一起，总兵桂锡桢率马队一营一起，由阿克苏取道巴尔楚克、玛纳巴什进，为正兵；提督黄万鹏率旌善马队六旗、总兵张俊率步队三营，由乌什取道布鲁特边界进，为奇兵。均计道里远近为师期先后，总以十一月十四日同抵喀什噶尔为准。两路均听余虎恩节制，以一事权。而巴尔楚克、玛纳巴什形势最胜，刘锦棠俟两路启行后，即亲率马步各营前往驻扎，以扼和阗、叶尔羌冲要，并便策应前敌之军。一俟张曜全军取齐，届时协力并规，或合或分，自当相机酌办。其由喀喇沙尔、库尔勒至库车、拜城一路，以驻吐鲁番之提督易开俊安远一军填防。易开俊所遗之托克逊、曲惠两处防务，以总兵刘凤清步队两营分布驻扎。至吐鲁番及瞭墩十三间房东通哈密之处，则以臣标游击宋得禄选锋马步兵一营，总兵夏奉朝、守备宾恩曜马队两起前往接防，计此时已度戈壁，抵哈密而西矣。

自肃州、嘉峪关以抵吐鲁番，自〔吐鲁番〕① 托克逊以抵库车，皆防军也。自库车至阿克苏、巴尔楚克，为且防且战之军。自巴尔楚克、玛纳巴什以抵喀什噶尔、英吉沙尔，则主战之军。常山率然势成，首尾

---

① 据《宫中档光绪朝奏折》第一辑校补。

相应，数千里一气卷舒，将士心目中皆有全局洞贯之象。而自库尔勒以西，所历又皆腴疆，天时、地气不殊中土。回思关塞荒瘠寒苦、劳费艰阻情形，盖居然苦尽甘来，人人慰意，此足仰纾宵旰忧勤于万一者。

惟师行日远，驿道逶迟，以后军报虑难迅速驰递，缘台站创立，诸务纷繁，即书役亦须由关内雇觅供差，非若内地有州县驿丞吏役承办，可期便捷也。谨先陈明，乞纾慈廑。

所有剿除逆回，收抚余众，分道进规喀什噶尔，并调度布置情形，谨会同帮办新疆军务大臣、伊犁将军臣金顺恭折驰陈，伏乞皇太后、皇上圣鉴，训示施行。谨奏。

附录上谕　谕左宗棠等饬令官军相机规复喀什噶尔并设法兜捕伯克胡里白彦虎以竟全功
（1878 年 2 月 5 日）

军机大臣字寄，光绪四年正月初四日奉上谕："左宗棠奏官军剿除沙雅尔逆回，进规喀什噶尔各城一折。沙雅尔回目麻木尔挈党窜踞哈番地方，经刘锦棠率军击散，惟麻木尔受伤窜逸。仍着饬令官军探踪严拿，毋任漏网。喀什噶尔兵民反正，已据汉城。逆酋伯克胡里引众向英吉沙尔窜走，而逆党阿里达什犹敢攻扑汉城，且白彦虎亦有窜并助攻之信。刘锦棠现已分军先行进规喀什噶尔。当此事机顺手之时，自不难克日攻拔。一俟张曜全军到齐，即行相机规取各城，次第扫荡。功在垂成，尤应稳慎图维，以收万全之效。伯克胡里既往英吉沙尔窜走，又有引白彦虎入喀什噶尔之说，设与该逆合并，远窜穷荒，终为不了之局。左宗棠当饬前敌官军，务将首要各逆设法兜捕，就地歼除，以竟全功。该大臣前有改设行省郡县之议，现在已经收复各城，向有办事及领队大臣，应否简放之处，着即详议具奏。北路一带布置事宜，着金顺随时与左宗棠妥商办理。将此由六百里各谕令知之。"钦此。

新疆缠回打仗出力请酌量奖叙并委署各城阿奇木伯克等职折
（1878 年 1 月 20 日）

奏为新疆缠回随同官军打仗出力，酌量奖叙，并拣委回目署理新复各城阿奇木伯克等职，分别给予顶带，以示观感，恭折仰祈圣鉴事。

窃据总理行营营务、候补三品京堂刘锦棠呈称：本年官军规复托克逊后，南路各城投诚缠回相望于道，军行所至，或为向导，或随同打仗，颇为出力。克复地方应办各事，皆委缠回头目承办。数月以来，该回目等凡搜缴马械、采办粮料柴草、侦探贼情、防守卡隘，均能督率回众，办理无误。新疆自隶版图，所有各回城皆设阿奇木伯克、伊什罕伯克等官，如库车、阿克苏、赛里木、沙雅尔阿奇木伯克，均系三品；拜城、乌什阿奇木、库车、阿克苏伊什罕伯克，均系四品。可否将该回目等减等给予顶带，委署各城阿奇木伯克、伊什罕伯克，以资经理回务，开单呈请核办前来。

臣维本年春间，大军进规南疆，收复吐鲁番、达坂、托克逊各城，回目饶得成等随营办事，充当向导，随同打仗，异常出力，实属深明大义，著有微劳，业由臣填给五品蓝翎功牌，以示奖励。其各城阿奇木伯克、伊什罕伯克等名目，缠回信之，如内地回民之信阿訇、番民之服土司，不能废也。自逆回变乱以来，安夷窃踞，几至沦为异域。兹各城次第收复，所有办事头目，于采办军粮及侦探、防守各务均无贻误，自应给予顶带，暂准署理各职，以期呼应灵通，但不准仍前擅操生杀之权。察看将来，如果办事得力，公正廉明，缠回悦服，再行奏请恩施。

除由臣给予顶带、缮发委牌，造册咨部查照外，所有拟办缘由是否有当？谨恭折具陈，伏乞皇太后、皇上圣鉴，训示施行。谨奏。

新疆应否改设行省开置郡县请敕会议折
（1878 年 2 月 8 日）

奏为新疆应否改设行省，开置郡县，事关西北全局，请旨敕下总理衙门、军机处、六部、九卿及各省督抚会议复陈，听候圣裁，以期允协事。

窃臣于上年六月十六日具奏遵旨统筹全局，谨将愚虑所及据实密陈一折。七月十七日承准军机大臣字寄，光绪三年七月初二日奉上谕："左宗棠所陈统筹新疆全局，自为一劳永逸之计。南路地多饶沃，将来全境肃清，经理得宜，军食自可就地取资。惟目前军饷支绌，若南路一日不平，则旷日持久，饷匮兵饥，亦殊可虑。该大臣所称地不可弃，兵不可停，非速复腴疆，无从着手等语，不为无见。着即督饬将士，戮力同心，克期进剿，并揆时度势，将如何省费节劳，为新疆计久远之处，与拟改行省郡县，一并通盘筹画，妥议具奏。"钦此。跪诵之余，钦仰无既！

上年秋后，官军由托克逊、吐鲁番联（络）〔翩〕① 西进，所有布置一切及饷粮转运、地势、贼踪，臣已迭次预为陈奏。仰仗朝廷威福，师行迅利，连克喀喇沙尔、库车、阿克苏、乌什四城。刘锦棠派余虎恩、黄万鹏等分军两路，进规喀什噶尔，驻军于巴尔楚克、玛纳尔巴什，以扼叶尔羌、和阗冲要，兼策应前敌之军，均经迭次陈奏。

顷据总理行营营务处候补三品京堂刘锦棠十一月十九日叶尔羌驰报：已于十七日克复叶尔羌城。适接余虎恩、黄万鹏飞禀：十三日，齐抵喀什噶尔，即于是夜克复喀什噶尔满、汉两城，复出城追剿窜贼，尚未收队。又据张曜牍称：由阿克苏先派马队三营赴前敌助剿，适和阗伯

───────────

① 据《宫中档光绪朝奏折》第一辑校改。

克呢牙斯携男妇五百余口由间道来投,吁恳安插。臣批令仍归和阗收辑部众。刘锦棠甫将大概情形驰报,即于二十日率马步各营,绕道英吉沙尔,以抵喀什噶尔。所有复城杀贼详细情形,俟刘锦棠到喀具报到臣,当即露布上闻,仰纾慈廑。

是南疆克期底定,尚免老师糜饷之虞。而官军自克复喀喇沙尔以后,所历均是腴疆。臣调阅各城米粮、布匹、银钱及军民所需日用百货价值清单,与东南各省腹地相若,且有较之内地市价更为平减者。加以经理,则利民用、裕军储,胥有攸赖。现饬古城、巴里坤、哈密、安西采运局减采停运,并将各局分别撤留,以示撙节。十年艰难辛苦,百计经营,时虞弗逮者,一旦霍然如沉疴之去体。将来军食就地取资,全局既振,制用自纾,我皇上保大定功,规模宏远,上与高宗拓地节饷之贻谋,若合符节。

惟是新疆拟改设行省、置郡县,虽久安长治之良图,然事当创始,关系天下大局,非集内外臣工之远猷深算,参考异同,则思虑未周,筹策容多疏误。且甘肃荒瘠著名,所有兵饷全资各省协济,相沿已久。臣前奏请敕户部将咸丰年间报销册籍全分颁发到臣,以凭稽考,尚未见到。现复逐加访询甘(省)〔肃〕① 本省及镇迪一道饷需经费,每年常额计三百二十余万两内外,伊犁、塔尔巴哈台及吐鲁番、南八城满绿各营饷需经费,约尚需百数十万两,均系由各省拨解接济。此时虽指西征台局及各省关专款分解济用,将来应仍复旧额,以归有着。合无仰恳皇上天恩,敕下军机大臣、总理各国事务衙门、六部、九卿及各省督抚臣,将新疆应否改设行省、置郡县从长计议,具奏请旨;并将各省关从前应解甘饷及应解新疆额饷各实数咨部核对行知,庶微臣斟酌损益,得有凭借。

现在南路八城虽复,所有屯垦、抚辑、善后一切事宜需用甚繁,均由臣军饷内随时挪垫,臣不敢另款请销。各省关遵照部章,均解至八成以上,臣亦断不敢格外请益。至于南路腴区全复,凡可为开源节流计者,臣自当殚诚竭虑,慎以图之,务求弊去利生,以益大局。

愚昧之见,是否有当?合并陈明,伏乞皇太后、皇上圣鉴,训示施行。谨奏。

---

① 据《宫中档光绪朝奏折》第一辑校改。

请变通部章广搜人才折
（1878 年 3 月 4 日）

奏为时事需才甚殷，请旨敕下吏、兵两部，变通部章，广搜人才，以备任使，恭折陈明，仰祈圣鉴事。

窃维治乱安危，虽关气数，而拨乱反治，扶危就安，则必人事有以致之。人事既尽，虽气数之天，亦退处于无权，而旋转之机始有可验者。所谓干戈起而文法废，文法废而人才出，人才出而事功成也。安常习故时，刀笔筐箧之士奉行例案，亦可从容各奏其能。至事故迭生，则非其人其材不足以当之。天之生才不易，人之应运非偶。古今以奇才异能著闻，而大名盛业足重当时、传于后世者，亦有几人？苟能补救世局，卓然有所表现，即不得谓非一时之选，然即此已不易得。矧时会方殷，待人而理，需才之亟且众，如今之陕甘甚于各省，今之新疆又甚于陕甘，岂可刻以相绳也。

将营广厦，预购众材；将合群力，必呼邪许。不蓄三年之艾，何以治七年之疾？不挈旧识侣伴，何以为万里之行乎？将士远道从征，劳苦过于内地，又皆昔时谪戍之乡。其于役也，艰矣！其称名也，又非甚美。所以争赴前行、矢效死力者，感朝廷豢养之久、体念之深，两次允颁部款，又适当征军待发之际，将士怀忠抱悫，急于赴敌，求纾宵旰忧勤，是其明效。论功请奖，何独不然？近来保案过多，臣亦何尝不以浮滥为虑。特用兵日久，战事又多，保奖稠迭，既不容已，则奏咨两案，不得不宽。局外虽诧其多，局中则犹觉其少也。

溯维同治五年二月，钦奉谕旨："从前南省勇丁以甘肃地方瘠苦，多不愿往。若将调赴甘肃勇丁酌增饷银若干，或再将员弁勇丁之从征西路者变通章程，从优保举，当可乐于从事，益加奋勉。"等因。钦此。臣入关度陇，奉以周旋，罔敢失坠。军行寒苦荒瘠之区，复当兵燹之后，物产既绌，陆运又极艰难，正饷外须分途设局，采运军火、军械、粮料、草束、棉衣、单袷、巾屦以及军中必需之件，非别筹经费采运不可，非别筹津贴不可。客军饷需由各省给领者，越境以后，该各省只肯照旧供支额饷。饷数本薄，军粮、马干、驼干为数极微，万难敷衍，又非由臣别筹津贴不可。是甘肃、新疆与各〔省〕① 内地情形本不相同也。采运劳费，既与各省内地悬殊，而又非人不理，非才不办，则劳绩之优绌亦因之有异者，势所必至。部臣意在示限制、拔真才，致多驳斥，是不揣其本而齐其末也。外间之碍难遵照，理有固然。揆诸重内轻外之常经，外僚自应恪遵部议，以收和衷之益，汉臣诸葛亮所谓"陟罚臧否，不宜异同"也。臣于部章固不敢坚持异论，然遵照办理，实苦窒碍难行。伏恳天恩敕下吏部、兵部，将甘肃、新疆保案从宽核议，照甘肃现行州县补缺部章酌予通融，以广搜人材，期收实效。但令拔十得五，于时局必有所裨。

又，部臣于外省汇保各案奉旨交部议奏者，按照新章，分别准驳，本其职分所当为。至已奉旨允准见诸施行，部臣但当钦遵办理，不可再加指驳；否则部章转尊于纶綍，事近颠倒，实非所宜，恐启下陵上替之渐。往代封驳之事，以黄门、给谏任之，亦缘阶远秩卑，非若亲近大臣地逼势疑可比。故今制御史风闻言事，给事中主封驳，秩仍五品，可复按也。唐臣颜真卿谓朝廷纪纲，须共存立，臣故不能无言。应恳敕下部臣一并熟思审处，以免自干咎戾，伏候圣裁。

臣因部章难遵、体制宜慎起见，据实陈明，伏候皇太后、皇上圣鉴，训示施行。谨奏。

---

① 据《宫中档光绪朝奏折》第一辑补入。

西四城流寓各部落种人分别
遣留并议筑边墙片
(1878 年 3 月 5 日)

再，据刘锦棠续报：克复西四城后，所有安集延贼党及陕、甘、新疆各逆回均已搜捕诛戮净尽。惟叶尔羌城查出英吉利商官阿布都色买提一员，随带克什米尔等商人九名，又有乳目国洋操教头二名、商人三名，阿剌伯人三名；和阗各城查出温都斯坦人三十余名，鄂勒推帕人二十余名，克什米尔人一千七百余名，拔达克山人三千余名，巴尔替人一千余名，科拉普人一百五十余名，哈普隆人二百五十余名。据英国商官阿布都色买提称：系伦敦人，三年前，同伙三人贩货来新疆销售，前年归去一人，上年九月，闻官军至阿克苏，又归去一人。现存余剩货物，约只十分之一。刘锦棠饬令封存，出示店门，禁止兵民侵夺；一面催阿布都色买提整装归国。阿布都色买提谢保护之德，求俟春融起程。其乳目国，遍查记载，无可引据。据洋操教头自称：该国距新疆一年路程，在俄、英两国之西，素以炮火见长。帕夏因图自强，特用重金延请伊等东来教习洋操队伍、阵式，并演放后膛开花大炮。此次官军进剿，目睹军威，实深悦服。该教头等与阿剌伯人均求给予文凭，春融回国。刘锦棠许之。至温都斯坦各国，本印度地方，佛经所称痕度、生毒，均印度转音。克什米尔各国，皆西方种类，有前数十年贸易流寓西四城者，有安夷窃踞时始由各国东来者。刘锦棠以该各部众数千，既未助逆抗拒官军，且贸易为业，不习战阵，杀之不武，应即仰体皇仁，概免诛戮。传谕各头目，暂准照常安居，造档呈验，惟不许擅便出入，致干盘诘。其伯克胡里所造帕夏大冢，即予平毁。其西四城旧有卡伦，皆附各城数十里、百数十里内安设。卡伦以外，则布鲁特十九部落错杂而居，在喀城西北者五部落，苏勒图、察哈尔、萨雅克、巴斯奇斯、萨尔巴噶什其名也，不知何时投附俄罗斯；其冲巴噶什、希布察克、提依锦图尔、额依格尔、岳（百）〔瓦〕① 什、额德格讷、色勒库尔、奇里克、胡什齐诺、依古特、萨尔特奈、曼喀尔、提锦蒙额、勒德尔十四部落，向附安集延。刘锦棠到喀城后，各头目陆续来见，仍愿归附中国。续据呈报请示前来。

臣维西四城地处极边，从前西方各部落往来贸易者，间出其途。道光年间，英吉利商人即有由乌什、阿克苏经过赴伊犁边外之事，曾见奏牍，其明徵也。惟从前不过行商，偶尔假道，无流寓杂处者。自阿古柏窃踞以来，招致通商，各部落种人日增，遂皆视阿古柏为东道主人矣。若辈既未助逆抗拒，固可免其诛戮。惟任其久与回部错处，异时呼朋引类，边衅易启，致费周章。应查明分别办理：愿归故土者，仍放归各部落，一任翔泳故区；其愿留中土者，准于关内安插，庶可杜其勾结之萌。查喀城形势，介葱岭支干之中，安集延、布鲁特地居西偏，逾山而东，乃达喀城。故各部落入喀，动称过山，本中外天然界画。若南自英吉沙尔，北至布鲁特界，按照卡伦地址，改筑边墙，于冲要处间以碉堡，则长城屹立，形势完固，界画分明，尤为百世之利。至于乳目教头、英国商官，均准给文回国。布鲁特十四部落仍愿归附中国，姑如所请，自此应亦稍识兵威矣。此次西四城克复，皇威遐畅，西方远近各部落种人之旧时流寓、新来游历者莫不震动恪恭，诧为创见，差堪上慰宸衷。

谨一并据实附陈，伏乞圣鉴，训示施行。谨奏。

---

① 据"朱批奏折·民族类"校改。

甘肃禁种罂粟请将查禁不力及
实在出力各员分别惩劝折①
（1878 年 8 月 2 日）

奏为遵旨禁种罂粟，请将查禁不力各员分别参撤，其实在出力各员恳恩俯准奖叙，以昭劝诚而期永久，恭折仰祈圣鉴事。

窃栽种罂粟，非肥沃地亩不能滋长繁茂。而愚民无知，贪图重利，遂将宜谷肥土栽种罂粟。废嘉禾而植恶卉，不但流毒无穷，且乱后耕垦无多，民食、军粮尤虞不继。臣宗棠入关度陇，目睹情形，深为忧虑，迭次示禁，并撰刻四字韵文，颁行城邑乡村，广为劝诚。数年以来，稍为敛戢。然乡村偏僻地亩偷种者尚多，其杂植豆麦间图免查拔者，尤复不少。光绪二年十二月，准吏部咨奏严禁罂粟，明定考成案内，由部酌定处分奏明，奉旨允准，行令钦遵办理。臣等复檄饬藩、臬两司，严督各府、厅、州、县禁种罂粟，文檄分驰，并令各防营分途查拔。布政使崇保、按察使史念祖复遴委妥员四出，会同印官，周历乡村。本管道府督同厅县营汛，随时轻骑赴乡搜查，月凡数至。遇整段地亩，一律翻犁灌水；其杂植豆麦间者，亦且锄且拔，俾无遗蘖。于是，已种罂粟之地花苗净绝，复种豆、麦、糜、谷，顿改前观矣。据平庆泾固、巩秦阶、兰州、西宁、甘凉肃各道府按月汇报，及各厅州县具报相同。

惟宁夏一府，沃土之民狃于恶习，广种罂粟，视为利源，地方各官一加查禁，则群以钱粮无从完纳为词，隐相抵制，驯致宜谷之区广植妖卉，较金积堡未复之前，殆有甚焉。缘回俗忌烟，鸦片久悬戒律。方逆势披猖时，民心犹有所忌，故种罂粟者少。迨宁、灵克复，诸逆扫除，招徕耕垦渐多，而罂粟之潜滋暗长，翻数倍从前矣。上年陕西大旱成灾，臣因兼筹陕赈，檄行宁夏道府，令民间悉出存粮供陕采运。方谓本

---

① 此折与帮办陕甘军务刘典会衔。

郡本产粮之区，连获中稔，储峙必多，取其所有，金、谷互易，事本非难也；乃迭据府、厅、州、县禀报：存粮堪以备籴者，为数无几。揆厥由来，实因栽种罂粟过多，宜谷膄地，半已化为妖卉，故出粮日见其少。臣等比与司道熟商，通饬各府、厅、州、县切实查禁，先之以文告，继之以履验，责之以乡约，督之以防营，而尤注意于宁夏一府六属之地。因思愚民贪种罂粟者，贪其利耳，则即以利动之。凡宜罂粟之地，最宜草棉，棉花之利，与烟土相若。时值大旱成灾，粮价异常翔贵，百谷之利，亦略与烟土之利相等。种谷与棉，可以获利，且不犯禁。种罂粟则犯禁，必遭查拔，将并所图之利而亦失之。民虽蚩蚩，然利害相形，较然可睹。因其明而牖之，当易为力。此劝诫之微意也。开办以来至今，臣等与司道一心贯注，遇印委各员查拔不力者，随时撤任撤委，或从严申饬；其趋事勤奋，随予存记，以示激劝。庶几并力一向，克竟全功。此督责之微权也。

察得尽先题奏道、宁夏府知府李宗宾，在任已久，于辖境广种罂粟，漫无觉察。迭次奉文查禁，并不遵行，且以积重难返为词，妄思抵饰。业因另案撤任。应请旨暂行革职，并案查办。候补直隶州知州、代理宁夏县知县胡韵兰，辖境栽种罂粟最多，未能切实查禁。该员请补阶州直隶州知州，尚未接准部复。业经撤任。应请旨敕部撤销请补之案，由外察看，酌量另补。灵州知州孙承弼，卸署平罗县事、两当县知县任懋修、卸署中卫县事、碾伯县知县邵杜三员，均查禁不力，均因另案撤任，现饬并案查办。宁朔县知县贺昇运，失察县境栽种罂粟，而民旗互杂，地亩私种者尤多，业经札饬撤任。该员旋即周历四乡，并随同宁夏副都统切实查拔净尽。应请免其置议，开缺另补。

现据藩、臬两司会详：宁夏一府，阖境罂粟根株，一律锄拔净绝；又幸时雨普沾，渠流畅注，改种杂粮，均极繁茂，丰稔可期。并据通省府、厅、州、县及委查各员据实结报前来。臣等复核无异。疵俗丕变，世宙一新。但使此后地方有司时加申儆，此患当可永除。匪特闾阎储峙渐丰，民食、军粮均有攸赖，而民生既厚，民俗亦端，长治久安之效，肇于此矣。

所有查禁最早及拔除最力各员，应恳天恩，加以甄叙。宁灵厅同知喻光容，请赏加知府衔。署中卫县知县刘然亮，请旨交部从优议叙。接署宁夏府知府张家槐、接署平罗县知县吕恕、代理宁夏县知县李日乾、代理灵州知州德荫，均请旨交部议叙。署甘肃宁夏镇总兵冯南斌，督饬兵勇，随同锄拔，甚为得力，请旨交部照一等军功例议叙，以示激劝。其通省各府、厅、州、县实在出力各员，应俟取具切结到齐，由司详请核明具奏。

至陕西一省，前经臣等会同抚臣谭钟麟出示查禁，现据各府厅州县禀报，已著成效，应由谭钟麟具奏，合并声明。

所有甘肃查禁罂粟实在情形，谨合词具陈，伏乞皇太后、皇上圣鉴，训示施行。谨奏。

新疆南路西四城挑选回目暂署阿奇木伯克等职分别给予顶戴折①
（1878 年 10 月 19 日）

奏为新疆南路西四城挑选回目暂委署理各城阿奇木伯克等职，分别给予顶戴，以资观感，恭折仰祈圣鉴事。

窃臣准总统各军太常寺卿、二等男臣刘锦棠咨呈：新疆南路库车等东四城向设有阿奇木伯克、伊什罕伯克等官，业将随营出力之投诚回目呈明奏请分别给予顶戴，暂令署理各职，奉旨允准在案，其西路喀什噶尔、英吉沙尔、叶尔羌、和阗四城毗连各部，事务尤繁，向设大小伯克多员，各有专责，未便遽尔裁减。应即照旧章，选派回目分别委署，以资办公。开单呈请核办前来。

臣维新疆各城设立阿奇木伯克、伊什罕伯克等名目，缠回信之，暂似无庸废革，业于上年奏报委署库车等东四城各伯克折内陈明。所有新复喀什噶尔等西四城，自应一律办理，以资观感。兹准刘锦棠单开：叶尔羌回目呢牙子一名投诚在先，尤为出力，拟请赏给四品翎顶。此外，喀什噶尔等处总散头目六十名、英吉沙尔十二名、叶尔羌五十三名，和阗五十三名，应即分别给予顶戴，暂委署理各职，以专责成。严禁其私役户口、藉端苛派诸弊。察看将来，如果办事得力，缠民相安，再行奏请恩施。

除由臣给予顶戴，缮发委牌造册，分咨兵部、理藩院查照外，所有拟办缘由，是否有当？谨恭折具陈，伏乞皇太后、皇上圣鉴，训示施行。谨奏。

---

① 此折选自《宫中档光绪朝奏折》第二辑。

复陈新疆情形折
（1878 年 11 月 16 日）

奏为遵旨覆陈，仰祈圣鉴事。

窃臣于十月十三日承准军机大臣密寄，光绪四年九月三十日钦奉上谕一道。跪聆之余，敬悉皇太后、皇上保大定功，慎终如始，审时度势，策及万全至意，敢不毕献其愚，仰俟圣明采酌。

伏读谕旨："伊犁在昔为西路第一重镇，今为俄人占据，形势变迁，〔能否交还，固无把握，〕①而交还以后如何防守，〔未交以前如何布置，〕②尤应先事图维。伊犁九城，纵横相联，〔俄人在彼举动若何？〕③大城西、南、北三面旧有卡伦，距俄境若干道路？俄军扎至何处？金顺现驻库尔喀喇乌苏，前队西至何处？"

臣谨按：俄人自占据伊犁，于西面旧有拱宸、瞻德、广仁、塔勒奇四城均弃而弗守，倾圮殆尽。绥定一城，近以之杂置陕回，距伊犁仅三十里。伊犁大城人烟甚少，俄兵及商户均萃居东面惠宁、熙春、宁远三城，而金顶寺烟户尤多。伊犁管事俄官名马依尔，品秩不过中国同知、通判之类。主伊犁之事者，七河巡抚也。七河一作七水，其官为固必纳土尔，其名为喀尔帕科斯克依。所驻阿尔玛图，地属俄境，在伊犁西八百余里。其兼辖之官名图尔齐斯坦总督，名为克复满，亦呼高伏满，自称代国大臣，驻浩罕故都塔什干城，距我喀什噶尔不过数十程。由喀什噶尔至俄边纳林河，中隔俄属布鲁特部，喀城马行六日可至。从前伊犁本不与俄境相连，以哈萨克、布鲁特种人与浩罕所部安集延及布噶尔所属为之隔阂。近年俄人先后胁诱哈萨克、布鲁特种人，又攻夺浩罕三部，据其都城，而浩罕属安集延亦随风而靡，故我北路伊犁，南路喀什

---

①②③　据《宫中档光绪朝奏折》第二辑补入。

噶尔之边境皆与俄属相接，距俄境亦近也。臣前疏所称地不可弃者，窃以腴地不可捐以资寇粮，要地不可借以长敌势。非乘此兵威，迅速图之，彼得志日骄，将愈进愈逼，而我馈运艰阻，势将自绌，无地堪立军府，所忧不仅西北也。

伊犁收还以后，应于边境择要筑垒开濠，安设大小炮位，挑劲兵以增其险。至伊犁大城西北之塔勒奇、广仁、瞻德、拱宸各城，户口鲜存，水草却便，应各择要隘，暂驻各营分屯其间。所有旗、绿各营剩存兵丁，各给牛种、牲畜，督令游牧耕垦。旧有城堡，缓议修复，尚非不可。大城以东惠宁、熙春、宁远各城民户、商户，愿迁徙者迁徙，愿归业者归业。边圉既奠，人安其土，耕其野而出其途者不待招徕，迥非甘肃从前东路、西路数百千里蒿莱满望，杳无人烟，难于措置可比，〔亦非〕①若乌鲁木齐所属各城相距甚远，难于照料，此伊犁收还以后情形也。

伊犁未还之前，金顺大军驻库尔喀喇乌苏。其西精河地方，势处要隘，向驻马队，以资扼截，自福珠哩归后，金顺未及派扎填防，致被汉回侵掠。金顺旋派马队二百前往填防，当可无虞。由精河西行一日为永济湖，再西数十里，即伊犁俄官所设之头卡，三日即抵伊犁。中间山径五道可达伊犁，不由惠宁、熙春、宁远三城经过。然岩谷幽邃，仅容一人一骑行走，不能通车。若收还伊犁，则驿道山径皆成腹地。此形势变迁，俄人现在布置，官军防守及距伊犁道里远近大略也。

谕旨："郡县之制，以民为本。现由嘉峪关、乌鲁木齐至库尔喀喇乌苏迤西，商户、回户各存若干？由吐鲁番至南八城，缠头回共存若干？除旧有各厅、州、县外，其余各城改设行省，究竟合宜与否？倘置郡县，有无可治之民，不设行省，此外有无良策？"

臣谨按：新疆之变，起于北路。迪化失守，所属相继沦陷，户口伤亡最多，汉民被祸尤酷，以逆回仇视汉民故也。比大军进剿，连拔坚城，而昌吉、呼图壁、绥来回民又因畏剿逃奔南路，烟户顿减。克复以来，还定安集，招徕开垦，户口渐增。迪化州各属尤成效可睹，旧额民户共四千二百有奇，现报承垦者已三千六百余户。昌吉县民户旧共三千九百有奇，现报承垦者仅四百数十户。阜康县民户旧有三千九十余，现报承垦者仅二百一十余户。绥来县民户旧有三千七百余，现报承垦者八百五十余户。奇台县旧有民户四千三百六十有奇，现报承垦者五百七十

---

① 据《宫中档光绪朝奏折》第二辑校补。

余户。济木萨县丞所属旧有民户二千八百有奇，现报承垦者三百五十余户。呼图壁巡检所属旧有民户一千七百三十有奇，现报承垦者二百八十余户。库尔喀喇乌苏旧有民户仅八十有奇，现报承垦者尚数十户。精河旧有民户四十有奇，现报承垦者一百余户。镇西厅户口无考，旧种地六万亩，现报民垦三万六千余亩、兵垦四千余亩，土客渐增。此北路民户现存实数也。久罹兵燹，户口凋耗，无怪其然。镇迪一道所属，虽孑黎仅存，频年散给耕牛、种籽，酌发赈粮，广示招徕，自木垒河抵精河，除戈壁外，又均是腴区，土客民人及遣散勇丁领地耕垦，逐渐增加。署镇迪道周崇傅勤慎廉干，事必躬亲，渐有明效。需之时日，百堵皆兴。即以目前论之，亦非无可治之民也。吐鲁番旧隶镇迪道，荒地尚少，现委道员雷声远、署同知奎绂妥为抚辑，粮石租税已逾旧额之半。南八城，除英吉沙尔壤地褊小，乌什土性瘠薄，余均较吐鲁番为饶；而喀什噶尔、和阗、叶尔羌、阿克苏庶而兼富，物产丰盈，又较各城为盛。刘锦棠、张曜悉心经理，现委员开河引渠，清丈地亩，修筑城堡、塘站，铸钱征厘，百废肇兴，具有端绪，较之北路，尤易为功。是南北开设行省，天时、人事均有可乘之机。失今不图，未免可惜。此新疆之应改省者，一也。

北路得之准部，南路得之回部，皆因俗施治，未能与内地一道同风，久已概为边地。伊犁设将军，又设参赞大臣一员；乌鲁木齐设都统；塔尔巴哈台、叶尔羌均设（办事）〔参赞〕大臣；〔喀什噶尔、阿克苏、库车、和阗、喀喇沙尔均设办事大臣〕①伊犁等处设领队大臣五员；塔尔巴哈台、乌鲁木齐、库尔喀喇乌苏、古城、巴里坤、吐鲁番、乌什、英吉沙尔，均设领队大臣；哈密设办事大臣一员，协办大臣一员；叶尔羌设兼管和阗事务协办大臣一员；乌什设帮办大臣一员；喀什噶尔设换防总兵一员。是边地、腹地，皆一律视之，无甚区别，与经野驭边之义不符。将军、都统与参赞、办事大臣，协办与领队大臣，职分等夷，或皆出自禁闼，或久握兵符，民隐未能周知，吏事素少历练，一旦持节临边，各不相下，稽察督责，有所难行，地周二万里，治兵之官多，治民之官少，而望政教旁敷、远民被泽，不亦难哉！北路粮员但管征收，而承催则责之头目。南路征收，均由回目阿奇木伯克等交官，官民隔绝，民之畏官，不如其畏所管头目。官之不肖者狎玩其民，辄以犬羊视之。凡有征索，头目人等辄以官意传取，倚势作威，民知怨官，不

知怨所管头目也。内地征收常制，地丁合而为一，按亩出赋，故无无赋之地，亦无无地之赋。新疆则按丁索赋，富户丁少，赋役或轻，贫户丁多，则赋役反重，事理失平，莫甚于此。货币之制，子母不能相权；争讼之事，曲直不能径达。官与民语言不通，文字不晓，全恃通事居间传达，颠倒混淆，时所不免。此非官与民亲，渐通其情实，去其壅蔽，广置义塾，先教以汉文，俾其略识字义。征收所用券票，其户民数目，汉文居中，旁行兼注回字，令户民易晓。遇有舛误，即予随时更正，责成各厅州县，而道府察之，则纲目具而事易举，头目人等之权杀，官司之令行，民之情伪易知，政事之修废易见，长治久安之效，实基于此。此新疆之应改行省者，二也。

夫立国有疆，古今通义。传曰："天子有道，守在四夷。"周秦以前，姑弗具论。自汉以来，通道始于张骞，不能得月氏要领；求马继以广利，不能下小国坚城。汉于西域，穷天下之力以务之，卒有轮台之悔。故班固以为得之无益，弃之不为损也。今主弃地之说者祖之。臣愚，非不谓然，顾断断于"兵不可停，地不可弃"者，盖以地形无今昔之殊，而建置则有因创之异。穷变通久，因时制宜，事固有不容已者。

谨按：新疆开拓，肇自高宗。时移凉州、西安、热河满兵，延安、绥德、宁夏、兴安、汉中、西宁、固原、肃州、河州、安西绿营兵丁，驻守南北两路，饷不外增。各城养廉经费，则以京口、杭州等处出旗汉军俸饷、口粮、马干及甘肃等处所减草料充之。计内地每岁节省之数共一百二十九万两有奇，而划抵新疆养廉经费一百零七万八千四百余两外，尚余银二十一万一千五百余两，不特无糜饷之虞，且有节饷之实。论者窃以耗中事西疑之，于圣意拓边节饷固无当也。

臣自度陇以来，即留心稽考甘肃、新疆饷数。佥称：承平时，每岁约银五百余万两。自变乱以来，册籍散佚，难以复按。请部钞示成案，亦无以应。近据藩司崇保详称：查得道光二十七年，甘肃口内外驻防满州、蒙古旗绿官兵应需俸饷、红白赏恤等项银四百一十五万二千三百五十三两三钱九分九厘四丝一忽，内先一年预拨银一百四十万两外，银二百七十五万二千三百五十三两三钱九分九厘四丝一忽，由部臣照依估拨、预拨完数。以此准之，甘肃、新疆实饷五百余万之数，虽无可考，而一岁之中预拨、正拨四百一十五万有奇，则有数可稽也。

臣窃度南北两路，如行清丈之法，就亩征赋，仿什一之制而从宽定额，民收十数分，官征其一，以给军食，尚可有余。修渠导流，以备旱潦；改铸制钱，以便民用；设局征厘，以裕课税；创设义塾，教之识字；选调匠师，教之艺事。自季春至今，次第经理，甫有端绪。容俟各处函牍取齐，即行具奏。此外，南北两路物产，尚有药材、皮张，吐鲁番之棉花，和阗之玉，库车之金、铜、铅、铁，均应设筹及之。是新疆利源非无可开也。

甘肃地处边陲，土旷人稀，瘠苦甲于天下。承平时，钱粮征收不及东南一大郡，此其明征。乱后孑黎皮骨仅存，气息仅属。虽频年拊循休养，渐有起色，究之致力多而成功少者，时、地实有以限之。通省旧设额兵太多，全恃各省协款接济。自中原军兴，各省未能兼顾，于是回祸起，新疆沦陷，甘肃全省名虽仅存，实则亡矣。幸值圣明在上，洞瞩无遗，移东南之余财，救西北之奇厄，亲贤夹辅，内外一心，先关内而后关外，次第图之，乃有今日，不可谓非幸也。

此时所当亟筹者，善后之策。善后之策，当规久远，利钝所系，匪仅一时。以甘肃与新疆并论：新疆利源可开，流亦可节；甘肃则开源为难，而节流尚有可议。从前额兵之多者，一则辖疆与蒙部、回番杂处，兵少恐启戎心；一则新疆需由内地拨兵换防，兵少难敷调派也。若以现在局势而言，蒙部、回番已就钤束，防营可以渐减。前奏改行饷为坐饷，图节勇饷，为复甘肃制兵之渐。新疆南北如置行省，换防之制可以永停。又拟节制兵之饷，以纾各省协款之力。窃计甘肃、新疆承平时，预拨、估拨饷银四百数十万两。俟伊犁收还，每岁约可节省百数十万两。后此利源日增，饷更可减，部臣可随时察酌，而任甘肃、新疆之事者可随时陈奏，特恐非微臣所及见耳。此统筹甘肃、新疆节省饷需，以规久远之大略也。

谕旨："宜于万难措施之中，求一可进可退之计。"臣愚，窃以为新疆岁需饷银二百数十万两，甘肃岁需饷银二百数十万两，本是承平时部臣预拨、估拨常例。兹当全陇澄清、西域收复之时，照常指拨，于部章并无不合，承拨各省当亦无词。况承平时应拨数目内又可节省百余万两。此后经理得宜，节省或尚不止此，实于国家经出之费不无小补，当亦部臣与疆圻诸臣所乐闻也。臣于新疆拟办各事，皆以利民裕国为主。行省之改与否，尚未奏奉明旨。而所筹者，无论改省与否，两不相妨，可行则行，可止则止，进退尚属绰然。过蒙圣明矜谅，示以转圜之机，若不披沥直陈，上纾慈念，更何以自处？至愚衷有未尽者，不得不及时陈明，仰祈垂察。

　　臣军积欠之饷本八百余万两，频年陆续清厘，截至光绪四年，尚欠一百数十万两。近因饬道员胡光墉息借商款迟迟未到，刘典向兰州票号借银四万两，又饬后路粮台道员王加敏息借汉商银四十万两，驻陕军需局陕安道沈应奎息借票号银二十万两，暂应急需。合之关内外新欠饷项及遣撤勇饷，又积至二百数十万两。将来胡光墉解到息借巨款，除还陕鄂息借各款、点缀新旧欠饷外，所余无几。纵极力划留，以备光绪五年应用之需，夏末秋初，又将告罄。前奉谕旨："嗣后无论何项急需，不得动辄息借商款，致贻后累。"敢不懔遵？惟念甘肃、新疆军务，臣既未尝划款请饷，而一切经费，又未尝另款请销。如果此次借用商款外，各省协饷均能源源接济，臣犹可通挪展转，以期兼顾，更何敢动辄息借商款，干渎宸聪？无如各省疆臣身在事外，但见西事速了，此后需用或可稍纾，而频年悉索以供，未免因烦生厌，频催罔应，本属人情之常。而臣则势逼处此，莫展一筹，将有束手待毙之日。可否仰恳天恩，敕下军机大臣、六部、九卿公同集议，将甘肃、新疆从前每年预拨、估拨的饷四百数十万两指省解济臣军，并于现协臣军稍优各省酌拨解济，共足成五百万两之数，以三年为期。臣得于三年内尽心经理，斟酌损益，定为永图。三年以后，甘肃、新疆军务既蒇，所拟开源节流之策，亦必有成效可睹。庶以前协款为甘肃、新疆用兵收复善后之需，以后部拨为甘肃、新疆常例应有之款，每年以三百数十万两为度，自无不可。

　　臣本菲材，迭荷三朝恩遇，忝窃至今。当兹时艰孔亟，非不思仰体朝廷忧勤惕厉之怀，稍慰各省关频施不倦之意，顾始谋未预，晚盖为难，所遇多艰，绸缪鲜补。虽有生之日，皆报国之年，而年近七旬，神识衰钝。钦承密谕，实切悚惶。

　　谨据实备陈。是否有当？伏乞皇太后、皇上圣鉴，训示施行。谨奏。

附录上谕　谕左宗棠开设新疆行省不为无见着将经理南北各城情形随时详悉具奏
（1878 年 12 月 2 日）

　　军机大臣字寄，光绪四年十一月初九日奉上谕："左宗棠奏复陈新疆情形一折。据称：北路迪化等处，自克复以来，招徕开垦，户口日增。南八城地方富庶，现办开渠、丈地、铸钱、征厘诸事，具有端绪。开设行省，于天时、人事机有可乘，等语。新疆议设行省，事关创始，必须熟筹于事前，乃能收效于后日。该大臣为长治久安之计，因时通变，所奏不为无见。刻下伊犁未经收还，一切建置事宜尚难遽定。其余南北各城应如何随时经理之处，即着悉心筹画，次第兴办，总期先实后名。俟诸事办有眉目，然后设官分职，改设郡县，自可收一劳永逸之效。所有办理情形，并着随时详悉具奏。至所奏三年以内，每年请指拨银五百万两，俾得斟酌损益，定为永图等语，着军机大臣会同户部议奏。将此由五百里谕令知之。"钦此。

赈恤吐尔扈特人众折
(1879 年 1 月 20 日)

奏为复陈赈恤吐尔扈特南部落新归人众情形，恭折仰祈圣鉴事。

窃臣钦奉本年十二月初四日上谕："金顺奏吐尔扈特南部落人众旋回喀喇沙尔珠尔都斯地方游牧一折。吐尔扈特南部落人众，自逆回构乱以来，逃散各处，颠沛流离。经该署盟长派员前往收集，约计一万余人，现已迁移，仍回珠尔都斯游牧。该人众困苦情形，殊堪矜念。加恩着赏给银四万两，由左宗棠给发，用示优恤藩部至意。"等因。钦此。臣查吐尔扈特南部落人众前回喀喇沙尔珠尔都斯地方游牧，共计七千八百余名口，经喀喇沙尔善后局员补用知州黄丙焜、防营营官补用知县黄长周妥为安插，查明待赈者四千余名口。比即饬令按名发给赈粮，以资日食。经臣于本年十二月初六日奏明在案。

窃维新疆戡定，议设行省、改郡县，以及裁并营旗，假归弁勇，需饷甚巨。兵燹之余，各处流亡来归，均资安插。招徕、抚辑、开垦，均发给赈粮、牛力、种籽，事归一律，俾无厚薄之分。吐尔扈特人众新归，发赈安插，无冻馁之虞，有团聚之乐，感荷皇仁广被，有口同声。赈粮原议截至明年二月止，兹钦奉恩旨赏给银四万两。臣已恭录宣布，并饬局员黄丙焜等察酌，贫户赈粮仍须接续照发。该部落多系插帐游牧，须换制帐房，购买羊种，即酌给银两备办，用示我皇上优恤藩部至意。其发过赈粮、银两，由臣另款报销。

所有赈恤吐尔扈特南部落新归人众情形，恭折覆陈，伏乞皇太后、皇上圣鉴，训示施行。谨奏。

阿奇木阿卜都拉等苛虐缠民讯明斩枭片
（1879 年 1 月 20 日）

  再，臣准统领嵩武军广东陆路提督张曜咨呈：署库车属之沙雅尔阿奇木阿卜都拉，阻纳征粮，希图中饱，勒索缠民蜜拉普必俩力等百余户，赃银共一千余两之多；其党纳思尔等，助虐苛敛，无所不为。均经缠民先后控告有案。提讯，供认不讳，赃证确凿。并据委员率同各回目在该署阿奇木住所起获私藏洋枪三十三杆、炮模两个及子药等项，其心怀叵测，已可概见。呈请核办前来。

  臣查阿卜都拉一犯，前次南疆克复，宣布皇仁，免其诛戮，复奏蒙给予顶带，委署阿奇木。乃不知感奋图报，且肆行苛虐，得赃银至一千余两之多；尤复包藏祸心，私藏洋枪军火。其党纳思尔、腰打什、哈纳乙的、毛拉克、哈力什五犯朋比为奸，鱼肉小民，目无法纪，均属罪无可逭。当经咨复张曜，立将阿卜都拉覆讯，斩决枭示，并将同恶相济之纳思尔等讯明，立毙杖下，以示儆戒而快人心。

  谨附片陈明，伏祈圣鉴。谨奏。

复陈边务折
(1879 年 9 月 26 日)

奏为遵旨复陈，仰祈圣鉴事。

窃臣于六月十七日钦奉谕旨："总理各国事务衙门奏接据出使俄国大臣电报并密陈交收伊犁一事各折片。据奏崇厚电报内称：俄国接金顺复文俟交收伊犁后方可弛禁，俄人所争俟弛禁后方可交收伊犁。现拟办法，请即行文边界弛禁通商，等语。俄人久据伊犁，此次虽允交还，其欲借此要挟，图占便宜，固在意中。然利害所关，必当权其轻重，未可因急于索还伊犁，转贻后患。即如'通商'一节，所该地方甚广，流弊滋多。'分界'一节，欲于原占界址外再图侵占。即'偿款'一节，虽据布策云并无因利多索之心，然数目究未明言。以上三端，均尚未有成议。若遽行弛禁，彼又得步进步，多所要求，办理转致棘手。崇厚务当力持定见，总宜将'通商'、'分界'、'偿款'三端议定后与交收伊犁同时并举，方为妥善。设或所议各节利害相权，得不偿失，自应另筹办法。着崇厚、左宗棠、金顺、锡纶详细陈奏。至崇厚电信所称喀什噶尔寄居俄国属民驱逐出境及和阗有乱、住俄回民欲入喀什噶尔滋事各节，是否确有其事？着左宗棠查明具奏。"钦此。跪聆之下，敬仰我皇上洞鉴几先，无远弗照，俾使臣得有遵循，不致迁延游移，致贻后患。比即恭录谕旨，密致金顺、锡纶，拟俟商定一切，会同陈复。因彼此相距甚远，复到需时，恐麈圣虑，谨先就管窥所及，敬为我皇上陈之。

窃维伊犁本我旧土，适中原多故，远略未遑，猝致沦陷。俄人伺衅而动，借词代为收复，入踞要区，亦知所为本冒不韪，佯言俟官军克复乌鲁木齐、玛纳斯，即交还伊犁，更无异说。迨天戈西指，迅克乌鲁木齐、玛纳斯，而俄踞伊犁自若也。官军逾岭而南，拔吐鲁番，连下八城，安集延逆酋既伏其罪，逆竖与陕甘败残逆贼渠目白彦虎等窜入俄境，俄官纳之，屡索不与，而踞伊犁自若。冬春之交，窜俄诸逆领取俄边贸易路票，三次窥边，为官军搜获，俄官诿为不知，而踞伊犁自若。朝廷重念邦交，特命崇厚出使，以修约而敦睦谊，于交还伊犁外，并议及界务与商务。夫伊犁应还，不待今日，且俄人旧议也。今迟之又久，始践前诺，其未足市德于我也明矣。

以界务论：同治三年，明谊与俄官定议，准之旧界，有缩无赢。此次即仿瓯脱往事，视为隙地，彼此共之。在我仍有所损，在彼亦受其益。以商务论：除边界旧约无庸更议外，布策从前在京师虽颇以嘉峪关为意，总理衙门未尝轻许，自不得即据为定论。此次崇厚议允其设立领事，已过所望。凡此皆不待烦言而决者。崇厚以全权出使，仰体皇仁，商务、界务外，更有议及偿款之请。彼既利我土地，我复许以重酬，于义虽似未协，然汉文之待北匈奴大单于也，诏书而外，优以缯帛，词意斐亹，故事可循，犹之可也。皇仁俯允所请，惟于商务虑其流弊滋多，界务虑其再图侵占，敕崇厚坚持定见。崇厚钦遵谕旨，与俄之外部诸臣从长计议，理足而将之以诚，我睦邻之谊尽而又尽，彼餍足之道加无可加。若界务于同治三年定议外再许侵占，商务于嘉峪关内再允推广，则有关国家疆圉，华民生计者甚大。在拮据戎马、机会迫促时，犹未可轻议及此，矧值天威远被，遐迩震慑，何为必出此下策，以苟且目前？窃恐俄人识时务者，或疑过情之许为不诚；其无知者，翻疑我情实之两诎。有为而无为之论端日出，应接不暇，固无论狧糠及米，异时防不胜防，必将于大局有误也。

臣愚，窃谓伊犁、塔尔巴哈台一带，旧界已难复按，则仍以同治三年所定之界为定，而以旧界作为瓯脱隙地，俄人或有在隙地内造屋居住，一时难于迁徙者，亦姑听之，但定为瓯脱隙地，禁其日后修造可也。所有哈萨克各部落之旧属中国、新附俄国者，一并划明界址，毋俾混杂。其喀什噶尔、英吉沙尔一带旧设卡伦，为逆酋阿古柏所毁。逆于相距二百里内外改设卡伦，查本安集延故地，此次用兵追贼所得，因移旧卡于此地，虽在旧界之外，与俄无涉，不在议内。此界务大略也。

至商务，已允其嘉峪关设领事通商。其由俄边而来入中国境，如古城、巴里坤、哈密、安西、玉门等处地方，皆其必出之途。由古城经过者，有官、有驿，足资照料。惟旁境可通车驼者尚多，应分设塘汛，容俟察核办理。嘉峪关城地极褊狭，俄设领事于此，势多不便。或于肃州城内外度地居之，地之相距仅六十里，亦易照料。由官置地建造，租赁俄官居住，按月薄取佃值，并无不合。俄之官商不得私向民间购基造屋，致滋论端。此商务大略也。

至由肃州、高台经甘、凉两郡以达兰州省会，由兰州南路以达汉中，或由东路达陕西省会，由西安以达汉中，而均指汉口为销货、置货之地。由俄边至汉口，水陆万里，而遥历新疆、甘肃、陕西、河南、湖北辖境，陆程居其大半，至龙驹寨、荆紫关各处始有小船可雇，余皆车驼曳负以行，道途修阻，途径错杂，俄商零星装运，防护难周，时有疏失之虑。如其联帮行走，尖站过载，主客相参，易滋口舌。俄商性情高傲，计较最工。内地无赖之徒从而簸弄，事事倚藉外人声势，构衅生端，官司不能讥禁。偶有抵触，辄干吏议。各省大吏相距太远，声息难通。事关中外交涉，咨行察办，往复需时。两造各执一词，难于究诘，案悬莫结，动经数年。督责既有时而穷，调停复无计可设。而疏漏冒混，狱市多扰，姑不具论。此患之中于官者也。

甘肃地瘠民贫，向不知经商服贾之利。土物行销外省者，烟叶、药材而外，别无大宗。民间所用车辆，多系无铁高轮，牛马驾曳，负重而不能行远。驮货用驴，于农隙受雇运货，以供喂养，而资其余利。陕西驾车多用骡马，惟驮用骡。骡产自河南嵩、洛间，非陕所出。陕民以车驮为业者，购骡于豫，揽载通行，百货借以运销，公私均取给于此。军兴日久，牲畜疲乏倒毙为数既多，加以陕、豫洊饥，民间因喂养缺乏，宰食充腹者不少，于是车驮之价顿增，百货转运因之而滞。民间以私蓄车驮牛驴于农隙短运取值，以资过度。若允俄商入内销货、置货，则车驮雇价益昂。民间短运将废，生机顿塞，殊非所宜。此患之中于农者也。

商货行销，茶为大宗。茶之所产，以楚为盛。甘肃旧有茶商行销之茶，设有官引。从前私茶充斥，官引不行。军兴以来，官商死丧流亡，茶务倒歇。臣不得已奏请改引为票，招贩承销，裁革陋规，听民自便，于是茶贩踵至。迨官军复地渐广，可冀畅销，而私茶又由山西包头藉行销蒙古，绕道草地，侵销新疆北路，间有倒灌南疆者。臣饬古城、巴里坤印委各员实力查禁，而偷越仍难杜绝。惟南疆吐鲁番、八城缠回见砖茶则喜，谓即承平时湖茶，非私贩筒子茶可比。惟地方新复，销数尚未能畅。计官茶屯滞各处者尚百余万斤，非一两年不能销尽。而票贩成本息耗愈久，则亏累愈巨，正思减价出售，以清夙累。若允俄商入内地置货，势必侵占官茶引地，票贩亏累，无从取偿。此患之中于商者也。

　　经商之事，必先计成本。所谓成本者，合货价、运脚、盘搅三者估之，摊入货色，为成本。再计市值之高低，为利息之赢缩，大抵皆然。泰西各国之通商者，均由海道入长江，抵汉口，虽远逾数万里，而皆一水可通。货价虽同，而运脚较陆程减少不止十倍。洋商初入长江，见汉口为百货汇萃埠头，争于其地购地修造洋行，又于汉口下游江西之九江购地，如式修造。洋行既成，杰构临江，自夸得计。乃不数年，生计萧条，得不偿失，并两处洋行觅主求售亦不可得。水路经商尚如此之艰也，兹俄商不顾崎岖万里，欲与海国竞此贸易之利，前车既覆，后辙方遒。加以陆运脚价、行栈、盘搅合计成本，较各国商人奚翅十倍过之。纵使善于营运，折阅固在意中。虽彼自失算，于我无尤，然折阅必不甘心，又将顾而之他，为求赢之计。于是而电线、铁路诸事议论纷纭，殆有应接不暇者。斯时偶与通融，异日即添无数烦恼，再图补救，悔之已迟。此患之中于国计者也。

　　臣愚，再四筹维：俄商若由嘉峪关历甘肃、陕西、河南、湖北而抵汉口销货、置货，彼此实无利益，徒多扰累。非赖使臣钦遵谕旨，坚持定见，剀切言之，俾决计阻止不可。至洋药流毒日久，必思所以禁之。论其办法次第，必自内地禁种罂粟始。内地不产烟，则其价必昂；价昂，则吸之者自少。然后禁令可张，始有更新之望。甘省遵旨禁种罂粟，著有成效，上年曾经奏明。现复据司道详称：先后据府厅州县禀报，印委各员躬亲巡历，不惮劳苦。民间奉令惟谨，实已根株净绝。惟恳出示晓谕，禁止外来土烟。如有川、滇客民贩土入境者，当众焚烧，薄与责惩，令其改图贸易，奸贩亦渐知耸惧。臣拟俟覆核确实，再行具奏。兹阅崇厚商改章程第十五款，于洋药定议稍宽其禁，准在口销卖，殊与甘肃现行章程不合。若照所议，不持无以慰此邦官绅士民望治之心，亦无以杜川、滇商贩之口。崇厚未悉现时甘肃办法，故有此议。可否仰恳皇上天恩，谕将洋药一项芟除定议，伏候圣裁。犹忆光绪元年，俄使索思诺福斯齐等在兰州与臣谈及将来通商事宜，即言断不令俄商贩鸦片入中国。似洋药流毒为中国所不容，亦俄人所共知也。

　　谕旨垂询："崇厚电信所称喀什噶尔寄居俄国属民驱逐出境，及和阗有乱、住俄回民欲入喀什噶尔滋事各节，是否确有其事？"臣已恭录移知金顺、刘锦棠矣。惟新疆南路文报络绎，从无只字道及，未知崇厚果何所闻？或俄人意欲释其前此纵贼犯边之嫌，则未可知。近接道员罗长祜函称：英国驻土耳其领事有来喀什噶尔会晤之意，措词甚恭。又称：今正大捷，漏逸贼酋爱克木汗条勒、阿布都勒哈玛因俄人不肯收纳，寄居乌鲁克恰提，近甫渡河而南，招致回部游手，意在窥边。罗长祜已调马步两旗，赴乌帕尔筑垒以待。余均照常安谧。合并附陈。

仰祈皇太后、皇上圣鉴训示。谨奏。

续报办理赈恤阶州等地震灾情形片^①
（1879 年 11 月 4 日^②）

再，甘省东南各厅州县地震情形，业经臣于六月二十二日具折奏报后，复据署阶州直隶州石本清禀称：地震之后，山裂水涌，滨城河渠失其故道，上下游各处节节土石堆塞，积潦纵横。五月二十九、六月初一等日，大雨如注，山谷积水，复横决四出，将州城西南隅新筑溃口冲塌，并灌入城，淹倒南门城楼（乃）〔及〕迤东一带城身宽、长约计七八百丈，城中游击衙署及民屋数百所并遭淹没。阶城地势低洼，居民于地震时已移避高处，故淹毙尚少。

前据巩秦阶道谭继洵禀陈：阶州及所属西固州同、文县震灾较重，先由厘金项下提银一千两解交该州，办理赈恤。又以新任知州文治人地生疏，禀派卸署知州石本清会同筹办赈务。臣与杨昌濬商于甘肃厘金项下提银三千两，以裕经费。杨昌濬复以卸署宁夏道、甘肃候补知府龙锡庆前曾署巩秦阶道，熟悉情形，居心恳恻，会委赴甘南，先将阶、文、西固被灾较重地方督饬印委各员妥速筹办，冀臻周密。惟阶州续经水患，城身及民间庐舍坍塌甚多，现催饬该印委等加意抚恤，一俟疏消积水地段涸出，始便修葺。应用经费，俟估勘完毕，酌量划提，以应急需。

所有办理缘由，谨附片陈明，伏乞圣鉴。谨奏。

---

① 此片选自《申报》光绪五年十月初三日，《光绪五年九月二十一日京报全录》。
② 此系《京报》刊载时间。

贼酋纠众犯边进剿大胜恳奖恤
出力阵亡各员弁折
（1879 年 11 月 14 日）

奏为漏逸贼酋纠众犯边，经官军进剿，大获全胜，所有尤为出力文武及阵亡各员弁，吁恳天恩，从优奖恤，恭折驰陈，仰祈圣鉴事。

窃布鲁特贼首阿布都勒哈玛、安集延贼首爱克木汗条勒等率众窜逼色勒库尔，通政使、二等男臣刘锦棠亲率马步二千余人，定于七月二十六日启行，前往剿办。所有进兵情形，经臣具奏在案。

兹准刘锦棠九月初二日来咨称：七月二十五日，据色勒库尔阿奇木伯克阿布都勒哈山等禀报前来，探得贼股窜至苏巴什地方，距色勒库尔只有一站，因饬伯克素唐夏等在城防守，一面带同伊什罕伯克、米尔子哎克木等并居民二百出城，扼扎苏巴什南面。该贼探知要隘已扼，即绕由间道逾岭而来。十九日，大股已抵城下，约三千余人，将城围住。祈拨大兵援剿。刘锦棠以色勒库尔城小而坚，尚易固守，但阿奇木、伊什罕等均隔在城外，恐城内各回目与居民不无惊惶。该处设有疏虞，剿办较为费手。又以师行粮随，路险不能容车，且闻沿边布鲁特各族被胁者多其尊崇条勒之教，闻风响应者尤复不少。自英吉沙尔出卡，皆布鲁特支帐之所，为运道所必经，难保中途无梗。因饬各营裹带二十日行粮，并饬喀什噶尔、英吉沙尔各局星夜雇驴装运粮料，一并随行。刘出力员弁，随折开单奏请奖叙。惟查各员有于前次克复西四城，南疆肃清案内已经拟保官阶者，均于单内声明，作为各员底衔加保，恳恩敕部一并注册，臣于克复西四城南疆肃清案内即便查照开除，不致重复。

谨附片具陈，伏乞圣鉴，训示施行。谨奏。

请敕令刘锦棠帮办新疆军务片
（1879 年 11 月 14 日）

再，通政使司通政使、二等男、法福灵阿巴图鲁臣刘锦棠，出关以来，克复各城，勋绩丕著，迭蒙天恩不次擢用，优加赏赉，遐迩闻知，同深感服。其现办善后事宜，因地施治，宽猛得宜，吏畏民怀，已睹成效，洵一时杰出之才，非臣衰庸所能及也。

维边方之任，非贤能不足宏兹远谟，亦非重其事权不足舒其蕴蓄。窃见俄人近时目睹刘锦棠勋望日盛，不免因畏惮而生忌嫉之心，动辄造谣传播，妄思摇撼。古云"盗憎主人"，故无足怪。惟威名日久，疑谤易滋，无以寒远人之阻；又飞鸟未尽，良弓已藏，足隳任事之气。区区愚忱，不敢不尽。

伏恳天恩，并案论功，将刘锦棠优赏钦差衔，敕令帮办新疆北路军务，以彰殊眷而资镇压之处，伏候圣裁。仰乞慈鉴，训示施行。谨奏。

复陈交收伊犁事宜折
（1879 年 12 月 4 日）

奏为遵旨复陈，仰祈圣鉴事。

窃臣于九月初九日钦奉八月二十三日上谕："总理各国事务衙门奏筹办交收伊犁事宜，请敕疆臣核议一折。据称：连接崇厚电报，内称约章现皆定议。崇厚定于八月初八日起身赴黑海画押后，即由南洋回京覆命。并将现议条约十八款摘要知照，详加复核。偿费一节尚不过多，通商则事多缪辕，分界则弊难枚举。亟宜筹画布置，迅图补救；各等语。崇厚出使俄国，固以索还伊犁为重，而界务、商务关系国家大局者，自应熟思审处，计出万全。且迭经总理各国事务衙门电致崇厚：'若照来函，有碍大局'，节略内并言所损已多，断不可行。该大臣尤应遵照办理，设法与之辩论。乃竟任其要求，轻率定议，殊不可解！现在俄约既轻议定，其第七款所称中国'接收伊犁后，陬尔果斯河西及伊犁山南之帖克斯河归俄属'；第八款所称'塔城界址拟稍改'，是照同治三年议定之界，又于西境、南境划去地段不少。从此伊犁势成孤立，控守弥难；况山南划去之地内，有通南八城要路两条，关系回疆全局，尤非浅鲜。至第十款于旧约喀什噶尔、库伦设领事官外，增出嘉峪关、乌里雅苏台、科布多、哈密、吐鲁番、乌鲁木齐、古城七处，亦欲酌设领事；第十四款并有'俄商运俄货，走张家口、嘉峪关，赴天津、汉口，过通州、西安、汉中，运土货回国同路'之语，不特口岸过多，并与华商生计亦有妨碍，自应设法挽回，以维全局。左宗棠于新疆情形了如指掌，金顺、锡纶久在西北各路，谙习边情，且西路通商应如何布置，始能害少利多，左宗棠必有权衡。至张家口、汉口，系南、北洋分辖地方，所有通商诸务，亦应彼此通筹。着左宗棠、金顺、锡纶将界务、商务各条款悉心酌核。李鸿章、沈葆桢素顾大局，除商务各条详加筹画外，其界务如何办理始臻周妥之处，分别详细密陈。该衙门另片所陈'界务尤关紧要。就崇厚寄来分界图说，中国如尚可设法布置，即当妥为办理；若必不可允，则边防尤宜及时筹办'各等语。此事一出一入，关系綦重。左宗棠督办军务，事权归一，尤当通筹全局，权其利害轻重，一并核议，密速具奏。原折片均着钞给阅看。将此由六百里各密谕知之。"钦此。同日，钦奉八月二十四日上谕："昨因总理各国事务衙门奏崇厚与俄国商办交收伊犁事宜，轻率定议画押，当经谕令左宗棠筹画密奏。本日据左宗棠奏复陈边务一折，所陈界务、商务大略及妨民病国各条虑远思深，洵属老成之见。特崇厚现已定议画押，事机已误，惟有亟筹补救，设法挽回。着左宗棠懔遵昨日谕旨，将商务、界务如何办理始臻周妥之处，或约章必不可允、边防一切如何布置始无患生肘腋之虞，详细筹度，妥议具奏。"等因。钦此。跪诵之余，敬悉我皇上轸念边陲，勤求驭远方略，圣谟广运，明照无遗，曷胜钦服！

窃维国家建中立极，东南滨海，西北以昆仑枝干为界画，向与俄罗斯不相联接，以蒙部、哈萨克、布鲁特、浩罕为之遮蔽间隔也。近自俄人日迫，诱胁日众，哈萨克、布鲁特各部落多附俄人，俄又取浩罕三部落，拓其边围，于是俄与中国边境毗连，无复隔阂矣。适中原兵事方殷，未遑远略，俄人乘间占据伊犁，藉称代我收复，为要索计，并照其国法按灶科赋，以充兵费，亦称餍足矣。朝廷重念邦交，既予以代我收复之名，并允给偿款卢布五百万元。"卢布"亦呼"噜布"，即所称俄元者也。光绪三年，西洋新闻纸（在）〔载〕①：俄国议愿得俄元二百五十万交还伊犁。海上传播，未必无因。此次偿款，忽议增五百万元，其挟诈相尝，已可概见。

至界务与商务两者相因，西北与东南事体各别。道光中叶以后，泰西各国船炮横行海上，闯入长江，所争者通商口岸，非利吾土地也。亦谓重洋迢递，彼以客军深入，虽得其地，终无全理②，战则势孤，守则费巨。合从之势既成，独据则海争，分肥则利薄也。中国削平发捻，兵力渐强，制炮造船，已睹成效，彼如思逞，亦有戒心。而渝约称兵，各国商贾先失贸易之利。苟（且）〔可〕③ 相安无事，其亦知难而息焉。若夫俄与中国则陆地相连，仅天山北干为之间隔。哈萨克、安集延、布

① 据《清季外交史料》卷十八校改。
② "终无全理"，《清季外交史料》卷十八作"终无所用"。
③ 据《清季外交史料》卷十八校改。

鲁特大小部落从前与准回杂处者，自俄踞伊犁，渐趋而附之，俄已视为己有。若此后蚕食不已，新疆全境将有日蹙百里之势，而秦、陇、燕、晋边防且将因之益急。彼时徐议筹边，正恐劳费不可殚言，大局已难复按也。夫陆路相接，无界限可分，不特异日无以制凭陵，即目前亦苦无结束，不及时整理，坐视边患日深，殊为非计。

〔且俄人专尚诈力，不以信义为重，其情易变屡迁，与泰西各国不同，断难望其守约而持久。即如〕① 俄人占踞伊犁之始，谓俟我克复乌鲁木齐、玛纳斯即当交还。比官军连下各城并克复南疆，而俄不践前言，稳踞如故；方且庇匿叛逆，纵其党类肆出窥边。上冬今春，陕回及布鲁特汗、安集延条勒入犯时，官军获生贼讯供，搜有俄官路票。昨次，布鲁特、安集延诸贼由俄境阿来地方出窜，经官军剿洗殆尽，漏网数十人仍遁匿俄境。据活贼口供，亦由俄官驱遣所致。四次纵贼犯边，官军追贼，均未越俄界一步。我之守约如此，彼之违约如此，尚何信义可言！

当崇厚与俄官议交伊犁时，俄人首以恩赦为请，并以晓示难于遍及为虑。崇厚奏闻，谕旨敕臣照办。臣谨遵旨，并会同金顺出示晓谕伊犁汉、陕、缠、土各回民等，宣布皇恩，以安反侧。金顺即派提督殷华廷赍示前赴伊犁张贴，俄官七河巡抚忽变前议，将殷华廷挡回，不令贴示，藉称应候图尔齐斯坦总督回信。比金顺二次遣殷华廷复往探询，七河巡抚竟派人阻之伊犁境外，不准复入。似此任意把持，不独违慢朝旨，并置其君与外部诸臣成议于不顾，其悖谬又如此！

俄之占踞伊犁也，将大城西北三城庐舍（堕）〔隳〕为平地，迤东清水河、塔尔奇、绥定三城均毁弃，以居汉回，芦草沟、城盘子等处均弃而不守，而取各城堡木料，于大城东南九十里金顶寺营造市廛，几二十里。臣上年十月二十二日覆陈折内已略言之。兹据金顺、锡纶所言伊犁情形，亦同。察俄人用心，殆欲踞伊犁为外府，为占地目广，藉以养兵之计，久假不归，布置已有成局。我索旧土，俄取兵费巨资，于俄无损而有益。我得伊犁，只剩一片荒郊，北境一二百里间皆俄属部，孤注万里，何以图存？况此次崇厚所议第七款："接收伊犁后，啯尔果斯河及伊犁山南之帖克斯河归俄属。"无论两处地名，中国图说所无，尚待详考；但就方向而言，是划伊犁西南之地归俄也。自此伊犁四面，俄部

环居，官军接收，堕其度内，固不能一朝居耳，虽得必失，庸有幸乎！武事不竞之秋，有割地求和者矣。兹一矢未闻加遗，乃遽议捐弃要地，餍其所欲，譬犹投犬以骨，骨尽而噬仍不止。目前之患既然，异日之忧何极！此可为叹息痛恨者矣！

金顺、锡纶之拟缓收伊犁，而以沿边喀什噶尔、乌什、精河、塔尔巴哈台四城宜足兵力、浚饷源、广屯田，坚城堡，先实边备，自非无见。惟伊犁现无定议，谋新疆者，非合南北两路通筹不可。现在伊犁界务未定，则收还一节自可从缓计议。喀什噶尔、乌什规画已周，毋庸再议。其塔尔巴哈台、精河急需加意绸缪，应由金顺、锡纶自行陈奏请旨外，所有崇厚定议画押十八款内"偿费"一节，业经奉有谕旨。

第八款所称"塔城界址拟稍改，照同治三年议定界址"，尚只电报，应俟崇厚奏到再议。第十款于旧约喀什噶尔、库伦设领事官外，复议增设嘉峪关、乌里雅苏台、科布多，哈密、吐鲁番、乌鲁木齐、古城七处；第十四款并有"俄商运俄货，走张家口、嘉峪关，赴天津、汉口，过通州、西安、汉中，运土货回国〔同路〕。"均经总理衙门奏奉谕旨指驳外；第二款："中国允即恩赦伊犁居民。"业经遵旨照办，被俄官截阻赍示委员，不准张贴。第三款："伊犁民人迁居俄国入籍者，准照俄人看待。"意在胁诱伊犁民人归俄，而以空城贻我，与截阻赍示委员同一用心。第四款："俄人在伊犁准照旧管业。"伊犁虽还，中外商民杂处，无界限可分，（何以自守）。〔是包藏祸心，预为再据之计〕①。至商务允其多设口岸，不独夺华商生计，且（恐蔓延日广，枝节横生）〔启蚕食之心〕②。总理衙门原奏筹虑深远，实已纤细毕周。谕旨允行，则实受其害；〔先允后翻，则曲仍在我〕③。应设法挽回，以维全局。

窃维邦交之道，论理而亦论势。本山川为疆索，界画一定，截然而不可逾。彼此信义相持，垂诸久远者，理也。至争城争地，不以玉帛而以（兴）〔兵〕④戎，彼此强弱之分，则在势而不在理。所谓势者，合天时、人事言之，非仅直为壮而曲为老也。俄据伊犁，在咸丰十年、同治三年定界之后。旧附中国、与中国民人杂处各部落被其胁诱，俄官即视为所属，借以肆其凭陵。俄之取浩罕三部也，安集延未为所并，其酉

---

① ② 据《清季外交史料》卷十八校改。

③ 据《清季外交史料》卷十八补入。

④ 据《清季外交史料》卷十八校改。

阿古柏畏俄之逼，裹其部众，陷我南疆。我复南疆，阿古柏死，逆子窜入俄境，俄乃认安集延为其所属，欲藉为侵占回疆腴地之根。现冒称喀什噶尔住居之俄属，本随帕夏而来安集延余众，俄之无端冒为己属，实与交还伊犁仍留复踞地步同一居心。观其交还伊犁而仍索南境、西境属俄，其诡谋岂仅在此数百里土地哉！界务之必不可许者，此也。

俄商志在贸易，本无异图。俄官则欲借此为通西于中之计，其蓄谋甚深，〔非仅若西洋各国只争口岸可比。〕① 就商务言之，俄之初意只在嘉峪关一处，此次乃议及关内，并议及秦、蜀、楚各处，非不知运脚繁重，无利可图，盖欲藉通商便其深入腹地，纵横自恣，我无从禁制耳。嘉峪关设领事，容尚可行；至喀什噶尔通商一节，同治三年虽定约（实）〔试〕② 办，迄未举行。此次界务未定，姑从缓议。而乌里雅苏台、科布多、哈密、吐鲁番、乌鲁木齐、古城等处广设领事，欲因商务蔓及地方，〔化中为俄，〕③ 断不可许。此商务之宜设法挽回者也。

此外，俄人容纳叛逆白彦虎一节，崇厚曾否与之理论，无从悬揣。应俟其复命时请旨确询，以凭核议。

臣维俄人自占据伊犁以来，〔包藏祸心，为日已久。〕④ 始以官军势弱，欲诳荣全入伊犁，陷之以为质；既见官军势强，难（容）〔以〕⑤ 久踞，乃藉词各案未结以缓之。此次崇厚全权出使，嗹布策先以异词诘之、枝词惑之，复多方迫促以要之。其意盖以俄于中国未尝肇起衅端，可间执中国主战者之口，妄忖中国近或厌兵，未便即与决裂以开边衅。而崇厚全权出使，便宜行事，又可牵制疆臣，免生异议。是臣今日所披沥上陈者，或尚不在俄人意料之中。当此时事纷纭、主忧臣辱之时，苟心知其危而复依违其间，欺幽独以负朝廷，耽便安而误大局，臣具有天良，岂宜出此？就事势次第而言：先〔折〕⑥ 之以议论，委婉而用机；次决之以战阵，坚忍而求胜。臣虽衰庸无似，敢不勉旃！

除乌里雅苏台、科布多边务应请旨敕下该将军大臣预筹布置以臻妥慎外，所有新疆南、北两路军务，臣既身在事中，自当与各将领敬慎图维，以期有济。现调南疆立功后告假回籍饬赴喀什噶尔军营换防之头品

---

① 据《清季外交史料》卷十八补入。
② 据《清季外交史料》卷十八校改。
③④ 据《清季外交史料》卷十八补入。
⑤ 据《清季外交史料》卷十八校改。
⑥ 据《清季外交史料》卷十八补入。

顶带题奏提督、陕西汉中镇总兵、骑都尉世职、伯奇巴图鲁谭上连，挑带旧部一营并统杨昌濬所练关内三营赴肃，俟明春冻解，先赴喀什噶尔，仍归刘锦棠总统外，并催头品顶带记名提督、甘肃宁夏镇总兵、一等轻车都尉世职、嘎什普祥巴图鲁谭拔萃，头品顶带记名提督、甘肃巴里坤镇总兵、骑都尉世职加一云骑尉、霍隆武巴图鲁席大成，头品顶带记名提督、骑都尉世职、额尔克巴图鲁戴宏胜，由籍挑选旧部到甘，分统杨昌濬所练之关内各营，驰赴喀什噶尔，均归刘锦棠总统，以厚兵力而资分布。臣率驻肃亲军，增调马步各队，俟明春冻解，出屯哈密，就南北两路适中之地驻扎，督饬诸军妥慎办理。所有进止迟速机要应秘密者，即据所见函商总理衙门核酌，务期内外一心，坚不可撼，维持大局，仰副宸谟。现将军械先运哈密，诸凡布置，已有端绪。其军饷一切，最关紧要，臣与杨昌濬往复筹商，如果各省关三年以内能符原议，每年解足五百万两，而各省应解金顺、锡纶、金运昌、张曜各专饷又归有着，不致分臣饷力，则此次应用、应增之费尚可于臣军饷内腾挪挹注，毋庸另请增拨。合无仰恳天恩，敕军机处、户部严催各省应协各款迅即大批起解，以速补迟，庶甘肃、新疆大局可期无误。时事之幸，亦微臣之幸也。

　　谨一并据实复陈，伏乞皇太后、皇上圣鉴，训示施行。谨奏。

办理新疆善后事宜折
（1880 年 5 月 25 日）

奏为敬陈办理新疆善后事宜大略情形，仰祈圣鉴事。

窃维新疆善后事宜，以修浚河渠、建筑城堡、广兴屯垦、清丈地亩、厘正赋税、分设义塾、更定货币数大端为最要。臣前奉谕旨："南北各城应如何随宜经理之处，即着悉心筹画，次第兴办。"比即恭录咨行南北两路在事诸臣，一体钦遵。旋准张曜、刘锦棠咨呈，并据前署镇迪道周崇傅、现任镇迪道福裕、委办吐鲁番局务道员雷声远禀报前来。

以修浚言之：哈密修石城子渠；镇西厅修大泉东渠；迪化州修永丰、太平二渠，安顺一渠；绥来县修长渠；奇台县修各渠；吐鲁番所属渠工之外，更开凿坎井一百八十五处；库尔勒修复旧渠四十里；库车浚筑阿柯寺两大渠。皆各防营将领督饬防营兵勇轮替工作。其兼用民力者，给以雇值。地方官募民兴修者，亦议给工食。诚以民困甫苏，未可责以力役也。

以城堡工作言之：居国屋宇，以利栖止，农商工匠之所宜也；行国毡庐，移逐水草，畜牧游猎之所便也。今既联异域为一家，则城堡不可以不设。奇台、绥来、喀喇沙尔、库车，或因旧基，或拓新地，均不劳民力，不耗公财，而崇墉屹然，足资保障。

以屯垦言之：镇西厅属兵民报垦五万数千余亩；奇台报垦民户九百有余，军营新垦六千六百余亩；迪化旧报承垦三千余户，核多浮冒，兹按册报，连新增民户实只二千有奇，军屯尚未据报亩数；昌吉新旧垦户共一千三百有奇；绥来共九百余户；吐鲁番及南疆八城除沙碛外，荒地渐少，新增屯垦均在新开渠工两岸，未据册报亩数，其熟地适当清丈之际，刘锦棠、张曜现饬各局员册报，俟清丈竣事，始可汇齐送核也。

以清丈言之：量地，即履亩之法。长短广狭，非丈量不能明；肥腴瘠薄，非按测不能准。而西北地多高仰，土性善渗，需水尤殷。水足者地价倍昂，以产粮多也；水歉少收，价亦随减。将欲则壤成赋，必先计水分之充诎，定地亩之瘠饶，科粮赋之轻重。光绪四年，征收无额，臣与刘锦棠、张曜、周崇傅函牍相商，仿古中制而更减之，按民间收粮实数，十一分而取其一。经收回目任意增减者，许户民自陈，印委各员传经手人斥责，甚者加以革黜。并令于收获后通行清丈，按地亩肥瘠、水分赢绌分九等科赋。地既广阔，创行之初事体繁杂，人役弓手多不谙熟，一时未能集事。旋改为上、中、下三等征收，以取简易。迨五年秋成，册报犹未造齐，仍照上年十一分取一之例征收，民间输将争先。约计六年秋获，丈量可竣，按亩科赋，多寡始归一律矣。

以赋税言之：镇迪一道，光绪四年分征收各色京斗粮六千九百四十余石，房租银六千一百余两；吐鲁番厅征粮一万四千二百余石，地课银二千一百余两；喀什噶尔征收各色京斗粮料六万五百八石；英吉沙尔征收二万六百十二石；叶尔羌征收七万九千四百十二石；和阗征粮三万六千八百七十九石，征折色银五千四十九两，课金四百六十两；阿克苏征粮一万四千二百三十石，征折色银三千三百三十八两，征红铜、黑铅、磺铁均照额交纳；乌什征粮八千三百七十八石，征折色钱五百一十缗；库车征粮一万二千八百四十九石，征折色银五千余两，征红铜、棉花如额。光绪五年秋开征，仍按照四年征收款目如数完缴。内如喀喇沙尔一城，因久罹兵燹，流亡未复，四年无征，五年分据各局报征过各色京斗粮六千五百九十八石，尚未截数。综计南北两路征收粮数，折合京斗已二十六万一千九百余石。专就南路收数计算，较户部钞案从前额征十三万余石已增十万六千五百石有奇。此皆清丈未竣，暂照十一分征收之数。若丈量完事，并加入北路续增及开渠成熟地亩新赋合算，自更有增无减。此外税课折色，有照常征收者，有并入厘税征收者。

就厘税言之：各局册报，自四年秋冬至五年夏不足一年，已收银十八万有奇，亦称入款大宗。如伊犁事定，商货畅行，则厘务自有起色，姑勿论也。

以义塾言之：新疆戡定已久，而汉回彼此扞格不入，官民隔阂，政令难施，一切条教均藉回目传宣，壅蔽特甚。将欲化彼殊俗同我华风，非分建义塾，令回童读书识字、通晓语言不可。臣与南北两路在事诸臣筹商，饬各局员防营多设义塾，并刊发《千字文》、《三字经》、《百家姓》、《四字韵语》及《杂字》各本，以训蒙童，续发《孝经》、《小学》，课之诵读，兼印楷书仿本，令其摹写。拟诸本读毕，再颁行《六经》，俾与讲求经义。迭据防营局员禀：兴建义塾已三十七处，入学回童聪颖者多，甫一年而所颁诸本已读毕矣。其父兄竟以子弟读书为荣，群相矜宠，并请增建学舍，颁发《诗经》、《论》、《孟》，资其讲习。局员送阅各塾蒙童临摹仿本，笔姿颇秀。并称蒙童试诵告示，皆能上口；教以幼仪，亦知领会。盖读书既可识字，而由音声以通言语，自易为功也。张曜因出《圣谕十六条附律易解》一书，中刊汉文，旁注回字刊发，缠民见者宝贵。足见秉彝之良，无中外可分，欲善则善，理有固然，虽不必侈言化民成俗，而其效已可睹也。

以货币言之：回民市易，旧用制钱，渐专用银，而程色高低、分量轻重骤难明晰，奸伪日滋。阿古柏窃踞南八城，创铸银钱，名"天罡"式圆如饼，中无方孔，不类钱形。其程色、分量任意低减，图售其奸。故市价相权不能允协，民以为苦。应改造银钱，以平市价而利民用。惟改造银钱，宜先制模式较准，一律交官设局经理，然后私造与赝伪易于辨认，而行使可规久远。臣饬兰州制造新式铜模，交张曜督局依法试制。范银为钱，用银片捶成，不须熔铸。枚重一钱，外圆内方，轮廓分明，字迹显朗，大小厚薄如一。与制钱相权，银为母，铜为子，市廛通用，可免畸重畸轻之患。而新模精巧，由官改造，工速费节，私赝不致混淆，人知宝贵。准张曜呈送样钱前来，臣察核无异。拟俟试行渐广，请旨遵办，期为新疆创此永利，以救圜法之穷。

凡兹数端，均已有绪可寻，渐著成效者也。

至于中土蚕丝赖及万方，而湖产尤甲中土。泰西市舶骈集沪上，航海往返，费省运捷，非若陆路之艰阻也。西北各部落，行国居多，衣被庐帐，取给毡片。《禹贡》于昆仑、析支、渠搜，皆以织皮概之，由来久矣。近代以来，参用蚕丝和毛弹织，精致殊伦，售获善价。惟与中土通商，专在陆路，运致维艰。新疆南北产桑，土人但取葚代粮，或称药材，蚕织之利未广。俄罗斯及诸边种人购丝于新疆，不足，仍议入蜀购丝。臣通檄南北两路局员检校属境桑株，陆续禀报，统计桑树八十万六千余株。教以饲蚕、缫丝诸法，两年始有微效。据各处呈验，新丝色洁质韧，不减川丝。前饬沪局采运委员胡光墉延访德国开河、凿井、织呢师匠，带购机器来兰州，入制造局教习西法；并饬募雇湖州土民熟习蚕务者六十名，交委员祝应泰由籍管领，并带桑秧、蚕种及蚕具前来，教民栽桑、接枝、压条、种葚、浴蚕、饲蚕、煮茧、缫丝、织造诸法。自安西州、敦煌、哈密、吐鲁番、库车以至阿克苏，各设局授徒，期广浙利于新疆也。所以先南路而后北路者，以南疆生桑颇多，一经移接，便可饲蚕；缠民勤习工作，可收事半功倍之效。由是推之西四城，更推之北路，耕织相资，民可使富，即西北诸行国取携亦便，毋庸度陇趋蜀以买新丝。远商拜惠，怀我好音，彼获其赢，我亦得施其控制之术，从此氛祲潜消，亦未可知，非仅厘税有增，稍纾军储之急已也。特事涉创行，无速效可睹，臣不敢多所论列，惟有黾勉图之，仰副宵旰忧勤之意。

谨一并附陈，伏祈皇太后、皇上圣鉴训示。谨奏。

防营承修各工程请敕部备案折^①
（1880 年 5 月 25 日）

奏为甘肃、新疆各处防营，历年承修城垣、祠庙、桥梁，栽种树株，请旨敕部备案，以垂久远，恭折具陈，仰祈圣鉴事。

窃查甘省内地自遭兵燹以后，千里萧条，东路各属地居冲要，荒废尤甚。如会宁县之翟家所、张陈堡，安定县之王公桥，隆德县之六盘山，固原州之三关口等处，均为著名险隘，其间沟涧深窄，河道阻淤，道路、桥梁率多倾塌，夏潦冬冰，时有阻滞、倾复之患，农商行旅均以为苦。嗣经统领武威军甘肃平庆泾固道魏光焘；统领楚军中路各营记名提督、镇海协副将周绍濂，会同统领楚军前路各营提督刘端冕等，督饬各该防营，于操防护运之暇，次第承修会宁属境大小砖石土木桥十九座，种树二万一千余株；安定属境木石桥八座，种树十万六千余株；金县属境木石桥三座，种树四千四百余株；皋兰属境木桥一座，种树四千五百余株，修造会、安等处祠庙、行馆、书院一十三所，险阻大小路径亦均修治平坦；泾州属境大小木石桥九座；平凉属境大小木石桥二十九座；固原属境大小木石桥十座，新开三关口、蒿店、瓦亭沿河一带石路四十余里；隆德属境大小桥梁六座，六盘山上下车路二十余里；静宁属境大小土桥七座；新开会宁县城东起至翟家所止车路四十三里。又，自陕西长武县界起至会宁县东门外止计程六百里，节年共种植成活树二十六万四千余株；柳湖书院种活树一千二百余株；平庆泾固道署内外种活树一千余株；环县属境种活树一万八千余株；董志县丞及镇原县境种活树一万二千余株。此外，平庆泾固各属驿路，固原北至平远以达惠安堡盐路，均已一律修治平坦。又先后承修平凉、庆阳、隆德、合水、董志

---

① 此折系与帮办新疆善后事宜杨昌濬会衔。

县丞、镇原、平远各府县城垣、衙署及各祠庙、堡寨、驿馆。所需经费皆由各营旗随时捐发，并由魏光焘陆续捐给经费银八千七百余两。以上各工，业经委员勘验，均已完竣坚固。此关内东路一带兴作工程之著有成效者也。

西南各路防营将领，如统带良辅等营总兵淩春台，在河州属之三甲集开挖水渠四十余里，创建水磨三盘，设立义学三处，又修祈家集水渠一道、太子寺堡城垣濠沟，并栽树株，三甲集、硝河城建立庙宇并昭忠祠四所。统领楚军左路等营提督邓荣佳，在狄道州属之中部修土堡一座、洮滨书院一所，疏浚旧渠二道，古城子土堡一座，栽树三百余株。管带楚军左旗总兵张友元，在狄道州城西门外修永宁桥一座，计长二十丈、高一丈、宽八尺，又自该州岚关坪起至白林口止修治道路一百六十里，木桥二座。管带楚军左路后营副将李志刚，在狄道北二十里铺修造大水车一具，栽树一万三千株。管带楚军律武前营总兵李宾光，在循化厅城内修盖铺屋五十五间，并修理城楼及庙宇一所。管带靖绥营参将黄金福，在碾伯县属栖鸾堡一带创修沟渠、筑堤作坝二十余里。统领果军提督刘明灯，在大通县属之永安营修补城垣，栽树四万五千余株。管带楚军恒营总兵王声，自碾伯县属老鸦堡起至响镗止修理道路二百四十余里。管带安西左营总兵张世才、管带宗岳义营总兵张星元，在大通县境修理道路三百数十里，并建修桥梁、补置船只、栽种树株、修复塘卡。统领安西等营署镇海协副将喻胜荣，在西宁城外刘家河湾创建堡城一座，并修建镇海协衙署屋宇。管带向义营副将敖天印、管带楚军蓝左旗副将朱泰友、管带楚军蓝右旗副将李正鲁，先后在平番县境栽树七万八千余株。管带楚军左路正中营总兵周玉堂，在平番县境镇羌驿、岔口驿修造庙宇二所、石桥一道、车店一区、堡寨一座，烂泥湾开修石路一道。此关内西南路一带兴作工程之著有成效者也。

至新疆南北各城，自光绪二年大兵出关一举荡平后，臣檄饬各该防营会同各善后局，修浚河渠，以兴水利；筑缮城堡，以严捍卫；平治道路，以利转运；修造官店，以便行旅。出嘉峪关七程为安西直隶州治，地近戈壁，飞沙堆积，州城东、西两面沙与城齐。臣饬署安西协副将甘云亮督率弁兵，兼募民夫，由城堞遂渐开掘，下至城根，一律净尽，砖石显露，还复旧观。引疏勒河水环之，既深且阔。沿河种柳，以护堤岸。城复濠开，可垂久远。哈密厅属石城子渠，先经张曜屯田该处，已加修治；臣等复饬驻扎哈密防营总兵黄本富、易玉林重为浚治，以利灌溉。镇西厅属大泉东渠,经驻扎巴里坤统领蜀军提督徐占彪督率兴修。迪化州永丰、太平二渠,绥来县一渠,迭经由官借给银粮,督饬户民修理;安顺一渠,现经镇迪道福裕勘验兴修。奇台县属渠道,经署知县刘嘉德勘明,禀请修浚。吐鲁番厅属官渠、坎井,经督办善后道员雷声远、驻扎该处防营提督罗瑞秋、游击宋得禄督率兴修;雷声远筹借食粮,督劝户民淘浚坎井,岁获有秋。库尔勒旧有官、民渠二道,兵燹失修,该处防营都司邹金本督率修复。又,库尔楚一带河道长四十里,水不归渠,旱潦无备,防营副将王玉林修筑完好,宣泄有资。库车阿柯寺塘、赛马里柯两处长六十里,横贯戈壁,工程尤大,驻扎库车统领安远军前安徽寿春镇总兵易开俊,督率弁兵,辅以民夫,修筑通畅,增开支渠,灌溉称便。绥来、奇台两县城门女墙均多损坏,经前署玛纳斯协副将傅殿魁派勇修复。喀喇沙尔为南疆要冲,旧城卑薄,复为贼毁,庐舍荡然,惟安集延逆酋阿古柏新筑一城勉可补葺,防营知县黄长周、喀喇沙尔善后局员知州黄炳煜,开拓修筑,城周三里,雉堞改观。库车旧有汉城甚小,年久倾圮,东面外环回城,局势颇阔,易开俊会同善后局员同知魏炳蔚察看形势,西、北两面均仍其旧,其南城及东北、东南应即改筑,城周千三百三十四弓,墙高一丈八尺,宽一丈五尺,四隅炮台纵横四丈四尺,四门城楼高四丈八尺,雄阔伟壮,足称南疆重镇。由哈密以达吐鲁番,自瞭墩至七克腾木四驿,分南北两路,南为官道,妖风时作,沙石俱飞,甚者并人马捲去,渺无踪迹,俗所称"风戈壁"者也;其北有小路,可避风灾,本为商旅必出之途,然无店宇可资栖息,行人苦之。七克腾木防营总兵夏奉朝督饬弁兵,将南路台站移置北路,添备官店、水草、器用,此患乃免。托克逊至喀喇沙尔,中隔阿哈布拉地方,两峰壁立,积石峻嶒,一径羊肠,下临无际,车驮经过,辄有意外之虞。防营总兵刘见荣锤幽凿险,化而为夷,用功至勤,群情欣惬。清水河西碛滩五六里,泥淖纵横,人马多苦陷没。防营知县黄长周、都司邹金本会同修治,开渠泄浸,垫以巨木,杂覆树枝,土石平铺,始免积淖为患。此关外兴作工程之著有成效者也。

兵燹之余,百废肇兴,不资民力,不耗官帑,难矣。而论其实济,则皆承平时所未经见者。非诸将士来自田间,习惯工作,而皆知以勤民为重,其效或未易臻此也。至诸工程皆设防护运之余率作兴事,未可与工部例章并论,且不列款请销,自可免由部议。而工成犒劳酒食,本与军需赏耗不同,为数又微,业经酌提各营截旷款下支用,并未开报正款。臣等现咨商刘锦棠、张曜，转饬善后局各员酌量划拨荒绝地亩，招佃承租，以作岁修经费，庶可保固而规久远。

所有甘肃、新疆各处防营连年承修各工程，应否咨部备案，理合恭折具奏，伏乞皇太后、皇上圣鉴，训示施行。谨奏。

复陈新疆宜开设行省请先简
督抚臣以专责成折
(1880 年 5 月 26 日)

奏为遵旨复陈新疆宜建省开设郡县，应请先简督抚臣，以专责成而便咨商措置，恭折仰祈圣鉴事。

窃臣于光绪四年十一月奏复新疆情形一折。钦奉谕旨："事关创始，必须熟筹于事前，乃可收效于日后。刻下伊犁未经收还，一切建置事宜尚难遽定。其余南北各城应如何经理之处，即着左宗棠悉心筹画，次第兴办。总期先实后名，俟诸事办有眉目，然后设官分职，改设郡县，自可收一劳永逸之效。所有办理情形，并着随时详细具奏。"嗣于五年九月续奉谕旨："新疆地方愚回锢习未除，自应规画久远，移其风俗，俾就范围。该大臣所拟改设郡县应如何办理之处，并着妥筹具奏。"钦此。

窃惟新疆南北各城频年办理善后事宜，均有端绪，所有详细情形业经会衔陈奏。臣与杨昌濬再四咨度，分设郡县，于时务相宜，如蒙恩旨俞允，会同筹商办理，从此边地、腹地纲举目张，城郭、庐帐群萃州处，彼此各仍其旧。治外，则军府立而安攘有藉，疆圉奠焉；治内，则吏事修而政教相承，民行兴焉。上无鄙夷其民之心，下有比户可封之俗，长治久安之效，实基于此。臣两次钦奉谕旨，恭录咨行新疆在事诸臣，意见相合。窃计改设郡县，经出经入费用，较之从前部拨常年实数，不但无增，且可渐减。诚及此时筹议兴办开设行省，于国计边防不无裨补。

按新疆形势所在，北路则乌鲁木齐，南路则阿克苏，以其能控制全疆，地居天山南北之脊，居高临下，左右伸缩，足以有为也。谨拟乌鲁木齐为新疆总督治所，阿克苏为新疆巡抚治所，彼此声势联络，互相表里，足称其形势。将军率旗营驻伊犁，塔尔巴哈台改设都统，并统旗绿各营，并拟增设伊犁兵备道一员，塔尔巴哈台拟增设同知一员，以固边防。北路镇迪道应仍其旧，拟改迪化州直隶知州为迪化府知府，拟增置迪化县知县一员；附郭州属，原设县四，一阜康，一昌吉，一绥来，一奇台，应仍其旧。拟升呼图壁巡检为图壁县知县，升济木萨县丞为济木县知县。镇西厅同知治巴里坤，拟改为镇西州直隶州。拟仍复原设宜禾县知县，附郭哈密通判拟改为直隶厅同知。吐鲁番境一名广安州，为入南疆冲要首站，拟增设广安道一员，以资控扼；其吐鲁番同知，拟改为广安州直隶州。拟升辟展巡检为辟展县知县。托克逊为乌鲁木齐通南八城冲要，拟就地置托逊县知县一员，以资联络。南路拟设阿克苏巡道一员、喀什噶尔兵备道一员，拟设知府四员，一治阿克苏、一治库车，并隶阿克苏巡道。按阿克苏即古温宿国，拟设温宿府知府一员，温宿县知县一员；附郭拟设尹河县知县一员，治尹河瓦提；拟设拜城县知县一员，治拜城，均隶温宿府知府管辖。库车即古龟兹国，拟设鸠兹府知府一员，鸠兹县知县一员；附郭拟设沙雅尔知县一员，治沙雅尔，归鸠兹府知府管辖。喀什噶尔即古疏勒国，拟设疏勒府知府一员、疏勒县知县一员，治汉城；疏附县知县一员，治回城，并附郭归疏勒府知府管辖。叶尔羌即古莎车国，拟设莎车府知府一员，莎车县知县一员，治汉城；莎附县知县一员，治回城，并附郭归莎车府知府管辖。喀喇沙尔即古焉耆国，拟设焉耆直隶州知州一员，治喀喇沙尔；并设库勒县知县，治库尔勒，归焉耆直隶州管辖。和阗即古于阗国，拟设于阗直隶州知州一员，治和阗；并设于阗县知县一员，〔并〕附郭归于阗直隶州管辖。乌什即古尉头国，拟设尉头直隶同知一员，治乌什。英吉沙尔即古依耐国，拟设依耐直隶同知一员，治英吉沙尔。

凡兹所拟建置大略，虽经臣与新疆在事诸臣悉心商订，具有规模，而地非亲历，究难信之于心。既拟置省分，设郡县，则政务繁简、地亩肥硗、物产盈虚、丁户多寡、差徭轻重，为缺分苦乐所关，非权其经出经入实数，为之斟酌损益，俾适于中，则官困而民必受其病。适奏调浙江候补知府陈宝善到营，臣留居幕中，令其熟阅新疆各局往复公牍，面为讲求，预将兴革诸务贯彻胸中。饬三月下旬出关，遍历新疆察验一切，一面就近禀商各总统，一面禀报听候核示。陈宝善久官牧令，廉干耐劳，熟娴吏事。兹令参商建置兴革事宜，或有裨益。

至义塾甫兴，学政及各府厅州县校官应缓议设；其丞倅佐杂，应俟分设郡县后再分别陈奏，请旨遵行。新疆各员应否按照边俸迁调升转，暂时亦可缓议。至各城应安设台站驿递，增设提、镇、副、参、游、都、守、千、把、外、额大小武职及额兵俸廉、饷干本折，均应俟新设督抚会同议拟具奏。而藩、臬大员，均随督、抚驻扎，庶总汇之司得所禀承，事无不举。凡此皆应由新疆督抚奏明次第兴办者，非臣所预议也。

如新疆置省分、设郡县仰荷俞旨允行，应恳天恩先简新疆总督、新疆巡抚，重以事权，俾得随时陈奏，径达宸聪。其新疆军务，臣有督办之责，固不敢稍有诿谢也。

是否有当？谨会同头品顶带帮办甘肃新疆善后事宜臣杨昌濬合词具陈，伏乞皇太后、皇上圣鉴，训示施行。谨奏。

选派回目接署西四城阿奇木伯克等职折
（1880 年 5 月 26 日）

　　奏为查明前次委署新疆南路西四城阿其木伯克等职历因事故先后开缺，另行选派妥目接署，分别给予顶带，以资办公，恭折陈明，仰祈圣鉴事。

　　窃臣准帮办新疆军务、通政使司通政使、二等男臣刘锦棠咨呈：新疆南路喀什噶尔、英吉沙尔、叶尔羌、和阗四城毗连藩部，事务纷繁，向于各聚落分设大小伯克多员传宣政令，前经照章选派回目，给予顶带，暂令署理各职，奉旨允准在案。兹查：自给委后，历今二载，其中大小各伯克或以患病请假，或以病故出缺，或因疲软而更换，或因贪污而革究。员缺未便久悬，均经饬由各善后局委员随时选择老成回目，呈请先给札委，令其暂署各缺，俾资办公。兹将所委各员并拟给顶带分晰开具清折，咨请发给委牌，并请奏咨立案前来。

　　臣查折开喀什噶尔等处换委总散头目二十六名、英吉沙尔三名、叶尔羌十三名、和阗属之伊里齐城等处五名，共计四十七名。既经刘锦棠就近察看给委，应如所请办理。

　　除由臣给予顶带，缮发委牌，造册分咨兵部、理藩院查照外，所有另行选派回目接署新疆南路西四城各伯克并给予顶带缘由，谨恭折具陈，伏乞皇太后、皇上圣鉴。谨奏。

出屯哈密布置情形折
（1880 年 9 月 8 日）

奏为微臣出屯哈密，妥筹布置情形，恭折仰祈圣鉴事。

窃臣于四月十八日由肃州行营拜折启行出关，五月初八日抵哈密，驻军城西之凤凰台，与刘锦棠、金顺、张曜筹商军务，函牍往复，意见相同。所有新疆南、北两路山川形势及中俄彼已情形，已于二月二十三日遵旨复陈大概。新疆东路、西路布置情形，亦经金顺、刘锦棠陈奏。

臣饬调金运昌所部提督王凤鸣、张怀玉等马步二千归金顺调遣，先后到精河助防。刘锦棠所部提督谭上连带换防步军二千余于五月初八日齐抵喀什噶尔，刘锦棠点验将弁勇丁一律精壮。拆补入伍，改旗为营。其调由湖南选辑成军之提督谭拔萃、谭和义等二千余名已抵哈密，点验均极精实，士气奋兴，候后路行饷截清，军装寒衣取齐，即令拔营西上。其中路张曜嵩武一军增调步队五营、马队两营，均饬换补整齐，购办驮骡骆驼，以备装运。张曜增募之淮北步队一千名，已报行过兰州矣。

至俄人增添俄兵分踞伊犁、阿来者，合计不过数千，安设开花后膛炮位，大小不过十尊，志在固守伊犁与纳林河门户，未出意料之外。近颇有越界放哨及越界筑垒之事，似意在挑衅。刘锦棠、金顺但遣人诘问，未遽加以声色，盖仍先以议论之意，俾免藉口也。

所宜预为筹策者，自俄踞伊犁以来，土回及附近游牧各部族首先迎附大军进剿，先克乌鲁木齐，连下各城，引兵南下扫荡穷追；而新入之陕回及北路旧有之汉回均以伊犁为逋逃渊薮。崇厚出使之先，俄人本拟将此两种逆回送还中国，崇厚请旨令臣等出示。比臣与金顺遣人两次赍示赴伊犁，俄又变计，不许张贴，且令陕、汉各回徙眷入俄境为质，留其精壮守伊犁。现在伊犁充当俄兵者，数近三千。此辈嗜乱性成，承平时以商贩为业，汉蒙边境皆其旧游。无论伊犁收还与否，皆宜预为防范。臣之出屯哈密，固以调度前敌诸军，司其进止，亦因防贼纷窜、遏其奔冲，窃有取于多算胜少算之说也。

按：伊犁东北切近俄境，塔尔巴哈台外，惟科布多斗插朔方，形势颇形孤露。陕、汉逆回之在伊犁者，颇思从此以觅生路。若越科布多而南转而西趋，则古城东路、巴里坤之奎素，均当其冲。逾天山，即哈密地境，山谷绵亘，介南北两路之中，为程二千余里，防不胜防。现虽均有布置，然以言绵密无间，固未能也。惟兵机因贼势而生，如果指挥若定，则倏合倏分，随机立应，犹之可也。若贼由科布多而南，不犯古城、巴里坤、哈密附近边界，专由草地有水泉处狂奔而来，偷越安西州边，可径抵玉门及布隆吉、桥湾、三道沟，并可由花海子以达金塔、毛目诸处。果尔，甘、凉内地均不免风鹤之警。甫经奠定之区，何堪再遭其扰！臣于抵哈密后熟察形势，详访汉蒙路径，不免鳃鳃过虑。现于科布多安设坐探，于科布多通古城之八台外复设汉三台，以速邮传，遇有寇警，立即驰报古城。饬古城、巴里坤、哈密各防营皆戒备以待。增古城西路马队一营一旗填扎皖军防营遗垒。调总兵王声扬步队一营赴古城，归总兵徐万福节制。拟再调步队一营助巴里坤之防。古城、巴里坤中间木垒河地方，原有记名提督徐占彪马步三营驻扎，令其续挑旧部足额，以资得力。调记名提督萧章开、补用提督吴禧德两营扼扎安西州附近地方，筑垒驻扎，勤发确探，于科布多、乌里雅苏台商贩往来安西、玉门总要路口梭巡瞭望，遇有贼踪窜近，即行飞报，防营横截而出，痛予剿办，方可确操胜算。

臣驻哈密原有亲兵十一哨，复商之杨昌濬，由关内调马步数营勤加训练，遇有警报，即可分途策应，速赴戎机。必伊犁事定，陕、汉各回安插妥帖，军务解严，此路兵力始酌量减撤。盖欲于收复伊犁之外别筹闲着，以备缓急，冀士气常新，兵机甚活，关内外全局敉平，可无遗策也。

一得之愚，是否有当？伏乞皇太后、皇上圣鉴训示。谨奏。

哈密及镇迪一道应归刘锦棠统辖片
（1880 年 11 月 13 日）

再，哈密绾毂新疆南北两路，地居冲要，东与甘肃所属安西州接壤。将来议设行省，必以哈密划隶新疆，形势始合。即安台站以通文报，设郡县以兴吏事，置营汛以重地方，均须及时渐图措置，以免临事周章。除南路建置应从缓议，其北路镇迪一道旧设文武地方官规模粗具。刘锦棠既承恩命督办新疆军务，则哈密及镇迪一道所属文武地方官均应归刘锦棠统辖，所有升调、补署、考核及一切兴革事宜，均可就近办理，分别奏咨，以专责成。陕甘总督相距过远，无庸兼管。应即请旨敕遵，俾疆圉分明，各知循守。

是否有当？伏候圣训施行。谨奏。

请敕部注销祝应泰永不叙用处分片
（1881年1月1日）

再，臣前奏调已革盐提举衔湖北崇阳县知县祝应泰由浙江原籍召募熟习养蚕、种桑工匠六十名，并带桑秧、蚕种及各项器具西来，试办蚕织局务，期广浙利于西陲，业于本年四月十七日拜发办理新疆善后事宜大略情形折内陈明。

五月初八日，臣行抵哈密，祝应泰缴呈哈密、吐鲁番、库车、阿克苏各局所取新丝，亲加察验，色白质韧，与中土无殊。询据浙匠，佥称：此地之桑较浙产叶大汁厚，实为宜蚕；惜到时节候已过，养蚕无多也。祝应泰复收买吐鲁番、库车、阿克苏土茧，则质薄色黄，取丝不及浙桑之半。近据祝应泰专丁呈验线绉绸缎数匹，与浙织差同。若多参用浙桑饲蚕取丝，则料本可节。更用由浙购带之种，如法浴蚕、取茧、缫丝、上机，则与浙织无殊。久之，浙利移于西北，种人争售，销路必畅，民可使富，而于驭夷之方亦良有济。刘锦棠复饬祝应泰赴西四城设局教习，一面饬上海采运局再购浙产桑秧，并多购蚕种，以期推行尽利。

窃谓甘肃、新疆要务，无逾于此。惟祝应泰因前在湖北崇阳县任内因乡民争树一案，经湖广督臣奏参革职，永不叙用。臣以其事本因公，并非贪酷私罪，上年奏请开复，经部议复，奉旨赏给原衔。该员感戴皇仁，并蒙湔雪，图报方殷。现在试办蚕织，渐著成效。合无仰恳天恩，敕部将祝应泰所得"永不叙用"处分注销，俾得尽心教习，以竟全功。

谨附片具陈，伏祈圣鉴，训示施行。谨奏。

甘肃气象更新请将王必达等各员奖叙片
（1881 年 1 月 2 日）

再，臣此次由哈密入关，径抵兰州，幸免停滞。沿途察看民物安阜，较五年以前大有起色。耕垦日广，民食渐充，白面一斤值钱十文，杂粮市价递减，窖藏甚多。罂粟既禁，以其腴地改种草棉，向之衣不蔽体者亦免号寒之苦；近更广植浙桑，关内外设立蚕织局，收买桑叶、蚕茧，俾民之不知饲蚕、缫丝者均可获利。兰州织呢局结构宏（厂）〔广〕，安设机器二十具，现开织者尚只十具，所成之呢渐见精致，中外师匠及本地艺徒率作兴事，日起有功。途中所见沟洫桥梁，靡不整饬，水利兴焉。道旁所种榆、柳，业已成林，自嘉峪至省，除碱地、沙碛外，拱把之树接续不断。行过学塾，时闻诵声，士庶佥称承平时所未有也。

窃念穷边兵燹之后，气象更新，嗣事复得同心之侣，将来赓其绪而恢张之，边氓获福，岂有涯量！是则皇仁广被西陲，与天无极也。臣此次去陇，较去闽时无回顾之虞，尤为私幸。按察使衔安肃道王必达、甘凉道铁珊，于禁种罂粟一事极为认真，捕治游勇，兴修水利，平治道路，栽植树株，均能尽心劝督；铁珊散布羊种，孳生蕃息，尤睹成效。肃州知州保昌，勤恤民隐，有利必兴，均为难得。王必达可否赏给二品顶带，铁珊可否赏加按察使衔，保昌可否赏加知府衔，以偿前劳而策后效？出自天恩。

此外，蚕丝、织呢等局雇用中外师匠及办理局务华、洋各员弁，有实在出力、著有成效者，应由刘锦棠、杨昌濬随时汇案奏请奖叙，以示激劝，庶几人心竞奋，利无不兴矣。

谨据实附陈，伏乞圣鉴，训示施行。谨奏。

复陈涿州工作已可就绪情形折
（1881 年 7 月 1 日）

奏为遵旨复陈，仰祈圣鉴事。

窃臣钦奉光绪七年五月十八日上谕："孙诒经奏兴办畿辅水利，敬举人材，以资助理一折。据称：畿辅水利事同创举，请敕翰林院侍讲学士张之洞、丁忧翰林院侍讲张佩纶亲诣履勘，随时函商王大臣等督饬兴修。等语。着左宗棠悉心斟酌，据实复奏。原折着抄给阅看。将此谕令知之。"钦此。

臣维水利废兴，关系民生国计，矧在畿甸，尤难视为缓图。禹之治河，所为肇事于冀也。臣部奏调北行，原为备俄起见。嗣因在防无事，而陇关内外营屯水利曾著微劳，兹值顺天、直隶水患频仍，用其所长，令之从事修浚，兼免坐食虚糜，实为两益。且征之于古，周代两城成周，诸侯属役赋丈。鲁昭三十二年，大夫相帅城成周，谷梁氏以为得变之正，盖谓尊王用命，义在则然也。臣以陕甘应饷之军，助直隶治河之役，适逢其会，窃比有因。事虽稍异寻常，亦犹行古之道，而好事争功诸议无讥焉。孙诒经原奏谓为千载一时之举，稽古证今，实为允当，非有夸饰之见杂居其间。

至谓事同创举，则有未尽然者。臣军自张家口、怀来移驻涿州，由涿州知州查光泰禀，由李鸿章咨商而来。所拟方略，皆由细绎乾隆中亲阅永定河堤，示直隶总督方观承圣制诸诗所得，如筹疏浚，取河中淤出新土培堤，即寓浚淤之义，及河中居民相安，弗论宜禁附益增廓。大哉王言，实握治河机要，圣人复起，何以加兹！皇上祖述宪章，臣等在事诸臣率循罔越，胥在乎此！以今视昔，迹虽近于创，而以古准今，义实本诸因也。

至于敬举人材以资助理，请敕张之洞、张佩纶亲诣履勘，随时函商王大臣等督饬兴修，尤具深识。盖以臣与李鸿章议论时有异同，恐意见骤有未融，或启争执之渐。张之洞、张佩纶持论名通，于臣与李鸿章素称投契，又同籍贯，于畿疆地形水势尤所熟谙，必能据实疏通，俾衷至是。

惟臣于十九日卯刻接奉谕旨时，已由涿州陆行。是日勘验金门闸坝，次日即循南岸河堤而下，二十二日抵王庆坨，二十三日抵天津，与李鸿章晤商一切，所见皆同。二十五日乘舟溯流而上，二十七日抵赵北口，将商定情形咨李鸿章挈衔咨呈恭亲王、醇亲王核定，会奏请旨遵行。接见清河道叶伯英，据称：适得献县驰报，滹沱现行古洋河之大溜，已全由新开减河入子牙河故道达津入海。彼此共相庆幸。臣初拟由赵北口南行，履勘滹沱上游情形，既闻滹沱已改由李鸿章新开减河归复故道，遂罢此行，仍由陆路回涿州。二十九日，驻永济桥工次。六月初一日，与王德榜、王诗正及亲军营哨各官验视十九日后兴作工程，见下游挑淤已至永乐村，面宽二十余丈，深八尺余，水程六七里，淤沙堆积两岸如长堤。六月初二日，下游竣工，接开桥上南面小减河，长可里许。连日修筑北面斜堤，束泛滥之水，令出桥下。一面开浚涵洞。初五日，大溜东趋，官民相庆。计自开工至今，甫阅月余，而十余年积患一扫而空。时距伏汛尚十余日。纵遇盛涨，亦免倒漾停淤之患。臣目击弁丁劳苦，犒以酒食。其因暑雨工作感受时气者，遣人赴邸寓取药疗之。拟俟各处工程一律告藏，过秋汛后，再将斜堤加筑三合土，以规久远。拒马、牝牛及各水业已就治，永定全河可期顺轨。

臣拜折后，拟过石景山一带测勘水势，即回京复命。张之洞、张佩纶两员是否仍须派往助理，应候圣裁。

所有臣军工作已可就绪情形，并遵旨复奏，仰慰宸怀，伏祈皇太后、皇上圣鉴，训示施行。谨奏。

永定河下游工程告竣现正
修治上源速期葳役折
(1881 年 12 月 5 日)

奏为臣军兴修永定河下游分段工程业已告竣,现在修治上源,速期葳役,恭折仰祈圣鉴事。

窃臣前于夏间至天津,与李鸿章会商修治永定河工程,已于闰七月十三日附片具奏。嗣据前福建布政使王德榜、总理营务处道员王诗正会禀:涿州永济桥浚河筑堤,于闰七月十三日一律工竣,河流顺轨,舟楫往来,农商称便。北面修筑三合土斜堤一道,锤夯加工,坚同铁石,堤长百丈,高与桥齐。由永济桥达胡良桥,驿道低洼,培厚加高,行者无褰裳濡足之苦。请委员复验前来。当咨请李鸿章,会委涿州知州查光泰,委员冒沅、孔庆笃等,履勘验收。旋据该印委结报,工程坚固,堪耐久远。李鸿章并发犒赏银二千两。合营将弁丁勇欢跃异常,随赴下游列帐兴工。王诗正会商永定河道游智开,及地绅前甘肃提督曹克忠等,履勘形势,由霍家场、卢家铺、曹家场径向安家坟一带,裁湾截直,较为顺利。自三号起至安家坟南止,分作十段,估计通工长六千一百余丈,土方四十六万有奇,挑出之土平铺两岸三十丈外,酌留缺口以泄盛涨。其由下溯流而上,自第七段对萧庄村南至第十段对安家坟南工尾止,估土十二万五千余方,指由王诗正承办,禀请李鸿章加委会勘兴工,王诗正分段承赋。计自八月二十九日起,至十月初一日工竣。维时寒风凛冽,刺骨砭肌,诸将士并力工作,不知其劳,暑短则继之以夜,列炬赴工,以补不逮。故原勘三月工程,一月遂已告葳,非臣始愿所及。此王诗正督带亲军,修治永定河下游之实在情形也。

永定河上源工程,则分由王德榜及臣军委员冒沅督工修治,直隶委员邹振岳、孔庆笃等佐之。王德榜带恪靖左营由芦沟桥溯源而上,历石景山、三家店曲折入山,越乾隆年间所遗沿河口玲珑坝废址,于距都门二百余里地方傍岩沿流而下，勘得峡中应修建石坝者共有五处，地名下尾店、丁家滩、车子崖、水峪嘴、琉璃局山嘴，就地伐石砌坝凿渠，于山脉均无伤损。各坝随山逶迤，长可一千数百丈，绘图贴说，亲赍前来。臣复核无异。比饬移营开工，并于涿州、房山选募石匠二百余名助役。八月二十日，王德榜拔营，行至丁家滩、下尾店，并力合作，已成坝五座。兹当初冬和暖，工作如常。向后山谷合冻，石工虽可忍寒锤凿，土工则致力殊艰。通工合计，必俟明年凌汛前后，始能一律葳事。

而顺天府辖、宣化府辖沿河各村庄农民，目睹此次坝土高厚浑坚，以为可恃，虑左营将随臣南下，纷请留王德榜广修水利，以苏积困而竟全功，央地绅户部主事梁作舟、守御所千总崔清华、国子监算学生安廷璋等，联名赴臣寓递呈称：该村庄自嘉庆六年后被水成灾，半成石田，半成沙阜，历年已久，积困未苏。虽屡荷皇仁，频施赈济，而丁口日繁，谋生无术。兹见王德榜丁家滩等处渠坝工程化沙碛为膏腴，若推广行之沿河十余村，可得沃土二十余万亩，美利无穷。询以治水必藉岁修资力，该绅等亦念及此否？答称有沃土二十余万亩，按亩取制钱数十文，可获大钱万数千缗，以之挑淤出土，自无不给。其言似有可据。当谕以客军修坝开渠，意在除患。至引灌田亩，谋及久长，全赖地方官经理。凡事利害相因，如争水而酿成讼累，或贪水而掣动大溜，皆意中事。客军虽不任德，亦不能任怨。该绅农等应呈请顺天府、直隶藩司核示遵照，乃免后悔。至坝渠工程浩大，客军当一力承当，已预饬于凌汛前后收工矣。该绅等均能领悉。臣拟一面咨请李鸿章委验永定河下游工程，明春再会商童华、游百川委验永定河上源工程，庶臣经手分段承修事宜得有归结。

所有治河经费，已咨明杨昌浚、刘锦堂饬陕鄂粮台将刘璈及旌善马队余饷照常起解，截至本年十二月止，尚可有赢无绌。俟上源工竣，仍由臣核实报销，以免缪辖。

至涿州永济桥各工，及此次永定下游与上源各工，据直隶官绅士民商旅所言，堪成永利。在事诸员及各将士实心实力，踊跃趋功，微劳足录。拟汇列清单，咨请李鸿章及童华、游百川，于验明收工后，照请保奖，以昭激劝。

是否如斯？伏候皇太后、皇上圣鉴，训示施行。谨奏。

筹办淮鹾力图兴复引岸折
(1882 年 5 月 26 日)

奏为筹办淮鹾，力图兴复引岸，冀于课额、民食两有裨益，兼筹善后诸需，俾速睹成效，恭折仰祈圣鉴事。

窃维江淮财赋以盐课为大宗，淮南、北官盐运销皖岸、西岸、鄂岸、湘岸，地大利博，浙、粤、四川、长芦所弗及也。乾隆、嘉庆年间，征剿大、小金川，荡平台湾，戡定川、楚各匪，淮商屡输巨款，时称极盛。厥后凭执根窝坐享厚利，纨袴相承，鲜知营运，而鹾业遂衰。道光十一年，前督臣陶澍创行票法，以救淮北之穷；严剔陋规，以除淮南之弊。从此奏销正、杂各款每岁数百万，始资敷衍。后之恪守遗法，并拟赓续恢张者，惟陆建瀛。惜时会仓皇，有志未逮。迨发逆狓猖，长江梗阻，引地遍遭蹂躏，金陵被陷，盐法荡然。皖岸销淮北之盐，兼借销海滨之盐。鄂借川盐。湘岸、西岸兼销粤盐、浙盐。但取顾济民食，划地征厘，遑问淮课？同治三年，金陵克复，江路畅行，前督臣曾国藩始概请改行票法。维时垣灶久荒，课悬商散，官运、商运均未能行，惟招徕票贩，试行各岸，但期淮盐销路渐畅，不务求赢也。按：咸丰元年纲额，鄂、湘两岸行六百斤大引，官盐共四十一万三千四百五十六引；同治三年以后，只行二十七万二千引。咸丰元年，皖岸行六百斤大引，官盐共十一万四千八百五十八引；同治三年以后，只行七万二千引。西岸则被祸较浅，淮盐由九江、湖口而入，销数照常有加，咸丰元年纲额行六百斤大引，官盐十四万五千一百二十引，商贩请领十七万引，现尚有加领引票者，臣以行销溢额，暂停未给。此外皖岸、鄂岸、湘岸，则收复已久，引额常悬，而场垣存盐日多，皑素山积。海滨之民煮海为业者，皆盼盼终岁，无以为生；而主持盐政者，犹坚持加引无益有损之说，悍然不顾，商贩有以加引请者，概予驳斥。弃国家二百余年一成不易之法如弁髦，委沿海数十万户一息仅属之民于沟壑，诚不知其何说也。

议者谓川盐借销鄂、湘两岸，为日已久，今改票法行淮盐，虑非川中官商所便。然四川频年经营西边，盐务成效已著。督臣丁宝桢因川盐销数日增，始拟退还引地，两淮因销数日减，即收回引地，均事理所宜然。况前经御史张观准、周声澍等奏请增复引额，各岸商贩又曾以加复引地为请，人情大同，已可概见。孟子曰："虽有智慧，不如乘势。"管仲亦言："俗之所欲，因而予之。"将筹上裕国课，应增淮引，今时易然，无待再计。

议者又谓湖北赖川盐以济军饷，兹复淮引，必绝川盐，湖北骤失饷源，虑非所便。不知湖北之利，在征盐厘。从前淮盐引地几废，川盐借岸畅销，故赖川盐之厘济饷。假使淮南引地速复，川盐借岸已还，湖北厘金不能取之蜀者，仍可取之淮。淮盐畅销，则楚厘愈旺，于湖北何不利焉？况湖北近议撤营节饷，养兵之费较前有减无增，就本省入款筹之，料非不足；纵使遇有急需，而两淮盐利有余，仍可随时挹注，亦断无恝置之理。从前沈葆桢议淮助鄂饷，岁可百数十万两，本是纸上空言，但贻画饼。此则取怀而予，奏案可凭，就销数征厘，终归实际。为湖北计，与其食借岸之余，曷若协力并规，助行淮盐，同享正引之利，为理得心安也。

臣前于陛辞时亲承圣训，谆谆以两江盐务、海防并重。受事以来，通稽盐政成案，参之僚友规画，旁采绅商议论，知裕课便民之道，舍复岸增引别无可图。而欲复岸增引，非详察商情向背，与夫利害所在，权其轻重，合时俗之宜，开诚布公行之不可。时逾三月，略具头绪。谨为皇太后、皇上陈之。

一曰讲求盐质也。淮盐约有两种：淮北晒盐，藉风日之力而成，色白而味佳；淮南煎盐，取卤注锅镟火煮而成，色黯而味微涩。北盐较南盐利于销售，惟场分无多，产盐不盛，不如南盐产地多而配销引岸又远且广也。川、粤之盐略与淮北相近，色、味均较淮南为佳。引地之被其侵占，虽由成本之轻，亦由盐质高于淮南之故。从来办理盐务，莫要于缉私。而欲私净官销，莫先于减价，诚以价平则销数自畅也。然盐价虽较私为减，而官盐色、味不如私盐之佳，则其势不足敌私，民食终难舍彼而就此。故收回引地，从前官商未尝不意度及之，而终不免怀疑自阻者，以色、味不逮也。臣按煮海成盐，既资人力，则色、味高下，自由人力致之。访知场垣，存盐之向称上色者，曰真梁、正梁、顶梁三种。尤贵者重淋一种，其色、味与淮北无异。重淋云者，盖即取场灶存盐重加水淋滤出而成者。取至验视，色白味佳，较蜀、粤所产殆有过之，而其价每斤不过增钱一文有奇而已。现饬场员、垣商、仪征挈验委员通照重淋一色煎收，严禁搀和混杂，为正本清源之计。盖无论能否敌私，而讲求盐质，裕课便民，本盐政应办之事也。

一曰裁减杂款规费也。盐务本腥膻之场，自盐政运司至挈验分司经历、大使、知事，文武印委，各衙门例有公费外，善举有费，供应杂差有费，以及挂名差使薪水干脩，凡取之盐务并入票本积算者，繁巨日增。兹拟善举有益地方，准随时酌议加增，此外应裁者裁，应减者减，逐加厘定备案，嗣后不准别立名色，违章巧取，以身先之，期于共济。庶几成本可轻，而减价敌私之效可睹也。

一曰缉私宜严也。私盐之侵鄂岸者，川盐为大宗。其借岸行销者不必论，近由荆州、监利而上，浸至借岸之外，而武汉、黄、德一带，并受其患矣。私之侵湘岸者，粤为大宗。其专岸行销者不必论，近越衡、永、宝三郡之外，浸至专岸之外，而长沙各属并受其患矣。此犹下游之患，在意中者也。其意外之私，如浙江岱山所出之晒盐，价极廉而产极旺，宁波钓船、夹板洋船公然装载，由海口驶入长江，插用洋旗，不服盘诘。内地轮船亦然。而直隶、福建采办米粮之船，各省差遣来江轮船，皆将装盐上运。非预示阻截，徒责之局卡员弁，临时讥禁，势有未能。此犹外来之患也。至枭匪私中之私，票贩官中之私，难以数计，尤为境内之患，防不胜防。臣现饬水、陆各营沿途巡缉，一面张示晓谕，先清外来及本境官私隐患，以清其源；一面函致四川督臣、湖北督抚臣，请其助复引地；仍挑选臣部亲军水、陆各一营，赴湖北、四川交界引地，备巡缉之用。庶几同心共助，于大局有所裨益。

一曰先行官运以导商也。收回引地，本商贩所至愿。然骤议通行，事同创举，商情有不能遽释者，不能不行官运以导其先。兹拟遴委妥员，领五千引运赴湖北荆州，借岸由螺山、监利渐入试销。所有领运成本、销售价值，均与商贩一律办理，略无异同。意在藉悉运销出款、售盐入款，了然心目；然后量其赢缩，定为永远章程。庶几裕课、便民、恤商三者兼权并计，推行尽利，其法乃可大而可久。每于接见僚属士绅时，往复咨商，得其大概。而新旧商贩知事在必行，行之宜有益无损，于是领票认引者纷纷而来。商人贺全福等呈请增复楚岸十五万引；伊厚垦等请增复皖岸四万二千八百余引。其湖南之衡州、永州、宝庆三府旧本淮南引地，因粤私浸灌，别为淮引专岸，究无淮盐到岸行销，现据商人福庆祥等呈请收还旧额四万六千八百余引。其岳州府属平江县，地连吴、楚，滩险山高，淮盐不到，亦称专岸，本地商贩频年运销碱片已一万引，今据新商怡同兴等复禀请加领二千引。统计莅任至今，时逾三月，楚、皖两岸新复十九万二千八百余引。运销一次，课银约可增十七万两有奇，盐厘增收约银一百二十余万两，而衡、永、宝三府请领试行专岸引票，平江一县请加运碱盐，尚不预焉。现在额引领毕，各岸之续请加引者犹络绎不绝。窃以引票积多，恐妨销路，未敢率准。应俟此次新加引盐办理奏销后再议。

微臣察看现时商情异常踊跃，实为始愿所不及。加引既行，场灶户口得蒙业相安，藉以养活兵燹遗黎，可转移执事自食其力，固有意中；而善后诸政得所藉手，次第兴工，尤为意外之幸也。谨即据实陈明，稍纾慈廑，伏乞皇太后、皇上圣鉴，训示施行。谨奏。

会商海防事宜折^①
（1882 年 9 月 11 日）

奏为会商海防事宜，恭折并陈，仰祈圣鉴事。

窃臣等会同何璟、张树声、卫荣光筹议海防事宜，正具折间，臣玉麟适巡阅长江水师，驰抵江南省城，臣宗棠邀入署中，面商海防事宜，质以张树声、何璟、卫荣光之议，所见均同。除具奏外，谨将臣等思虑所及，冀有裨于海防者，一并陈明，以备圣明采择。

窃闽省设局制造轮船，臣宗棠于同治五年闽浙总督任内，奏奉谕旨允行。嗣请设船政大臣，总理局厂事务。交卸后，赴陕甘总督任，于船政事务，时复预闻。臣玉麟于长江海口涉历最久，所言防务情形，尚为确凿。兹就臣玉麟所见长江海口防务陈之。

凡言长江海口者，多指吴淞。而吴淞实进黄浦江之口，为苏、松扼要门户，于长江固不相涉也。外海入内海之轮船，左为吴淞，其右有崇明县一岛，外洋轮船若不进黄浦江，即不必由吴淞入口，但由崇明北绕白茅沙便可顺抵狼、福山，径趋长江。缘福山南岸近年新长远沙，梗碍洪路，轮船不能直行，须绕狼山北岸而入江阴。故吴淞设防，不能扼其来路。查吴淞口南北宽不过十里，狼山、福山口南北宽百余里，由此冲入长江，其势甚顺。此时防长江海口，应以狼、福山为重，兼顾吴淞口，庶期周密。

现查吴淞、江阴及圌山关、焦山、象山、都天庙等处，沿江炮台均修整坚固。其守炮台之记名提督吴宏洛、唐定奎、章其作、曾万友等，均能认真操练，结实可靠。惟水面空虚，时切隐忧。长江长龙、舢板不能禁海上风涛，其蚊子船炮大船小，头重脚轻，万难出洋对敌，只可作

水炮台之用。其余各省兵轮船归李朝斌每月调操，与臣玉麟每年巡阅一次者，亦不过于无事时虚壮海隅声威而已。设一旦有事，该各省各有应防之海口，方且自顾不暇，何能舍己芸人，置本省不顾，而应长江海口之调？纵以功令军令督责之，而亦有所不行。

至谓此时江防缓而海防急，宜先筹海而后防江，亦非确论。长江各省伏莽甚多，历年窃发有案，倘海疆有警，则乘间揭竿而起，势所必然。腹地多虞，防剿之军时被牵掣，适足启盗贼之心，而张寇仇之焰。因思自强之道，宜求诸己，不可求诸人。求人者制于人，求己者操之己。张佩纶原奏各海口可自为一军，是不必求于人而求诸己也。与其购铁甲重笨兵轮争胜于茫茫大海之中，毫无把握，莫若造灵捷轮船，专防海口扼要之地，随机应变，缓急可资为愈。臣玉麟于六年冬奏造小轮船十只，专防海口，不争大洋，即是自成一军，为自强之意，奉旨准照办在案。因南洋经费维艰，部议暂从缓筹，至今尚未开造。

张佩纶原奏谓淮扬、瓜洲等水师宜改西式江船。夫西式即火轮也。与其花费添造轮船于淮扬、瓜洲两标营，紊乱长江营制，转不得力，不如节此经费，赶造臣玉麟所奏小轮船十只，派长江久于战阵之员管带，选通习洋语、算法之学生帮办驾驶以熟海道，募海上各岛渔户强壮者为勇丁，既可收熟谙风水沙性勇敢之人才为将来推广之用，又可免敌人招此等渔户作奸细为害内地，诚一举而备三善也。该轮船归提督统领，勤慎操练，使炮火技艺纯熟，精益求精，不争大洋冲突，只专海口严防。无事则巡缉洋面，尽其力所能到，以靖海盗；有事则齐集海口堵御，或诱敌搁浅，我船环而攻之，可以制胜，或伺敌船长驱大进，我船跟踪追击，断其后路，以便前途师船堵剿，断不致坐视豕突狼奔任意猖獗也。

臣宗棠细绎臣玉麟所议专就长江海口而言，力主有海防无海战之说，据实之谈，洵足见诸施行，征其实效。与张佩纶原奏江南可自为一军之说，适相符合。惟就长江江防海口而言，两江总督为固圉之谋，无以加此；若筹兼顾南洋，则遇有警报，各省同一洋面，自顾不遑，何能为两江之助？江南海口宜守，亦难应各省之援，其于兼顾之义，终鲜实济。自宜亟筹增制大轮船数只，以资调度而速戎机。

前闻闽厂开造快船，马力甚速，船亦合用。昨与李鸿章晤商，亦以为宜。询快船一只工料需价若干，据称并枪炮计，约每只需银三十万两。臣宗棠默计经费虽艰，亦宜竭力筹维，未可稍存顾惜之见。计增制快船五只，需筹银一百五十万两，若求之南洋各省，恐等诸筑室道谋，无以应手。合之臣玉麟拟造小轮船十只，每只需工料炮价合银八万两，共银八十万两，两项船价共需二百三十万两。江南财力搜索已频，本难筹措，惟事关海防大局，不容束手。而细察淮盐加引一案，加意料理，犹可有为。窃计增置大小轮船，无论购自外洋与在闽、沪各厂局制造，均须分年办理，所需经费亦可分年解济，以应要需。现在淮盐加引，试行之初，就票费一项划拨支应，一年内外，轮船经费计可有余；此后销路渐畅，杂款亦可奏请酌拨，俾能接续解济要需。庶海口有备，南洋相芘以安；外海有船巡驶，更可常通声息，似于防务较有把握。

臣等与李鸿章所见亦同。谨合词据实陈奏，伏乞皇太后、皇上圣鉴，训示施行。谨奏。

新疆行省急宜议设关外防军难以遽裁折
（1882 年 10 月 18 日）

奏为新疆行省急宜议设，关外防军难以遽裁，恭折沥陈，仰祈圣鉴事。

窃臣前在陕甘总督任内，于光绪四年正月初七日具奏新疆应否改设行省，请旨敕议一折，正月二十一日奉上谕："新疆应否改设行省郡县，事关重大，仍着左宗棠详细酌度，因时制宜，如果改设行省郡县实有裨于大局，即着将何处应设省分，何处应设郡县，及官缺、兵制一切，需用经费，妥议章程具奏，再敕廷臣悉心会议，候旨定夺。"等因。钦此。又于光绪四年十月二十二日具奏遵旨复陈一折，十一月初九日奉上谕："新疆议设行省，事关创始。该大臣为长治久安之计，因时变通，所奏不为无见。刻下伊犁未经收还，一切建置事宜尚难遽定。其余南、北各城应如何随宜经理之处，即着悉心筹画，次第兴办。俟诸事办有眉目，然后设官分职，改设郡县。"等因。钦此。又于光绪六年四月十八日具奏遵旨复陈新疆宜建省分，开设郡县，请先简督抚臣一折，五月初一日奉上谕："所拟建置事宜，颇为详细。惟现在伊犁尚未收复，布置一切不无窒碍。原折着暂留中，再候谕旨。"等因。钦此。仰见宸谟广运，于通筹全局之中，期收一气呵成之效，钦佩难名！

现在伊犁已复，金顺率队进驻该处，即须举办画界之约。伊城汉、回、缠头人等，除愿入俄籍外，其留者皆久沦异域，重归生成覆帱之中，然多贫乏无以自存，其性情亦难遽定。此则黄童白叟拭目而观新政之时也。

查新疆地周二万里，与陕甘督臣、陕西抚臣治所均相距甚远。从前分设将军、都统、参赞、办事、领队、帮办、协办大臣，换防总兵各员，布置不为不密。然治兵之官多，治民之官少，已有偏重之势。北路镇迪道以下，尚有同知、知州、通判、知县各官，而南路则诸从简略。窃以各直省凡督臣兼辖省分，尚赖抚臣自治其境，乃克相与有成。盖广土众民，设官分职，事本相因；况以新疆地段之远，他族逼处，故土新归，治内、治外，事同草创。非规模早定，废坠无自而兴；非体统特尊，观听无从而肃。此固非添设道员之所能为力者。欲责陕督以遥制，则有鞭长不及之虑；欲责使臣以兼治，则有越俎而代之嫌。臣于光绪六年四月十七日所陈善后事宜一折，如修浚河渠、建筑城堡、广兴屯垦、清丈地亩、厘正赋税、分设义塾、更定货币，以及蚕桑之利、制造之局，业经见有成效。原折具存。姑就征收言之：光绪四、五两年，综计南、北两路征收粮数，折合京斗，已二十六万一千九百余石。而专就南路收数计算，较之从前额征十三万余石，已增十万六千五百石有奇。就厘税言之：自光绪四年秋冬至五年夏，不足一年，已收银十八万有奇。经入之数增加，已有其渐。加以清丈事竣，北路续增及开渠成熟地亩新赋合算，则粮数亦增也。伊犁收复，商贾通道，则厘数亦可增。臣入都以后，南、北在事各臣率作兴事，遵旧布新，时阅三年，较前自更有起色。诚得亲民之官实力任事，引绪而伸之，触类而长之，分为门户、堂奥之图，视为自家性命之事，还定安集，生聚教训，有弊必去，有利必兴，宽以岁月，而谓其终不能与中原同风并治者，断无是理。明知初设行省，事体重大，不能无藉各省之协济，惟就地业有可生之财，则挹注已纾；积久有可减之数，则供应尚易。且承平时预拨估拨，部章具在，肇事有基。

兹幸皇威远震，天山南、北两路还隶版图，气象一新，中外群属耳目。诚及此时早定大计，约计其便有五：取我固有之地而自治之，疆索秩然，行国、居国相芘以安，异类无从挽越，一也。中外交涉事件，差以毫厘，谬以千里，有督抚近驻其地，抚臣治内，督臣治外，凡可以防患未形者，可先事绸缪，绝其祸本，不至暗长潜滋，难以收拾，二也。防营未撤，将士用命，既可壮疆臣之声威，即将来设立制兵，亦可就中挑选久经战阵之才，错落布置其间，士气既扬，军威自壮，三也。回民素性虽悍，新出水火，当为急谋安插，结以恩信，则感激易生，施之教化，则污染渐涤，四也。从前兴作各事，借资于勇力者居多，而不可无官以善其后，督抚睹闻亲切，黜陟分明，乐事劝功，人知自奋，五也。

否则，民方有须臾无死之心，而顾等诸羁縻勿绝之列，万一强邻窥伺，暗煽拚飞，后患方兴，前功尽弃。与其抢扰于事后，曷若审慎于几先。如是则虽一时稍觉劳费，亦有不得而惜者。

夫福建之台湾，仅海外一岛耳。由省垣至彼，轮船一昼夜可达。其地延袤千有余里，较之新疆十分之一耳。其文职有道、有府、有厅、有县。而日本事定，议者尚有移驻巡抚之请。况新疆为陕甘、山西各边及京师屏蔽，关系綦重，非仅台湾之比。且地大物博，承平时牛羊、麦面、蔬果之贱，浇植、贸易之利，金矿、铜矿之旺，徭役、赋税之简，哈萨克茶马、布匹、丝缎互市之利，又皆什伯内地，逐渐经理，可望与腹省腴地齐观，于度支亦非有所耗也。胜筹具在，祸乱已平，是殆天所以资圣朝者。高宗经营于其始，皇上式廓于其后，保大定功，此其时矣。若复惮于更作，失今不图，实为可惜。

可否请旨敕下总理衙门、军机大臣、六部九卿、各省督抚，合臣前后各折，参以伊犁收复以后情形，会议复奏，上候宸裁，期得早日定局。

抑臣更有请者：有事则资勇丁以戡乱，无事则资勇丁以设防，以穷边之地，当新复之余，列成防秋，事非得已。然饷额甚巨，协款难常。事定以后，不能不逐渐议裁者，又其势也。关内各军，先经杨昌濬裁汰不少，谭钟麟复有酌量遣散之举。刘锦棠现复遵旨裁撤卓胜军步勇四营、马勇两营，并于湘楚各军酌裁马队四营、步队两营，合之臣入都时随带亲兵一千五百余名、旌善马队五旗，及刘锦棠先裁之马步弁勇六千三百余名，为数实已不少。前者金顺进扎伊犁，函商刘锦棠拨营填防大河沿迤东至安集海等处，旋又有将驻防精河卓胜军马步二千人从缓裁撤之议，刘锦棠均未能照办，捉襟露肘之窘，已可想见！顷接金顺六月十三日来函，称："伊犁逼处强邻，疆域辽阔，伊犁九城散列，防守綦难。而入俄籍之狡黠汉、回、缠头、哈萨克诸部落，散处藩篱，肆行抢劫。固勒札、绥定、清水河、霍尔果斯、博罗、胡吉尔一带，俄人依旧分兵驻扎，情形叵测，防范宜严。其零星汉、缠各回，三五成群，佩刀带枪，去来无定。非藉重兵镇抚，不足以安戢反侧，潜消异志。境之南山绵远阻深，其捷（境）〔径〕小道皆与伊犁相通；西北紧接俄境，而塔勒奇、达坂尤为伊犁后路咽喉，统需分兵驻扎，扼其要隘。现已檄饬各营四路严防。惟需饷较前更殷且巨。请饬将新旧应解月饷迅速拨解，以济急用。"等因。除饬将应解协饷速筹解济外，查刘锦棠除先后遣撤各营外，现存马步各队仅四十余营，应防地段周一万数千里，关内又无调拨换防之军，是现有兵力实不为厚。而俄人方当交割之时，北路即迭出劫杀之案，遽尔减灶，似非所宜。拟请除业经裁撤各营外，以后暂缓裁撤。如新疆行省之议一定，日后编额兵，改粮饷，自有适用之时，并无虚縻之患。此又不能不稍留圣虑者。

臣亦知改省之初，事繁费巨；业已移督江南，诸事自有主者。而身居江表，心系西陲，刍荛之言，终难自默。惟圣慈鉴其款款之愚，敕下廷臣宽筹兵饷，衷诸至当，大局幸甚！微臣幸甚！

所有新疆行省急宜议设，关外防军难以遽裁缘由，谨具折沥陈，伏乞皇太后、皇上圣鉴，训示施行。无任战栗屏营之至。谨奏。

开采徐州铜山县境煤铁援案请减税银折
（1882 年 12 月 23 日）

奏为开采徐州铜山县境煤铁，援案请减税银，以期畅销，恭折仰祈圣鉴事。

窃照南、北洋筹办防务，以制造船炮为第一要义。而各省所设机器、轮船等局，制造一切，又以煤铁为大宗。近来湖北、安徽等处矿山，均经仿照西法设厂开挖。本年夏间，据徐州道程国熙禀称，铜山县属利国驿等处多产煤铁，若以机器开采，足供轮船等局之用。饬令候选知府胡恩燮延聘洋矿司入山探验，煤铁均堪开采。酌拟招商集资章程，由道禀请试办。当将章程逐条批示，并准委胡思燮承办。续据该道呈报，已于八月二十四日设局开采。并称创办之始，购办机器有费，聘请矿司有费，以及起造厂屋、厂炉一切无不有费，所需成本为数甚巨，若不酌减税银，非但成本更重，而洋产亦难敌矣。拟照湖北等处土煤出口每吨完税银一钱之案，一律请减。等情前来。

臣查该局用西法开采，出煤必多，核与安徽、湖北诸厂情事相同。且该局矿山深处江境极边，运道绵长，又多浅濑悬流，每一阻险，动须盘拨，较之贵池等处运路近江尤觉为难。所挖土煤应准一律减税。合无吁恳天恩，俯准援照湖北、安徽成案办理，以维商本而塞漏卮。谨会同漕运总督臣庆裕、江苏巡抚臣卫荣光，恭折具陈，伏乞皇太后、皇上圣鉴训示。谨奏。

出省勘收水利工程折
（1883 年 4 月 10 日）

　　奏为出省勘收大江下游水利工程，回省复勘朱家山、赤山湖水利，江南漕运、商务、农田，均有成效可观，恭折具陈，仰祈圣鉴事。

　　窃臣于光绪九年正月十六日恭折销假，并拟中旬出省亲赴各处验收工程各缘由，奏奉谕旨："知道了。"钦此。钦遵在案。

　　臣将署中日行事件饬交布政使梁肇煌代拆代行，牌传沿江各道府州县及各防营，各于辖境、营汛守候，随同履勘，以备咨考。正月二十四日，乘坐祥云轮船，历上元、丹徒、丹阳、江阴、靖江、宝山、上海、仪征、江都、甘泉、泰州、如皋、通州、东台、盐城、高邮、宝应各属。二月十八日，阅视朱家山工程。回省料检署中积牍，稍资休憩。二十七日，复出省勘收赤山湖工程。二十九日，由三汊河顺流至通济门回省。

　　窃维江南要政，以水利、海防为急。前明名臣有若夏原吉、周忱、海瑞；我朝治吴有声绩者，推陈鹏年、陶澍、林则徐，皆名显当时，功垂后世。诚以民为邦本，食为民天。水利兴而后旱潦有备，民得所养；民得所养，而后礼义廉耻由此兴，尊亲乐利之心由此笃。民心定，民力纾，官司有所恃以为固，更得精兵、利器辅之，自可销奸慝之萌，折骄寇之焰。由是言之，水利固关系国计民生，亦实海防根本。

　　臣自履任以来，日以两事自课。而苦于经费无措，不得不于盐务筹之。惟课厘正项不敢擅请，致烦周折。定拟于票费按引定价，随时批发藩、运两司，专款存储，听候指拨。比积有巨款，始饬沿江各州县将所辖之水利，分别官修、民修，大举兴办。其屡遭兵燹，民力实有不逮者，饬各统领营官代其工作，或为之倡导同时并举。时阅一期，而后成效始有可观。

　　臣此次亲临勘验，沿江而下，历里河、下河以抵海壖各盐场，复勘验范堤、马棚湾、车逻坝、清水潭诸要工，均结实饱满，较上年加高培厚，宣泄有资。惟朱家山河工关系滁州、来安、全椒、江浦、六合各州县农田水利，石工、土工既巨且要，致力殊多。掘淤泥八九丈，露出一碑，为嘉庆七年前江宁布政使康基田所立碧泉碑。康后官河督，亦著声绩。碑中所言治河要略，与今无异。碑下石骨荤确，勾连两岸。石质稍酥嫩者，尚可用工锤凿；坚者非火药轰之不可。适前福建布政使王德榜假归，道过金陵，邀其前往相度，并令指麾旧部之现隶亲军者助力，一任其难。庶几成此一篑之功，即树数十百年之绩。水利幸成，则沿江下游一带旱潦无虞，岁获常稔，不但民食充裕，且可泛舟出枭，而民富兵强，日臻甚盛矣。合并声明。

　　所有治水工程，已有成效可观，理合据实陈明。其防海机宜，另行具折详细陈奏，以清眉目。伏乞皇太后、皇上圣鉴，训示施行。谨奏。

筹办海防会商布置机宜折
(1883 年 5 月 6 日)

奏为筹办海防，会商扼要布置，分催购制船炮，以期有备无患，谨将一切机宜恭折驰陈，仰祈圣鉴事。

窃自海上用兵以来，事势纷纭，未能确操胜算。虽阅四十余年，中外极力支持，尚无定局。诚以泰西各国以经商致富，广造机器，增制轮船，动辄挟其所长，多所凌忽。自古谈边防者，不外守、战与和。而就三者言之，亦有次第：必能守而后能战，能战而后能和，斯固古今不易之局也。泰西各国均以经商为本务，而英吉利为之宗。所以雄视诸国者，该国之规模法度较西人本为整齐，又明避实击虚之略，故所向无前，不但精制造、尚诈力，足以震耀一时也。惟察英人近时举动，颇有志满气骄、易视与国之意，究亦外强中干，难以持久。而江南水、陆各军选练日久，兵力渐强，虽海外与战难言遽有把握，但筹防边固圉，则尚力所能为，亦有未可因循玩愒，坐昧机宜者。

臣此次乘验收水利工程之便，察看炮台形势，会集防江、防海各军营将领谘访方略，随处熟商布置。计由下关起，历乌龙山、象山、都天庙、焦山、圌山关、江阴、靖江、吴淞各炮台，次第阅视，并安设水靶，观其致远取准，验其炮力、药力之远近，并区别弁勇之材否、技艺之生熟，将士均踊跃殊常。各将领知臣赴前途察看形势，均请随行，臣欣然许之。

窃闻言江海防务者莫不以吴淞口为总要，盖以吴淞口为进黄浦江之路，由此可以问途苏、松也。然敌船不进黄浦江，即可不由吴淞入口，但由崇宝沙、宝山县绕白茅沙，便可掠狼山、福山，径犯长江。是狼、福两山虽为长江门户，白茅沙又居狼、福之前，尤长江总要门户也。白茅沙江面宽阔，左右沙线密布，沙缝无定，舟行过此，必谨避跑沙，倘或误触跑沙，船一搁浅，立为浮沙壅没，即成沙堆。上年有洋船误陷于此，今只见其桅顶露出水面，行人指此，犹为色变。其间惟中泓一水稍清，宽可二里，长可二十余里，堪以行舟。于此安设浮筒，为之表识，俾不迷于所往。然水性如有迁移，浮筒仍须移置，亦无定处也。

臣与江南提督李朝斌、长江提督李成谋、狼山镇总兵杨明海、署福山镇总兵雷玉春、苏松镇总兵滕嗣林、淮扬镇总兵章合才、瓜洲镇总兵吴家榜，暨同行之文武随员，及副将、参将、游击、都司、守备等过此，停舟沙口会议，若于白茅沙安设坚船、大炮，力扼此津，则敌船势难飞过，地险实有可凭。询谋佥同，彼此意惬。

适报彭玉麟查案事毕，回棹江阴。李成谋、章合才等请以轻舸迓之。二月初四日，彭玉麟即至，相与审视，慨称数年前即拟于白茅沙妥为布置，因制船购炮经费无出，遂止。臣语以现在筹集储存已有成数，并详述现派制造者福建轮船局，江南上海、金陵两局，而所需之洋钢、洋铁、楢木等项物料，上年饬委四品花翎德商福克于回国监制兵轮大船之便一并采买，俟其解到，始能应手，计期当在七、八月之交。制造既多，海程又远，无法速之。而南洋兵轮共只六号，大者惟登瀛洲及澄庆两船，澄庆现已调回南洋，其登瀛洲则经北洋大臣奏准暂留天津，未能再调回南，只得就现在所有船炮扼要设防，并催调福建船政局新成之开济快碰船到金陵，复验后相机布置，聊事补苴。就现在办法言之，设险白茅沙，扼其总要，会诸将领相度形势，各行其心之所知，量其力所能及、集成全局，既协地利，又得人和，战事当有可恃。延至深秋，则设备齐整，天时又合，自可得所借手，以播天威。

惟综观往事，窃有不能已于言者。海上用兵以来，文如林则徐，忠而有谋，以之制初起之寇，本有余力，不幸为忌者所间，事权不属，不克竟其设施；武如陈化成，力扼吴淞，苦战不却，不幸右路未战先溃，致夷兵萃于左路，力遂不支，遂以身殉。是则议论不协、勇怯不齐有任其咎者。遗憾至今四十余年，不知伊于胡底！而所谓识时务者，仍以因循粉饰，苟且目前之安，此志节之士所为抱抑塞磊落之怀，扼腕叹息者也。

臣愚，窃谓和局可暂不可常，其不得已而出于战，乃意中必有之事。兹幸地利、人和兼而有之，而察诸将领，又各思发愤为雄，自可及锋而试。因饬一面挑选奋勇弁丁，一面严明赏罚，订立规程，俾互相激劝，以齐心力。遇有外国兵轮闯入海口，不服查禁者，开炮测准轰击，得力获效者，照军功例从优给奖；其夺获船只者，副将以下至外额均加三级请保，提镇请给世职，勇丁按名赏银五十两，仍录功核保；所夺轮船，除军械及应用器具概应充公不准藏匿外，其银洋、什物均报验充赏，不准官弁扣留，以昭激劝。其督队不严，临阵退缩，甘心失律，以致误事者，提镇请旨正法，副、参、游以下至外额，届时由臣察实，手刃以徇。提镇气力渐衰，身躯肥重，不能纵跳用力者，先期自陈，应核明具奏，免其严议。盖职分既崇，所重者督率严谨，不必强以力所不能也。至总督亲履行闻，所办者辖疆江海防务，责无旁贷。遇有寇警，应亲临前敌督战，防所即其汛地；如敌人轮船冲过白茅沙总要隘口，则防所即是死所，当即捐躯以殉。此外巡阅长江水师大员及长江提督，责任长江，未兼洋务，自当分别言之，未可概论。按长江辖境起自江阴，而江阴距白茅沙二百数十里，实为江防第二重总要门户。彭玉麟、李成谋于白茅沙会商布置后，仍当回驻江阴。万一白茅沙之防不幸而有失，江阴本从前设防之处，船炮颇多，兵力不乏，彭玉麟、李成谋忠义耿耿，声威夙著，人望攸归，从容镇定，尚堪背城借一，事有可为，亦其职分所当尽。谨预先陈明。俟有定议，再行具奏。臣固不敢妄图一死塞责，置江防大局于不顾也。

至臣经手海防经费，奏明在盐票报效项下支销，已饬随员江南筹防局候补道陈鸣志随时登记。惟款目繁杂，未便叙入，致烦省览。

所有此次海防动用各款，容即条举件系，咨报军机处、总理衙门、户部，以备考核。谨一并陈明。伏乞皇太后、皇上圣鉴，训示施行。谨奏。

添造兵轮预筹驾驶人才派员教习片
（1883 年 5 月 20 日）

　　再，臣前因南洋兵船不敷分布，奏明添造大小兵轮船十五号，现已饬由闽、沪两厂及向德国商人分别定制，数年之内，即可先后告成。惟驾驶人才选择甚难，必须预为筹及。现在闽厂学堂学生，虽通行船之窍要，而于一切机宜，究未躬亲练习，仍恐将来调派来船，亦难骤期实效。臣请将南洋之澄庆兵船作为练船，饬由管驾官游击蒋超英在于闽厂学堂中挑选学生十人，并招水手一百名来船，教以西学，练习帆缆一切事宜，并使游历各海口，衽席风涛，辨识海道，定以三年为限，庶可练习精熟。将来前项船只先后告成，此等学生、水手亦可陆续调用，较与临时招募者得力殊非浅鲜。该船管驾官游击蒋超英，系由学堂出身，并曾游历西洋，精通西学，熟谙驾驶，以之派为教习，实堪胜任。

　　惟练船一设，人数倍多，每年约增经费银一万四五千两，煤炭、引港等项在外，不能预计。其在船之管驾及大副以下员弁，有督同教练之责，较寻常差务为繁，且常年辛苦，与学生同历斯境，拟俟著有成效之日，准其择尤分别从优请奖，以为实心办事者劝。

　　臣为慎选人才、预谋管驾起见，除俟遴选学生、水手到船，另行造册咨部查核外，理合先行附片陈明，伏乞圣鉴训示。谨奏。

筹办沿江陆路电线片
(1883 年 7 月 6 日)

再，查由天津至上海，苏州、镇江、江宁、清江，以及江、浙、闽、粤各省，现皆次第举办陆路电线，均经奏奉谕旨允准在案。

窃维电线兴自泰西，无论水陆，程途千万里，音信瞬息可通，实于军情、商务大有裨益。即如法国之于越南，俄国之于珲春，日本之于朝鲜，皆设电线，盖有事呼应灵捷，无事可便商贾。故凡用兵要地、通商码头，彼族无不谋占设电线。同治十二年，丹国商人在沪设立电线，以达外洋。本年英商即以此藉口，来沪争设。幸总理衙门坚持同治九年原议，饬拆丹国所设上海旱线，咨行到臣。当经札饬江海关道邵友濂、电报局道员盛宣怀、洋务局道员王之春，一面向丹商辨论，一面阻止英商勿遽添设。往返争论，几致颖秃唇焦，始援中英约章，将丹国已设吴淞至上海旱线一道买回，以保中国自主之权，而英商遂无异议。虽经臣严饬该道等坚持定论，然非天威震慑，何能遽就范围？已将所立合同章程咨报总理衙门在案。

昨又有洋商议添设水线，由长江以达汉口。虽经盛宣怀、王之春竭力阻挡，幸即暂止，然洋人狡诈嗜利，未必遽作罢论。

臣维汉口居长江上游，又为各国通商口岸。洋商既有添设长江水线之议，应由中国先行设立陆线，杜其狡谋。所有一切经费，仍由华商自筹，并不动支正款。

除咨明安徽、江西、湖北各督抚转饬所属地方官查照，并饬总办电报局道员盛宣怀督同委员、工匠人等克日赶紧兴办外，应否敕下总理衙门速咨江西、湖北、安徽各省一律举行之处，谨附片陈明，伏乞圣鉴训示。谨奏。

创设渔团精挑水勇以资征防折
(1883 年 7 月 30 日)

奏为筹办海口防务，创设渔团，精挑内外洋熟悉水性勇丁，以资征防，期收实效，恭折驰陈，仰祈圣鉴事。

窃维江、海防务，以布置海口为要。盖御敌于庭除堂奥，不若御之藩篱之外，其理易明也。江东百水朝宗，经流以江河为大。近年黄流北徙，惟长江独挟众流东趋，自江、皖迤东，贯江苏全境，至宝山、崇明入海。由崇、宝溯流而上为白茅沙，再上为江阴，则向来江防之总要也。是故白茅沙为第二重门户，江阴为第三重门户，而崇明滨海，则第一重门户，番舶经商往来必问途于此。地居内洋之外、外洋之内，岛屿丛错，明险有石礁，暗险有沙线，殆天所以限中外也。

崇明之民，以渔猎为业长。其子孙良愿者操网罟，完税课，黠而悍者流为劫盗，海上有事则通番受雇，为其引水导路。近亦渐通西语、熟西法，势将变夏而为夷。商船航行抵海口，辄觅其带水。由崇明至上海，带水一次，给薪工银五十两，官司不复过问。兵轮船亦然。故远人航海数万里，由重洋入内地，恍若旧游，不以介意也。渔船水手之胆略夙优，能通方略者代不乏人。从前福建提督施烺，壮烈伯李长庚，提督王得禄、邱良功，近如浙江海门镇总兵贝锦泉，阵亡记名总兵陈绍，皆由渔船水手起家，发名成业，功在一时，乃其最著者。故求水师将才于今日，其历事久、稳练有余者固未可轻于废弃，其胆略可取、才技出众者尤当急为拔擢，俾得及时自效，共奋于攻名之路，不致终于沦逸，徒资敌人驱遣，致临事有乏材之叹！

兹通计苏、松、常、太、通、海所属川沙、太仓、镇（洋）〔江〕、宝山、崇明、嘉定、华亭、金山、奉贤、南汇、常熟、昭文、上海、江阴、靖江、通州、海州、海门、东台、盐城、赣榆、阜宁二十二厅州县渔户水手，共一万数千人，每百人中挑健壮三十名，即可练壮丁四五千余，皆就近编入保甲。二十二厅、州、县，每处择适中之地设一团防局。惟崇明地广人多，又浙、闽、广东各渔人往来汇萃之所，应设团防两局。每月各团壮丁操练二次，每月壮丁之入操者不过二三日。每名每日给口食钱一百文，团总及教习、甲长等按月酌给薪粮，牌长、甲长按操期给以口食，免致枵腹从公，以示体恤。牌长、甲长均先委员遴选，赏给功牌，俾资钤束。团丁中操练纯熟，能伏水泅水、超跃猱升，技艺超群者，挑为水勇，优给口粮，散入现有之艇船、八团舢板船，及仿造之蚊子船、定造之兵轮船，以广登进。庶几以沿海水师人材用之水师，用其所长，士气载扬，军威益畅，岂独缉私捕盗有裨时局已哉！

顾肇事之初，船炮未备，人材未集，未敢轻于一试。而拳拳在抱，固未尝释诸怀也。嗣闻升用副将、署苏州城守营参将刘光才，熟习沿海情形，饶有胆略，因调省面询一切。据称：海口风劲沙活，水道时有变迁。南风起则沙壅北岸，北风起则沙积南岸，情形与白茅沙一带相同。渔户生长其间，预知其详，不待临时测验，而知其然。西贾护其资本，远人重其性命，故凡商轮、兵轮皆不惜重价雇其引水也。兹定设渔团，应准渔户照常安业，仍可引水得雇直，渔情适然，而商货亦不虞阻滞。至外国兵轮驶入海口，应令其停轮候验，渔户引水与否，远人难以相强，遇有触礁搁浅之险，渔人一身似叶，何处不可求生？远人仓卒失措，炮台测准轰击，非弃船下脚划不能幸免也。此为海口第一重关键。次则白茅沙，次则江阴，再进则圌山，皆长江总要之地。现正经营布置，重叠设险，自易为功。臣韪其言，即分别咨行，详细商榷。

兹据咨呈禀复前来，佥谓此为海防当务之急。惟事同创始，大费经营，仍须通盘筹策，以要其成。计苏、松、常、太、通、海所属二十二厅州县，一面查办渔团，一面挑选水勇，非得廉勤朴干之员，分段设局整饬，不能一气呵成。常时地方官于渔户水手皆膜视不理，但知需索规费，官得其一二，而合署之人及门印、书差则分攫其八九。故饬其造册，则藉故推延；令其挑选，则潦草塞责。官与士民气谊不孚，文武情势隔阂，有警则束手坐视，莫展一筹，由来久矣！

兹虽饬刘光才办理渔团，并挑选水手，用其所长，自期得力，然各厅州县安常习故已久，恐未能相率以听，牵掣堪虞。应饬苏松太道邵友濂督办一切事宜，俾各属得有禀承，以一事权而专督责。惟邵友濂才具虽长，但未曾亲历行阵，又为职守所羁，不能久驻海口。拟委刘光才会办，遇事和衷共济。凡禀报咨札，均道、将会衔，于体制攸宜，局势更整。所有现在各厅州县积习已深，应遴委廉能耐劳人员，分段设局，随时巡察整饬，以便联络而期实济。幸此次长江水利告竣，已著成效，就中派委，尚不乏人。臣惟悉心遴拔，以期各尽所长。现任各员，如能相助为理，力图振作，自应一体奖励。查有藐玩营私情弊，由该道、将会禀参撤。庶几率作兴事，海防愈固，免启戎心，于大局久远之规，更臻周备。

至所需经费，每月不过万余两，除就地筹画外，已饬江宁、江苏两藩司、两淮运司再于出款极力节省，凑应要需，群情欣然，虽竭蹶从事，不敢不勉。

臣现饬刘光才及派定各委员赴各厅县分段承办外，理合会同漕运总督臣杨昌濬、江苏巡抚臣卫荣光、江南提督臣李朝斌，合词恭折具奏，伏祈皇太后、皇上圣鉴，训示施行。谨奏。

敬筹南洋应办边务机宜折
（1883 年 8 月 15 日）

奏为敬筹南洋应办边务机宜，恭折具陈，仰祈训示遵行事。

窃法越交兵一事，前奉三月二十五日上谕："法越交涉一事，迭经谕令两广、云南督抚妥筹备御。法人前欲与中国会商该使宝海议分界保护及保胜设关通商各条，旋又中变。现闻法人攻破越之南定，势更狡猾。越南积弱之邦，被其蚕食，难以图存。该国列在藩封，不能不为保护。且滇、粤各省壤地相接，倘藩篱一撤，后患何可胜言？本日已谕令李鸿章前赴广东，督办越南事宜。此时防务紧要，必须厚集兵力，进止足恃，方可相机因应。江南防军何营堪备调拨，着左宗棠悉心筹画，迅速奏闻。"钦此。比即密示在事诸将领，钦仰朝廷保大字小之仁，怀远绥边之义，无微弗喻，感颂攸同。侧闻泰西诸邦，亦靡不拭目以观，共幸德化之成也。西报迭传，知非虚假。

不意续奉谕旨，局势骤更。臣与李鸿章责重洋防，虽骤难仰测高深，不敢不懔遵办理。而法人更自鸣得意，益彰虚声，以相摇撼。始犹有仍留宝海以待转圜之意，继则纯任狡诈之脱利古矣。始则欲以西贡为屯兵之所，继则扬言进规广东矣。大致我愈俯则彼愈仰，我愈退则彼愈进，固由夷性靡常，毋亦议论纷纭，无异教猱升木，适阶之厉也。

现阅西报，法人逼攻愈急，越南王忧悸不堪，服毒自尽，外患未平，内乱复急，越终不足图存。刘永福一木难支，未知所届。越之沦亡，固不足较，惟法人得陇望蜀，滇、黔、广西边患愈迫，中国肝食方勤，未敢置之不理。臣任重南洋，兼管七省海口，尤属义无可辞。迭接各处函牍，均以膜视越事，于臣与李鸿章多责备之词。而臣反而求之于心，终有未得，不敢藉口朝令未临，预思诿谢也！

适浙江台州匪首黄金满为浙军所逼，只身来投彭玉麟，彭玉麟许以免死，详批所具禀词，饬其赍赴浙江抚臣呈递，闻此案可销，王德榜自毋庸赴浙。适奉谕旨，仍准由臣差遣。臣即委赴滇、粤与越南交界处，确探越南现在情形，及刘永福下落，以凭奏报，而慎进止。缘王德榜本广东东莞县人，迁居湖南江华，移籍湖南，甫阅三世。东莞俗悍民强，王姓族大丁繁，雄其侪偶。王德榜在江西随臣军转战浙、闽，劳绩颇著，由臣保擢福建臬司，旋蒙恩旨补授福建藩司。随臣入粤，削平各县剧寇巨匪，复围攻嘉应州，歼除首逆伪康王汪海洋，而发逆之案始结。事毕回籍，读书养亲。嗣闻臣奉诏视师关陇，乃募旧部一营度陇从征，臣稔其英锐饶有胆智，令兼统数营，独当一路；复檄调出关，历战有功，详诸奏牍。前年调令率所部由哈密开赴张家口，听候调遣。旋因海防晏然，令移营畿郊，会治桑乾河，桑乾顺轨，灾区变为上腴。事竣假归，道出江南，适上游水利土工渐完，石工未竟，臣即饬留江南，督其旧部专办石工，用其所长，获效甚捷。事竣，王德榜坚请回籍省墓。臣以湖南永州与广西毗连，而所属江华则与广东接壤，发逆披猖时，粤东、西莠民从乱如归，然凶锋但能扰及湖北，巨逆屡思招纳亲党，而消息中断，究不能越湖南一步者，非骆秉章委用正绅王鑫等，假以事权，不克臻此。至今余威犹震。厥后臣率湘、楚各军入粤讨贼，犹藉王鑫旧部及高连陞、黄少春、王德榜等由闽漳入粤，合围嘉应州，亦尽贼而返。潮、嘉之人，犹能言之。比移督陕甘，黄少春已赴浙江提督新任，惟高连陞与王德榜相从度陇，克著声烈。此次筹办法越兵事，论者佥称越南瘴疠之区，非北兵所宜，惟广东俗悍民强，自相联络，好气争胜，服习水土，履险如夷，又惯睹西人伎俩，无稍忌畏，黠者尤玩弄之。臣在闽厂试造轮船，以法员日意格为监督，暇与谈论各省民情风俗，日意格独以广人变诈反复最难驾驭为虑。其为西人所忌如此！若抚而用之，未尝不可制服西人。惟粤人耦居相猜，势不相下，又非派楚、湘统领以兵法部勒之，严明纪律不可。兹由南洋出师助滇、粤防边，而臣部曾随入粤立功者，惟王德榜与粤人康国器存。用之则楚、粤之气通，而兵与粮饷似可无待外筹也。臣于王德榜请假回籍之便，饬其就近侦探，并通筹一切，明晰禀复，听候具奏请旨。

窃以越南难与图存，刘永福未可深恃，夫人皆能言之。惟越若不存，剥床以肤，将成西南巨患；刘永福一失，越南全境无与支持，倘为法人所用，更贻滇、粤之患。事机纷乘，间不容发。及今为之，已苦其缓；若再置之不理，西南之祸岂有穷期？如法人得逞，泰西诸国群艳滇南五金矿利，势必联翩而来。且国威未扬，各省伏莽亦将狡焉思逞。道光末年林则徐获谴时，广勇四散，后遂麇集金田，起事者一百八十余人，卒至流毒天下，党伙至数十百万之多！今年江南办理海防，而山东白莲余党复形蠢动，蔓及楚、豫地方。外侮、内患，事每相因。幸而任事之人多习战阵，不至束手。若数年、十数年之后，人才日就凋谢。枢部诸臣纵能奋发有为，窃恐抢攘不遑，鞭策难加，而大局将难于设想者！古云："一日纵敌，数世之患！"是绸缪之不可不预也！

臣虽衰庸无似，然每一思及，辄有难安寝馈者。拟俟王德榜确探法越情形禀报到时，如必需用兵，即饬王德榜调募广勇数营，驻扎滇南、粤西边防要地，相机而动。届时江南崇明、宝山渔团水手亦必料理齐整，盐务、河工亦已就绪，江南诸务更可放心。臣当于巡勘崇、宝海防后，率新募各营回湘继进，以赴戎机，断不敢置身局外，致负恩知也。

至饷需一切，徒资两江接济，搜索已频，万无以应。拟在广东筹办虚衔顶带、封典捐输，以期应手。缘前年臣奉恩旨调督两江兼管南洋事务时，曾接广东正绅函筹办捐饷，臣以尚未履任，未敢议及。兹拟函询诸绅，未知能否续筹？合并声明。谨请皇太后、皇上圣鉴，训示施行。谨奏。

附录上谕 谕左宗棠所筹募营筹款各节听候谕旨遵行
(1883 年 8 月 22 日)

军机大臣字寄，光绪九年七月二十日奉上谕："左宗棠奏敬筹应办边务情形一折。览奏均悉。所称防边事宜，拟饬王德榜侦探法越情形，再饬调募广勇数营，驻扎滇南、粤西边界，并在广东捐输筹饷等语，自系为防任务未就绪起见。惟现在滇、粤边界均有重兵扼扎，布置尚属周密，迭经户部于四川、广东等省筹给饷需，已敷各营之用。该督所筹募营、筹款各节，着听候谕旨遵行。将此由五百里谕令知之。"钦此。

夙恙难痊恳恩开缺回籍调治
仍力疾料理海防水利盐务事宜折
(1883 年 11 月 16 日)

奏为微臣夙恙难痊，左目复患云翳遮蔽，渐有青盲，右目流汁不止，不能办事，吁恳慈恩，俯准开缺回籍调治，免致误公，暂仍力疾料理海防、水利、盐务事宜，恭折仰祈圣鉴事。

窃臣前奏请谕旨将督印、盐印交藩司护理，转瞬江湖、运河诸水积潦渐消，旧岸显露，臣仍当亲赴淮、扬一带，复勘云梯关海口，引淮复由故道入海，俾经流顺轨，众水均有所归，冀保阜宁、盐城、兴化、东台、泰兴、通州、如皋、泰州八州县民命、田庐，庶可为江南永利。

臣此次巡阅渔团，在崇明十激陡遇暴风，旧患风痰诸证因之增剧，而左目忽为云翳障蔽，渐致失明。回省后，梁肇煌仍将督、盐两印委员赍送到臣，比即祗领，照常启用。惟目疾增剧，每一料理文书，睛痛汁流，较寻常尤为难耐。不得已，姑从搁置，隔宿即积成堆垛，检校更难。而健忘益甚。且遇有感触，忧悸顿增。医言肝脾火郁，心失所养，病根已深，非悉心静摄，难期见效。而年已七十有二，气血枯涸，欲罢不能。幸海防早有布置，添办渔团益臻严密；水利均著微效，民食既定，更供各省灾区赈籴之需；盐务销路甚畅，场灶、垣池商民安业，各岸商贩争趋，税厘顿有起色，差堪上慰慈廑。所有海防、河工、盐务均有成效可睹，容将详细情形，分折开列清单，恭呈御览，以昭核实。

现因淮北运河经流漫溢，拍岸盈堤，底水更高于上年冬令，深恐疏筑失时，明年春花、秋稼，仍苦积潦为灾，不但岁收无望，且新涨复增，城邑、田庐刻有其鱼之惧。昨晤漕臣杨昌濬，谈及盛涨时曾赴宝应、高邮一带察看水势，该处民居多在水中，偶值西风骤起，自忖无可趋避，顷刻间将尽成鱼鳖，号泣之声闻数百里，情形惨切，耳不忍闻。事后言之，犹为色变。臣拟即日择要兴工。因被淹各处积水未消，一片汪洋，军民无从措手，而各坝尽启，消水甚迟。缘各处湖底淤垫已高，潴水皆满盈科，后进壅滞迂回，不能径达海口。自黄流北徙，淮水由云梯关入海之口，淤垫数十里，而山东兖、沂之水，河南卫河之水，均倒漾江北淮、扬一带。现在高邮玉马头志椿存水尚一丈二尺有奇，较之常年盛涨时有增无减。虽霜降以后循例撤防，而印委官弁、效用兵勇常川巡防未敢尽撤。转瞬冬防一过，堤岸显露，即须赶办修筑疏浚工程，方免临事周章，缓不济急。窃维今岁大水之后，继以风灾，江南犹获中稔者，实缘范公堤、马棚湾及西堤上年修浚各工坚实耐久，得免漫溢溃决。里下河一带，豆麦牵算，均及中稔，不但民食有资，且可出其赢余，转粜浙、闽、燕、齐，接济赈务。是则事豫则立，成效昭然可睹者也。

熟察江南时务，有关于国计民生者，惟引淮水仍归云梯关入海一着，足以截断众流，捍卫淮、扬数州县亿万生灵，且可化灾区为腴壤，而于江南盐、漕诸政及各省荒政均大有裨益。特工烦费巨，不能藉资民力，异时有无成效，尚难预必。以故任事之人，莫敢执咎。臣比饬委署淮扬海道徐文达、徐州道程国熙、署常镇道黄祖络，随带海州分司运判徐绍垣等，前往察勘地形，切实估工，详细条议。臣定于明年开春，亲临相度。一面带同亲军各营，按段察看，先于淤垫之处，开掘中泓，引淮水经流入云梯关一带，循独行入海之旧，俾山东、河南诸水均有所归，不致泛滥为灾。俟中泓开通后，即划两旁淤地，责成亲军及各营分段挑浚，按日课工，以期潦尽淤消，克期蒇役。民夫帮同锄土、用碪，与各勇夫杂作，给以工价，聊分勇夫之劳，庶可藉习工作，嗣后岁修亦可得力。届时朱家山一带工程告蒇，壹意修浚淮、扬迤北至云梯关入海故道，用其所长，事无不举。所需经费，仍取于皖北盐厘课税，撙节支销，计尚资敷衍。窃意此工告成，去水之害，得水之利，从兹江南北禾稻遍野，于漕运、民食大有裨补。积久盖藏充裕，治水之费亦可渐次减少。而驱游手于陇亩，徐收经正民兴之效，将视此矣。

臣俟督缺简放有员，再留三数月，将海防、水利、盐务三大端办法详悉告知，庶率作兴事，遗绪堪寻。而臣辞归田里，终此余年，于私怀亦可稍免遗憾。

伏冀皇太后、皇上垂念臣衰病缠延，加之目疾增剧，难期痊愈，不能办事实在情形，恩准开缺回籍调治，则有生之日，皆戴德之年。即早填沟壑，亦将矢图报于他生耳。伏枕哀鸣，伏希慈恩鉴宥。谨专折恭呈，不胜惶悚之至。伏祈皇太后、皇上圣鉴，训示施行。谨奏。

附录上谕　谕左宗棠着赏假两个月安心调理

(1883 年)

军机大臣奉旨："览奏目疾增剧，殊深厪系。该督威望素著，现值筹办海防之际，正资倚任。所陈拟办江南水利，亦于民生大有关系。左宗棠着赏假两个月，安心调理，毋庸开缺。"钦此。

遵旨布置海防并办理渔团详细情形折
(1884 年 1 月 4 日)

奏为遵旨布置海防，并办理渔团详细情形，恭折具陈，仰祈圣鉴事。

窃臣于光绪九年三月三十日具奏筹办海防，会商扼要布置，分催购制船炮一折，奉旨："览奏均悉。所陈筹办海防情形，为未雨绸缪之计。仍着该督随时妥为布置，以期有备无患。"等因。钦此。又于六月二十七日具奏筹办海口防务，创设渔团，精挑熟悉水性勇丁，以资征防一折，奉旨："览奏已悉。即着左宗棠督饬邵友濂等核实办理，务臻妥善，期于实有裨益，毋致滋生弊端。"钦此。跪聆之余，仰见朝廷慎重海防，实事求是之至意，钦佩难名！

窃见江南各提镇在事多年，于防务素有讲求。值此时局方殷，莫不感激愤发。经臣三令五申，群情益奋。臣于奉旨后，即恭录分别咨行各提镇，令将江、海应备防具，及如何层层布置、如何操防、如何克敌一切事宜，务各直陈所见，以备采用。旋经各提镇先后复到，复发交筹防局司道汇同悉心核议，臣乃慎加决择。委系询谋佥同，确有把握者，计其大要有三，谨分别为我皇太后、皇上陈之。

一曰海防前敌事宜。查江南海口，若就其远者、大者言之，崇明、宝山实第一重门户，白茅沙则入江之门户也。崇明之铜沙，在吴淞口外，东北至十滧，西南至大塔、小塔，均汪洋大海，无险可凭。应以吴淞口、白茅沙两处为前敌要隘。吴淞口系由海入江，苏、松之门户，其关系与白茅沙同。该处筑有炮台，地当扼要，已设巨炮十八尊。其炮台左向西北之海堤，及距炮台约十里之浦东黄家湾内龙王庙海堤，临时尚应抽拨兵船分守，以为之辅。仍檄派大兵轮船驻于炮台之对面，敌船进口即并力御之。再由江南提督李朝斌调集太湖水师分守各港汊。一面选派陆营兵勇，于宝山县属之罗店镇扎两营，为炮台之声援，兼顾嘉定、太仓一路；于川沙厅属之高行镇扎两营，遏浦东黄家湾一带敌人登岸之路；于上海西门新泾市扎两营，以防敌船驶入黄浦，袭我上海县城。此六营为策应之师，遇警即往来策应。如此则吴淞口一路腹地可无虑矣。白茅沙洋面虽阔，暗沙纵横，中泓狭而曲。其南头浮桩半里许之中，应多设水雷、鱼网、拦江龙等具，再以龙骧等蚊船驻东边无名沙脚，水炮台船驻于南岸沙夹，专注中泓来路。如敌船驶至南岸浮桩之处，蚊船与水炮台两面攻击，以外海水师各船驻于蚊船之后，各兵轮船又驻外海水师之后，内洋水师各船则傍南岸沙脚驻泊。是先有水雷、鱼网以阻之，蚊船及水炮台攻其前，兵轮、艇师继其后。若敌船退至海口，我师即绕北面出而尾追。此布置海防前敌之大略也。

一曰后路江防事宜。长江炮台自江阴起，至下关止，节节设防。而江阴尤为长江门户，圌山关次之，象山、焦山又次之。江阴南北岸炮台共设巨炮四十九尊，各台俱扼形要。海上有警，由长江提督李成谋抽调提、瓜两标师船，亲领前队驰抵防守，再于湖口、岳、汉三标抽调战船，分队密布。如前敌白茅沙有警，亦可相机接应。兼之江中安设水雷，与炮台相辅，以逸待劳；更有圌山关、象山、焦山炮台以为后劲，形势周密，壁垒森然。其乌龙山、下关炮台近在堂奥，仍照常驻守，以定民心。水陆各军之全力则专以江阴、白茅沙为重。此布置后路江防即以策应海防前敌之大略也。

一曰战阵防守事宜。两军相见，出奇制胜，变化无穷，固未容胶柱鼓瑟，而误敌、待敌各事，亦有不可不预定者。查吴淞出口东行约四五百里南向之小红塔、大黑塔及铜沙等处，均有浅沙，洋人设有灯船、浮筒为表识；又东南之大七山、白节山，正东之花鸟山，正北之佘山，该四处均有暗礁，轮船夜行，亦于山上燃灯，以便趋避。一遇外国兵轮闯入，先将各处灯船、灯竿、浮筒撤去，次将白茅沙一带浮筒移去，敌船便迷于所往，不敢径趋吴淞以犯白茅沙。乘其疑虑却顾之际，师船乃得齐集环击，或载石沉船以阻船路，或载薪纵火以焚敌艘，随时制敌，诸策皆可相机应之。近复催调福建船政局新制之开济兵船、直隶留防之登瀛洲兵轮船来江南，经臣会同司道勘验，均极坚利精致，士气甚扬。拟以开济泊江阴，备长江提督操练调遣；登瀛洲泊崇明海口，备江南提督、福山镇操练调遣。届时臣亲临前敌，督同指挥，自然确有把握。江南防务既固，更可应南北两洋急需。一旦闻警星驰，断无缓不济急之患。现与各提镇文武询谋佥同，并预筹备饷需以待。号令既壹，人心自齐，船械又精，取携更便。此布置战阵防守之大略也。

计目下所亟应举办者，一须就白茅沙按月会操兵轮、蚊船，及外海、内洋各师船，期水务、操务益臻熟练。现定期每月二十八日，江南提督会同苏、狼、福三镇督率较阅。一面将白茅沙小夹南岸之全泾口挖深丈余，长里许，宽五六丈，以备平时收泊水炮台等船之用，由狼、福二镇克期举办。又圌山关、东生洲、天浤洲一带炮堤已有炮位一百余尊，分别安置，虽系土炮，而子路尚远。此外仍多可用之炮，现并由瓜洲镇分饬各营汛四处搜罗，随时清出，移设江岸芦滩及夹江两岸，以补炮台之不逮。凡此者皆先事不忘战，以备临事之一战。幸而可以不战，而我可战之具自在。将来江、海设防，如水道无甚变迁，决不能别议增减变易。谨俟明正初旬臣阅视操防毕事，再为详陈。

其渔团事体纷繁，地段绵远，臣复添派苏松镇总兵滕嗣林为会办，江苏候补道陈鸣志为督查。该二员皆熟习情形。据邵友濂、刘光才等禀报，已于七月初六日在吴淞设立总局，一面遴派委员分赴各厅州县，会同地方官会就该处情形，因地制宜，商酌妥办。约计其要亦有数端：一曰颁示谕。渔船散处各埠头，先期布告，俾知此举卫民而非以扰民，报名入册，亦可免胥吏阻阂诓骗之弊。一曰清户口。渔户以船为家，凡船只数目、尺寸以及船中妇孺人口名数，查明入册，无稍遗漏。以年力精壮者充作团丁，技艺高强者挑作练勇，将来拨作兵轮船水勇，以期驾轻就熟；其余编为保甲，奸宄无从匿迹，即海盗之源亦清。一曰立团所。每县设团一所，惟崇明人船数多，设团两处。遴选晓事正绅为团总、团佐，别挑技艺纯熟者一二人为教习，以教团丁。一曰定操期。每船人数报齐，于百人中挑选二三十人充当团丁，每十名为一牌，牌有长；五十名为一甲，甲有长。按月初二、十六两日赴局应操，按期给钱，以资日食。操毕即日回船，各安生业。一曰明赏罚。渔人中有材武出众，及善于凫水、伏水、超跃、猱升诸技者，随材录用。其报名入册，发给门牌等费，不摊派渔户分文。有需索陋规使费者，许其指禀立惩。若各渔船有容匿匪类、徇庇匪船各情，查出一体严办。一曰给军械。每船给领刀矛、军械、金鼓、旗帜、号衣各件，各有定数，责成团总具领收发，操毕仍行缴存，毋许私携出海。此外未尽事宜，仍由该员等随时商办禀候核定。总当斟酌尽善，推行尽利，期副我皇上保大绥边之至意。

至薪水、口粮、操费、局用以及各项用款，并由臣察酌情形，分饬各司道局库通力合拨。应请旨准其作正开销，以便造报。

据各厅州县先后造送该各渔船清册，其船有挑船、网船、舢板船、鸬鹚船、商渔船、小渔船，及内河、外海各渔船之分，名目不一，种类繁多，非清厘收罗于平日，难期得力于临时。幸各处绅民咸以渔团为足补海防之阙，佥谓办成以后，于防务、地方均属大有裨益。臣乃益知此举之不可以已矣。盖海口民情虽悍，而驯朴之气未漓。办团、选勇二者并行不悖，但得官绅一气，印委尽心，事无不成，成且可久。

现在所派文武各员，或筹任款项，或议立章程，承办者奔走风日之中，与地方官实力编查，和衷共济。臣随时明白指示，应举行者不肯稍掣其肘，应节省者不令稍越其程，分手奏功，颇有条理。惟是人情以有所劝而动，以无所感而隳。该渔户等皆生长水滨，自食其力，一旦勒以兵法，自非当场奖励，不足以坚其尊君亲上之心。

臣于九月十九日出省阅看，所有校阅情形，业于十月十七日恭折驰奏在案。现在据报刘光才所招渔团水勇一营，业经成军，臣前在吴淞口曾经阅过，续募者亦皆精悍殊常，足备水师之用。计此军成，海防之气益壮矣。

所有遵旨布置海防及办理渔团详细各情形，理合会同漕运总督臣杨昌濬、江苏巡抚臣卫荣光、长江提督臣李成谋、江南提督臣李朝斌，恭折具奏，伏乞皇太后、皇上圣鉴训示。谨奏。

安徽池州煤铁局加添资本试采铜铅折①
（1884年1月4日）

奏为安徽池州煤铁局加添资本，试采铜、铅，以济要需，恭折仰祈圣鉴事。

窃查安徽池州府属诸山，素产煤、铁，经前督臣沈葆桢于光绪三年八月二十八日奏奉谕旨，允准设局集资开采在案。

本年复据督办局务徽宁池道张荫桓详称：商董杨德在于池州府境内诸山狮形洞等处，探有铜、铅各矿，延请德国矿师到山履勘无异。加招股本，试行开采。并由商董杨德劝令股商捐银一万二千两，作为赈济皖省灾民之需等情，详请会奏前来。

臣查泰西诸国，无不视矿务为利薮。该局设立有年，所挖之煤虽不及洋产，而各局多向购用。今复兼采铜、铅，亦为各省局鼓铸制造所必需。近因中国所产不敷，购资外洋日增月益，实属漏卮。兹既采验确实，援案集资拓办，冀收自有之利，以济财用之穷，实于税课、饷糈大有裨益。至该商等捐助皖省赈银一万二千两，实属好善急公。

除饬局员督同商董妥办开采外，理合会同署北洋通商大臣李鸿章、安徽巡抚臣裕禄恭折具陈，伏乞皇太后、皇上圣鉴训示。谨奏。

---

① 此折选自"录副奏折·洋务类"。

朱家山等处水利工程告成
拟将出力员弁择尤请奖折
（1884 年 4 月 8 日）

奏为朱家山等处水利工程一律告成，拟将出力文武员弁择尤从优请奖，恭折具陈，仰祈圣鉴事。

窃臣莅任后，迭将兴修江南水利各工分折奏明在案。查各工中，最大者为朱家山、赤山湖两处。赤山湖先经工峻。其朱家山亦据报于本年二月底一律完竣。经臣派委司道各员前往验收，均属结实如式。兹据详请具奏前来。

查安徽之滁州、来安、全椒一州两县，众山环绕，山水三面下注，兼受定远、合肥之水，至三汊河汇流，绕六合二百余里河道而达于江。当山水陡发之时，河流纤缓不能骤泄，致滁州、来安、全椒、江浦、六合五属，圩田悉遭水患。雍正、乾隆、嘉庆年间，迭经各前督臣议开朱家山以兴水利，均因工大费巨而止。嗣前督臣沈葆桢檄委升任广东提督吴长庆率勇开办，为时两年，甫有端倪，又因该提督移防而辍。缘朱家山中段石脊，须挖深二十余丈，方能通水，而石根内蟠坚凝如铁，连成一片，椎、凿之力两穷，故议开朱家山者咸苦此处之最难措手。加以下游宣化桥泄水之处，庐墓相杂，一经施工，节节阻碍。经臣饬派营中善于攻石之勇丁先从石工入手，以棉花火药凿管通山，层层轰揭。并于下游新开一河，自马家桥历晒布场以至浦口康家圩止而达于江，让出宣化桥一带庐墓。其赤山湖地辖句容，承受茅山诸水汇湖，分流经溧水、上元、江宁三县以达秦淮。湖底既高，圩堤亦薄，旱干、水溢均受其灾，民间苦之。当开办之始，添开湖河以邕其流，加筑圩堤以固其基，并修建桥闸以收蓄泄之利。赤山湖先于光绪九年三月间完工，经臣将承办该处工程各营调集朱家山，并先后添调各营，合力赶办。其时适前福建藩司王德榜来宁，复经臣檄委添募开哨勇丁，专攻石脊。计朱家山自开山以来，届今两易寒暑，乃得以次告竣，不特沿江圩田平时均受其利，即山水陡至，亦可免漂没人畜、庐舍之惨，而粮艘、货船可由内河而行，不必再犯大江风涛，尤属农、商两便。此外则通济门内外桥闸为秦淮附郭正流，金川门内外河道为港汊入江去路，均为详考地势，择要建闸、建桥，乃得收纳诸水，导引清流，陆居、舟居，咸受其益。他如带子洲沿江之圩堤，江宁镇濒江之闸坝，均大半冲塌残缺，并省城之道路沟渠，亦皆年久失修，均为先后分别动工，以慰绅民喁喁之请。

统计各处工程，以言里数，则朱家山自浦口起至张家堡接通滁河止，绵亘二十余里，共长三千八百四十余丈；赤山湖历道士坝、蟹子坝以至三汊河下游各处，亦绵亘二十余里，共长三千九百余丈，而各处零碎之工不计焉。以言土方、石方，则朱家山共挑土方三百三十一万五千一百九十余方，石工二十五万六千二百余方；赤山湖共挑土方十七万五千八百八十余方；通济门等处桥闸、河道各工共挑土方十六万八千方有奇；带子洲等处堤闸、沟道各工共挑土方十五万七千九百余方。以言用款，则朱家山共用银十七万七千八百八十余两有奇；赤山湖共用银二万八千四百六十余两有奇；通济门、金川门内外河道桥、闸各工，共用银八万三千五百六十余两有奇；各处桥梁、道沟、圩堤、闸坝各工，共用银七万六千七百八十余两有奇。统共用银三十六万六千六百九十余两有奇，而设局之费、动工之费、兵勇米折赏犒之费、民夫乡夫哨勇石匠口粮之费、各营制办器具之费、省内外员弁局用之费、木石各料价值之费，以及此外零碎各费统算在内。动款仅得此数，非撙节动用、核实开销，未易及此。

伏查臣当议办朱家山河工之始，或以经费浩大，无从筹措为疑，或以工程繁重，苦难入手为虑。此外赤山湖等处工程，论办法皆须连类而及，以收一劳永逸之功；若开办则须同时并举，实有应接不暇之势。幸盐票项下积有多款，各司道亦知事关国计民生，未容以难而诿，用能本臣所议定者逐一兴办。而各营员督率弁勇奔走风日之中，轶瘵冰雪之内，众手交奋，如赴其私。最难者，尤在朱家山轰石之工，药信一然，石块四揭，声势之险，无异战阵。竟能将该处石脊一律开通，亦并非微臣始愿之所敢必。其余各员，或订立章程，或部署工务，或办理文案，或综核勾稽，或任采办料件之劳，或司催督勇夫之役，咸属始终勤奋，有裨巨工，实非寻常劳绩可比。所有动用各款，经臣饬令该司道等悉心细核，均属实用实销，毫无浮冒。

查去年防守运河伏秋大汛，及承办范堤工程各员，经臣专案奏请给奖，均经奉旨允准在案。合无仰恳天恩，俯念朱家山等处工程，较之防汛，则情形之艰巨相同，较之范堤，则时日之久暂迥异，恩准将出力文武员弁查明，专案开单择尤从优请奖，以示鼓励。其银款系由盐票项下动拨，容即开单报销，以归简便而昭核实。

所有朱家山等处水利工程一律告成，拟将出力文武员弁择尤从优请奖各缘由，理合恭折具陈，伏乞皇太后、皇上圣鉴训示。谨奏。

台湾军情吃紧请敕重臣由海道赴援折
（1884 年 10 月 26 日）

奏为台湾军务吃紧，请旨飞敕重臣带兵由海道赴援，以维大局，恭折仰祈圣鉴事。

前奉八月二十二日电旨："法兵现占基隆，台北府城万紧。着派杨岳斌帮办左宗棠军务，即带湖南现招八营迅赴福建，驻扎漳、泉一带，联络该处绅士、土勇，设计渡台，暗结台民，速图逐法之策。此旨着分寄左宗棠、穆图善、杨昌濬等知悉。"等因。钦此。

臣窃思台湾为南北海道咽喉，关系甚大，倘有疏失，不但全闽震动，即沿海各省隘口不知何时解严。近接福州电信，法夷协力猛扑沪尾，虽经我军抵御，而法船泊沪尾者尚八艘，泊基隆者尚五艘，志在并吞全台。我军将士露宿兼旬，伤亡实多，兵力益单，守御尤形竭蹶。若不赶紧救援，诚恐遗误事机，牵动全局。臣体察情形，目前军务，实以援台为急。

惟台南之鹿耳门，闻有法船守口，不能驶入；各洋面亦时有敌船游弈，非偏师所敢竟渡。谕旨："杨岳斌驻扎漳、泉，设计渡台。"固属万全之策。但军情瞬息千变。杨岳斌陆路入闽，尚须时日，即使兼程赴防，亦恐缓不济急。此时而议救援之法，有不能不量为变通者。

查台湾鹿港以南之笨港，北之梧栖港，潮至水深，均可泊船。由彰化、大甲司、中港、新竹等处，陆程五六日可至沪尾。闻该处尚为法船诇伺所未及，官军由此乘虚而入，当无妨碍。

两江督臣曾国荃虽明知南洋防务不能松懈，然不能不先其所急。拟调派兵轮五艘，并咨商直隶督臣李鸿章于北洋抽调兵轮四五艘，开赴上海取齐。理合请旨，飞敕帮办军务臣杨岳斌，统带湖南八营，由汉口附搭轮船赴沪，配载兵轮，先趋厦门暂泊。一面探明法船踪迹，雇领台湾引港水手，由澎湖之乾仔港直达鹿港停泊，将营勇分起登岸，星夜驰赴台北府城，为刘铭传策应。倘法夷慑我兵威，舍而之他，或分犯南北洋海口，杨岳斌仍可率带兵轮跟踪追剿。臣与沿海各疆臣亦当严饬海口防营极力堵御，毋致别启戎心。杨岳斌公忠在抱，威望素隆，咸同间宣力长江，命将行师，成绩可考，方今而言横海、伏波之选，罕有出其右者。如带兵轮渡台，必能靖海氛而纾宸廑。至所统湖南八营月需饷项，应请敕下署湖广督臣卞宝第、湖北抚臣彭祖贤、署湖南抚臣庞际云等，由该两省按月筹解，庶免掣肘之虞。

臣为维持大局起见，与曾国荃面商一切，意见相同。所有台湾军务吃紧，请旨敕重臣由海道赴援缘由，谨会同两江总督臣曾国荃恭折由驿驰奏，伏乞皇太后、皇上圣鉴，训示施行。谨奏。

沪尾战胜现筹规复基隆折
（1884 年 11 月 13 日）

　　奏为台北沪尾地方大战获胜，现筹规复基隆情形，恭折仰祈圣鉴事。

　　窃臣接据台湾道刘璈禀称：沪尾自八月十四日开仗之后，法夷屡思乘间登岸。二十二日卯刻，法船先开大炮攻我营垒，一面放小划数十只载兵数百名峰拥上岸。我军三面包抄：擢胜三营敌其南，淮军二营截其北，中间则有健营土勇数百人御之。鏖战至午，法兵不支，纷纷逃窜，被我军尾追，迫入沙岺之草蓁。法船头目望见，遽开炮轰击，迎救夷卒上船，然已伤毙百余名，沉溺数小划矣！是日自卯至未，恶战四时之久，阵斩首级十余颗，夺获枪械多件，我军弁勇仅伤亡数十名，实属大获胜仗。探询基隆法兵不过千余人，皆汉奸及安南胁从之众。该夷于九弓坑、狮毬岭、佛祖岭、牛稠山顶、二重桥山顶、大炮台后山等处扎营安炮，法提督亲自梭巡，晚间率兵回船，惟留安南各处人驻守营卡。昨有安南人逃赴提督曹克忠营内剃发投诚，业加抚慰。现在官军进扎蝴蝶岭，合官绅助募之土勇数千，已不下万余人，正可进图基隆。各等因。

　　臣维兵法莫善于用间，军谋尤贵乎乘机。法夷垂涎台湾，挟全力以思逞。其引诱中华奸民及驱安南裹胁之人以助战，皆意计中事。臣前奏请飞救杨岳斌带兵救台，原以该处为海道咽喉，不可坐视。其实各军渡海已非易易，而又有不服水土、不熟情形之患，则驾轻就熟，且有不如乡兵之可恃者。臣于九月初六日密电刘铭传督饬该镇道等筹借台湾富户之款，重价募生熟番万人，以资守御，盖亦实有所见。今据该道刘璈禀称有越民投诚及官绅助募土勇之事，臣愚，以为用间、乘机，在此一举。拟请密谕抚臣刘铭传，督饬所属文武将领，将法夷派守营卡之安南人民多方招纳，以分贼势；并访求台湾所属忠勇明干绅士，激以义愤，劝令倡办团练，相机杀贼。务乘此次沪尾大捷，军声方壮，分道夺取基隆，庶为得势。

所有沪尾战胜，现筹规复基隆缘由，谨缮折驰陈，伏乞皇太后、皇上圣鉴，训示施行。谨奏。

派员援台并会筹一切情形折^①
(1885 年 1 月 10 日)

奏为派员援台并会筹一切情形，恭折具陈，仰祈圣鉴事。

窃臣宗棠曾将抵闽日期及台湾情形驰报在案。近接各处探禀，台湾南北各口尚无战事，法船之泊基隆与马祖澳者来去无常。臣等虑其再犯内地，已檄各营勇分扎长门、金牌、连江、东岱、梅花江各要口，严密巡防。长门、金牌为入口最要之地，现委臬司裴荫森、道员刘倬云星夜督工，就该处竖立铁桩，横以铁缏，没入水中，安设机器，随时捩转起落，以便我船出入，敌船至则起缏以阻之。臣穆图善即驻军于此，躬亲调度。其距省城三十里之林浦、魁岐，及闽安右路出海之梅花江，概经垒石填塞，仅容小舟来往。以上各处，均建筑炮台，安放炮位，派兵驻守，可资捍卫而遏敌冲。此布置内地防务之实在情形也。

臣等伏念目前军务，重在援台；而援台之兵，难在渡海。臣宗棠前饬已革总兵杨在元驰赴厦门、澎湖，侦察各情，据禀：法夷自九月初五日封禁海口之后，兵船游弈洋面，英、美各国商船进口无不卸帆停轮，任听稽察；而于中国附搭渡海之人搜检尤密，见有翎顶大帽、用印公文及书札纸面注有官衔大人字样者，悉取而投诸水；若军装器械，尤为该夷所深忌，外国商船亦不敢轻易搭载，致肇衅端。从前该夷遇见中国夹板商船，尚止盘查烦扰而已；近则掠船劫物，一如海盗，商船因之裹足。臣宗棠与德国商人商议雇船，则坚以有碍公法为词。似此海道梗塞，纵有雄兵，不能飞渡，焦灼万分。臣等再四筹度，拟飞咨南洋大臣，迅饬援台兵轮克日放洋，故作径薄台北之势，务使法夷牵制顾畏，不暇梭巡。臣等一面檄饬前江苏题奏道王诗正统领恪靖亲军三营陆续开

---
① 此折与福州将军穆图善、闽浙总督杨昌濬会衔。

赴泉州蚶江一带，先派杨在元驰往该处，准备渔船多只，俟王诗正兵勇取齐，扮作渔人，黑夜偷渡，由苯港、鹿港、梧栖港等处分起上岸。惟渔船须觇风色，不能迫以时日耳。其军火、器械，概由杨在元设法雇船运送。杨在元两署台湾总兵印务，情形熟悉，即饬专司台湾转运军需局务，藉资得力。王诗正统兵渡台，固当遇事禀商抚臣刘铭传、帮办臣孙开华，妥慎办理。然军情瞬息千变，如有机会可乘，臣等亦准其相机行事，不必过于拘牵。臣宗棠复派行营总理营务处江苏候补道陈鸣志克日渡台，会商台湾镇、道及地方绅士妥筹恢复基隆之策。陈鸣志军谋、吏治皆其所优，必能使各营联络一气，以壮声威。

查台北至基隆路径，由水返脚、五堵、六堵以至暖暖街，过港经石梯至乌嘴山，颇称险阻。暖暖乡团义勇据乌嘴山，与法夷扎营之九弓坑、狮毬岭对垒，现正竭力拒守，待援甚殷。臣等拟饬王诗正、陈鸣志联络该义勇及曹志忠各营，竭力猛攻九弓坑、狮毬岭，必拔其垒，步步为营，以取建瓴之势。其沪尾港口业经孙开华、章高元各营分段驻扎，预备地雷、火箭及格林炮甚多，足资守御。至南洋各兵轮到闽，必先攻取马祖澳，以通福州出海之路，然后驶赴沪尾，与贼决战。臣等俟帮办军务臣杨岳斌到日，即商定进取机宜，期无负朝廷廑念海疆至意。

所有派员带兵援台缘由，臣等迭次会商，意见相同。谨合词恭折具陈，伏乞皇太后、皇上圣鉴，训示施行。

再，此折系臣宗棠主稿，合并声明。谨奏。

办理各海口渔团片①
(1885 年 1 月 10 日)

再，福建滨海各府，港汊纷岐，渔户船只殆不可以数计。该民操罟为生，朝夕随波逐流，于风涛沙线知之最详。其中固多强悍可靠之人，而嗜利诡随、甘心款贼者亦复不少。此次法夷犯顺，船泊芭蕉山、马祖澳，日需牛羊、蔬菜各项食物，多系渔户暗中运送，图索重利。愚民无知，何惮而不为？

臣宗棠前在两江总督任内，因筹办海口防务，饬滨海各府县创设渔团，著有成效。前后筹办情形，迭经奏明在案。

臣等伏念用兵之道，先清内奸；制胜之谋，必断接济。闽省海氛日炽，运道未通，正宜举办渔团，以消内讧而御外侮。现已拣派勤练明达之员分赴福州、福宁、兴化、泉州四府各海口设局，会同地方官及本籍绅士，办理渔团。择渔户中骁勇善水者作为团长，勒以步伐，犒以资财，动以功名，憼以利害，但令不为贼用，其利益良多。需之时日，冀有可成。局中应用经费，仍饬各员明定章程，极力撙节，不准稍事虚糜。臣等会商，意见相同。谨附片陈明，伏乞圣鉴，训示施行。谨奏。

---

① 此片与闽浙总督杨昌濬会衔。

试办台糖遗利以浚饷源折^①
（1885 年 2 月 7 日）

奏为试办台糖遗利，以浚饷源，恭折仰祈圣鉴事。

窃维赋税有常，度支无限，则开源节流之说不可以不讲也。开利之源，自以因民所利而利之为善，盖源开而流弊自少。故与民争利，不若教民兴利之为得也。

十闽山多田少，素称硗瘠，民食多取给于外洋。而滨海各处，颇有淤壤，土少沙多，隆冬不霜。物其土宜，惟甘蔗尤茂。故海滨之农，种蔗熬糖者十居七八。昔年中国自为贸易，衣食粗足。外洋通商以来，岁购红、白糖数十万石，民当增富，讵农日加勤，其贫犹昔。考厥缘由，证诸西艺，盖中国贫农制器不精，熬煎失法，不能与外夷比。而朴拙同安，虽无利犹觉无害。今外夷互市，彼精我粗，彼巧我拙，虽购华糖，并非自食，香港等处已广设机厂，提红糖变为白糖，以其半载回彼国，半仍卖还华商，皆获重利。中国贫农之辛苦，不能自享其膏腴，岁产徒饶，利权外属，无如之何！

臣宗棠等抵闽之后，见边防紧急，营勇日增，库司告竭，邻协维艰，不得已商借洋款，暂顾目前。然款多息巨，筹填匪易。适有条陈糖利者，据称：洋人煮糖之法精于中国，出糖之数加多一二倍。由红提白之法，中国亦可自行。不夺民间固有之利，收回洋人夺去之利，更尽民间未尽之利。他口不计，仅举省垣贸易考之：年售仙游白糖七万余石、福州红糖三万余石。土人作糖，每蔗十三石得糖一石。大约有蔗一百七十余万石，若用西法制之，可得糖三十余万石，较民间制造可多二十余万石。每石作价银四两，可长银八十余万两。除去机厂人工及一切杂

---

① 此折与闽浙总督杨昌濬、已革福建巡抚张兆栋会衔。

用，应可长银四五十万两。此项长银，或提补借息，或再倡别利，为益滋大，实属有利无害。臣等复核，所呈不为无见。证诸舆论，亦皆翕然。

但事属创办，不敢不慎。拟于借款内提银数万两，先派熟知糖务之员亲赴美国产糖之区，参观做法，购小厂机器，兼雇洋工数名来华试制。俟考定得糖实数，另议章程，或购蔗制糖，或代民熬煮，民利仍还之民，官止收其多出之数，著有成效，即行扩充。不惟内地各口可以一律照办，台湾产蔗尤多，军务一平，即须加意仿办。果如西书所载，利益与盐相埒。

惟以官经商，可暂而不可久。如官倡其利，民必羡之。有的实之户，不搭洋股者，呈资入股，应准承课充商。官本既还，止收岁课，不必派员管厂。一切章程，届时再议。

应否如斯，未敢擅便。谨合词具陈，伏乞皇太后、皇上圣鉴，敕部议复施行。谨奏。

查复马江失守被参偾事各员情形折①
(1885 年 2 月 11 日②)

奏为遵旨查明马江失事案内被参偾事各员实在情形，谨分晰复陈事。

窃臣等迭奉八月初四、初五、初七等日谕旨，饬查马江失事一案被参偾事各员、据实复奏等因。臣当以案情重大、头绪繁多，且所见异词、所闻异词，遵即密委福建按察使裴荫森，会同督粮道刘瑞祺，及总理营务处四川候补道刘麟祥③、江苏候补道陈鸣志、黄立鳌，按照原参各节，确切查明，以凭核办；一面札饬船厂提调道员周懋琦、支应委员邓承基等据实具复。兹据该司道等禀履前来。臣等复加察核，或查无确据，或事出有因。谨缕晰复陈，惟圣明垂察焉。

一、张佩纶、何如璋玩寇弃师、偾军辱国一节。查原奏称：七月初一日，法人递战书于扬武管驾张成，张成达之何如璋，秘不发。初二日，洋教习迈达告学生魏瀚明日开仗，瀚畏张佩纶，不敢白；初三早，见法船升火起碇，始驰告。法人未刻开战，张佩纶遣魏瀚白孤拔，迄缓师。法炮既作，我军犹未起碇。等语。据该司道等饬传已革游击张成究问，据供：法船自闰五月内陆续进泊马江，直至七月初三日开战，始终并无只字经由该革员接收传递。又据船政学生、候选知县魏瀚供称：洋教习迈达自六月初十请假回沪，旋于月底由沪赴香港，路经闽口，七月初二船抵马江，寓英国医生洋楼，曾往过访，迈达因言昨日法公使出京，事恐决裂。原系揣度之词，并未明言开战，何由而知战期？初三日

---

① 此折选自王彦威辑、王亮编：《清季外交史料》卷 52，1931 年刊本，系与闽浙总督杨昌濬会衔。

② 此为奉旨时间。

③ 刘麟祥，前 3144 号《请调刘麒祥等差遣片》（光绪十年九月十五日）作刘麒祥。

巳刻，何如璋传见魏瀚，令谒英领事，藉探消息。瀚乘小机轮往，未至领事舟，而战事起。查张成未接战书，尚非虚饰。法人战书应递总督。即不递总督，其时张佩纶统率兵船，法人亦当照会张佩纶，不当照会何如璋也。迨初三日法照会何璟，何璟据电张佩纶等，翻译甫毕，炮声已隆隆矣。臣昌濬检查督署存有何璟任内电报底簿。内载七月初三日午刻寄张佩纶电云：顷接白领事照会，孤拔即于本日开战。其非照会何如璋无疑。此则当日之实情也。至魏瀚往谒领事，系何如璋所使，非张佩纶所使，缓师之请，从何而来？盖缘七月初一日接总理衙门预备战事之信，加以迈达所云，则疑递有战书；何如璋曾有使魏瀚藉探消息之举，则疑为张佩纶遣向孤拔缓师。疑似参差，传闻失实，无怪其然。

原奏又谓：初二日，各国领事、洋商下船，众知必战，入请亟备，张佩纶斥之。军事以侦探为要务，如果有人来告，岂容漫不加察，反予屏斥之理？张佩纶性虽刚愎，或尚不至此。

一、张佩纶朋谋冈上、怯战潜逃一节。查原参：张佩纶、何如璋甫闻炮声，即从船政局后山潜逃。是日雷雨，张佩纶跣而奔，诋鼓山之麓，乡人拒不纳，匿禅寺下院。明日奔鼓山后之彭田。何如璋奔快安乡施氏祠，乡人焚祠逐之，复奔南台洋行，次晨入城，住两广会馆，所至哗然。张佩纶绐何如璋回厂，自驻彭田，侦知敌出长门始回。等情。查彭田距马尾十五里，以省城言之，则在鼓山之后，以马尾言之，则在鼓山之前。据司道等复称：张佩纶于是日登山观战，必退驻彭田。初四清晨驰赴马尾，仍回宿陈禹谟家，次日移居陈芳年新屋。嗣后往来彭田、马尾之间，十五日始回驻马尾厂楼，八月十一日接办船政。并未一抵鼓山之麓，亦无乡人拒而不纳之事。惟彭田在马尾中岐之后，鼓山亦有中岐，或因此讹传耳。何如璋于初三日黄昏便服筍舆、带有勇丁八十余名投快安乡之施氏祠，离马尾十余里，乡人传以为异，悉来观瞻，勇丁呵逐闲人，遂相争闹，外间因传有焚祠追逐之说。初四日，差弁持令赴厂提库存银两，住鼓麓下院。初五日，由东门进城，随带委员邓承基管解纹银计库平二万二千两、番银一万三千两，寄存藩库。初六、七等日，皆住省城石井巷两广会馆。初八早始旋船局。此张佩纶、何如璋先后回厂之实在情形也。其谓何如璋歇住南台，到处哗然，焚祠追逐，及张佩纶、何如璋先行回厂，系里巷快心之谈，未足据也。

一、诸臣讳败捏奏、滥保徇私一节。查原参：溯自法事之起，督抚弛不筹防；张佩纶未更兵事，调度乖方。该督抚规避畏怯，举统兵之责拱手退听于张佩纶，卒至丧师辱国。敌未毁厂船而诡言克复，方勋、黄超群一律逃窜而捏报其击退法军。自初三败后，何璟、张兆栋始终未一出城，张佩纶、何如璋各处逃避，何自而见各军接仗？又何自而见各军获胜？等语。查自上年筹办海防，曾以将军守海口，总督驻泉州，巡抚守省城，陈奏在案。本年法船径逼马江，复于闰五月二十八日以将军驻长门，会办大臣驻马尾，督抚驻省城，电奏有案。前敌、中路及省垣重地责任原有攸分。迨马江战败，经张佩纶电奏我军兵、商各轮伤毁情形，请旨逮问，原未敢讳败也。又会同将军臣穆图善、前督臣何璟、前抚臣张兆栋陈奏各情，中有"炮船击沉、余船皆毁"等语，亦未敢饰败而为胜也。船厂本未为敌所据，张佩纶仅称方、黄两军守厂，并未扬言克服。督抚于春夏间曾出城巡视海口数次，马江失利以后，省防危迫，时就各处军报会商汇奏，原不能得诸亲见也。至方勋所部潮勇、黄超群所部福靖营，当法炮击厂之时，有在厂驻守，始终未退者，方军有退至距厂四五里之回头乡者，黄军有退至距厂二三里之马祖澳者，炮停仍各收队回营。初四日，法兵又攻船厂，方、黄两军暨陆桂山等尚能协力堵御。谓其一律逃窜，容有未实。若全无人堵御，安保法人不上岸进据，或纵火焚毁？此尤事理之易明者。惟原奏称方军闻警先溃，黄超群一军乘乱入学堂、广储所、机器房肆行抢劫，由臬司裴荫森查明遗失器具、书卷百数十种，其为被抢，实有其事。但系何军抢掠，当时未经查明，事后更无从追究也。

一、何如璋私兑该局银两一节。查原参：何如璋于九月间将该局存银二十六万两，藉采办为名，私兑回粤，不经支应员绅，私交汇丰洋行。等语。何如璋管理船政，责无旁贷，既不能设法护持，亦何至乘危盗帑？查船厂所需料件，向皆委员在香港设局采购，每年需款一二十万不等。本年五、六月间，闽海关南洋解款适到，何如璋以开发该局料价在所必需，于闰五月二十三日饬支应委员邓承基拨库平、番银七万二千三百两，六月初七日续拨库平、番银七万二千三百两，均交汇丰洋行兑寄香港委员廖锡恩收领，嗣经张佩纶提存广东藩库。又查何如璋有银十万汇存汇丰洋行一款，据船政支应处员绅禀称：此款先因善后局商买五号铁胁船炮位之用，于闰五月十六日兑交十万两，嗣善后局拟将炮位暂行缓买，借为他用，何如璋不允，中止，旋即陆续收回。至二万两一款，系与该行起票开发各洋商采办料价，其票早已用竣。船政向章如此。且经船政局提调周懋琦调查，何如璋、张佩纶交接清折，均有确据，又提查汇兑月日，均相符合。其非盗帑无待言矣。

以上各节，臣等就该司道所禀，复加咨访，准情酌理，似尚可信。

伏查前督臣何璟、抚臣张兆栋，身任封疆重寄，师徒挠败，咎有攸归。原奏请旨治罪，实属咎无可辞。惟此次马江败挫，系由法人乘议和之际，进据要害，先事未能阻止，临时不及先发，着着失势，遂至溃裂而不可收拾。自金牌、长门上至林浦，节次设有炮台，屯有重兵，尚非漫无布置可比。何璟在任有年，因循坐误，未能切实讲求，倚用广勇，纪律不严，闽人至今啧有烦言。惟平日居官尚属清谨，查无别项劣迹。张兆栋本非军旅之才，历任官声老成稳慎。此次法人猝发，虽乏展布，尚无张皇失措举动。何璟、张兆栋业经先后革职，可否邀恩免议，请旨定夺。

张佩纶才识凤优，勇于任事，以文学侍从之臣初涉军事，阅历未深。抵闽之日，法船先已入口，据我腹地，未能审察情势，将我兵轮分布要隘。明知敌人船坚炮利，乃调令兵、商各舰与敌舰聚泊一处，遂致全被轰沉。此调度之失宜也。总理衙门于七月初一电告各省督抚备战，初二戌刻何璟电知张佩纶，告以所闻，谓明日法人将乘大潮力攻马尾。张佩纶复电云严备。乃以照会未至，迟疑不决。其既败，犹以敌人违例猝发，已不及备为言。法人照会虽无确信，何璟电报岂同谰言？此备战之不早也。惟张佩纶以会办大臣出驻马尾，不提一旅，身临前敌，尚属不避艰险，初意非仅保全船厂；及师船被毁，本志不遂，往来彭田，面目憔悴，此则其咎无可辞而心尚可悯也。既经革去三品卿衔，而人言不已，应请旨交部议处，以示薄惩。

候补道方勋、提督黄超群等，部率各营虽间有逃窜，而拒敌保厂尚非虚捏。惟法人既无大队登岸，将士自无血战之功，劳薄而赏优，未免启人议论。况所部兵勇又有抢掠学堂、机器房情事，虽事久无从查核，究系疏于防范。其平日纪律不严，亦可概见。所有赏加黄超群黄马褂、方勋勇号，应请撤销，以昭核实。至张佩纶优加保荐，或系新挫之余，藉以鼓励将士，滥保在所不免，徇私尚无实据。

何如璋私匿战书，既据张成、魏瀚等供实无其事，而汇兑银两一节，船局出款既有簿籍可凭，香港汇收亦有委札而验。前后交代，复有折册可查。迹其仓皇出走，尚思设法将厂存银两押运入城，情尚可原。既经革职，可否邀恩免议？

溯自马江败后，居民一日数惊，众论纷歧，道听涂说，既可任意以增加巷议街谈，岂顾情事之虚实？京员据闽信以入告，而不知闽信多本于乡人激愤之词也。伏维圣明在上，前此迭降谕旨，赏功罚罪，权衡轻重，大体攸关。其他传闻失实之事，自可置之勿论。

惟已革游击张成，以多年学生管带扬武兵船，兼署闽安协副将，责任不可谓轻。军情日急，该革员身负轮船营务处重任，应如何刻刻戒备？乃平日毫无布置，及初三日法已悬旗示战，该革员始行登舟，又不督饬各船竭力抵御。福星、振威、飞云、福胜四船死战不退，而扬武著名坚大之船仅还一炮！陈英、高腾云等尚能力战捐躯，该革员遽以船受炮伤驶至浅处，凫水而逃！张成系有统率各船之责，似此玩寇怯战，若不从严惩办，何以服军心而作士气？相应请旨，将已革游击张成从重治罪，以儆其余。

除藩司沈保靖①等同误军事及粤勇扰民通寇各案由臣等另行查复外，所有奉旨饬查马江失事案内被参各员缘由，谨合词恭折驰陈。谨奏。

附录上谕　谕将张佩纶何如璋从重发往军台效力赎罪左宗棠杨昌濬于张等意存袒护着均传旨申饬②
（1885 年 2 月 11 日）

光绪十年十二月二十七日奉上谕："前据都察院代递翰林院编修潘炳年等奏张佩纶等偾事情形，给事中万培因奏张佩纶等讳败捏奏、滥保徇私各一折，迭谕左宗棠、杨昌濬查办。兹据左宗棠等查明具奏，张佩纶尚无弃师潜逃情事，惟调度乖方，以致师船被毁。且该革员于七月初一日接奉电寄谕旨，令其备战，初二日何璟告以所闻，谓明日法人将乘大潮力攻马尾，该革员并不严行戒备。迨初三日败退，往来彭田、马尾之间，十五日始回驻厂。其奏报失事情形折内，辄谓预饬各船管驾，有

① 沈保靖，一作沈葆靖。
② 此谕选自《清季外交史料》卷 52。

'初三日法必妄动'之语，掩饰取巧，厥罪尤重。张佩纶前因滥保徐延旭等，降旨革职。左宗棠所请交部议处，殊觉情重罚轻，着从重发往军台效力赎罪。何如璋被参乘危盗帑，尚无其事。惟以押运银两为词，竟行逃避赴省。所请革职免议之处，不足蔽辜，着从重发往军台效力赎罪。何璟、张兆栋办理防务，未能切实布置，业经革职，免其再行置议。提督黄超群、道员方勋，前据张佩纶奏扼险坚持，出奇设伏，截杀法兵多名，是以降旨奖叙。兹据左宗棠等查明，该提督等所部兵勇，有在船厂驻守未退者，有退至距厂数里地方者，并有抢掠情事。该提督等纪律不严，亦可概见。朝廷赏功罚罪，必期允当。黄超群着撤去黄马褂，方勋着撤销勇号，以昭核实。已革游击张成，身负轮船营务处重任，并不竭力抵御，竟敢弃船潜逃。虽此次马尾失事不能专咎该革员一人，惟该革员有统率各营之责，玩敌怯战，亟应从严惩办。张成定为斩监候，秋后处决，解交刑部监禁。左宗棠、杨昌濬于奉旨交查要件，应切实详查复奏，乃所奏各情语多含糊，于张佩纶等处分意存袒护，曲为开脱。军事功罪是非，关系极重。若失事之员惩办轻纵，何以慰死事者之心？左宗棠久资倚畀，夙负人望，何亦蹈此恶习？着与杨昌濬均传旨申饬。"

会阅海口炮台严备闽防并待船援台折^①
(1885 年 2 月 18 日)

窃台湾近日布置情形，及臣宗棠拟亲赴台湾督战，无船可渡各节，已于上年十二月二十三日会折由驿驰陈。拜折后连接探报，法船七艘泊马祖澳，掳引港人讯问福州各港何处有水雷？有无兵船？声言往截南洋五船后，二十七八日再来闽港。等语。业于二十六日电请总署代奏。

臣维狡虏声东击西，是其惯计，然不可不防。臣宗棠、臣昌濬即往长门要隘，会商臣穆图善妥筹一切，将海口水道标识立即撤去，并督水雷教习将各雷火药装齐，沿港遍布。一面通知各国领事，即日封港。长门、金牌各炮台，本闽港第一关键，当由臣穆图善将马江起出建胜船之十八墩大炮迅催安妥，又将原设各炮次第修备，督同各将弁昼夜巡守，敌船如敢来犯，立予轰击。其第二重门户，则闽安之南、北岸，亦关紧要，原设各炮台被敌轰毁之后，正在修整，原设各炮亦尚有数门可以开放。臣宗棠、臣昌濬于十二月二十六七等日先后出省，由南台、林浦、马江、闽安南北岸遍加巡视，二十八日同到长门、金牌，各营将士均站队试枪，军容甚肃，各炮台可放之炮亦皆演放数过。如狡寇果来，势难插翅飞过。

惟基隆一日不克，台围一日不解，目击时艰，无船飞渡，徒深焦灼。南洋五船原奉谕旨，归杨岳斌节制调遣。惟被围于浙江温州石浦里港，未知何日方能到闽？倘与法船决战，得托福庇，乘胜冲出抵闽，自当会商杨岳斌、程文炳设法援台，以纾宵旰，断不敢因循迟误，再蹈从前覆辙。

---

① 此折与福州将军穆图善、闽浙总督杨昌濬会衔。

　　所有臣等查阅海口炮台各缘由，谨合词恭折驰陈，伏祈皇太后、皇上圣鉴，训示施行。

　　再，此折系臣宗棠主稿，合并声明。谨奏。

援台各营分渡情形片①
（1885 年 2 月 18 日）

再，臣等钦奉光绪十年十二月二十九日电旨："左宗棠电称法七船泊马祖澳，二十三日开往北行等语。法船飘忽无常，或截援船，或犯闽港，均未可知。着左宗棠等督饬各军，严防闽口。仍催援兵渡台，使彼多所顾忌。南洋五船，据电至南田，现泊何处？曾国荃与左宗棠等电商，务期稳慎进取，牵制敌势。"钦此。具见圣慈悬念台防，极为周至，敢不审慎图维？

旋接曾国荃十二月二十八日电开：探得法船六艘均由六七山开向南行，孤拔在内，将截南洋各船于石浦。又有欲将续到台湾数轮调齐，诱使吴安康出港，会合夹击，并带有鱼雷艇。已飞电镇海，传知吴安康。等语。是法船专注五船，意在拦截南洋赴闽援师，便可任其所之，无所阻遏。吴安康得曾国荃电信，计必稳慎自守，不为所诱。

惟顷据吴安康电报：五船于十二月二十九日由石浦赴闽，遇法船九艘，随令五船布阵。忽风雨大雾，目不相见，时许始霁。法船与澄庆、驭远二船均不知去向，其南琛、南济、南瑞三船已泊入宁波口。现正电饬确探澄、驭两船下落。又据上海机器局委员潘露禀称：遵札试造火龙水雷，现在露夜赶造。将来如果合用，则较鱼雷价廉工省，实为海防之一助。

至援台之师，前派已革道员王诗正等统带各营分起渡台，自头、二起到澎湖之后，久无抵台确信。正悬盼间，十二月二十九日，接水师提臣彭楚汉及绅士道员叶文澜来电云：平安轮船二十七日由台回厦，载去台湾道刘璈所募岳勇七百余名，已至台南山后之卑南起岸；旋转至澎

①　此折与福州将军穆图善、闽浙总督杨昌濬会衔。

湖，将头次运送到澎之岳勇七百余名亦载往卑南起岸，回厦。王诗正、陈鸣志已抵台南。所有业已到澎之恪靖良营，已于十二月二十日雇民船渡苯港；恪靖刚营头队暨恪靖副中营亦拟二十二、三等日渡偏港。其第三起到厦待渡之刚营尾队二百余名及县丞朱佩馨所带之督标亲军营，原拟仍令平安轮船载往卑南起岸，而英领事因该船借用英国旗号，现时应守公法，不能前去；嗣再四与商，该船托称前赴香港，而潜载刚营尾队及督标亲军赴卑南。无如近日法船梭巡更密，是否能渡，尚未可必。是援台之师设法分渡，已属不遗余力。王诗正等一俟所部到齐，必当禀商抚臣刘铭传、帮办臣孙开华，赴基隆助剿。

顷又奉到正月初二日电旨："法人添兵日众，我军亟应速渡助剿。着左宗棠等催令杨岳斌、程文炳两军设法潜渡，以厚兵力。"等因。钦此。查杨岳斌业已进驻泉州，程文炳亦克日开拔前进。该两军迭奉谕旨严催渡台，但有一线可乘之机，断不敢因循坐视，上烦宸廑。

除将迭次电旨恭录咨行并转电飞催外，谨将近日探报及援台各营分渡情形附片陈明，伏祈圣鉴，训示施行。谨奏。

请旨敕议拓增船炮大厂以图久远折
(1885 年 3 月 11 日)

奏为请旨敕议拓增船炮大厂,以图久远,恭折仰祈圣鉴事。

窃维海防以船炮为先,船炮以自制为便,此一定不易之理也。臣于同治五年奏设船政,于福建仿造外国兵船,甫蒙俞允,即拜西征之命。一切制造,经历任船政大臣斟酌办理,不敢耗费财力。所制各船,多仿半兵半商旧式。近年虽造铁胁快船,较旧式为稍利,然仿之外洋铁甲,仍觉强弱悬殊。船中枪炮,概系购配外洋兵船所用,又有多寡利钝之分。所以夷衅一开,皆谓水战不足恃也。

夫中国之地,东南滨海,外有台、澎、金、厦、琼州、定海、崇明各岛屿之散布,内有长江、津、沪、闽、粤各港口之洪通。敌船一来,处处皆为危地。战固为难,守亦非易。敌人纵横海上,不加痛创,则彼逸我劳,彼省我费,难与持久;欲加痛创,则船炮不逮。况现今守口之炮,率购自外洋,子弹火药形式杂出;各炮各弹,南、北洋虽能酌补,而炮身枪管久必损缺,各国既守公法,一概停卖,将来由杂而少,由少而无,诚有不堪设想者!

臣去冬布置闽海防务,亲历长门、金牌,察看炮台,饬将马江被敌击沉之炮起出安配,粗足自固。然炮位少而海口多,陆师仍不能省,兵多饷巨,司库难支。不得已而有商借洋款之举。夫借款必还,且耗巨息,幸而军务顺手,尚不失为权宜;倘夷焰日张,海防日棘,而徒剜肉医疮,勉强支柱,何以制强寇而靖海疆?

臣愚,以为攘夷之策,断宜先战后和;修战之备,不可因陋就简。彼挟所长以凌我,我必谋所以制之。因于船政局旧班出洋学生内询考制炮大略,据称:泰西炮厂不一,当以法华士厂、克虏伯厂、安蒙士唐厂、好雨茑厂四处为最。法、克两厂,炮身、炮筒、炮箍皆炼成全钢;安蒙士唐厂,筒用精钢,身用熟铁;好雨茑厂,筒、箍用精钢,身用铸铁。皆擅专长。然半钢半铁，制费虽减，终有用久裂缝之虞；不如纯用全钢，价虽贵而无弊。参观比较，仍以德国克虏伯、英国法华士作法为妙。故中外各国用该两厂之炮为最多。中国欲兴炮政，必于此两厂择一取法，雇其上等工匠，定购制炮机器，就船政造船旧厂开拓加增，克日兴工铸造。虽经始之费需银五六十万两，而从此不向外洋买炮，即以买炮经费津贴炮厂，当亦有赢无绌。

惟制炮之铁，与常用铁器炼法不同。必须另开大矿，添机炼冶，始免向外洋购铁。查福州穆源矿苗极佳，闽中官民屡议开采，以销路不旺而止。若用以制炮，取之甚便。如能筹得二三百万金，矿、炮并举，不惟炮可自制，推之铁甲兵船与夫火车、铁路一切大政，皆可次第举办，较向外洋购买，终岁以银易铁，得失显然。泰西各强国于此等工程，断不贪购买之便而自省烦劳，良有以也。各等语。禀由船政局提调，道员周懋琦转禀前来。

臣查西洋各国，二十年前，尚无铁舰，所有兵船，与中国船政局现制相埒。即炮位、药弹，亦多前膛笨重之物。论其昔年兵力、物力，本非能与我为难。孰料该夷逐渐讲求，日新月异，兵船铁甲厚至一尺有余，更以一二尺厚之阴丁鲁泊如象皮胶者贴衬其里，以故刚柔摩荡，坚韧异常。其后膛巨炮全重、能力，突过从前。上（洋）〔海〕制造局所译《克虏伯炮准心法》及《兵船海岸炮位炮架图说》言之甚详。《申报》所载英国新造巨炮可受药弹一千余磅之重，能洞穿五尺余厚之铁甲，闻者莫不咋舌，而自泰西各国视之，亦寻常工作耳。该夷务修战具，不惜财力，至于如此。此次法夷犯顺，游弋重洋，不过恃其船坚炮利。而我以船炮悬殊之故，匪独不能海上交绥，即台湾数百里水程，亦苦难于渡涉。及时开厂制办，补牢顾犬，已觉其迟，若更畏难惜费，不思振作，何以谋自强而息外患耶？穆源铁矿，臣接见闽省官绅，均谓便于开采，似应委员试办；并拓马江船厂，兴工铸炮。臣又闻江南徐州铁矿矿苗之旺甲五大洲，若能筹款开办，即于吴楚交界之处择要设立船政炮厂，专造铁甲兵船、后膛巨炮，实国家武备第一要义。

臣老矣，无深谋至计可分圣主忧劳，目睹时艰，不胜愧愤。惟念开铁矿、制船炮各节，事虽重大，实系刻不容缓。理合请旨敕下内外臣工迅速妥议具奏，伏乞宸衷独断，期于必行，天下幸甚！

至目前福建军务，断不敢因船炮未利，托词延误。除分别咨商外，谨会同福州将军臣穆图善、闽浙总督臣杨昌濬恭折陈奏，伏乞皇太后、皇上圣鉴，训示施行。谨奏。

密陈要盟宜慎防兵难撤折
（1885 年 4 月 18 日）

　　奏为要盟宜慎、防兵难撤，恭折密陈，仰祈圣鉴事。

　　本年二月二十三日奉电旨："法人现在请和，于津约外，别无要求。业经允其所请。约定越南宣、光以东三月初一日停战，十一日华兵拔队撤回，二十一日齐抵广西边界；宣、光以西三月十一日停战，二十一日华兵拔队撤回，四月二十二日齐抵云南边界；台湾定于三月初一日停战，法国即开各处封口。已由李鸿章分咨沿海，云、粤各督抚，如约遵行矣。惟条款未定之前，仍恐彼族狡诈背盟，伺隙卒发，不可不严加防范。着传谕沿海各省将军、督抚，并云南、广西督抚及各路统兵大臣，督饬防军，随时加意探察，严密戒备，毋稍疏懈。是为至要。"等因，钦此。仰见庙谟宏远、怀柔休息之至意，钦佩莫名！

　　然臣愚，以为用兵之道，宜防尔诈我虞；驭夷之方，贵在有备无患。今日之事，实有宜慎之于先、防之于后者，谨先将管见所及，为我皇太后、皇上陈之。

　　法夷犯顺以来，屡以忽战忽和误我大局。上年四月十三日之约，口血未干，即来挑衅。甚且逞其无赖，以为观音桥之战自我先开，福禄诺之据系我捏造，要求、恫喝，无所不为。朝廷方遣使议和，而彼已一面踞我基隆，一面驶入马尾，乘瑕蹈隙，驯至溃坏而难于收拾。此次复请议和，意似悔祸，然何以宣、光既有退兵之语，而台湾止有停战之文？言停战，则基隆一隅果否交还，尚似未定；言退兵，则北圻全境拱手而去，不问可知！臣远隔海滨，固不敢妄测当局羁縻之苦心，转圜之至计。而前车宜鉴，大局攸关。《津约》五条已置越南于度外，占踞之基隆与新失之澎湖岂可再涉含糊耶？自去秋至今，沿海、沿边各省惨淡经营，稍为周密。今忽隐忍出此，日后办理洋务必有承其弊者。如果基、澎不遽退还，则当道豺狼必将乘机起噬，全台南北不独守无可守，抑且防不胜防。此要地之不得不争，所宜慎之于先者也。

法人利在缓战而不在言和，其忽然请和者，大抵越南夏令将交，瘟疫流行，军无斗志；尼格里丧师于外，斐礼避位于内，新旧更替，议论纷歧，增饷征兵，动需时日；且三月新茶瞬将上市，英、俄二国向以茶务为大宗，各口茶商不能任其挠乱。有此数端，故阳饴我以请和之名，阴实便其一举两得之计。我若概从所请，则失地未还，防兵先撤，万一该夷狡焉思逞，而事机已失，言战则要害已为所乘，言和则口舌未能有济，悔无及矣！况上海法租界换竖俄旗，旦夕窥我，举动既多不便，倘因别端肇衅，俄人复藉此生端，则辩论愈难，言战言和，悉听彼族挟持而不能自主矣！臣窃谓沿海重兵不可因目前请和，遽议裁撤。盖曾经战阵之兵，缓急可恃；即和约已定，而糜三数月饷项，可以防叵测而备折冲，较之临事周章，当有间矣。此边军之不可遽散，所宜防之于后者也。

臣衰年承乏，无补时艰，区区愚忧，不敢不尽。臣奉电旨后，即将基隆是否交还一节电询总署，数日未奉电复，合并陈明。

所有要盟宜慎、防兵难撤缘由，谨密疏由驿驰陈，伏乞皇太后、皇上圣鉴，训示施行。谨奏。

复陈海防应办事宜请专设海防全政大臣折^①
(1885 年 7 月 29 日)

奏为遵旨复陈海防应办事宜，拟请专设海防全政大臣，以一事权而统全局，恭折仰祈圣鉴事。

窃臣于光绪十一年五月二十五日承准军机大臣字寄，五月初九日奉上谕："现在和局虽定，海防不可稍弛，亟宜切实筹办善后，为久远可恃之计。"等因。钦此。仰见皇太后、皇上谋深虑远，轸念海疆至意，钦佩莫名！

臣暮年多病，思虑不周。然苟有所见，敢不遵旨胪陈，上备圣明采择。

伏查泰西各国经营船炮阅数十百年之久，遂得称雄海上，为所欲为。若以中国二十年前之武备相提并论，直不可以一战。近十余年来，中国船政局、制造局、水师学堂次第兴设，虽造诣未精，而规模亦已粗具。故上年法衅一开，亦即能与之接仗；镇海一口有巨炮轰击，彼即败退，其明征也。就目前言之，中国水师诚不及外夷之整练，然华人耳目心思，西人亦服其颖悟。但使在上者实力讲求，师彼之长，行且制彼之命，岂仅足自固哉？

恭绎谕旨："我之筹画备御，亦尝开设船厂、创立水师，而造船不坚，制造不备，选将不精，筹费不广。"等因。臣维造船以铁甲为先，制器以钢炮为要。臣前此拓增船炮大厂之请也，已将应办情形切实言之。惟船炮购买终不如自造。福建船坞原难造大号铁甲，则拓增大厂之举刻不容缓。闻前湖广督臣卞宝第有请于江西鄱阳湖口设立机器局之议。长江自武汉以下，两岸港口地险水深，无逾此处。应请敕下江、楚

① 此折选自"录副奏折·帝国主义侵略类"。

督抚臣派员测量，斟酌议行。其后膛大炮，一俟局厂设定，赶紧铸造；或饬江南、广东各机器局先行试造，以免旷误。均应及早谋之。

第念海防无他，得人而已。中国水师不力，或归咎于不自振作。其实内外臣工岂乏忠谅？所以处处牵掣，必有其由。臣曾督海疆，重参枢密，窃见内外政事每因事权不一，办理辄形棘手。盖内臣之权，重在承旨会议，事无大小，多藉疆臣所请以为设施；外臣之权，各有疆界，虽南、北洋大臣，于隔省之事，究难越俎。诚如圣谕："仅就一隅创建，未合全局通筹。"今欲免奉行不力之弊，莫外乎慎选贤能，总持大纲，名曰海防全政大臣，或名海部大臣。凡一切有关海防之政，悉由该大臣统筹全局，奏明办理。畀以选将、练兵、筹饷、制船、造炮之全权。特建衙署，驻（札）〔扎〕长江，南控闽粤，北卫畿辅。该大臣或驻署办事，或周历巡阅，因时制宜，不为遥制。另择副臣，居则赞襄庶务，出则留守督工。权有专属，责无旁贷，庶成效可立睹矣。惟此大臣任大责重，必品望素著，深通西学，为中外所倾服者，始足当之。

至一切措施，不能概行预拟，转以成见误事。臣受恩深重，未报涓埃，懔圣人惩前毖后之谟，抒刍荛测管窥之见，谨将可以预定数大端拟议七条，恭呈御览，候旨敕议施行。

除李鸿章奏设武备学堂已蒙敕行，毋庸另议外，所有遵旨复陈海防应办事宜各缘由，是否有当，伏乞皇太后、皇上圣鉴，训示施行。谨奏。

谨将筹办海防，就现时情形，预拟七条，恭呈御览。

一、师船宜备造也。外洋水军，于铁甲之坚利，而以快船、炮船、鱼雷等船相辅而行，又有粮船为转运，小轮、舢板为利济。犹之中华陆军，马队、步队、鸟枪、藤牌相辅则成军，相需乃取益也。既拟大治水师，不惟求备，更应求精。旧制半兵半商之船，勉为粮船而已；新制快船，略可备战，而亦不能独战。总计中国海滨万有余里，至少须练海军十大军，每军铁甲数艘之外，尤必各船皆备，临战之时，庶足应敌。

一、营制宜参酌也。旧设水师，与新练海军情形不同。除长江、内河水师外，沿海水师一律应行更改。且南、北洋轮船亦不成军。此后既治海军，应归海防大臣统辖。海军设统领一员，秩比提督；帮统一员，秩比总兵；管带以下，秩比副、参、游有差。凡一切升迁调补，皆由海防衙门奏办。各疆臣只节制守口陆师，非军务万紧，不得调遣海军兵船；其一切差遣，应别备轮船，亦不得以兵轮滥应。

一、巡守、操练宜定例也。海军十大军，若徒备镇守，不时常巡历、操练，徒多无益。拟将十军内以八军分布天津之大沽，宁古塔之珲春，山东之烟台，江南之崇明，浙江之镇海，福建之闽口及台、澎，广东之虎门、琼州，各驻一军。附近之汕头、厦门、镇江、北坛等处，皆由派驻该省兵轮分派停泊，朝夕操演。又，此八军分驻各口，彼此互相替换，每四个月轮替一次，合操一次，周回不息。其余二军，一巡历东洋，一巡历西洋，亦如各国驻华兵轮为保护商人之计，兼藉以练习风涛沙线，并访水土民情与夫各国形势、博物、制造等事。或遇两国战争，即前往观战。每年期满，仍归守口，将守口者挑换两军出洋。凡此镇守、巡历各船，一年之内，必将本年所访、所练各事报明海防衙门查考，并将通船将弁优劣具考呈核，请旨赏罚，著为定例。

一、各局宜合并也。臣前折请开徐州、穆源各矿，为铁甲、钢炮材料。兹奉旨饬议设厂处所，若论常格，自应由两江、闽浙筹款试办，或委公正富绅集股倡办，并招通晓化学之人讲求炼法，俾速出钢铁应用。其实矿政、船炮相为表里。果设海防全政大臣，所有船炮、矿厂、军火皆应一手经理，始见灵通。请俟简派得人，即将福建船政差使撤销，由该大臣选员奏派，各省制造局亦概归该大臣统筹办理，以归划一。

一、经费宜通筹也。查设立海军，需款甚巨，按年摊用，每岁约三四百万。目今库帑支绌，非合天下之全力，万难举办。窃为挹彼注兹之法，筹饷莫大于裁兵。约计裁经制额兵十分之六，可得数百万；裁招募勇丁十分之一，可得数十万；加洋税，减沿海水师及艇船，又可得数十百万。应由户、兵二部查核现在每年出入全数，及裁减之后统可筹出若干，以定海军衙门常年经费，作为部拨正项，不准外省短解。又总核各省历年解济各局以及购买洋料洋货销册，统计出洋银数某省若干，按年匀摊，每年即限拨若干，交海防大臣核实支用造报。

一、铁路宜仿造也。外洋以经商为本，与中国情形原有不同，然因商造路，因路治兵，转运灵通，无往不利。其未建以前，阻挠固甚，一经告成，民因而富，国因而强，人物因而倍盛，有利无害，固有明征。天下俗论纷纷，究不必与之辨白，所谓民可使由、不可使知也。如电报、轮船，中国所素无者，一旦有之，则为断不可少之物。倘铁路造成，其利尤溥。臣查清江浦至通州，宜先设立铁路，以通南、北之枢，一便于转漕，而商务必有起色；一便于征调，而额兵即可多裁。且为费仅数百万，由官招商股试办，即可举行。且与地方民生并无妨碍。迨至办有成效，再行添设分支。至推广于西北一路，尤为日后必然之势。请俟海防大臣派定之后，饬令议办。其筹款之法，及举办章程，另由该大臣自行奏明。

一、士气宜培养也。国家选士，首重经术，盖经为体、术为用也。上年潘衍桐请开艺学一科，臣遵旨会议，曾具说帖，诚以道、艺出于一源，不可析而为二，即艺术亦可得人材也。今躬历海疆，周咨博访，不惟水师官兵应如李鸿章所请大开学堂，一切格致、制造、舆地、法律均为以术运经之事，尤应先倡官学，酌议进取之方，广译洋书，劝导士民自相师法。则人材辈出，不穷于用。其办理章程，统俟海防大臣妥议。

以上七条，第就现时情形，略陈大概，恭候圣裁。

台防紧要请移福建巡抚驻台镇摄折① (1885 年 7 月 29 日②)

　　奏为台防紧要，关系全局，请移驻巡抚，以资镇摄而专责成，恭折仰祈圣鉴事。

　　窃臣钦奉谕旨，妥筹海防应办事宜，已就现时情形，谨拟七条，陈其大概。第思目今之事势，以海防为要图；而闽省之筹防，以台湾为重地。该处虽设有镇、道，而一切政事，皆必禀承于督抚。重洋悬隔，文报往来，平时且不免耽迟，有事则更虞梗塞。如前此法夷之变，海道不通，诸多阻隔，其已事也。

　　臣查同、光之交，前办理台防沈葆桢躬历全台，深维利害，曾有移驻巡抚十二便之疏，比经吏部议准在案。嗣与督臣李鹤年、抚臣王凯泰会筹，仍以巡抚兼顾两地复奏。光绪二年，侍郎袁保恒请将福建巡抚改为台湾巡抚，其福建全省事宜，专归总督办理。部议以沈葆桢原疏奏称，别建一省，（若干）〔苦于〕器局未成，闽省尚需台米，台饷向由闽解，彼此相依，不能离而为二。又有饷源、人才，必须在省预筹，临时呼应方灵。各等语。恐其欲专责成，转滋贻误，未克奉旨允行。厥后抚臣丁日昌以冬春驻台、夏秋驻省往来不便，于台防仍是有名无实，重洋远隔，兼顾为难，因有专派重（洋）〔臣〕督办数年之请。

　　臣合观前后奏折，各督抚大臣谋虑虽同，未免各存意见。盖王凯泰因该地瘴疠时行，心怀畏却，故沈循其意，而改为分驻之议；而丁日昌所议重臣督办，均非久远之图；皆不如袁保恒事外旁观，识议较为切

　　① 此折选自《申报》光绪十一年七月二十一日。

　　② 此折上奏日期，各种著作多未载明，也有说是光绪十一年七月初八日者。今查中国第一历史档案馆藏《随手档》登记，实为"光绪十一年六月十八日福州营次发"，即与《请专设海防全政大臣折》同一天。

当。夫台湾虽系岛屿，绵亘亦一千余里。旧制设官之地，只滨海三分之一。每年收榷关税，较之广西、贵州等省，有盈无绌。倘抚番之政果能切实推行，自然之利不为因循废弃，居然海外一大都会也。且以形势言，孤注大洋，为七省门户，关系全局，甚非浅鲜。其中若讲求军实，整顿吏治，培养风气，疏浚利源，在在均关紧要。非有重臣以专驻之，则办理必有棘手之处。据臣愚见，惟有如袁保恒所请，将福建巡抚改为台湾巡抚，所有台湾一切应办事宜，概归该抚一手经理，庶事有专责，于台防善后大有裨益。

至该地产米甚富，内地本属相需，然谓分省而接济难通，究不足虑。臣查台地未经开辟以前，如福州、兴化、漳、泉各属，（暨）〔概〕由广东、浙江两省客商源源运济。我朝天下一家，凡各行省，向无遏粜之举。以台湾与内地只隔一水，便于贩运，焉得有此疆彼界之见，因分省而遂阻挠？此固事之必无者也。协济饷项，内地各省尚通有无，以台湾之要区，唇齿相依，亦万无不为筹解之理。拟请于奉准分省之后，敕下部臣，划定协饷数目，限期解济，由台抚臣督理支用，自行造报，不必与内地照商，致多牵掣。委用官员，请援江苏向例，于各官到闽后，量缺多少，签分发往。学政事宜，并归巡抚兼管。勘转命案，即归台湾道就近办理。其余一切建置分隶各部之政，从前已有成议，毋庸变更。专候谕旨定案，即饬次第举行。

臣为台防紧要，关系全局起见，未敢缄默，恭折驰陈。是否有当，伏祈皇太后、皇上圣鉴，训示施行。谨奏。

遗　折①
（1885 年 9 月 5 日）

奏为主恩未报，臣病垂危，口授遗折，仰祈圣鉴事。

窃臣衰病日剧，吁恳天恩，宽予假期调理，于七月二十五日接到，具折叩谢，将钦差大臣关防及臣所部恪靖各营，移交督臣杨昌濬接受。本拟即日就道，〔忽〕② 于〔近〕两日中得患腰痛，起坐维艰，手足瘈（痴）〔疭〕热痰上涌，〔气弱病深〕，□其不起③！

〔伏念〕臣以一介书生，蒙文宗显皇帝特达之知，屡奉三朝，累承重寄，内参枢密，外总师干，虽马革裹尸，亦复何恨！而越事和战，中国强弱一大关键也。臣督师南下，迄未大伸挞伐，张我国威，怀恨生平，不能瞑目！渥蒙皇太后、皇上恩礼之隆，叩辞阙廷，甫及一稔，竟无由再觐天颜，犬马之报，犹待来生。禽鸟之鸣，哀则将死。

方今西域初安，东洋思逞，欧洲各国，环视眈眈。若不并力补牢，先期求艾，再有衅隙，愈弱愈甚，振奋愈难，虽欲求之今日而不可得。伏愿皇太后、皇上于诸臣中海军之议，速赐乾断。凡铁路、矿务、船炮各政，及早举行，以策富强之效。

然居心为万事之本，臣犹愿皇上益勤典学，无怠万机；日近正人，广纳谠论；移不急之费以充军食，节有用之财以济时艰；上下一心，实事求是。臣虽死之日，犹生之年。

喘息涕泪，谨口授（缮）〔遗〕④ 折，缕缕上陈，伏乞皇太后、皇上圣鉴。谨奏。

---

① 此折选自《申报》十一年八月二十五日。
② 据《皇朝经世文三编》卷 50 校补。下同。光绪二十四年石印本。
③ 此句《皇朝经世文三编》卷 50 作"势难复起"。
④ 据《皇朝经世文三编》卷 50 校改。

附录上谕　谕内阁左宗棠着追赠
太傅照大学士例赐恤予谥文襄①
(1885 年 10 月 4 日)

〔光绪十一年八月〕乙酉，谕内阁："大学士左宗棠，学问优长，经济宏远，秉性廉正，莅事忠诚。由举人、兵部郎中带兵剿贼，迭著战功。蒙文宗显皇帝特达之知，擢升寺卿。同治年间，剿平发逆及回、捻各匪，懋建勋劳。穆宗毅皇帝深资倚任，畀以疆寄，涛涉兼圻，授为钦差大臣，督办陕甘军务，运筹决胜，克奏肤功，简任纶扉，优加异数。朕御极后，特命督师出关，肃清边围，底定回疆，厥功尤伟。加恩由一等伯晋为二等侯，宣召来京，管理兵部事务，命在军机大臣上行走，并在总理各国事务衙门行走，竭诚赞画，悉协机宜。旋任两江总督，尽心民事，裨益地方，扬历中外，恪矢公忠，洵能始终如一。上年命往福建督办军务，劳瘁不辞。前因患病吁恳开缺，迭经赏假，并准其交卸差使，回籍安心调理。方冀医治就痊，长承恩眷，讵意未及就道，遽尔溘逝。披览遗疏，震悼良深。左宗棠着追赠太傅，照大学士例赐恤。赏银三千两治丧，由福建藩库给发。赐祭一坛，派古尼音布前往致祭。加恩予谥文襄。入祀京师昭忠祠、贤良祠，并于湖南原籍及立功省分建立专祠。其生平政绩事实，宣付史馆。任内一切处分，悉予开复。应得恤典，该衙门查例具奏。灵柩回籍时，着沿途地方官妥为照料。伊子主事左孝宽，着赏给郎中；附贡生左孝勋着赏给主事，均俟服阕后分部学习行走；廪贡生左孝同，着赏给举人，准其一体会试。其二等侯爵应以何人承袭，着杨昌濬迅速查明具奏，用示笃念荩臣至意。"

---

① 此上谕选自《清实录》五四，《德宗实录》（三），1008～1009 页，影印本，北京，中华书局，1987。

书信

上徐熙庵先生①
(1833年)

都门叩送，月纪两更，瞻企之忱，日月与积。敬维葆华崇道，俎朱豆张；世仰儒宗，播荣叶语。小子何幸，乃托门墙，请谒之余，备闻至道，谆谆昭记，不替有加。虽洪壑不弃纤鳞，旷野不遗潜莽，而含宏之施，抑可谓勤矣。

宗棠早岁孤贫，失时废学，章句末技，且鲜所窥。每观古今蓄道德、能文章，卓然为时论不可少之人，天地不数生之才者，即其英妙之年，类皆能坚自植立，不为流俗所转移。其始亦未尝不为世诟病也。及其功成事就，而天下翕然归之。如贾谊、诸葛亮、陈亮辈，可指数乎？夫人生无百年之身，大业非百年可就。小时嬉弄跳梁，不能遽责以学问之事；老而龙钟衰惫，非复可用之人；求其可用，其惟壮时乎？而又以妻子室家、科举征逐故，阻其来修，乃至割其余景，以为读书求道之日，其何而成矣？

比者春榜既放，点检南归，睹时务之艰棘，莫如荒政及盐、河、漕诸务。将求其书与其掌故，讲明而切究之，求副国家养士之意，与吾夫子平生期许之殷。十余年外，或者其稍有所得乎！然其成与不成，则仍非今日所能自必者也。敢附孔氏“各言尔志”之义，敬陈所怀。小子狂简，吾夫子其何以益之？

尘飙蔽明，山川阻修，东望为劳，末缘请业。倚装作字，笺启失庄。敬维霁鉴不宣。

---

① 徐法绩（1790—1837），字定夫，晚自号熙庵，陕西泾阳人。道光十二年以礼科堂印给事中出任湖南乡试正考官，奉旨搜阅遗卷，选取左宗棠为第18名举人。

上贺蔗农先生^①
（1836 年）

奉别后，月纪两更矣。敬维德业日盛，起居安乐，祇以为慰。

尔惟春和，风日晴美。南城杖履，山仁水智。固众芳之所在，惟君子能得朋。雍雍经堂，粲粲门子。晨彝夕训，步步趋趋。顾而乐之，乐可知矣。宗棠顽劣不足算，事先生二年于兹。请益徒殷，末由苦卓。犹且开蒙发凡，寸诣有进。矧诸狂简，亦越中行。其能传文章、通性道，以无惭吾师之弟子者，当更何量耶？

宗棠现假馆隐山，键居西楼，肇事方舆家言，爰披图乘。窃意古今谈地理者，索象于图，索理于书，两言尽之矣。然而陵谷之变迁，河渠之决塞，支原之远近，疆索之沿革，代不侔也。又土宇有分合，则城治有兴废。于是疆域杂错，攻守势殊，故有古为重险，今为散地；彼为边处，此为腹里者。如此则图不能尽纪也。广轮之度，山川所著也；山川脉络，准望所生也。于是方邪、迂直、高下均于是乎凭之。然而一言东，则东南，东也，东北，东也，果何据以为此郡此县之东乎？既辨其为东南矣，又或以东兼南，以南兼东，或东南各半，始以毫厘，终以千里，果何据而得其东南之数乎？既得东南之数矣，或自某省量至某府，某府量至某县，又自所界之府州县治忖之，或饶或减，歧出不定，果何从而折衷至是乎？如此则书亦不能尽告也，亦不能尽信也。

宗棠不揣，窃自思维，以为欲知往古形似，当先据目前可据之图籍，先成一图。然后辨今之某地，即先朝之某地；又溯而上之，以至经史言地之始。亦犹历家推步之法，必先取近年节令气候，逆而数之，乃

为有据。故千岁日至，可坐而定也。欲知方位之实，当先知道里之数。欲知道里之数，当先审水道经由之乡。凡夫行旅舆程之记，村驿关口之名，山冈起伏之迹，参伍错综以审之，直曲围径以准之，以志绳史，以史印志，即未必尽得其实，其失实也亦寡矣。古书流传绝少，贾图李志，恒不多见。诸书引注，除蔡沈、王伯厚、胡身之数家外，类多牵凿。而外间所行诸图，位置乖舛，尤无足观。大率先画疆域大界，稍依各书填载方向，展转增窜，不求其安。譬犹凿趾以适其屦，诚不知其不可也。宗棠才识昏陋，讵能办此？又僻处深山，虽稍有书籍，究鲜友朋讨论之益，良用慨然。惧不自克，以为儒者羞。辰下左图右书，以日以夜，拟先作皇舆一图，计程画方，方以百里，别之以色，色以五物，纵横九尺，稍有头绪；俟其有成，分图各省，又析为府，各为之说。再由明而元，而宋，上至禹贡九州。以此图为之本，以诸史为之证，程功浩荡，未卜何如？窃有志焉。不知当否？伏乞夫子不以为不可教诲而卒训之，辨疑解惑，加以督课，小子不敏，未或敢怠。

上贺蔗农先生
（1840 年）

胡湘林至，见吾师手书碑字，真气内含，和悦而静，实兼东坡、香光胜处，玩味不忍释。现已钩柫入石，渤工已竣，稍迟即可拓出寄呈也。

洋事于屡次挫衄之余，忽又失利，愁愤何可言！时事如此，而经武知名，足系一时之望者，尚未睹其人。天下人材，自足供一时之用，安必其绌于今耶？

军兴以来，大小十数战，彼族尚知出奇制胜，多方误我；而我师不能致寇，每为寇所致。南塘束伍之法，既未见诸戎间；江陵驭将之方，亦未闻之当轴。此上不能谋，士不能死，公叔禺人所为感叹难已者也。

近诏按失守诸将罪状，军法从事。诸公若能肃将天威，一新纪律，置将卒于必死之地，而明示以必不死之机，此正朱子所谓"强弱之势、勇怯之情，只在腔子里一转"者也。桑榆之效，其可图乎？

抑事势之可虑者，虏以数十艘之众，牵制吾七省之兵，主客之势既反，劳逸之形顿异，揆度夷情，必将师伍胥肆楚之谋，用匈奴困汉之计。鱼虾扰攘，长此安穷？益饷调兵，劳费何极？是不待攻城掠地，而我先有坐困之势矣！

近来每遇警报，辄调邻远官兵赴洋防守，所用非其所习，未战先靡，兵以易地而弗良，饷以繁巨而难措，岂计之得哉？且内地营制，棋布星罗，皆所以壮声威而潜销反侧。征调既久，营伍空虚，乾隆、嘉庆年间即以数省大兵聚剿红苗，旋有三省教匪之变。由今而论，隐忧虽尚未形，而前事实为可鉴。若不及时熟筹通变之方、持久之策，正恐事终无补，而患不胜防也。

窃念彼族包藏祸心，为日已久，富强之实，远甲诸蕃。兵威屡挫之余，尤足以启戎心而张敌胆。诚欲勾当此事，匪但不能急旦夕之功，而亦并不能求岁月之效。故今日情形所最急者，必在一省之力，足当一省防剿之用，而后可以省兵节饷，为固守持久之谋。其策如练渔屯，设碉堡，简水卒，练亲兵，设水寨，省调发，编泊埠之船，（讥）〔设〕造船之厂，讲求大筏软帐之利，更造炮船火船之式，火药归营修合，兵勇一体叙功数者，实力行之，画疆为守，明定约束，天子时以不测之恩威行之，庶几在我无劳费之苦，而海上屹然有金汤之固。以之制敌，即以之防奸；以之固守，即以之为战。天下事其终可为乎。

山斋无事，每披往昔海防纪载，揆度今日情形，敢谓帷幄之筹，似无易此。而埋头牖下，如蛰瓮中，军中议论，末由闻问。伏乞吾师于见闻之余，备以见示。

上贺蔗农先生
（1840 年）

洋事卒支离至此，令人愤懑。彼族不肆扰吾燕齐吴越之交，而并力窥粤，冒重险而屡进不已，知豨突而不知狼顾，志劣气骄，知其无能为矣。若严兵于黄浦近郊，固无与战，奇兵二路，疾出其后：一陆走东莞，逾山而西南，营于缺口海岸；一乘舟下内水，经顺德、香山，收复壕镜，顿兵十字门、九星洋附近各岛。俱结木为巨筏，环以铁鹿、撞竿、冲牙，上设水帘，列巨炮扼其归路。东路檄潮、惠之师，由海道驻师佛堂门、急水门、零丁洋一带；西路调粤西之兵，由肇庆、高明、新会诸府县，过内洋而屯大小琴山及三灶山各岛。皆择险要为贼必经之道守之，设为重复之险，以绝寇援而防溃逸。尽撤海口小船，申康熙初年片板不许下海之禁，海岸居民行坚壁清野之策，各港汊令俱募其地水勇自为堵御，官委以时部勒而激劝之，严遏接济，预靖奸宄。不二三月，彼族饷乏人疲，器械军资不得修补，譬犹羊触于篱，鱼聚于扈，进不能战，退不得脱，出长入短，自取灭亡，虽有奸猾，亦不能为寇谋矣。此策若行，则南洋之患可除，江浙八闽之警亦息，而东南海隅可百年无鱼虾之渗，转败为功，不待再举。此机诚不可再失也。

不然，彼纵不得逞于粤东，或俟夏至前后，西南风起，起椗齐发，分犯浙、闽、江南、天津各处，飙忽无常，伺便狎至，我之备多力分，兵疲于调发，饷艰于转运，复将何以待之邪？且彼族轻我甚矣，率数十艇之众，越重洋九万里而来，屡战而屡利，我屡却而屡受其侮。假如万分一通市之三十余国相率效尤而起，而内地之奸民、洋盗乘机弄兵，荒屿绝岛之间，在在皆与我为难，不识谋国者复将何以待之？此草莽之臣所为日夕皇皇而不能自释者也。

自来此间，局坐斗室，不独无可与谭者，亦并无一人之迹来。属有所思，无所于吐。适长沙人去，遂奉书吾师，一倾吐之。近作《陶氏三台山石墓记》一首，呈请训正。

上贺蔗农先生
（1840 年）

前奉钧复，敬悉一时从游之盛，系影山馆，末由上下其间，实深怅羡。

洋事孔棘，复又通市，想因互市各国货不速售，夷情不便，恐其并力致死于我，故聊为变通之举。其实各国贸易，原宜俟戎务告竣之后，商贩流通，始可议及。英人诡托陈乞通商，必因旷日持久，资货匮乏，冀得暂资接济。而此时乘势要求，意可遂其妄请，成和而归。当事者不能痛折奸谋，复藉词婉转用机，徐为之备，长寇仇而损国体，怠军心而资寇粮，实为无策。即使彼族火器甚烈，一时难为捍蔽，然敌之所恃，专在火炮，能制其长，即可克日藏事。大抵火炮利仰攻而不利俯击，利远击而不利近攻。为今计，炮台城垛尚可暂置不顾，惟于城根河岸一带，架木安轮，迭施水帘、丝网、生牛皮各物，为之障蔽。蔡牵前扰闽粤时，兵船皆施用此等器具，官军施放巨炮，不能得手。中藏精卒，排列木炮，木炮与竹将军制略同，但形制较大，炼精铁薄片为内堂，外傅水絮湿泥，防其炸裂，稍不同耳。此取其轻便利用，取准在十数里内者。俟敌近城，度吾炮可及者，更番施放。敌纵击破城垛，仍不能近薄城根。因以时选集水勇，分给木炮，每数十人为一队，队当一艕船，十人共举一炮，偷伏近岸，遇夜更番轰击，择地暂伏，侵晓仍散归各汛。复选蜑户及各水勇，乘坐小艇，黑夜携带木炮，两面夹击，彻夜不休。如此数旬，贼必疲惫，火药日少一日，必成擒矣。但须豫先绝其归路，必使聚而歼旃，片帆不返，庶可一鼓驱除，不待再举耳。

山馆无聊，言念时艰，不胜愁愤。惟夜望妖星明灭，以此卜西寇剿除之期耳。吾师处想必时有消息，仍求示悉为幸。

小蔗大兄时相过从，藉慰岑寂。但所居距宗棠馆中尚隔一宅，聚晤未能频数，犹为歉然耳。佑奎读书日进一日，脱手作字，亦尚有可观，今呈数纸奉览，乞更教之。

宗棠闭居此间，日间课程繁密，自己毫不能用功读书，亦复不成片段，悠悠忽忽，无有寸进，重负吾师训诲之意，悚愧悚愧。命书小楷，俟此次在长沙觅得生纸来，即便书呈，但恐不能佳也。

上贺蔗农先生
（1841 年）

　　世兄抵小淹，晤时奉到钧谕，敬悉近状，实慰怀思。

　　洋事为琦督所误，遂尔决裂，卒难收拾。赖天子明圣，即时逮问，得固危疆。宗棠窃计，夫己氏以奸谋误国，贻祸边疆，遂使西人俱有轻中国之心，将士无自固之志，东南海隅恐不能数十年无烽火之警，其罪不可仅与一时失律者比。皇上欲伸天讨，似宜驰使封剑，斩首军前，数其输国之罪，布告中外，庶有以壮三军之气，而寒彼族之胆。庙堂战胜之策，无逾此者矣。

　　去冬果勇杨侯奉诏北行，有人自侯所来云，侯言琦善得西人金巨万，遂坚主和议，将恐国计遂坏伊手。昨见林制府谢罪疏，末云"并恐彼族别生秘计"云云，是殆指此。诚如是，其愚亦大可哀矣。照壁之诗，及渠欲即斩生夷灭口各节，情状昭著。炮台失陷时，渠驰疏谓："二炮台孤悬海外，粤东武备懈弛，寡不敌众。"且云"彼族火器，为向来所未见"。此次以后，军情益馁，无非欺君罔上，以和要主，张贼势而慢军心，见之令人切齿。手无斧柯，奈龟山何？歌诗至此，知至人之心苦矣。粤督现简放何人？逋翁恐未必即能复任，其实目前人望，无如此公。若荷殊恩，毅然图旧，上足昭天子虚怀善任之明，下足固岭南千里之守，此天下所诚心仰望者耳。昨读其前后各疏，与宗棠策洋议论多有合者，但未能畅发详陈耳。

　　去年秋杪上吾师书中，有议及洋防者，封信时奴子节录一纸，前丹麓丈索观之，彼时未能检去，今特奉呈，并乞与丹麓丈一阅。事势虽已更易，然防守大局似终无以易之也。吾师谓然邪否？近作感事诗四首，聊以抒发愤懑，不可言诗，录本呈上，乞吾师教之。

上贺蔗农先生
(1841 年)

本月十六日奴子归省之便，奉寄一禀，想蒙慈鉴。比得京中诸友书，知洋寇一事，当局议论，内外同符，并为一谈，牢不可破。世务如此，将何赖矣！

黎君樾乔自履谏垣，三上奏牍，闻皆切务之谈，惜未获睹其草也。宗棠前与之书云："进言须有次序，论事须察缓急。"伊颇深以为然。而于洋事海防，尤所属意。兹属为详陈其概，以便采择。

窃思方今时事之坏，无过上下相蒙，贤奸失别，病源所在，攻达为先，称宗棠意旨。谓非严主和玩寇之诛，诘纵兵失律之罪，则人心不耸，主威不振。正恐将来有土地而不能为守，有人民而不能为强，而国事乃不可复问矣！然世局已成，欲以疏逖小臣之一言，徐悟主听，岂可得矣？且近今谏官之以立言遭微谴者多。黎君老父已逾八十之年，衰晚龙钟，晨夕待养。在人臣报国之忧，固难两顾，而在友朋赠策之意，能不兼思？拟姑置此不谈，但条列善后事宜，于毖后之中，微及惩前之意，或者言之无罪，闻者足以戒乎。宗棠阅历极浅，世事多疏，不知措意，惟吾夫子幸教之。

胡云阁先生五月二十一日在京邸病逝，四十年父执，两世交情，思之怆然！润之信云，八月初自运河奉丧南下，腊底当可抵里。此间闻颇望其臂助，然以宗棠度之，则必不能也。

湘潭张君声玠，与宗棠为僚壻，人品清挺，学问深醇，诗词四六，尤能传其家学。邓湘皋、杨紫卿时称道之。奈才赡命只，屡困春闱，住京二载有余，更添穷债。其家口累尤重，老母在堂，无以为养。宗棠虽每于修奉之余，时为分润，究于其家终无所补。窃欲敬求吾师于中丞公见之余，不惜齿牙之惠，俾得一馆栖身，聊资菽水。行谊如此君，想不致累吾师知人之鉴。倘蒙俯鉴微衷，赐以一诺，在张君得遂考叔舍肉之私，在吾师即为孔子周急之义，感逾身受。干渎尊严，不胜皇悚待命之至。

上贺蔗农先生
（1841 年）

两奉钧复，敬悉道体康豫，幸慰无似。家兄寄至赐书诗扇，始得读吾师前年九江舟中见示之作，辱蒙垂忆，感悚交并！

洋事日浸不佳，江东复作败局，道路传说纷纭，罕得真确。僻处深山，不闻消息，亦转畏闻消息也。以一二庸臣一念比党阿顺之私，令天下事败坏至此，百尔君子，未闻有以公是公非诵言于殿陛间者，仕风、臣节如此，古今未有也。天下无不了之事，无不办之寇，亦未尝无了事办寇之人。然由今之道，无变今之俗，则正未可知耳。

岁事已有顺成之象，乃入秋已来，凉风蚤降，苦雨数来，阴极阳绌，当燠而寒，遂有百虫败谷之灾，穗蕃粒少之患。山农勤悴终年，不及一饱，释耒而叹，诅怨侯兴。而百里之君，鲜有省之者。一邑之水，可走而违，天下汤汤，曷其而归。午夜独思，百忧攒集，茫茫世宙，将焉厝此身矣。

去冬归家时，即拟营一险僻之处，为他日保全宗族亲党计。近得乡间诸昆书云，得一山于湘阴、长沙交壤之间，去先世敝居十余里而近，其中群峰错互，山谷深邃，即方志所谓青山者也。一山绵亘而相近，以洞名者数。宗棠虽未尝亲履其地，然窃以意揣之，或有差可托足者。冬间解馆归，拟便道先往谋之。田可区，材可纂，薯蓣可保岁，园可桑，山可竹，羊可牧，数年而后，其遂从山泽之氓优游此间矣。

昔孙夏峰先生当明末造，入易州五公山，从者数千百人，皆衣冠礼乐之士，部署诸人，量才分守，干戈扰攘，有太平揖让之风焉。魏敏果尝奉母潜入蔚州德胜砦，卒以免难。宁都三魏与邱邦士及群从子弟，守乡塞，捍山寇，寇至则挺刃交持，寇退则弦诵不倦。尝读书至此，既服数君子保身之哲不可及，而又以悲其时之人。夫使数君子得行其道于天下，则天下之郡县，非即其塞堡乎？天下之人民，非即其宗族亲党乎？而何独优为于此？长沙北境五十里许，有智度山，其特起而高者，为黑石峰；湘水西七十里有嵇家山—作嵇架，一作嵇茄，背湘而面溈。二山岩谷幽夐，皆昔人避世之所。若于此间得一行窝，亦一乐也。吾师其有意乎？

颇闻粤东枭徒时白昼执仗，闯入省门，兵役莫敢诘。国威屡挫之余，乱民益无所忌，省营兵卒，素怯弱不能军，恐若辈有以窥其深也。为今计，太守两令君可于所部头役民壮中，择其矫健者数百人，延武师勤加训练，平常句捕差缉，仍执役如故。使有事，例钱足以自给。每月官亲阅三次，视其艺高下而赏罚之。无饷兵之费，无募勇之名，于思患预防之道，似亦有益，或者其可行乎？吾师盍质之中丞也。

上贺蔗农先生
（1841 年）

　　洋事卒成和局，实意念所不到。市不可绝，则鸦片不可得禁。自此亿万斯年之天下，其奈之何！西南诸海国以千百计，自前明永乐中七遣中官抚谕诸夷，诸夷慕中土人物之盛，不远数万里争先款贡，求贸易之利。及乎中叶，已来佛郎机、荷兰，恃其炮大船坚，屡犯浙、闽沿海州郡，以求贡市。终明之世，未能与之绝也。国初荷兰首先效顺，助讨海寇，故许其八年一贡，二年一市。嗣停其市，以示中外之防。其时荷兰震慑威棱，不敢相抗。自康熙二十四年海宇乂安，从疆吏之请，大开洋禁，于是有英圭黎者始请贡来朝。英圭黎实即今之英吉利，字与音经数译而讹耳。《一统志》、《职贡图》、《广东通志》诸书云雍正十二年英吉利始通市者，皆失考。

　　至若鸦片之名，明末已有之，李时珍《本草纲目》、方以智《物理小识》皆详载之。但未知其毒人之甚至此。想自英圭黎请市之始，即已携此物而来，嗜之者少，故其名不著。至雍正中列入药材，藉收其税，乃敢公然市易耳。尝欲即明代御佛郎机、荷兰方略策议，及防海筹画战守器械，参以时所闻见，著为论说。顾终以书生谈兵，恐不值当局一哂自止。时事浸以不佳，夜坐独思，百感交集，愚痴之极，遂思择一幽窅夐绝、人迹不到之处，买田十数亩，躬耕其中。然人事牵制，卒卒不果。尝叹杞人忧天，古今皆称其愚。究之十二万九千六百年后，称杞人愚者，亦未尝不服其先事之智也。

上贺蔗农先生
（1842 年）

连奉手谕，验其月日，皆历数旬之久始达。缘此禀复稍稽，馆居辟远，殊深怅卬也。

时事竟已至此，梦想所不到，古今所未有，虽有善者，亦无从措手矣。买山而隐，为苟全之计，此时已稍觉其迟；失此不图，更为无策。宗棠怀此久矣，缘馆地羁縻，未能亲往经营；又十余年来，节衣缩食，箧中所藏，合之今岁奉余，才得九百之数。既须择地而栖，复须量力以任，按图之索，事本为难。兼之将来人生日用所需，皆仰给于此，买山欲得其佳，而求田亦不能不稍计其直，两者合图，更难得当。所以迟迟，非无故也。青山佳处，已托诸昆谋之，月前又密遣奴子，同往相视。俟冬间归时，亲诣筹度，俟有成，当奉告吾师也。

此间以独富之家，处众贫之地，一夫狂呼，先为祸首。又地当宝庆之冲，会匪烟枭，潜滋已久，一旦蠢动，祸在门庭。本地山多田少，民食半资宝庆、益阳，偶遇荒歉，两处奸民即坚持闭粜之议。新化之苏溪关，益阳之桃花江，遇歉遏粜，文毅皆曾奏请查禁，然其风如故也。嘉庆十二年，此间放火抢谷之案，不一而足。道光十一、二年，斗米值钱八百，人心皇皇。安化土货之通商者，棕、桐、梅、竹而外，惟茶叶行销最巨，每年所入，将及百万。一旦江湖道梗，则山西引商裹足不前，此间顿失岁计，有地之家，不能交易以为生，待雇之人，不能通工以觅食。今年崇阳小警，引商到此稍迟，而此间已望之如岁矣。苟其一岁不来，此十数万人者，能忍饥以待乎？至若诸陶之求欲无厌，眈眈环伺，其野悍无理之状，犹袭蛮风，与他家迥异。一旦形势仓皇，则此辈先难安置，萧墙之祸，即在目前。前润之论入山之计，欲即于近地谋之，宗棠颇以为不然，有六可虑之说，晋见时想可询悉一切也。润之书来云：伊近处有碧云峰，山极险，田极腴，为前明避世之地。宗棠已属其速图之。如其有成，亦可备此间之一窟耳。

上贺蔗农先生
（1844 年）

足至，奉钧谕，敬悉兴居以时，凡百俱泰，至慰至慰！

时事日不佳，殊深忧虑。米里坚即明之洋里干，西海中一小岛耳，乃亦俨然以敌国自居，思蹑英人故辙，实为可笑。英吉利既不可得而绝，米里坚亦不可长。来谕所谓总之于我不利，乃一定之理也。

诸戎狡焉思逞，无有纪极，而国威屡挫之余，内地奸民啸聚山泽者，亦复在在有之。比江南信至，浙西盗贼白昼剽掠，而太湖群盗纵横，约以万数。一旦海隅告警，则内讧、外侮必且表里相应。司事者不能早为徙薪之谋，徒玩愒以幸一日之无事，谓之何哉！此间界连武陵、溆浦、桃源之处，皆有剧盗巢穴，党羽动数百人。近闻益阳上乡，亦有被其害者。比事主踪迹至此，鼠辈不稍讳隐，且以危词恫喝之。恐明末峒寇之祸，去此不远也。

耒阳事，若抚、按不能持其平，纵此时无他，虑异日之患，必胚于此。世局纷纭，日甚一日。辰下康年屡降，故事变未形。一旦稍有水旱之灾，正恐无复收拾之日耳。

昨偶阅明人诗云："老去寻山报国恩。"每微吟一过，神辄为之不怡也。大栗港近地有名白水洞者，距星翁之庄不过数里，深邃幽窈，一如锷云所言。昨无意中晤彼地一农人，具悉其概。检阅省志，唐裴休有《游白水洞观瀑布》诗，亦颇及其境之佳妙。前卧云曾云彼中有百亩之田可得，价亦不昂。惜相距太远。且卧云未移居其间，无可依倚耳。

佑奎读书功课如常，然于书中义理之稍深者，尚未能与之浃洽。故每讲解之后，令其复讲，亦自明晰，若已通晓者；及十日以外，辄多遗忘脱略，纵得其概，而神气义理，仍不相蒙，此盖其积理未多，心中不能融释之故耳。近年来惟时举古人言行之切近易知者，令其寻玩，意欲使之即事而明理，由粗由窥精，庶渐积之久，可期释然也。数夜前因乘凉之暇，随意作论一则，其意议均出其心裁，不过字句偶有增损耳。伊必欲呈览，不欲拂其意，今附上，乞吾师阅之。

魏默深所作《圣武记》，刘三来时，求便给宗棠一阅。

与罗研生①
（1845 年）

久不见，亦久不通书，静中时用思想，昔桂堂夜谈之乐，便如隔世。去岁枉书及新词二阕，感注念之意不替如旧。馆山中六年矣，未得一新知，即故交书问亦颇阔绝，非徒地僻，亦性懒也。友朋之乐，竟乃阙如。反复来词，但增眷恋。

承谕从事地理之学，甚盛甚盛。此学历少专门为之者，大都抄掇旧书、方志，以矜博炫多耳。齐次风《水道提纲》乃矫其弊，惟据目今之形势，而不援袭古人一字，数十年来，言地学者奉为典册。然其中舛互颇多，不可一一。李申耆于"肥水"条力纠其误，而亦不知其所据之何书，孰知此公乃并无书可据耶，盖仅据仁庙时西士之图成书，其于此学，未尝窥其一二也。

大抵吾辈著述，必求其精审，可以自信，然后可出以示人。若徒以此为啖名之具，则其书必不能自信，不能传久，枉用功夫，殊无实际，何为也？顾景范书较胜于闫百诗、胡朏明诸人，而其间亦不免时有所失。仆尝论古今言地之书，《禹贡》而外，无一完书，亦无一书不可备采，此在有志而专精者自为择别而已。近人著书，多简择易成而名美者为之，实学绝少。仆近阅新书殆不啻万卷，赏心者不过数种已耳。学问之敝、人才之衰，此可概见。阁下有志著述，愿拌数十年精力，专攻为之，幸勿如近人之为之也。

仆近因农家为人生第一要务，而古近颇少传书，思有所述，以诏农圃。志此者数年矣，而尚未得成卷帙，不过十数篇。精力想尚可及。后晤时当详告之。亦人世不可少之书也。

---

① 罗汝怀（1804—1880），字研生，湖南湘潭人。道光十七年拔贡。近代著名经济学家、史学家。

上贺蔗农先生①
(1845 年)

前奉八月中旬钧复，敬悉一切。晤黄锷云，询知道体胜常，二弟清恙早愈，且闻场中文艺甚佳，足征精神之赡举，深惬私怀。

默翁《圣武记》，序次有法，于地道、兵形，较若列眉，诚著作才也。后四卷附《武事余记》，其谈掌故，令人听之忘倦，其著议论处则多偏而不举、驳而不醇之病，故不如前十卷单行之足为全书也。暂无便可寄，俟缓再缴。

承谕暂时未能移住乡中，宗棠每为吾师思之，住乡毫无因倚之人，不惟太苦岑寂，且家常一切，亦殊多未便。洞井铺既非僻静之区，所居又系耦丈之庄，亦未为了局。以之隔远尘嚣，固为得计，然从新创立家室，一切俱须大费经营，非迟之二三年后，未能安习如故也。

宗棠以平素乡居之人，所移之处距老家不过十有余里，又举其田与同祖兄耕作，蠲其庄钱，冀少资其照护，视全无因倚者，难易固殊矣。然此数月来，悉心区画，事事筹备，已觉劳苦之甚。目下虽俱有头绪，然疾病求医一着，尚未有以处也。可见迁徙去乡之难。为吾师计，似宜于住乡亲故邻近之地，求一行窝，或先遣诸弟移居其间，一两年后，然后挈家往彼，庶于事体较便。至若为武陵之谋，亦须于山下立一庄，为平常栖止之所；山上立一庄，为有事栖止之所，乃为合计。不必求多，数十石租可矣。然相距只宜数里，庶易于修葺，易于连络，有事则转山下之粟实山上之仓，易易矣。盖大山径路崎岖，登陟为苦，又兼气候高寒，秋多雾而冬多冰，匪惟常住恐非所宜，且买药、求盐、呼医、探友，诸非所便，两者不相兼，未可以为安也。鄙见如此，未识吾师以为然否？

---

① 此书底本《左文襄公全集·书牍》卷一系于道光二十六年，误。据罗正钧考订移于道光二十五年。罗考订见《左宗棠年谱》，23 页，长沙，岳麓书社，1983。

宗棠现所图者，不过十余石租之地即达磨山上之田，其价止百四十千，屋止一边，山场亦极狭。待两三年后，始可囊括全局其全局亦不过数十石租耳。嗣再有余，则当于山下求一常住之地，从容布置，庶有可恃。但不知天能与以宽闲之岁月否耳。

乡居不能不耕田。耕田有数善：岁入之数较多，山泽之利并得，可以多蓄庸力，可以多饲鸡豚，可以知艰难，可以习劳苦。去春曾以劝润之。渠以问其叔，俱以为非策。今居乡既久，乃益习其利。明岁亦督耕十余石田矣。世间惟此事最雅、最正、最可恃，而人每不之务，实为可叹耳！

宗棠于农学颇有所窥，尝问之而得其事，亦学之而得其理。以为今之农者与今之学者，弊正相等，皆以欲速见小，自误而以误人，其关系天下不小也。至于筑墙、作壕、建碉堡及栽植、畜牧之法，近颇有得，为居乡所必须。吾师如定移居之计，当再写呈钧览耳。

润之前在此会葬，盘桓十日而别，深信宗棠相与之诚，而以虑事太密、论事太尽为宗棠戒，切中弊病，为之欣服不已。然其论"出言不宜着边际"之说，似又不然也。

答胡润之^①
(1849 年)

得执事岁杪急步所递手书，敬悉一切。少穆宫保爱士之盛心，执事推荐之雅谊，非复寻常所有。天下士粗识道理者，类知敬慕宫保。仆久蛰狭乡，颇厌声闻，宫保固无从知仆。然自十数年来，闻诸师友所称述，暨观宫保与陶文毅往复书疏，与文毅私所纪载数事，仆则实有以知公之深。海上用兵以后，行河、出关、入关诸役，仆之心如日在公左右也。忽而悲，忽而愤，勿而喜，尝自笑耳！尔来公行踪所至，而东南，而西北，而西南，计程且数万里。海波沙碛，旄节弓刀，客之能从公游者，知复几人？乌知心神依倚，惘惘相随者，尚有山林枯槁，未著客籍之一士哉？

来书谓宫保爱君心赤，忧国形瘝，钜细一手，勤瘁备至，望仆有以分其劳。陈义至大，所以敦勉而迫促之者甚切。仆之才、之学，固未足以堪此，虽然，如仆本怀，岂不亟思稍出所长，以佐万一者哉！欧阳公辞范文正记室之辟，有曰："古人所与成事者，必有国士共之。非惟在上者以知人为难，士虽贫贱，以身许人，固亦未易。"仆诚无侣，然得府主如宫保者，从容陪侍，日观其设施措注之迹，与夫莅官御事之心，当有深于昔之所闻所见者。纵不能有当于公之意，然其有益于仆则决可知矣，尚何所疑，而待执事之敦促也？顾事固有未能如吾意者：孤侄年已十七，家嫂急欲为之授室，期在今年。又陶埙去冬书来，预订读书长沙之约，仆以小女故，未能愁然。且此子从学八年，资识尚正，冀有所就，以延文毅之泽。渠夫妇现来山中，不数日当偕之长沙。前书具陈大

---

① 胡林翼（1812—1861），字贶生，号润之（也作咏之、咏芝），湖南益阳人。道光进士。曾署知府，后官至湖北巡抚。为湘军首领之一，与曾国藩并称"曾胡"。

略，想已得览。坐此羁累，致乖夙心，西望滇池，孤怀怅结，耿耿此心，云何能已！愿我公益坚晚节，善保体素，留佐天子、活百姓，毋遽言归。文书笺奏，在于幕府，苟不乏人，尚以时优游斋阁，节劳简思，永保终吉，天下之幸，亦吾侪小人爱慕公者之幸也。未敢冒昧致词，藉通款曲，寸衷惓惓，末由自释。执事倘能为鲰生一达此旨乎？

安顺之治，开水利，兴学校，劾贪污，治巨盗，旌节烈，结宿案，纲举目张，民怀吏畏。论者服执事之才之勇，仆则谓执事诚心爱民之不可及也。乐园先生尝云："世之言吏事者动言才情，不知才生于情，情苟不至，才于何有？"仆每服为确论。今世守令如执事之明敏有执者，未必遂无其人，然细察其意念所向，精神所注，大抵在上而不在下；其聪明才力，用之于揣摩迎合、承奉竿牍之间，而实意之及于民者益鲜；即有时勉自振作，奋欲有为，亦动于近名干誉之心，非其隐微所不得已之故，不旋踵而即索然矣。交执事有年，信安顺之治之异于世俗之所为者以此，愿益勉之。

颇闻揭参之举，有议其不护乡曲者。人心之不同如此。然充彼人之心，不过使执事不为好官而已。而执事所以为执事者自在，不直以此置胸臆中。年时饱历忧虞，微有所得，尝集古人"忍过事堪喜，忧多道转亲"二语，书为楹帖，每一静对，辄复怡然，亦愿执事常诵之。

唁林镜帆①
（1850 年）

　　十一月二十一日夜午，在黄南坡长沙寓馆忽闻宫保尚书捐馆之耗，且骇且痛，相对失声。忆去年此日，谒公湘水舟次。是晚乱流而西，维舟岳麓山下，同贤昆季侍公饮，抗谈今昔。江风吹浪，柁楼竟夕有声，与船窗人语互相响答。曙鼓欲严，始各别去。何图三百余日，便成千古！人之云亡，百身莫赎，悠悠苍天，此恨何极！

　　窃维公受三朝知遇之恩，名业在霄埌，心期照古今，血气之伦，罔不爱慕于公，复何所憾？中间事变迭乘，艰危丛集，群小比而訾公。天日高悬，旋蒙鉴察。彼人之心，徒极缱绻，亦所谓唾不及天，还以自污者也。士之爱慕公者，亦何所恨？惟公扬历中外三十余年，经纬万端，巨细俱关国故。史馆列传，列只抄撮谕旨、章疏，于我公盛节苦心，不能缕述百一。若非行状、家传，质实陈叙，是使我公心事不尽白于天下后世，而当年国是，亦将无所征信。此则海内外知公者，不能无重望于仁人孝子者也。

　　顷读圣皇朱谕，有耳者无不同声称快。家祭之日，意冥冥中必有感激欲涕，为之心侧者。呜呼公乎，其亦可以少慰矣。

　　窀穸之事何如？丧礼废阙已久，苦块之中，惟幸加意。连遭大故，千万勉强支持，为先灵自重也。挽联一幅敬写哀思，伏希照察。

---

　　① 林汝舟（1814—1861），字镜帆，福建侯官（今福州）人。林则徐长子。

答胡润之
（1851 年）

保甲团练册谕，一一阅讫。大段简易可行。法止此法，唯润之真能行之，故其效臻此，久久不倦，黎平治矣。合一郡之人，人人皆有捕盗之责，人人皆为捕盗之人，盗将安往？从至纤至细起，结成大局，不特内讧不作，即外侮亦自息矣。黎平群盗渊薮，素号难治，乘此时军兴防堵，文法稍宽，并力整理，徐为之谋，生聚教训，则数十年不沾王化之民，庶有望乎！

粤西用兵以来，谈时务者皆知团练保甲之利。然团练之法，粤西行之未睹其效者，盖治小盗则团练固不易之法，若当剧贼纵横，防剿并急之日，则用团练断宜参用碉堡。夫团练云者，取其自相团结，免为贼所掳掠裹胁而已。自捍乡里，人有固志，熟于地形，便于设险，愚者亦能出奇，怯者亦能自奋，此其利也。若使与猾贼驱逐于数十里外，彼乡民者，不习行阵，不知纪律，不走则死耳，乌睹所谓利哉？且无事之日，竭民之财力以奉兵，有事之日，复以其身命代兵冒险而赴敌，卒之训练未娴，十战十北，糜烂其民，以求一日之侥幸而不可得，仁者之所不为也。

三省教匪之事，亦有调团丁赴剿立功者。一州一县之间，仓卒遇警，兵不时至，不得已而为此。又教匪滋事，首尾七年，山民习见逆贼伎俩，时相训练；又其牧令能抚循其民，故民亦乐为之用。然乐园先生尝言："凡贼过境，乡民凭险固守，伺贼大队已过，始截其落后数队，一处如此，处处如此，贼必日有损伤。"又云："侦贼安营之处，附近堡寨，每夜遥以过山鸟枪轰之，俾贼不能甘卧，久之精力自疲。"又云："乡民习艺，只习铳、石远攻之具，至刀矛决命须臾之间，可不必学。"诸所望于乡民者止此。非知其难与剧寇争锋，而重惜其徒死，与夫虑民心之涣散不齐也，于是乎团之；虑民之临敌不足恃也，于是乎练之。乃团之而民心终不齐，练之而临敌终不足恃者，何也？客有自军中来者，每言粤西大吏，尝有事于团练矣，贼未至之先，乡民排仗呼号，亦似可用；比寇至，则各伺便逃走，势不可禁；创议团练者，旋亦丧然自失，尤之者至谓团练不可用。愚以为，皆过也。团练原制贼要着，所以未睹其利者，正坐不用碉堡之失耳。有堡以安其老弱妇女，米粮器具，有事移置其中，则人心自固。堡四隅各建一碉，碉居壮丁，弩铳炮石各守具预贮其中。两碉相距远近，总以炮石相及为度。层留铳眼，不限多少；外环深壕，暗设机阱。计堡之大者，周不过一里，可藏数千人；一堡四碉，壮夫乘碉御贼者，常不过百数十人。须人既少，可以更番迭战，昼夜不懈。储峙薪汲，先时筹办，守具一切，预行安设。有警入堡，坐须其来。此不必智勇过人者，而后可为之也。乡民室家在此，身命在此，又凭高依险，不至与逆贼（并）〔拚〕命须臾。怯者可使勇，愚者可使悟，彼何肯遇贼张皇，伺便奔溃哉？如近贼之处，无地不团练，无团练非碉堡，声势联络及数百里，官兵择要驻守，其营垒亦如碉堡之式，为诸堡声援，逆贼外援隔绝，间谍难通，釜鱼机肉，何难扑灭？

闻粤西之寇狡悍异众，兵勇屡次失利，贼反安居巢穴，若无所事。师疲饷乏，大将束手。论者不得其要，辄谓贼勇而我怯也，贼诈而我拙也。亦知贼常为主乎？我常为客乎？贼先据罗渌洞，官兵围之数月，贼未尝轻犯官兵也，官兵数进，则数失利。旋据新圩，亦未尝轻犯官兵也，官兵数进，则又失利。今分据永安州亦然，官兵之失利又屡矣。岂兵勇之竟不足用，将领之全不足恃与？贼常为主，而我常为客，故贼暇而我忙，贼逸而我劳，贼设伏设险以待我，而我辄中其计。兵法曰："谋定而后战。"又曰："善用兵者，致人而不致于人。"贼知之而我不悟，此胜败利钝之机所由分也。果于附近贼巢之处，令乡民尽为碉堡，官给费以倡之；险要之地，官兵营之，亦如碉堡之式，以步步为营之法，同时渐进，逼近贼巢。贼知我将合围，必并力来扑，则贼为客而我为主矣。凡立营之处，须沟深垒固，不独我有凭藉，胆气自壮，兼令贼之籓牌火罐，俱失其长。又兵弁之所以遇贼辄溃者，以束伍之令不严，故赏罚不能行；所以屡致败衄者，将领不晓分合奇正之术，勉务浪战以求胜，又不善用间谍，致屡陷伏中。贼既广用间谍，我又不能变易视听以误之，故至此也。

时事方殷，需才孔亟。如老兄者，或不能无借重之日，勉思奇策，以副倚寄。山中散人，萧闲之笔，未必有当，惟教其不逮，则幸甚耳。

与江岷樵①
(1852 年)

　　浏阳之征义堂，在该县下东乡，距县四十里。其恃众强横，事非一端，特未敢显行悖乱耳。粤贼攻城时，曾遣人密约其首周国虞纠党帮助，周末遽应。而其素仇王氏，遂欲因此构陷其罪。周国虞畏惧，遣其侄帅众三百入城，托名保卫库狱，且藉以自明其非贼党。又师曹瞒挟汉献之故智，使王氏不得仇己。其立心不过如此。

　　征义堂之人，良莠不一。有曾世珍、邓万发者，遂纠众焚毁狮山书院，杀廪生王应莘，并乘机抢掠各富户财帛，奸淫子女，无所不至。附近之上东乡各团，忿恨起相持，白沙团尤劲，欲与征义堂决死战。县令赵君，慈柔得民，然庸懦姑息，无专断之才，惟务苟且了事，屡使西、南、北三乡绅耆为之和解，迄无成说。周国虞畏罪藏匿不出，邓、曾二凶恐党散势孤，不为大府擒治，必遭白沙团众报复，因立议必允其带伙党一二千人投效，始肯息事。赵令计无复之，亦欲大府姑从所请。殊不知曾、邓二凶所以不敢妄动者，原惧官兵剿办与白沙团之徐拟其后耳。今既允其投效，则白沙团众不敢与之为仇，两凶与其党一二千人偕来，官府亦不能置之于法，是我终无如两凶何，而徒以失白沙团众之心也，殊为失计。且此一二千人者，亦将何所位置耶？中丞委通判裕麟往浏阳查办，继遣典史孔昭文、武举诸殿元改装易服到彼处详悉查探。其途间禀报附阅。今又得邱惺庵先生书，所言似可照办，抄阅。然此事若付之庸人，必不能了。已发告示四十道交该县张贴，赵令尚存而未发。且恐损威失体，酿成后祸。

---

　　① 江忠源（1812—1854），字常孺，号岷樵，湖南新宁人。道光举人。初官知县。后升至安徽巡抚，帮办江南军务。是镇压早期太平天国革命的主要人物之一。

老兄旋师之后，即请由平江小路驰赴浏阳县，驻营其地，大张告谕，令征义团众速将滋事各犯献出。一面传知邻团，集勇并力，克期会剿；一面札平江县，将各隘口严加防堵，毋令被剿各匪窜逸。该匪等四面受敌，势必不支。其死党闻不过数百人，亦必闻风知畏。且征义堂中之人，其有身家而安本分者，计不下三分之二，必不乐护党逞凶，自取诛戮。捆献之举，或在意中。即不然，因各团之势，四面兜剿，似亦无难藏事。

此股逼近省城，又蓄谋已久，不早为之所，实为可虑。谨将思虑所到者，条（件）〔列〕左方，伏乞留意。此时中丞不欲声张，虑有泄漏。院司道府衙门俱有该堂之人，而该县署中则随处皆是，故尊处亦不及札饬。俟到浏阳后，即补札送来可也。

一、征义堂聚党至四千余人，有身家、安本分者颇多，其藉势逞凶者，实不过数百。此时若执定征义堂三字，不分良莠，谓凡挂名征义堂者不赦，无论诛不胜诛，且必致良民畏葸，转坚其从逆之志。台驾到时，即宜大张告示，谕以此来奉抚部院札谕，不问征义堂与非征义堂，但问为匪与不为匪。良民能将曾世珍、邓万发及各匪捆献者，照军功例给赏；其前此偶误入之人，能擒献匪党者，即系良民，不问其从前应得之罪，分别给予奖赏。并多制"良民"二字印帖，凡来营自投者，每户开报姓名，填注印帖，令粘贴门首，以便识认，免致大兵进剿，玉石俱焚。庶党类解散，贼势益孤矣。

一、征义堂会首周国虞，宜与赵令商酌，密遣人招其投首也。周国虞既充会首，于会中情形自为熟悉，若伊肯投首，办理较易。但须秘密，免致为两凶所挟，不能自脱。

一、各团众宜早为联络，使之并力齐进，以助军威而寒贼胆也。贼匪盘踞不过数处，若四处紧逼，势何能长？且各团恨贼入骨，因势利导，成功自易。而其中可用之人，如涂元音，尤为贼所畏，与贼势不两立。想似此类者尚复不少，宜亟收而用之。

一、进兵宜神速，令其不测也。贼虑官兵剿办，扬言如官兵剿己，定先将赵令杀害。此次进兵，宜从平江径抵浏阳县或县东一带有险可扼之处，就地扎营，务令该匪等不得冲犯县城。又邱先生书中所言山坪洞，亦匪党出入处，其路一通该县北乡，一通平江，亦宜防堵。须寻访平江之熟识路径者，为之引导。当其取道平江时，只云搜捕晏仲武余匪。及将近浏界，计程一日可到，即五更起程，卷甲疾趋，直抵该处。

贼匪只防我省中发兵剿办，断不料从平江取道而来也。某处可以扼要立营，某处宜防窜逸，须预先询明，一一成竹在胸，则虏在吾目中矣。

以上数条，据愚见所及者，为吾兄陈其梗概。然兵机瞬息立变，凭空遥揣，何济于事？想老谋必有以处此也。得兄除此大害，何止伸国法而快人心，即长沙亦永除肘腋之祸矣。

致胡润之^①
（1852 年）

润芝仁兄观察大人阁下：

前复去一缄，尚未达览，顷专足来，复接手书，详悉一切。此间兵勇非不足用，副将、参、游以下未尝无人，逆贼已趋死地，而未能即行扑灭者，事权不一；又新值易帅之际，无所禀承，未免迁延观望，坐失事机也。爵帅自八月二十四梧州整节，一路濡滞，至十月初二始抵衡州，接钦差署督印。初十日抵湘潭，仍未见来省。其遣来之福军门兴初七日即抵湘潭，凡六日始抵河西之平塘，距此尚二十余里；既抵平塘又数日矣，尚未拔营前进，不解其故。河东、河西兵勇已三万有奇，守城兵勇五千有奇，日费饷三万余，半月以来率皆坐视。行间八总兵，同城两提军，新旧三中丞，彼此不相承摄。屡经中丞函致爵帅，乞其速临，又咨爵帅及福军门，将河西吃紧情形一一详陈，速其前进，总置不理，殊令人无从揣测，或者有一鸣惊人之日乎？

贼自攻扑省城以来，日有死伤，精锐亦销折及半。伪西王萧朝贵已被炮轰毙。此贼凶悍狡诈，为诸贼之冠，一经授首，其谋遂衰。若再能将伪东王杨秀清、伪翼王石达开剿毙，即可克日荡平矣。河西之贼约万余，河东之贼约二万人，贼于河中搭造浮桥三道，往来互为声援。真长发不过数千，余皆土匪。河西洋湖、稻湖晚稻最多，素称产谷之乡。贼之粮食尽资于此，日日令土匪抢掠搬运，盐硝透漏接济亦率由此。而我河西兵勇率多坐视。中丞遣弁带勇前去零剿，又谕令河西乡团陆续擒捕，颇有斩获。贼匪百计攻城，掘地道数路，深至二丈以外。二十九、初三两次轰城，我兵转祸为福，天也，亦人也。我掘外壕御之　　夫勇伤亡亦不

少，破其三洞，现尚督饬加浚　此时贼尚掘挖不休，亦殊可虑，期于尽穿而止　然亦不能太深，恐城根空虚。此皆苏翁不肯拆城外房屋　此人无谋而有市井之态，官绅俱恨而轻之，一念见好乡人所诒之祸也。

贼于蔡公坟一带迤至河岸筑墙树栅，内外掘壕，遍栽竹签，防御甚固。房屋墙垣皆穴墙安炮，河街各马头皆用木石垒塞，安设大炮。金盆岭下贼立五营，匪党约三四千人驻守，以护浮桥而通河西之路。河西见家河贼连营数里，以通接济而困我师，预为窜逸之地　现在却未曾窜出一人。贼攻城不得，必并力西窜。由西而窜，则宁、益当其冲，而常德危；由西而南窜，则湘潭、湘乡当其冲，而衡、宝危；由西而北窜，则常德、岳州两郡俱危。就大局而论，窜逸俱断不可；而就窜逸而论，则北窜之祸尤烈。爵帅如能帅以听命，无难一鼓歼旃。即不然稍有窜出，仍不过于数十百里间擒斩净尽，不致流毒他方，重烦兵力也。大约城内守，城外堵，河西剿，远防不如近防，分堵不如合堵，当并力以收全功，无浪战以求一胜。此弟之所密存于中而不能必人人之我同者。岷樵以外，可与言此者少矣。

代草到任后粗陈大概情形一摺及与爵帅一书，其于地势、兵形言之颇详，抄阅，可细览之。中丞开诚布公，集思广益，为近代所罕有。弟与岷樵尤被赏识，恨无谋无勇，不能有所裨益耳。何时真得扫除妖孽，高枕山林，弄稚子，曝帘日，浊酒三杯与邻父共话家常为乐，顾一时不能抽身何？行内武员如瞿副将腾龙、朱占鳌、郑魁士有勇而兼通方略，全玉贵骁勇绝伦，戴文兰、周兆熊亦称能事，其他敢战者尚不乏人。文员带勇，江岷兄外，尚有一朱太守丕仁，似亦有识力。贼本不足平，若能以石翁一人主持其事，则此时已有吉语入告矣。所谕谨当长铭心胸，随时体察。然尊论亦未免少偏，容于暇时详致。

少云归小淹后，展得其书，伊甚不乐居彼处，颇思北上也。闻其家计近更糟，弟亦不欲与闻，亦不敢与闻也。匆匆草此。即颂大安不一。

弟宗棠顿首
令泰水所需鹿茸已从印云处所得一架，即交来差送去。

与孝威
（1852 年）

字谕霖儿知之：

阅尔所写请安帖子，字画尚好，心中欢喜。

尔近来读《小学》否？《小学》一书是圣贤教人作人的样子。尔读一句，须要晓得一句的解；晓得解，就要照样做。古人说，事父母，事君上，事兄长，待昆弟、朋友、夫妇之道，以及洒扫、应对、进退、吃饭、穿衣，均有见成的好榜样。口里读着者一句，心里就想着者一句，又看自己能照者样做否。能如古人就是好人；不能就不好，就要改，方是会读书。将来可成就一个好子弟，我心里就欢喜，者就是尔能听我教，就是尔的孝。

早眠，早起。读书要眼到一笔一画莫看错、口到一字莫含糊、心到一字莫放过。写字要端身正坐，要悬大腕，大指节要凸起，五指爪均要用劲，要爱惜笔墨纸、温书要多遍数想解，读生书要细心听解。走路、吃饭、穿衣、说话，均要学好样也有古人的样子，有今人的样子，拣好的就学。此纸可粘学堂墙壁，日看一遍。

廿三夜四鼓〔父字〕①

久不作篆，偶为霖儿书千文仿本五纸寄去，须玩其用笔之意，以浓墨临之。②

---

① 该信原未署年月，姓依原编系年。"父字"二字据《家书手迹》补。
② 此段原编排在信前，据《家书手迹》系单页行书，后署"廿三夜四鼓父字"；前面信文系楷书，无款，故改编于信尾。其末句"以"字《家书手迹》为"用"字。

与周汝充①
（1853 年）

许久不通音问，惟于筠心信中得悉近状安吉，时用为慰。

石卿先生移抚山东，兄于九月初四日归，二十二日抵湘阴，次日入山，一路幸平安，可纾远念。

粤贼自江西解围后，九月三十日，十月初一、初二等日，三犯田镇，皆被击退。会石帅交卸在即，兵将解体，代者为吴甄甫先生，十四日接印视事，先一日田镇遂致失事。此处为全楚门户，石帅不调，岷樵自江西来援，必无此事，可胜痛惜。

兄归后甫数日，骆中丞及方伯、廉访诸公以书币见招，并委郑司马入山敦促，礼意优渥，实为可感。然年来心血耗竭，不欲复参戎幕，已托词谢之。自此匿迹销声，转徙荒谷，不敢复以姓字通于尘界矣！

金陵、镇江、扬州三城，竟未克复，北窜之贼，闻又由晋入燕，大局直不堪问，如何如何！

筠心言尊府近因各佃向索上庄钱，光景颇窘，拟以二百金转奉外姑，聊济急用，可即遣妥人来舍取去，趁此时道途尚清吉，以速为妙。

兄去岁用少云银一千有奇，赖今岁馆奉尚优，可还数百金。柳庄现在觅主承接，以此庄了还所借之项，则山上田业尽归我矣。世局日坏，忧劳万端，所苦所愁不在穷乏也。

季妹在此尚安适，顺、荣两侄读书甚有进地，将来可望成人，吾家无此佳子弟也。

自入山以来，大小均尚清吉，惟屋宇湫隘，又山高而寒，日在云雾

---

① 周汝充，湖南湘潭人。左宗棠妻弟。

中，颇不如平地之好。尚须将前面作对面屋数间，始足御北飘而利居止。山中团法尚好，盗贼敛戢，迥不似去冬光景，差堪托足。

外姑体气何如？老人每多忧虑，在舍则悬念辰山，在尊庑则又必悬念白水洞，真是无可如何，惟须多方排解为妙。当此多故之秋，惟祝平善无他为福耳。二弟光景何如？艾侄辈日渐长大，当已晓事。慧侄已许字否？此事亦宜上紧办理为要。

与夏憩亭观察①
(1854 年)

顷接润之书，奉札带勇克复湘阴，属同往筹商一切。二十一日行抵青山铺，次日住铜盆寺，二十三日行抵金鸡山。探报贼去已远，塔副戎、周千总拟督兵勇追贼前去，朱石樵、王璞山已于二十二日由县赴归义。数日南风间作，贼船恐连樯北窜，我师从陆路追蹑，未知能及否？此次上窜之贼，不过数千，满发实无几人，岳州、湘阴均为虚弦所下，而湘阴城乡被祸尤毒，春水暴发，港汊皆可通舟，濒水之区，谷米搜括殆尽，人民被掳者约数千。十余日间，官兵无一骑到县，任贼横行，入无人之境，饱掠而去，良可叹惜。十二日弟复刘霞仙书云：贼众不过数千，若河东、河西分两路进剿，每路以精卒千余为游击之兵，仿雕剿之法，倏出倏没，时合时分，侦其上岸入小河时，掩往截杀，当可得志。西路保护白沙洲、新康、靖江、乔口、临泚口，兼顾宁、益；东路保护铜官、金紫湾、樟树港，兼复湘阴。使其策行，岸上之贼多为我兵遮杀，守船贼少，势难两顾，必获大捷。惜西路之师已发，而东路无兵，致贼于河西大挫之余，得从容脱去，犹幸储石友力战于宁乡，王璞山、曾季衡力战于靖江，斩获过当，使鼠辈不敢正视。湖南士气既奋，军威渐张，再益以熟练之水师，楚事其尚可为乎！

弟居距县城五十余里，当贼踞县城之时，游氛四出，风谣迭起，从贼中脱出者并言贼将入梓木洞，得吾而甘心焉。筠先所知也。今幸暂免，是又得一生也。涤公正人，其将略未知何如？弟以刚拙之性，疏浅之识，万无以仰赞高深，前书代致拳拳，有感而已。

筹饷之事，劝捐而外，如盐税、茶课，皆可取给。上海马头既梗，

---

① 夏廷樾，字憩亭，江西新建人。湘军早期将领。历官湖南候补道、湖北布政使。

洋商必萃于粤东。计今岁湖南之茶，销数必旺。节近清明，茶商到楚者必多。盍与晓此事者商之，仿抽厘之议，不扰及园户，似可无流弊，但须廉干有心计之人谋之为妙耳。贼踪既远，长沙解严，弟自可无庸来省。此间不可久居，弟亦将它适。润之意不欲往鄂，若留于湖南练勇剿贼，似可得力。然非中丞札调则不能，公能言之中丞否？湘阴甫经收复，须得精明强干之员治之，旧令尹威望既损，恐两不相安耳。

与陶少云①
(1854 年)

此次贼匪复行上窜，大股数万，水陆并进，意欲披枝叶以溃腹心。贼船昼泊靖江，登陆由宁乡窜据湘潭，为夹攻省城之计。仆与曾涤生侍郎商议，即遣陆军四千，陆续驰往，水师五营继之。自三月二十八日起，至四月初四日，六日之内，毙贼近万，烧贼船一千四五百只。初五日卯时，克复县城，余贼抛弃军械、号衣，纷纷溃逸，每起不过数百，丧胆四窜。靖江贼船亦已下窜。此次剿贼神速，为粤楚军兴以来所未有，贼匪相向痛哭。衡水土匪闻风蜂起者，以大股骤灭，渐亦敛戢。如天之福，始愿固不及此。陆路以塔副戎齐布之功为最大，水路则杨千总载福、彭茂才玉麟之功为最大。微此数君，吾楚其能支乎？

内子及儿女等因土匪到梓木洞者三十余人，虽未到白水洞，而情形甚危，即亲带楚勇百人往援，于二十六日自长沙送往湘潭，二十七卯刻船过县城，午刻抵石潭，次日卯刻抵辰山。而贼适于二十七辰刻湘潭县城，相距不过十里，为时不过数刻，一家八口，竟获粆平，此固非意料所及，然而险矣！吾所以为此举者，以声名太著，恐不免为贼踪迹，不如越竟藏匿之为得。不料中途几乎遇贼，又不料不先不后之间，竟获保全，世事之难料如此，事过之后，犹为虩虩也。前接内子辰山来信，喜极欲涕。

长沙大局略定，思更名隐姓，窜匿荒山，而中丞推诚相与，军事一切专以相付，不得不留此共相支撑。然如无饷何？刻下正拟为吾楚门户之计，水陆各营，饷需甚繁，从何设措，且尽吾力为之。

① 陶桄，字少云，湖南安化人。为陶澍之子。左宗棠的大女婿。荫赏主事。后以道员分发四川，加按察使衔。

　　尊处首要各犯未获，仓太守仓卒言旋，未及布置，而李令者已开销二万余金，辰下又飞禀请兵，云匪首黄国安有直扑县城之意。前时在县兵勇约及四千，不乘机速办，早知必有今日。曾委朱石樵带勇数百来县督办，行至宁乡，遇仓太守晋省，固沮其不必前往，且上禀言事已了妥，若闻省城又发兵去，恐人心惊疑，遂半道折回。贻误如此，谁执其咎？尊处相距虽远，然当此扰攘之时，滨江而居，实非妥策。能于僻处觅一茅屋，为暂避之计否？

　　润之已旋省，其通城之战，功绩甚伟。黔勇二百余真能战，视贼蔑如，若能来安，则幸甚矣。

答刘霞仙①
（1854 年）

　　十四日始从老润函中得尊书一纸，老润言陆军已抵纸坊，计期当在初九、初十。师船已过簰洲，计数日内前队必已开仗。

　　今日彭雪琴来，谈片时，睹其创痕已复，精神奕奕，喜极欲狂。此时水营有船、有勇、有饷而无炮，真是无法。近命制劈山百尊　式如大抬炮，而身只五尺，能吃半斤子，半斤群子，可致远四五里，勒限一月成工。此器似可用。每三板拟左右列二尊　安于船舷，可俯可仰，可前可后。如贼以小船环绕，则此物击之便。

　　浙江龚振麟不能来，吾知黄中丞之难与言也。所遣来监制之人，则备员而已。铁模大小四副，大者千三百余斤，次减半，又次减半，小者仅百数十斤。拟俟其来，先照铸三百余及百余斤铁模数副，模多则炮可速得矣。水勇正在召募，凤凰、麻阳之人似强。王佐清不减萧捷三，谌琼林亦朴实有勇。散目中亦正留意选择，将来或不致草草。每三板一只用钱至百缗以外，木料、油灰、麻筋、铁钉、桨叶，事事俱取最上者，计一船可得两船之用。吾先云价必百缗，而涤公以为侈，今何如矣？三板已造好二十只，数日可下水。其四十只月内均可竣事，便当驾往岳州，日事操练，俾熟船炮之性。长龙、快蟹当接续为之。东南泽国，利用舟楫，自湖北以下至海，地势步步低洼，为湖泽巨陂者无数，非陆贼所宜。贼鹊起蛮方，狼奔下国，虽据沿江数城，曾无根本之固，所恃者劫掠供食耳。水师能制之于江中，则贼无所得食，东西驰突，均所不能，如蟹断足，有死而已。吾向谓此贼乃必灭之贼，特无如无灭贼之人，故令鼠子得气。湘潭、岳州之捷，再有两三处似此者，则江南勾当

可了矣。但贼平之后，川、黔、湖广之勇必不安帖，须数年除治之力，始可渐就安谧耳。吾非山人，亦非经纶之手，自前年至今，两次窃预保奏，过其所期。来示谓涤公拟以蓝顶花翎尊武候，大非相处之道。长沙、浏阳、湘潭，兄颇有劳，受之尚可无怍。至此次克复岳州，则相距三百余里，未尝有一日汗马之劳，又未尝偶参帷幄之议，何以处己？何以服人？方望溪与友论出处：天不欲废吾道，自有堂堂正正登进之阶，何必假史局以起？此言良是。吾欲做官，则同知直隶州亦官矣，必知府而后为官耶？且鄙人二十年来所尝留心，自信必可称职者，惟知县一官。同知较知县则贵而无位，高而无民，实非素愿。知府则近民而民不之亲，近官而官不禀畏。官职愈大，责任愈重，而报称为难，不可为也。此上惟督抚握一省大权，殊可展布，此又非一蹴所能得者。以蓝顶尊武候而夺其纶巾，以花翎尊武候而褫其羽扇，既不当武侯之意，而令此武侯为世讪笑，进退均无所可，非积怨深仇，断不至是。涤公质厚，必不解出此，大约必润之从中怂恿，两诸葛又从而媒孽之，遂有此论。润之喜任术，善牢笼，吾向谓其不及我者以此，今竟以此加诸我，尤非所堪；两诸葛懵焉为其颠倒，一何可笑。幸此议中辍，可以不提，否则必乞详为涤公陈之。吾自此不敢即萌退志，俟大局戡定，再议安置此身之策。若真以蓝顶加于纶巾之上者，吾当披发入山，誓不复出矣。

答王璞山①
(1855 年)

　　得二十六、二十八两日捷报，殊用欣然。粤贼以何禄、陈金刚为渠魁，土匪以王大才、李石保、李华芝为渠魁，虽皆碌碌不足道，然数贼不除，终为祸本也。揣其踪迹，似已窜入宜章界，不知三堡能遮截否？贼之窜逸者尚多，恐一时未能芟艾净尽，终是不了之局。永明贼尚未他窜。此事勾当毕，又须移师西向。戎马关山，竟无了日。敬兄之功，又怜兄之瘁也。

　　逆渠石达开率悍贼南犯，因平江戒备甚严，转由北界窜江西义宁。刘镇全军覆没之后，贼势益张。江西无一人起而捍之，任贼长驱深入，而茶陵窜去之贼，与之会合，瑞州、临江两府，先后失陷，樟树巨镇，为贼所踞，鄙县之贼又扑吉安，切近长沙之袁州，又复岌岌。万载、新昌、上高、新喻均已设立伪官，章门西南路皆为贼有。彼中当事愦愦，恐势必不支也。周梧冈率勇三千余自九江来援南昌。涤公水军犹驻南康，陆路仅李次青平勇二千余，势单可虑。罗罗山现尚攻鄂城之贼，拟俟鄂事了结，再赴江西。闻汉阳北岸之贼，均渡江守鄂，恐贼计将以孤城牵制此军也。江西与吾乡为唇齿，彼中一有蹉跌，吾乡东路防不胜防。且涤公为今时办贼之人，岂可使有差失？现商之中丞，拟以六千君子之军赴江援剿，以全大局。但师行粮随，非裹三月之饷，不能越境。此时月饷且欠缺许久，三月之饷何从得来？念之愦愦。

　　黔省民、苗尽变，铜仁、思南、石阡、思州四郡相继失守。镇筸虽获胜解围，而苗疆震动，叛乱相寻，恐已难收拾矣。通计湖南所界六

---

　　① 王鑫，(1825—1857)，字璞山，湖南湘乡人。湘军将领，"老湘营"创始人。历授知县、直隶州知州、知府、道员，加按察使衔。

省，均同时不靖，左支右格，饷竭才乏，如何堪之？弟智乏识暗，愧愤无既。回思平昔自命与所以责人之语，尤不能自释也。尊书所陈，均已领悉，彼此所见，正无不同。而有时事与愿违者，亦颇有说，请稍俟之。

近日人心，只"自私自利"四字蚀尽，无他，学术不明，天理澌灭故也。酿此浩劫，实非一朝，如何如何！老兄忠勇义烈，卓然伟人，近时造诣，益觉闳深，尤征日新盛业，能克己者，必能克敌，功名之著，抑其末也。惟来示于鄙人推奖太过，殊非所宜。誉人而令人不敢承，亦非慎言之道，愿毋然也。老兄爱才若命，疾恶如风，可为薄俗师。然于喜怒未发时，窃愿少留意，恐察之不精，则发之或不当也，何如？商之。是非终归于明，而秤量必求其当，可矣。至于预辞保荐之说，已转达中丞。此等高识，在常人或尚疑其矫激，吾于璞山固知其心矣。

与王璞山
（1856 年）

乱民不难于杀，而难于访查的实。打一仗易，办一匪难，乃通明之论。此可见武夫易得，良吏难得，良吏而兼将材者更难得，名将而兼良吏者更难之难者也。为此言者，其知名将、良吏之心乎！

武汉克复，二十四日克武昌县，二十五日克黄州府，厚庵水师之功居多。水师迅速，易成驱风走雷之势。拟遂下击浔阳，如其顺手，则又不过旬日之功。所虑根本未固，终有四年之事。盖彼时仅防北岸差池，而江西大局完好。今则北岸犹吾大夫，而江西处处皆贼，吾攻其前，而贼且出吾之后也。

武汉三失三复，人物凋尽，不稍稍停待填抚之，无以壮上游之势，而为灭贼之本。已详致润公，属熟思之。传曰："国君不可以轻"。此之谓矣。所论临湘事，似实不诬。中丞原拟即时易去，继因漕事正紧，不得不稍待之，恐骤易生手，则观望者多也。

天下之乱，由于吏治不修；吏治不修，由于人才不出；人才不出，由于人心不正，此则学术之不讲也。吾辈无转移人心之权，亦无此本领，但此心总要向正路走，则可共信耳。

石樵已于前月二十五自宁往湘乡，何案首要均缚斩，仅魏三、僧一清、陈明义三犯未获，而根株盘互，搜捕尚未及半。闻鼠辈有潜聚益阳十一都者，约二百人。今日甫密札三县捕之。粤西贼屡经道州、零陵各边击退，现窜咸水。东安、新宁均有准备，当不敢窜。楚北路速了，恐仍须使君由永至桂林，节节搜剿，以靖粤而纾楚患耳。

与癸叟侄^①
（1856 年）

癸叟侄览之：

郭意翁来，询悉二十四日嘉礼告成，凡百顺吉，我为欣然。

尔今已冠，且授室矣，当立志学作好人，苦心读书，以荷世业。吾与尔父渐老矣，尔于诸子中年稍长，姿性近于善良，故我之望尔成立尤切，为家门计，亦所以为尔计也，尔其敬听之。

读书非为科名计，然非科名不能自养，则其为科名而读书，亦人情也。但既读圣贤书，必先求识字。所谓识字者，非仅如近世汉学云云也。识得一字即行一字，方是善学。终日读书，而所行不逮一村农野夫，乃能言之鹦鹉耳。纵能掇巍科、跻通显，于世何益？于家何益？非惟无益，且有害也。冯钝吟云："子弟得一文人，不如得一长者；得一贵仕，不如得一良农。"文人得一时之浮名，长者培数世之元气；贵仕不及三世，良农可及百年。务实学之君子必敦实行，此等字识得数个足矣。科名亦有定数，能文章者得之，不能文章者亦得之；有道德者得之，无行谊者亦得之。均可得也，则盍期蓄道德而能文章乎？此志当立。

尔气质颇近于温良，此可爱也，然丈夫事业非刚莫济。所谓刚者，非气矜之谓、色厉之谓，任人所不能任，为人所不能为，忍人所不能忍。志向一定，并力赴之，无少夹杂，无稍游移，必有所就。以柔德而成者，吾见罕矣，盍勉诸！

---

① 该信原未署年。据梅英杰《胡林翼年谱》载，咸丰五年二月，"以妹同芝许嫁湘阴左澂"。同年，左宗植《与胡林翼》云："儿子澂谊虽娟婿，情均子姝。""文定有期，嘉礼旋届。我兄方誓师江上……是事简质，无宜坐爱华脮，上廑内顾。"该信云"询悉二十四日嘉礼告成"，当写于咸丰六年。

家世寒素，科名不过乡举，生产不及一顷，故子弟多朴拙之风，少华靡侈达之习，世泽之赖以稍存者此也。近颇连姻官族，数年以后，所往来者恐多贵游气习。子弟脚跟不定，往往欣厌失所，外诱乘之矣。唯能真读书则趋向正、识力定，可无忧耳，盍慎诸！

一国有一国之习气，一乡有一乡之习气，一家有一家之习气。有可法者，有足为戒者。心识其是非，而去其疵以成其醇，则为一国一乡之善士，一家不可少之人矣。

家庭之间，以和顺为贵。严急烦细者，肃杀之气，非长养气也。和而有节，顺而不失其贞，其庶乎？

用财有道，自奉宁过于俭，待人宁过于厚，寻常酬应则酌于施报可也。济人之道，先其亲者，后其疏者；先其急者，次其缓者。待工作力役之人，宜从厚偿其劳，悯其微也。广惠之道，亦远怨之道也。

人生读书得力只有数年。十六以前知识未开，二十五六以后人事渐杂，此数年中放过，则无成矣，勉之！

新妇名家子，性行之淑可知。妃匹之际，爱之如兄弟，而敬之如宾，联之以情，接之以礼，长久之道也。始之以狎昵者其末必暌，待之以傲慢者其交不固。知义与顺之理，得肃与雍之意，室家之福永矣。妇女之志向习气皆随其夫为转移，所谓"一床无两人"也。身出于正而后能教之以正，此正可自验其得失，毋遽以相责也。孟子曰："身不行，道不行于妻子"。

胡云阁先生乃吾父执友，曾共麓山研席者数年。咏芝与吾齐年生，相好者二十余年，吾之立身行事，咏老知之最详，其重我非它人比也。尔今婿其妹，仍不可当钧敌之礼，无论年长以倍，且两世朋旧之分重于姻娅也，尊之曰先生可矣。

尔婚时，吾未在家。日间文书纷至，不及作字，暇间为此寄尔。自附于古人醮子之义，不知尔亦谓然否；如以为然，或所见各别，可一一疏陈之，以觇所诣也。

正月二十七夜四鼓季父字

致曾涤生①
(1857 年)

涤翁尊兄大人苦次：

前一书奉复醴陵途次一函，计已达览。昨又接二十九日一书，具审老兄于匆遽奔丧，亦有不能无疑者。然既已请旨，则只应一听朝命而已。当无事之时，而敢于夺情，虽张曲江、张江陵不免后世之诟厉。处从容之地，而言夺情，则明人之弹杨武陵、本朝彭无山之弹李安溪是已。《纲目》一书于夺情题后一事，总以其人所处之时地为断，所以重纲常、维名教，而警偷薄之俗也。至"金革之事无避"一语，经义直捷了当，更无可疑。诚以兵礼、丧礼同一凶事，并无所谓希荣忘哀之念；而干戈之际，事机急迫，有万不能无变者。顺乎天理之正，即乎人心之安，则世俗所谓夺情者，乃圣贤所谓遵礼，又何拟议之有？

来谕谓自临戎以来，过多功寡，不可以古之饶干济者自比。此却不然。子无贤智愚不肖，其有父一也；遭父之丧，其不可夺情一也。今谓贤智可夺情，而愚不肖不可夺情，此何说乎？老兄之于兵事，诚不敢谓其有功无过，然竭其心与力所可到而黾勉为之，此念尚可见谅于朝野。又时局所值，亦有非心所能虑、力所能赴者，天下之人亦未尝不共为谅之。武乡有云："成败利钝，非臣之愚所能逆睹。"此岂但非武乡所能逆睹，即能逆睹亦可无庸。孝子之于亲也，不以病不起而废药石；忠臣之于君也，不以事不可为而奉身以退。其任事也，不以己之不能而他诿之，作一事了一事，活一日作一日。如是焉已矣。

来书谓大局较前为佳，己可不出，尤为未审。江西局势糜沸，老兄所目睹。金陵、镇江、扬州贼氛尚恶，皖军饥溃，桐、舒、英、霍、六

---

① 曾国藩（1811—1872），字伯涵，号涤生，湖南湘乡人。湘军首领。官至两江总督，节制浙苏皖赣四省军务，后调任直隶总督。此件录自《左宗棠未刊书牍》。年月据内容考定。

安俱沦于贼，鄂新造而难支，湘兼支而难继，两粤、滇、黔祸机已发而迄无了日。东南浩劫殆非数年所能了当。而上年旱蝗之灾亦十数年所仅见者。师旅饥馑交集，一时饷竭兵单，危机已见。岂武汉克复、杨逆伏诛之即为好消息乎？逆揆法守既荡焉无存，耆利养交之徒布满天下，人情苟旦夕之生，无复久远之计，蒙窃忧之，所谓转机者果安在耶？

老兄之出与不出，非我所敢知也；出之有济与否，亦非我所敢知。区区之愚，但谓匆遽奔丧，不俟朝命，似非礼非义，不可不辨。然既已戴星而归，则已成事不说；既不俟命而归，岂复可不俟命而出？则一听之朝命而已。今日为食召秩臣、南屏议之，所见亦同，已请其各以所见达之苦次。

镜海年丈汩没于语言文字之间，至老而气质不变。其由金陵避贼南来，尚无不可。四年秋冬返湘后，侨居省城，弟与之讲论多不合，颇失所望。五年新正二日晤后，弟暂归山。在山中闻湖口败耗，十二日来长沙，次日复访之，则挈眷赴宁藏匿矣。八十老翁尚惜一死，已属无谓，况时事尚可不死乎？其意不过谓"圣人无死法"耳。朱子此语原是就理上说，若自以为圣人而求其不死，则妄可哂矣。以此故遂薄之，不复寄书奉问。上年曾得其两书，一言团练，一询时事，均肤廓无实意，随笔复之而已。老兄欲就其访问，恐亦未能决此疑也。近今人心、学问均蔽于一"私"字，不独耆利无耻之人为然，即谋学问、负声誉者亦往往而是，可慨也！

印渠败后，军声复振，是出意外。萧濬川莺哥岭尚能稳扎，则瑞军无忧。二十四、五之捷，幸有峙衡之援。峙衡责濬甚峻　呈览，未免太过。然濬之迁延不进，实印渠孤军败挫之由。前此曾责其藉词贼众兵单逗遛不前，未尝无所见耳。韦贼虽败，终是为患。璞山一军领饷后即赴江西西路，属其侦贼厚、兵单处下手。如瑞州速复，而璞山能纵横自如，则江西西路或有转机也。本省太空，璞军不能久于江西，吉安无健将，终是可忧。沅浦屡下札与文君，不得已下之，但恐终无所益。筹捐万难，虽于湘潭、衡州、常德为之，再三之渎，能得几何耶？草此，即请礼安不具。

愚弟宗棠顿首
初六夜五鼓

致曾涤生①
(1858 年)

涤翁仁兄大人阁下：

沅浦递到手书，敬悉近状之详，喜慰无似。不奉音敬者一年，疑老兄之绝我也。且思且悲，且负气以相持。窃念频年抢扰拮据，刻鲜欢惊。每遇忧思郁结之时，酬接之间亦失其故，意有不可即探纸书之，略无拟议，旋觉之而旋悔之，而又旋蹈之。徒恃知我者不以有它疑我，不以夫词苛我，不以疏狂罪我。望人恒厚，自恕殊疏，则年过而德不进之征也。来书云晰义未熟，翻成气矜，我之谓矣。

浔郡于初七日卯刻攻克，迪庵、厚庵之功甚伟。得报之日，喜极涕出。从古剧寇鲜以守城为事，更无有坚忍誓死历五年之久，不懈如初，如此贼者。盖自西洋火器入中国以来，为患之烈，遂底于此。而此贼之魁多粤东潮、嘉流民，习其地坚守寨堡之法，又明戚将军兵法所重节制形名分数之意，言之太尽，流传在粤者遂为彼中奸人所得。故一旦起自溪峒，骏奔下国，流毒方未有涯也。九江以李、杨致力之勤，咏老筹饷之裕，经营一载有余，先破湖口、彭泽两城及江上各垒，断其勾结，重叠围之，始收此效。然前此两次轰塌城身，劲卒之门焉而死者盖二百余，受创者几八百，其艰危犹如此。而城破之日，见其城垣上下布置井然，司炮支更之贼犹未甚乱，老贼林启荣之能固可想也。麾下东征之举阻于此关，罗志节遗憾在此，塔忠武且以忧愤而殉于此，今一旦取之而屠之，足雪罗、塔两公之恨。而迪、厚两公以麾下旧部辛苦数百战，卒能尽杀此獠，以成主帅未竟之志，固亦人杰矣哉！闻喜之日，亮喜悲并集，徜恍难双矣。

---

① 此件录自《左宗棠未刊书牍》。年月据内容考定。

犯麻城之贼为陈玉成，希庵一大创之后，闻又有分窜黄安者。旬日未接咏老信，想军事当略急。然贼虽狡悍，而希庵用兵最善取势，必能制之。江西上座无知兵之人，兵勇无可用，饷需不能筹，全赖湖南勉支危局。临江克复之后，进规抚、建，湘、楚两军频克城池。昨二十日湘军逼抚城，而营贼即弃城东窜，府城当即收复。闻余贼向建昌路上陆续奔走。而张凯章十六日来书则云建郡大股贼众多移营城外，似建昌亦非其久踞之所矣。惟言吉安贼无路可窜，粮食尚充，恐非数月可了事。幸喜勤扑长壕，如飞蛾之就烛耳。沅弟治军甚整，能得士心，当无它虑。惟劝其耐烦勿躁，瓜熟则蒂自落也。

广东富强之国，为庸妄所误，令人心腐。中丞公于羊城初陷之时即密疏入告，今正十二日将夷情、兵事约略陈之，盖早知必以天津为虚声恫喝之端也。庙堂议论亦以为然。终以息兵宁人为主，大约以鄂罗斯、弥利坚居间说和，暂定款局而已。弟于道光十九年后，即留心此事。以现在局势而论，非款不可，然款亦非战不可，必然之理也。今舍战而言款，则亦不过暂时苟且之图而已。新督尚未到任浅夫，色厉而内荏。罗、龙、苏诸公亦非能任其事者，可叹可叹！

浙江大局恐必不支，曾说咏老且商之厚庵，先以水师数营由大江入太湖，且保苏、杭，以固东南之势，未知能行否？皖北糜沸，民与贼一，迪军仍以先清皖北为是。鹤人昏隋日甚，而倚眷日隆，令人不喻其理。天下滔滔，而戡乱之人不多，委任率非其选，以此知治日尚早也。

捕蝗事，四十一州县中以湘乡、宁乡、邵阳为最，余则不鞭不动，鞭亦不动也。幸连次西风大雨，天功可贪，或竟免此祸亦未可知。

尊恙闻服卫生丸颇效，然否？若然，则非仅血虚可知。如须此者，当为觅之。弟小兄一岁，近亦颓然，所志百不遂一，而精气衰减，夜间亦难得美睡，惟肤革渐充，可憎厌也。

近代草筹饷一疏，附上，乞教之。仁先时有书来，言都下事，多令人忧者，不敢寻览。先此略复，余俟续致。即请大安。不一一及。

愚弟左宗棠顿首
二十六夜三更

与李希庵①
(1859 年)

黄子春、陈品南江华大捷，岭西肃清，随捣岭东，则贼已窜至锦田，将赴连州会合粤东群贼。八月二十四日，胡都司国安等捣宜章黄沙堡之贼，毙悍贼二百余，贼悉窜广东连州之星子司。凯军已至郴州，中丞令统所部及胡都司、梁都司、魏质斋诸军越境剿之，当易收拾。此贼若灭，则吾乡南路暂可安枕数月。

频年两粤之寇纵横界上，自璞山痛剿后，从未敢扰及边境。今年因石逆窜入，遂猖獗如此。非一再重创之，不能图旦夕之安也。黄子春、陈品南作一路，张凯章作一路，胡国安、魏质斋作一路，平两粤零匪，尚有余力。

惟石逆一股，大有由黔窥蜀之意。中丞前调田忠普由东安、新宁取道武冈、绥宁，一面确探龙胜、怀远贼踪云何，横出截之，未知赶得上否？彼处原有兆太守一军五千余，加以忠普一军四千余，势力尚不甚单，然田欠谋略，未知遂能了此否？蜀无可恃之将，且乱民伏而未动者多至不可胜数。黔中群盗如毛，计苗匪、教匪成股者不下数十万。石逆一入其境，便不可复制矣。弟屡致书涤公、润公，意在急图保蜀。润公意涤非督蜀，不能有为，欲由湖南上游阨之。而官相方奏请涤共剿皖贼。此间因樊燮事，不便再与相公立异，涤意又不思入蜀，故未敢决。其实皖贼虽多，尚在鄂下游；蜀据长江之上，未可令其溃裂，此理易明。若论中原形势，则皖可出豫东，蜀亦可出关洛，要害故相等耳。

---

① 李续宜（1824—1863），字克让，号希庵，湖南湘乡人。湘军将领。官至安徽、湖北巡抚。

弟已决计出幕，不复侈口谈论大局。自二年至今，所处之地，介于不绅不幕之间，踪迹太幻，早已为世所指目。今更孤踪特立，日与忌我、疑我者为伍，身家无可惜，性命不足惜，特拌此身家性命，而于大局、桑梓均无丝毫之裨，则殊不值耳。谨奉身暂退，以待机之可转。

桂林有解围之说。此贼志不在粤，中丞前疏已屡言之。萧闻贼退，遂趋桂林。荫尚在全州候命。粤抚欲节制调遣萧、刘两军，萧尚依回，刘则坚乞不留粤西也。田忠普一军，已檄其到武冈后，确探龙胜、怀远贼踪。顷据荫渠信，桂林贼窜义宁、龙胜、永福。以时日计之，田军尚可赶上，或遂能扼其奔冲，亦未可知。要之，蜀事大可危矣。

来书云，官相及润公均与尊处微有嫌隙。此却一无所闻。润公于贤昆仲契洽最深，情同骨肉，断无纤毫芥蒂，弟可百口保之。至官相则本无知人之明，亦无好贤之意，其待南军之优，则实由撑门面起见，亦无足怪。此公与弟则嫌隙已深，伏而未发者数年。润公尝言其心地之厚，而不知实未尝相忘也。然此公亦无杀人手段，弟早知之。弟生死早置度外，何况祸福？祸福早置度外，何况毁誉？况此案亦万无连及之理，兄请放心，毋因是愤愤为祷。

复胡润之①
（1859 年）

咏兄大人麾下：

得十九日复书，具悉一切。

中丞之劾樊燮，乃迟之又久，考究再三而后发者。近时军政之坏，实由武职大员贪纵所致。怕死固然，要钱尤甚。不知国家何取于若辈，何负于若辈，而甘受其弊也？虚粮占伍，东南各省皆然，不独湖南。湖南亦不独一永镇。向为永镇者皆然，亦不独一樊燮。而贪纵之状，则实无樊燮之过甚者。通镇兵丁二千余，存城者名为四百余，而实存不及三百；镇署当差兵丁乃至一百六十名之多，凡厨役、水夫、花儿匠、点心匠、剃头匠诸役，无非兵者。此不独各弁兵供词所同，即樊燮亲供，亦云永署宽阔，向来旗牌伴档及当差兵丁，实共一百六十名。然则除私役外，其存伍者，计不过数十人而已。以一镇当两粤之冲，而群贼之来，大者数十万、数万，小者数千，望其驱此数十人者为国家守城杀贼，得乎？况此数十人者，必尚有武职各衙门私役之兵。然则永州一镇，直谓无兵可也。从前张石翁署楚督时，孙应照作永州镇总兵，恨永镇每次不能以三百兵应调，严檄责之，知其虚粮占伍，而不知其如此之盛。中丞于朱副戎瀚护镇时，曾于批札中再四劝督，常以"武职怕死而又要钱，究竟不死于贼，必死于法"为言。朱虽庸懦，然尚知顾忌。及樊燮到任，则靡所不为，其亲供永镇署地空阔，须人当差甚多，空有一百六十名之数。不知全镇辖地衺延数百里永州一城周十余里，亦须人当差否耳？从前各镇巧取名色，不过于截旷马价公项内攫取，尚有数可指。自樊燮到任，则日用所需，丝毫皆取之营中，值月弁兵即其管账之人，千、

---

① 此件录自《左宗棠书信二十一封》。

把、外额以之充管厨买办之役，即其印札亦云"本镇日用，间有取之营中"一语，兵丁米折则挪买绸缎，武职廉俸则摊修上房，皆有簿账供禀可凭，此其贪也。千总因演戏时放赏未到，各棍责数十；管厨之外委因烧煤过多，棍责数十；管轿之兵丁因洋灯不燃，棍责数十；外汛之把总因沿途供给稍迟，即在船边棍责。皆有供禀可凭。此其纵也。

初到湖南时，中丞曾奏署提督。彼时因澧州各团滋事，调周正义带常总兵三百赴澧。比抵澧，则事已寝息，即调其赴岳。至岳查点兵数，少二十余名。中丞委员查点之后，即向咨问是何情弊？樊时已赴永州本任，则以兵丁因病迟延，现已赶到，带兵千总已更换有人回答，无从查诘置之。盖武职之善于弥逢如此。中丞自是疑该镇之无状，思所以摘发之，而迄不得其实据。上年樊燮赴京，在长沙路过时，司道均不答拜，不见面。文方伯以须调署中军守备贺炳翊来省查问，始可得其底里为请。中丞调至面询，即饬其立刻开具款迹，猝不及防，乃仅得其数款。方具奏间，适接得制军咨抄折稿，竟以樊燮署提督而栗某署永镇。矢在弦上，不得不发，遂并劾之。其以此忤制军，而激制军之一意回护樊镇者，实由于此。然中丞实因事已查有端倪，不可中止，与其欺君负国，自不若据实直陈，虽与同寮违忤，犹为理得心安也。

此事既已奉旨拿问，自应提同人证审办。樊燮于三月三十日解到湖南。自四月初一至六、七月，宝、永防剿大贼及零股贼匪，何日不在吃紧之时？要证如侯光裕正护永镇篆务，贺炳翊正护宁远守备，彼时如何能调其来省？樊燮在鄂呈诉，制军六月二十七日具奏。此时宝郡长围未解，永州各属既须防宝庆大股，又须防水属零股，其不能调侯光裕、贺炳翊来省对质，亦何须说？且此时制军亦正咨调派兵派勇赴永州各属，中丞岂宜调永州总兵、宁远守备赴省耶？中丞饬问官先就本案凭据逐款研诘，如樊镇不肯承招，即将如何不确不实之故一一指出，候军务稍闲，即调人证质讯办理，有何谬误？即问官向其开导，亦是从轻拟结之语，岂有倾陷之心？乃若惟恐以"莫须有"三字冤杀一岳忠武者，何也？

樊燮于案外牵涉黄太守朦保一节，盖疑其罪状劣迹均由黄举发也。其实黄以上年四月到省，如因其举发，则不至迟至数月之久。即朦保一节，中丞曾于所禀核减最多，甚者一概核删，黄尚以此时形怨望也。黄以三年四月到永州任，上年四月始卸事。此五年中，筹剿筹防，日不暇给。方伯曾以在道任时花翎知府保黄，中丞尚减其花翎。五年劳绩，仅保一知府道衔，当亦各省所无，犹云优保乎？至谓其于零陵、东安团绅内窜入一二私人，此亦难保其必无之事。然谓中丞因受其朦保，不得不为之回护，而复兴此大狱，此何说耶？且黄之朦保，与此案何涉？中丞回护其朦保，亦与此案何涉？而所以牵之者，人言黄初署永州时，制军为副都统，时以香差过永，黄颇有开罪之处。初时见无动作此话早有所闻，黄亦尝以为言，遍告官场，谓相度真不同也，人皆颂制军之宽，不记宿怨。此次樊燮之牵黄，颇有主之者，然未敢信也。

其牵涉侯光裕者，盖恐其到案直供不能弥逢耳，此无足怪。其牵涉左宗棠者，谓与侯光裕最为亲密也。侯光裕本镇筸人，行伍出身，自元年赴广西，嗣随向提督赴湖南、湖北、安徽、江南，拨随胜帅剿北渡之贼，又归僧邸差遣，复随西凌阿赴湖北，已淬补陕西都司，五年始撤遣回南　即制军时事。中丞咨访人才于现任镇筸镇文君安，文君首举以对。嗣有克铜仁及剿湖北窜匪之功，两保至参将。曾到省两次，与左宗棠无从亲密，亦从无一字往返。中丞曾檄署道州游击，道州官绅诵其勤朴。樊燮于前年腊月调其署中营游击，中丞方以道州游击较永州中营紧要，不宜调去为言。上年樊燮赴京时，缄请衡州协苏彰阿署镇篆　盖正欲弥逢劣迹也，中丞不应，而即以侯光裕护理。王观察赴永州查办此案时，侯无一言，但自云孤负而已。其为人朴讷如此。至王观察查办此案时，取具各弁兵供禀，提取三营账簿，其所禀即照叙，无一虚字。其平日居官行事固不敢知，而此段则无可疑者矣。

中丞久怀退志，左宗棠早为众怨之的，自拟必有到刑部对簿之时，颇不意其因樊燮而牵及耳。书中一字涉虚，必为鬼神所不佑。大抵世道系乎人心，近今之心地厚者，工于护小人以误国，天分高者，工于陷君子以行私耳。人心如此，世道可知，此不独为一方悲者。噫！

湘上农人顿首

八月二十五　夜酒后书

复胡润之^①
（1859 年）

咏兄大人麾下：

十四日得初八日书，晚间乃得初一日书，知尊意拳拳于鄙人者甚厚，可敬也。

此事无伤于我，请勿过系怀抱。樊燮罪状昭著，虽总督欲屈法全之，不可得。纵令其得生，在国为失刑，在夫己为枉法，必有人言之而卒正其罪者，于我何尤？樊燮之牵我，谓黄商同侯，而侯通知我。无论实无与黄、侯亲密商同通知之事，"莫须有"三字，终难以定爱书；即果如樊燮言，侯通知我，樊之贪纵，侯之廉勇，路人皆知。我与侯同罪，心尚能甘，究非党贪纵以害廉勇者之比。况平生读书，崇尚气节，此身久已赘疣视之，不复爱惜，生存之乐，毫无可恋。枉抑之至，诚莫能掩，安知异日不有以椒醑奠我，而痛詈夫己以娱我者乎？此皆不足道者也。所可恨者，七年一缕心血颇有以自见，今被一老伧破坏，此身断无复留之理，而大局且随之败裂耳。

自二年八月投袂出山之时，初意不过混影尘俗，数月即便抽身。张石翁强我湖北之行，居鄂数月，渐有所图。石翁以崇纶之倾轧去位，弟自此更誓不与人间事矣。无何，贼窜湖湘，逼我深山，族党幼累均有岌岌不能自保之势。适骆额翁再三招之，不得已勉为长沙之行。自此一去六年，忍耻受辱，勉与尘世俯仰。湖湘之事，一身任之；即东南之局，亦一心注之，未尝以他念稍挠其讨贼之志。平生未受国家寸禄，而辄不揣其愚暗，慨然以身冒天下之嫌怨谤忌而独执其咎，宁不自知以无权无位不幕不绅之人，处于有罪无功之地，必为世所不容哉？诚以世局如

此，吾乡系东南安危，不敢不勉尽其心力所能到者，姑为图之。故频年苦说归田，迄未得恝然舍去耳。今以一贪纵无赖之武夫，牵帅及我，使相更傅会以求报其怨，而符檄一下，署臬司即以微名居首应募，方伯文君改置第三；适中丞赫然一怒，始更置诸弁兵之后。此事纵解之后，凡文武之不得志于湘者，举将以鄙人为贽，自媚于使相，且应接不暇，今日院幕，明日宗棠矣。吾安能以身任其咎哉？其不得不北行，以厌时人之心，而全吾身以有待，乃理势所不得不然者。吾去，而吾乡已成之绪不得不荒，未至之祸且不可测，此可为长叹息者耳！已拟樊案定后，即出署假会试之名北行，以俟谤焰之息，再徐图之。上询澹公之语，必有所因，以招摇撞骗疑士类，然则从前之上篆帝心者，盖亦过采虚誉耳。野老未尝与人争席，以此谮人者，亦不自知其何心，或亦使相有密疏耳。节幕有一刘雨生、一林逸鹤，两怨俱在，其不能忘情固宜，殊可笑也其实林一鹤乃魁六茹旧幕，弟未曾谋面；刘则自鄂逃难赴湘，弟荐之此间二三年，中丞因其不检辞去，与我无干者也。

希庵先发马队回鄂，勇丁假未满者多。据希信，须月杪始可成行。粤西省城之围已解，萧军已于二十六、七到桂林矣。大约窜黔入蜀之局。此请勋安不具。

愚弟宗棠顿首
九月十四夜四更

答李希庵
（1860 年）

　　顷得二十九日手书，敬悉一切。

　　弟行至襄阳，润公函来劝阻，爱我之言可感。其时春雪连番，行人几断，亦实难前进。遂返驾而南，至汉川，忽念路距各大营均不过数百里，而旅费尚饶，正苦无所用之，不如藉此遨游，以增吾见识而纾吾愤也。未至英山以前，窃自忖度，假如夫己氏必不相舍，山北山南网罗密布，即匿影深山，亦将为金丸所拟。士固不可再辱，死于小人未若死于盗贼之快。将就涤老及麾下作一小营官，学战自效。战而胜，固稍伸讨贼之志；否则，策马冲锋，亦获其所。且八年戎幕坐啸，未克亲履行间，实为阙事，亦正欲藉此自励，少解白面之嘲。比至润公所，询知近状尚未如所闻之甚，而饷事颇艰，亦难区处，此议遂寝。

　　来书云云，为弟谋者，至为恳到，而未知前议固已作罢论也。拟再缓数日，即诣涤公，由涤处赴尊营，以次历厚、雪两公行营，买棹而归，从此稳卧荒村，不复与闻世务矣。

与曾涤生
（1860 年）

  自二套口登舟后，节节阻风，行十六日始抵长沙。已闻节下新拜总制两江之命，并奉前月二十八日赐书，见示寄润公书稿，敬仰筹虑之精。以现今时势言之，下手之方，无以逾此。惟公处兵数太单，鄂军未能多调，自不能不速为选募，以资分拨。正与意城、玉班、人树诸君子商议间，适中丞处接到部文，奉随同襄办之命。昨日巳刻，复奉大咨行知，并商办九条。当一一遵行。惟玉班现扎城上，中丞时以边事见询，未必肯令其远出耳。凯章之军现驻郴州，中丞前接大咨后，即令杨栗甫安臣募四千人往代，意欲俟栗甫至郴，而后以凯军来，宗棠归时，即请催凯军先发。比接尊处初五日咨，又已飞札催之矣。陈俊臣所部桂勇，素称能战，惟纪律尚须讲求。其才固不止千人，然营哨颇难其选。如以千人或千五百人应命，自是一支劲旅。蓝山猺①勇强而民勇弱，杨广文籍隶芷江，或募于芷为宜，芷固产勇也。

  尊处咨开所需枪炮、子药、锅帐，湘中自能照付次青。口粮为数无多，中丞亦当应之。宗棠归后，即拟募二千五六百人，为东征一小部。现物色营官、总哨数人，因未奉明命，未敢遽发。比接大咨，令募练五千，或亲统来皖，或请霞仙统领前来，则人数颇多，局面亦觉小异。凡为统将者，必亲募人数多于增附人数，然后运掉易而呼应灵。若选募者一人而统领者一人，或本部少而增附者多，则骤难浃洽，动形阻迕，不可不虑也。昨已飞致霞仙，请其自募二千五百人，而宗棠开募时，拟即并列霞仙台衔，俾众共知，庶以后分带合带均无不宜也。至此军军资、行资已托意城转达中丞饬局应付，当无龃龉，请释茝怀。

---

  ① 猺，旧时统治者对瑶族人民的污称。下同。

苏州之失，闻是溃勇先至，而后逆贼随之。杭郡密迩，未知能瓦全否？为公计者，如杭郡未失，宜先以偏师保越，为图吴之地，庶将来山内、山外两路进兵，可免旁趋歧出之虑，而饷地可保。否则，贼势蔓及于越，而贼巢稳踞金陵，大军直指苏台，如击长蛇之腰，防其首尾俱应。且吴中封疆大帅或殉或逃，枝郡旁县，多已沦覆，下河上海谁与图存？如越中有一军为公宣布威德，则三吴人士均有所系属，而箪壶之奉，尚有可图。否则形势中阻，不但饷源易断，音耗难通，亦孤吴中士民望岁之心，而贻中朝士大夫以口实矣。

公督两江，江西乃其兼辖。此邦於军事素无条理，平时养勇数万，临事未能得一割之效，欠饷最多，糜饷最甚，公之所知。厘金一节，闻亦杂乱无章。所取于商者烦，所归于公者约。公欲分而有之，自宜大加整理。为今之计，似须将江西兵事、饷事先为之经画，令所司将兵数、厘数一一开呈，逐为区处。兵精而饷节，厘旺则饷饶，似亦当务之急也。

三省合办之局，此间亦颇议及。惟现在大兵尽扼南路及靖州一带，月费近二十万，不但合办无此兵，亦无此饷。宗棠归时，始商之中丞、意城，东自蓝山、临武，西迄永明、江华，遍筑碉墙，以省兵力。已委冯春皋观察及王人树前往经画，大约须三四月始可藏事。此工若成，东、西两路每路三千人，即敷守御，可抽拨七八千人应敌矣。

与胡润之
（1860 年）

十五日奉上一函，计已达览。枞阳血战得之，贼援必急，亦可稍牵贼势。涤公渡江，兵力犹单，而廷旨催其由浙援吴，必不能赶。凯军四千，已催其速由茶陵出抚州，如贼尚在浙境，则先扼饶广；杭城无恙，则入浙为固越规吴之计。贼势彼猖，蔓延日广。涤公大军人数，尚不能分山内、山外两支，更何能分偏师以援越？然局势如此，三路缺一，必不支也。公意三大支：一出扬州，造水师；一出浙江，造水师；一大支分为三支，从徽、宁、广德趋吴。的是妙着。惟恐无此兵力，无此将才，如何如何！

弟日间料理选募诸事，立四营官、四总哨　每三百二十余为一总哨，外收璞山旧部四旗一千四百，别精选勇士为八队亲兵，共二百人，以奋勇著名者为其队长，每队二十五人，供临阵冲堵之用。将来以五千人为率，或不草草。湘中现成营官，定议不调。惟李金旸一营，吁门先生欲以付我，盖此子难以钤束调驯也。霞仙奉命募六千人，恐难招齐，能以二三千人应即好。霞乡中应募已空，且六千君子，亦殊难为长也。弟部多用骁士，名为楚军数处尽用湘乡勇丁，无论一县难供数省之用，且一处有挫，士气均衰，非计也。非霞仙所能带，霞仙亦必不愿带之，弟自行耳。七月训练成军后，或取道江西以赴皖南，或由水路径赴皖南，均未能定，且看局势如何。

鲍春霆已来营否？新增之二千人，尚未知稳实可靠否？礼营亦似非健者。涤公渡江，恐必有贼寻斗，或是大股悍贼，亦未可定，殊难放心。弟军难速成，不能奋飞，为之悬悬。来示"执笔而筹，终不如枕戈而寝"，诚为确论。弟于军务兵机，颇常留意，惟临阵指麾协宜与否，实不能自信，俟阅历数仗，方有把握。

萧潘川四月二十七日在蜀病故，其军无可代统者，必散无疑。蜀事真无可为也。阿瞒已到长沙，忽奉扶柩回籍，无庸督办四川军务之命，为之愕然，不自解其何故？渠意深虑江南后命，盖犹于马上望三台星耳。

江西来咨，欲湖南募勇万余赴江，言彼处东路兵力之单，毫无足恃不知前疏防兵四万尽置何处。令人耽忧。

涤公来咨，欲湖南认二成、江西认八成之饷，湖南义不容辞，但非得两三小统领率之而去，何以放心？此则甚费踌躇也。候补四品京堂，向未见有专奏谢恩者，或者起程到营时呈请代奏为妥；如补一缺，则不能不专谢矣。日间劳甚，数日后即出城住营训练，已坚请王梅村来营帮办数月，开数仗后，听其自便，尚未慨许亦颇患病。上年屡调不出，无如之何。此次以情恳之，或稍动耳。涤公昨以三千统领札调之，恐不应也。

答胡润之
（1860 年）

　　五月二十五日详复一函，言入蜀之难，并恳转致涤帅，亮达台照。今晨复奉二十七日手书，谆谆以此事为询，感愧交并。

　　宗棠此去，欲稍立薄效，以答友朋相知之雅、庙堂起用之恩，事之成败利钝非所敢知，己之堪胜与否亦非所计也。

　　蜀乱已久，吏治、军政、人心一无足恃。滇匪、啯匪讧于内，石逆眈眈伺于外，士无智愚均知蜀祸之不远。宗棠资望既浅，事权不属，欲提数千之众，专讨贼之事，是何异以寸膠而救黄河之昏乎？明知其无济，而冒然应之，在己为不智；知我之无济，而冒然以我应之，公等之谋国亦未得为忠也。伏希与涤公熟思而审处之。

　　涤公与公书，盖以在吴为"襄办"，而入蜀则有"督办"之名，疑鄙人之意，或将去此而就彼。不知"襄"与"督"，虽同有事而无权；而能办与不能办，实不争此一字之轻重。襄涤军事或能办者，以彼此相知有素，可稍行其志；督蜀军事必不能办者，以彼此不相习，君子不能无疑我之心，小人且将百端以陷我也。公幸为我致意涤公，我志在平吴，不在入蜀矣。

　　初二日出城。住校场营中。新军初立，百务丛集，幕中宾佐，尚少来者，不但罚二十以上，均须亲览已也。

答曾涤帅
（1860 年）

七月朔日奉六月十五日手书，敬承一是。

宁国被围，彭斯举败命，贼踪西向，次青、凯章两军急应东驰应之。次青闻初二日启行。凯章所部先抵袁州。凯行至萍乡，接江西方伯来信，属其暂驻袁郡，以防粤东诸贼内犯，书来商及进止，弟已函告，专候钧批矣。惟凯章启行时，因郴人苦留分军以防粤寇，勉留左右翼八百人暂驻郴、宜、桂阳交界处扼之。比得东南路报，乐昌贼踞如故，楚边戒严。此八百人者，恐未能速到江西也。

今岁吾乡南路，兵增于旧日数倍，而边鄙警报时来，将领及守土诸君多张贼势以自相惊恐，异时饷竭兵冗之患，在所不免矣。人树南路边墙之役，尚无端绪，行至祁阳，意殊郁郁。钧意已代致之，当可速来。俊臣自赴广东，杳无音耗，闻为劳制军所留。弟前两次函致，楚、粤道梗，未审能径达否？

江西厘局需才，弟所知者黄麓溪、王润生、邹公让，皆堪其事。又朱石樵已奉荫渠委赴湖南、江西劝捐，现自粤回湘。此间候补道万星六亦求回江劝捐，严太守升伟亦有此意。如肯以捐事属之，或不无小补。朱意尤愿办厘也。

入蜀不如来吴，大疏措词运意，为鄙人增身价，为夫己留地步，极有斟酌。现在所调郴、桂两路之勇，镇筸之夫，均已陆续到齐，合之老湘及长沙先募各营共五千七八百人。弟于前月二十四日由校场移驻金盆岭，晨夕训练，渐有头绪。请王梅村总理全军事务，王毅卿办老湘营务，杨石泉、刘克庵诸公均入幕府，各营、哨皆百战之才，似亦不甚草草。然终能不负公以负朝廷，则未敢知也。

召募经费及一月坐粮，一月行粮，约需六七万金。此皆吾人膏脂，而中丞及诸当事竭蹶供之者。未收一战之效，先糜数万之饷，思之皇然。八月初必率以东行，拟取道袁、瑞以指景德，由景德而来祁门。新军略无存储，不禁饥饿，伏乞先饬江西当事为谋一月之食，俾得速达麾下，无忧羁滞，感且不朽。来示举梅村五千之项畀我，此项已经鄂中改拨，无从得之。委员易履泰甫辞去，而尊牍适至，益信命中不应有横财也。

霞仙已来，意不欲自成一队，但愿比于附庸之国，盖营、哨之才良不易得，漫致数千之众，必不适用。此时湘人之健者，朝取暮取，已空其群，渠不肯轻为尝试。自言不只身就我，则走依润公耳。楚军营制一本，呈请教益，不宣。

与孝威孝宽
（1860 年）

孝威、宽知之：

我于廿八日开船，是夜泊三汊矶。廿九日泊湘阴县城外，三十日即过湖抵岳州。南风甚正，舟行顺速，可毋念也。

我此次北行，非其素志。尔等虽小，当亦略知一二。世局如何，家事如何，均不必为尔等言之。惟刻难忘者，尔等近年读书无甚进境，气质毫未变化，恐日复一日，将求为寻常子弟不可得，空负我一片期望之心耳。夜间思及，辄不成眠，今复为尔等言之。尔等能领受与否，我不能强，然固不能已于言也。

读书要目到、口到，心到。尔读书不看清字画偏旁，不辨明句读，不记清首尾，是目不到也。喉、舌，唇、牙、齿五音并不清晰伶俐，蒙笼含糊，听不明白，或多几字，或少几字，只图混过就是，是口不到也。经传精义奥旨初学固不能通，至于大略粗解原易明白，稍肯用心体会，一字求一字下落，一句求一句道理，一事求一事原委，虚字审其神气，实字测其义理，自然渐有所悟。一时思索不得，即请先生解说；一时尚未融释，即将上下文或别章别部义理相近者反复推寻，务期了然于心，了然于口，始可放手。总要将此心运在字里行间，时复思绎，乃为心到。今尔等读书总是混过日子，身在案前，耳目不知用到何处，心中胡思乱想，全无收敛归着之时。悠悠忽忽，日复一日，好似读书是答应人家工夫，是欺哄人家、掩饰人家耳目的勾当。昨日所不知不能者，今日仍是不知不能；去年所不知不能者，今年仍是不知不能。孝威今年十五，孝宽今年十四，转眼就长大成人矣。从前所知所能者，究竟能比乡村子弟之佳者否？试自忖之。

读书作人，先要立志。想古来圣贤豪杰是我者般年纪时是何气象？

是何学问？是何才干？我现才那一件可以比他？想父母送我读书、延师训课是何志愿？是何意思？我那一件可以对父母？看同时一辈人，父母常背后夸赞者是何好样？斥詈者是何坏样？好样要学，坏样断不可学。心中要想个明白，立定主意，念念要学好，事事要学好。自己坏样一概猛省猛改，断不许少有回护，断不可因循苟且，务期与古时圣贤豪杰少小时志气一般，方可慰父母之心，免被他人耻笑。

志患不立，尤患不坚。偶然听一段好话，听一件好事，亦知歆动羡慕，当时亦说我要与他一样。不过几日几时，此念就不知如何销歇去了，此是尔志不坚，还由不能立志之故。如果一心向上，有何事业不能做成？

陶桓公有云："大禹惜寸阴，吾辈当惜分阴。"古人用心之勤如此。韩文公云："业精于勤而荒于嬉。"凡事皆然，不仅读书。而读书更要勤苦，何也？百工技艺及医学、农学，均是一件事，道理尚易通晓。至吾儒读书，天地民物，莫非己任。宇宙古今事理，均须融澈于心，然后施为有本。人生读书之日最是难得，尔等有成与否，就在此数年上见分晓。若仍如从前悠忽过日，再数年依然故我，还能冒读书名色、充读书人否？思之，思之。

孝威气质轻浮，心思不能沉下，年逾成童而童心未化，视听言动，无非一种轻扬浮躁之气。屡经谕责，毫不知改。孝宽气质昏惰，外蠢内傲，又贪嬉戏，毫无一点好处〔可取〕①，开卷便昏昏欲睡，全不提醒振作。一至偷闲顽（恶）〔耍〕便觉分外精神。年已十四，而诗文不知何物，字画又丑劣不堪。见人好处不知自愧，真不知将来作何等人物。我在家时常训督，未见悛改。今我出门，想起尔等顽钝不成材②光景，心中片刻不能放下。尔等如有人心，想尔父此段苦心，亦知自愧自恨，求痛改前非以慰我否？

亲朋中子弟佳者颇少。我不在家，尔等在塾读书，不必应酬交接，外受傅训，入奉母仪可也。

读书用功，最要专一，无间断。今年以我北行之故，亲朋子侄来家送我；先生又以送考耽误工课，闻二月初三、四始能上馆，所谓"一年之计在于春"者又去月余矣。若夏秋有科考，则忙忙碌碌又过一年，如

---

① "可取"二字据《家书手迹》补。
② 《家书手迹》无"料"字。

何是好？今特谕尔：自二月初一日起，将每日工课按月各写一小本寄京一次，便我查阅。如先生是日末在馆，亦即注明，使我知之。屋前街道、屋后菜园，不准擅出行走。如奉母命出外，亦须速出速归。出必告，反必面，断不可任意往来。

同学之友，如果诚实发愤，无妄言妄动，固宜引为同类。倘或不然，则同斋割席，勿与亲昵为要。

家中书籍勿轻易借人，恐有损失。如必须借看者，每借去，则粘一条于书架，注明某日某人借去某书，以便随时向取。

庚申正月三十日①

---

① 《家书手迹》无此署款。

与郭意诚①
(1861年)

十四日接奉初一日邮递一件,并克庵及各件均到,知叶老顽皮如故,虽无鸡汤、鸡肉之润,而骋其口说,足令人人道好,计亦良得,固无怪其自鸣得意也。

索饷之说,兄向所不谙惟筹饷较他人差强耳。"疲缠"二字,不欲人之加诸我,亦不以加诸人。自十余岁孤陋食贫以来,至今从未尝向人说一"穷"字,不值为此区区挠吾素节。敝军饷项已欠近五个月,涤公不得已以婺源、浮梁、乐平三县钱粮、厘金归我,实则浮、婺皆得之灰烬之余,乐平则十年未纳钱粮,未设厘局,民风刁悍,甲于诸省,仍是一枯窘题耳。兄前在湘幕时,凡湘人士之出境从征者,无饥溃之事,且有求必应,应且如响,故浪得亮名。今亮孰如古亮耶?天下事未尝不可为,只是人心不平,无药可医。阁下谓相信者心,相保者大局,果如斯言,不特东南之幸,亦乡邦之幸。特恐人心之不同,如其面耳。抵婺后,意外获一大捷,以饥病二千余之众,破贼二万余,穷追至浙界乃止。还营后,卧病呻吟者又增数百。忠哉,我军!

兄生平境遇最苦者有二:道光二十八年,柳庄耕田遭淫雨之害,谷尽生芽,典质罄尽,而一家十二口,无不患病者。尝吟杜老《同谷歌》"男呻女吟四壁静"之句,戏语孺人曰:吾欲改"静"为"空",始与此时情事相肖也。现拥兵七千数百,情事宛与当年牛衣相对时酷肖,特无孺人在侧慰我寂寥耳。黄子春自是节义男子,死得其所,亦又何悲?惟吁公无将,蜀事可危,殊为凛凛。魏喻义朴干之士,其杀邓南金一节虽

---

① 郭昆焘(1823—1882),原名先梓,字仲毅,号意诚,湖南湘阴人。郭嵩焘弟。长期在湖南巡抚幕府任事。由举人保国子监助教,晋内阁中书、四品京堂。

太草草，然其人吞蚀军饷，死有余辜。若因此而罪喻义，是毁宝刀而偿屠狗之益也。衡阳士风最下，动辄开写传单。此风岂复可长？乞以此转告中丞，毅然断之。魏君仍以应调前来为宜。

所论名士一节，未知何许？大约处之有二法：先主之于许靖，夫子之于少正卯是也。吾湘似尚无此。若徒发空论，敢为大言，置之不理，等诸见怪不怪可矣。

李逆秀成回窜江西，烽火直逼生米渡，闻鲍军到浔，乃折退奉新。江西上座自顾不暇，更何有兵会剿？企盼春霆得数好仗，则无他虑，然亦不敢必也。敝军月内外病卒稍愈，当有动作。第非有旬日之粮可裹，则虽神兵，亦难不食而飞耳。

奉常之补，圣恩优渥。恐事寄日重，转益不堪。弟当为我虑之，乃有奢望，何耶？一肚皮话，暂尚不敢说，不忘新妇止燎之戒也。

求将固难，求统将尤难。有好统将则将之，贤者固得其力，不贤者亦得掩其短而著其长，一定之理。兄上年成军时，先与吁公说不调现成营官，所取之才，多非上等，即中等亦不多，弟所知也。现在数十战，与吾湘夙称能战者比，亦不多让，此故可思李金旸若竟隶我麾下，何至断送头颅乎？书至此又且住笔，恐弟疑我之骄，又有一番规劝话头耳。

与孝威
（1861年）

孝威知之：

接腊月初十日禀，知家中清吉，尔兄弟姊妹均好，甚为欣然。

尔年已渐长，读书最为要事。所贵读书者，为能明白事理。学作圣贤，不在科名一路，如果是品端学优之君子，即不得科第亦自尊贵。若徒然写一笔时派字，作几句工致诗，摹几篇时下八股，骗一个秀才、举人、进士、翰林，究竟是甚么人物？尔父二十七岁以后即不赴会试，只想读书课子以绵世泽，守此耕读家风，作一个好人，留些榜样与后辈看而已。生尔等最迟，盼尔等最切。前因尔等不知好学，故尝以科名歆动尔，其实尔等能向学作好人，我岂望尔等科名哉！来书言每日作文一篇，三六九日作文两篇。虽见尔近来力学远胜从前，然但想赴小试做秀才，志趣尚非远大。且尔向来体气薄弱，自去春病后，形容憔悴，尚未复元，我与尔母每以为忧，尔亦知之矣。

读书能令人心旷神怡，聪明强固，盖义理悦心之效也。若徒然信口诵读而无得于心，如和尚念经一般，不但毫无意趣，且久坐伤血，久读伤气，于身体有损。徒然揣摩时尚腔调而不求之于理，如戏子演戏一般，上台是忠臣孝子，下台仍一贱汉。且描摹刻画，勾心斗角，徒耗心神，尤于身体有损。近来时事日坏，都由人才不佳。人才之少，由于专心做时下科名之学者多，留心本原之学者少。且人生精力有限，尽用之科名之学，到一旦大事当前，心神耗尽，胆气薄弱，反不如乡里粗才尚能集事，尚有①担当。试看近时人才有一从八股出身者否？八股愈做得入格，人才愈见庸下。此我阅历有得之言，非好骂时下自命为文人学士

---

① "有"字《家书手迹》作"肯"。

者也。读书要循序渐进，熟读深思，务在从容涵泳以博其义理之趣，不可只做苟且草率工夫，所以养心者在此，所以养身者在此。府试、院试如尚未过，即不必与试。我不望尔成个世俗之名，只要尔读书明理，将来做一个好秀才，即是大幸。军中事多，不及详示。因尔信如此，故略言之。

李贵不耐劳苦，来营徒多一累。其人不能学好，留之家中亦断不可。我写信与郭二叔，求他转荐地方可也。

家中大小事件亦宜留意，家有长子曰"家督"，尔责非轻。长一岁年纪，须增一岁志气，须去尽童心为要。

辛酉正月二日四更梅源桥行营

与孝威
(1862 年)

孝威知悉：

尔所寄信均到。近日未常寄家信，以兵事方殷，不暇故也。

自花园港击败侍逆后，力捍江、皖之边，幸未任其阑入，饷道无阻。嗣又御杨辅逆于遂安，又移军常山、衢州剿侍逆。日间战事虽顺，然总未得大捷。天气渐热，军中疫疾又渐作矣，殊为虑之。刘竹亭之军已到。蒋芗泉一军六月内可到。大约先破龙游，金华两城，则大局乃有可望耳。

浙江夙称饶富，今则膏腴之地尽成荒瘠。人民死于兵燹，死于饥饿，死于疾疫，盖几靡有孑遗。纵使迅速克复，亦非二三十年不能复元，真可痛也。

尔两试倖取前列，然未免占寒士进取之路，须自忖诗、文、字三者真比同试之人何如，不可因郡县刮目遂自谓本领胜于寒士也。院试过后又须赴乡试，过考日多，读书日少，殊为无谓。我欲尔等应考，不过欲尔等知此道辛苦，发愤读书。至科名一道，我生平不以为重，亦不以此望尔等。况尔例得三品荫生，如果立志读书，亦不患无进身之路也。世事方艰，各宜努力学好，为嘱。

各保札共四件，寄来，可分致之。又黎姓一件可交少云，其名则忘之矣。①

五月十七日衢州云溪行营〔谕〕②

---

① 《家书手迹》此段在尾款后。

② "谕"字据《家书手迹》补。

与孝威
（1862 年）

孝威知之：

二十①日接尔前月晦日一书，得悉一切。

试卷刷印一千五百本，未免太多，履历多未详确。我保同知衔知县后曾保同知直隶州，非虚衔也。特旨以四品京堂襄办军务，后又〔曾〕②奉特旨以三品京堂补用，并特赏多珍。然后补授太常寺卿、督办浙江军务，补授浙江巡抚。凡此履历皆应详载。数典不可忘祖，岂可忘乃父乎？又吾父母之得四品封是奉旨赏给，与寻常贾恩例得者不同，应载明"特恩诰赠朝议大夫、诰赠恭人"，方昭核实。国恩家庆未可忽也。

吾以婞直狷狭之性不合时宜，自分长为农夫以没世。遭际乱离，始应当事之聘，出深山而入围城。初意亦只保卫桑梓，未敢侈谈大局也。文宗显皇帝以中外交章论荐，始有意乎其为人，凡两湖之人及官于两湖者，入见无不垂询及之。以未著朝籍之人辱荷恩知如此，亦希世之奇遇。骆、曾、胡之保，则已在圣明洞鉴之后矣。官文因樊燮事欲行构陷之计，其时诸公无敢一言诵其冤者。潘公祖荫直以官文有意吹求之意入告，其奏疏直云：天下不可一日无湖南，湖南不可一日无某人。于是蒙谕垂询，〔而官文乃为之丧气，〕③诸公乃敢言左某果可用矣。咸丰六年，给谏宗君稷辰之荐举人才以我居首；咸丰十年，少詹潘君祖荫之直纠官文，皆与吾无一面之缘、无一字之交。宗盖得闻之严丈仙舫，潘盖得闻之郭仁先也。郭仁先与我交稍深，咸丰元年，与吾邑人公议，以我

---

① "二十"《家书手迹》作"廿"。
② "曾"字据《家书手迹》补。
③ 此句据《家书手迹》补。

应孝廉方正制科。其与潘君所言，我亦不知作何语。宗疏所称，则严仙舫丈亲得之长沙城中及武昌城中者，与吾共患难之日多，故得知其详。两君直道如此，却从不于我处道及只字，亦知吾不以私情感之，此谊非近人所有。而宗、潘之留意正人，见义之勇，亦非寻常可及矣。吾三十①五岁而生尔。尔生七岁，吾入长沙居戎幕。虽延师课尔，未及躬亲训督，我近事尔亦不及周知，宜多谬误，兹略举一二示之。

二伯所言"不愿侄辈有纨袴气"，此语诚然，儿等②当敬听勿违，永保先泽。吾家积代寒素，先世苦况百纸不能详。尔母归我时，我已举于乡，境遇较前稍异，然吾与尔母言及先世艰窘之状，未尝不泣下沾襟也。吾二十九③初度时在小淹馆中曾作诗八首，中一首述及吾父母贫苦之状，有四句云："研田终岁④营儿铺，糠屑经时当夕飧。乾坤忧痛何时毕？忍属儿孙咬菜根"至今每一讽咏及之，犹悲怆不能自已。自入军以来，非宴客不用海菜，穷冬犹衣缊袍，冀与士卒同此苦趣，亦念享受不可丰，恐先世所贻余福至吾身而折尽耳。古人训子弟以"咬得菜根，百事可作"，若吾家则更宜有进于此者，菜根视糠屑则已为可口矣。尔曹念之，忍效纨袴所为乎？

更有一语属尔：近时聪明子弟，文艺粗有可观，便自高⑤位置，于人多所凌忽。不但同辈中无诚心推许之人，即名辈居先者亦貌敬而心薄之。举止轻脱，疏放自喜，更事日浅，偏好纵言旷论；德业不加进，偏好闻人过失。好以言语侮人，文字讥人，与轻薄之徒互相标榜，自命为名士，此近时所谓名士气。吾少时亦曾犯此，中年稍稍读书，又得师友箴规之益，乃少自损抑。每一念及从前倨傲之态、诞妄之谈，时觉惭赧。尔母或笑举前事相规，辄掩耳不欲听也。昔人有云："子弟不可令看《世说新语》，未得其隽永，先习其简傲。"此言可味，尔宜戒之，勿以尔父少年举动为可效也。至子弟好交结淫朋逸友，今日戏场，明日酒馆，甚至嫖赌、鸦片无事不为，是为下流种子。或喜看小说传奇，如《会真记》、《红楼梦》等等，诲淫长惰，令人损德丧耻。此皆不肖之尤，固不必论。

---

① 《家书手迹》"三十"作"卅"。
② 《家书手迹》作"儿辈"。
③ 《家书手迹》作"廿七"，据《二十九岁自题小象》诗，疑手迹误。
④ 《家书手迹》作"晚岁"。
⑤ 《家书手迹》作"高自"。

吾以德薄能浅之人忝窃高位，督师十月，未能克一郡、救一方，上负朝廷，下孤民望。尔辈闻吾败固宜忧，闻吾胜不可以为喜。既奉抚浙之命，则浙之土地人民皆责之我；既奉督办之命，则东南大局亦将与有责焉。有见过之时，无见功之日。每咏韦苏州"自惭居处崇，未睹斯民康"之诗，不知何时始释此重负也？尔辈若稍存一矜夸之心，说一高兴之话，只增我耻，亦当知之。

明年既定负笈入山从伯父读书，可将此帖别写一通，携之案头，时加省览，如日与我对，庶免我忧。此帖亦宜与润儿及癸叟、世延传观，并各抄一分，俾悉我意。

十月二十三夜龙游城外行营

致史士良①
（1862 年）

士良仁兄大人阁下：

洋将华兵，费中国至艰之饷，而贻海疆积弱之忧。此时猝加裁减，势固难行；然任其逐渐增加，饷从何出？将来一有哗索之事，或遇调发之际，挟制多方，洋将且有所藉口以为诿卸之地，此宜早为之所者。顷奉密件附上，幸以时留意。宋申锡之制官，官有谓缺者勿补，虽非上策，亦备一说。勒伯勒东既受中国节制，自当以长属之礼处之。班定远之言曰："但责大指，勿苛细小。"本朝某公论新附乌梁海人事宜，有曰："新到之乌梁海人，如山兽河鱼，不可猝加羁勒。"此驭边荒之要诀。至太西人情，最重信义，最慕廉洁，自前已然，所谓西方之人信，古语可征也。彼族性情嗜好与中国虽殊，然遇操守廉谨之人，亦知敬重，若为所轻视，则靡所不为矣。凡与彼人交涉事件，最宜留意点检，不可假手旁人。银钱一项尤要。与之议论，可可否否，不可轻率含糊。俗云，"先明后不争"，五字正用着也。

宁波合属肃清，上虞又已克复，局势渐好。绍兴能速得与否，尚未可必。以现在形势言之，贼势方趋金华，新昌、嵊县均弃不守，而金华、兰溪之贼则日有增加。似东路有可乘之机。然兵事有进无退，一经收复，则必严密防守，务保无虞，庶几得尺得寸，皆为实效，否则，俺得复失，于局势无毫发之补，而民间蒙无涯之祸，浙江已事，可复验也。

弟师行所过，华屋成墟，骸胔遍野，痛心疾首，无泪可挥，皆由战不成战、守不成守，贼退报克复、贼来报失守之故。宁、绍两郡在浙中

---

① 史致谔，字士良，江苏阳湖人。署浙江宁绍台道。此件选自《阳湖史氏家藏左文襄公手札》。年份据内容考定。

失事各郡受祸稍轻，急宜慎以图之，以留为全省复元根本。现在宁波兵事冗杂殊甚，制胜无权，能自保全，已为万幸；若轻听舆人之请，侈谈恢复之功，似实非力所能及。纵洋将可用，轮船可恃，恐精华尽为所掠，犹获石田；且处处屯兵列戍，兵力愈分愈单，守且不足，何有于战？恐回头坠甑，悔无及也！

弟攻龙游，蒋方伯攻汤溪，刘廉访击兰溪援贼，皆阻于坚城高垒，骤难速拔。此三城不下，无取金华之理；金华不下，无取绍兴之理。现在，王铃峰观察所部，因皖南告急，调赴歙、休；魏太守所部，分屯淳、寿，以截严州内犯之贼。虽明知严郡易取，亦以兰溪未拔，粮米无从采运，取易守难，暂缓规复，盖形势所限如此。金、平两郡不复，绍兴能遽下乎？绍郡纵下，能久守乎？此似可暂缓望蜀之谋以待机会之至者也。幸公留意。

前许以魏守所部二千助公，因皖南之贼麇聚不果，则疏请秦啸山军门提所部入宁波，署理提篆，已荷俞允。耆制军以秦所部正分防处郡，商令啸山只身前往，殊非鄙意。昨啸山亦以伤疾举发，请代奏赏假，此公似又不能来。未知叶护军门果能坐镇否？便中乞示及为要。

边太守闻是端整君子，已附片请署府篆。彼中官绅臧否，幸密以见示，以凭考究。饷事支绌，须物色廉朴官绅妥为经理。理财以用人为要，一定之理。雪岩曾到宁波否？会办捐输之举，亦有成说否？

以上数则，随记随写，不及排次，请随笔复之，亦如对策之法，只求事理翔实，不必拘红笺楷法也。

即请大安，不尽欲言。

愚弟左宗棠顿首
十一月五日龙游城外行营

复史士良①
（1863 年）

士良大兄观察大人阁下：

缄牍并悉。所欲言者，谨复陈之。

洋将华兵之弊，与金华不克，绍兴难复，及犹获石田之说，去冬曾详告阁下，度阁下此时必以为然也。兵事均须从质实处着想，不必弄巧。吴越士君子别有一种议论，几于并为一谈。以愚见言之，此时除着"急谋自强"四字不可。所谓自强者，非以智辩求胜、非以才力相夸也。我不必藉其力以为强，亦不因自强而求逞，则畏敬之心生而欺侮之端泯矣。幸卒留意。

浙之肥壤在嘉、湖与宁、绍。吾军积欠实已九个月有奇，今方有事于浙西、皖南，非巨款不济。若现复各郡县，则白骨黄茅弥望皆是，方筹粥赈及牛力子种不暇，安所得饷乎？请阁下急为我谋之，不但沪上所得不宜分取，即甬上所得，亦未可私之。自惭德薄能浅，于浙事少所裨益，不能不过望于公也。至身家之念，则早置度外。上年廉俸并入军用，亦未敢划算。盖自咸丰二年幕湘已来，所得馆谷亦只以二百或三百金为宁家课子之需，余皆无所取，不欲以一官挠吾前节也。

来示海关公费，亦知为抚部例得之款，可用印文指调者。然每读左司"自惭居处崇，未睹斯民康"之句，辄为愀然。所寄四千金已发衢郡觅种谷。其待解者可即发山阴、会稽、萧山振灾民，已用公牍奉致，并行知绍郡具领分给矣。

现在方伯规杭垣，廉访办皖寇，弟驻严州随时策应，相距尚远，请勿枉顾，有事可专缄相商，亦不必拘红笺楷字也。此复，即请台安。

---

① 此件选自《阳湖史氏家藏左文襄公手札》。年份据内容考定。

愚弟宗棠顿首

（二月二十一日）

　　马总兵受伤一事，正所谓怒于市而色于室也。邸中又来一缄，录寄一览。所要求各件既均抹却，则私往一拜亦于体制无乖。乞照办可耳。又拜。

致史士良①
（1863 年）

士良仁兄观察大人阁下：

三郡失事文武，除曾经奏明免罪、缓拿各员外，其实在官声素著、有情可原，罪宜末减者，亦宜据实禀明候酌，若一概含糊了事，何以重功令而服人心？

浙事倾覆至尽而后，鄙人偶承其乏，痛定思痛，非严纪律、清吏治、正人心不可。自惭德薄能浅，于古贤大夫无能为役，然区区之心，则诚不肯效世俗所为，以自欺而欺朝庭也。幸鉴之，勿以不通世变为訾。

洋兵于海上之战，最为得力；若入内港，则胜负参半；若舍船上岸，遇稍劲之贼，更难着手。十数年来，习见我军政之不修，将士之弩弱，务思驾而上之；又审我为时局所缚，不能不降心相从，遂尔多方要挟，驯至于今，则固有难堪者。我不求彼之助，彼无可居之功，尚可相苊以安；否则衅端日积，何以善其后乎？海上士大夫多不知兵，故宜妄自菲薄，所思议者，无非得过且过之计。公宜图自强之策，勿为所误。此时骤欲转弱为强，知公有所不能，于事势亦未可以遽。然试存此意于胸中，而以弟所言严纪律、清吏治、正人心三者为之的，或者犹有望乎？孟子曰："今国家闲暇，及是时明其政刑。"此一说也。孔子曰："言忠信，行笃敬。"又曰："君子义以为质，礼以行之，逊以出之，信以成之。"此又一说也。公幸留意。

杭城上游仅存富阳一城，数日内援贼自杭、嘉麇聚于新桥，此间当有数大仗二十三、四已接获大捷。刘廉访自萧、诸引军而西，二十一日抵

---

① 此件选自《阳湖史氏家藏左文襄公手札》。年份据内容考定。

徽州之屯溪，恰与贼遇，二十五日大战破之，杀贼逾万，歙、休以安，此一快也。附白一慰。

艇船打贼尚不及红单，方伯欲之，亦慰情胜无之说。此间所制师船颇佳，但质小不能压潮，现紧造长龙，未知何如？鄙意将来须仿造火轮，乃可语洋防耳。

饷事积欠九个月，困惫不堪，尚须施粥散钱米以活垂尽之民。段镜湖解沪捐至，稍济饥渴，然已一散即尽矣。绍郡设盐茶局，已委叶道熊试办，公宜尽力赞之。瓯盐每斤二文三厘，初议也，现计抵衢已增至十三文。绍所便水运，非若瓯运之艰，未可仿瓯之初议。

数日来，心神甚不适，似有病至，文书积压颇多，故奉答少迟。此复，颂勋安。

愚弟左宗棠顿首
二月三十夜子刻严州营次

致史士良①
（1864 年）

士良仁兄大人阁下：

日昨移扎余杭城西南横溪头，适接惠函，具谂一是。年内支发更繁，幸荷圆周详，为我筹措巨款，俾士卒稍有卒岁之资，感当何既！正月绝少进款，年内能普发一月薪粮，则发春之始不至拮据，譬之贫家债重，惟有节节腾挪预为点缀已耳。

军米一项，宁、绍月供二万石，可无饥馁之虑。此事较饷银为要，军食足敷，则放心打仗，不致坐失机宜。阁下力以此事自任，弟可省心并力，一意进取，其于军事裨补多矣。

京饷未能于年内赶解，明春必当委员搭坐轮舟解之。此事须委在行之员，此间无可委者，请尊处预为遴择见示。

轮舟为海战利器，岛人每以此傲我，将来必须仿制，为防洋缉盗之用。中土智慧，岂逊西人？如果留心仿造，自然愈推愈精。如宣城之历学，及近时粤东、扬州之制造钟表、枪炮，皆能得西法而渐进于精。意十年之后，彼人所恃以傲我者，我亦有以应之矣。李泰国之事，变买为雇，用洋人而不使华人得与其闻间，曾节相上书恭邸，言其不可，各国公使亦共斥之，乃得了结。然恭邸斥之者，恶其缪诈；而各国公使所以斥之者，一则忌其专利，一则不欲以利器假人也。毕竟沿海各郡长久之计，仍非仿制轮舟不可。欲仿制必先买其船，访得覃思研求之人，一一拆看，摹拟既成，雇洋人驾驶而以华人试学之，乃可冀其有成。为此者，始有所费而终必享其利，始有所难而终必有所获。鄙见如此，仍乞留心。

---

① 此件选自《阳湖史氏家藏左文襄公手札》。年份据内容考定。

宁局抬枪铅子较铁子远胜，各营多欲得之。惟铅子有合膛者，有不合膛者，缘抬枪有湘中、闽中及各原营在各处领取者，未能一律之故。若铅子较现制者略小一分，则殆无不合。试饬局每解子来营亦解两种何如？

海宁贼首蔡元龙有求降之禀，已饬方伯图之。此外尚有数起，大约余杭克则省会可图，而嘉、湖亦可渐次到手。惟李逆秀成有挟洪逆出走之说，而皖南专言守而不言战，实为可虑。昨入一文字，请饬李中丞由无锡攻宜兴、溧阳，而节相厚集兵力守广德，未识有当圣意否？极知非分，然不得不言也。手此，即颂大安不具。

愚弟宗棠顿首
腊月十四日

洋硝、铅条两事，乞随时收买，即克杭之后，亦须多为储备也。

与孝威
（1864 年）

霖儿览之：

接七月初十日书，具悉家中安好，新得一孙，足慰老怀。是月克孝丰，可名之丰孙，所以志也。乳足则无须雇用乳母，不可过于爱之。吾家本寒素，尔父生而吮米汁，日夜啼声不绝，脐为突出，至今腹大而脐不深。吾母尝言育我之艰、嚼米为汁之苦，至今每一念及，犹如闻其声也。尔生时，吾家已小康，亦未雇乳媪，吾盖有念于此。少云欲以第六女配丰孙，尔母欲俟十岁后再议，此甚有见。十岁后男女俱长，吾如尚在，当为订之。

壬叟入学，最为可喜。尔伯父望子甚切，而壬仅中人之资，得此固可塞责耳。

试馆明岁可改造，义学明岁可举行。究竟需钱若干，如何规画，尔来书不一言及何耶？义学之外尚须添置义庄，以赡族之鳏寡孤独，扩充备荒谷以救荒年，吾苦力不赡耳。带兵五年，不私一钱；任疆圻三年，所余养廉不过一万数千金，吾尚拟缴一万两作京饷，则存者不过数千两已耳。浙事了后，当赴闽一行。以一年度之，尚可余廉泉数千。当请觐北上，即决计乞休耳。约略言之，俾尔知自为计。

尔意必欲会试，吾不尔阻。其实则帖括之学亦无害于学问，且可藉此磨砻心性。只如八股一种，若作得精切妥惬亦极不易。非多读经书，博其义理之趣，多看经世有用之书，求诸事物之理，亦不能言之当于人心也。尔初学浅尝，固宜其视此太易。今岁并未见尔寄文字来，阅字画亦无长进，可见尔之不曾用心读书，不留心学帖，乃妄意侥博科第，以便专心有用之学，吾所不解。曾记冯钝吟先生有云："小时志大言大，父师切勿抑之。"此为庸俗父兄之拘束佳子弟者也。若尔之性质不逾中人，而我之教汝者并不在科第之学，自不得以此例之。且尔欲为有用之学，岂可不读书？欲轰轰烈烈作一个有用之人，岂必定由科第？汝父四十八九犹一举人，不数年位至督抚，亦何尝由进士出身耶？当其未作官时，亦何尝不为科第之学，亦何尝以会试为事。今尔欲急赴会试以博科名，欲幸得科名以便为有用之学，视读书致用为两事，吾所不解也。大约近日颇事游嬉，未尝学问，故不觉言之放旷如此。尔欲由湖南赴京，亦听尔之便。吾以五年未见尔，故欲尔来浙，即由浙进京。已遣袁升带银归，并请余三伯挈尔同行。此信约月底可到，到时尔自定主意。

八月初六夜杭州〔书寄〕①

---

① 《书寄》二字据《家书手迹》补。

与孝威
（1864 年）

孝威知之：

日昨送我，舟中人客嘈杂，未及一一详示。然究不知儿之能遵吾教否，又不能已于言。今日至富阳，酬应较少，乃书此寄之。

儿此来，原拟令同住数月，始遣北上。不意闽中事急，不能不舍儿以去。吾既去杭，儿亦宜及早北上。道途多险，游勇剽掠为患，苏、常、镇、扬一带时有戒心。儿未知远行之难、世事之坏，一切皆宜详慎，不宜粗率卤莽，以贻余忧。近日察儿举止多有轻率之处，多由阅历未深。如由弋阳至广信时，正值湖州余孽败窜，儿放胆径过，虽幸无事；然尔父亦数夕不能安卧矣。藉使在长沙时少缓行期，俟余信至就道，岂不安稳耶？尔抵杭后，闲谈日多，读书日少。言动之间童心未化，虽无大谬可指，却无佳处可夸。窥其心之所存，不免有功名科第之念。此在寻常子弟亦不为谬，然吾意却不以此望儿也。

自古功名振世之人，大都早年备尝辛苦，至晚岁事权到手乃有建树，未闻早达而能大有所成者。天道非翕聚不能发舒，人事非历练不能通晓，《孟子》"孤臣孽子"一章，原其所以达之故在于操心危、虑患深，正谓此也。儿但知吾频年事功之易，不知吾频年涉历之难；但知此日肃清之易，不知吾后此负荷之难。观儿上尔母书谓"闽事当易了办"一语，可见儿之易视天下事也。《书》曰："思其艰以图其易。"又曰："臣克艰厥臣。"古人建立丰功伟绩无不本其难其慎之心出之，事后尚不敢稍自放恣，则事前更可知矣。少年意气正盛，视天下无难事。及至事务盘错，一再无成，而后爽然自失，岂不可惜？顷于舟中见李云麟奉旨撤去四品京堂，益用儆惕。以李雨苍质地之美，何事不可为？只缘言之易，行之乐，遂致草草结局。假令潜心数载，俟蕴蓄既裕，而后见诸设施，〔亦〕① 岂遽止于此，儿当引以为鉴也。

至科第一事无足重轻，名之立与不立，人之传与不传，并不在此。儿言欲早得科第，免留心帖括，得及早为有用之学。如其诚然，亦见志趣之不苟，然吾不能无疑。科第之学本无与于事业，然欲求有以取科第之具，则正自不易，非熟读经史必不能通达事理，非潜心玩索必不能体认入微。世人说八股人才毫无用处，实则〔真〕② 八股人才亦极不易得。明代及国朝乾隆二三十年以前名儒名臣有不从八股出者乎？罗慎斋先生以八股教人，其八股亦多不可训，然严乐园先生从之游，卒为名臣。尝言"得力于先生在一'思'字"，盖以慎斋教人作八股必沈思半日然后下笔，其识解必求出寻常意见之外乃首肯也。今之作者但知涂泽敷衍，揣摩腔调，并不讲题中实理虚神、题解题分、章法股法，与僧众诵经唸佛何异？如是而求人才出其中，其可得哉？儿从师学时俗八股尚未有成，遽望以此弋取科第，所见差矣。至谓"俟得科第后再读有用之书"，然则从前所读何书？将来更读何书耶？如果能熟精传注，则由此以窥圣贤蕴奥亦复非难。不然，则书自书，人自人，八股自八股，学问自学问，科第不可必得，而学业迄无所成，岂不可惜？试细思之。

至交游必择〔其〕③ 胜我者，一言一动必慎其悔，尤为切近之图。断不可旷言高论，自蹈轻浮恶习；不可胡思乱作，致为下流之归。儿当谨记吾言，不复多告。

十月二十九日富阳舟中〔谕〕④

---

① "亦"字据《家书手迹》补。
② "真"字据《家书手迹》补。
③ "其"字据《家书手迹》补。
④ "二十九"《家书手迹》作"廿九"；"谕"字据《家书手迹》补。

致左仲基^①
（1865 年）

仲兄大人福安：

弟入闽以后，惟上冬刘克庵副帅小挫一次，旋即复振。龙岩克后康军之力，继克南阳汪逆老巢刘、王两军之力，而高、王两军之攻漳城，屡获胜仗，尤足寒贼胆而固民心。弟驻师延平，就近兼拿盗匪，拟即晋省办事，因汪逆时有北窜之意，故暂未动。杨、简两镇新募之营亦到，兵力足敷。外间谣言退驻浦城，并无是说。

弟自办军务以来，拿定主意，宁肯缓进，断不轻退，其制贼之略，在保完善之区，制鸱张之寇。初奉督办之命，即以此上陈，至今未敢变易。故于广德、宁国之不剿不防，必抗疏争之。无如三缄两牍，概置脑后，卒酿此时闽、粤纷纭之局也。尝叹东南大局，若有实心任事、稍通方略者三数人，及早经理，断不至蔓延流毒至今。现在大局虽稍有眉目，然戡乱之人实不多觏，而运气却好，亦不可解。岂古来所谓命世英豪，亦半凭运气耶？抑国家景祚方隆，群盗固应数尽耶？

伯爵两辞，未蒙鉴谅，不敢为再三之渎，实则非家门之福。弟之不受贺而申谕家人以忌满之说，由衷之谈，非有所矫执也。浙之官民均切去思。新抚马谷山一遵旧令尹之政，遇事虚怀商榷，稍可慰意。

闽事败坏，至不可堪。徐中丞以廉慈闻，实则衰庸充位而已，战事尚顺，惟贼意欲下海以赊死。其汪逆一股，时思北窜。现虽极力截剿，未知果无漏逸否？

淀甥、癸侄已早安抵营中，且令其留心学习。喜幕中多端士，无各

---

① 此件选自湖南省社会科学院藏《清代名人书札》（手稿）。年份据内容考定。左宗植（1804—1872），字仲基，一字景乔，湖南湘阴人。左宗棠仲兄。道光举人。官桂东教谕，改内科中书。

军习气污我素丝耳。手此即复请大安。

怀弟宗棠谨启

三月十九延平营次

秦提军老滑也，作武官不能打仗，专讲应酬。弟待之亦厚，未尝资其力，渠所言无可取也。附白。

答吴桐云①
(1865 年)

来书念及屡躯不适，深悯其劳，而所以奖借之者如恐未至，斯语重未敢荷也。

仆自为童儿时，即知慕古人大节。稍长，工作壮语，视天下事若无不可为。三十以后，读书渐多，阅世渐深，知区区之存于心中，自以为是者，仅足以傲今无足指数之人，而于古之狂狷，实未逮也，则愿力耕读书以自勉其所未至。又十余年，而事变纷然，遽欲一身应之。念所学未成，不能及远，权不之逮，不得自专，志在一乡一国，尚或庶焉。于是以己所不能者望之人，而出己之所谓能者辅翼而匡救之。庚、辛之交，犹此志也。时则仕宦日进，负荷日重，艰危日甚，而向之所期又往往违焉。于是，虑所事之无成也，则忧；鉴世之莫我知也，则愤。当食而叹、有喜而忧者又数年于兹。岁月云徂，神劳形悴，而吾衰且老矣！

所患飧泻胁疣、肝脾虚败之征，皆心气不足所致。为身计，宜及时退休自逸，稍乐余年；为天下计，则又不敢若是恝也。时局方艰，人物渺然，兹为天下病。在位不能汲引胜己之人，俾吾身去志行，继吾未竟之绪，斯吾一己之病，夫岂服食调卫所及哉？志大力小，年徂事急，老将知而耄及之，行自伤矣，阁下其谓我何耶？

---

① 吴大廷（1824—1877），字桐云，湖南沅陵人。历任内阁中书、福建盐法道、台湾兵备道。

答徐树人中丞^①
（1865 年）

　　自闻贼陷嘉应以来，日夜檄调各路兵马回闽，自出屯璠溪，以当平和一路。然顷始到齐，尚只二千余人。幸刘克庵、黄芍岩闻警遄驰，已回武平、上杭一带；芍岩并单骑到璠溪。又得果臣、友之书，已抢扎城东北及北路。军声已张，士气甚奋。弟现檄催各路约期并进。嘉应南面滨河，由此径下潮郡，分犯丰顺、揭阳。粤东仓卒召勇三千，分扼三河坝、言岭关一带，万不足恃。弟飞咨瑞将军、郭中丞速造炮船，由闽军派弁管带，未知以为何如？粤东军事、吏事人才乏绝，又漫无区画，一种委靡纤啬之概，令人愁愤。庙堂诸公不早为区处，恐祸作无已时，不独发逆为可忧也。

　　夏小涛已遵命委汀漳龙道，而弟处去一帮手，更觉忙碌。此君相处五年，才守均是上等，胜任无疑。坐补兴化延守，见过两次，似是爽直一路，其前此告病在庆端之时，或是臭味差池之故，以福宁试之何如？沈丞闻是美才，其在籍作泰顺训导时，甚得时誉，以之代理泉郡，其可也。永春周牧以徇仆服毒，有必有大不得已于中者乎？

　　朱道已调其随征，仅留一哨于同安。惟漳州罗镇，为下府一砥柱耳，兴泉永一带甫有转机，一旦舍之而去，将来又须从头整理。弟拟到嘉应后，相机派拨，如兵力到齐，打一二仗，并力进扎，则地近可以省兵，当酌遣一两营回闽，镇压土匪。

　　闽中之治，以治匪为要。治匪必先察吏，察吏必先惩贪。暂惟公独任其劳怨，弟心不安，然亦无如何。受三、桐云当可稍资臂助。贪吏如周式濂、周大健，代理诏安之张鸿书，请挈弟衔劾办。此外尚有数员应

————————
　　① 徐宗干（1786—1866），字树人，江苏通州人。嘉庆进士。历官知府、台湾道、福建巡抚。

参办者，容再奉闻。国家好好地方，好好百姓，尽为若辈搅坏，殊深发指。知公仁心厚德，将必有大不忍者。然一家哭，何如一路哭，昔贤已言之，愿公断在不疑也。

户部驳改行票盐之议，分明受人指嗾，弟已单衔痛驳之。总理衙门之信督抚，不若信赫德之专，亦殊可笑！盖自元公罢议政以后，是非不必尽明矣。

与孝威
（1865 年）

孝威知之：

接闰月二十①一日信，知已安抵家中，途间均顺，至为慰意。先两日甫得尔都中四月晦日书，正以尔盘费少，直、东军务正急，颇为悬系，今②竟安然无它也。

会试不中甚好。科名一事太侥幸、太顺遂，未有能善其后者；况所寄文稿本不佳，无中之理乎。芝岑书来，意欲尔捐行走分部，且俟下次会试再说。我生平于仕宦一事最无系恋慕爱之意，亦不以仕宦望子弟。谚云："富贵怕见开花。"我一书生忝窃至此，从枯寂至显荣不过数年，可谓速化之至。绚烂之极正衰歇之征，惟当尽心尽力，上报国恩，下拯黎庶，做〔完〕③ 我一生应做之事，为尔等留些许地步。尔等更能蕴蓄培养，较之寒素子弟加倍勤苦努力，则诗书世泽或犹可引之弗替，不至一旦澌灭殆尽也。

世俗中人见人家兴旺辄生〔忌嫉心〕④，忌嫉无所施则谀谄逢迎以求济其欲。为子弟者以寡交游、绝谐谑为第一要务，不可稍涉高兴，稍露矜肆。其源头仍在"勤苦力学"四字，勤苦则奢淫之念不禁自无，力学则游惰之念不禁自无，而学业人品乃可与寒素相等矣。尔在诸子中年稍长，性识颇易于开悟，故我望尔自勉以勉诸弟也。都中景况我亦有所闻，仕习人才均未见如何振奋。而时局方艰，可忧之事甚多，外间方面亦极乏才，每一思及辄为郁郁。尔此后且专意读书，暂勿入世为是。古

---

① 《家书手迹》作"廿"。

② 《家书手迹》作"不料"。

③ "完"字据《家书手迹》补。

④ "忌嫉心"三字据《家书手迹》补。

人经济学问都在萧闲寂寞①中练习出来。积之既久，一旦事权到手，随时举而措之，有一二桩大节目事办得妥当，便足名世。目今人称之为才子、为名士、为佳公子，皆谀词，不足信。即令真是才子、名士、佳公子，亦极无足取耳。识之。

六年不见尔母及尔曹兄弟姊妹，又两新妇、两孙亦时念之，惟现在汪逆入粤后凶焰尚张，其蓄意在窜江西另寻生路。眷属来闽必从江西取道，暂可缓之。俟贼踪有定，再由此间派人来接。将来恐须由长沙雇船到九江、湖口，换船至江西广信府之河口；由陆路赴福建之崇安，雇船到福建省城，方为妥便也此路游勇土匪无处无之，来时尚需带勇士百名防护。

润儿今岁原可不应试，文、诗、字无一可望，断不能侥幸。若因家世显耀竟获侥幸，不但人言可畏，且占去寒士进身之阶，于心终有所难安也。尔母于此等处总不能明白，何耶？

前接尔信，索银甚急，已托周寿山由福建银号汇兑纹银八百两交芝（芩）〔岑兄〕② 收转尔用，想芝（芩）〔岑〕③ 早已接得。除还借项二百两外，当以二百两送绵师，二百两送芝（芩）〔岑〕④，余即留芝兄处应酬各项。⑤

七月初一日〔书于〕⑥ 漳州城大营

---

① 《家书手迹》作"寂静"。
② 《家书手迹》作"芝岑兄"或"芝岑"。
③ 《家书手迹》作"芝岑兄"或"芝岑"。
④ 《家书手迹》作"芝岑兄"或"芝岑"。
⑤ 《家书手迹》此段在尾款后。
⑥ "书于"二字据《家书手迹》补。

上总理各国事务衙门
（1866 年）

　　三月二十五日接奉初二日建字第十二号钧函，以英国阿使欲中国雇借外国轮船缉拿海盗一节，已照会各国允办，属即函商少荃中丞酌筹购买，一面先行雇觅，将各口应用轮船若干，并水手、兵丁、炮械以及控制、训练、旗号各项，妥议章程具复，等因。宗棠等查闽省为滨海岩疆，洋防紧要，节经咨行水师提督分派兵船严密梭巡。上年二月，因洋人私运军火、米粮接济漳郡踞逆，曾饬通商委员转托税务司美里登，购得英国轮船一号，改名为长胜船，檄委前安平协副将吴鸿源管带。并于三月间经官军拿获济贼古董轮船，照约入官，更名靖海船。俱易用中国旗号，配拨弁兵，兼雇洋人驾驶，以备巡海缉匪并转运饷糈、军火之用。嗣因厦口税务司巴德囉准赫总税司，将靖海轮船一号札调粤海关听用，至今未据交还。

　　迩来闽省洋面，尚未能一律肃清。兹奉尊谕，宗棠等公同酌议，窃以轮船向外国借用，调遣不能自由，久暂不能自主。即缉获盗船，亦间有需索酬谢之事。彼此稍涉计较，未免多一论端。万一事出意外，赔补更多争执。是借船虽可偶一为之，究非妥便之策。至暂行雇赁，固较借用为宜，然火船工费最多，船主居为奇货，索价不啻倍蓰。又必与之说定年月，未能即换中国旗号。舵水人等，不肯尽听中国管束，调停驾驶，甚费周章。惟购买则一切尚可自由，较之借、雇，均为省事。然亦有数难焉。彼族嗜利之心无微不喻，其出售船只，必先其旧者、敝者，或制作未能坚致，及彼中所嗤为旧式者。未卖与中国之先，均噤不出声。既成交之后，始扬言某件已坏，某船止若干马力，止装若干顿数，必须改造，乃堪适用。既依所论改造，又必用其料，用其工，任意掯索，莫能驳减。盖以彼之长，傲我之短，以彼之有，傲我之无，我固无如之何。其难一也。船即买定，仍须雇用彼人管驾，以管车、看盘诸法非熟习者不能，中国人如宁波、上海及广东各海口之人，在轮船受雇当水手、舵工者多，而能当船主者极不易得。既必用外国之人管驾，则另雇、更换，均难由我，不得不勉强将就，以冀相安。其难二也。轮船无一年半载不修之事。欲修造，则必就外国所设船厂、铁厂，估价兴工，彼又得居为奇货，我欲贱而彼故贵，我欲速而彼故迟。其难三也。有此三难，则购买轮船，又不如自造轮船之最为妥善。

惟轮船为彼中数十年甫有之奇器，中国欲一旦夺其巧，争其奇，势必不能。既无制作之器具，又无制作器具之器具，不但无可为师匠之人，并无多识洋字、熟谙洋算、通晓洋书之人堪随其学习。故数年以来，群知以此为当务之急，然稽延至今，思其艰而不能图其易者，盖以目前之经费难筹，日后之咎责莫诿也。

宗棠等公同商酌，就局势而言，借不如雇，雇不如买，买不如自造。而自造一层，虽已商议及之，尚未能确有把握，应俟有端绪，再行奏咨办理。

兹阿使既有雇、借轮船之说，自宜谨遵来示，先筹雇、买两端。大约雇用轮船，须先议定每月雇价，所需煤炭约略数目，及修理费用，并包在雇价内计算，免其另生枝节。购买轮船，须先议定马力若干，顿数若干，价值若干，换用中国旗号后，或雇洋人管驾，或雇中国人管驾，均由中国自行斟酌。约计闽省有轮船四只，已可勉敷调拨。一面派委员弁赴香港、宁波、上海寻觅，一面饬司预筹经费以待。其船内应用水手、兵丁、炮械暨如何控制训练、建立旗号等事，俟飞函与少荃中函妥商，再定拟章程，呈送察核，并由宗棠另具公牍呈达。

答杨石泉①
(1866 年)

近得衢、严各属禀设坛祈雨，未接续报得雨时日，闽中则三十余日不雨矣。

北路人来，均言早稻幸有八九分，晚禾正盼时雨。现已率属虔祷，未知何日得需甘霖也。岁事不登，长吏之罪，愧惧交集。史令来，蒙为致四年廉金，已照数收到。凯旋以后，复添眷属之累，得此接济，可支五月之粮。承赐大小各笔，并佳茗两匣，谨并拜登。

徐大度已擒，黄岩民风当少敛戢。项连三、黄得根、金得利等恶必须擒治，以申宪典。此间穷治奸宄，斩杀不下数百人，从前漏诛首恶一一就法，法令渐张，良懦乃有苏息之望。惟廉明守宰极不易得，其孰与奠丽而训救之乎？

近疏请造轮船、制福炮，以严武备；开蚕、棉之馆，以衣被穷黎；设正谊书局，以续闽学之绪。意非三数年不睹成效。而诸务繁兴，举赢时绌，时有力不从心之虑。亦只好竭诚谋之，为其可继而已。

浙中除台属尚宜搜捕外，余悉敉平，勇丁自宜次第汰遣。惟制兵多饷薄，断无迁就之理，必裁减兵额，而以所裁之饷增给新练之兵，乃可稍收实效。公其图之。

洋防非造轮船、制洋炮不可。就船而论，内洋、内河，非制广艇、拖罾、长龙不可。三者各有攸宜，不可偏废。近仿泰西新法，讲求药膛大门之秘，诏匠作造福炮，甚觉合用，精益求精，决可及西人之巧。欲整洋防，则此等处不可忽也。

---

① 杨昌濬（？—1897），字石泉，湖南湘乡人。历任浙江布政使、署浙江巡抚、甘肃布政使、漕运总督、闽浙总督、陕甘总督。

浙西一带水利宜兴，塘工而外，疏浚尤急。弟在浙不久，未免浮屠三宿之恋。终其事者，惟公是赖。幸有以裨之。

秀水举人杨象济者，迂陋诡薄。弟于咸丰三年幕鄂时，王子寿比部荐其就我学问，嗣察其不足教而悔之，主人张石卿尚书尝举以诮王君也。此子厥后流落汉皋，即谬刻一书，谓张公与江忠烈数月治行战事多出其手，尝以此遍干当事。十数年来行踪，盖不得而考，亦不知何时得举也。近忽得其两书，自称年愚姪，于浙江官绅多肆诋诃，于时政多所菲薄，并录其寄夏阁学书稿见示，不知其意欲何为？书中言其下榻秦都转处，略言其请修省志，而为高运司所阻。其不得意而发狂言，大半因此。浙事甫定，而此辈恶少即敢摇唇鼓舌，以乱是非，所营者不过尺寸之间，而所欲摇撼者不啻丘山之重，实堪切齿。请以此示秦君，勿为所惑。

上总理各国事务衙门
（1866 年）

昨奉钧函，以设厂制造轮船，习造轮机兼习驾驶为当今应办急务，关系重大；并因宗棠调任陕甘，询及兴办、接办情形。仰见荩谟深远，规画精详，曷深钦佩！

宗棠自奉谕旨允准办理，博采周咨，咸以设厂之地，惟福州罗星塔为宜。七月初十日，洋将日意格来闽，同往相度，择定马尾山后设厂。已筹买民田，估计砌岸、筑基、缭垣，及铁厂、船槽、船厂、学堂一切。公所房屋工程，令日意格与上海殷实中外商人定议包办，由洋员督造。一面与日意格酌定保约，条议合同规条，开购器、募匠款目，并订明洋匠、购器、募匠来闽程期，一切均有头绪。日意格以江汉关税务司事及湖北委练洋枪队尚未交卸，亟须折回汉口，先将保约等件草稿花押禀呈，由宗棠札发委办，赍赴上海，交法国总领事官钤印画押具保去后。

据委员回闽禀称，同见总领事白来尼，业经允保德克碑、日意格办理此事。并云奉伊国来文，恐有他国阻挠，饬一体照料德克碑等办理。德克碑接日意格信，于八月下旬由安南径来闽省，见日意格所拟各条，均以为然。因宗棠调任陕甘，于本月十三日趁轮船赶赴沪上，催日意格来闽，并见白总领事，俟其钤印花押后，与日意格会衔禀送核办。宗棠以此事虽有端绪，洋将会禀尚未递到，未敢即以上闻，故一切事宜，未即缕呈钧览。自昨初六日奉调任新命后，拟俟此局议定，并赶将本任内要务清结，即整队西行。

窃维轮船一事，事在必行，志在必成。而将军、督抚事务既繁，宦辙靡常，五年以内，不能无量移之事。洋人性多疑虑，恐交替之际，不免周章。前此本拟俟开局以后，请派京员来闽，总理船政，以便久司其事。现则请派京员已迫不及待。惟前江西巡抚沈幼丹中丞，在籍守制，并因父老，服阕欲乞终养，近在省城，可以移交专办。沈中丞清望素著，遇事谨慎，可当重任，派办之后，必能始终其事。英桂等意见相同。官绅闻之，亦皆称善。宗棠已两次造庐商请，沈中丞尚在谦逊未遑。宗棠日内即当具折请旨，简派沈中丞总理船政也。所需船料，惟大桅必需番木，盖海中荒岛多数百年老树，且砍发、运售脚价均不甚费。中国老林深谷虽不乏良材，然不近水次，难于运购，故价转昂于番木。造船之必需番木者，以其价贱于中国，非谓其材之良胜于中国也。前次日意格来，面商造大轮船可用番木，以求节省；造次号轮船，必用华木，以取坚实。又轮船不仗风力，无须大桅，故不重番木也。又，中国铁亦可用，但在山开炉取铁，均不得法，成筒而不成条，又提炼不净，故不如外国之好。将来开工时，亦必仿用洋法，免致远购为难。洋人中不必人人皆知造船。即德克碑、日意格两人中，德克碑本系法国水师员弁，长于制造；日意格办事安详，曾充船主，洋务亦娴，但制造不逮德克碑。就两人而论，各有长短，皆不可少也。

至自造轮机成船，较买现成轮船多费至数倍；即较之购买现成轮机，配造成船，亦费增过半。所以必欲自造轮机者，欲得其造轮机之法，为中国永远之利，并可兴别项之利，而纾目前之患耳。外国多方阻挠，乃意中必有之事。现在英国领事等屡以造船费大难成，不如买现成船为便宜，此即暗中使坏之一端。不然伊何爱于我，而肯代为打算乎？

惟既能造船，必期能自驾驶，方不至授人以柄。现买香港轮船，改名华福宝，即用宁波军功贝锦泉管带。船中所用管车、看盘、炮手皆中国人。现令贝锦泉多募宁波熟练舵工，优给薪工，随同学习，意在熟悉闽、粤、江、浙、山东、直隶洋面，能多造就数人，则后此厂中所造之船，即可用中国人驾驶。

又虑舵工多属粗人，难期精敏，故仍归重于设学堂，教习英、法语言文字，俾通船主之学。庶造就更众，不患无驾驶之人。宗棠管见，不可借用外洋弁工。倘该公使询及此节，请以俟轮船成时再议应之。枪炮尚易制造，现制就千余斤以下者八十尊。德克碑并拟带外国匠数人前来也。

上总理各国事务衙门
（1866 年）

昨建阳途次接奉钧函，于轮船局务指示周详，无微弗至，钦佩何言！

宗棠于此事，思之十余年，诹之洋人，谋之海疆官绅者，又已三载。适彼人有借法自强之论，遂通盘筹画，亟请试行。虽奉命西征，犹且日夜计画，必期章程周妥、经理得人而后去。盖将欲坚洋人之信，冀此事之必有成，不敢失此机会也。事前不得不密者，缘彼族险竞嗜利，有益于我之事，彼必挠之，别国有结好于我之意，彼必忌之。或以利器不可示人之说行其间于外国，或以工繁费钜事难必成之说行其间于中国，使我疑信相参，颠倒于彼术之中，而彼得久据其利。故我之谋之也，藏之隐微，秘之机缄，未启之始，惴惴乎犹虞其或泄也。迨计议粗定，要约已明，立局于大海之滨、岛族熙来攘往之地，与洋员往返定议，画押钤印于岛族萃处之所，彼已哗然，属耳目闻，已刊入新闻纸，虽欲密之，亦乌从而密之乎？

轮船之制式各不同。约而言之，为兵船，为货船。兵船以坚缄为主，宜避炮火，故船面不高。货船以多载为主，船面安炮少，而造屋多。此其异也。同一轮船，而各国师匠争新斗巧，时出异式，约而言之，有明轮，有暗轮，有木底，有铁底。明轮吃水浅而行速，然水力不敌风力，时有倾覆之虞。暗轮行稍缓，而入水较深，船亦较稳。故外洋兵船多用暗轮，而明轮绝少也。铁底船遇礁触损，难于黏补，遇近处有船厂尚可收泊修整，否则竟成废物。木底触礁，以木塞补即可驶行。故外洋兵船用木底，不用铁底。其出售亦铁底多，而木底少，铁底廉而木底贵也。

此次开局试造，取暗轮不取明轮，取木底不取铁底，盖欲仿其国自用之兵船，工精料固，不欲仿其国之货船，用久则贱售于人也。船既求精，工料所需自巨，此费之不可惜者一也。泰西诸国以奇巧著闻，自唐以来，载籍详之矣。惟火轮船之制，从前未有所闻。据彼中人言，近四十余年，乃始造成，以西历推之，则道光初元前后也。萃彼中千数百年之奇秘，并之一船之中，百物之所为备，正不但轮机一事，巧夺天工，而我欲于五年中尽其能事，归之于我，其不容有所靳也，明矣！夫使学造轮船，而仅得一轮船之益，则自造不如雇买，聊济目前之需。惟必求其精，求其备，而尽其所长，归之中土，相衍于无穷，非许以重资，彼必有所靳。我若节节为之，如市贾之易逋买为零沽，费益多而效难骤睹，正恐所得不偿其劳。此费之不可惜者二也。今之入局学造者，内地正匠耳。执柯伐柯，所得者不过彼柯长短之则。至欲穷其制作之原，通其法意，则固非习其图书、算学不可。故请于船局中附设艺局，招十余岁聪俊子弟，延洋师教之。先以语言文字，继之图书、算学。学成而后，督造有人，管驾有人，轮船之事，始为一了百了。此费之不可惜者三也。合计自始事至蒇事，五年之中，需费至三百万两，可谓多矣。然而果有成，则海防、海运、治水、转漕，一切岁需之费，所省无数，而内纾国计、利民生，外销异患、树强援，举在乎此。惟赖朝廷坚持定见，力排浮议，方能宏此远谟，撑此险局。宗棠两次密陈，请勿惜小费，勿求速成。昨疏陈船政章程，复沥忱入告，并将禀约各件咨呈尊处，计已蒙钧览。

唐刘晏造江淮运船，价五百贯者，辄给一千贯。或议其枉费，晏曰：大国不可以小道理。凡所创制，须使人有余润。私用不窘，则官物牢固。故转运五十余年，船无破败。造寻常运船且然，何况学造外国轮船，兼习驾驶，又将因机器化一为百乎？条约中于估计微存宽博之意，亦欲使彼有余润，然后肯为我役，且后无以加也。宗棠濒行语日意格、德克碑曰："条约外勿多说一字，条约内勿私取一文。倘有违背，为中外讪笑，事必不成，尔负我，我负国矣！"日、德唯唯。此幼丹中丞及司道所共闻者。日、德力任其成，且言脱有差谬，伊不见信于中国，亦不见容于其国主。比送行登舟，犹请勿庸过念，情词恳挚，实出衷诚。虚糜之虑，似可免矣。

宗棠首倡此议，所恃者由寒素出身，除当年舌耕所得，薄置田产二百余亩外，入官后别无长益，人所共知。幼丹中丞清望素著，谨慎有余，其无虚糜之事，不用虚糜之人，尤可预决。若必于事前时申儆之曰，"无蹈虚糜之咎"，窃恐幼丹将为三字所束缚，不敢任事。而差遣各员，惟求脱卸干系，不肯奋往图功。古云："蓄疑败谋。"又曰："疑事无成。"良足鉴也。香岩、幼丹既均非豪纵之人，苟可节省，自知节省。伏求钧函下逮时，勿以虚糜为戒，庶少一分瞻顾，即多一分担当，而局外浮言，岛人蜚语，均不禁自绝矣。

轮船所重在轮机、水缸、烟筒，学造者，以此为急。驾轮船之要，在看盘管车，而船主总其成，学驾者以此为急。至于蓬、桅、碇、索，取材则中外皆可用，用人则中外无弗宜。现在外国轮船掌蓬、桅、碇、索，多雇广东、宁波人，即其征也。此外节目尚多，非楮墨所能罄，拟陛见时面奏请旨，敬诣邸第一详陈之。

与仲兄^①
（1866 年）

　　昨抵章门，遣石清携汇票八千两，以六千金捐入湘阴作义举，以一千五六百建试馆，余以买史坡墓田。闽浙廉银用尽_{留三千两作家眷回湘之资}，此八千乃预支陕甘廉也。所以急为安置者，五十外人且有万里之行，了一件即是一件耳。

　　轮船为救时急着，惨淡经营，幸蒙俞允。西行则车营、屯田又须从新布置，此皆旧病旧方耳。兄前以屯田为问，孙侍讲所议弟未见过，大约是指腹地兵燹之后而言，意在节饷耳。见在江、浙兵后，田土荒芜多而且久，招垦可行而开屯不便者，为其有主无主多有错杂，兵民杂处最难相安_{有要地应屯兵之处，闲田无多，其闲田最多者何能且战且耕}。且一营之人分布十里、数十里，难于照管钤束耳。弟昔在严州，以兵荒米贵故曾力为此，而其用心则专在救饥民。故有军士耕种甫毕，忽地主出认者；并有荒至三年之田，临收获时地主向分租者，皆一概许与，令军士弗与争论。故拔营向富阳、余杭时，孩童妇女数百皆环拜泣谢而去。其余各灾区则止借与籽种、牛力均由温、台买来，浙西则无一牛也，伤哉，并分三等发赈，令官委之耐劳苦、有实心者于发赈时劝相之_{见在浙中吏治为东南最，则皆此等人才也}。每县十余元，或米谷数百石而已。此仅可谓之劝垦，而不得谓之屯田也。至关陇则地多平衍，人民死亡过半。回产既无人耕牧，汉产亦多荒芜。向时稻米二十余文一斤，麦面十余文一斤者，今贵至一钱内外，且无从购取，若不开屯则立虞饥溃。人之粮糗，马之刍豆，举待给于数百里、千余里之外，战何以战？守何以守？自古边塞用兵，无不以兴屯为守务者_{此也赵壮侯屯田三奏尤为中肯}。前此弟在闽浙，

适朝廷垂询及之，遂以车营、屯田两事对。朝议于车营尚以为然，屯田则置之不论。兹乃悟其必如是而后西事始有入手处，亦缘疆臣号饥之章层见叠出，无以应之故耳，否则鲜不以为迂矣。

自奉西征之命，自限四十日料理闽事而后卸篆，发摺三十余件、片四十余件，心力为瘁。癸侄为吾写摺亦无辍笔之时。已请人录副稿归，兄取视之，当不嗤其妄也。

近得闽中家信，得两女孙。弟妇本拟腊月回湘，弟属以俟明正乃行，盖冬尽水涸滩高，艰阻万状也。乃闽中士民则盼其重来，而昨途中奉到寄谕，则亦谓俟甘事底定，朝廷不难令左某来闽，然则凤缘仍未尽耶？

答杨石泉①
(1867 年)

雪岩自甬来鄂，奉到上腊惠书，敬悉一切。浙事无他，足慰远念。

归安屡因漕事酿成巨案，民俗之刁悍可知。然其中亦必有故。似宜于正本清源上加意。姜案严办，乃可令刁徒敛迹。为政无论宽严，总须归于允当。善医者补泻各异其施，总以祛邪扶正为主。邪气减去一分，正气自长益一分。猛烈之剂不宜妄下，然参术、苓草有时亦足误人也。斋匪之根，闻在龙游，近时台州亦颇有传习其教者，当留心察之。

弟于小除抵鄂，正值捻逆狓猖，汉、黄、德各辖俱震。年前结营汉口后湖一带，购口马教练马队，一面催募增调各营，近乃陆续到汉。克庵约月杪始可来鄂。弟因秦事日急，拟带所部西行入关，大约步队万余，兼练车营，马队则仅只四百余也。

官相所握钦符，近蒙旨改授，悚惧益甚。实则专办陕甘军务，则固无需乎此。如果饷粮得济，尚或藉手告成，不必凭藉宠灵耳。

高果臣再四求调，不得已奏请从征。此君忠勇，惜纪律不甚讲求，队伍亦欠齐整，与捻、回遇，未卜何如？贼悍且众，马匹多至数万，善飙忽，惯包抄。若以南方战事当之，鲜不偾事。

鄂中各战，均不得手，郭于美、张树珊、刘铭传三军门皆勇猛，而皆大挫，张尤可惜。是步不敌骑之征也。鲍军于刘军败后，贼争夺辎重，亟乘其敝，得获胜仗。捻匪徘徊鄂、豫之交，忽急趋蕲、黄，将有乘虚入皖之势。侯相本意驱贼入鄂殄之，不料其趋陕，不料其趋鄂，不能灭且趋皖也。

---

① 杨昌濬（？—1897），字石泉，湖南湘乡人。历任浙江布政使、署浙江巡抚、甘肃布政使、漕运总督、闽浙总督、陕甘总督。

捻不速灭，必贻巨患。以用兵次第论，非先捻后回不可，非先秦后陇不可，此意已略陈之矣。弟之西行，原以剿回，抵黄州而始闻捻已入鄂。初奉朝命赴陇，继以捻入秦，复奉剿捻之命。所拟制贼之具，匆卒未及办妥，无所假手，以规成功，自当敬慎图维，先立不败之地，以徐求实效。

霞仙谢事，因与后任龃龉，屡奉严旨放归。弟曾申救，请留秦中，以期共济，未邀俞允。厚庵困于陇，求归不得。

此时兵事，以筹饷购粮为急。弟未履任以前，陇饷应仍归之厚庵，万无攘夺之理。浙江欠甘饷已六个月矣。在闽时，得尊书，拟以二十万解甘饷；今按来牍，除七月分已交厚庵委员曾某起解外，八月分则匀拨弟军。计至上腊，已欠四个月。而正月内，又未据起解，是又欠三十余万。浙江且然，则他省可知。然则陇事之必决裂，亦可知矣！浙解甘饷，即按月起解，亦必两三个月后始到。在浙只欠五个月，在陇已断饷七八个月。而又当采购无从，陆运艰阻时，每粮一石，需银百数十两，易子析骸，罗雀掘鼠，未足喻其危困，试设身处之，果何如耶？浙中饷事略裕，纵经弟奏加两万，亦止协闽月饷之半，按月划解，计亦非难，岂宜度外置之？弟平生于饷事从未强人所难，阁下相处有年，亦当略悉梗概。乃于浙省自定之数，尚欠解如许！然则各省部拨奏请之款，尚足恃乎？弟现已不能成行矣。以后愈去愈远，得饷愈难，较之厚庵有人在后代催，尚复不逮，然则必不食而后可也？弟不以度陇为危，而深以在陈为虑。乞阁下一体察之。雪岩解到八月分饷，弟断无攘取之理，已发厚庵后路粮台何藩司委解矣。

与曾沅浦
（1867 年）

　　得二十四日惠示，具承一切。杏南遽作忠魂，所部难期复振，实可伤悼。不图凶焰狓猖，竟乃至此！

　　从前官军失利，将士陷贼者，惧归受诛，遂尔蒙面丧心，甘为贼死，故捻较发尤为难制。此时似当贷其前罪，听其来归，或能就中取事，亦量予奖励，不必遽求明效，而贼中疑隙既开，或亦有机可乘耳。捻骑众多，利在平原，与发贼异。官军仍以剿发逆之法剿之，队伍不整，勇怯不齐，枪炮施放太早，皆所不免，忽遇万马奔腾，心惊目骇，遂致被其冲突包抄。似宜改易故技，讲求阵法，先制其冲突，而后放枪炮；先立定脚根，而后讲击刺，庶有把握。高明以为然否？

　　鲍春霆已奉谕留鄂剿捻，而昨接其来函，抄示折稿，竟有告假养伤之请，似于道理欠圆。弟得尊处咨文后，又加咨催之。此公倔强有素，李少荃疏中于省三之事颇露意见，故其皈依之念不坚。弟作函告以大局攸关，渠不速来鄂，鄂固难支；弟军因渠不来鄂，不能迅速西行，则秦亦难支，岂非两误？宜趁批答未下之先，迅速南来，一面具奏，以慰圣廑，乃不失忠勇宿望也。且看其能会意点头否？

　　秦捻有趋兴汉之耗，弟不能久留鄂中。鄂中兵事方殷，似宜请少荃觇贼所向击之为是。

答杨石泉方伯
（1867 年）

前月渤函奉复，不数日又接惠书，敬悉种种。

捻逆窜入鄂境，鄂军屡败，贼势日张，万骑纵横，更无一撄其锋者。蕲、黄一带，迄无完土。固知平原之战异于山谷，马队之战异于步军也。

弟新募各军于汉口日习车战，渐次娴熟，即拟迤逦进发，率以西行。适鄂军新挫，贼氛上窜，已及黄陂，竹岩制军、沅浦中丞函留，藉资屏蔽，不得已勉从其请，而夏口人心始定。昨该逆复由黄陂西窜，盘踞云梦、孝感属地，徘徊瞻顾，意在有所觊觎。非予以痛剿，不能稍杀其势。日内弟已率前、中、后三路及各营旗滚营进扎，鄂境内必有恶战。

初七日克庵来函，该军亦已齐抵夏口。闻果臣军门所部，均由粤东乘坐轮船，其来必速。如一时各军陆续取齐，自必迅赴前途，与弟合并。

弟思西北用兵，平原旷野，贼马冲突，凶悍异常，惟多用火器，庶几制胜。每营除改用短劈山炮三十八尊，安放战车，其洋枪则加至六成。所需洋药甚巨。后路粮台存数无几，上海采办亦不过万余斤，殊不敷攻剿之用。若由外国购办者，更难猝得。前数年饬雪岩购办二十万斤，交存浙省，原为不时之需，浙省即稍有动用，所存当复不少。请即饬速拨五万斤，克日委员由轮船解交雪岩处，转解到鄂应用，是所切盼。现在浙省安谧，故作此移缓就急之计。谷山中丞关垂大局，必允所请。总以迅速为妙。此项价银，即由尊处于浙省协甘饷银内划除，较简便也。弟一切顺适，足纾远念。

再，弟此次奉命西征，明知饷需支绌，筹谋不易，仰给于邻封则更难。然治凋敝之区，与戡方张之寇，非得现成巨款筹办一切，何能放手做去？如河堤溃决，四处弥漫，岂临时篑土所能掩救者乎？夙夜忧思，莫知所措！趁此时尚未入秦，因筹一通融之法：各省应协甘饷，迟速难期，先向洋商商借一百二十万两，汇解山西，委员将汇票赍解行营，听候提用；拟借闽海关二十四万两，浙海关四十二万两，粤海关二十四万两，江汉关十二万两，江海关十八万两，除江海关系本关应协甘饷银外，其余各关转借银两，先由海关照每月各省协饷数目，按月并利银亦随正项付给洋商，由司解还关库。惟协饷本系库平，洋款概用关平，各关代还银两既属关平，将来由司解还关库时，另须随解补平银两。此次补平与利银，均在协饷内作正扣除。弟得实用，虽费息银，所不惜也。倾得雪岩复函，沪上洋商已诺全借，每月利银一分三厘。现值丝茶上市，故利银较平时稍增耳。想阁下闻知，当必同声欢慰。

厚庵制军已奉旨允其归里，宁夏将军穆图善暂署总督篆务。所有奏定浙江每月协饷七万两，自应以奉旨之日为始，径解驻鄂后路粮台，以应急需。是为至要。

答高果臣①
（1867 年）

秦逆张总愚一股，经刘寿卿军门迭次击败，势极穷蹙，现正觅路奔逃。弟与克庵副帅商议，克帅率所部及弟处前路各营，合共五千人，由樊城进荆紫关，出商州龙驹寨，以达蓝田；弟率亲兵及中路、后路各营，约共七千人，由樊城大路进潼关。两路可杜其窜河南、湖北边界。然贼若由南山峪口窜出，则兴安、汉中两郡恐不免蹂躏，而四川亦虞波及。是以前两函有请雄旆由樊城溯汉水上行，出均州、郧阳、洵阳以抵蜀河口之说，昨并举以入告矣。三路并进，庶可无漏遗之患。

昨接四川防军周军门达武来函，亦拟分军越境，以剿为防。若闻大旆由此路而来，必更踊跃从事。麾下抵樊城后，可询援甘局委员傅雅三大令名诗，便可知此路详细情形。如一时船只不能雇齐，则将辎重由船装运，队伍起旱至老河口加雇船只亦可。此路虽是逆水，却处处有纤可拉也。若贼踪并未入南山，麾下即由蜀河口登陆赴西安，亦不过十日可到。途中无雇车驮之繁，而处处有大米可买，较之潼关、荆紫关两路翻为便利。惟须申明纪律，勿准丝毫扰累，以固民心，是所至祷。

尊军饷项在粤东领过九万，弟处鄂台再预备二万两，约可敷衍。如兴安、汉中有战事耽延，陕西无可解给，则四川本有协甘月饷，可以支用。弟已备公牍与川督骆宫保，请其饬司拨给，当无不应也。麾下到蜀河后，请将米价及转运脚价详细询明示知。

尊处初四日来函，十八日行次接到。新募二千人，业已成军，必可得力。但须防其中路脱逃，至要至要。又近时一伙游手，无不以攒营投效为事，不但虚糜薪水，且招摇撞骗，造谣生事，无所不至，亟应谢绝。阁下仁厚居心，来营纠缠者必多，断不宜滥行收录也。切属切属。

---

① 高连陞（1834—1869），字果臣，湖南宁乡人。历任广西右江镇总兵、浙江提督、广东陆路提督、甘肃提督。

上总理各国事务衙门
（1867 年）

九月二十七日临潼营次接奉密函，猥蒙垂询修约事宜，敬悉苫虑周详，无微弗至，敢不毕竭愚忱，仰答钧命。

窃维时务之可虑，筹策之多艰，夫人知之矣。于此而欲变已成之局，别图自强，不但海疆将军、督抚难得其人，且内地寇盗纵横，人物凋耗，事力亦断不及。尊谕"时有未可，势有未能"，亦既言之详且悉矣。所有此次修约，有可迁就者，有不可迁就者。谨据愚虑所及，条具说帖，附陈钧座，伏候裁择，不胜悚惧之至。

一、议请觐。自古帝王不能胥外国而臣之，于是有钧敌之国。既许其钧敌矣，自不必以中国礼法苛之，强其从我。泰西各国，与中国远隔重洋，本非属国。康熙中官书曾有英圭黎来朝之事见《图书集成》，当即英吉利，圭者字之讹，黎者音之讹也，其仪节不可考。厥后各国只有商人往来中国，间或因而请安，并不知中国有朝聘之礼。至嘉庆中，英吉利思结好于中国，始遣使臣入觐。闻当时接待大臣故以快车载使臣，颠蕨特甚，比仁宗御殿，而使臣因困顿不能成礼，致干天怒，嗣命大臣松筠护送由广东番舶遣归。松筠于途间迭奉谕旨加意防维，圣虑盖已洞瞩几先矣。英人衅端，实伏于此。特其时皇威遐畅，彼族亦未审中国虚实，不敢妄逞耳。兹当修约届期，必首先以此事相渎，其必不遵行拜跪仪节，自在意中。愚以泰西诸国君臣之礼，本极简略，尝于无意中询知岛人见其国主，实无拜跪之事。今既不能阻其入觐，而必令其使臣行拜跪礼，使臣未必遵依；即能如来谕酌中定制，亦似于义无取。窃思彼族以见其国主之礼入觐，在彼所争者中外钧敌，不甘以属国自居，非有他也，似不妨允其所请。记曰："礼从宜，使从俗。"古人已言之矣。惟呈递国书，仪节须预为商榷，或由使臣面递御前大臣，大臣代为呈进。其国书必先译出，然后可允其上呈。此为使臣呈递国书，将其国主之命，特允行其国君臣之礼。除呈递国书外，使臣自无须请觐；若欲请觐，仍照中国行拜跪礼乃可，庶预杜其后此烦渎也。

一、议遣使。外国于中国山川、政事、土俗、人情靡不留心咨考，而我顾茫然。驻京公使恣意横行，而我不能加以诘责。正赖遣使一节，以诇各国之情伪，而戢公使之专横。尊虑远隔重洋，择使既难，筹费不易，自是目今实在情形。惟思自海禁大开以来，江、浙、福建、广东沿海士商，经历各海国者实不乏人，其中亦有通晓各国语言文字者。除广东人情浮伪喜事不宜轻用外，其闽、浙两省堪膺斯选者尚多。惟责成各督抚及总理船政大臣精为访择，必有可应命者。此项人才，以游历为名，搭坐各国轮船，所费亦少；其使臣则五年一派，即从此项人才内挑派，假使持节。如彼时轮船局学艺已成，自能驾驶，无须搭雇外国轮船，则所费亦无多也。

一、议铜线、铁路、信线一事。前年宗棠在福建时，法国美里登即以为请，宗棠面加辩驳，大意即谓：安设地方，或妨民间出入，或近田畴，或近坟墓，必非民情所愿，民人拆毁，牲畜撞损，必有之事，官司万难禁制。且尔意不过为贸易争先起见，不知一商因信线置货卸货，各商即从而效之，彼此齐同置货卸货，究竟不能独得便宜，于商无益，徒招民怨。伊无可言，但求给价，其事遂止。至铁路原因火轮车而设，外国造铁路，抽火车之税，利归国家，我无火车，顾安用此？应宝时七不可之说，此间未曾见过，如复议及，自可据此驳之。大抵西洋各国争新斗奇，因以为利，我如立意不行，或以民情不便，或以事多窒碍为词，彼亦不能强也。

一、议内地设行栈，内河驶轮船。此皆洋商怂恿所致。若允其请，则中国奸商均附洋人，与局卡为难，影射偷漏，厘税因而减少，船商行户因而失业，所关非细。伊以轮船多用华人为言，岂知所养活者，仅止佣工趋食粗人，其船商、行户等因而失业者不知凡几。修约时以此折之，仍须各船商、行户自行内禁之法，地方官访办勾引华民，两者相辅而行，庶能有济。

一、议贩盐、挖煤。洋船拖带盐船，大为盐务之害。如按照通商章程、善后条约申明禁例，彼必不能力争。此事似宜责成盐贩、船行设法查禁。洋人挖煤，实则开矿，其言煤者托词耳。将来开矿一事亦必议及。如准其租山，则变成夷业，年月久暂，殊难预定，必滋事端。此条与内地设行栈、内河驶轮船，当以中国商情、民情断难允从，官司不能禁制阻之。

一、议开拓传教。外国行教之人中，有清修好善者，如喇嘛之有黄教；有邪僻为非者，如喇嘛之有红教。上年朝鲜构兵时，据日意格说，系由英人怂恿，云朝鲜有金山、银山可开，不过藉杀行教之人为衅端耳。法国公使曾奏其国主，请示应否加兵。国主答以应察明教师有无邪僻为非情事，再定行止，亦疑行教之人启衅。察看情形，法国之待教师，与中国之待喇嘛同，似非专以行教为阴谋。宗棠去闽时，日意格、德克碑走送至船，犹告以来时勿带教士，伊极口连称断不敢，盖亦明知彼教之见恶于中国也。若遇有中国民人与教士构衅之事，中国但持原议，与之争论，彼亦不得横生枝节。至潜移默化，如尊论不禁之禁，则全在地方官之贤者为士民扶持正气，乃能渐睹成效，非一时所可骤几。观天主、耶苏之教自利玛窦等入中国，至今三百余年，根株不能净绝，可知塞源拔本之难。惟不令教民得恃为护符，遇有教士干涉公事，袒庇教民，则地方士民公同排斥，官从而维持之，尚可随时补救。

上总理各国事务衙门
（1867 年）

日昨奉复一函，计达钧览。

兹接日意格福建来禀，具述其来迟之由，亦见法国君主欲结好中国之意。闽中艺局学生，均民间十余岁粗解文义子弟。上年去闽时，即闻教师博赖说，均甚聪明，易学易晓。今日意格亦云然。可见中国人才本胜外国，惟专心道德文章，不复以艺事为重，故有时独形其绌。数年之后，彼之所长，皆我之长也。惟赖朝廷坚持定见，不为浮言所惑，则事可有成，彼族无所挟以傲我，一切皆自将敛抑，自强之道，此其一端。修约时当不另生枝节，多所要求。福建局员两禀及日意格禀，谨抄呈钧览。

与周夫人
（1867 年）

筠心①夫人览者：

得四月初六日书，具悉家中近事平安，甚慰客怀。

屯溉口、德安，均无战事。所到，官民均恃以为固。四月初一日击贼随州，仅小有斩获，以贼见炮车即走，不回拒也。初三日淮军到德安，我军由随州、枣阳趋襄阳。初八日抵樊城，赶雇车驮，今十二日矣，所雇购者不及一半。适捻贼败杨鼎勋之淮军，复由汉、黄窜安陆，意在乘虚渡汉。渡汉不得，则由襄、枣以窜豫也，我军又须回戈击之。今夜月明时潜师夜起，结营峪山八条冈，拟仍合长围困之。幸秦捻为刘提督松山②、黄道鼎所败，势已大蹙，陇回亦多乞抚，我缓入秦陇亦无害也。

鄂中大旱，秧田枯拆，首种不入。民间日夜避兵，啼呼满道，深可伤悯。我之迟回于此，亦欲为中原销此巨患耳。

试馆已动工，凡工师工费赏犒之③需少从宽裕，俾乐于从事。孝威主之，不必问之二伯。家下事一切以谨厚朴俭为主。秋收后还是移居柳庄，耕田读书，可远嚣杂，十数年前风景想堪寻味也。

四月二十日樊城书〔寄〕④

---

① "心"字《家书手迹》作"卿"。

② 《家书手迹》为"刘松山提督。"

③ 《家书手迹》无"之"字。

④ "寄"字据《家书手迹》补。

与杨雪沧①
（1868 年）

雪沧仁兄内翰阁下：

紫阳学统，弟何能窥见百一？然自六岁读《论》、《孟》时，即兼读《大注》。九岁学作制义，先子每命题，必先令体会《大注》，一字不许放过。稍长，从贺侍御师游，寻绎汉宋儒先遗书，讲求实行，常与罗罗山、丁秩臣为友，亦藉窥正学阶梯，不陷溺于词章、利禄之俗说。又生于濂溪之乡，游于洛邑，宦于关闽之邦，去儒先之世虽远，而距儒先之居则甚近。谓于语言文字之间全无体会，亦似不然。

忆自道光十三年，于吾友周铁樵裕梓案上，见正谊堂所刊儒先遗书十数种，中有清献陆先生《读朱随笔》一册，尝手抄以视贺侍御师及藕耕尚书，尚书以为绝学孤本，属别寻全刻，则杳不可得。闻张清恪刻此书成，旋抚苏州，携版片去，又求之苏州书肆，亦不得见。迨由浙督师过闽、粤，凯旋福州，始得此刻。因开正谊堂书局，集诸学者，访辑完本，重加校勘。事未竣而西征之命下，寇事方急，简书有严，遂浩然而行矣。

闻此书刻成，急欲一见，乞为致一部。须其来，将缘起志诸简端，俾吾闽之读是书者知搜缀之不易也。

手此，复颂大安，不宣。

愚弟左宗棠顿首　同治七年六月初八日连镇行营

---

① 此件辑自《正谊堂全书》卷首，福州正谊书院藏版。杨浚，字雪沧，福建侯官（今闽侯）人。时任侍读衔内阁候补中书。

与孝威
（1868 年）

孝威览之：

前由宛平递寄一书，计已得达。昨接尔由宛平递来一函，知尔尚未出都，甚为欣慰。未接尔信之前，已数夕展转床褥，不能合眼也。

直隶之大、顺、广一带与山东、河南接壤，各处民团凶悍异常，专与兵勇为仇，见则必杀，杀则必毒。杀机已开，将成浩劫，近更波及行旅。似此光景，成何世界？论者尚谓"民气可用；兵勇扰害激成事端"，将谁欺乎？据现在情形事势而论，非严禁游勇，严行军令，不足以杜百姓之口；非严治痞棍，严办团总，不足以服将士之心。若务为姑息以苟安目前，则苗、宋之祸不远矣。

淮军冗杂殊甚，其骄佚习气实冠诸军。皖军多收捻余，战不足恃，且恐为贼添夥党。东军荏弱，不任战，仅我军士马一万九千尚未至大坏耳。

朝命专顾直运，近又兼顾减防，故遂移驻连镇，而分布刘、郭于东光以北，喜桂亭马军于连镇以北，互相联络，摩厉以需。又遵旨分防减河，西接运河十余里，以大兵十数万尽注东省。而直隶仅减河有不能战之杨鼎勋一军，此外别无大枝劲旅。而运防乃①减运交界之处，百六十七里处处空虚，水势逐日消遏，徒恃嚣凌杂凑之团，断不可恃也。贼不得逞于南，其北窜自在意中。我军不日当有战事，能猛打数大仗，此贼乃可歼除。否则一逾运西，大局更难支矣。刘、郭极和，喜亦极思振作，或有济乎！

下第公车多苦寒之士，又值道途不靖，车马难雇，思之恻然。吾当

---

① 《家书手迹》作"及"字。

三次不第时，策蹇归来，尚值清平无事之际，而饥渴窘迫、劳顿疲乏之状，至今每一忆及，如在目前。儿体我意，分送五百余金，可见儿之志趣异于寻常纨袴。惟闻车价每辆七八十金，寒士何从措此巨款？或暂时留京①，俟事定再作归计，亦无不可。其或归思孔亟，万难久待，儿可代为筹画，酌加馈赠。我虽一分不苟，然廉俸尚优，当以千金交儿，以五百金为孝宽领照，以百金为族中节妇请旌，以百金为尔母买高丽参，以百金寄谢廖伯祝爽亭垱已省亲暂回卫郡，未在军中，以百金寄周荇农，以百金为儿行赀，了此私事。再以千金交儿分赠同乡寒士为归途川费，或搭轮船，或俟秋间车马价贱再作归计，均听其便。今作一信寄胡雪岩为券，请其号友汇兑库平二千二百两，从洋款项下划还归款。尔可持此信到阜康取库平银二千两。俟银取到，再将诸事逐件料理，即雇车到天津与夏筱涛〔兄〕② 同住，请由官封寄一信来，再候我信赴营可耳。

王师处再致百金为家用，绵师处亦致百金，合已挪阜康之八百两则三千③矣。〔手此谕知。〕④

闰四月十九日连镇大营〔书〕⑤

---

① "留京"《家书手迹》作"留寓都门"。
② "兄"字据《家书手迹》补。
③ 《家书手迹》作"三竿"。
④ 此句据《家书手迹》补。
⑤ "书"字据《家书手迹》补。

与孝威
（1868 年）

孝威知之：

尔前信言月初可到天津，筱涛〔兄〕① 信来，又言尔望后可到，至今未见尔已否出都消息。二伯书来，亦言久未见尔寄家信，尔母深以为念，尔殆不知老母之念尔耶？

数年来，军事倥偬，未暇教尔，观尔此次之进京会试，知尔之敢于违命也。尔母腊底春初病甚危笃，尔虽有忧戚之语，而一闻母病渐痊，准尔赴试，辄复欣然。试事报罢，犹复流连，不即归省视，知尔之忍于忘亲也。尔不知读书力学，惟希世俗科目为荣，知尔之无志。于端人正士及学问优长之人不知亲近爱慕，而乐与下流不若己之人为伍，知尔之无是非。我过宁津时，无意中见两张姓一捐中书，一高姓，均云是尔同年，在都时曾为尔代购人参者。吾观其鸦片瘾甚大，绝之。尔为母病买参乃托吸烟好友，何耶？湘潭韩姓同年曾到浙江，吾知之深矣，昨谕尔访下第寒士厚送盘费，尔乃托之此君，何耶？贺季和，汝妻兄也；黎尔民，尔姊夫也。骨肉之亲，情与理均须曲至，惟宜相规以善，彼此期于有成。若徒谑浪笑傲，饮食征逐，但有损并无益也。尔知之否？吾三十五岁始得尔，爱怜倍至，望尔为成人。尔〔今〕② 已长大，而所学所志如此，吾无望矣，一叹！

五月二十七日〔父书〕③

---

① "兄"字据《家书手迹》补。
② "今"字据《家书手迹》补。
③ 《家书手迹》日期作"廿七日"，款后有"父书"二字。

答刘寿卿
（1869 年）

此次变起仓猝，知阁下必忧愤殊常。相距过远，无能代为筹策。亦知阁下平日待士之厚，临时处事之妥，赴机之哲，实非寻常所能及，其葳事亦必速也。

此事弟未接成涤泉、何提督禀报之先，金都护、郑尚书已先后驰奏。弟处拜折两日后，即奉寄谕，初次垂诘原由，二次则责成麾下了办。幸于二月十五日已经办妥，足慰圣怀。唯弟处虽接有刘镇厚基及宋军门庆驰报，平定之状，却不甚详。必待尊处报至，乃可据以入告也。

近时军务告葳，各省勇丁无所事事，尽萃而之秦，而哥老会匪与之潜相勾结，遂成异患。昨次办理高军叛卒，擒斩千余，收辑二千余，而原未从乱者又一营三哨，通计果臣八营步队，翻多出千余人，此非游勇混杂之明证乎？哥老会匪起于川、黔，盛于三江、两湖，稍迟则淮、皖、豫诸军亦将被其传染，世局之忧，殆无纪极！而吾楚湘独被此恶名，亦可谓冤矣。弟讯办戕害果臣诸公元凶丁玉龙、熊定邦、朱得逵、李长林，两贵州人，两江西人；其斩枭者，四川之人、湖北之人尚多于湖南之人也。此次事发最速，而祸亦随息，尚是至幸。惟事定之后，宜严禁哥老；而欲严禁哥老，非严禁游勇，不能清其源。如果时时察禁，若辈无从勾煽，不难挽此颓风也。此次失于觉察之营哨各官，本有应得之咎，谅尊处必已据实开报，候接到后，斟酌入告。不存成见，不从苛刻，务恃情法之平可耳。

董志原已收复。回逆败窜后，彼此睽贰，机有可乘。不但陕回与甘回彼此残杀，即陕回与陕回亦彼此分离，不成气候。惜军粮不能应手，而饷项、转运无一事不艰难拮据，未能如愿，深切焦烦。阁下了妥此事后，仍须将军粮采办，广为储积，多买骆驼，并雇赶骆驼之夫须由口外雇觅，内地人不能喂养如法，乃可合用。计高明早已筹及矣。

董福祥及高、李降人多环、庆、平、固之人。渠辈既思回故土，此时回巢已空，庆阳一带，已可开垦安插，令其各回原籍，耕垦自给，可免两次安插烦费。尊意以为何如？

户部拨银十万两，买粮运济。顷得定将军书，已预饬买粮，俟银到即可起运。惟陆运不便，拟由水运葭州，想亦可行也。

甘肃回逆有三处必应痛剿：一、西宁之马尕 音近哈三；一、河州、狄道之回；一、金积堡之回。就三处而论，金积堡马化漋名虽投顺，却极狡诈，恃其富豪，恃其地险四面皆水，为甘回所推服，阳受穆署督之抚，阴与陕甘各回相通。地居宁夏、灵州之间，扼黄河之要。此处一梗，则宁夏、花马池、磴口、宁条梁、包头、归化城之粮食、百货，不能由宁夏以达兰州。马化漋为甘回、陕回所推奉，董志原回逆与通贸易，故踞原四年之久二十万之众，资用不绝。所掠陕西财物银钱，多半归于金积堡。马化漋嗾董原之回攻掠陕西，肆扰不休。上年闻大军西征，又嗾董原之回暂时就抚，待时而动。弟所以烛其奸，不允所请者，此也。以大局计之，欲平陕甘回逆，非先攻金积堡不可；而攻金积堡，非宁夏、固原均有劲军夹击不可。从前雷、曹两提督攻金积堡，因粮运不能接续，后路被其截断，遂至一败不振。而从东路进兵，非熟审路径，择水草佳处屯积粮食，层逼渐进不可。

现在花、定一带，有回滋扰。谕旨令金和甫都护回援。和甫长于马队，其人素无脾气，可以共事。惟英礼十营步队，系胡世英旧部，深虑其不可战。弟意拟以全福马队助之，令其严汰步营，而以宋祝三豫军数营易之，当可得力。其军粮则取给于北岸牛㭺①。尊处了妥绥德后，请亦从花、定下手，由金积堡北面进，名为剿花、定之贼，实则注意于金积堡，令彼不疑，迨逼近金积堡后，多用开花炮攻其城，可望得手。此关一开，则威震全陇，乃收全功也。姑预以奉告。

至于进兵次第，非先将粮运办通，不能动手也。度陇之军五支，一由花、定趋宁夏拟金和甫，一由花、定趋灵州贵军，一扼固原、盐茶雷提台，一扼泾原弟自去，一出秦州汧陇之军，乃为周密。商之何如？

---

① 《全集》为"牭"，疑误，应为"㭺"。

与孝威
（1869 年）

孝威知悉：

三月廿六日书到，具知一切。

四姊命运蹇薄，早已虑之。今竟如此，殊为悲切。元伯出继之子如能读书，可望成立，亦足慰怀。庆生上年即有癫痫之疾，是否以此毕命，来缄未详，何也？佑生夭折亦在意中有无子嗣。尔外家家运不好，我曾与尔母言之。尔舅父母辈均本分人，惟义理不甚明晓，家运不济亦由于此。

吾愿尔兄弟读书做人，宜常守我训。兄弟天亲，本无间隔，家人之离起于妇子。外面和好，中无实意，吾观世俗人多由此而衰替也。我一介寒儒，忝窃方镇，功名事业兼而有之，岂不能增置田产以为子孙之计？然子弟欲其成人，总要从寒苦艰难中做起，多蕴酿一代多延久一代也。西事艰阻万分，人人望而却步，我独一力承当，亦是欲受尽苦楚，留点福泽与儿孙，留点榜样在人世耳。尔为家督，须率诸弟及弟妇加意刻省，菲衣薄食，早作夜思，各勤职业。樽节有余，除奉母外润赡宗党，再有余则济穷乏孤苦。其自奉也至薄，其待人也必厚。兄弟之间情文交至，妯娌承风，毫无乖异，庶几能支门户矣。时时存一倾覆之想，或可保全；时时存一败裂之想，或免颠越。断不可恃乃父，乃父亦无可恃也。

陕回就抚，而仍包藏祸心。其头目皆市狯贱种，其党伙皆悍骛凶人。方议抚时，竟敢纠党四出，掠我定边，扰我延川、延长，南及秦安、秦州。吾知其不可抚也，则决计剿之。董志原回巢即古彭原地，介居环庆、泾原、邠、宁之间，为秦陇要膂。贼自五年窃踞以来，陕西边方日益多事，至此乃能复之。其时高军变于宜君之杨店，刘军变于绥德州。正当追剿吃紧之时，肘腋变生，未能横冲侧击，夷其种类，此则耿耿于怀未能自释者。幸果军之变五日旋定陈斩千余，讯决者百数十人，元凶均磔诛剐心祭果臣，绥德之变十日旋定。寿卿平日威信甚著，叛军闻其东来，自缚匪徒诣营归款，是皆出于意计之外，非朝廷威福之盛何以臻此？此数十日中，办哥老会匪，办叛卒，办回逆，抚汉民，筹耕垦，兴屯政，刻不暇给，又值饷事艰阻之会，抢攘跋疐，大概可知。俟粮运办齐，乃进驻泾州耳。

办回之法，已尽于前年分别剿抚告示中。大抵回民入居中土，自三代以来即有之，传记中"疆以戎索"及"骊戎、陆浑之戎"、"徐戎"皆是也。欲举其种而灭之，无此理，亦无此事。前年四字告示中"帝曰汉回，皆吾民也"两句，回逆读之亦为感泣，可见人心之同。且令中外回民均晓然于官司并无专剿回民之意，亦知覆载甚宏，必不协以谋我。将来锄其桀黠，策其善良，便可百年无事。若专逞兵威，则迫逐陕回而之甘，迫逐甘回而之口外，迫逐口外而之土耳基①等祖国，究竟止戈何时？无论平、庆、泾、凉一带纵横数千里，黄沙白骨，路绝人踪，无可裹之粮，无可因之粮，万难偏师直入也。而剿之一法，徒主用奇，足以取威，不足以示信。武乡之讨孟获，深纳攻心之策，七擒而七纵之，非不知一刀两断之为爽快也。故吾于诸回求抚之禀，直揭其诈，而明告以用兵之不容已，并未略涉含糊。于是回民知前之抚本出至诚，后之剿乃其自取，而其终仍归于抚局现又有来求抚者，仍不可信，我乃察其诚伪而分别抚之可耳。

军兴既久，哥老会匪东南各省遍地皆然。吾于金盘岭练军时即严定立斩之条，盖虑其必有今日。自闽浙转战而来，旧勇物故，假归者多，时须换补，而匪徒即伏匿其间。比上年转战直东各省，游勇麕聚连镇、吴桥之间，潜相勾煽，而此风转炽。凯旋后，驻军西关，察亲兵一营即有数百入会者。密谕巡捕稽察，得其姓名，忽一日，传齐勒令首悔，斩阻挠者一人。两日半缴出匪凭二百余起，其先自私毁者无数。吾于次日祭旗誓师，令首悔者均饮血酒，未入会者亦同饮。事毕各归原伍，许以不死。帐之前后侍立者如故，守更者如故，夜间被酒酣卧若无事者，众心大安。今且助拿哥会，不复有所顾忌。简绍雍到时，吾与之午饭，笑言此来哥匪不少，属其察出训诫，以吾法治之。其夜拿一大头目同简来，

---

① 今译土耳其。文中以其同为回族，误称土耳其为祖国。

未入伍吴三友广东补用参将，湖广指拿之匪首，讯毕斩枭，人皆惊服。后又获数犯，斩者、释者各如其情。渐有假归复来弁勇自请改悔者，仍取保结收伍。看来吾军无虞，各军仿行，皆能如法。惟果臣于哥匪头丁玉龙、邬宏胜有欲杀之意，而犹豫不决，遂罹其害，所谓"当断不断，反受其乱"也。上年初返陕西时，察出丁太洋短勇丁一百四十余名，即奏请正法。其时尚未接尔信，简（少）〔绍〕雍云云也。

军情日久懈生，非振作不可。然必能得其平，人心帖服，适然不惊，否则必激成异变。斩一卒而一营无代诉其冤者，斩一营官而各营弁勇无代称其冤者，则杀不为滥，否则必有隐患，亦干阴谴。吾平生不肯作快心之事，以人命为儿戏。因尔信来屡问及军事，故略示一二，俾尔有所知。

魏铭老实无用，既好作语言，则尤不可容。接到尔二弟所录寄艾生信稿，下札催其速归。伊到鄂必又造谣，已致若农勿理会矣伊已托病告假出居乾州，又赴省城就医。我已于其长支二百余两外，属局借给医药之资，属其治好回营，盖不料其托病等艾生回信也。用间至此，亦殊奇特。古云"小人难防"，正以其愚而诈，良然。曾柟生为人，艾生信中颇详，才尚可用，尚须历练，克庵竟入人言，当司道大加申斥，则过矣。手此谕知，可送与二伯看，忙中不多寄家信也。

四月廿四日乾州营次

与孝威等
（1869 年）

孝威兄弟同览：

连接尔等来信，知眷集平安，尔母病体尚能如常，甚慰我意。

新添两孙，大者命曰念恂，小者命曰念恕，丰孙即易曰念谦可也。恂呼毅孙，以八月师进灵武，大申马逆之讨，除隐慝，决大疑，卒动天鉴也。恕呼恩孙，以十一月驻节平凉，洗冤泽物，宣扬朝廷仁泽，民以为恩也。此吾诒之縠也。

丰孙摹本字甚秀劲可爱，闻其喜读书，天性亦厚，尤为欢慰。但年齿尚小，每日工课断不可多，能唸两百字只唸一百字，能写百字只令写五十字。起坐听其自由，不可太加拘束。饮食宜淡泊，衣冠宜朴洁，久久自然成一读书子弟，便是过望。

吾家积世寒素，吾骤致大名，美已尽矣。须常时蕴酿元气，再重之积累，庶可多延时日也。

先生品既端，即是难得。勋、同性分本不高，难于开晓，不能怪先生不善教诱也。最怕是轻儇刻薄之流，一经延致，便令子弟不成好样也。慎之。

大舅广东有信来否？光景何如？尔民在江西专想做官，三姐有信来，有"典尽押绝"之说。吾以四百两汇寄，尚未接其回信。将来看外孙能成人否。四姐苦命，在家有二姐同住，尚不寂寞，尔曹可敬事之如兄。

今岁湖南水灾过重，灾异叠见，吾捐廉万两助赈，并不入奏。回思道光二十八九年，柳庄散米散药情景如昨，彼时吾以寒生为此，人以为义可也；至今时位至总督，握钦符，养廉岁得二万两，区区之赈，为德于乡亦何足云？有道及此者，谨谢之，慎勿如世俗求叙，至要至要。吾尝言士人居乡里，能救一命即一功德，以其无活人之权也。若居然高官厚禄，则所托命者奚止数万、数百万、数千万？纵能时存活人之心，时作活人之事，尚未知所活几何，其求活未能、欲救不得者皆罪过也，况敢以之为功乎？

自入关陇以来，首以赈抚为急，总不欲令吾目中见一饿毙之人，吾耳中闻一饿毙之事。陇之苦况与浙江严州光景相似，而荒瘥过之，人民百不存一矣。狼最多。至于匪盗之害吾民者，必捕获尽法惩处，行吾心之所安，求不为儿孙造孽而已。尔曹试以此存之心胸间，纵常居乡里，亦足称善人也。

禁种罂粟为此间第一义。长发、捻、回之劫皆此毒酿成。今付《四字谕》一本与尔曹阅。

尔言延哥光景艰难，欲为其买田作久远计，于义甚当。吾非忘之也，特以延哥、和哥性质均非可处乐之人，愚而多财，将益其过，故每吝之，冀其从艰苦长些志气耳，兹竟无望矣。延、和有子，近并不知其光景何似，拟各予以千金之产为我甥，岂可歧视，俾有饭吃，有衣穿，以完吾素愿。此项可从吾养廉项下划给，当致书若农观察拨交尔曹。

今年未寄银归，不知家中光景何如。二伯处每年二百两必应致送，以为甘旨之奉，可向若农处请之。此等琐屑事，我实无闲工夫着想也。

战事均顺，惟十一月初九日简绍雍以深入致败，绍雍中炮阵亡，营官姚连升、谭正明同殉，以致机局忽滞。诸军正逼金积堡，后路转运复梗，现正力图疏通道路。所幸诸军尚能稳扎，后路援贼又经打败，或无他虞耳。

甘肃吏事、兵事均不可问，整理最难，以前署督庸妄太甚，而枢廷袒之也。近见我推心置腹，诸凡顾全，始感服，而枢廷之意始转。

金积堡马逆化漋①以新教煽惑回民，西宁、河州、口外各回民均依叛之，潜谋雄长回部，诸回部奉为宗主。马化漋夜郎自大，封授伪官，自称大总戎，称官兵为敌人。频年陕、甘各回扰攘不宁，均此逆为祟也。穆将军三年前办此不了，遂以抚局羁縻之，并劾主剿之都将军以误国。其实中外无不知马化漋之终为异患也。该逆所居之金积堡当灵州秦、汉两渠间即唐之灵武，地险城坚，贸易通西北及北五省、蒙古各部落，擅茶马盐之利，富可敌国。庙堂以兵事方殷，以度外置之。阿拉善

---

① 马化漋，乃马化隆（又作马化龙）之污称。

亲王因受其毒害诉于朝，并言穆用其银数万，求赏还。穆又自陈每年得马化漋粮数千石，其实纳贿亦不少。阿拉善王上书于我，痛詈穆将军。穆曾奏马化漋实是良回，隐以我为激变也。此公人亦老实，特为其谋主所弄，遂尔颠倒错乱如此。与旗员闹口舌是吃亏事，与前任争是非非厚道事。然事关君国，兼涉中外，不能将就了局，且索性干去而已。

我近来腹泄仍如常，每日或一二次、三四次、五六七八次不等。脾阳虚极，肾气耗竭，心血用尽，面目尚如旧，而健忘特甚。只盼陇事早了，当急求退休，断不能肩此重任。本拟接督篆即缴钦符，有言无钦符饷事更难应手，不得已仍拥此虚器，非我志也。

腊月十六夜平凉大营

答沈幼丹中丞^①
（1870年）

　　屡奉惠函，展纸待复，辄因事牵缀，稽延至今，歉悚奚似！

　　船局一事，得公主持，遂底成绩。每睹章奏，知筹度之精，运量之广，足拓万古心胸，钦佩无已！因叹泰西船坚炮利，横行海上，自宋元之际，已抵海南，明末大炮开花弹子多入中土。上年凤翔城楼见旧开花弹子，大小数十，与今制无殊。今春平凉巡城，见洋炮一尊，上镌天启年号，字虽磨灭，而总督胡等字尚可辨识。是开花炮弹，前二百余年，外国有之，中国亦有，并非始自近时。昨德克碑到平凉，令其登城省视，亦知非妄，但言此为大吕宋物耳。可见西洋火器，早已流传中国。自徐元扈后，无人讲求，遂令岛族得以所长傲我。今船局艺堂既有明效，以中国聪明才力，兼收其长，不越十年，海上气象一新，鸦片之患可除，国耻足以振矣。

　　关、陇民气刚强，自逆回肇衅以来，积弱成风，暗懦不可言状。揆厥祸始，实鸦片流毒有以致之。吸食之徒，浩劫不能尽。上年示禁罂粟，免税土烟，窃以从此入手，可无烦扰之虑，而饥饿垂尽之民，亦当知所缓急也。示本呈览。

　　德克碑昨来，必求离开船局，以与日意格不协，不甘为其副也。比以船局体面，不宜让人专美，且奏案不宜轻有更易答之。惟飞轮炮既是利器，而新样开花弹药于军火尤为得用，可以代购。渠亦欣然。已备公牍咨达冰案矣。此人倔强，而究是爽直一路。属其听台端指使，勿别生枝节自误，颇能领会。临辞恋恋，大有飞鸟依人之意。回闽后，当无异

___
　　① 沈葆桢（1820—1879），字幼丹，福建侯官人。历任江西巡抚、福建船政大臣、两江总督。

说也。

西事败坏至极，不特玉关以外不可覆按，即玉关迤东，亦多名存实亡。弥望白骨黄蒿、沙石斥卤，不似人世光景。七八年来，养痈之效如此。此时而言戡定方略，自非剿抚兼施不可。譬犹垂毙之人，气息仅属，表里俱急，不用攻伐之剂，病无由去；用攻伐之剂以祛病，不急培养元气，则病未去而命先倾矣。

教民既别，习俗攸殊，种类不同，状貌亦异，欲归则已无家，欲逃则苦无地，其不敢就抚，不但畏目前难邀兼覆并育之施，亦知仇衅四结，无所藉以自保耳。非威信既申，而至诚恻怛之意又足致祥和而孚异类，此局实未易了。弟于前年入觐时，即以五年为请，圣意颇嫌其迟。自燕、齐返旆，复理前绪，三秦初定，乃陈师三路，以武临之，筹粮糗，筹转运，筹耕垦，筹安集，粗具规模。志在图数十百年之安，不争一时战胜攻取之利。中间数失大将，而军心尚定，贼势仍衰。金积老贼一除，陇事尚有了日。惟迫求速效，则非衰朽所能，亦非愚陋所敢知耳。

答李少荃伯相①
(1870 年)

　　久不奉书，实缘营中缺书记，羽书络绎，均须一手批答，以故少暇，非敢有他。顷辱先施，益深颜汗。

　　宗棠自入关以来，军事尚叨顺适。而一年之中，屡失大将，致贻朝廷西顾之忧，无所逃罪。寿卿智勇深沉，实一时名将，竟以战胜捐躯，尤为痛悼。至老湘一军，经其训练有素，将士均知以报国雪愤为心，毅斋嗣事，无替厥勤，则又不幸之幸也。

　　回逆之祸，于今八年。关陇肇衅，曲在汉民；暨蔓延陇中，逼胁同叛，陕回之罪，固无可辞。而元恶马化漋父子及穆生花，蕴恶之久，蓄机之深，实有出人意料之外者。麾下入秦以后，当益晓然。办此贼之法，与办发、办捻异。发、捻尚可解散，回则习尚既殊，形模亦异，既不能恩杂汉民，又无族类可依。纵令诚心就抚，亦不能无性命之虑，此抚之难也。

　　回之错居中国，自古而然。徙戎尚难，何况议剿，欲比花门种类而尽之，无论势有不能，亦理有不可。晚入关之始，即奏分别剿抚，盖不得已也。竭诚力行，已阅三载，至今岁春夏之秋，乃见微效。安插平凉者，尚只数千。惟获讯金积、狄、河回首，亦知平凉安抚之局实出至诚，陕西各回酋始无词胁迫诸回，马化漋亦不能挟陕回以为重。然如马化漋父子，则实无抚理。而又不可深闭固拒，以绝甘回求抚之心。此诚难而又难者也。现筹进兵金积堡，并规狄道，扼洮河，未知事竟何如？亦惟有尽其心力所可到者图之而已。

　　陇事艰阻万分，筹饷难于筹兵，筹粮难于筹饷，筹转运又难于筹粮。晚不早避贤路，无以对朝廷，无以对天下；然若遽思诿卸，此中又无以自处。审度再四，惟有静听朝命而已。平生百无一能，惟人生也直，不敢不勉。想公能谅我。

与胡雪岩^①
（1870 年）

　　叶令到营，询悉一切。承惠赠飞轮、开花炮，精致灵便，迥异寻常，大裨军用，感荷无已！此器惟宜行队，若攻坚则仍以义耳炮为最，其力量大、能致远有准也。现将车轮拆卸，用内地车辆分载赴前敌施放，甚称得力。唯开花弹子已用去三百余颗，深虞不给。应请代购两千颗解营为祷。

　　德监督在此时，弟即将法教士终不为华民所容实在情形，与之讲论。别后未及一月，遽有津郡之事，至回国购买飞轮一事，亦未便入告，惟于复总署函中，曾为提及。渠颇以此事自任。如总署有意委用，或能妥办。弟处边陲，于海上诸务，未便插手，然则闻朝廷谟议，似亦仁至义尽，无可复加。有复德监督信，乞致之。如已起程回国，则不寄也。

　　西事枢纽，全在金积，此关一开，全局俱振。而金积之要，又在青铜硖口及下桥永宁洞。凡自灵州迤西，堡塞共五百有奇。经官军迭次攻克，现存者大小不过十余所，功在垂成。此次力排众议，费尽心力，乃克有此。然谣诼繁兴，几不自保，亦可谓难矣。

　　孱躯日渐不支，脾泻旧恙益甚。环顾九州，时用凛凛。承赠天生野术，急拟制服，或可为扶衰一助。感极，感极！

　　马谷山事出意外，远信不足凭，幸便中一示其详。

---

① 胡光墉（1823—1885），字雪岩，安徽绩溪人。初在杭州设银号，经理官库银务。左宗棠西征期间，主持上海采运局局务。于各地广设银号、当铺、药店等。

上总理各国事务衙门
（1870 年）

两奉钧函，祗承一是。节录谕旨出示，谨已遵办。钧示津案办结原委，敬悉其详。奉职西陲，见闻固陋，不敢多所论列，上渎清严。

前得闽信，法兰西与布洛斯构兵，法国主路易非斯为布所掳，其详虽不可得而知，然法人有仿南北花旗之例，立大将军，权主国事一议。又法、布两国商船，重洋相值，时有争夺，法馁而布骄，似法为布败之说，非无因也。

前接崇地山侍郎咨，知奉命持节西行。未知何时遄发？因思泰西各国虽尚兵争，然遇有人为之调停和解，亦知敬慕。纵各是其是，两不相喻，然于居间者固无忤也。布洛斯即普鲁社，久为法所侵凌，近锐思报复，精制后膛螺丝开花大炮，法与英不能敌也。法之败，闻由于此。尝取布之义耳炮义耳音义，中国译之，即针字与法人新造之飞轮炮玩之，则义耳意匠精致，极开花炮之能事，非飞轮所可同语。即一物之微，而法、布盛衰系焉。布商来中国者，知慕华风，不似英之狡、法之傲。如能以息事安人之说动之，则仇既复，而忿亦解，宜可从也。法恃其枪炮轮船横行海上，兵以不戢而焚，而国势尚强，人心尚固。其主路易非斯鉴拿破仑以黩武为英吉利所放，徙居荒岛以死，矫以宽厚，国人戴之。兹虽被掳失位，法国不即亡也。我于此时姑树德焉，法如知感，布亦安之，虽英夷亦将颂义不暇，何患之能为？数年以后，闽局轮船日多，驾驶日熟，器械日精，岛国且将延颈跂踵以附中国，中国得以鞭箠使之矣。传曰："天子有道，守在四夷。"又曰："礼失而求诸野。"倘亦有合于此。刍荛之见，伏希财察。

近读寄谕，以江西漏泄机要，致贻口实，敕疆吏倍切慎密。此固急应遵行，然既已有所传播，彼又挟之为论端，似不必更有所隐。方津事之殷也，彼方虚词恫喝，调兵船入津门，由电线寄信本国，我能无戒备申警乎？彼如思逞，疆吏自当防患未然，岂能束手以待？正词斥之，彼似无可藉口。谨附陈及之，极知无当，幸有以教之。

与威宽勋同
（1870 年）

威、宽、勋、同知悉：

二月二十五日信到，尔等长为无母之人矣。以尔母贤明慧淑，不及中寿而殒。由寒士妻荣至一品，不为不幸。然终身不知身归耳。夏秋间天津夷案几至纷纭，吾所复总署信稿颇不谬，都人士亦有称之者。恐将来不免有东南之行，然衰老颓唐，无可用矣。

曾柟生少阅历而好自专，刘克庵劲之亦太过。今两君俱归，不知何以为怀耳。

湘中哥匪无人料理。恐竟致猖獗，侧身南望，徒切焦烦。

威所生子本拟命之念慈，字曰劬孙。接来信，二伯已命之矣，亦一奇也。

字帖箱托沈吉田觅便寄家闻交刘副将玉田带归。又送二伯父母皮桶四件，亦附寄归，但不知何时可到。

闰月十六夜

与孝威孝宽等
（1870 年）

孝威、孝宽等阅悉：

尔母大葬之期想未改择。土色何如？以尔母之淑慎慈俭，必可得一平善之地以安体魄，且吾他年迁神之所也，急欲闻其大略，以慰远念。

墓铭刻手甚佳，可多拓数百本送人。此间索者甚多，须便时寄百本为要。序铭俱称心，而言字亦合法，惟盖篆颇欠苍劲耳。傅君当厚酬之。汤子惠吾亦识之，其人贫而介，亦可厚赠。老友戴正心近况何如？二伯处每年二百不可缺。明年七十大寿，亦须送百金也。数项约须四百金，可向王若农处取，由廉项拨。

金积于十一月十六日已复，办法详正摺及密片中，如经理得宜，西陲百年无事也，非频年纵横血战何以得此？此举最难最险，患不在贼而在时局，事后思之，且悸且愤。吾移督关陇，有代为忧者，有快心者，有料其必了此事者，有怪其迟久无功者，吾概不以介意。天下事总要人干，国家不可无陕甘，陕甘不可无总督。一介书生，数年任兼圻，岂可避难就易哉！尔母深知我心，从不以世俗语相聒。惜其不及见也，可为文告之。

河州贼早有就抚之意，西宁贼已识兵威，崔、禹等逆亦决计乞抚，闻索逆亦然，此皆不烦招致者。然抚难于剿，吾且以分别剿抚处之，一两年必可结局。惟吾衰已甚，未免日暮途长之感，明春当力辞重任耳。

尔舅母、姨母处光景何如？恐不可无点缀，尔等当酌致之。左埻贫苦之家总当分润，仍是由亲及疏为是。大姊光景何如？尔民江西有信来否？下次信可详告我。

腊月十三夜

上总理各国事务衙门
（1871 年）

奉到七月二十二日钧函，敬领一是。

俄国代复伊犁一事，钦奉谕旨后，比将拟调徐提督占彪赴肃情形陈复。计批答已在途矣。以现在局势言之，朝廷所以处之者，只合如此。其能否有济，则固未可预料也。

窃维俄人既称代为收复，一时似难遽启衅端。荣侯此去，彼自将以索兵费为要挟之计。如所欲无多，彼此明定地界，永不相犯，自可权宜允许，俾其无所藉口。若志在久踞，多索兵费，故意与我为难，此时曲意允许，后难践诺，彼翻得有所藉口，以启兵端，纵此时收复伊犁，仍虑非复我有也。俄在外国，最称强大，其国境东西广于中国，南北较中国稍短，又偏于北方，寒凝之气多，和煦之气少，故生齿蕃滋不如中国，人文亦逊焉。其战阵与泰西各国大略相同，火器精利，亦复相似。

现在陇右兵事方殷，固难舍近图远，即令河、湟、甘、凉、肃一律肃清，苟非衅端自彼先开，亦未可横挑肇衅。盖彼己之势均，而我国家当多难之余，如大病乍苏，不禁客感也。如天之福，事可速了，即宜妙简边才，错落布置，静以图之。若此计不谐，彼方思逞，则宜收敛固啬，以收节短势险之效。越勾践于吴，先屈意下之，汉文之于南粤，卑词畏之，反弱为强，讪以求伸，此智谋之士所优为，黄老之术所以通于兵也。古云："圣人将动，必有愚色。图自强者，必不轻试其锋。"不其然乎！

至俄国战法，闻与英、法、咪之专讲阵式一律。宗棠前在闽、浙，亦颇留心，曾延洋人演习其式，步伐整齐，进止周折，均有常度，实较寻常练阵之法为精。惟彼法专用口令，不能教大队。仍须师其委曲繁密之意，以求整齐；参用中国金鼓旗帜号令，以资捷便，方期周妥。

又外国战事，专尚火器。重者自数十斤至数千斤万斤不等，谓之炮；十斤以下，皆谓之枪。炮质重而能及远，非舟车驼骡不能载之以行，非安架不能施放；枪则人持而趋，最为迅捷，马步皆宜，然质轻子小，不能远至里外也。是宜参用中国之人扛劈山炮、架放短劈山炮，乃为尽利。如遇敌炮不能用、枪不能及之处，以劈山当之，饱以群子，或实以开花合膛员尖子，辅以洋枪，护以刀矛，必期得手，盖师其长并能补其短也。如俄人既启衅端，则我所以待之，亦必期其详尽而无几微之憾，乃可杜其贪狡，以规久远。谨承明问所及，忘其梼昧，一并陈之。

至甘肃吏事、军事无一可以按实，宗棠已稔知之。必俟进驻会垣，乃可逐渐整理。安定距省一百八十里，两日可到。俟河州兵事有绪，粮运畅旺，饷能应手，即当进省也。

再，奉密谕，法国修好一节，李翻译业经回国，地山自可成礼言旋。传闻法国此次和议，割地四分之一，银六万万，作十八年归款，亦可谓创巨痛深矣。故王归国，法民不免怨怼。其国之与地山龃龉，亦羞恼所致，恐见轻中国，遂故作骄态耳。德克碑来信，虽讳言国恶，而述及此事，亦多凄楚之音。至津郡前案缘起，乃德克碑由平凉回沪所亲闻者，必能详为告知。想其君主当失势时，决无偃蹇之理耳。

布国哆哩呫前奉恩旨，赏四品蓝翎，奉到行知时，大张贺筵，各国官商，均来道贺，计数十席。自言受中国新恩，谨当力图报效。并言伊国所制水雷，能破法国轮船，请自备资斧，带同中国工匠前往学习，其荣幸图报可知。大抵洋人情性，虽多巧诈，亦知爱好。如得其情驭之，未尝不可去其毒，而取其益。即此两人，亦可概见。

东洋素强，近更学习造船、制器诸事。闻其援西洋例请通商，似可照准，不须多所裁抑。怀诸侯则天下畏。与其含怨而终不受制，曷若树德而先为之所。想朝廷自有权衡也。

与刘毅斋京卿①
(1871 年)

　　得汉上来牍，知忠壮灵輀一路安适，殊深慰惬。计期已早抵里门，想重闱康豫，忠阡协卜，一切定如臆颂。

　　承抄示侯相复函，得知章作堂军门有八月成军东下之说。江南正须名将，侯相素重作堂，且其旧部，自以速去为是。但不知旧伤全愈否？湘中子弟赋闲已久，又正值湖平江顺之候，想投袂而起者，兴致更加也。

　　金积一带，新稼甚丰。河西事定后，虽尚有余氛飘忽出没，然人数无多，不能为害。

　　和甫已升乌里雅苏台将军，朗斋仍暂留宁夏。黄彝峰暂驻中卫，惟器小易盈，利心太重，不堪重寄。弟已将蜀军分七营交徐提督占彪统带，益以桂锡桢马队三营，令驻靖远。正拟调其由兰州西向，会攻河、湟，忽奉密谕，以俄罗斯代复伊犁，并有代复乌鲁木齐之说，廷旨令成提督出关，会景副都护规复乌塞，以争先着，敕弟派劲旅赴肃州，扼嘉峪关。弟已覆奏派徐占彪率马步十二营赴肃州，令黄道拨两营交张道玉文带赴靖远接防。惟察俄人此事不怀好意，景、成顿兵数年，不能克乌鲁木齐，望其有为，难矣。徐占彪朴勇能战，所部马步，亦颇壮健，恐到肃后，廷旨必责其出关。而甘郡、肃州回氛遍地，无人收拾。且俄人侵占黑龙江北地，形势日迫。兹复窥吾西陲，蓄谋既久，发机又速，不能不急为之备。阁下假期将满，希即挑募数千，于九月率以西行，是为至要。俄人战事与英、法略同，然亦非不可制者。现既代复伊犁，去其

---

　　① 刘锦棠（1844—1894），字毅斋，湖南湘乡人。刘松山之侄，接统老湘军。随左宗棠收复新疆，任第一任新疆巡抚。

国界已千余里，若复长驱深入，如遇能战之军，未有能善其归者。弟本拟收复河、湟后，即乞病还湘。今既有此变，西顾正殷，断难遽萌退志，当与此虏周旋。急举替人，为异时计。想阁下当知我心耳。

侯相意减尊处饷项，不知以后少募则可，以前用去之款，则无可减也。已请舫仙密启之。将来尊处即减去章作堂一军三千兵力，亦不嫌单。来时或先赴江南一行，必蒙见谅也。

与孝威孝宽
（1871 年）

孝威、孝宽知之：

正月二十一日始接孝宽腊八日一函，知尔母墓工将次告竣，心中稍慰。但未言土色何如，深浅何如。孝威想已回家，何不详写一信告我也？

尔等所作《行述》多不妥，暇时改正寄归。尔母一生淑慎，视古贤媛无弗及也。吾家道赖以成，无内顾忧。今在军经画边事，昼夜匙暇，然每念尔母辄废寝餐。未知何日事定还山，一践同穴夙约，思之慨然。

二伯今年七十，精神想尚如常。寿日是否开筵召客？前交刘玉田带回皮衣，当于腊月到矣。得若农观察信，知已拨二百两归家，为每年甘旨之奉，计尔等亦接到转奉。

金积堡瑣围久合，马化漋只身就擒。若论敷衍了事亦可结局，然此贼谋逆日久，蓄机甚深，此时若稍松手，将来仍是西北隐患。且戎狄之患最难收拾，本朝都燕，以九边为肩背，尤不宜少留根荄重为异日之忧，不比陕回由积衅私斗起事尚可网开一面也。度陇以来，先注意于此，虽同事之牵制，异己之阻挠，朝廷之训饬，皆所不敢屈。幸如此了结，寸心乃安。若论其事之难，则赵元昊始终为宋患，河套为明患，圣祖之征准部，抚定蒙古而众建之，一时名臣名将所绸缪，其计划亦无以逾此。姑为尔等言之，俾知事业非可倖成。未出任事以前，当苦心读书；既任事以后，当置身家性命于度外，乃可望有成就。吁，岂易言哉！

尔等除至亲至好外，对外人断不宜将此段尽情说出。盖名者，造物之所忌，亦人世之所忌也。报捷摺已于二十五日拜发，试看有一字铺张否耶。衰病之余，畏慎未敢稍间，所虑智虑才气日绌一日，虽关内年内可望安谧，不能久待，仍当据实直陈，请朝廷预觅替手。一俟旧政告知，乃可奉身而退。或圣明不允放归，即老死西域，亦担荷少轻，可免贻误也。

二伯处即以此及抄稿呈览，不再函致矣。手此即谕威、宽，并解与勋、同听之。

何三在家看门久，老实，而晚景不好。在闽时尔母曾说过给与一名勇价，吾亦诺之。惟念勇之口粮不可给家人，是以久未给，予亦且忘之。今寄信若农观察，请其划拨二百十两零六钱交尔给何三，以了此项，盖四年勇费之数也。此项当由驻陕局作收于养廉项拨填。又及。

辛未正月三十日平凉大营

答浙抚杨石泉中丞
（1872 年）

轮船仍旧制造，彼族自更敛戢，但惜多一转折，又费数月耳。

幼丹冬间始能出而任事，小涛以此迟东渡之行。据闽中各知好言，闽中艺局学徒精进殊常，外人亦自谓不逮。使无异议挠之，兹事之成可决矣。

东南之有船局，惟沪与闽。沪非洋匠、洋人不可，闽则可不用洋匠而能造，不用洋人而能驾。故曾文正晚年欲渐易沪局而从闽，以事理攸宜耳。外间好称解事者谬论纷纭，不离扪烛扣槃之见，可置勿论。

闽浙更定兵制，而绿营渐觉可用，弟创议而未终其局。浙之事则麾下与苟岩军门主之。请饬胥吏将各节目有关系者，抄寄以凭择酌。弟意关陇善后，无急于此也。

西事诸顺，今岁大有年，土人诧为从前未有，即此是大转机。天下事总是要干。要干事最是要一片实心。圣人说：人存政举，待人而行。无古今南北东西，皆是此理也。

与孝威
（1872 年）

孝威览：

鄂台寄到三月十七日信，知已安抵鄂中，计月底可抵家矣。途间因受风寒，复患腰痛、咳嗽，甚为挂念。外感无甚紧要，然频患感冒，究由体质不佳，且多服表剂，亦耗元气。到家后可安息调养，务令元气渐充，荣卫渐实，不为客感所侵，以慰我念。

曾侯之丧，吾甚悲之。不但时局可虑，且交游情谊亦难恝然也。已致赙四百金，挽联云："知人之明，谋国之忠，自愧不如元辅；同心若金，攻错若石，相期无负平生。"盖亦道实语。见何小宋代悬恩恤一疏，于侯心事颇道得着，阐发不遗余力，知劼刚亦能言父实际，可谓无忝矣。君臣朋友之间，居心宜直，用情宜厚。从前彼此争论，每拜疏后即录稿咨送，可谓鉏去陵谷，绝无城府。至兹感伤不暇之时，乃复负气耶？"知人之明，谋国之忠"两语亦久见章奏，非始毁今誉，儿当知吾心也。丧过湘干时，尔宜赴吊以敬父执，牲醴肴馔自不可少，更能作诔哀之，申吾不尽之意，尤是道理。明杨武陵与黄石斋先生不协，石斋先生劾其夺情，本持正论。后谪戍黔中，行过汪渚，惧其家报复，微服而行。武陵之子长苍山松闻之，亟往起居，怡然致敬，呈诗云："乃者吾翁真拜赐，异时夫子直非沽。爽犹有意疑公旦，奚郤由来举解狐"后两韵不复记忆，《沅湘耆旧集》中可取视之，此可谓知敬其父以及父之执者。吾与侯所争者国事兵略，非争权竞势比，同时纤儒妄生揣拟之词，何直一哂耶？

丁叟之事，家运不幸。吾悲其堪成大器，遽早夭折，非仅平常骨肉忧戚之比，暇或为文存之耳。

轮船复奏已抄寄，想已得览，可见任事之难。

少云一信寄去。

四月十四日

上总理各国事务衙门
（1873 年）

　　上年曾两奉钧谕，并与俄使辩论各节及折稿，谨聆一是。因察访关内外兵事，久稽奉复。元日复奉上腊十九日尊函并疏稿，及与俄使议论各节略，俄人久踞伊犁之意，情见乎词，尊处持正论折之，实足关其口而夺其气。惟自古盛衰强弱之分，在理而亦在势。以现在情形言之，中国兵威，且未能加于已定复叛之回，更何能禁俄人之不乘机窃踞？虽泰西诸国亦知此为不韪，不敢遽肇兵端，然既狡焉思启，必将不夺不餍，恐非笔舌所能争也。

　　荣侯深入无继，景都护兵力本单，后路诸军久成迁延之役，兵数虽增，仍多缺额，且冗杂如常，并无斗志，望其克复要地，速赴戎机，实无把握，并虑徒增扰累，以后更苦无从着手。甘、凉、肃及敦煌、玉门，向本广产粮畜，自军兴以来，捐派频而人民耗，越站远而牲畜空。现在仅存之民，已皮骨俱尽，屯垦之地，大半荒芜，年复一年，何堪设想！宗棠所以有从内布置、从新筹度之请也。

　　就兵事而言，欲杜俄人狡谋，必先定回部，欲收伊犁，必先克乌鲁木齐。如果乌城克复，我武维扬，兴屯政以为持久之谋，抚诸戎俾安其耕牧之旧，即不遽索伊犁，而已隐然不可犯矣。乌域形势既固，然后明示以伊犁，我之疆索，尺寸不可让人，遣使奉国书与其国主，明定要约，酬资犒劳，令彼有词可转。彼如知难而退，我又何求？即奸谋不戢，先肇兵端，主客劳逸之势攸分，我固立于不败之地。俄虽国大兵强，难与角力，然苟相安无事，固宜度外置之。至理喻势禁皆穷，自有不得已而用兵之日，如果整齐队伍，严明纪律，精求枪炮，统以能将，岂必不能转弱为强，制此劳师袭远之寇乎？

　　就饷事而言，西征诸军各有专饷，如肯撙节支用，无一浪费，无一冗食，或尚可支。今乃以拥多兵为名，不战而坐食，惟知取资民力，竭泽而渔，不顾其后，往事之可睹者，已如斯矣！欲从新整理，非亟求实心任事之人，重其委寄，别筹实饷，于肃州设立总粮台，司其收发，并将各军专饷归并为一，相其缓急，均其多寡应之不可；非核其实存人数，汰其冗杂疲乏不可；非定采办价值、差徭款目不可；而尤非收回各军专奏成命不可。此亦宜及早绸缪者。

要之，目前要务，不在预筹处置俄人之方，而在精择出关之将；不在先索伊犁，而在急取乌鲁木齐。衰病之躯，智虑耗竭，何敢侈陈大计？既蒙垂询及之，不敢不毕献其愚。

与谭文卿①
（1873 年）

　　承示《蚕桑辑要》一编，与近代杨崇峰中丞所刻《蚕桑简编》略同，而采撷尤备，其为民生计者至周，庶复古幽之旧。关中草棉桑柘，地无不宜，陇则山高气寒，不能一律，而民情窳惰，有其过之。上年符檄频催，郡县多以风土不宜为辞。实则向阳之地，未尝不可栽种，即育蚕天气，亦可缓俟大眠节候，总以桑叶如钱时为度，自无不宜。何至坐失美利，甘为冻鬼？盖自周初王迹以次东指，二千余年，不沾圣化，陇右沦于戎狄，遂致别为风气耳。崔实《五原纪事》谓穷民自土穴出，下体不蔽。今甘、凉一带，及笄之女，且无襦袴，犹如昔时。吁，可骇也！大抵官如传舍，得地不能得人，无以久远之计存于胸臆者。因循相沿，遂至此极，亦非仅风土之不宜。披览此编，但增慨叹！

　　此间兵燹之余，久停乡举。仙屏学使度陇，合四考而举行之，少者亦二三届，约增生员万余。仙屏并拟录取遗才时，从宽收之，不忍屏之门外，意在宏奖边氓，俾其向学。所见诚卓。惟本届乡试，陇士预试者至少亦不下五六千，诚虑号舍过少，不能大庇寒士。亟应早为区画，俾免向隅。

　　又，今岁欣逢亲政，恩诏陕甘广额二十名。又从前陇中曾留有缺额，应予补中。陇士盼之甚殷，于于而来者，必不乏人。望即遴员度地庀材，增建号舍。或一时难以筹办，未能多增，亦须筹建大厅数间，为编列条号之用，免致临时周章。大约视常年能多容纳数千，又可避风雨而防火烛，乃免窘迫草率之患。幸甫将军本马队好手，宽易谦谨，尤瞻

① 谭钟麟（1822—1905），字文卿，湖南茶陵人。历任河南按察使，陕西布政使、护理巡抚、巡抚，浙江巡抚，陕甘、闽浙、两广总督。

将度，惟所部人才颇少，克城之后，非从新整理，势难出关。昨奉寄谕，促其西行，并饬挑劲旅径趋哈密。弟维和甫出关需时，自不可不别简雄师，以利戎机，而慰圣廑。拟即具奏请旨，调麾下全军赴安西，相机前进。其进止缓速机宜，可由尊处随时具奏。额副都护遴选吉江马队两营即穆春岩所部，拟疏请与麾下同为将军帮办。已将此意告知和甫，伊亦欣然。伏乞台旆速临，一慰西土之望。至粮运一切，凡弟力所能及者，断不少有诿卸，以负征军，计蒙鉴谅。

与沈吉田①
（1873 年）

　　肃州之役，天颜有喜，此事本系浮图合尖，又收拾干净，亦较各案为妥。然皆天祚有道，非人力所及也。

　　出关之师，不能多，亦不能速，稍涉孟浪，必坏全局。近读寄谕，窃有不能自释者，不得不披沥直陈，一达天听。局外人不能谅，即局中人亦未能谅也。

　　弟近来万念早灰，所虑者国事，所忧者晚节而已。年关似尚可过，饷项通计点缀足敷，当先谋撤遣。陇士贫苦可怜，拟以廉项二千两，为会试朝考诸生略助资斧。以人数计之，似尚欠数百两。已函寄李筱轩兄，于汇票外，将存项补之；如尚不够，则再寄去。此次汇银二千两，均在廉项内拨兑，乞告文卿方伯筹给。

　　弟之廉项尚存若干？或已无存，均乞文卿查明示知。

---

　　① 沈应奎，字吉田，曾署福建泉州知府。左宗棠西征时，任驻陕军需局员。

答袁筱坞宫詹^①
（1873 年）

肃城克复，本在意中。至扫除干净，则国家之福，亦天道也。辱承逾量饰美，实非所当！

弟自到肃后，即一面料量出关粮运，苦心孤诣，仅乃得之。此次出关人马，一万数千，嘉峪以西，不但无可采买，且须筹赈。由肃七站到安西，由安西十一站到哈密，道经戈壁，无水草，无居民，无牲畜，均须由关内筹画。肃无可办，则仰甘郡转运；甘无可办，则仰凉郡转运，层递灌输，又一千五百里。古云："千里馈粮，士有饥色。"况兼二千余里，总归一手乎？西北一路，既苦贼回扰掠，复苦冗军诛求，力尽筋疲，不问可知。此时再加搜括，并民食籽种亦绝之，以后又何从措手？归途妇稚号呼，求免采买，殊用恻然！

谕旨复命春岩将军率所部驻安西，粮运何从设措？已切实覆之。日间尚须据实陈明请旨。大约出关之师，非止金、张、额一起，祝三整理后现回凉州就食，仍须会合楚军继进。然断须迟至明秋，相机办理。缘头起在玉门小住，般^②粮至安西作一停顿，然后分起行走，络绎赴哈密。到哈密后，又必作一停顿，先将前途粮运办妥，乃能继进，而玉门之粮，始可停止转般，留待续至之军也。春岩久处局外，宜其不知此中艰阻。将来遣亲信人到肃，当能详之。弟此时不言，必误大局；言之过尽，又似有意推谢，洵难处耳。好好局势，最怕乱着一子。耿耿此中，谁复知之？

---

① 袁保恒（？—1878），字筱坞，河南项城人。历任詹事府詹事，内阁学士，户、刑部侍郎。办理左宗棠西征粮台。

② 《全集》为"般"，疑误，应为"船"。

答沈吉田^①
（1873 年）

吉田仁兄大人阁下：

各缄牍均到，其要件已谕监印转达矣。

赖长到，并携所造螺丝小炮试验，及小机器，尚可用，惟需授意制造，庶便利耳。弟本拟令其回陕制造，据云局用以石炭为最要，所需最多，阿干镇所产既佳，价值、运脚亦省，较之陕省合宜，至铜铁就近或可采办，与其由陕制办成器，再解亦须运脚，尚不如就近采办为省。弟当允其在兰设局矣。赖长现调所带工匠来兰，并各机器，想能速到。至陈明刚所带匠作，自可毋庸前来。尊意拟在兰安顿事不可行，或即留陕省可耳。开花子以铜旋为最要，木引之病甚多，且西安局所造尤不得窍，当饬赖长就兰办理。惟伊近患病，且机器未到，亦不能造。好在肃州解到铜旋约一千六百枚，尚可敷用也。

肃城踞逆自援贼败去，窘蹙益甚，官军紧逼，合成锁围。四月初四日以前贼复图冲突，均经击败，歼毙悍逆数百。而兵力愈厚，想克城之期不远。惟金军难期稳实，而徐军亦因增灶太多，颇有难于画一之病。已咨行金将军、徐提督切实整顿，所虑在克城之际不免事端耳。

张朗斋奉谕赴肃，圣意在催金出关。和甫恐未能遵办，必将以粮运藉口，实则在金军不可深恃，虽粮运源源不绝，保难何无失。将来必请张军同行，尤难筹措。自古出塞之兵断不能多，盖地势、人力均不宜多也。今以冗杂之军，责以难平之寇，不务精而务多，虽多何益？看来肃城克复，尚须从新布置乃好，兹则未暇深说。

草此，即颂台安。

愚弟期左宗棠顿首　四月十九

荩臣到兰，病仍未愈，现正寻医调理。

---

① 此件辑自《左宗棠未刊书牍》。

答沈幼丹中丞
（1874 年）

接诵两次手书，具承所示。船政就绪，制造、驾驶，西人所能者，我悉能之，快慰何既！藉非忠于谋国，决理不怯，奚以致此！后此赓续恢张，规模既得，熟极巧生，安知不突过西人耶？

窃维义理之学，广大精深，故虽毕生穷研，不能罄其蕴。至艺事，则数可考，象可求，重聪明不重神智，但有已事，可以起悟，勤者能精，不必效法他人之长，成功则一耳。艺局生徒赴各国游学，以扩闻见、长识解，自题中应有之义。愚见布洛斯近出后膛螺丝开花大炮，精妙绝伦，最为利器。弟亲临试放数百出，知其命中致远，实为洋中所罕见。似可乘遣赴各国之便，亦到布洛斯讲习制炮、造子诸法。又，布人嘞哇圮曾言于胡雪岩，其国新制水雷，可破轮船，愿领艺局学徒前往学造。似其器可用之内洋港口，为守具，备将来洋防之需。泰西各国艺事，有益实用者，火器而外，水器为精。西北水利不修，农功阙略，关陇同病，陇又甚焉。如令艺局生徒到各国时，留心研究，择其佳者携至中土，照式制造，裨益实多。阁下倘有意乎？

来示德克碑船局应得薪水均已领讫，复希领未办船局以前薪水。弟在肃时，接其到陇后禀函，未及详察，又行营无案可稽，误谓彼所应得之款，致咨请照常给领。比回兰署，又适闻大儿噩耗，神识昏瞀，未暇检校，于其回闽时，复函上尊处，代申前情。兹展来书，详为指示，始知其误，然已悔不可追矣！若辈嗜利成性，得有话柄，必仍向尊处饶舌无疑。弟因一时疏误，贻之口实，既未能以有意朦混责德克碑，又何可以无谓嘈杂奉渎阁下？兹虽备牍辨正，如其志在必得，尊处亦似无词折之。是此项薪水，应由弟赔出，乃期了事。前接抄示折稿，知船局告藏，弟前奏拨闽协甘饷每月二万两可停。应请于此款内划出二万五千两，以了赔件。俟即饬司于弟廉项内划兑，作收闽饷。

其致送德克碑之五千两，据沈道应奎禀，已加函附达沪局，属其于所收协饷内拨五千给德克碑。计胡雪岩必已照办。是前咨尊处由闽饷划给之处，可毋庸议，免又重领也。

至养船之费，专责之闽，断无是理。如果各省均肯代为筹画，实亦不难。前接总署函，令与阁下筹商，曾以臆对。抄稿奉览，希察酌示复为祷。

西事筹兵非难，惟采买、转运艰阻万状。又出关之举，必用丰镐世臣，始能联络一气，眼前尚难其人，此则孤怀所未能释然者也。受恩过厚，求退未能，衰病日臻，无可为计。知心人何以教之？

与王若农观察①
（1874 年）

函商李雨苍一事，阁下代谋出处、行藏，极为周到。雨苍长短，弟所深悉。弟与之相处，或尚可集其长而去其短。若在他处，则不敢知矣。缘其刚明耐劳苦，本所优为；至于视事太易，轻率无远虑，虽屡经挫折，终不能冀其悛改。弟所以两次荐举者，窃维天下之患，在无朴干之才，而求之丰镐故家则尤为难得，故于雨苍不能忘焉。兹既以养亲为请，朝旨允之，自无赴陇之理。且观其辞气，似尚无悛心，亦恐再进如初，两无所益。或者需之岁时，气质变化，仍冀有成乎？渠前有书见寄，尚未复之。如尊处有便函致去，乞告以此间暂不需贤，毋庸枉驾，且衰病日增，去志早决也。

见致柳葆元信，知包慎翁遗书各种近已刊行，敬乞购一全部见寄。慎翁善议论，为时所仰，亦缘此蹭蹬抑塞，未能见之施行。其著论早见过《盐漕诸策》及《艺舟双楫》，至晚定各种则概未见也。令弟作序，推服甚至，文词亦佳，弟向不知其能，且惭且佩！

---

① 王加敏，字若农，籍贯待考。左宗棠西征时，任为驻汉陕甘后路粮台。

与总统嵩武军张朗斋提军
（1874 年）

哈密既苦于兵差，又被贼扰，驻军其间，自非力行屯田不可。然非麾下深明治体，亦断不能办理妥贴，可期实济。从前诸军亦何尝不说屯田，然究何尝得屯田之利？亦何尝知屯田办法？一意筹办军食，何从顾及百姓？不知要筹军食，必先筹民食，乃为不竭之源；否则兵欲兴屯，民已他徙，徒靠兵力兴屯，一年不能敷衍一年，如何得济？

闻哈密地方沃衍，五谷皆宜，节候与内地不异；惟缠头被白逆裹去者多，有地无人耕种。举行之初，须察缠头现存若干？其力可耕垦、无籽种牛力者，酌其能耕地若干，分别发给，令其安心耕获。收有余粮，由官照时价给买，以充军食。其必须给赈粮者，亦酌量发给粗粮，俾免饥饿。壮丁能耕，每人每日给粮一斤；老者、弱者每名每日五两，聊以度命而已。其种籽必须临时发给，庶免作赈粮食去，又不下种也。虽云缠头多被裹去，然必有不愿去者及未曾裹去者，亦必有被裹逃回者。若民屯办理得法，则垦地较多，所收之粮，除留籽种及自家食用外，余粮皆可给价收买，何愁军粮无出？官军能就近买粮，省转运之费不少。此时由官给赈粮，给种籽牛力，秋后照价买粮，在缠头既得稍延残喘，且有利可图，何事不办？惟须用廉干耐劳苦之人，分地督察，勿任兵勇丝毫扰累，勿于银粮出纳时稍有沾染，则闻风至者多，而事易举。此民屯要策也。

营中兵勇办屯田，要好营官、哨长，多方激厉劝督，乃可图功。每日出队耕垦，均插旗帜，分别勤惰。每哨雇本地民人一二名当夫，给以夫价，以便询访土宜物性。籽种须就近采买，或用粮斛换。牛力如不能多得，骡、驴亦可用；如骡、驴不可得，即以人力代之，三人一犁，每犁日可数亩。最要是照粮给价，令勇丁均分，庶勇丁有利可图，自然尽力耕种。营哨官出力者，存记功次优奖；否则记过。如此，则各营勇丁吃官粮，做私粮，于正饷外，又得粮价，利一；官省转运费，利二；将来百姓归业，可免开荒之劳，利三；又军人习惯劳苦，打仗更力，且免久闲致生事端，容易生病，利四。此兵屯要策也。

质之高明，以为何如？

上总理各国事务衙门
（1874 年）

奉五月十七日钧谕，谨领一是。

日本深入番境，狡谋可知。前接沪上来函，略悉大致。比因有函寄幼丹中丞，便询一切，并以倭性狡很，防其上岸作埠头及重币甘言诱致生番等事，发递后，接幼丹四月二十一日抄折咨会，尚无所闻。比奉钧函，始悉四月十八日倭已三路深入番境，踞牡丹社，并以糖酒饵生番。事在幼丹拜折之时，宜其不知也。计幼丹东渡，必有续报到京。宗棠在闽，正拟渡台察看情形，并筹度一切，适奉西征之命，未果。兹去闽八年，星移物换，往迹难寻。承谕令其罄举所知，以备采择，何敢以悬揣无当之词，上烦清听？

惟思台湾天险，所应虑者内讧，而外侮非所患也。兹倭寇既深入番境，夺踞牡丹等社，则陆路之险与我共之，是水陆防剿，均宜兼筹并计，不能专倚轮船。闽中各郡，半滨大海，台防有警，各郡海口均宜设备。台郡地形如梳，延袤千有余里，均须严密布置。是本省兵力不敷分布，不能不别有调拨。而滨海各省均须戒备，又洋人通商各处，兵力尤不可分。是幼丹亟宜增调步队劲旅，而可资分起赴调者无多也。倭长步战，入犯寇众多至一万五千，我所调拨，非一万有余，无以应敌。此时调集各省之兵，纵令一律精壮耐战，而零星抽拨，势所不免，如此则队伍不整，心志不齐，何以制胜？少荃之请调枪队，所见诚伟，惟不知人数若干？此外尚有可续派否？如徐州之队无多，此外又难于续派，则调津沽防营为其后继，而预调驻陕防营以填津沽，似无不可。缘此军在秦为赘，而填防津沽则相洽也。伏候钧裁。

至闽局专注意轮船，于制炮一事尚未暇计。揣其意，或以机器既备，制炮非难，故且置为缓图，幼丹原疏所以有器械未精之说。现在制造既缓不济急，则假之浙、沪、金陵，当可通融。又，广东所用无壳抬枪又名线枪一种，三人管放两枪，可开连环，可用群子，力大而能致远，足胜洋枪。宗棠在闽时，曾经加意制造，延粤人之精此者教练。去后，此事遂废。上年得杨石泉中丞书，犹言线枪之利。如幼丹募勇，则此种勇丁枪队就近取之粤东，亦可耳。

窃维兵事所忌，在事权不一，求效太速。各路所调步军，均须归幼丹节制调遣，乃能一其心志，而杜其避就之私。若于数千里外各取进止，则军各一心，非徒无益也。

此次倭奴窥犯台郡，西洋各国先未与闻，其竞以相告，示其无他，似近情理。然岛族性情贪诈傲很，不可深信。倭人既舍其旧俗，变其衣冠，以从西人，西人安之素矣。谓此次阴助之者，仅花旗一起，未必尽然。颇闻日本事多由巴嘎里主持，疑此次深入亦此虏指嗾所致。果尔，则西人外托义愤，献殷勤，未足深恃，当由坐观成败以居间为利耳。

轮船已成十五号，洋防可固。更得劲卒万余，以次航海继进，陆路亦有把握。惟此事肇端虽在一隅，而事体实关全局。幼丹志虑忠实，久悉中外情形，兹以闽人办闽事，朝廷任之既专，以事理而言，自能有济。惟不能加以迫促，参以局外游言，俾得从容展布，以竟厥施，则幸甚矣！

至水师人才，须广为搜罗，以备缓急。彭玉麟、李成谋而外，如杨岳斌之能用楚人，黄联开之能用粤人，皆其选也。谨一并附陈。

上总理各国事务衙门
（1874 年）

十月十三日捧读大咨并奉钧函，承示台防完案条款及海防事宜两折稿，敬悉一切。办法因应之妙，道合自然，操纵之宜，刚柔协节。许其抚恤，既昭字小之仁；收回占造，永杜侵陵之渐。庆幸之余，钦仰何既！

窃维此事起于六年合众国商船遇礁撞破，船主罗妹及其众上岸逃生，生番杀之，并掠其余资。该国领事李让礼诉台湾镇、道，求办生番，以惩将来，意在收敛残尸，救回活夷，求中国收其地，设兵管守，永杜番害，未尝别有要挟也。台湾镇刘明灯、台湾道吴大廷鉴其无他，即与定议；又令生番晓事头人卓杞笃与李让礼商议善后诸事。李让礼遂与生番连和，自具申陈，由镇递闽省督、抚。镇、道并备公牍请示办理，督、抚允行。事遂寝。厥后吴大廷坚求内渡，刘明灯因闽抚有意吹求，谤议上腾，遂被奏撤，而前议阁置，不复过问。李让礼心怀不平，以其事告知本国，求发兵剿番，为护商计。该国责其生端肇衅，不许，并夺其驻厦领事职。李让礼不得逞，乃以台郡地图示倭，唆其剿番，资以利器。倭窥台郡后山地险而沃，冀据为外府。此违约称兵所由来也。

宗棠前得幼丹中丞复函，坚持"不贪战功，不伤国体"之言，服其洞达时务，又信其必能了此，三复钧谕，心悦诚服，尚何间然？尊意令合计通筹，随时密致。自维去闽已久，事难复按；况未亲历台郡，何敢腾其臆说，上渎清聪。因刘提督撤任后，即调随征，现驻湟中，于台郡南北情形见闻较确，令将台湾事宜复述崖略，藉呈钧览。至其有当与否，固未敢知也。

大疏所陈练兵、简器、造船、筹饷、用人、持久各条，闳远精密，无少罅隙。计各处复奏到时，亦必详明曲尽，足使题无遗义。顾天下事，言之实易，而行之维艰，不俟成效毕臻之日，无由知其诚然也。

以练兵论，就水陆原额拔其精壮，聚而练之，是矣。然制兵只有此数，拔其精壮，练以备战，而存营无留良焉，何以资分布而利更番也？绿营积习最深，水师尤甚。一在粮饷太薄；一在书识号令、看管军装军火、分拨塘汛，不能入操之兵太多；一在千、把、外额至参、游、都、守，层层管束，十羊九牧，额数多归私役，气势不能整齐。宗棠前于闽浙总督任内力求整顿，曾经详细陈明，仰蒙俞允。旋即西行，未睹成效，至今耿耿；而杨右泉、王补帆两中丞犹谓较之从前，颇有起色，亦未知其确否？至西人所传洋枪队式，行列整齐，进止有度，较之中土所演阵式，不但枪械、子药远胜，其束伍、结阵之法，亦良不易及。然自剿办发、捻，中国材武之士辈出，善战者亦多尚洋枪，而不尽习其阵式。如前广东提督刘松山，今苏松镇总兵章合才，所练阵法足平发捻，亦可制洋人，宗棠实亲见而信其能。

以简器论，炮以布洛斯所制之后膛螺丝开花大炮为最胜，枪以后膛七响为最胜。从前西人旧式枪炮本已精工，近改用螺丝内膛，后圆前锐，注药之子又极合用，较其旧氏光膛圆子更为精妙，故致远取准胜于旧式。近又改用后膛进子之法，进口大而出口翻小。如布国新制大炮及后膛七响洋枪，则极枪炮能事，无以复加。凡枪炮之用，在致远取准而已。其能致远取准者，存炮子必合炮膛、枪子必合枪膛，子不离药、药力全注其子故也。布国新制大炮及后膛七响枪，不但子合药膛，且大于膛口以数分计，而能不伤膛口者，由子之外面用铅皮包裹，火着子出，铅皮融脱，故出口不伤；子聚药力，毫无外散，故能远；子满膛口而出，毫无偏倚，故能准也。此间现设制造局，能自造铜引、铜冒、大小开花子，能仿造布国螺丝炮及后膛七响枪。近令改中国旧有之劈山炮、广东无壳抬枪，用合膛、开花子，劈山架改用鸡脚，又无壳抬枪改用一人施放，选用宁波及粤、闽工匠制造，以总兵赖长督之。饬中军副将崇志教练本标弁兵丁演习，俾制器之人知用器之法，用器之人通制器之意。向之劈山必用十三人，今只五人；向之无壳抬枪三人管放两杆，今一人放一杆，且更捷便。盖欲参中西之法而兼其长，为行队接仗、营卡守具所必需，亦犹西人每进益上、精益求精之意也。纵未能如西人之精到，而其利足以相当。如果能得地势，用教练之将弁带习练之兵丁，其制胜确有把握，非美观不适用、空言无实用者比也。

以造船论，闽局创设五年，限内效已可睹。兹蒙钧裁，以不停撤为是，则日起有功，凡洋人所长，皆华人之长，实永久之利。至铁甲船一种，上年德克碑来兰，亦曾说及。宗棠以购买维艰，修整必须另办船槽，驾驶必须仍雇洋人，殊非闽局所宜，却之。嗣接幼丹中丞书，必须采购，日意格已由电信往询，未得确信。计台事了，办铁甲船亦必来闽。盖洋人无所要挟，其求售固在意中。颇闻此项船式，质重而坚，不能入口收泊。其利在冲劈轮船。然将到之时，巨浪汹涌，轮船从容起碇，亦可预为之计。至西人拟为水炮台，便轮船依泊之说，似指轮船停外洋而言。中国轮船行驶外洋，收泊每依山岛，均有一定之所，无须乎此。若收泊各口，铁甲不能驶入，亦不畏其冲劈也。俟铁甲购到，再为察验，庶可决其合用与否？至中国轮船局分设闽、沪，闽局地势难得，所设船、铁诸厂，费至巨万，论其成效，则华匠能以机器造机器，华人能通西法作船主。沪所不如。闻铁甲轮船亦无甚谬巧，到闽后，令华匠仿制，亦可有成。惟虑船槽不能展拓。然究已有局势，较沪尚易为功也。如撤沪局，而以所有经费界之闽局，则仿造铁甲轮船不无小补。

以筹饷论，海上用兵，公私帑藏为之耗竭，然犹藉洋税、厘金岁入巨款，得以支持，虽受其损，亦获其益。此次日本违约称兵，沿海各省所以奉旨严防而不能不长虑却顾者，亦以轮船调聚闽洋，各省海口顿无倚恃。从前所设炮台，有不得地势者，有不如洋式者，有和议定后虑以更置启论端者。今既言防，不得不慎益求慎，一事而加以万虑，一念而重以三思，宜其恤恤乎无终日之计也。于是纷议购船、置器、增兵募勇，冀幸目前无事，不暇计经费之足支与否？局势之能久与否？战欲其勇，防欲其怯，揆之情理，无足深尤。今于台防渐有成议之时，规画久远，似宜合始事之费与经常之费分筹并计，度饷源之赢缩，权其缓急应之，乃期详慎于始，要成于终，可大亦可久也。就海防分言之，闽、粤、吴、越、燕、齐及孤悬各岛，凡可收船寄碇之处，均宜逐加察勘而预为之防，固也；然合七省通筹，则只此一海。如人之一身，有气隧、血海、筋脉、包络、皮肉之分，即有要与非要之别。要处宜防宜严，非甚要处防之而不必严可也。天津者，人之头项；大江、三江入海之口，腰膂也；各岛之要，如台湾、定海，则左右手之可护头项、要脊，皆亟宜严为之防，以此始者以此终，不可一日驰也。此外则视如髋髀，谓其无足爱惜固不可，谓其必全力注之亦不必也。轮船之造，原以沿海防不胜防，得此则一日千里，有警即赴，不至失时，可以战为防。五年仅成船十五，不敷海防全局之用。今既拟闽局不撤，赓续为之，则购船之费可省为造船之费也。炮台各式，以西人铁制为最。次则砖砌，层留炮眼，顶用铁。砖两尺厚者，盖成圆锐形。台身周围囊沙五尺厚护之，外用三丈阔、两丈深之濠足矣。费较铁炮台为省，而功用相当。台上所安大炮，宜对准船之来路，度炮力所能及，必无虚发乃可。炮床下宜安活轮，随时取准，可放多数倍而不费曳挽之力。水面阔安大炮，水面狭安次者、小者。再能如西人测定坠数施放，则用船设台能事毕矣。其各口守具，莫妙于布洛斯之水雷。前年沪局来告，布人嚦哑呢请派闽局艺童数十，随往学造水雷，宗棠以其时闽之船局撤留未定，未如所请。台防无事时，曾函致幼丹中丞，谓海口守具，此不可缺。今议防海之器，似水雷亟宜讲求。如令嚦哑呢邀其师匠来闽，简艺童学之，如其有成，则海防固而费亦可节也。此饷所当筹者。在始事之时，已预省经常之费，庶期有实用，无虚糜，乃能收海口通商之益，与之持久而不敝。

　　至西人所称铁甲足以制轮船，又云巨炮可以击铁甲，揣其用意，似因闽局轮船有成，欲藉此炫奇，为居奇之计。且俟铁甲购到，加以察验，如在所必需，虽费不惜，否则只宜从缓。

　　愚见，现在用兵乏饷，指沿海各省协济为大宗，甘肃尤甚，若沿海各省因筹办防务急于自顾，纷请停缓协济，则西北有必用之兵，东南无可指之饷，大局何以能支？谚云："扶起东边，倒却西边。"斯言虽小，可以喻大。且即海防言之，凡所筹画，宜规久远。始事之时，即悉索以供，不留余力，设此后厘税衰减，经常之费又将何出？万一岛族生心，调发日烦，需用孔急，将何策应之？凡此皆宜通筹合计，早为之所者，伏希钧度及之。

　　尊谕湖南所属猺、獞①、黎、苗等类之人，与台湾生番相似者，一切政教、禁令、法律如何，须详细查明奉复。窃维湖南宝庆、永州两府，所属有猺，性近苗而稍驯。辰州、沅州两府，距苗疆为近，靖州亦然。其专辖苗民者，直隶厅同知三，永绥、乾州、凤凰是也；通判一，晃州是也。其地皆与黔境接，其人愚悍，不识礼教法令。近厅者为熟苗，为土人，稍驯，畏官奉法。生苗居岩壑间，狉榛自若，间与熟苗、土人接。其匿居深峒者，与外人绝，非市盐不出也。历代常为边患，则以其性喜剽掠，官军追捕，无可踪迹，兵退复出为暴，莫可谁何也！乾隆间，有傅重庵鼐者，从征金川，习知碉堡之利，又能练劲卒，用土人

---

① 猺、獞，旧时对瑶、壮少数民族的污称，今作瑶、壮。下同。

制生苗，为苗所惮，诛瘝苗，抚良苗，经画井井，讫事于嘉庆初年。傅由府经历擢至辰沅永靖道，仁宗时，特简湖南臬司，旋以苗民怀其遗泽，诏许每岁一巡苗疆，慰边民望，不久以积劳卒于官，而苗疆安谧者七十余年矣。同时有溆人严乐园如（煜）〔煜〕者，入傅幕为军谘，志节才略与傅等，习其方略，后以平定三省教匪劳绩，由陕西洵阳令擢陕安道，宣宗初元，特擢陕西臬司，亦以积劳卒于官。汉中士民请其枢入南山，民为舁榇归楚。诏旨褒赠逾格。所著书凡三种：一、《苗防备览》，即襄傅幕时事；一、《三省边防备览》，即其办教匪时事。皆质实切近。其言营屯、碉堡，以之治今苗、猺、獞、黎、番民，皆可行也。虽然，无傅、严卓荦开敏之才，勤恳笃实之心，用其法不能得其法外之意，亦奚以为此？

又见大疏"用人"一条，所以握诸条之要，虽古今无以易也。

宗棠自咸丰十年从戎以来，以书籍重累，未尝挟以自随，《苗防备览》一书，无可呈阅。意湘人之仕于京朝者，必有新刻本堪以索览，伏希钧度。

答谭文卿
（1875 年）

蒋之纯方伯既可速来，汴生所委自可照办，沈吉田会办西征，可毋庸署道也。

俄官索思诺福斯齐闻有行抵汉中之说李提督昨禀尚未提及，不解尊处何以毫无闻见？总署为俄国布使转托寄递索福两次函件，并索福兰州汇银一件，于此事谆谆办法，合应如此。来书以为事事俯从，未深悉驭夷之法。今日又接李少荃相国信并俄总领事寄索福两人信件，亦谆谆焉。寄信、汇银事均无关紧要，总署、直督因其有托代为写信，宜也。外间只以无事为安，亦宜也。阁下乃颇以为诧，何哉？和局既定，此等薄物细故自不必计，况亦无足计也。至西人到处图绘山川，本是常态。在闽时曾亲见其登山画图，而未之禁。彼人亦各以其国地图相示，不我靳也。轮船局初开，艺堂中亦列绘学、算学，为科学作船主。今之能此者，不下数十人，其造诣稍深，彼人自叹弗及。早已见之章奏矣。沿海七省各海口衷成巨册，可以汗牛启视，皆艺局生徒所为，与彼无异。然则彼所长，我已能之。不能禁其游历，而必诧其画图，殊不必耳。且地学之要，不过山川条列，务得真形，可为用兵之助。至用兵之精微，专在临时相度详审，而以素识之兵将当之，用之如得其宜，则数仞之冈无异嵩华，涔车之洿无异江河，固非一定之崇卑夷峻所能限也。岂图画计里开方、测高量深，便谓胜策在斯乎？大地山川千万，古未之有改，而兴亡成败，远者数百年，近者数十年、十数年，如棋局然，何尝披图按谱，学磨牛践迹之为乎？胜局须防一着之错，败局原有一着之生，其分在用子之人，其效在一心之用而已。索福似系彼中能事，总署谓其为游历官，李相谓其为兵官，究竟不知自居何等？李相谓其意拟来兰接见，由哈密归国，大约觇我虚实耳。且俟其来，一询来意。闻安集延祖国为所侵占，安酋帕夏现返喀什噶尔，伊欲从吐鲁番归国，须询其能行否？我军未到哈密，西南不能照料也，听其自酌，不必勉强。

穆军匏系泾、平之间，坐食已久，弟曾奏请裁撤。而春岩自都西返，非但不裁，并不肯减，且增灶焉。据其向筱坞司农说：陛见时，谕旨诺以六营；继见枢邸，则许更多数营。究未奉有明文，未知果然否？此次谕旨斟酌汰撤数目，而以酌清欠饷为言。实则该军向无所谓饷，安有欠乎？此事应责其营务处夏允升一手经理。大致须作两次办理，不但可免在途拥挤，经费亦资周转也。调各营扎附近地方固是要着，然事后填扎为宜，若事前移扎，恐实逼处此，翻滋事端。至优给盘川一节，本题中应有之义，俟夏道拟定禀知再酌，方为稳妥。春岩当初所定章程颇少，夏道必难多拟。彼时从宽酌发，其权在我，将弁勇丁感且不暇，更何有于怨愤？办法已详咨行各件，幸细察之；如有未妥，可再商也。吉田经手多年，必能领会，乞以此函示之。

上总理各国事务衙门
（1875 年）

　　俄人索思诺福斯齐游历到兰，与处二十又七日，细察情形无他。已据实入告，并抄折稿咨呈尊处。承谕迭函及布使托交信件、宝银已交去，并取回条呈上，其收银回条则由文卿中丞寄呈。

　　索思诺福等由楚秦边界入甘，到处辄留，行程稽滞，五月二十三日抵兰，六月二十日启程西去。俄与英虽释宿怨，缔新姻，而厌薄之意时露言外，其不致被其煽诱可知。索思诺福自言前取伊犁系伊带兵。驻伊犁者四载，于回乱始末言之颇悉，言及近事亦颇心折，其不至与我为难可知。威妥玛之胁缅窥腾越，声言调印度兵头，为就近销售鸦片之计。泰西各国向不兴贩鸦片，无所利于此。索思诺福等自言决不贩烟土毒中国，其不肯助英可知。茶为泰西共嗜之物，俄人所必需，能与我修好，招湖商径运陇边，路捷价减，其注意在此。助英不能分鸦片之利，交中国可专湖茶之利，其不背中国而向英吉利可知。索思诺福等言，回国后将此事覆知国主定议。如茶利可兴，则驭边之策亦有把握。鄙见如此，伏求钧度而训示之，西事幸甚！

与谭文卿
（1875 年）

　　索思诺福等五月二十三日来兰，引居节署，厅事酒席外，击鲜行炙，间日一会食，会数礼勤，得以觇其意指。六月二十日启程西去，临别依依，不忍遽返。据其自言，同行五人，索为其国兵部，即取伊犁者，此外皮、马，安均俄国主命同索来，惟博姓则索自带以同行者。

　　察看索思诺福，舌辩有才，余均不逮。谈次每言其地学之精细。玩所示之图，果细致殊常，山川条列备具。因问客游中国日浅，未经身历各郡县，何能周知山川形势，凭何绘成全图。索云，此就康熙图摹绘而成也。晓之曰：康熙舆图是测度定地而成，故为古今希有定本。后此拓地渐多，乾隆中随时增入，并命何侍郎携带仪器遍历各处详加订核，是为乾隆内府舆图，则尤精而又精者。因取影刊大图示之。索意嗒然，自此希言地学矣。

　　至枪炮之制，索所推服者，惟英、法与布，而我制造局能仿法与布为之，其精者与布相同，而臆造之大洋枪及小车轮炮、三脚劈山，盖又彼中所无。因令纵观各种，并赴局验视，叹服同声。自此亦希言枪炮矣。

　　察其来意，实奉其国主之命而来，闻甘肃近事，知我国有备，度无以挠之，则惟有通茶市取赢一策。然此策如行，则亦中国之利，亦不失茶马驭边之策。

　　索使濒行先数夕，忽云，数年中曾遣使数辈到西宁、大通、肃、甘一带探听，知措置之宜，番回畏服，中堂亦有所闻否？答云，此等事向不理会，我法但求此心所安，不要他人说好。因言在城固时，曾有教民恳免减厘金事，意求看顾。答云，此等事不宜干预。因斥通事糊涂。索亦默然。

察其情形，来意无他。若抚驭得法，或可保数十年无事。至自请代运军粮，则已先遣其兵头八瓦劳伏归告，预备一切，当不至荒唐也。所以缕陈奉闻者，欲尊处知其底里耳。自顷中国多事，外族群起欺侮之心。而自负熟洋务，通夷情者，不过效其所为，以求一时无事。此天下所不与也。至接见款待，本应以邻国宾旅之谊处之，而顾议从其俭，不知何说？事变十余年，而解人难得，尚论人才乎？兴言及此，为之心痏！

穆军先撤四营，夏道不敢定盘川银两，已饬彭光藻会同核议，大约从宽为是。所留六营，拟调刘宗璋两营来兰听调，余四营则分置泾州王村、白水，交魏道统带。现奉寄谕，穆已调夏道赴吉林，不能留也。本初既去，台务宜从新整理。窃计挥霍亏短大约二十余万两，及早收束，免贻巨累，则又不幸之幸。邵道顽钝鄙诈，应允其善去。吉田充提调甚好。赵又铭宦兴尚浓，何耶？清卿学问宏深，识解、志趣均所罕见，兰州试毕当急返录遗，惜不能久留之耳。

答董韫卿大司农^①
（1875 年）

折弁回，得展惠书，极辱注存，兼承许与，三复之下，感仰弥深。

时事多艰，即起古昔贤能处此，亦将束手。然果内外一心，如泛孤舟于极天怒涛中，自具官止神行之妙，则亦非无津涯也。

泰西岛国协以谋我，志在通商。近因海口货多滞销，形见势诎，不免捷足窘步之悔。英人笼鸦片以毒我，每岁出口之银几三千万两，兹复欲于东南印度越缅甸以开市滇边，就近广销毒物，此非各国所共之利，其不甘附和，固在意中。缅与滇交错各处，瘴疠之乡，水土恶劣，非用兵之地。英兵骄逸成性，陆战又非所长，其扬言调印度之兵，亦未尝不见及于此。滇边土人以敌印度之兵固不足，然以主制客，不为利诱，则地险心固，亦未尝不足捍吾圉。愚见此时虽不可显为捭格，骤起衅端，亦不可专以柔道牵之，致需泥召寇之失。

近人见西洋制造之精，自知其不易及，遂欲以酒解酲，为苟且目前之计。鄙怀窃有未喻。夫言学而至于艺，言战而专于械，不过学与战之一端。我不能而人能之，吾不可不师其长，固也；若谓学止在艺，战止在械，夫岂其然？吾人读书，志其大者远者，博与巧非儒所尚，有时迂疏寡效，不如小道可观，致使人以儒为戏，此固学者之过，岂儒术误之耶？乡有富人造新屋，落成之日，饮馔款客，乃坐匠首于塾师之上，一座哗然，遂为笑柄。今之论者，得毋类是？所幸公道犹明，异说未逞，不至贻诮远人耳。

---

① 董恂，字韫卿，江苏甘泉人。官至兵、户部尚书。

答金和甫①
（1875 年）

　　前接惠函，知秋屏所遗三十四营经麾下裁并，仅存二十五营。函中并云暂时未便操之过蹙，仍须察酌办理。亮荩筹已有成竹在胸，无俟鄙人哓渎。惟秋屏号称三十四营，实在人数仅八千五百余名，若以五百人一营计算，则仅十七营有奇耳。弟意人数核实，则饷、粮一切均便核计，否则一篇空帐，如何上算耶？另单呈览，仍祈留意。

　　索思诺福斯齐应承代办军粮一切，弟意属其与麾下面商定夺，不料索思诺福到古城，匆匆取道归国，并未与麾下商定也！以事理论之，伊既立有合约，自无翻异之理。惟所议只送布伦托海，与原议不符，此次又未曾与麾下谋面，究竟此事云何，无从悬揣，殊为悬悬！如果此事不谐，军粮如何取给？想麾下亦必早已虑及矣。陶道兆熊非弟旧人，因古城须收俄粮，派令前往。昨得该道禀，伊于九月初四日始由巴里坤向古城，而索使则已于九月初二日由古城向布伦托海，亦未及赶上也。古、济一带有尊处派员订采粮料，该道自毋庸参预其间，以免歧出。该道应俟俄粮有无消息，再定行止耳。

附　计单

　　王洪顺靖边卫队马步六营，约一千六百余名；倪敬修果勇马步五营，约一千一百余名；胡飞鹏健锐步队四营，约一千名；孔才定西马步七营，约一千八百余名；徐学功振武马步八营，约二千二百余名；金永清步队三营，约八百余名；洪提督官马队，八十余员；沙领队同袍步队一营。

---

　　① 金顺（？—1885），字和甫，满洲镶蓝旗人。历任宁夏副都统、乌里雅苏台将军、乌鲁木齐都统、伊犁将军。

与两江总督沈幼丹制军
（1875 年）

　　陇饷奇绌，天下共知。积欠至二千六七百万，任如何腾挪牵补，终必决裂，亦天下所共知。数年因海上多故，不敢频催协解，而天下遂疑为别有点化奇方矣！关陇肃清，自潼关至哈密万余里，花门屏息，分屯列戍，皆待饷之军。现奉督办新疆军务之命，又须筹哈密迤西巴里坤、古城、济木萨各军粮运，又须增军剿乌鲁木齐之贼，朝旨责其一手办理，义何敢辞！

　　近因俄人西来，由塞外布伦托海归国。论者均谓意在觇我虚实，新闻纸且谓与英人协以谋我，当事即据以入告。五、六月间，俄使来兰，引之同居一月，觇其意态，似尚无它，其与英亦婚媾、亦仇怨也。英忌俄之与我和，俄亦忌英之与我和。我能自强，则英、俄如我何？我不能自强，则受英之欺侮、亦受俄之欺侮，何以为国？自款议定后，均知以自强为急，迄今未敢自信其强。然则何时乃有强之一日乎？兴言及此，吾辈误国之罪可胜数乎？！

　　公因船政，致稽履新。未审此信到后，已离船政否？吴越人善（箸）〔著〕述，其无赖者受英人数百元即编新闻纸，报之海止①奇谈，间及时政。近称洞悉洋务者，大率取材于此，不觉其诈耳。又与岛客处久，往往移其初志，如徐元扈何尝不负时望，何尝不称博雅，一见西儒，竟入彼法，盖久处暗室，目无正明耳，所赖海内落落数君子一祛此蔽，俾天下不以儒为戏，则幸甚也。

---

① 《全集》为"止"，疑误，应为"上"。

答两江总督沈幼丹制军
（1875 年）

顷展良书，敬悉节旄已于前月履新，从此江淮草木共识恩光，曷胜庆慰！

所示伏莽一节，岷庄前书亦颇言之。召募流弊固所必至，然若辈伎俩，不过惑众取财。办法在先将各营清理，断其勾结传染，阴察其头目擒治，而宽其胁从。所戮不多，尚可从容就理。若不先靖内讧，遽清外匪，恐反裒救火，所失滋多！此种起于川黔啯噜哥老之呼由此而变，延及两楚、淮、豫，近则凡军营屯驻之地，无处无之。蜀境则商农土著十人而九矣。关陇十年前沾染殆遍。敝部如高、刘两军，因所收降众颇多，曾酿此变。近始寂然，然随时捕治之案亦尚不少。盖召募之众，事平遣散，多成游手，聚则为匪，无怪其然也。论治本之策，莫要于择将，严军律。军兴日久，骁桀之材所在不乏，然粗莽鲜明大义，往往恃其诈力，欺压其曹，渐至藐玩长官，干犯国纪。语曰："君子义以为上，小人有勇而无义为盗。"至哉言乎！弟自去闽后，见时论所推骁将颇多，而概不招纳入关。度陇以来，所诛叛将叛员十数计，所剿所收约数十万，盖前时优容假借所酿而成者。若当时慎选朴廉守分之将，错落布置其间，宁遽至此！淮军以诈力相高，合肥又以牢笼驾驭为事，其意在取济一时，正虑流毒无底。阁下亦以为然否也？

论洋务者非不知滇案就地可了，英人特欲开通西路，广销鸦片，掀波作浪，虚言恫喝，其技已穷；而顾不敢以正论出诸其口者，误于沪之《申报》耳。《申报》本江浙无赖士人所编，岛人资之以给中国。其中亦间有一二事迹堪以覆按者，然干涉时政，拉杂亵语，附录邸报，无纸不然。纤人之谈，不加究诘，置之不论足矣，合肥竟以入奏，并议撤西防以裕东饷，何耶？土耳其即都鲁机，回部也，以嗜鸦片为俄、英所弱。

印度，古佛国也，以产鸦片为俄、英所并。俄、英倏婚媾，倏仇雠，十余年前尚战争不已，彼此忌嫉，至今如故，其衅端则肇于争印度、争土耳其。其因怀利而怀忿，西人所知。伊犁西北有敖罕即浩罕，国于塔什干，有四部落，向称强横，近为俄所并。其名安集延者，败而东窜。适中国多事，未遑远略，回部遂沦此指哈密迤西辟展、吐鲁番、阿克苏、喀什噶尔等处，回部旧巢也。若古城、济木萨迤西乌鲁木齐等处以至伊犁，则本准部故土。中隔天山，各自为国，乾隆中并之为新疆。安集延酋帕夏败逃无归，遂入踞之，而勾北路乌鲁木齐陕回余孽白彦虎以抗西师，却不敢向踞伊犁之俄军修憾而报怨。《申报》谓喀什噶尔回酋附土耳其以通俄、英，我军攻之为失算，不知何据？合肥即奏请停兵勿进，而分置头目羁縻之。不知此时乌鲁木齐未复，无要可扼，边军万无撤之理；即令乌城复，玛纳斯克，俄将伊犁归我，帕夏亦除，回部全复，而我分置回目为土司，捐新疆与之，亦度各回势能自存，长为不侵不叛之臣，捍我西圉否也？回势分力弱，必仍折入俄边；而我断送（腴）〔腴〕疆，株守穷八城，久戍防秋，岁无宁日，挽输络绎，劳费无所终极，不一二年，形见势绌，而西北之患日亟，将求如目前局势且不可得矣！科布多、乌里雅苏台、库伦，张家口诸处何能高枕？然则撤西防以裕东饷，不能实无底之橐，而先坏万里之长城，不其慎矣！

来示洋票行而厘大减，此势所固然。前闻威妥玛以此为言，合肥即代为请潞国力持之，未知后竟如何？若如尊（沦）〔论〕，则东饷尽付东防，亦不敷甚巨，又安望其协西饷哉？有言宜倍征鸦片税厘以相抵制者，计芑筹已及之。至西饷尽被侵占，计无复之。近因年关逼近，而谕催省关之饷尚无的耗，不得已饬鄂台、陕局商借六十万两，暂济急需。腊底新正整饬西征以后，不知为计。所部欠饷已积至一年零七八个月，决裂堪虞！复用之出塞长征，事何由济？拟仿照台湾成案，议借洋款千万两，分十年还清，稍资周转，未审尊意云何？然此外则实无可筹矣，想公忠体国者必有以拯之。

与张朗斋
（1876 年）

种粮自宜由哈密局拨还，已于公牍奉复。

俄员乌史漫达迷劳伏来，接晤之余，似尚朴实一路。据称俄粮四月十五以前可扫数到古，未知确否？索使于此事自请承办，约定上年交粮三百万，今年三月交足五百万，而皆不践其言，殊非意料所及。

通商一节，原约必俟乌垣事定乃可议及，索不遵照，先求通商，尤见其妄。乌史昨见，已为道破，乌史亦颇知其非也。

王凤鸣到巴后，亢倨任性，又执拗不晓事，故因其请撤撤之已委周镇有才接署。随员如丁鹗、李支瑞，皆狂诈之流。弟用人不当，自咎而已。

文正使索银索粮，乍明乍昧，无从揣拟，到肃后再思所以处之。

安集延酋帕夏，闻即和硕伯克，狡诈能战，俄人亦颇称之。兄处如有所闻，乞以见示。

上总理各国事务衙门
（1876 年）

七月初三日接奉钧函，祗领一是。

俄人近注意互市一事，其要由哈密觅通藏路径，当是预为将来互市地方起见。渠以关外即哈密境，不知中间尚隔安西、玉门、敦煌也。察看俄人无他诡谋，惟利心太重，将来互市必费唇舌，然尚通情理，当可商量，还是要处置得宜，要能自强耳。

俄粮续到古城者一批，由西湖至沙湾者一大批，共一百三十余万斤，此后无再到者。现值麦豆登场，市价平减，无需其代为采运。俄商贩货来巴、哈销售者，晓以正用兵之际，恐有不虞，致滋事端，旋亦自去。俄兵并无驻扎沙山子之说，现惟古城有护粮兵四十名尚未去耳。

古牧地、乌垣、红庙均已克复。昌吉贼已到乌城，同乌城贼窜走南路。据活贼供，玛纳斯贼，白逆临窜时，已约其翻山南窜，尚未知其确否？如果北路肃清，俄人当复理互市之事，届时当与详商也。

别笺所示，谨一一登复。

论者谓徐学功久未领饷，由于和甫之刻。查该营饷章有无多寡，宗棠无从查悉。闻其营本是团练，与兵勇异，人则或多或少，时聚时散，其饷亦无定数也。和甫所部，自出关以后，多冗杂之患。从前宗棠与之商酌精选十余营，近已增至二十余营，究不得力，而饷源大绌，即按月点缀，亦觉维艰，军情渐涣，实亦由此。谓其待徐学功独薄，似未必然。玛纳斯之败，欲轻额尔庆额之罪，不得不责重徐学功，但摘翎顶，尚未为过。至欲遣散该营之说，则无所闻，且该营本无定数，亦无所谓遣散也。

孔才之赴渤山，由其自请，非远之之意。该营并无分属他部之说，亦不能分。

吉尔洪额吉江六起，饷本充裕，因向来营员贩运私货，展转营私，致有摊销、勒扣、骚扰台站之弊。和甫接统景部，移交但有私货而无现银，且沿途有截去协饷四批之说，和甫曾以此怨裕厚，恨之刺骨，并怪秋屏之漫不加察也。景营旧部分饷之少，事或有之，由于专饷早空，新饷一到即尽之，故非有意从薄。

和甫军营委员太多，得力者少，所信用之托云布与同类不协，声名甚劣。宗棠有所闻而未得其详。和甫为人和平宽缓，阴柔寡断，工于伺便取巧，耻过文非，有时失于激切，处置不合，致生事端。即如桂斌、吉尔洪额两人，情性乖张，糊涂谬妄，假令措置得宜，早为善遣，亦复何能为患？而桂斌则必欲置之死地，吉尔洪额则必斥为乱臣贼子之倡，使其无机可转，人而不仁，疾之已甚，遂至纷纭如此，良可慨也！

至六起马队，不乏可用之才。马队护运放探，较步队为易。古城至大石头、色毕口，不过四百余里，奏折所称巴、古中间一带，即指此而言。由巴里坤至古城，八百数十里，大石头、色毕口距古近，距巴远，以六起防之，岂不绰有余裕？现在徐占彪以不足五营马步由巴里坤分扎至大石头，且过色毕口，而谓千余马队不敷分扎，以此为劳耶？宗棠自驻肃以来，从未见吉江马队防运一次、分扎一起，所谓不容休息，实欲加之罪耳。

愚意窃以西事延至今日，不办固坏，愈办愈坏，实由人才不出，无可如何。现在北路局势日宽，需才日急，而眼前足当一面不染军营恶习者，实无其人，不得已而思其次，亦不多见。每一思及，忧悚殊深。金和甫庸中佼佼，尚或可与有为，若冀其另开生面，能自树立，窃虞其不逮。此外如富珠哩之朴呐能战，本所深知，然望其大有作为，亦难深许。只盼锡纶堪以造就否。所有乌鲁木齐各旗缺及伊犁南八城人材，伏祈广为延访，早为储备，诚大局之幸。

荣署将军、英参赞不能驾驭俄人，好与计较小处，俄人亦内轻之，每与寻衅，似久任非其所宜也。伏希鉴察。

与刘毅斋
（1876 年）

　　肃清北路详细情形，已具折驰奏，抄稿送览，字字有根据，却于增删上见精采，足慰宸怀。

　　惟屡胜之后，尤宜慎益加慎，勉力图维，断不可掉以轻心，致贻后悔。曾文正、胡文忠曾力主兵不宜分之说，虽老成慎重、阅历有得之见，然弟每与之争，谓亦当看贼势轻重、贼踪整散，因而定计，又必择能当一面者分任，然后有分兵之益而无其弊，若守定不分之义，亦未免坐昧机宜。攻吐鲁番必两面下手，虽系暂分，终归于合。牍尾已详言之矣，希细阅定策。

　　皮衣已办就，现饬宁夏速解，大约到巴里坤必在十月，无法速之。此间所存，分拨前敌各营，无多余矣。

　　大号、二号开花后膛炮两尊，并子各五百余，饬省局再解，不致有误。又，饬局起解七饷后膛洋马炮三百杆一排七子，每杆配发八十排，已于昨日起程。此物最是利器，挑选好手施放，定可制胜。标针快响枪子日前又发解八千颗，并加发枪二十杆，计此日始到哈密。将来运道，应俟夹攻吐鲁番时，另于哈密添设一路，转运方期快便。

　　上海昨新到一尊田鸡炮，能致远数里外，自空而下，以打步、马队之成团者最妙。惜原来子只三百颗，已饬兰局仿造，俟有二百颗再解。

与刘毅斋
（1876 年）

玛纳斯本可应弦而下，只因众志不协，稽延许久，致土回复行抗拒，迟收一篑之功。金都护信来，拟以大炮轰攻，计可迅期得手，顾未见续报克复，不解何故？

诸军纷集，制贼之力有余。然不能一气联络，则所患亦大。日间每因悬盼而多意外之虑也。锡子猷迄无一字见示，冯以和之队亟盼其统驭，七月十二日以前尚无到玛信息，大约仍是同和甫作一路耳。和甫由昌吉赴玛纳斯，自亦出于不得不然之势。

惟乌垣关系甚重，大军拟规南路，则后路布置尤须严密有加。巴、古之间，徐崑山一军马步仅只五营有奇，而吐鲁番窜路防不胜防，再添古、济各路，更觉鞭长莫及。弟虽增调徐万福三营、范铭一营前往，日内据报启行，然崑山若遵调赴乌，则此路仍虞单薄，若古、济一带尊处所留防营尽拔，更觉空虚矣，想卓筹早已见及。

细思雄师南下，后路非得力可靠之军断断不可。金景亭年来屡思率所部马步五千余前来助战，其营官亦有同心。闻其军之移扎包头者，安静整齐，较前迥异。现接其来信，尚思西征。晋抚鲍中丞奏留其军，以防北窜之贼，其饷事则皖与晋各认其半。兹拟调其移驻古、济以抵乌垣，则与晋同一防北窜之贼，而于皖固无与也。已函商鲍中丞，晋照常认其半，陇认其半，免皖解济，似属可行，景亭当可揽辔而来矣。惟包头至古，路隔四千余里，不能应念而至。其未至之前，应如何筹措，尚望酌度示之。

至三、四两起马队，已饬方友升择日拔行。此外，则正白旗、青旗，尚是老队，现檄章镇洪胜并成一营，亲率赴乌，听候调遣。其武朝聘一营，则令赴朗斋处助剿。

昨日接奉八月初九日总署寄函，威妥玛等有向枢邸代喀逆乞降一事，所指阿古柏，或即系帕夏，英人称其为喀王，若不知其为窃踞新疆南路之贼，只称愿作属国，并不说缴还八城。枢邸答付之词，甚为得体。弟拟日间复之。

帕夏窃踞数城十余年，为我必讨之贼。官兵进讨叛回，又派兵助逆；白、余等败窜南路，又复招纳隐容。该逆等向其说合求降，英人自应置之不理，况据梅翻译说，非阿古柏托人求威使说情，威使尤可不必管。如虑喀贼遣人到营，我营认作叛逆将其杀害，我且恪遵总署钧谕，传令所部总统、分统、营官，如喀什噶尔有人来营投递呈禀，若非带兵前来，应准其见面。如所言尚近情理，准其护送到肃州大营，听候吩咐；如无情理，即由该总统等放回，不必杀他。

至于战阵之事，权在主兵之人，非他人所可参预。用兵喀地，久暂固难逆料，阿古柏能否久驻，我亦无从悬揣。英使所虑用兵日久，俄人从中侵占一层，似不足虑。俄人虽驻伊犁，然驻兵不过一千，近且减至八百，是原议交还一说，似非虚言。若谓更思侵占南路，无论我不能允，且俄本大国，亦断不肯自失体面。即使帕夏投诚献土，俄国亦必不受。南八城自乾隆二十四年入中国版图，至今与五印度无纤毫之损，岂贼踞此地则于英有益，中国复此地，翻于英有损乎？以此复总署，总署即以此告威使，当不致别生枝节也。高明以为然否？

现在洋防已经定局，准开十三口，准免洋厘，计每岁失去千万之利，均为英人所夺。枢垣与李相专一示弱，时局未堪设想！

此次英人进京，似专为帕夏求降，骄气稍敛。闻其与俄构衅，恐安集延为俄所占，不利于印度也。

乌垣、红庙之复，厥功之伟，天下当无异词。如果南路节节顺手，则麾下功勋冠于环宇，所当慎益加慎，亶勉图之。

与刘毅斋
(1876 年)

就目前局势言之，下兵南路，宜先固北路。古、济以西至乌垣，节节空虚，匪徒出没。金都护虽拨锡领队带马步东来，然皆残剩之旅，亦未可恃。尊处派往各营，宜趁未撤回之先，速与蜀军、嵩武约期同进，搜山排剿事毕，然后以锡领队守之，一面令其加意整理，否则难期实际。锡领队自咨委后，并无只字见复，亦不解其何意？看来此君亦不足恃。是我军进规南路，以乌垣为根本，乌垣宜留兵。由乌垣攻达坂，虽止二百里，然中间有路通托克逊坚巢，宜择要安营。而贼势既趋重达坂，又需重兵痛剿。蜀军、嵩武合力规吐鲁番，吐鲁番回众离心，安集延所遣援兵无多，似无难攻克。然该处地势平衍，辖境又阔，与托克逊毗连，吐鲁番纵能速克，各城堡须留兵镇抚。后路运道甚长，须安兵防护。其能出队会攻托克逊者，恐必无几。是进规南路之军，屡分而单，而攻达坂，接攻托克逊，少分助之军也。

南路自乾隆二十四年平定回疆，建八城：一喀什噶尔，一英吉沙尔，一叶尔羌，一和阗，一阿克苏，一乌什，一库车，一喀喇沙尔，而吐鲁番不与焉。托克逊尚是吐鲁番辖境，过此则喀喇沙尔所辖之苏什巴台，为南八城之首。将来兵进至托克逊，追奔逐北，至阿克苏作一停顿<small>道光五年办张逆，先驻此，盖地势扼要，且饶水草也</small>，或分兵进叶尔羌、和阗，或径捣喀什噶尔，或分兵防伊犁，皆须临时斟酌。然三路分布之局，不可不预为筹之。现在大军为一路，嵩武为一路，尚少一路之军。不佞所以拟调金景亭一军者以此。

玛纳斯南城本可收抚，因孔才执意欲剿，徐学功不能与争，而外来各军群思居复城之功，摩拳擦掌以待，及攻坚不下，乃请和甫都护亲临督剿，都护恃大炮以为成功可期，遂贸然而来，至此则锐气索然矣。一夫不可狃，况一城乎？且一城之中，矢死抗拒者究有几何？老弱妇女，岂必尽加屠戮？尊处派谭、罗前往，可剿抚兼施。此信到时，当已早见分晓。如城中食尽，见我军至而求抚，亦可许之，然必由金都护定见，乃免异议。此事谅于大局无碍，惟都护卸底，无以示远人耳。

桂锡桢马队亦尚可用，惟其人颇猾。方友升人尚勇往，所部仍是南马队规摹，不如吉江之紧。章镇洪胜正白旗虽是老队，然不过中等，两营人马具足，合之桂锡桢，近千骑，将来金运昌到，所部千骑当较胜也。侯名贵大炮二，车轮小炮四，均可用，管放之人，一并随来，闻在玉门、嘉峪关又添收数十人，则不知何如子药均足。七响马枪三百杆，每杆八十排，每排七出，一杆计配子五百六十出，药照子配，可云精当。方友升、章洪胜两营，各发七响二十杆，子各八十排。

饷事除发过五万两外，又饬丁道发二十万作两次发，始可周转。攻克乌垣，城中所得贼粮，应归公，其各营收获之粮，给银八万两，以偿其劳，银须缓解，不归饷算。

尊意欲用徐学功，此人原亦可用，惟须束以营制，核减饷章照土勇章程，每名每月三两。

以常理论，进规南路，须俟金景亭到始够布置而策万全。然此军到乌垣，总须冬腊之交。如军机不能久待，则俟玛纳斯收队回营，古、济各营搜山事毕，桂、方、章到齐，亦可稍资指挥。其蜀军、嵩武之进规吐鲁番，师期应由尊处酌定，乃期有当也。

上总理各国事务衙门
（1876 年）

八月二十五日奉到钧谕，并承示与威使问答各节，谨已领悉。

安集延酋帕霞即夏音转窃踞南城及吐鲁番，并助乌垣、红庙陕甘各回为逆，中外共知。兹威妥玛等代其请降，称为喀王阿古柏，若不知吐鲁番、南八城为我疆土，帕夏为我贼也。既代其请降，又称非由其央托；既称愿降，又只请为属国，免朝贡，于归我故土、缚献逋寇，概不之及。其敢以此妄渎尊严者，意（沮）〔阻〕官军深入，与前此嗾上海《申报》局刊播谣言、禁止洋商息借洋款同一机局。钧答于接谈之顷，预烛奸谋，随机因应，不假安排，正大和平，足慑奸邪之胆，钦服何言！

宗棠已密告刘锦棠，如安集延酋呈递禀词，察其语意略近情理，许为转达，将原禀及来人带解肃州，听候核示；如空言支饰，意在缓兵，即将其来人纵回，释勿加诛，并传知各军一律放行，毋许擅杀。应否示知威使之处，伏候钧度。

前闻春间敖罕旧部纠党潜袭塔什干城，杀俄人之留守旧都者，为兴复故国计，俄人旋举兵夺回塔什干，并掳其二王子以归，未知确否？近时俄英交恶，其衅端是否因此而起，无从查询，要其怀利相接，其交久离，固可知也。

威使所虑俄人从中侵占此地一节。查安集延本境，东与喀什噶尔相连，故道光年间张格尔之变，即由此而起，用其部众为军锋，张逆之踞四城，多资其力。其东少北，近与俄新辟之境相连。顷张提军曜抄阅新来投诚之辟展人阿哈默特口供，具言帕夏现留兵在喀什噶尔西边，防俄罗斯，缘其地与俄只隔一河，时有俄人过河抢闹。是安集延畏俄之逼，在其本境东北紧连处所，非南八城之谓，特恐官军进攻南八城，彼首尾受敌，无以自存也。安集延既窃踞南八城，阻我进兵克复，更欲我保护彼疆，不被俄人侵扰，设心当不若是。是英人代为请降，非为安集延，乃图保其印度腴疆耳。

俄、英共争印度数十年矣。印度东南之地为英所有，其北与西为俄所有，若由东而渐及于南，英人之腴疆将折而入于俄。威使所云与英之印度不利者以此。

至云与中国边界不利，则有不然。俄之代复伊犁，亦自知处非所据，原有俟乌鲁木齐、玛纳斯克复交还之约。其驻伊犁之兵不过千人，曾于无意中询之索思诺福斯齐及乌史漫达迷劳伏，所言皆同。可知俄于伊犁本无久假不归之意。谓官军进规南疆，彼将乘机而收渔人之利，似与其平时以大国自居，顾惜体面不符。英人谓与中国边界不利，不过借此耸听，忌中国与俄交密，思所以离之耳。

至南路贼势，重在达坂即噶逊营、吐鲁番、托克逊三处。官军南下，必有数恶仗，三处得手，则破竹之势可成。察酌彼己情形，仍非缓进急战不可。虽转战四千余里，藏事难计迟速，然果饷粮、军火转运应手，亦不至久滞戎机，无须英人代为过虑也。

以愚见言之，此时俄人交还伊犁一节，暂可置之不论。北路鲜独当一面之才，纵向其仍理旧说，要挟必多，而收回后若别有意外之虞，翻难兼顾，不若姑以此委之，俾得一意南路。如果南路事机顺利，似伊犁亦可不索而还。

论西域弃留者，自乾隆年间至今，未归画一，利害计较，各有所见。应如何折衷以归至是，计庙堂讦谟早定，非愚陋所能臆揣。惟据事体言之，则地之弃留及一切措置之详，均宜俟南路事竣，方可置议。未审钧度何如？伏希诲示。

答陈俊臣^①

（1876 年）

读中秋节后四日手书，知从邸钞得悉捷状，与少陵闻收复蓟北之喜略同，字里皆挟喜气。过蒙奖诩，殊觉赧然。

近正布置后路，调度军食，俟诸事完备，乃拟南征。惟头白临边，罔知攸济，未审将来究竟何如？受国厚恩，无可为报，年衰任巨，量浅术疏，时深内疚，惟尽心力所能至者图之，期于不欺而已。至成败利钝，在我者不能不明辨深思，在天者不敢参也。

窃以为近时人心之蔽，每因此关未能勘破，遂尔见异思迁，夺其素志，浸欲崇般倕之社而废泽宫，精考工之言而弃官礼，慎孰甚焉！今试以艺事言之，聚儒者于一堂，而课以金工、木工之事，固问十不能答一，盖以非所习也。与华之百工校且然，况泰西师匠乎！治天下自有匠，明匠事者自有其人，中不如西，学西可也，匠之事也，然奚必胥天下之人而匠之，又并治天下之匠而薄之哉！一事之成败利钝，非所能知，因成败利钝而丧其心之所明，以求有成无败，有利无钝，必不可得也。况所谓成者、利者，乃天下所谓败与钝乎！范文正有言："吾知在我者，当如是而已。"近时自负深知洋务者，殊未之思耳。

来书谓曾君昭吉所造马力机器，仿制马梯枪，试之，与西枪等。弟处有粤人仿制布炮及标针快响枪，俄人亦极赞之，昨次攻拔古牧地，深得其力。如得彼此合并讲习，当更可观也。

前在闽奏设轮船局各疏，已刊成帙，因中有未经发抄之件，故未敢分致诸人。兹奉上一本，乞览，勿以示人为荷。

---

① 陈士杰（1825—1893），字俊臣，湖南桂阳人。历任山东按察使，福建布政使，浙江、山东巡抚。

与安晓峰孝廉^①

（1876 年）

  不见年余，想所学益进。闻寄居颂阁先生处，下帷攻苦，无异在兰山时，殊用欣然。寄上票银三十两为膏火薪炭之资，幸验纳。

  明春陇士与试者，当不止百人，寄银三千两，请阁下按人俵给，可与柳堂先生商之。四十余年前，金尽裘敝，人困驴嘶景况，犹在目前也。

---

  ① 安维峻（? —1926），字晓峰，甘肃秦安人。光绪元年陕甘分闱后甘肃第一名解元。六年中进士。后历任福建道监察御史、内阁侍读、京师大学堂总教习。

答刘毅斋
（1876 年）

载展来牍，具见筹画详慎，与鄙衷所存者一一吻合，快慰殊深。

卓胜军拟于冬至后分起西行，而购驼制帐不能咄嗟立办大约明正始能到齐。比至春融，则天时人事罄无不宜，雄麾南指，可免牵掣矣。

白、余诸逆败蘖之余，何能为患？帕夏西迫于俄，东为大军所逼，不知计所从出，如果仍怀两端，而坚踞托克逊，则刃可斩而组可系也。所欲言者已于牍尾详之，意所未尽，复条系左方。

和甫为人，只知居功，不能作事亦实因饷不应手之故。现授伊犁将军，并谕以自酌进止，盖急南八城而缓伊犁之局。弟前奏优叙和甫，于所保各武职无一字增删，惟核减孔才、桂锡桢、周先檀数人而已。该军四十余营，以实数计，恐难满一半，每月饷数以二十二万两计，今岁所得不过五六十万两，若非我处垫给军粮五六百万斤，则早撒手矣。昨疏请归并马步二十营，协解之款，以实解一半计，而恳恩先拨部款四十万，未知得邀俯允否？然弟所得为者止此耳。

乌鲁木齐都统，敕前两广总督英翰署理，到任当在明春。西事局势一新。幸南路尚是一手经理，可以次第展布，不患牵掣。以兵事言之，吐鲁番受制安酋，非其本意，兵到归顺，自在意中。达坂贼击败，必速退托克逊，帕夏注意于此，贼数颇多，非全力兜剿不可。如将此逆了却，或以办金积之法办之，则藏事可速。白、余狡诈，似宜先图之。我剿此贼，安集延必不助势，我若先攻安集延，白、余诸逆或又乘隙逃走，不可不虑也。猛打数仗，白、余与帕夏或有互相猜忌之衅，从而乘之，更易为力。英人用计欲庇安酋为其外蔽，而离我与俄之交。弟前复总署信，总署比照致威妥玛，威妥玛必由电信寄知帕夏。帕夏如遣人到尊处，可随宜应之，照弟前函所商办法料理，勿斩来人。如英人来营插嘴，亦只如此。我图复旧疆，与伊有何干涉？婉词却之可矣。

俄英因争印度构兵，据上海局信，似一时未能歇手，不似从前旋战旋和也。威妥玛因与中国争执太过，国主虑其搅坏和局，撤其归国。数年内，洋防自无他事，诚能及时振作，何难转弱为强乎！

南八城回民懦靡成性，遭乱以后，尤怀朝廷深仁厚泽，必不甘自外生成。进规南路，应剿者陕甘叛回、安集延夷兵耳，积年叛弁耳，此外，缠回及先附贼而后反正者均应宽贷，亦天理人情所宜。所部各营均知法度，老湘风气尤冠一时，此次如能各遵行军五禁，严禁杀掠奸淫，则八城回民如去虎口而投慈母之怀，不但此时易以成功，即后此长治久安亦基于此。从前陛辞时晤奕公山，谈及回疆往事，奕云只要文武各官都肯以平民待回，不以牛羊视之，则回永不叛。其言殊可味也。

惟军粮一事，必须在该处采取，照价平买，自顺舆情。自古以来，无数千里外转馈军粮之事，非但糜费应节，且师难宿饱，最滞戎机。亦拉里即伊拉里克，昨得张朗斋信，询之辟展降人，亦称水地产粮，托克逊贼粮即取给于此。此外，产粮之所闻冬麦亦多，当自不乏。进兵时秋毫无犯，居民安堵，庶采粮容易，运价可省，而善后又易办，公家之利也。托克逊得手，其余富庶各城堡必有储蓄。只打真贼，不扰平民，不愁乏食。大军攻克托克逊，则运道、文报当由哈密达吐鲁番。已与朗斋商之，将来文报由此安设马步，拨运局由此安设分卡，茶可出口，棉可进口，亦饷源一助也。

饷事现因协款不旺，年关逼近，又商借华商银一百二十万，备冬腊明春之用。明年不能不借洋款，已与沪局商及，或可有成，能于四五月齐到，则事体尚从容也。然合陕甘及新疆万余里版图，无可恃的饷，徒盼协款、借款度日，何可为常？将来腴疆克复，当讲农田水利、畜牧、通商，以规久远耳。

与孝宽
（1876 年）

谕孝宽悉：

　　勋、同来省，随我赴酒泉。勋厚同敏，均可爱也。适以省试伊迩，告归长沙，端午后就道。请处分家事，兹条示于后。

　　邑中书院改建未得，余不欲持异议，亦不欲取回原寄廉银。冒侯去任，存项可呈缴县中，为育婴普济经费，聊尽我心。

　　尔兄墓地修筑竣事。前晤刘克庵①，亦说平稳。惟须薄置墓田数亩，丙舍数间，为上塚憩息之所。志铭即嵌墙壁。

　　母茔形势佳否，吾难悬揣。惟闻山童土敞，定非佳壤，不足安尔母体魄，且吾百年后亦必得一栖神之所。堪舆家言断不可信，而水蚁宜避，虽达观者不得无动于中。刘克翁言八尺坳地好可葬，上年曾为买定。又曾子原亦颇言其佳，似故茔宜改，当卜斯邱。吾与勋、同言之矣，如八尺坳当即板石坳，刘怀清老屋距此不远可以建茔，当即谋迁葬，不须别图。合葬亦行古之道，吾意于板石坳可葬，则尔母迁安于右，二姊祔右之右下二尺可矣；吾百岁后窆于左，尔生母②祔左之左下一尺，庶地下团聚不异人间，子孙岁时祭扫亦便也。如定此为新茔，只须请刘元圃、曾子原两君同诣山定穴，不须再求地师；只须诹吉造坟，不论元运，较之寻常卜葬为易。尔兄在日虽坚属不可改葬，惊尔母体魄。此次改卜由我，尔兄弟可无疑也。

　　吾积世寒素，近乃称巨室。虽屡申儆不可沾染世宦积习，而家用日增，已有不能撙节之势。我廉金不以肥家，有余辄随手散去，尔辈宜早自为谋。大约廉余拟作五分，以一为爵田，余作四分均给尔辈，已与

---

　　① "克庵"，《家书手迹》作"克翁"。
　　② "尔生母"，《家书手迹》作"姨孃"。

勋、同言之，每分不得过五千两也。爵田以授宗子袭爵者，凡公用均于此取之。

念恕所呈请安帖子字画端正，吾甚喜之。可饬其照常读书，以求长进。饬勋、同过兰时检箧匣中物赐之。吾本无珍异之物，且赐孙亦不在珍异耳。

诸孙读书，只要有恒无间，不必加以迫促。读书只要明理，不必望以科名。子孙贤达，不在科名有无迟早，况科名有无迟早亦有分定，不在文字也。不过望子孙读书，不得不讲科名。是佳子弟，能得科名固门间之庆；子弟不佳，纵得科名亦增耻辱耳。

吾平生志在务本，耕读而外别无所尚。三试礼部，既无意仕进，时值危乱，乃以戎幕起家。厥后以不求闻达之人，上动天鉴，建节锡封，忝窃非分。嗣复以乙科入阁，在家世为未有之殊荣，在国家为特见之旷典，此岂天下拟议所能到？此生梦想所能期？子孙能学吾之耕读为业，务本为怀，吾心慰矣。若必谓功名事业高官显爵无忝乃祖，此岂可期必之事，亦岂数见之事哉？或且以科名为门户计，为利禄计，则并耕读务本之素志而忘之，是谓不肖矣！

勋、同请归赴试，吾以秀才应举亦本分事，勉诸之，料尔在家亦必预乡试。世俗之见方以子弟应试为有志上进，吾何必故持异论。但不可藉此广交游、〔务〕① 征逐、通关节为要，数者吾所憎也。恪遵功令，勿涉浮嚣，庶免耻辱。

丰孙读书如常，课程不必求多，亦不必过于拘束，陶氏诸孙亦然。以体质非佳，苦读能伤气，久坐能伤血。小时拘束太严，大来纵肆，反多不可收拾；或渐近憨骏，不晓世事，皆必有之患。此条切要，可与少云、大姊详言之。

勋、同来言，坚以举家度陇就近侍奉为是，吾断谓不可。吾年已衰暮，久怀归志，特以西事大有关系，遽尔抽身，于心未尽，于义未可。然衰颓日甚，岂能久据要津？西事稍定，当即归矣。挈家累数千里，水陆兼程到陇，不数月或年许仍须整归装，劳费万状，是岂不可以已？陇地苦寒，水土不宜，气候大异，诸孙幼小，虑非所堪。吾方头白临边，岂遑分心内顾！自任疆圻，所有养廉均随手散去，计陕西所存不过二万余两合今岁言之，若眷属西来，盘费用度所耗不资。正恐归休以后两袖清风，无以为养，安能留余粟分赡子孙？且一家全染官署习气，望其异日茹粗食淡，断有难能。而衰朽龙钟，更何堪以家累萦心也？是尔曹晨昏侍奉徒有其名，而吾以百年待尽之身怀百年未尽之虑，一如村老野夫，亦可谓无聊极致矣。尔曹思之。

丁叟、壬叟先后夭谢，两妇皆名家女，共抚一子，极为可念。李老姨晚景至此，赡养难丰。吾意欲分致薄少与之。尔兄弟可共计议禀知，以了此愿。外家萧条，二舅①欠数百两债，闻尚未清偿，息耗日增，家计日窘。吾意欲为早清夙债，俾得从容。夏经笙处拟由鄂台函致六百两，以供太夫人甘旨。莼农现在兰州，甚能治事，暂不急也。宗族中应赒恤者，除常年义谷外，随宜给予。先近枝，后远族，分其缓急轻重可矣。此后爵田有成，则归爵田支销耳。

西事诸见章奏，大约绸缪之，固可规久远，非一时所能，亦非一手一足之烈。勋、同在此，略有所窥，可详问之，吾不复赘也。

丙子五月初六日酒泉营次〔书〕②

---

① "二舅"，《家书手迹》作"二舅舅"。
② "书"字据《家书手迹》补。

上总理各国事务衙门
（1877 年）

　　前奉钧函，并承照录给俄使照会，谨已领悉。俄商石河被劫一案，钧意应由外议结，遵即密饬各局员查询被劫俄商现在题及前事与否，以凭酌办。比据复称，无复理旧说。似被劫商人近并未到境内。宗棠窃以旧日失事商人既难踪迹，又未便张扬其事，致启浮冒之弊，是在外议结无从着手。窃以俄商接济逆回，只图获利，徐学功带团剿匪，所夺者济贼之赃，俄虽指名索赔，徐学功尽可直认不讳。从前尚以俟获贼党追究为词，现则玛纳斯南城既克，妥逆党伙已尽，无从追究，布使亦以易于了结为言，似以早结为是。外间既无从寻觅失主，赔款交付何人？可否照前请划扣徐学功应得屯垦经费银万两，交布使给主完案之处，伏候钧裁。如布使尚不以为然，或心存计较，必欲如愿相偿，则我固有词矣。

　　至陆路通商，与海口本自不同，船运与车驮曳负劳费悬绝，立议之初，自宜彼此商榷，期于商情允惬，税权无亏，乃能久远相安，免烦唇舌。俄人国于北方，其东北西北均与我紧连，惟中段为蒙部遮隔，恰克图地小而非总要路口，其注意西陲互市，固无怪其然。然俄之物产无多，其精好者，非中国日用所必需，其粗重者，由车驮运售，脚价过货本数倍十数倍，销路难畅，商情见利则趋，断不甘心折阅。观泰西诸国来商于中土者，倒歇日多，可知大概，此犹舟楫之国也，若城郭之国，游牧之国，而计及懋迁，其利钝之数不可悬揣乎？

　　宗棠窃谓俄商互市，其来货不过哈喇、毡毯、哈萨布等物，中国可有可无，边方贫苦荒俭，久已朴陋相安，此等非所必需，行销必不能广。惟内地所产茶叶、大黄、丝棉、红花为彼所需。茶除湖广所产，向有引商行销陕、甘、新疆外，四川所产，行销本省，有盐茶道主之；陕西产茶之地，仅石泉、汉阴一带，近因湖茶不行，皆侵销甘商引地。俄人见湖广、川、陕之茶皆必由甘肃经过始达于边，而大黄为甘肃各郡县所产，川中丝棉亦必由甘肃经过始达于边，则嘉峪居其总要，其注意互市而添入嘉峪口者以此。察看情形，彼以互市为利者，在销中国之货，于中国无损而有益。甘肃得厘税之入为创获，于瘠区不无小补。我以互市为利者，不能多销外国之货，其银多入于中国也。

至于口埠之多寡，仍以销货之衰旺为断，市旺则口埠增，市衰则口埠减。现在我不必定其子口，彼利盛则增，利微则减，亦自然之势。即如汉口洋行，始为泰西各国所共争，今且因生计萧条，多经闭歇，求售无主，又，旗昌洋行推与华商，是其明验。盖洋货惟鸦片一种流毒久，而英专其利，所获最多，此外，则所售非中国日用所必需，始则有利可图，终则价贵滞销，成本与子息暗多亏耗，而奸商乃成拙商矣。俄议互市，本谋在茶叶、大黄、丝棉，以甘肃为来源，相距较近，所省运脚为多，而实又其国日用所需，并可由其国水路销行西海各部落，为利厚而可久耳。论者谓俄之计利太深，究将贻中国之患。不知茶叶、大黄、丝棉之属，在中国地大物博，所产取之不穷，行销既广，可以土物易金银，于百姓生计无损而有益。中国土物不能自销外国，俄以之出售于绝域不邻之区，纵取赢十倍，亦由其能力所致，于华商并无所妨，况由川、湖采运至甘，本华商生计乎？所虑索价太高，俄商无利可图，将又顾而之他，不夺不餍，或至另生枝节。则定议之初，与其悉心妥议，务期两便，亦未尝无策也。

至俄与中国疆域毗连，与泰西各国情形不同，俄又方事兼并，异时(刮)〔舐〕糠及米，防其浡食，诚不可不预为之所。从前索思诺福斯齐等言及通商诸事，宗棠亦曾与之议论及此，申明俄商内地贸易，须由中国盖造行栈，由俄商出备租息，不得任意扩充侵占官民地址；又，互市原系两国久远之计，既敦睦谊，应泯猜嫌，互市定议总在逆贼殄除之后；俄商往来中土，不得夹带枪炮，不须护卫俄兵，免起风谣，致生变故。索使等亦似谓然。因匆遽告归，未及深论。拟将来本此立言，力持租地起造行栈，俄兵不准借防护为词杂居内地之说，或可免启戎心。此外有关系紧要之处，必当审慎图之。然非面与计议，则无由斟酌而归于一是。故谓非详细商议呈之总署转达宸聪不能定局，而其国亦非奏派相当大员主持此议，以朝命行之不可也。缘索使在俄系八品官约是三四等官职，嗣来接见之乌史漫达迷劳伏，则仅系四品约是七八等官职。品卑望浅，未足担荷远谟。乌史漫达去后，未来古城。索使自去年夏初到信后，亦无音耗。所来说话者，仅只见金和甫及古城局员，虽间有称官人者，然皆俄商耳。一次持科布多文案、路票带货由古城到巴里坤，一次由古城、巴里坤到哈密，均为销货计。比经巴里坤镇张提督告以奉总督令，官军正在剿贼，互市之议尚未定局，应俟逆匪剿除，两国互市通商已有定局，再当遵照办理。该商等旋即退回。闻所带毡毯外，玩艺居多，亦本非军民所需也。布使所称商货被官所拘制者即此。

玛纳斯南城克复后，和甫始有与俄人康密斯克订买俄粮之事，每石三百数十斤计只需银六两，由西湖运至昌吉，均由康密斯克包承，不外给脚价。闻此粮即系伊犁所出，康密斯克揽卖金军者。顷接俄官来文，因俄商解粮被劫，指称荣将军部下所为。现正饬和甫查明，秉公办理。此粮既是官所订买，与石河济匪正是相反，不可援徐学功为比，已切致和甫矣，俄文呈览。

互市早应定议，只因索思诺福斯齐等久不见来，亦无信到，无与交谈，俄商又不足与言，是以延搁至今，迄无成说。兹布使既以各事奉询，可否即于石河劫案议结时，并将收回伊犁、奏派得力大员会议互市事宜一并叙及之处，伏候钧裁。

愚见俄、英正争印度，治兵相攻，猝难了结，索思诺福原议互市之人，久不见到，自是兵事羁身，且人微言轻，虑非俄商所服。如仍系俄商信致布使，虚词相商，恐难得其要领。不若俄国请派大员前来会议之为慎重也。现值进兵南路机局尚顺之时，各军一抵阿克苏，则绕出伊犁之尾，俄前言收回后再失，俄以兵克之，便与中国不相干涉，或不复出诸其口矣。

一应如何办理之处，伏候酌度示复，庶有遵循。

答谭文卿中丞
（1877 年）

时论以西事耗费至多，意欲中止，不知甘肃、新疆饷额五百余万，历恃协济，今纵停军不进，此五百余万之饷，又岂能少？伊犁、南八城膏腴之地弃而不收，但扼乌鲁木齐以东寒苦瘠薄之区，事何可久？高宗昔辟新疆，原为拓边防、省兵饷而起。当丰亨裕大时尚宜如此，况海上多故饷殚力竭之日乎？

达坂、托克逊、吐鲁番诸城既下，逆夷震慑异常，逆酋帕夏仰药而毙，逆竖海古拉载其遗尸西窜，白逆暂踞开都河西，已无所恃。秋凉前进，机有可乘。乃为画地缩守之策，何以固边圉而示强邻？异时追咎贻误之人，老臣不能任也。拟即进一文字详之。尊疏已奉批回，希速见示。

上总理各国事务衙门
（1877 年）

　　借定洋款五百万两，宗棠已于五月二十六日具奏，并抄折稿及摘录胡道光墉原禀咨呈尊处，请分行知照。惟胡道此次商借洋款，值外洋多故之时，极费唇舌，先向怡和，继向汇丰，商之至再，方有成说，而该行固以闽案为比，只允出借仙令，每月一分行息。查仙令即烂番银，闽、浙、粤东沿海诸省皆通行，而甘肃则向不使用。胡光墉复向普商泰来洋行熟商，由该行包认实银，每月加息银二厘五毫，我处只认借实银还实银，每月一分二厘五毫行息。宗棠遂据以入告，而其中曲折之多，琐屑之甚，固未烦叙也。兹据胡道驰禀，汇丰行拟定文稿一纸，请照行英国公使，转行税司、领事，而文内所叙"息银不得过一分"各字样，系汇丰谆请必须如此写，以便外洋公司办事顺手，并请于文内勿增损一字，免生枝节，云云。

　　窃维与洋商交涉，本与华商不同，曲折既多，疑虑尤甚。前定如临期有误，罚银十五万两，旋复加十五万两。所罚既三十万两之多，查阅文稿，与原议固无增损，盖汇丰所得息银本只一分，即恳尊处俯照所拟文稿，录行英国驻京公使，转饬上海英领事知照该行。其钦奉准借洋款之上谕，亦祈恭录照会该公使，并飞咨各省，转行胡道遵照，是所至祷。

答谭文卿
（1877 年）

赈务繁杂，千端万绪，非居心恳恻而有条理，断难免疏忽之愆，一念疏忽，即关无数性命，诚可惧也。汉口熟米每石价二两零五分，极为合算，自应多为购买。惟多采则米价亦必陡涨，而丹江久涸，水运难行，米船挨泊水次，弊多难防，且熟米无不搀潮每石搀潮多者以斗计，弟所知也，久贮必致霉变，春令则更易变味，以之煮赈，殊虑无益有损。但祝冬雪渥降，水势渐旺，乃期弊少利多。川北之粮，尚宜随时察看。川东之粮，自无庸议。包头之粮，应让晋采。惟闻淮勇肆掠为害，包头商贾归并归化城，晋省不能设法办理，恐并此一路而亦难行也。宁夏购二万石运包头一策，亦不能办到。北山若能于本地采买，则发银为宜，否则，用盐骡办陆运耳。所示各处存粮甚晰，如果守令均激发天良，一以视民如伤为念，随时随处切实经理，于民必有所济，究竟较豫、晋之连岁旱荒尚为优足也。

开井、区种两法，实陕西救旱成案，名宦行之有效，名儒论之最详，自较之后辈空谈为足信。已刊发告示，每告示一张，附成法一本，希即嘱司道诸公督各守令力行之。昨日见蒲城李令禀，知司道已有开井之檄，李令正在遵行，深为欣然。惟开井、区种两法，本是一事，非凿井何从得水？非区种何能省水？但言开井，不言区种，仍是无益。秋冬之交，现无雨雪，明春若再不能渥沾雨雪，如何过去？弟将成案成法摘录刊印附示并发者，微意在此。办今岁之荒，亦以为明岁之计，其详已具李令禀批中，希即与司道诸公熟阅而预图之。至民间开井，虽可以工代赈，不必另为筹给，然愚民无知，或犹无乐事赴工之意，则宜察酌情形，于赈粮之外，议加给银钱，每井一眼，给银一两，或钱一千数百文，验其大小深浅，以增减之，俾精壮之农得优沾实惠，而目前之救奇荒，异时之成永利，均在于此。计开数万井，所费不过数万金。如经费难敷，弟当力任之，以成其美。

赈以救人为急，固也，救人之外，亦须为人救牲畜牛马为耕种所需，救农具，以为明春力农之本。他如救无告之民、救小儿、恤嫠保节、施药、施棺、施寒衣之类，皆当尽心力图之，虽是极难极大题目，却不能搁笔而交白卷。讱庵心好向正，而才干未优，可器使之。

与刘克庵
（1877 年）

洋款折已奉批回，总署来信，已于九月初二日寄信海关，并催英使函告领事，想无异说。惟英人方谋占喀什噶尔，为安集延保护立国，以拒俄人，是否吝此借款为缓兵计，亦未可定。必待胡雪岩信到，发运借款有期，乃放心也。总署于此事极为关切，然亦不能预必，且俟沪局信到再说。

毅斋兵进喀喇沙尔，为开都河所阻，冒险而至库勒，则贼已先遁，并裹库勒回子赴库车，粮无颗粒，而我军所裹行粮已罄，后路之粮均阻于深淖，虽设法疏销，亦不能催趱逦进，无可如何。幸悬赏掘粮，一日得数万斤，勉资数日之食。即派步八营、马五营，向库车进发。闻贼正迫胁诸回西行，官兵速行，或犹可获其余粮，然亦危矣。探报海古拉尚在库车西三百余里之拜城，白彦虎在库车之前数十里一小堡内，由库尔勒前去，大路边各回庄人已裹去，想存粮亦必无多矣。此局危险之至，如竟能直捣库车，获其储峙，则幸甚，否则枵腹趣战，事有难言也。

现饬巴、哈、古各局赶运存粮，以灌吐局，饬吐局速运前敌。开都河水漫衍，宽广数十里，宜驼不宜车，民驼起运甚迟，大约各局赴吐者，不过五六千只，由吐局运前敌者，尚不满三千也。以驼专运泥淖之数十里百里，以车运吐番至开都河边，或尚资周转耳。

答谭文卿
（1877 年）

鄂粮每石价值仅一两八钱六分，已购得一万三千石，极为幸慰。此后米价必昂，然较之关陇昂而艰得，犹为得济也。熟米无不挽潮，兼采旗米为是。熟米煮赈，旗米可作干粮散赈也。石洲方伯奉命帮办赈务，丹初司空赴晋后，仍可还秦，官绅合办，以澹秦灾，诚官斯土者之幸也。

凿井、区种两法并行，纵雨雪终悭，明年麦豆之收，尚有可望。陈文恭公距崔大中丞去任后十年，犹目睹其遗利，乃通檄遵行。丰川先生亦曾躬自区种，所言是阅历有得无疑，旧病旧方，官绅当无异说。克庵书来，亦言甘肃不乏可行之处，已照陕西饬办矣。

捐赈是古今通义。道光二十八年，弟于授徒之暇，亦曾办过，统计长沙、善化、湘阴、湘潭、宁乡各属所捐银钱谷米不下五十余万，省城善举尤多，尚有捐银而不书名者。迨咸丰二年，贼攻长沙八十余日，得荷神庥，岿然无恙，父老颇言此二十八年赈务之报也。行道有福之说，虽不必信，然善无不报，自然之理。山谷诗云："能与贫人共年谷，自有明月生蚌胎。"幸为秦人诵之。

薛桂林、雷大顺二员，悭谲殊甚，弟拟具疏劾之，姑先行司谆谆劝谕一番，再为出奏。此辈为富不仁，亦天所不佑也。

与刘克庵
（1877 年）

　　毅斋军进库尔勒，悬赏掘窖，得粮数十万斤，适后路解粮亦至，计二十余营各得二十余日之粮，遂裹之疾趋，六日夜行九百余里，沿途见贼即击，越库车而西，至和色尔，白逆所裹诸缠回均已追散。急催朗斋继进，毅斋仍率所部趋拜城距河色尔仅一百六十里，穷追阿克苏，以截窜路，并饬库车回酋遣人由间道赴阿克苏，嘱其回酋羁縻白逆，勿令分窜，未知能否做到？毅斋此时计已早抵阿克苏矣。此次之战，虽杀贼不多，然解散裹胁蒙、回以数万计。

　　师过库车以西，所历皆产粮之地，随地采购，易以集事，不须别筹转运，省劳节费，尤为至幸。阿克苏地居南八城中间，水草丰美，距喀什噶尔不足二千里，师行至此，分道并进，蒇事较易，只要严禁兵勇扰害乡村回堡，则荡平有期，而久安长治之规亦基于此也。英、俄眈眈，无能挠我，则亦听其自鸣自息尔已。

　　入秋以来，病体支离日甚，眠食均不及前，幸尚能勉自撑撑。

与胡雪岩
（1877 年）

　　来示新出掘井开河机器，极为利用。自明以来，泰西水法既已著称，前年曾托幼丹制军代购，迄未见复。

　　又，兰州制造委员赖长，以己意新造水机，试制洋绒，呈验竟与洋绒相似，质薄而细，甚耐穿着，较之本地所织褐子，美观多矣。惟以意造而无师授，究费工力。伊拟购办织呢织布火机全副到兰仿制，为边方开此一利，希即留意访购赖镇所呈之图并附览。盖此间羊毛、驼绒均易购取煤亦易得，只要有火机，便省工力也。

　　现通饬陕人凿井、区种，以救旱荒，尊处购掘井开河机器，并请雇数洋人要真好手，派妥匠带领来甘，以便试办。此种机器流传中土，必大有裨益，与织呢织布火机同一利民实政也。

　　今岁饷事拮据殊常，非枢邸严催协饷、筹部款，大局已不可问。洋款枝节横生，非阁下苦心孤诣竭力维持，无从说起。现在年关满饷仍待洋款头批速到，始够支销。除清还鄂欠外，尚须匀拨陕赈及甘肃灾黎赈款，所余洋款，除清还沪局借款外，合计敷至明年夏秋之交而止，此后又不知何以为计。尊意以兵事可慰，饷事则殊可忧，不得不先一年预为之地，洵切实确凿之论。弟心中所欲奉商者，阁下已代为计之，非设身处地，通盘熟筹，不能道其只字，万里同心，不言而喻。

　　惟洋款可一而不可再，自无庸说。前读来示，颇思照洋款办法商借华款，弟意深以为然。照一分二厘起息，作几年还款，为华商计，亦尚合算，原不必以此让之洋商。惟此次商借洋款，由省关给票、画押、铃印，以七年归还本息，此七年中恐难再应华商请其印票，必不允许，华商不得省关印票，未免各怀疑虑，彼此先不情愿，何能成事？若能纠合华商仿照洋人议立公司行例，庶众擎易举，人情亦顺，获息较之各色买卖利微而有把握，当亦欣然。至各省关已经此次发过洋款印票者，七年未完，不复发给华商印票，当无异言。似此策一行，则饷事尚有几分可恃。未知高明以为何如？此外尚有何善策，于西事有益，于各省无碍者，祈速以见示。

与谭文卿
（1877 年）

　　昨接藩司赍到凿井、区种刻本，甚为妥善，较原刻有其过之。盖营中刻匠粗劣，固不如省会之易觅也。惟有宜商榷者，签署凿井、区田成法，区田宜改区种，其末附区田图式一叶，竟宜撤去不用，庶免阅者误会生疑。

　　区田之法传自伊尹，其说固不可考，然周、秦农书已有之，汉儒氾胜之于农学最为博通，其言亦堪互证。是古法流传，非汉代后赝作，断可知也。王丰川先生区田、圃田说，去今不远，其言区田，意以为难行而多费周折，不如画为种禾之沟，按时灌之，法省而工捷，是变通古区田为区种，非复隔一区种一区之旧，可免负水浇种之繁，汲井水入总沟如南中所呼包田圳，由总沟分入各小沟即所言种禾之沟，故云法省工捷，但丰川原说未及明晰耳。今称为区田而又附以图式，虑阅者但师其迹，不思其意，农民厌其劳，将望望然去之，是使良法美意终扞格不行，所关非小。弟自戊戌罢第归来，即拟长为农夫没世，于农书探讨颇勤，尝自负平生以农学为长，其于区种一事，实有阅历，师行所至，辄教将士种树艺疏，为残黎倡导，并课以山农泽农诸务，故劫余之区，得稍有生意，兵民杂处，临去尚颇依依，亦当年为农之效也。兹将所见奉闻，未知高明以为何如？

答刘克庵
（1878 年）

西四城克复，罗道长祜于叶尔羌闻土回报称，安夷头目与库车逆回麻木尔将由叶尔羌、和阗窜出边外，派马队截之，生擒大通哈一、胖色提二及麻木尔尚有两名未获。罗孟威以急赴英吉沙尔，嘱谭冠英拔萃，俟其解到斩枭，仍挈所部拔赴英吉沙尔，以向喀什噶尔。计西四城未获头目，亦无几矣。

惟白逆窜窜布鲁特，追军不能深入，悬赏购之，未知果否办到？追军仍留七营旗队伍在彼守索，究未知罪人斯得否？详细情形，正月杪总可接到，到即露布驰奏也。

俄人迟还伊犁，屡以边案支展。总署信，欲待南疆底定，再与辩论。其实，此时彼与土耳其构兵未已，欲亦易足，即与议及兵费，当亦可速了也。

喀城早复，俄、英皆止作壁上观，幸赖有此，犹差强人意。然得都人信，论者竟请弟移赴东方。无论新复之区，善后、抚辑、筹边各策尚未说及，即诸务略有头绪，亦岂衰朽所能久持？何况东南已颓之局，须从新整理耶！露布之件，三衔并列，乃是正办。

新疆用兵，全以关陇为根本，同心断金，乃收其利。前折所陈数千里一气卷舒，虽但指新疆而言，其实则自关陇以至酒泉，自沪、鄂以至关陇，何独不然？如琴瑟然，手与弦调，心与手调，乃能成声，此理易晓。周、秦、汉、唐之衰，皆先捐其西北，而并不能固其东南。我国家当天下纷纷时，不动声色，措如磐石，复能布威灵于戎狄错杂之间，俾数千里丘索依然金瓯罔缺，以此见天心眷顾，国祚悠长，非古今所能几其盛美也。吾辈数书痴一意孤行，独肩艰巨，始愿亦何曾及此！而倖能致者，无忌嫉之心，无私利之见，苟利社稷，死生以之耳。至于倚信之专，知人之哲，则庙堂谟谋之功，非臣下所能窥测。

拟议告成之疏必三衔者，据实事言之，和甫专主北路，非列前衔不符体制，阁下专主后路，非列前衔不合事理也。鄙见无他，兄何让焉？

答吴清卿太史①
(1878 年)

　　得上腊二十七日惠书，乃自泽州题封发递者，始悉台从赴晋督赈，已在太行、王屋中矣。当弟拜疏时，只知复命北旋，不知合肥有办赈之请，使者之车已至泽州也。奉批答，赈竣度陇，计麦熟以后，可图良觌。幸慰何言！

　　来书言凤台、阳城、翼城灾象特重，阅者酸辛。知当事经画良苦，极为念之。晋、豫及秦，灾歉为甚，而晋为尤剧者，从前官吏玩视灾务，办赈太缓，本境采粮既艰，越境购运均是陆路，劳费不可胜言，尚不若豫与秦有水运可省运脚之半也。秦中连岁丰登，上年麦秋尚获半稔，文卿中丞又预为筹措，规画井井，数月来须发白矣，始虽汹汹，渐亦安帖，不知何以不满秦人之口也。陇中惟庆阳一郡灾与秦同，河州东北独歉，已采粮转般②济之。余则歉区错杂，就地筹办尚易为力，只盼春霖速需，麦豆早播，犹可免饥。

　　南疆自东四城克复，乘胜西指，又将叶尔羌、和阗、英吉沙尔、喀什噶尔克复，戎机顺迅，实史传罕见之事。惟克复喀什噶尔，时正半夜，将士入城酣战毙贼七八千，擒以千二百计，白逆及伯克胡里已于月色微茫之顷，率数百贼窜去，一由布鲁特，一由安集延，均窜俄罗斯，官军穷追及之，为土番遮阻，答称由俄缚献，究不可得，殊为可恨。俄意总在索价，已见英人新闻纸，其迟还伊犁，亦犹是也。

　　近事附闻，聊慰廑念。

---

　　① 吴大澂（1835—1902），字清卿，号恒轩，江苏吴县人。同治进士，授编修。历任陕甘学政、广东巡抚、东河总督、湖南巡抚。

　　② 《全集》为"般"，疑误，应为"船"。

与俄国图尔齐斯坦总督
(1878 年)

大清国钦差大臣、太子太保、东阁大学士、督办新疆军务、陕甘总督、一等恪靖伯，加一等轻车都尉左宗棠，致书于大俄国图尔齐斯坦等省总管官大人台前，敬候贵大人安好。

启者，上年八月接阅贵大人来信，以我们中国官兵克复玛纳斯城有用计背约情事，尚有未安抚各城地方之人，若闻此信，心中变动，无不败坏等语。本大臣爵阁部堂得悉贵国皇上笃念交好，愿中国贼匪速平，其意可感，当即具文书回复道谢，并问贵大人安好，请金将军觅便递去，想已得览。

兹有一事要与贵大人商议者，我中国官兵上年由乌鲁木齐南进，克复达坂、吐鲁番、托克逊各城，擒斩逆回、安集延及南八城人甚多，其临阵生擒之头目各项人，概行分别释放。安集延头目帕夏阿古柏心中畏惧，吃毒药死了，其次子海古拉又被其兄伯克胡里杀了。大兵跟踪进剿，数月之间，将新疆南八城一律克复，谅贵大人早有所闻。惟我中国逆回头目白彦虎及马壮等狡诈异常，于喀城克复之先，与安集延帕夏长子伯克胡里向贵国逃走，我们官兵追到恰哈玛克地方，贵国守卡之兵阻挡，不许我们官兵再追，口称应由贵国捆送等语。刘大人以我国与贵国系交好之邦，所以停兵未进，静候贵国送归官营。随探闻白彦虎等由布鲁特地方窜到贵国所管之纳林河桥，已经贵国收缴军械。刘大人已行文贵国驻扎塔什干官员克布纳特尔克复满、驻扎阿里木台官员结纳拉尔克里配库布斯，商请捆送白彦虎等逆贼。

本大臣爵阁部堂已奏明我们皇上，请旨敕总理衙门告知贵国驻京公使布大人寄信贵国，将各贼头送到喀什噶尔刘大人营中处治。现在总理衙门来信云：接到布大人照会，称已经咨报本国，本国自能查照条约所载办理，但此事仍必须径由左大臣行文图尔齐斯坦总督，若要成全此事，左大臣须俄国官员帮助，则当知会图尔齐斯坦总督也。等语。除另备公文照会贵大人查照外，特再写信与贵大人，望即查照庚申年条约第八款所载，将我中国贼头逃窜贵国之白彦虎及马良会、黑宝才、索老三、张万宝、马大个子，并上年十月先逃到贵国之马壮及马振威并安集延伯克胡里等设法交出，以全睦谊。如承贵大人允许，足见两国交好之意，本大臣爵阁部堂与刘爵京堂大人亦有以慰诸将士之心，免致另生枝节，自知感情。

答胡雪岩
(1878 年)

新疆重定，兵事已简，而防务及善后一切甚费绸缪，得贼遗炮械虽多，然分布各城则犹觉其少。尊处已允购起运之枪炮、火药，亦要需也。派利之马鞍炮，可订买中等者一二尊试看，以答其意。

至开河、掘井、织呢机器，请先购其小者解来。哆喱呢所说以舍小用大为合算，本是实话，然弟意不欲用其大者，一则机器重大，陆运极艰，不如用其小者，令华匠仿制，将来增拓其式，亦可得力；一则弟年已望七，精力智虑日渐不如，断难久妨贤路，异时嗣事之人设或意见各殊，不但废绪难寻，且恐徒滋口实。而现在西域重定，各省关协饷难望如前，频年饱尝苦况，事后犹为心寒，正拟及时缩敛规摹，以图永久，何敢为恢宏阔大之举，致无收束。

现饷计敷五六月而止，此后又须从新筹策矣。

与王若农
（1878 年）

销案请分关内外为两案办理，俟奉批答即行赶办。夔石侍郎入赞枢廷，当可重理前说。此次用兵绝域，自与内地迥殊，用款不能与例章符合，兵燹之后，尤与承平不同，频年拮据、忧烦情状，亦曾邀洞鉴，谅可仰邀俞允。所示"开单仍须预留造册地步"一语，尤为周妥之至，当遵照办理耳。

儿辈拟各予五千金，令其自谋生业，尊意似以为少，克庵亦然。弟细为思索，原难敷衍，所苦存廉无多，不能不就此作一结束。近牍询之纯、吉田，知存廉尚有四万余两，除捐修兰州外城及零星酬应外，赢余犹多。将来归卧故山，或能置爵田、墓田，以为养活子孙之助，饬儿辈尽每分五千之数置买田宅为永业，余俟弟归再作计较可耳。

廉项本由陕库开支，现难如数提取，而舍间求田问宅，亦难以急切经营，遇有应需，则由台中随时酌拨，作正报解陕库作收，以廉划抵，似尚可行。

至台中办事需才，自应照常支给薪水。其挂名各员，应即一律自六月起截止。另备公牍奉览，希即照行。

先仲氏在日，弟每岁以二百金为甘旨之奉，薄不为厚，亦缘其家入款较舍下为多，甘旨娱老外，无待外筹耳。近则舍间出款较繁，自顾不给，而大舍侄世延负债甚多，其岳丈周莲丞书来，嘱弟兼顾，又须有以济之。是先仲氏甘旨一项不能不议停也。

家事猥杂，恃爱琐陈，并希照察。

与孝勋孝同
（1878 年）

字谕勋、同阅悉：

尔大嫂出殡暨厝日期均已得知，一切典礼有加，费用过耗，知尔等深念亡兄久逝，诸孤幼小，不得不从厚以求其心之所安。又以与兄异母，悠悠之口最易指摘生端，宁从其厚，俾免藉口。故虽多有所费，不得复吝，我亦能为尔等原之。惟心所谓非者究不可隐，姑为尔曹一言。

丧葬从先祖，不使有加焉。经常之制，与其奢，毋宁俭也；与其易，毋宁戚也。然三鼎五鼎先后各殊，葬以大夫，祭以士，权宜亦异，过犹不及，均之谬也。尔亡兄生前差足与上士等，则嫂之丧只可从其夫，不得逾越；况吾又健在，以古制言之，则不成丧也，所有典礼以薄为是。尔曹推爱兄之念以及其嫂，按五品命妇之礼行之犹无不可。若以多费为荣其兄嫂，此世俗之见，于礼为缪。吾本寒生，骤致通显，四十年前艰苦窘迫之状今犹往来胸中。汝祖、汝祖母病剧时，求珍药不得，购东洋参、高丽参数钱，蒸勺许以进。丧葬一切竭诚经理，不过二百数十两。而所举之债直至壬辰乡闱获隽乃克还款。今汝兄嫂医药丧葬之费不翅十倍过之，尔曹以为如此庶几理得而心安，自我视之，则昔时不得十一以奉吾亲者，今什倍以贻吾子若妇，于心何以为安？徒怛痛耳。自今以后均得从俭，不得援照尔兄嫂往事为例。此纸可装订成册，以示后人。

南疆底定，以事功论，原周秦汉唐所创见。盖此次师行顺迅，扫荡周万数千里，克名城百数十计，为时则未满两载也。而决机制胜全在"缓进急战"四字，细看事前各疏可知大概。至其本原，则仁义节制颇有合于古者之用兵。理主于常而效见为奇，盖自度陇以来未有改也。贼以其暴，我以其仁；贼以其诈，我以其诚；不以多杀为功，而以妄杀为戒。故回部安而贼党携，中国服而外夷畏耳。实则我行我法，无奇功之可言，在诸将士劳苦功高。朝廷论功行赏，礼亦宜之。至于锡封晋爵，则在我实有悚息难安之隐。其详已具复仲云书中，细阅数过，加封送去可也。

　　老亲戚家宜赠廉余以尽情谊，余三伯处可即划致湘平即用长沙市平可耳伍（伯）〔佰〕两，交妥人送去为要。①

天中前一日〔父书〕②

----

① 此段《家书手迹》添写于信文空隙处。
② "父书"二字据《家书手迹》补。

与谭文卿中丞
（1879 年）

密园地址距敝居不远，似亦与文正祠堂相近。此间旧为辛稼轩帅潭时练兵故地，寨曰飞虎，桥曰司马，因其遗迹名之。咸丰七八年间，弟由柳庄移家长沙，赁屋而居，骆、胡两文忠醵金五百两购得之，虽近城市，却似山村。种蔬数十畦，养鱼数百尾，差足自给。出山以后，丁口渐增，二儿乃拓地架屋，侵圃地、池塘，图广其居，而鱼、蔬之用不供矣。上年询二儿，则此间新造屋宇甚多，文正祠堂外，各家甲第占地太广。弟旧居之前隔街李氏有屋求售，约及老屋三之一，以千金得之，拟改为一堂一宅，堂可会宾友，宅可利栖息，拟为退休之所。将来以堂为祠，不必营造，以宅储书籍、祭器及奏稿版片，隙地植花木，备庖匽，但取粗具已足。吾子若孙，其永歌哭于斯乎？朝廷轸念劳臣，逸之以老，然后能毕余年于此。否则，海上神仙窟宅，可望不可即，只留作画图夸耳。

克庵宿恙忽剧，遂至不起，悲悼何言！已于代递遗疏折内恳请优恤予谥，此月内可奉批回。濒终惟以主恩未报，母养未终为言。其遗嘱处分家事亦极明晰。廉公有威，清强有执，一时无两。至其仕止迟速，志在忠孝，义合经权，则古今臣子之鹄，同时亲老从戎者，皆未逮也。

二十年同心，一朝永诀，伤心可知。惟酸楚之余，有泣无泪，则吾衰已甚，行自悲也。

上总理各国事务衙门
（1879 年）

开岁以来，连奉三次钧谕，匆匆未及复陈，缘疾病间作，心绪不清所致。兹幸稍愈，谨条复于左。

承示《西事撮要》，于俄国举动言之颇详。由丢门有水道可通塔尔巴哈台一说，自非虚造。俄境与塔尔巴哈相连，中隔一山，山南水流入中国，山北水流入俄境，其源则发自山腰。俄人之欲开铁路，以便转输，在俄境办俄事，我自无词禁止。然海口已准通商，沿海且办铁路，我于内地力为防御，彼族亦无能为。况此区区一线之微，何关轻重？其谓与中国新疆、蒙古大有攸关，殊非足信。

甘肃向阳腴地，均宜草棉，乱后荒废，无人业此。每净花一斤，市值大钱七八百文，皆由川、陕转贩而至。吐鲁番所产，较内地为佳，向本由哈密行销内地。乱后无贩销者，民苦无衣甚于无食，老弱妇女多不蔽体。数年前刊发棉书，教民种植，近始稍有成效，罂粟禁严，加意课种，此后或可有增无减。上年净花每斤值钱四百内外而已，吐鲁番花价每斤亦须三百文上下，即内地转贩亦无甚利，将来或听外人销售，并非不可。

羊毛一种，有粗有细，内地人不甚区别，但取以织褐、织毡毯，价不甚高，业之者少。羊毛每斤值银一钱几分，每年可剪两次。民间畜牧之利，以毛为上，盖取其毛之利长，非若皮肉利只一次也。近制造局员赖总兵长，以意拣好羊毛，用所制水轮机织成呢片，与洋中大呢无殊，但质底微松；又织成缎面呢里之绒缎，亦甚雅观。自以水轮机不及洋制火轮为速，意欲购致一具仿造，而苦难骤致。宗棠适以陕、甘旱灾，宜思患预防，饬胡道光墉觅开河、凿井诸机器并雇匠同来，以资教习，遂并致胡道购织呢、织布机器，现可到兰州，须数年后始睹其利。拟先内地而后关外，与棉利同规久远，未知能否有成？至西路通商，将来必有议及者，愚见棉花、羊毛似可任外人转贩，于我无所损，而收其出口税厘，亦实有益。但于各城通市之处立贸易圈于城外，以处外国商旅，不令深入各城腹地私与本地商民贸易交接，流弊自少。惟开矿一事必当禁止。若任其租地开掘，则后患不可胜防。届时自当具奏请旨遵行，定为永例也。至铁路、电线，本由泰西商贾竞利起见，各岛族遂用以行军，一似舍此别无制胜之具者，实则生计之赢绌，兵事之利钝，不在乎此。观彼商之近多折阅，各国之互有兴衰，同有铁路、电线，而其归不同如此，亦可得其大概。

俄边官奉召回国，和甫将军谓未得确耗。大约七河巡抚上年九月内有亲赴伊犁查拿汉回一事，因而传讹。惟此数月内各处并未接过俄国七河巡抚、图尔齐斯坦总督文件，其中不无可疑。俄人近寖衰弱，非若从前骄倨，则情状显然。地山星使到彼都后议论，俄官无从知。新正喀什官军出外卡追剿安集延、布鲁特，斩其汗与条勒三名，军威益震，此后兵事当少耳。马加国、奥斯国来游历之人摄政义等到肃接见，意欲出关寻通青海、西藏之路，将实在无人经由情形详为告知，彼意中总不释然，又拟改由哈密遍历新疆。据通事说，彼仍思觅通海、藏之路。亦且听之，或觅路不得，当废然而返，未可知也。法国传教韩默理等同时来见，以正论示之，不阻其传教，惟本地从前入教者，不准诌附引导，教猱升木。接商州禀报，又有普国人前来，此后来者恐源源不绝也。

答王若农
（1879 年）

饷数来源不旺，枢邸亦知着急。文卿中丞信来，似大农依然玩视，仍须此间复奏，殊不可解！

崇地山于界务、商务一惟俄官之言是听，不但总署电信不以介意，即谕旨亦不动心，真可骇怪！现奉密寄饬设法补救，身在事中，不敢有所推诿，拟俟奉有明谕，即出屯哈密。经费须增，亦只照常每月加筹数万，只要各省关均顾大局，尚不为难耳。

舍间久无信来，衰年报国，心力交瘁，亦复何暇顾及。

上总理各国事务衙门
（1879 年）

重阳日奉到钧示，聆悉一切。伏读八月二十三四日谕旨并抄示折片，圣意深远，不仅商务、界务得有遵循，即古今保大定功之要略无有外之者，感幸钦佩，莫可名言！

因候和甫、子猷信未至，久稽陈复，而崇地山回京复命之期相距伊迩，又亟宜馨其愚忱上尘省览，本日拜疏驰递，谨录副稿呈阅，伏希赐照。

窃惟中俄接壤均系陆路，俄踞伊犁旧界已不可复按，又诱胁哈萨克、布鲁特、安集延等各种族归属俄部，其势更张。窥其用心，皆为侵占蚕食而起。此次论界务、商务，明占伊犁南境、西境外，处处为俄属留地步，并冒安集延为其属，欲令中国待俄属之人如俄并伊犁，汉、土各回之附俄者，欲中国亦以俄属待之，占我土地，诱我部落，势不至化中为俄不止。商路大通，随地招致，由边而腹，其祸患靡所止极！夷情方借称向未与中国肇衅，实则以和误我，得恣其奸谋。我仍虚与逶迤，日后更难着手。

地山所列十八条，除偿款已见谕旨应暂悬以为饵，塔城界址应从缓议，嘉峪设领事留作末着，余皆置之，责成疆臣悉心妥议。但宜于地山复命后，将不可允行各条明旨宣示，俾中外咸知圣意所在，则正气常伸，人心自奋矣。

谕旨颇以先允后翻，曲仍在我为疑，宗棠愚见，地山虽以全权出使，而所议约章均须候御笔批准，是先无所谓允也。嗣奉御批，不得以后翻疑之，且俄自踞伊犁，隳我九城，久假不归；纳我叛逆，屡索不与；四纵逋寇，扰我边境。此次地山出使与俄官议和，彼先以恩赦为请，比殷提督赍示张贴，俄官不许，且麾之境外，是俄先已启衅，曲本在俄也。邦交之道，论理而亦论势，势之所在，即理亦因之而长，无理亦说成有理，势所不存，则仰面承人，不能自为轩轾，有理亦说成无理，古今成败之迹，大抵皆然。谕旨责令挽回补救，敢不尽心毕力，慎以图之。惟事机转圜，全在御批之准驳。以目前边事言之，论理固我所长，论势亦非我所短。只盼内外坚持定议，询谋佥同，钦奉谕旨以与周旋，则先之口舌，继以兵威，事无不济。当彼竭我盈之会，机有可乘，边臣有所禀承，指挥必能如意。如界务、商务各大节目俄均降心相从，此外无关紧要者，自当示以包荒，不与计较；否则，橄南路之兵分由阿克苏、乌什兼程急进，直取伊犁，兼索叛逆，集关内之势，塞其蹊径，令其就我范围，均有把握。特衅端之开，不先自我，乃操全算。自当随时具陈，听候钧度。

与孝同
（1879 年）

谕孝同知悉：

得沈观察书，知尔等廿一日抵西安，计期腊月十一二可到。督署三堂后有房屋尽够住家，一切已谕知易、温两巡捕妥为照料。

尔等既来，自以兰州住下为是。我已奏明出屯哈密距肃十八站，且中间须过八百里戈壁也，伊犁事了，乃可回兰。尔明正来肃见我须将家眷老小安顿妥当，可坐加套快车，住肃旬日仍回兰州。

在督署住家，要照住家规模，不可沾染官场气习、少爷排场，一切简约为主。署中大厨房只准改两灶，一煮饭，一熬菜。厨子一、打杂一、水火夫一，此外不宜多用人。

两孙须延师课读已托石翁代觅，尔宜按三、八日作诗文，不准在外应酬见杨石翁用姻愚侄，臬司、兰州道府以下均用三字片可也。我问各事，可先写一信来，要详细明白，至要至要。〔此谕〕。①

腊五夜

---

① "此谕"二字据《家书手迹》补。

答刘毅斋
（1880 年）

顷接惠函，具领胜筹详审。进兵之路，言之了然。惟其中有与鄙意未尽协者，应详陈奉商，以凭核奏。谨条列左方，伏希察览：

冰岭崎岖险阻，师行至艰，转馈难继，本非用兵正道。弟初意颇以出奇制胜为是，故有由阿克苏、乌什两路进兵之说。兹接尊函，始悉乌什、冰岭一路实不可行，自应即作罢论。惟阿克苏一路，据张朗斋迭函所称，似尚非不可进步，但须开凿平治，以利师行。而龙魁、潘时策所绘地图，大致亦似与《新疆识略》所载相合，观于伊犁商货取道此间，从前络绎不绝，是此路尚可行兵。由阿克苏逾冰岭至伊犁河边一千二百五十里，向有台站，春融平治复故，似尚非难。已咨询朗帅矣。

尊意库尔勒有路可由玛纳斯、西湖径达伊犁，是即成衮札布乾隆时过兵之路。现在黄长周、黄玉林亦曾由喀喇沙尔西北查勘路径，据称由哈布齐哈口行，山涧中有路可通西湖、精河。揣度尊意，似即指此路言之。惟乾隆中将军成衮札布、舒赫德等由喀喇沙尔赴伊犁，是否绕由西湖、精河，抑由山涧沃博孟西北行取道直指伊犁，无从详悉。大约由库尔勒、喀喇沙尔取道赴伊犁，是循开都河上源行走，过岭而西，亦可与阿克苏循特克斯河之路相合，惟路径迂远，不如阿克苏直捷。若更拟绕由西湖、精河，则迂远尤甚，殊不相宜，应作罢论。

来函近日回疆商贩之往伊犁，大半绕道边外。未审系由边外何路，希即示知。商贩既可由边外绕道，官军自可由此觅路前进，希并留意查道光年间，那彦成、德英阿等遵旨复陈，伊犁至乌什十七站，约千二百里，俱有水草，人马可行，较冰岭一路稍平，为北路换防捷径。兹另抄览。

来示进兵以后，南北两路防剿均为紧要，诸军宜各自为战，各自为守，彼此断难兼顾。此一定之理。弟所拟于换防外别为增灶计者，意正如此。西四城幅员辽阔，路径纷歧，一经用兵，即为前敌。进战既未可孟浪图功，留后诸营亦防疏虞偾事。应另拣文武兼资、威望素著大员，与以可战可守之兵前来填扎，兼办善后诸事。具纫等策精详，无微弗喻。

惟就现在局势言之，则实无以应。如文武兼资、威望素著之选，代有几人？即弟自咸丰十年出典军事至今，幕佐贤能卓然有所树立者曾有几人，然尚难尽满人口，同时曾、胡诸公极意搜拔，号称人才渊薮，究竟事功显烁、世无遗议者亦难多觏，此外固无暇具论矣。现如周渭臣器局闳远，曾著伟伐，亦由弟荐拔而起，然西征大将能胜任愉快与否，试问之渭臣，恐亦有难以自信者，其它可知。夫人之才识由历练而生，语云熟能生巧，今以骤未涉手之人令其独树一帜，率素不相习之将卒与狡虏相尝试，此固古今名将所难。而乃过望之渭臣，责以征黔平苗之烈，庸有幸乎？

至于关内将卒，除汰撤外，存者多以久防而损锐气，故调省挑练，汰补如额，资遣出关，改坐粮为行粮，添置军装、队骡，所费不赀。而内地兵制未复，又不能不留客军以资镇压。合此数者，亦不能多所派拨。

频年催饷之疏盈篇屡牍，总署、户部亦极尽心力，而各省关袖如充耳，莫可如何。上年欠解之数专指新饷而言，又二百数十万两，关内外积欠三百数十万，从新挑练可战可守之兵亦难集事。只盼伊犁珠还，别为布置，或尚可逐渐清理，以冀复元，此现时未能预议者。将来伊犁底定，大纛北行，南路自当别有布置。

喀什噶尔、英吉沙尔、叶尔羌、和阗四城，似当于尊部中妙简文武，以资熟手。届时仍烦擘画。弟如在事，亦当竭虑尽忠以佐远谟，不敢有所诿谢。想高明亦能谅之。

至俄虽国大兵强，而土旷民少，究难与中国并论。频年黩武不已，仇衅四结，英、德各雄邦均不义其所为。土耳其一役，勉以和议敷衍了局，而衅端仍在，彼此相猜。近复与奥亚里加构兵，法助俄而德助亚。弟有所闻，函托杨石泉无意中向德国人夏克在兰州织呢局询探一切，据夏克云：已得有家信，亦如是云云。奥为德之属国，故德不肯坐视。彼方务于西，又肇衅于东，似亦难逞其毒。近日附近伊犁各部苦其征敛横暴，颇有急盼大兵之意。昨得金和甫信，云伊犁俄官又有催征本年钱粮之说，如此则各部之解体更可知矣。我惟于时整军经武，慎以图之，取回伊犁，索取逋逆，均中国应办之事。

崇使前议已成废纸，师直为壮，我本有词，游牧各部落自无助其为暴者，机与势固有可乘也。现拟进规伊犁，右路以卓胜军严扼精河，杜其东出之路；中路以嵩武军马步由阿克苏前进，直取大城，檄黄长周、刘见荣等马步数营衔尾而进；贵部详察路径，能按那彦成、德英阿所奏昔时北路换防官兵往来捷径，取道冰岭之西，越布鲁特游牧地七站以指伊犁，似于局势尚无不合。惟精河一路恐尚须由哈密分营助防，嵩武仅十二营，且不足数，如全军选锐前进，尚须拨易开俊等马步代防后路。

贵部如取道布鲁特七站由此路则挑足精锐三数千已足，后路当不空虚，以抵伊犁，则声威甚盛，合力并规，当操胜算。倘此路虽避冰岭之险，而转运仍难畅达，或即屯兵北界以张深入俄境之势，令俄不敢以大队进援伊犁，俾嵩武及各营马步得次第攻拔各垒，收抚各部，迅速蒇役，是免却多少劳费而克集大勋，并足潜弭隐患，厥绩光于史牒矣。

至师期，必在伊犁收获之后，可免运馈之劳。给价收买，严禁扰累。俄兵限期回国。汉回投诚就抚，仍准入关安插。土回凶恶者，闻已迁入俄界，其良懦者，仍准复为王民，蠲除俄人苛征重敛，似亦可相安无事。

阁下高瞻远瞩，卓识闳猷，视弟纸上谈兵，尤有确凿不易之论，愿得聆其详焉，明以告我，乃至幸也。

此间尚未接奉明旨，大约总署必俟阁部九卿、翰詹科道议上，始以入告。现距师期尚远，正可商量；即奉旨以后，尚有先之议论一层，亦不至过于迫促，且由湘选募各营亦必俟夏尽秋初始可到喀什取齐也。

答吴清卿观察
（1880 年）

奉去腊十六日手书，详知履任后一切治状。河朔兵燹之馀，吏事颓坏如故，大贤为政，百度维新，斯民之幸也。

惟求治未宜太亟，治效亦未能速睹，需之岁月，当有可观。就弟所处言之，度陇十年，所成尚仅如此，距秦已远，士习仕风尚多不如所拟者。新疆草创伊始，程督轻易为功，可知文法滋烦，适足为奸弊之薮，不芟除太甚，欲几于治，其道末由。循省惠函，令人遥想古风，慕敬简之治也。

俄情叵测，使者失词，恐非口舌所可争，春深冻释，当出屯哈密备之。

惟七十之年，衰庸窃位，恐所事罔效，无以仰副宸谟。至马革桐棺，则固非所计矣。

答陶少云①
(1880 年)

得去冬手书，具悉近状之详，良用为慰。外孙辈读书日益长进，但当潜心经籍，一意追希古人，勿染流俗习气为望。至成就大小，未可预定，亦在其各自树立，科名固未足言也。长沙士人好学立品者，当引为朋友，日相切磋；其轻佻诡薄者，不可与近。子弟二十以后，取友必端，乃期有益。王氏客座，私祝当常悬诸心目也。

仆早岁志大言大，于时贤所为多所不屑，先师蔗农先生曾以诗诩之，谓"开口能谈天下事，读书深抱古人情"，虽语重未可荷，然至今回忆，深叹师言期望之殷非常情可比。来书述癸巳燕台旧句，于置省、开屯、时务已预及之。五十年间志愿，到今尚行之不尽，而当时相与商榷之友朋无一存者矣。道光朝讲经世之学者，推默深与定庵，实则龚博而不精，不如魏之切实而有条理。近料理新疆诸务，益叹魏子所见之伟为不可及，《海国图志》一书尤足称也，婿盍取而览之。

新疆改设郡县，龚议多不可行，盖未尝亲历其境，不习知山川条列，故所拟建置大略多舛错。惟如今制边腹不分，治兵之官多，治民之官少，求其长治久安，必不可得，定庵之义固不磨矣。

---

① 陶桄，字少云，湖南安化县人。陶澍之子，左宗棠女婿。

上总理各国事务衙门
(1880 年)

端八日行抵哈密，因冒热行戈壁中，触发肝疾，医药兼旬，乃稍愈可。于时料理各营南北分驰，皆夜行昼伏，幸叨福庇，均获无恙。

俄人近于伊犁增兵防守，并缠回、陕回合计，亦止数千。其调守阿来者实止两千有奇，而回兵六百即在其内。士福常驻伊犁，闻图尔齐斯坦总督亦有拟赴伊犁之说。其守伊犁者为议和计，其守阿来者为防湘军侵轶计，而赴调之俄兵均不能多也。

毅斋侦得俄国所属地境去冬天气奇寒，粮石缺乏。西国新闻纸从前本有该国内乱之说，观于英人与俄向只腹诽而不出诸口者，近求退摆特通商则发于声而徵于色，亦可想见矣。

俄此次致毅斋文件，察其所署玛玉尔之衔，当即玛依尔，却不用图尔齐斯坦总督及七河巡抚衔名。玛依尔一作玛义尔，乃彼中小官，向无文件通我地方将帅大僚也。所求通商各部，皆安集延、布鲁特已归附俄国者。各部上年寇边，今竟附俄，通商自无遽允之理。如伊犁收回，各部人永为不侵不叛之臣，其可也。

至英人，在阿古柏时已于和阗、叶尔羌通商，从前道光年间亦曾有由叶、和假道贩易之案，今来意颇恭顺，自言已呈明朝廷，自未便拒之。毅斋答以应俟朝命，似亦有合。兹并录呈览，幸有以教之。

曾劼刚来文，系由上海转递而至，虽与崇使、邵参赞两次来信较为迅速，然究不如径由总署发下更为径捷。宗棠并附一函，夹于公文，请饬发递。窃计以后遇有机要文件不至沉滞，是否如斯？伏候钧示。

与刘毅斋
（1880 年）

本日奉七月初六日廷旨，先抄送阅。

弟衰朽余生，本不堪重寄，兹复奉恩谕陛见，并有以备顾问明文，细绎圣意，或恐以衰疾颓唐不宜久劳边塞，曲予矜恤之故。既蒙天恩宠召，自应力疾趋朝。拟即复陈新疆重任请付明公，并约赴哈密一行，将要务一切详细筹商，以便接受钦符。其督印应俟到兰州后交石泉接署，两事均须奉到谕旨始可遵行。而弟经手事务，亦必有两三月功夫始可料理就绪。计入觐启程，当在冬月也。阁下前函拟来哈密一晤，弟意以数千里长途往返，未免太劳阻之，兹则不能不力为劝驾矣。

谭冠英等四营到此，弟留小憩旬日，俟军装齐到，诹吉西行，计九秋始可抵喀什噶尔。台旆东徂，不能待此军之到，希将西四城防务速为料理，迅即前来。途间遇两谭，亦可当面分付遵办也。

弟亲兵一营一千二百余人，尚可用。此外，步营尚有柳镇太和、周镇玉堂、易镇玉林尚有戴宏胜一营拟即留此，马队则李金良、毕大才、崔伟、禹中海、马正国等五起，似皆精壮可用，改隶麾下，自更欢跃。营务、支应、文案、折奏、监印、巡捕均可仍旧。弟此行既不需多人，惟尊处酌量留用可耳。

上总理各国事务衙门
（1880 年）

　　奉七月初一日惠示，知俄国意在启衅，纷调兵船来华，并有将封辽海之说。邵小村自俄来电，述俄官璞志之语，将随其海部尚书带兵船二十三只往日本、上海等处。尊处已奏饬沿海戒备，并严吉江之防，调沅甫办山海关防务，闽督办台湾防务。劼刚来电亦有俄派兵部尚书带船东行，或挟华定约，或袭高丽，或谋松花江，均不可测。而德国巴大臣又有与凯署使先结积案之议，尊处已据以入告。是俄以全力注之海疆，决之战胜，衅端不自我开。

　　南、北两洋经理防务已历多年，岂至一无可恃？朝廷于现成局势加意绸缪，在事诸人仰体宵旰忧勤，自无不鼓舞奋兴，冀得一当。或者事机之转即在不得已而用兵之会，亦未可知也。

　　宗棠去闽浙已久，于防务机宜未能详悉，惟福建轮船局由宗棠创始，于制造、驾驶颇曾用心，信其可用。长江水师提督李成谋忠勇性生，为宗棠所素识，前浙江提督黄少春，缓急足恃，若令仍任浙提，可以有为。俄若与日本合，则浙防尤急于台湾也。

　　宗棠前以甘肃可兴之利，耕垦而外，织呢、养蚕二者尤急，曾饬沪局委员胡光墉于德国物色织呢师匠来甘教习。胡光墉以德人福克、满德两人应调。福克到兰州，将局务一切随时具禀，宗棠见其切实而有条理，心窃异之。

　　七月初一日，福克来哈禀见，宗棠引居营幕，知其为洋行伙友，因纵谈各国情形，福克、满德均能谙习。无意中询及制轮船有无奇器，答云水雷、鱼雷最好，伊国现有此器可买，用之把截海口，轮船遇者立破。询以用法，答云海口宽则多用，狭则少用。询云如天津海口需用水雷、鱼雷若干具？答云只水雷十具已足，鱼雷尚可不用也。宗棠忆及道光年间粤绅潘仕成曾以洋人雷壬士所制水雷进，朝命天津镇向荣监同演试有验，比经复陈有案。不解后此谈洋防者何以并无一语道及。询其价值，答云水雷一具，需银五两上下，鱼雷一具，则需银二百两外，价值甚廉。宗棠因见《西国近事汇编》所载与福克之言相符，立托为购办水雷二百具，鱼雷二十具，交胡光墉分送闽、浙两省，备防海之需。其价银则由陕甘廉项划兑。当即分别咨行，并嘱福克函致泰来洋行迅速运致，俾济要需。已于七月中旬先后发递矣。

福克等辞返兰州织呢局，濒行，宗棠复询以俄人近有兵船东行之耗，答云："在上海时，亦曾有人议及此着。惟俄国兵船欲到中国，必出黑海经过，傍土耳其国都入印度海，再过阿非里加亦作阿非利加，始至中国洋面。由俄境至阿非里加约四千里，由阿非里加至中国洋面约二万九千里。其由黑海入印度海，必傍土耳其都城边经过。若英人肯帮土耳其阻其前进，俄不能到阿非里加也。缘土耳其都城近处海面极狭，长只十余里，较易为力。"询其确否，福克随取所携海图全册抽出一纸相示，并请同行通事将其所言注于图之两旁。

兹将原图附呈钧览。若其所言足据，则俄国兵船来华似仍是虚声恫喝。纵实有其事，英人如肯实心相助，亦无难代展一筹。乃无一语道及，不解何故？应否由总署派人至德国巴大臣处密询一切，或可得其大略。据福克言，巴大臣不会汉话，其翻译甚明悟能干，巴大臣最信悦之。巴大臣与各国钦差均有交情，不便独向总署致其私意，如其翻译往来，则可免形迹。福克此来，亦出巴大臣之意，有信与巴大臣，乞饬交之。据福克说，其信中亦并无甚要话也。

七月二十七日奉到初九日钧函，均已遵行，容即续布。

答张朗斋
（1880 年）

顷接翰示，知豫饷每月止解二万五千两，积欠已多，而今岁所解四批共十万两内，除河南、陕西扣拨外，止七万一千一百余两，肃局解尊处又止一万一千八百余两，其未解者尚五万九千余两。

章守既奉尊处预饬速解，竟敢任意截留，谓其不知缓急，似犹未足蔽辜也。惟念尊处出入款目必有数可稽，章守不禀命而擅自支垫，果属应出之款，尚为有词，若任意冒销，其将何词以解？军饷关重，况当竭蹶万艰之日，尤不容分文欺蚀，计阁下必有权衡耳。

前闻施均甫离营时，章守有向卓胜委员程景梧代为张罗千金之说，金景亭后有所闻，欲加罪委员，不知章守如何调护，始寝其事，然程景梧终不见容于景亭，现请咨北行，尚须景亭出禀乃可照办。即此亦见章守之谬。若辈专以酬应见好，心中并无奉公实念，假以事权，必受其累，幸留意焉。

施均甫久留营中，亦足坏风气。阁下待人一于宽厚，似当有以矫之。

近奉恩旨来京陛见，以备顾问，大约交卸北上在冬腊之交。七十衰翁，于衮职何补，良用怃然！

俄事尚未定议，而先以兵船东行，为恐喝之计，谟谋诸公便觉无可置力，国是混淆，计抵京时，错将铸成矣，为之奈何！

娄令万两已报起解，银钱所已发成本银二万，两款均可于秋节前收到。此后有可通融，必合尽力。惟来源日涸，殊难周转。河南近时年谷顺成，气机渐转。涂中丞处似宜函牍频催为要。

与刘毅斋爵帅
（1880 年）

聚晤数日，揖别登程，一思厚谊深情，感荷无量。时事多艰，惟思努力报国，方有息肩之日。衰庸无状，敢不勉旃。

麾下为间世英奇，中外引领以俟久矣，而巨任初膺，犹常以欿然不自足为怀，异日丰功伟伐，必有非前人所及者。愿更勤修令德，俾足开拓万古为望。

俄事非决战不可。连日通盘筹画，无论胜负云何，似非将其侵占康熙朝地段收回不可。中俄之衅，实由此开。即此次扬言封辽海、谋高丽，奸谋亦以此为根基。前因中原多故，未遑远略，遂举此千数百里之地界之。恭邸曾以入奏，谓当时未及细考舆图，悔已无及。现在俄兵之据黑龙江爱呼楚地方，其根在此。若由山海关北出一枝奇兵袭而取之，则俄之根本已倾，再将珲春新营巢穴攻取，俄兵乃成无归之游骑，敌可歼也。曾、鲍、李之军如能为此，固属幸甚。恐其意计不足语此，其才力不足任此，则不能无待于间世英奇也。此说姑存之胸中，俟弟与谟谋诸公言之，再为麾下详细计议，以定进止。如此策果行，则似宜由古城取道东行即蒙、汉商旅往来之路，较为径捷，大约张家口、蒙哈尔、古北口一带乃必经之途，请麾下详细咨访为要。余俟到兰后再陈。

与杨石泉
（1880 年）

今日行抵长武，风景转胜，士民聚观，欢舞夹道，额之而已。中丞、将军派迎差弁络绎而来，盖沿途迎送旧例。尊处差弁戈什谨即遣归，岁事峥嵘，未宜久羁亭堠也。

俄事似无变动，总署久无信至，不得其详。

喜桂亭十月吉林来信，似吉林人心亦固，或者磐石之宗不至动摇耳。

兰州东路种树、架桥，开荒、除道，无不美备，缘午庄、莲池、纬堂所部防营员弁兵勇均以勤民为急，历时既久，不懈如初，故克臻此。午庄心精力果，诸所营造，尤期久远。部将郑连拔勤干明白，亦一时之选。莲池朴实忠勤，所种之树，密如木城，行列整齐。栽活之树皆在山坡高埠，须浇过三伏，乃免枯槁，又不能杂用苦水，用力最勤。今年暑雨频沾，幸多成活。

平凉水利，明岁必可告成。洋匠经训饬一番，颇有振作之意。弟嘱廖守，新河宜展宽，宜加开数渠，以资容纳，上流宽缓，则下无急溜，两利之道也。

周子岩清正耐苦，实不易得。午庄所称平凉东关不应提赁租归公一节，弟到平凉调阅卷宗，知系旧案。午庄上年十月初曾札过府县。子岩接手照办，并非翻案；且所提之赁租仅三百余缗，其铺仍交房主管业招佃，亦未为过。至回民不准于近城地方列肆贸易，弟因府县详请，批准立案，盖防患未然之意，亦非子岩特造新议也。希与午庄言之。

午庄创建柳湖书院，规模宏敞，间架整齐，新植嘉树成林，尤称胜境。惟院后暖泉池本弟所凿，以便汲饮而惠行人者，其泉不寒不热，亦能治病。昨过此时，弟与随行诸人各饮数勺，均无不适。冬日饮水亦尚宜之河，何况余日。午庄作书院，乃将此池并圈入墙内，从此行人不获沾溉。且此泉向本用灌地，旱时尤为急需，与其私之院中为乐饥之用，曷若引之田畔为救稼之用乎？比谕道府别筑院墙，留门便院中汲饮，于大路旁开两门通车辆，以便行人汲饮。亦希告知午庄，勿错怪道府有意与之立异也。

现在甘肃于兴利一事粗具端绪，惟陕西则有志未逮。午后过长武，则别有天地，种树开渠各节并未遑议及，殊为惜之。值州县及防营来迎，即加指示。拟到西安，再为中丞薇柏言之。

王仁和新简肃镇，实非所宜，到西安后当附片陈之，邀允与否，则不计矣。汉中镇和耀曾署事期满，其人曾立战功，有胆识，应俟两省总兵缺出请补。而以胡珍品署汉中镇，亦必称职。

兀坐舆中，属有所思，即以奉闻。

与孝同
（1880 年）

廿日得尔初九日禀，知已定七月十一日返兰州，可免我牵挂，甚好。

尔到兰后料理家事毕，又须来哈密，三四个月内往返数千里，未免太劳。又酒泉迤北砂碛弥望，车行颇苦。七八月后风雪正作，戈壁寒气渐甚，比抵哈密，则朔风凛冽，冰冻凝沍，人马均困矣。不如俟惊蛰河冰尽解时启行，暮春抵肃小憩，首夏抵伊吾，节候和暖，最为相宜。如此则兰署过腊，足以慰母心；远道省亲，足以慰我望，实两得之道，安必触寒受暑仆仆长途为也？

返兰后伏案读书，谢绝应酬，勤写家信，庶不失寒素佳子弟规模，至要至要。

近为炎暑所苦，左胁左骸牵引作痛，服生大黄数剂，加以芒硝，始渐痊可。现服滋阴益气之剂，渐已复元。哈密之热较内地为甚，交秋后由凉而寒亦甚于内地也。

军事粗有布置，俄情如常，伊犁、阿来均增兵防守，然亦不能多。闻其国内乱殊甚，俄主有四月廿二不禄之说，尚未见确报。大约不祥之兆已见，自无可疑。曾劼刚尚无到俄之耗，总署近日信息颇稀，即此亦见俄事不吃紧耳。〔手此示之。〕①

---

① 此句据《家书手迹》补。

与孝同①
（1880 年）

接谭心可信，知尔于十一日奉母挈眷返兰，天气寒暖合宜，按站而行，可卜平安也。

廿四日忽奉本月初六日六百里廷旨：来京陛见，以备顾问，命荐贤员督办新疆一切事务。比即驰告毅斋，属其速来哈密，商酌接替，并拟奏以钦符界之。本任陕甘总督缺虽尚未开，然必请简署事，拟奏用石泉②，当于日内缮摺拜发，伏候谕旨遵行。计此间出奏，必三十余日始奉批回，毅斋到哈密必须六七十日，比到此接受钦符则已在奉旨之后，有所遵循。我将此间军事、饷事交代即启行回省，计到兰后交卸督篆北行，当在冬腊之交，新正开印后可抵都矣！

西北布置已有条理。俄意欲由海路入犯，而在事诸公不能仰慰忧勤，虚张敌势，殊为慨然。我之此行本不得已，既奉朝命，谊当迅速成行，惟不能不俟毅斋之到，面为妥商。毅斋得信即行，亦非两月余不可。趁此时将军事、饷事逐加料理，尚非忙迫。而关外一切均有条理，关内经石翁经画年余，诸尚妥协，我之应诏北行，可免牵挂，犹不幸中之幸矣。

尔等应于解冻后南归。明年可为丰孙完婚。此后或仍来京侍养，丰孙预备引见，尔兄弟可就便赴北闱乡试。局面既改，在尔等自行斟酌耳。〔手此谕之。〕③

谕旨钞寄，暂宜秘之，候④奉批回再宣白。

七月廿五日辰刻〔书〕⑤

---

① 该信前原未署收信人。
② "石泉"，《家书手迹》作"石翁"。
③ 此句据《家书手迹》补。
④ 《家书手迹》"候"字后衍一"再"字。
⑤ "书"字据《家书手迹》补。

答冯展云中丞
（1881 年）

别后潼关渡河，过腊仍即首途，因天门荡荡，攀陟殊劳。

正月二十七日展觐，召对两次，即蒙新命入值枢垣，兼典属国。连日待漏而趋，虽椅舆扶掖，迭荷殊恩，而起跪不适，陨越滋虞。

安圣谕及二十年忧劳，声泪具下；禧圣则因忧成疾，至今尚未临朝。

俄事和局已成。倭奴思效西国，多方要索，已定议俟复琉球再允照办。

近时人心大定，议论亦少矣。弟此时万无言退之理。俟时局粗定，拟请以闲散留京，聊备顾问，俾得稍延残喘已耳。

曾沅浦升陕甘督，卫静澜补晋抚，时论翕然。陇臬改授魏午庄，周莲池补肃镇，陇事亦顺。明都护到都，当可晤叙。

燕及畿郊均于二十九日同沾雪泽，豆、麦可冀中稔。惟水利失修，道旁积潦凝冰，春、夏水发，便成巨浸，闻下游尤甚，是可忧也。若如秦西一律种树修路，勤开沟洫，患其有豸乎！

答杨石泉
(1881 年)

弟自正月二十七日到京，次日陛见，旋承恩命入军机、总署管理兵部事务，极知忝窃，非衰朽所堪，只以慈圣盼待甚殷，不敢重拂优睐，腼颜就列，良非得已。

窃见时局，亲贤在位，上下交孚，盈朝虽非尽惬时望，而奸佞贪诈之辈则罕有之，意者小往大来，机括转旋，或即在此。

至中俄和议，伊犁全还，界务无损，领事只设嘉峪关、吐鲁番两处，此外均作罢论，则商务亦尚相安。

吉林俄船撤还，松花江不许俄船来往，均已见劼刚电报。

今日见威妥玛致总署信，并云中俄和约已于正月二十六日画押。虽劼刚尚无信至，而其局已定，自无可疑。

劼刚前致总署信，云俄皇以中国相待之厚，并谕其外部原议十八条内，应听删去数条，以示睦谊之笃。似此，则言归于好，其意颇诚。

日本乘机要求商务利益，使者宍户玑因所欲不遂，悻悻而去。现已告知以复琉球后再议。

弟拟倭奴如敢构兵前来，则痛创之；若跨海东征，先蹈危机，殊为失策。已商定请旨，先密示沿海各省督抚提镇饬各防营早为之所。

顽躯照常，惟步履艰难，能跪而不能起，每次尚须宝相国、李尚书扶助也。

与郭筠仙侍郎[①]
（1882 年）

前奉尊函，阙然久不报，以委递折件尚稽附进故。兹于十月五日拜发，计数日内可奉批回，但仍发两江或径发湖南，则未可知耳。

高丽事已勾当完竣，此乃《合肥全集》压卷之作，然非诸将谋定后动吴提军长庆胆识尤伟，合南北洋全力图之，恐不臻此。

云贵改畀岑彦卿，才气固胜荫渠，而精力正盛，足任驰驱，兴象亦复豪赡，当能指挥如意。

尊论谓南宋识议无足取，弟以今日人才衡之，似南宋尚胜一等，以彼国势日蹙，遑言长驾远驭之规，兹则金瓯无缺，策士勇将又足供一时之需，乃甘心蝼屈，一任凌夷，如此之极，洵有令人难解者矣。

弟已上疏吁恩开缺回籍养疴，闻已准假三个月，安心调理。俟接奉批答后再申前请。实因病久不痊，风涎满颊，刻有痰壅气闭之虞，案牍劳形，实所难堪。山鸟自爱其羽毛，晚节如有疏误，悔将无及，何能婆娑以俟，供人刻画乎？

盐务渐有转机，部议似亦稍能领会。而农田水利一气呵成，盖得力于阅伍之余，文武毕集，士农环侍，随到随看，随议随办，故支干相承，上流下接，师水之智，用士卒之力，瞬息改观也。莅事未满一年，而气象一新，较之兵燹之前尚觉远胜。公得毋笑其浮夸否？盍于明正驾扁舟来游，同观厥成也。

现加饬道府督率修渠、筑坝、浚淤、泄底水，待新涨，一俟春融，再亲临勘验，勒为一篇，以为岁修准的，俾江北之民不复食岛族之余，而海疆亦可战可守，自强之道，其在是乎！

姑略报一二以慰公，余俟司马桥酒酣耳热时一一陈之可耳。

---

① 郭嵩焘（1818—1891），字伯琛，号筠仙，晚号玉池老人，湖南湘阴人。道光进士。历任苏松粮储道，署广东巡抚，兵、礼部左侍郎，首任出使英国公使等。

答郭筠仙侍郎
（1883 年）

族孙千青来江宁，袖尊函见示，以寒族士子区区衣食故，致烦筹策，鄙怀尤抱不安。已饬宽、同查询上年南归时手订义塾膏火加额与之，每岁以三十石河斛谷畀之，俾得专心读书，稍有成就为幸。

晚近以来，时事日非，时局亦渐趋污下，如尊论所云："士与民全失其职能，得所养者数十百分之一二。"大抵四方一概，不独吾湘为然。宜多设义举，以正其源，严杜偏徇，以塞其流，行之既久，乃能使士农各有以自养而无愿外之谋，趣向渐归于正，习尚不戾乎古，而后经正民兴之故可得而言，其得位乘时者固当务为此，即抱空志无所设施者，亦宜以此为趋向之准的，庶人心正而风俗可望渐返于古初。

弟自入居湘幕及扬历中外，盖尝兢兢于此，二十余年，心迹皆可复玩。骆文忠初犹未能尽信，一年以后，但主画诺，行文书，不复检校。其时湖南厘局纷起，弟创为布署，未敢引用一私人，旧籍犹存，可取视也。族本寒素，耕读之外，别无营谋，读者以课徒为生，农者以隶耕为事，无意外之获，亦无寒饿致毙之人。后弟因官相猜忌，以骆中丞参樊燮疏出弟手，含沙射之，幸无一眚之疑，得免于戾，盖亦素节皭然所致耳。

子潚美才，当可翩翩继起，惟望阁下时以宽厚宅中、韬晦敛抑处世相诰诫，则异时成就未可限量，不但左、郭之望，亦桑梓之光也。

与周荇农阁学
（1883 年）

许久未接音问，未知近状何似，甚以为念。

闲居京邸，无友朋之乐，而多俗缘之扰，不若灌园湘上，日与樵子牧儿为侣，可望多活数年，愿君早作归计为要。

弟此番于假期内谬荷两江重任，实因朝命敦勉，谊不可却。迂疏之质，病废之躯，冒当剧要，动辄得咎，如衣败絮行荆棘中，徒增烦懑，急求一解脱法不可得，悠悠我思，云如之何！愁念之余，辄自哂也。开缺之请，既不蒙允许，而时事纷乘，返诸初心，又适有未可避谢者，遂仍销假任事。乘验收水利工程之便，兼察海防，筹办机要。舟行送江入海，沿途豆麦青葱，农商乐业，黄童白叟夹岸欢迎，焚香列案，争献酒果。过租时，各部于主桅换升中国龙旗，据称以其国主出巡之礼相待，西弁执鞭清道，声炮十三响，其恭谨视上年有加，观者如堵，诧为从来未有之事。此皆仰赖国家威灵所致，鄙人受之，弥增惭恧耳。

周莲丞近状忧苦，弟前函寄之，尚不知瀛樵休致消息，恐其出都亦不易矣。一路未哭，而一家先哭，为当奈何？李果仙处，弟上腊曾有五十金炭敬之寄，托徐小云转交。嗣得小云复书，言果仙现已下狱，似可不送。弟不谓然，送炭正宜雪里，此次请仍将存款还送其家为是更加五十两，并送百两。如小云执意不送，即请由尊处转交其家，想阁下不嫌琐渎耳。

答岑彦卿宫保①
（1883 年）

关河修阻，驰慕维劳，遥稔威棱远震，望实弥崇，至符祷颂！

弟两江忝领，一载于兹，衰病侵寻，时艰靡补。自顷江海筹防，心力交瘁。法兰西恃其船炮，横行海上，适有弄兵越南之举，越人不竞，固已股掌玩之。朝命李傅相赴粤督师，责两江筹拨营勇，业经拨定，一经指调，即可成行。

日前接阅电报，法军力攻海南，被越之黑旗勇杀其兵头总兵以下九十余人。法人愤极增兵，并派铁甲船及兵船四只，大有倾国图取越南之势。越之所以苟延者，赖有黑旗勇。此战之力，足寒贼胆，而快人心。果能再接再励，则法人凶锋频挫，何能越红江而上窥滇、粤边境乎。

窃思水战利器足制铁甲轮船者无若水雷，陆战冲锋破敌无若火箭。检阅上年尊处奏拨军火单内尚未之及，而金陵购存与机器局仿造之水雷、火箭试放有验者，尚堪分用。特选派水雷二十具，电线等项俱全，火箭百枝，并挑选熟习开放之人护解前来，伏希酌度。或以之暗助刘永福，俾有所凭借，不致为所摇撼，则越南安而滇、粤边境亦安矣。

由此间轮船拖带赴湘，转解粤西，船运虽未能速达，然较之陆运尚可稍节劳费。想麾下亦以为然。惟如何拨用，则祈尊裁指示耳。

---

① 岑毓英（1829—1889），字彦青，广西西林人。历任云南布政使，云南、贵州巡抚，云贵总督。

上总理各国事务衙门
（1883 年）

    法越交兵一事，议论纷纭，究以执咎无人，莫敢以正义达诸政府。实则主战、主款无难一言而决。不但泰西诸邦多以法为不然，逆料其与中国不协，必致事无结束，悔不可追；即法人亦何尝不虑及衅端一开，危险日甚，不过势成骑虎，进退两难，姑张虚声以相摇撼，觇我所以处之者何如，别作区处耳。

    默察时局，惟主战于正义有合而于事势攸宜，即中外人情亦无不顺。请得而极言之。

    越南地势，南滨大海，北阻崇山，与中国连接，隘口林立，实中土藩篱，非若琉球隔在外洋，距日本较近，可以度外置之也。法人所以图越南者，盖垂涎滇、黔五金并产，意在假道于越南，以开矿取利，故先取西贡，为屯兵储粮及器械、子药之地，不仅以夺越疆为止境也。

    滇、黔矿利，为泰西各国所共争。英人之越缅甸而来，意亦在此。兹见法人捷足先登，开通海道，必将接踵而至。法国固不敢拒英，中国既以款法为事，亦无词以谢英。此外各国络绎奔赴，实意中事。是越终必亡，而我之外藩尽撤，广东边宇危，滇、黔之边腹均形棘手，其祸患何可胜言。

    刘永福本永州一健卒耳，旧隶王前藩司德榜部下，充当勇丁，撤营后由粤西流入越南，而湖南衡、永、郴、桂一带向之以懋迁为业，流寓越南者，推之为渠魁，以助越拒法自任，号称中勇。迨数挫法人，越南溪洞诸蛮慕其义，多剃法结辫冒充中勇者。故其党先止二千余，现增至万余人。惟枪炮子药均由战胜夺获，不由官给。所有一切情形，详具西报，法人不之讳也。越南赖此稍延喘息，任以提督。是刘永福在中国本非乱民，而在越南则义士也。王德榜部下多与熟识之人，即两江旧日管领小队参将张国林亦曾与同棚当勇，均知其事。惟匹夫之勇，势难敌强邦顷国之锐，其败衄自在意中。惜越南积弱之邦，无有为之声援策应者。闻六月初、中两旬内已作败局，法人乘势议取东京，恐越南不能图存矣。

论中国援越之策，应以海道为捷。然法之兵轮已从海道驶入，其水陆均早布置，反客为主，我军若接踵而往，节节入险，虑不得手，宗棠早知其非宜。兹接西报，法国总统已下令，倘遇中国兵舱，即开炮轰击，是此策究不可行。进兵之路，仍非由广西、云南边界不可。

伏读三月二十五日上谕："法越交涉一事，迭谕令两广、云南督抚妥筹备御。法人前欲与中国会商，该使宝海议分界保护及保胜设关通商各条，旋又中变。现闻法人攻破越之南定，势更猖狂。越南积弱之邦，被其蚕食，难以图存。该国列在藩封，不能不为保护。且滇、越各省壤地相接，倘藩篱一撤，后患何可胜言！本日已谕令李鸿章前赴广东督办越南事宜。此时防务紧要，必须厚集兵力，进止足恃，方可相机因应。江南防军何营堪备调拨，着左宗棠悉心筹画，迅速奏闻。钦此。"祗悉法越交兵一事，谕旨谆谆，不但保边、字小之义炳若日星，即督办越南事宜兵力宜厚，由陆路进兵，不取海道，亦在圣谟广运之中，薄海内外，钦仰圣明，即法人亦未敢一语支吾，自彰其慢。

曾几何时，忽敢虚声恫喝，异论蜂生，其始不过巧相尝试，旋即视为故常。所拟合同约稿，竟敢谓越南非我属国，经少荃傅相理斥，始行删去，各国多不义其所为，无有相与附和者。而各处议论纷纷，所以归咎于南洋者甚峻。适驻法二等参赞刘守麒祥自法都发递一信及上海邵道转报日本总领事面谈一禀到署，谨即抄呈钧阅，亦足见法人所为不义，人情不与，实已至此。

许久未得越南消息，不审近日东京尚无他变否？刘永福两败后尚能自立否？适王前藩司承修水利工竣，急请回籍省墓，宗棠因奉有准留差遣之谕，饬其分批带解。云贵前奏饬江南机器局觅解西洋枪炮一批，督同滇省委员就近搭解广西，听候岑制军委员提拨，并搭解水雷、火箭、军械各件，已于七月初一日成行，由水路运往，借省运脚。并嘱回籍后遣其旧部与刘永福熟识者，径赴刘永福处探视军情、路途，据实禀报，以便区画，一尽南洋职分所当为者，于心稍安耳。是否应行，伏乞钧裁示复。

答两广总督张振轩制军①
（1883 年）

顷承惠书，重荷藻饰逾恒，莫名惭悚。

弟筹防江海一疏，不过未雨绸缪之计，果能制敌死命与否，固未可必，而自处之道，则预以白诸朝廷，盖衰朽余生，以孤注了结，亦所愿也。

法虏骄横，谓越南非我属国，竟思倾国从事而不顾其后。刘永福以一健卒，为越捍边，力挫虐焰，似亦人所难能，但孤立无援，势难持久，吾华将有唇亡齿寒之虑。南洋以兼筹边防为责，岂能袖手旁观？已于七月初一日饬王前藩司德榜于回籍省墓之便，派人探视越法战事，随时驰报，以凭筹画。日内拟草疏上陈，容抄稿寄览。

吴提军宏洛五营，原扎吴淞各要隘，已陆续拨五营填扎，一奉大咨，即当照行该提督遵照。该军既尊处旧部，勇且知方，必能相与有成。已饬局照发四个月饷需，以壮行色，亦与傅相无殊。

江南入款，近来虽稍有起色，而京饷及各协款至繁且急，难资敷衍。近因山东黄流漫溢，户部先后划拨现款四十余万，以工代赈，势不容有停待。正拟息借商款，勉资挹注，否则无从搜掘。且拨军添防滇、粤边界，亦须预为设措，正费踌躇。此等苦衷，亦应预为陈明，俾部中得悉底里。拟日内附片及之，未获会衔，冀家鉴谅。

驺从过沪，弗克稍尽东道之情，眂尺天涯，曷胜怅惘！

---

① 张树声（1824—1884），字振轩，安徽合肥人。历任山西布政使、山西巡抚，江苏巡抚，两广总督。

与孝宽孝同
（1883 年）

宽、同知悉：

自前月二十四日出省验收水利工程，兼定海防大局，均值天日晴明，行程无阻，平顺之至。到上海时，中外官绅商民陈设香案，亲兵及在防务营列队徐行，老稚男妇观者如堵，而夷情恭顺，升用中国龙旗，声炮致敬，较上次尤为有礼。胡雪岩及印委各员与随行员弁皆窃谓从来未有也。

所按各炮台于水陆安设靶位，次第施放，均致远有准。若洋轮驶入，船身较水靶宽大百倍，尤无虚发可知。沿海内外所有炮台均已勘验，李与吾、李质堂两提戎，狼山、福山、苏松及淮扬章作堂镇军，并同行员弁兵勇，均议于白茅砂设险扼其入口，总要看此处正泓逼仄，两边沙线错杂，又均须活砂，如襄樊石牌以上河道相似，洋轮误入必致不救，前年太古洋行曾在此埋过一轮船。外轮若敢前来，我但以船列炮守定正泓，确有把握。除开炮击其汤锅、气管、烟筒外，更挑选勇锐水勇习熟纵跳，遇有机会即跃上彼船，轰其机器，折其锋牙，则彼船可夺也。值此时水师将领弁丁之气可用，悬以重赏，示以严罚，一其心志，齐其气力，所为必成。我与彭宫保乘坐舢板督阵誓死，正古所谓“并力一向，千里杀将”之时也。

在上海与诸将校定议甫毕，适彭雪琴由湖北查案回船至江阴，李与吾、章作堂请先赴江阴与其晤叙，次日彭宫保与我晤于吴淞口。据称：“此事已于数年前定，现因经费无措中止。今盐票项下既有余赀可购齐船炮，尚有何疑畏不能作（连）〔速〕命会乎？”因将应于中外赶办船炮各事逐一陈叙，彭亦欢惬，并称如此布置，但虑外人不来耳。诸将校亦云：“我辈忝居一二品武职，各有应尽之分，两老不临前敌，我辈亦可拚命报国。"答云:"此在各人自尽其心,义在则然,何分彼此?但能破彼船坚炮利诡谋,老命固无足惜。或者四十余年之恶气藉此一吐,自此凶威顿挫,不敢动辄挟制要求,乃所愿也。"宫保亦云:"如此断送老命,亦可值得。"语毕,彼此分手。

海防议定,彭回退省庵,我亦展轮验阅淮扬一带河工,昨已行过泰州、泰兴矣。沿途百姓陈列香案跪迎,一谢筑堤修坝,上年里下河得获丰年之恩;一谢减免厘金实惠。并云:"此地不见制台按临者数十年,今得瞻谒威仪,一生之幸。"同行各司道金云:"实愚民血诚爱戴,并非虚语。"我心虽慰,亦颇自愧也。书此告而曹,俾知好官可做,好官之名亦实不易副也。莼农、健齐随行,同为欣忭,莼农同到马朋湾看工后可先回。开复之请须俟事冷再说。彭宫保亦诺与我会衔,并云:"此时则断不可遽。"莼意亦以为然。

大约回省后可迎护眷属归家,同儿即可带眷同行矣。三孙姻事已定何月日?金宅须倩媒告知。丰孙喜期已信致少云,接到回信可即告我。看来看视河工无需多日,大约此月底我可回署矣。

宽儿可作第二次回湘,尔生母可同去。我回省后,探有英夷兵轮驶近海口之耗,即仍赴上海、吴淞一带驻节督剿。篆务奏交藩司护理,事毕仍请开缺回籍,当蒙愈允也。

此信可寄三儿阅看。义塾田价俟四儿回家带去亦可。丰孙婚事准用银二百两,当与大姊说明。

癸未二月初十日胡家集舟中

答欧阳庚堂①
（1884 年）

昨奉惠书暨抄示致仲良中丞函件，回环□诵，既审老谋硕画，洞悉戎机，尤征忠勇性成，足寒敌胆，其克懋海上长城之望，夫复何疑？敬佩！敬佩！

窃惟目今时事，惟赖用得其人。方今将帅中，能得实心任事、加意讲求如麾下者数辈，以固海疆，以歼丑虏，法人虽狡，吾知其无能为矣。

弟衰病侵寻，忝膺军寄，必胜之算，非所能操。惟有力竭愚忧，勉图报称。自抵闽后，与石泉制府往复筹商，亟图补救，先就入口各要隘极意筹防，俾敌人无隙可乘，以固闽垣根本。旋因援台为急务，即拟亲率敝部各营，相机径渡，以解台危。而此间绅耆士庶再四挽留驻省，势不获已。刻经派令王前道诗正督率数营，并令陈道鸣志会同前往，联络各营及台地土勇，以收夹击之效。日前据报，已抵澎湖，计日内当已设法尽登彼岸。尤幸杨厚庵宫保昨已前来，以南洋各艘继之，法夷自有应接不暇之势，庶几彰天讨而快人心，在此一举耳。质之高明，以为何如？

---

① 此件辑自欧阳利见：《金鸡谈荟》卷四。欧阳利见（1825—1895），字庚堂，号健飞，湖南祁阳人。历任福山镇总兵、浙江提督。

札件

批札

福建盐法吴道大廷禀裁革陋规由
（1865 年）

　　吏事之坏，大都见得而不思义者，实阶之厉。当官而不能持廉，则属吏得以挟持之，丁书得而朦蔽之，层累朘削，往往本官所得无多，而属吏丁书取赢之数且数倍过之。日久视为应得之款，名曰陋规。踵事增加，无有纪极。家肥国瘠，职此之由。究竟攘夺之财，每多意外之耗，蠹国者未必即能肥家，而公家经入少数已不可复按矣？兴言及此，良用慨然。

刘翼长松山等禀见驻营罗渠镇
俟行粮办齐拔队进剿由
（1867 年）

　　捻、回合并，势虽猖獗，然官军剿贼正利其合而不利其分。且以贼情论之，两股合并，彼此猜嫌易起，自相屠戮，实在意中，未尝非官军之利也。该镇等屡胜之后，声威甚著，贼胆已寒。惟全军马步非多，秦中别无大枝劲旅相为犄角，此时惟当稳慎图功，先顾定渭水南岸，广储米粮子药，步步为营，以策全效，不可轻用其锋，致虞意外。本大臣启行时，正值鄂军大挫，淮军、霆军未能速到，不得不暂留镇压，以期兼顾。兼之鄂捻仍复西趋，冀可速图合围，为聚歼之计。见甫行抵德安，一俟此间局势稍稳，即可长驱入秦督办此股。届时马步诸军兵力厚集，堪资分布，断不令该镇等独为其难也。仰即妥为筹策，务期保全南岸，计出万全。是为至要。

咸阳孔令广晋禀陈地方苦况情形由
（1868年）

    据禀已悉。地亩始经垦种，民困甫苏，一切牛具、籽种诸多不易。其堪以启征之地，亦应由该县躬亲履勘，分别应缓应征，详请办理。其完纳等第，不得委诸粮差，致成弊薮。即小粮一节，亦应切实核办。该令为亲民之官，须认定"亲民"二字，设诚力行，以无负朝廷爱育生民至意。若取民无制，但资中饱，非该县百姓之利，亦非该县之利也。懔之！

刘守倬云禀挑选难民开挖石炭由
（1868 年）

　　所禀筹办赈抚情形，极为周至，朱子所谓"恳恻而有条理"者也。赈务谈何容易，惟将地方可尽之地力、可资之物产逐一搜索，令灾民得自觅工作，自谋养赡，较之坐食不饱卒填沟壑，差为得之。取炭、熬硝、伐树木等项，均可养活多人。尚有地方应兴水利，亦可以工代赈。尽心尽力图之，总不愁无拯救之术。将来散遣归籍，仍须谋及种籽农器及口食之费也。

黄道鼎禀见办泾属赈抚屯田事宜由
（1869 年）

　　据禀已悉。所办赈垦事宜，似尚确实。此等事总要所用之人朴实，有良心，不惮烦劳，将所办之事看作自家生活，看作一桩大功德，乃有实济。各该营仅种五千亩，未免太少。此后移营前进，当广种蔬菜，留心各处物土之宜。是为至要。

　　煤窑总宜广采，旧洞荒久，水积气闭，一时难开，不如另觅新者。同官煤井一掘便得，不须深求。未审各处有似此者，可应急需否耳。

临潼伊令允桢禀接印视事情形由
（1869 年）

做官要认真，遇到耐烦体察，久之无不晓之事，无不通之情。一片心肠都在百姓身上，如慈母抚幼子，寒暖饥饱，不待幼子啼笑，般般都在慈母心中，有时自己寒暖饥饱翻不觉得。如此用心，可谓真心矣。有一等人，其平日作人好，居心好，一旦做官，便不见好。甚或信任官亲幕友门丁差役，不但人说不好，即自己亦觉做得不好。旁人谓其无才，上司亦惜其无才；实则非仅无才，还是不认真耳。如果认真，则保赤之真，心诚求之，天下无不知爱子之慈母，故无不能爱子之慈母也。今以百姓之事交付官亲幕友门丁差役，若辈本非官，官既非真，心安得真耶？诗曰："弗躬弗亲，庶民弗信。"当引为大戒。因为禀虽是到任例禀，而其中有"东国迂儒"及"自愧疏庸，难膺繁巨"等语，预以无才自命，觉其用心非真也，姑书此箴之。

李道耀南等禀分营驻扎徽县等处并缮禀错误由
（1869 年）

军报事件，应如何细心检校，以免疏虞。康熙朝征剿吴逆军书中，"陆方"，误书"陆广"，几覆三军，岂不闻乎？本爵大臣遇紧要机秘文书，均系亲裁手答，即军吏抄写之件，亦无不过目核对，然后发行，慎之又慎如此。该道等于上行文书地名关系紧要之件，竟轻率如此，可乎？清书江荩臣无足责。统带三员，因禀牍中有讹脱语句遽予记过，无知者必议本爵大臣好苛细故，姑置勿议可也。"慎"之一字，战之本也。诸君其勉之又勉，毋以逆耳置之。

何牧林亭禀办理阿干屯垦复烧窑器情形由
（1870 年）

　　甘省凋残已极，时政之要，莫切于开垦、通商、惠工各大端，实心综理，不必损上而下自益。皋兰素称饶足，兵燹以后，不能察该境应举之政，尽地利以利民，守令之过也。该直牧驻防阿镇未几，即能按切时务，招亡兴屯，炭场、窑器亦均次第兴举，览呈曷胜欣慰！先正程明道先生有言："一命之士，苟存心于爱物，于人必有所济。"愿该牧勉之。

巩秦阶唐道启荫详据阶州禀报
商民滋事厘局一案由
（1870 年）

　　征厘助饷，各省皆然。用兵之时，税敛繁兴，事非得已。然就事论事，则税厘一项，取之商贾较之取诸农民本末（收）〔攸〕分。而就货征厘，如果经理得人，自有济饷实效，而无虐民流弊。至于开设局卡之初，小民无知，聚众阻扰，甚至殴伤委员，抢毁卡局，亦事所常有，不足为怪。惟在地方官镇静弹压，明白宣谕，一面设法拘拿，择尤惩办，自然渐期帖服，不至别酿事端。

　　本爵大臣久任疆圻，于厘税一事久有阅历。大抵厘局委员以征收有条理出入无侵欺为功，否则议过。若设局伊始，非地方官妥为开导极意调护不可。兹据详称请严饬委员，而于地方官并未置议，又将阶州转呈商民公禀录呈，意在卸过委员见好商民，殊属谬率，不顾大局。仰即督饬阶州立将厘局复设，照章抽收厘税，严拿滋事匪徒惩治，以靖地方而安商旅。该道既知阶州地方刁悍成风，尤宜妥筹抚驭；既知阶州已免捐派，民困稍苏，不将厘务整顿，饷从何出？试一思之。

平凉公局绅耆韩尚德等禀请
将投诚回民安插远方由
（1870 年）

陕、甘逆回倡乱，荼毒生灵，诚天地所不容，神人所共愤。用兵八年，诛夷之数何可胜纪！孽由自作，夫复何言。惟回逆一种，良匪不齐，一时鼓煽从逆，迫胁随行，其中岂尽嗜乱性生不可赦宥？以国法论，从贼无缘坐之条；以事理论，西戎无尽灭之理。本爵大臣入关，钦遵上谕，只分良莠，不分汉、回，特张"剿抚兼施"之示。上年收复平、固、盐茶一带，陕、甘回众有窜附金积负嵎自固者，有散逃各路飘零无依者。当此之时，或去或留，良莠立判。故于自拔来投回民，筹给籽种，发给良民门牌，使之永守法度，相庇以安。每安插一起，必先令查造户口清册，经本爵大臣察核批准，然后由地方官指拨荒绝田亩，俾其自营生业。

如所拨地亩先系荒绝，续有原主归籍认领者，准原主赴地方官呈明，由地方官亲临勘验，或照旧安插，或从新拨换，务期判断公平，归于允协。至新抚回民，倘敢于官司指拨之外别有侵占，或任意霸踞有主之地，情罪无可宽原者，亦必立予惩创，以儆效尤。本年五月讯决武生李振基一案，该生等谅有所闻矣。

兹据禀"侵民地亩，掠取夏粮"，究竟所指何地？所控何人？如有此等情事，准向地方官指控。地方官处置未协，亦准赴本爵大臣行辕控诉申理，自当秉公查办，何得以莫须有之事具禀妄控？原禀称"须安插远方，以示畏儆"，不思回民籍本陕、甘，陕、甘汉民不能与之相安，远方之民独相安无事乎？如谓回民性情叵测，前此戕官踞城，杀害百姓，罪不容诛，斯时无论良莠，均为中土所不容。然则近年长发、捻逆均中土人，其受抚解散之众将尽屏之远方乎？又如孙百万、苏存鸿、侯得印等党众均系甘肃汉民，亦能因此数起乱贼，将甘肃汉民徙之远方乎？愚氓无知，固无足责，该生等身列胶庠，亦当稍明大略。自古驭夷之道，服则怀之，贰则讨之。即内地兵事，剿与抚亦断无偏废之理。何得异议横生，以"势不两立"等语居然冒渎？此饬！

翁藩司同爵禀呈《四种遗规》等书由 （1871 年）

所寄《七经》已发平凉府学。平凉乱后，城无片瓦，学舍故址且不可寻，安论其他。见仅饬设义塾以启童蒙，未遑设立经馆，俟人民渐复，耕垦益多，乃可议及。西安购到坊本，陋劣殊甚。分给义塾，应俟鄂刻《六经》到乃有分布也。自邠以西，皆数十年圣化不到之处，地杂戎、狄、羌、番，自为习尚，道之不明亦乌足怪。今且以《六经》导之，冀蚩蚩者有几句圣贤话时在口头，亦当有益也。人不悦学，闵子焉知周之将亡？治乱剥复之机实系乎此。

区区于戎马倥偬之余，教稼劝学，姑启其端，以俟后之君子已耳。来牍许与过高，非所克承。一日在位，亦不敢不勉。《佐治药言》、《在官法戒录》已分给官吏，俾其知所儆畏。昔人云："一时教人以口，百世教人以书。"有怀匡济者必取诸此。

镇西厅丁丞鹗禀屯垦情形无庸设局由
（1875 年）

从前西徙出境安业户名大半东归，外来流亡绝少，空言招徕，仍无实际。此时办法，自以查明厅属见有户民，分别上、中、次贫、极贫，推广加种为要着。除上户不计外，余由官酌量补助牛籽。按亩给牛，令朋用轮耕，佐以孳生马匹；或令以人代耕，均无不可。此系实事要务，总期多种多收，不能拘以成法。惟牛种折银散发，多归中饱；户民领银到手，易于耗散。敦煌谢前令办理舛谬，前鉴不远，所请碍难准行。

陇省兵燹以后，赤地千里，官私困竭，本爵阁部堂于军事旁午中随时察看各属情形，招徕赈垦，设法补苴，不遗余力。五六年来，残破地方渐次归业，斗价以次平减。泾、平、巩、秦、兰、凉、宁夏各属，净面每斤值银一分上下，核与当年承平时相似，始愿亦不及此。巴里坤高寒甲于各城，今年春间地震之后和暖异常，为从来所未见，地气之转可知。如该管地方官事事切实筹维干办，自能日有起色。该丞喜事而不晓事，专闹意气，已负委任。粮局帮办业经撤销，见既代理厅篆，屯垦一件本该丞分内应办之事。所需籽种，除局报已买二百余石外，应就本地粮色内兑拨。牛只除酌买外，仍就孳生马厂酌提匀搭。业据李牧与该丞前禀详悉批示，应即查照各前饬，与李牧和衷妥筹办理，毋令失时，是为至要。

满、绿两营兵屯，应禀商庆大臣、王镇办理，不可稍存意见。牛籽经费统归粮局核实开报。

所请毋庸设局，以节经费，应即照办。

延榆绥刘镇厚基禀兴修河城工程经费不敷及举办地方事宜由
（1876 年）

 该镇频年于边塞要务无不实力经营，克著成效，良深佩慰。修河一事概用标营勇丁，并未借资民力，尤于凋敝地方裨益良多。经费不敷，业经呈请陕抚部院裁度，自能鉴酌。沿河宜广种榆柳，不但固堤岸，亦可制戎马，想已兴办。数年来陇中遍地修渠、治道、筑堡、栽树，颇有成效，亦皆各防营之力耳。时势如此，全赖人事维持；人事修否，全视人心诚伪。不近名，不计功，庶有济也。勉之。

佛坪厅张丞鸿绩禀地方大概情形由
（1876 年）

　　南山各属瘠苦居多，然较之边荒情形犹为彼善于此。据禀佛坪地气高寒，生涯俭薄，元气难以骤复，自系实在情形。然树艺既不甚相宜，则畜牧之政自当亟讲。来禀并不申叙，岂未之思耶？语曰："因民之所利而利之。"佛坪老林既开，厢匪亦绝，则庶草蕃芜，可知地宜畜牧必矣。盍急图之？

狄道州喻牧光容禀举办地方各事由
（1876 年）

　　据陈地方情形渐有生气，由此黾勉筹维，自必日有起色，欣慰殊深！惟圣贤论政，既庶则思所以富之，既富则思所以教之。察看狄道民风，虽不乏读书明理之人，而地杂回、番，泯棼已久，一时望其不变，复我华风，殊非易易。惟礼义廉耻数字则必须先与讲明，俾革其旧染之污，得免刑戮，亦云幸矣。下乡时、坐堂时官民相见，宜随事指示，随时申儆，庶父诫其子，兄勉其弟，可期俗易风移之效也。清田土之讼，则契约不可不明；杜婚姻之争，则庚帖不可不具；化回、汉之见，则义学不可不设。官视百姓如子弟，百姓戴官如父母矣。勉之又勉。

绥来县何令如谨禀难民堪以兴屯各情由
（1876 年）

　　沙山、马桥、沙湾等处难民堪以兴屯，曾据徐副将学功禀，经本爵阁部堂拨解银一万两，交该副将散给兵民屯垦，秋收后查照该地方新粮斗价折粮缴公，外不取息，是该处难民业有生计。据申前由候行该副将实力办理，并即将屯户地亩花名暨动用经费分晰造册呈核，一面移知该印官备案。

　　至营勇强占难民妇女、抢劫什物及营弁把持地方公事，大干军令。候并行文查明，从严惩办，断不宽贷！被胁回、汉准令自拔来归，已刊示发交总理行营营务处刘总统带赴前敌分贴晓谕。此后该处一切情形及应办事宜，可并禀刘总统酌夺。

总统湘军西宁刘道禀筹办防剿各情由
（1876 年）

昨接金都统函开，孔才一军业已进扎距贼巢不过十里，贼情恇怯，有乞援乌垣红庙之说。似孔才之力虽未必即能制贼，尚可遏其纷窜，锡领队此时计可遵檄督带马步各队为其声应。是此路尚非无备，该总统所部即毋庸分拨，应如所请专注古牧地。贼如不能稳抗官军，自必别寻去路，北窜不得，则南窜固在意中，以随行伙党多思南归故巢也；或者玛纳斯贼弃巢来与合势亦未可知。巴里坤一带有蜀军防剿，哈密一带有嵩武军防剿，安、玉之交已调建威军四营旗防剿，并分一旗驻敦煌。闻白逆有剃发附安集延酋帕夏之说，亦意中事。军中风谣最多，该总统到阜康时自可得的耗也。兵事无遥制之理，缓急之宜，分合之用，惟该总统相机酌之。

湘军刘总统禀筹粮运情形并拨营助剿玛纳斯及南路贼踪由
(1876 年)

至前路贼情贼势，以达坂为门户，以托克逊为堂奥。大军进规南路，自宜先从达坂下手，而吐鲁番亦宜先图攻取，以收夹击之功。嵩武、蜀军兵由东进，会师七克腾木，由辟展进攻吐鲁番。达坂之贼如分股来援，则该总统可相机以攻达坂。吐鲁番如可速克，则嵩武、蜀军亦可由该总统约会夹击也。张军门昨录送辟展回人阿哈默特口供，所陈回情贼势似有可采，录附一览。此机局之应随时审量者。

玛纳斯残局忽变，致滞戎机，该总统分军助剿义所当然。谭镇等久历戎行，于剿抚机宜自期允协。各军意见纷歧，只可听之，尽心图维、加以忍让，或可了此勾当也。

南路军务恐仍是缓进急战之局。以斯时局势言之，亦不能急。惟须将后路布置周妥，先立于坚固不摇之地，则千钧之弩一发便中机会矣。一切进止之宜，本大臣爵阁部堂不为遥制，均由该总统详为酌度。嵩武、蜀军师期亦由该总统商定，已于前札示知矣。

湘军刘总统禀病痊筹议进兵南路由
（1876 年）

　　览禀久病获痊，欣慰无似！军事劳苦，所历又多凶秽之区，易致沾染时症。见虽医调就愈，而外感虽尽，元气易伤，虚怯诸症自所不免。补益药品须徐进多服，不宜太猛太骤，起居饮食尤须慎之。譬如征战，贼逆既除，抚绥是亟，良将在前，循吏在后，政成乱息，太平之象，惟日蒸蒸，斯可乐也。

　　来禀所陈，一一答之：

　　白、余、马诸逆及安集延酋帕夏，狡悍不及已毙各首逆。吐鲁番及南八城回民性最懦靡，畏刑杀，帕夏以诈力胁之，征敛又亟，其望官军之至如望岁也。帕夏之待白、余、马也，意在蔑视，又思借其众以自雄，陕、甘残回心不之附，此皆在意料中者。来禀谓有可间之机，诚哉是言。然此等作法，随宜施用固无不可，若必谓制胜之道全恃乎此，殊不尽然。若辈急则求合，缓则仍离。陕、甘残逆与安集延酋两相猜忌，如果兵下南路，势足制贼死命，则贼情急计生，彼此自相屠戮，或缚献以求免死，尚在常情之中。若先时谕其效韩遂、马超故事，恐未必应，亦非其力所能办。

　　南路贼势，以达坂、托克逊为重，吐鲁番次之。张军门抄送辟展降人供词似尚明白。达坂西蔽托克逊，东连吐鲁番，官军进攻达坂，当西防托克逊援贼抄我后路，东防吐鲁番援贼挠我左路。该总统不过马步二十余营，既须剿贼又须防贼，兵分愈单，何能制胜？且后路自巴里坤至古城、古城至乌鲁木齐一千数百里，为饷道所必经。近数月中零贼扰掠，各防营从未拿获一起，金都统既不以介意，所遣锡领队亦不足恃，贼胆愈大，古牧地、九云街文报亦常梗阻不通，此诚大患，岂可不急思搜除？蜀军搜山，以穆家地沟为大队前进之路，其余小径，据徐提督禀不过一哨、两哨即可搜遍。比至七克腾木，蜀军与嵩武可以会合，而吐鲁番来路断矣。

来禀所虑蜀军兵力不厚，分道嫌单，归并一路又嫌各旁径空虚，似未得其实也。上口坚筑卡垒，乃初进兵时议论，今既加派四营到防，则前进后防无须乎此。来禀以蜀军既不来乌，则由乌南进，运道自须由该军防护。前敌打仗只存马步十余营，兵力实单，此节早已虑及，故有檄调卓胜军之举。卓胜兵力未必强于蜀军，然人马五千有余，较蜀军多至一倍。近时整饬可用，其营哨勇丁均思西来助剿，金提督尤屡以为言。奏其归该总统节制调遣，自可资其臂助。论南路全局，则打到阿克苏仍是兵单，不敷分支之用，定宜及早筹画，更无论巴、古中间及古、济以西至乌垣及南路进攻之须防抄后也。

以见在局势言之，则今年万无进兵之理。总统新病甫愈，将养复元尚须时日，所部患病甫痊者亦多，非缓养不可即戎，一也；玛纳斯南城未复，助剿之军未能归营，二也；蜀军、嵩武转运军粮子药未能加以迫促，三也；古城采运不能迅速，民车民驼既经周守迫压从事，人多逃散，见难招致，而伏贼四出，劫掠频仍，人皆视为畏途，该总统前存之粮尚未运竣，后采新粮凭何转挽？四也；节届大雪，冰凌载涂，南进之后战事、运事均难着手，而人马已形困瘁，五也。思之，思之。察看情形，通筹利病，进兵之期非俟明岁春融不可。天时人事皆显而易见，智勇所不能违，该总统当无以易也。

惟进兵虽俟明春，而目前应办之事必应迅速办理。除蜀军、嵩武应由此间催促，卓胜全军应由此间催提，巴、古采运应仍由此间筹办外，其由古城、济木萨以西至乌垣一带应由该总统调拨护运之军，其乘间伺掠之贼应由该总统派拨搜除，其古城运脚应由该总统调派驼只车驮赴古装运，不可恃金都统、锡领队之助，亦不可恃此间以全力为该军固后路护运道，而养该军车驮之力专备进兵之用。如此则明岁春融师期不致再误，而局势仍以缓进急战为义，可以制胜矣。该总统其熟思之。

如见地有不相合者，仍即一面禀陈，一面举办。本大臣爵阁部堂惟择善而从，断无意见，断不自护前说，致有疏误也。

刘镇厚基禀请附奖工程人员
并卓胜军开拔各情由
（1877 年）

　　据禀已悉。河堤两旁夹植榆杨，可固堤根，且利民用。城工趁春融修筑，自易竣事。楚军所至，皆于战阵余暇务屯垦，勤树艺，筑城堡，兴水利。凡民力不逮者，均师人代之，工竣薄给赏犒以酬其劳，而省官钱无数。故虽陇之荒瘠萧条，人烟稀少，不数年渐有生气。刘同卿上年度陇，调营整练，以余日大修省会外城，坚固高厚，若以寻常工程计之，则非十数万金不办也，而司中禀报赏犒所费不过千金。可见治军者知以习劳戒逸为教，恤民勤事为心，其军必可用，于国事必有济。边城要工原可奏请奖叙，应由谭抚院具折，所请附案汇保之处未便率准。且甘省巨工林立，尚未叙保，何能为此破格之请也？

湘军刘总统禀会克吐鲁番各情由
（1877 年）

据禀已悉。吐鲁番克复大概情形已于三月二十九日驰奏，其时仅据嵩武张军门转录孙提督及蜀军徐提督所上捷报，该总统分遣谭提督、罗道等会同收复情形无一字见及。旋由北路递到罗道长祜致营务谭守书，阅其封皮，系三月初七日辰刻由达坂发递者。备言贼守之坚，官军已出贼不意合成长围，尚未言及攻剿情形。本拟达坂不克，谭提督、罗道无率军会攻吐鲁番之理，然终以未接该总统禀报，不能措词。亦虑攻坚多伤精锐，或成旷日持久之局，念该军人马太众，搬粮艰难，焦灼万状。日盼该总统达坂捷报，迄不见到。而吐鲁番本是名城，又应速报以慰宵旰，始约略其辞，将大概情形先行驰奏。其称"官军三道并进，会克吐鲁番两城"，是于谭提督、罗道一军固未尝略也。其称"连夺城隘"，是指蜀军、嵩武军三月初五日至十二日攻夺各处城垒而言。其称"十三日会克吐鲁番"，则该总统此次禀称亦无异辞，不过"毙贼无算"一语欠审。此则大概之辞，尚待详细续报也。

至徐提督为人，不明事理，不受教益，本爵大臣阁部堂素所深知。原不令其出关，因该总统为其陈请，勉强用之。此次谭提督、罗道所虑同舟之侣不克宏济艰难，早在意料之中，故前此一闻吐鲁番克复之报，即委雷道赴军前督办抚辑、采运、善后事宜者，以此。见又加札严饬矣。雷道亦非治事之才，不过责其据实驰告，听候察办耳。

另禀察看事势，须稍留镇抚，亦与从容详慎之义有合。且该夷酋既上书帕夏，亦宜姑缓待之。惟营务处谭守已于三月初省亲归去，廉干牧令已派哈密、吐鲁番数员随同雷道前去，尚当续遣。惟据称克一城则移驻一城，无论无此另款，亦无许多人才，不能照准，且自来军兴亦无节节安设粮台之事也。

前据张军门函称，吐鲁番七处约可办粮三万石。托克逊、伊拉里克即在其内。彼间四月可收青稞，五六月可收冬麦、春麦，是新收粮料固有可采。至转运固可用本处牛车马车。但按照本地时价丝毫从实发给，则粮、运两事均可无虑。由此而西均是一律，且愈前愈好，天气和暖，地土肥腴，物产极丰，非若北路之难于着手矣。只要按照时价、民价公平交易，回民即可相安，断不可增价购雇，致乱全局。安集延窃踞南八城、吐鲁番，搭克暴虐甚于寇盗，意在搜掠金帛而已，非有远图。大军规复旧疆，是吊伐之师，与寻常讨贼有异。师行至此，蠲其从贼之罪，免其徭役之苦，购买粮料草束、雇用车辆复按照民间价脚给以实银，不折不扣，已足宣布朝廷浩荡之恩，为古近未有之事。若但知取给一时，增价购雇，以求迅速，无论此时负债举兵万难筹给，即雍、乾中丰亨豫大之时亦未有以此为恩恤者。且前途八城数千里，若闻此翻启贪心，更何以餍其欲而给其求？此地不以为德，彼地或且以为怨，民不怨湘军而怨别军，又若之何？该总统于此等处要通盘筹画，于国计民生务识其大者远者，勿徒为一时一己之计，则将来成就诚未可限量，而天理、人情两得其是，尤本爵大臣阁部堂所属望无穷者也。

八城路程物产情形节略，吐鲁番各种耕获日期，粮价斤重各一折附发，仰即查照。

湘军刘总统禀攻拔托克逊情形由
（1877 年）

　　览禀攻拔托克逊情形，欣慰无似！达坂既克，贼党歼灭生擒，无一漏网，吐、托两城诸逆震惧异常，窜逸逃生，惟恐稍后。此次蹑追迅速，先马后步，遇贼合击，阵斩极多，救出被裹客回及本地土回二万余众，足称奇捷。自此八城门户洞开，以节制之师临之，无不望风而靡。该总统运筹决胜，诸将士奋迅无前，洵属卓越寻常。应即据实驰陈，仰慰圣廑。惟三月初七日达坂捷报犹未见到，而上年十二月发递乌垣保案亦久未到营，显系中途遇贼遗失，无凭起草。幸数日前准金将军三月十五日由昌吉录该总统达坂捷报前来，得将战事详细情形合并此次捷报入告。其应随折叙保及请恤各员，当于数日来酌定，由驿驰奏，不必俟会克吐鲁番折批回，即行拜发，犹可以速补迟。

　　禀中所论兵事之难及饷事、运事之难均系实在情形，亦本大臣爵阁部堂所虑及者。师行绝域，本无遥制之理。仰即详审机局，妥慎为之。张军门才长心细，拟率八营同进，相得益彰。粮、运一切尤可借其规画，稍分劳勚耳。

延榆绥谭镇仁芳禀报神木游勇
拒捕毙兵情形由
(1877 年)

据禀已悉。防营无事，修筑城堡，开耕荒地，差操之余种菜栽树，以习劳练其筋力，以作苦范其心思，胜于坐食嬉游多矣。为弁兵计，正饷之外可沾余利，添补衣履杂用，何乐不为？本大臣爵阁部堂积苦兵间，所至皆以此为务，而所部亦自成风气，无敢扰累百姓者。较之各军功无足言，而过则可寡。该镇久驻关陇之交，其必有所闻也，愿共勉之。

甘州府龙守锡庆禀遵札禀明刘县丞文斗情节由
（1877 年）

人不可无才，然心术究是制事根本。心术不正，而才具觉优，则所谓才者亦只长恶济奸、自便其私而已，于实事何益？况厘务尤与别项政事不同，与商民计利，其迹则近于争利，精明而能浑厚者能有几人？但明书算而勤于职事，斯可矣。刘晏榷盐用士流，即是此意。刘文斗人不可用，况有案未结，尤不宜用，何得滥行招致？并闻杨国光亦有希图汲引之说，该守切不可为其所误。

陕西延榆绥道禀考察官吏由
（1877 年）

　　官无论大小，总要有爱民之心，总要以民事为急，随时随处切实体贴，所欲与聚，所恶勿施，久久官民浃洽如家人父子一般，斯循良之选矣。勤理案牍，操守端谨者次之。专讲应酬，不干正事，沾染官场习气者为下。其因循粉饰，痿痹不仁，甚或倚任丁役专营私利者，则断不可姑容也。

湘军刘总统禀剿办回匪麻木尔
并收抚余众情形由
（1877 年）

　　据禀剿办回匪麻木尔并收抚余众情形已悉。该总统每战身先士卒，忠勇奋发，独出冠时，实深嘉尚！分道进捣喀什噶尔，及嵩武进规叶尔羌、和阗，安远军进驻库车、拜城，均合机宜，已咨行照办。惟安远军前进，吐鲁番一带空虚，本大臣爵阁部堂已调督标选锋营步队及精骑中、左两旗马队由关内开拔前往。另檄行知，仰并知照。功到垂成之际，更宜小心，随处随时详审周密，庶免疏虞。"慎"之一字，彻始彻终，不可忘也。

湘军刘总统禀克复南路西四城全疆肃清由
（1878 年）

　　详阅来牍，所陈克复南路西四城，全疆肃清，及穷追窜逆详细情形，曷胜欣慰！大军西征，如飞如翰，自秋徂冬，挈回疆全境还隶职方。即劳烈而论，已足光垂史牒；若夫功成迅速，则实古今罕见之事。谨当露布上闻，仰纾慈廑。酬庸旷典，谁曰不宜！

　　惟白逆与安夷逆竖为国家必讨之贼，此次擒斩死党及积年逋诛首要各逆枭翅七八千，夺获炮械战马无算，奇捷全捷兼而有之，可云劳苦功高矣。而该逆首竟于夜色微茫中一向西北、一向西路鼠窜而逸。比官军追至，又为俄属布鲁特人遮阻，官军未得穷追。虽两起贼党为数无多，死灰自无复然之虑；且俄人素以讲信修睦为重，或不致招亡纳叛，显冒不韪之名。观于俄人前在过路峡窝什派人守卡，及纳林河桥守卡，豫言有白逆等窜至，先收其军器，然后放令过卡，似缚献之说亦非无因。然此时若诘其纳叛之非，责其缚献，彼必居为奇货，索价益高。不如姑向其说明，两逆既已过卡，我兵自不便越境穷追，致违定约；缚献与否，应听俄国自酌。惟俄国既容留中国逆首，应即严为羁管，勿令再行出外生事，庶可保全睦谊。否则边塞将士心怀不平，中国亦难以禁约也。如此较为得体。

　　余均欣悉，清折并存。

湘军刘总统禀论人才由
（1878 年）

　　所论罗道、余提戎才气性情，均与鄙意吻合。英才翩翩而起，时局之幸，岂徒大军兴废所关？览禀曷胜欣慰！宁夏谭镇请假葬亲，该军威望声绩无出余提戎右者，应即加委寄，以重事权。罗道洞晓边情，志虑缜密，相与经画绸缪，必期妥善。至袁守垚龄、易丞孔昭、英守林、李县丞庆棠均各有所长，固亦一时之选。行省郡县议定奉旨，则需才极多，当登之荐牍。此外如有心地朴实、才具明晰者，希即见告为要。

甘肃司道详复宁夏各属偷种罂粟由
（1878 年）

　　宁夏府所属广种罂粟，本大臣爵阁部堂上年访闻查办，饬将实任李守、代理宁夏县胡令撤任查办，并饬接署宁夏府张守查明胡代令有无纵役得贿情事。嗣据张署守禀复，传讯各堡长、文生张善等十余人，称穷乡僻壤官司难到之处，愚民偷种罂粟，在在皆然，不敢隐瞒等语。前据李守宗宾禀称，宁郡民情莫不好利，于种植罂粟，竟有积重难返之势等情，当经行司委查。兹转据张署守禀复，宁夏种植罂粟地方，以河东为上，每亩可出烟土七八十两，上年各属奸民偷种，中卫幅员较广，更觉其多；宁灵厅、灵州次之；河西碱地，每亩只可出烟土三四十两，以夏、朔、平罗三县相较，宁夏县为多，宁朔、平罗次之，惟花马池土地不宜，尚无种植。张署守虽以所产罂粟可出烟土分两多寡为言，而各属违禁种植大概已与本大臣爵阁部堂上年访闻无异。

　　查宁夏一郡，夙称腴地，产粮极广。上年邻境苦旱成灾，竟至无粮供采，即罂粟占种地亩之明证。本大臣度陇以来，即颁示谕禁种罂粟，该各地方官竟敢舞法弛禁，形同聋聩，甚且以"积重难返"借口，玩视功令至此，谓非纵容丁役得贿包庇，谁其信之？该府各属既上年均皆种植，该各厅州县官既未严禁于先，复未查拔于后，何所逃咎？应分别详参，以昭儆戒！除宁夏府李守及宁夏胡代令业经撤任，平罗任署令、灵州孙牧因另案撤任外，宁灵厅喻丞光容上年三月到任后，具禀地方违禁私种罂粟，请设法禁绝，今春查拔罂粟亦属认真，署中卫刘令然亮上年六月始报到任，已在罂粟种过之后，该两员暂缓置议，候委查今岁有无违禁私种情形再行核夺。所有宁夏府李守宗宾、代理宁夏县胡令韵兰及另案撤任之署平罗县任令懋修固应查办，其在任最久之宁朔县贺令昇运应即撤任，与卸署中卫县邵令杜均应并案查办。仰即遵照吏部议定弛禁罂粟章程，详请奏参，以示惩儆。李守、任令并有另案，应并入详办，毋稍违延。

高台县吴令恩荣禀县属北乡毛目
一带间有偷种罂粟情形由
（1878年）

禁种罂粟，为禁止鸦片之渐。土烟既禁，则吸食者少，然后专禁洋烟，较易为力。洋烟价高，贫人不能买吸，则流毒不至太甚，成瘾者少，施禁自易也。禾稼内间有罂粟，关陇大抵皆然。所称"春初犁锄未净，苗复出土"，大约是先次查拔偶遗耳，无须曲为之词。北乡查出七户，即分别惩治，所办甚是。见有违禁者即办，见有恶卉即拔，自然净绝，只要官吏常川巡历，不惮烦劳。自苗而花，由花而果，亦须数月工夫，百谷草木丽乎土，一目了然，无从掩着，非若膏土之难于搜索，有可借口也。高台罂粟之患渐减，该令办理此事已渐有成效。勉之，望之，勿稍松劲。

署镇迪周道崇傅禀乌垣等处善后事宜并金巡检劣迹及捕蝻诸事由
（1878 年）

为政先求利民，民既利矣，国必与焉。本大臣爵阁部堂前因乌垣钱法不行，饬令该道酌中定价，凡遇民间交租、纳厘，均准以钱折收。意以钱法通行，银为母，钱为子，则民用不匮，而市价可平也。南路各城，如库车、阿克苏等处，每银一两只易普尔钱五百文，即内地各处亦不过易换制钱一千数百文而止。独乌垣能易八千文之多者，一则该处缠回狃于夷习，惯使银钱，而制钱遂无人过问；一则兵勇以钱为重赍，非若银可转赍，故银日贵而钱日贱也。若复由官定价勒卖，匿而不售者即以私论，翻似银贱钱贵时平钱价以增银价办法，与乌垣见时市价轻重相反矣。应仍遵照前檄妥为办理，使民咸知制钱便用，人知宝重，市肆自期流通，虽无速效可睹，而持之以久，当日有起色。大抵银钱与百货均不可由官定价，若由官定，则窒碍难行，未见利而先见弊，不如示意宝重制钱。久之市肆交易，钱与银相准而行，其价之贵贱长落官不与闻，一听民间行使，尚为稳着耳。

边塞以畜牧之利为大，先择水草便宜处所，查明户口，酌量成本数目，禀请核办。将来散发羊种，应照散发牛、籽之例，责成各该乡保连环结保。所领成本分作三年摊还，不取息耗。凡此皆以利民为主。究竟地方既裕，民物蕃盛，则亦国之利也。

农器为作苦所必需。乌垣既旧有铁厂，工匠当亦易招集，应仍开厂采铸，以收地利而便民用。据禀严署牧招工铸造，一月之久，仅得犁铧各数十具，无济于事，是开采生铁、设立铸厂均须及早筹之。惟须招商办理，乃期便利。一经官办，则利少弊多，所铸之器不精而费不可得而节，不如其已也。

禁种罂粟，功令森严，该道务饬所属各于所辖境内周历亲巡，认真查禁，以绝根株。见在关内已有成效，新疆自较内地易为查禁，以回民不吸鸦片，所应禁者商贩、兵勇及各处游勇耳。罂粟既禁，则鸦片始可得禁。

禀称购办草棉籽种发民分种，所办甚是。应仍勤加劝课，以趁天时而察土性，方期实效。

水利为屯政要务。据禀金河迤东工兴等渠渠口被水冲圮，候咨金署军门，于秋后农隙督饬各营将弁派拨屯丁妥为修筑。万一工程浩大，屯丁势难独任，准即会商该道招集附渠农民酌借资粮，一体帮工，来岁秋收后，以粮缴收成本，以期迅速藏事。

金河一带淘取沙金，从前既未设厂，应即听民自采，官只抽分可耳。

深山邃谷，驱猎猛兽应须鸟枪等项军器，例准居民各于枪上镌刻姓名，由官编号，立册发给，按季查点，应即转饬照办。

金代巡检文明既经查有勒罚私吞情事，应即先行撤任，一面确查赃银果否入手，勒缴职衔文札，详候参办。该道于属员犯有私赃罪案但能随时觉察，据实禀揭，即系正办，不必引嫌自咎。

昌、绥等处蝻子复生，应督饬地方官，趁其羽翼未成，痛加挖捕，以免害稼，老农所称黑雀食蝗之说不足信。

赖镇长禀验收后路粮台解到各项机器
请委刘道专司局事由
（1879 年）

　　据禀请派委总理营务处刘道专司织呢事务等情。查织呢一节，该局已粗具端绪。前据该镇呈验织成呢片，与洋制差同。如果精益求精，则衣被自饶，不难与《禹贡》织皮诸国媲美，此本大臣爵阁部堂所属意者。前据该镇禀称，须于外洋购觅织造机器，始可节省工力，速观厥成。特如所请，饬沪局购器募匠前来，正宜趁此时督率原习织造匠工相从仿效，庶事半功倍。业精于勤，今日之学徒皆异时师匠之选。将来一人传十，十人传百，由关内而及新疆，以中华所产羊毛，就中华织成呢片，普销内地，甘人自享其利，而衣褐远被各省，不仅如上海黄婆以卉服传之中土为足称也。该镇素有巧思，当能深领此意，以成济时实效，毋庸饰词推诿。总理营务处刘道，见饬整理关内各营，正资臂助，军事殷烦，何能责其分心庶务？如随时赴该局留心察看，自无不可。所部陕甘勇丁，有赋性灵敏堪资学习者，应令其挑赴该局专心学习，由该镇派人指示，俾其相观而善。将来有成，尤为此邦师匠所自出，不但数世之利也。

　　此次购运之开河、掘井诸机器及雇来之洋匠，已饬由该镇验收安顿，仰即遴派妥人经理，商之刘道派人学习具报。并行知总理营务处刘道遵照办理矣。

凉州府刘守思询禀到任裁革陋规及征收畜税等银由
（1879 年）

官评以操守为重。属吏馈赠、官价派买与衙门一切陋规不准收受，例禁綦严。晚近以来仕风不正，道府取之州县，州县取之民间，上下交征，吏事遂不可问。该守权篆剧郡，莅任之始即将一切陋规概行裁革，具见清白传家，志趣不苟，深为嘉悦！做官不要钱，是本分事；但能不要钱，不能为地方兴利除弊，讲求长治久安之道，于国计民生终鲜裨补，则亦不足贵。所望于该守者，固犹有进也。然非操守清严，画定界限，大本不立，其见诸事为之末者，又安足道哉！自应先将本任内出入实数通盘合算，按月划清，令界限内常有赢余，庶自受篆日起至交卸日止，毫无亏累，乃能进退绰然。

黄令长周禀察看喀喇沙尔应行
开办事宜陈请核示由
（1879 年）

据禀察看喀喇沙尔应行开办事宜，陈请核酌等情。查阅禀内各条，具见留心时务，殊为嘉悦。兹就禀拟条目，逐款批示于后：

一称喀喇沙尔东至吐鲁番、西至库车皆八九百里，去岁至今东西挽运军赈籽粮所费运脚已一万数千金，以此项兴办屯务，所获计当数倍；且喀地十余万亩，昔本兵屯，后改民屯，仍为官产，见在招民仅三百余户，开种尚未及十分之三，此间兴屯并不占民业等语。关外乱后，地亩荒芜，无论兵屯、民屯，总以开垦为要。来归者众，兵屯可给与民垦；来归者稀，民屯亦可给与兵垦。况喀地昔本兵屯，见又招徕未广，所余闲田自未便任其荒芜。该营驻防之暇，请尽力兴屯，于开荒、储积两有裨益，自是正办。应即仿照民屯之例划拨地亩，一律发给籽种，饬令各弁勇实力垦种，收成后照数归还。至所收粮石，准其缴局，照章发价可也。

一称喀喇沙尔所属库尔勒、布古尔两处，昔时所征粮石概行提充喀城经费，此后该两处设县分治，所征银粮自有开销，势难如昔提充；而喀城又仅官地十余万亩，此外尽系吐、和部落地界，当于见有隙地设法开垦，查城河南岸有官马牧厂一区，可垦良田四五万亩，拟趁此时开挖渠道，以备招徕。所议尚是，仰即督率弁勇实力开浚，工成禀请犒赏，以示鼓励。至屯田民夫岁晚务闲，所有帮修日工准由善后局发给食粮，不给工资，列款具报。

一称喀喇沙尔官屯地亩较之吐、和两部所占之地不及十分之二，目下吐部人众悉数归来，不过一万余人，不及昔年三分之一；山内牧场千里，山外耕地连阡，地广人稀，应否如何变通，未敢妄拟等语。查此项地亩，该部丁口减少，既未能一律耕垦，日久荒芜，诚为可惜。惟事关蒙、汉交涉，须预为筹画，以免日后争端。新疆户民本务以畜牧为重，耕稼次之；亦由土旷人稀，耕者用力勤而所获少，牧者需人少而所获多也。经理之始，即当为异日设想，择其水泉饶沃者为田畴，择其水草丰衍者为牧地，庶将来可耕可牧，丁户滋生日蕃，亦不患无可安插，正不必概行耕垦，始尽地利也。

一称喀喇沙尔地处冲要，宜筑坚大城垣，方足以资控制，新城太小，不敷官民居址；查城西有地一区，土尚坚净，亦稍高旷，应否筹款另筑，恳请饬查核办等语。见在伊犁未还，俄情叵测，尚无暇及此。该令且将该处绘图呈览，听候酌核饬遵。

一称自喀城西北行，取道大、小著勒土斯山直达伊犁仅半月程，拟请于此路置驿设守，并伊犁有事可以出奇制胜等语。应查大、小著勒土斯山是在精河之东，抑在精河之西。如在精河之东，则扼扎精河，即可杜伊犁窜出之路。否则仍须安兵，尚费筹议，非仅置驿设守所能了事也。山势暨南北相通，此外有无径路分歧宜防纷窜之处，仰即详细禀知。

一称库尔勒东南有金场一所，库木什东南亦有铅场、矿场各一所；据商民称两场矿苗昔时尚旺，该令拟自行垫发成本，派弁监同试办等语。应准照办，一俟著有成效，仰即专案禀候核示。

另禀请借发银两，该令自行雇夫买牛，与兵民杂垦以示倡率一节，准饬行营支应处于下次搭解南路饷便拨发银一千两，作为该令借款存记。将来收获粮石，按照禀定价值交粮，善后局列收作抵，以清款目。

徐州程道国熙禀聘请矿师
探验铁质试办情形由[①]
(1882年)

　　铜山利国驿土产煤铁，应准开采，以尽地利。惟矿务兴废虽有其时，而人事不可不尽。洋铁所以加于土铁者，由于炉化之精，足以全其真液耳。西人独擅其长，实亦无他谬巧。兹据禀称，职员胡思燮集资试采，延矿师巴尔勘识，复购觅机器以速其成，似有把握。仰即督饬妥议章程，详候核示。其交涉地方事件，曾署守自当妥为照料，共观厥成。再铜山铁冶，历代采铸，既有成案可稽，嗣后可并赍呈，听候核酌。缴。

---

① 据《皇朝经世文续编》：光绪八年徐州道程国熙《查复铜山县利国驿煤矿矿务详文》。

徐州道详转陈胡恩燮拟办
利国矿务招商章程由^①
（1882 年）

据详并折均悉。查核章程，大致尚属妥协。

第一、第二两条，集资开采利国驿煤铁，仿用西洋，购买机器、铁炉，酌雇一二洋人管理机器，事属可行。惟延订之时，务须言明年限，写立合同，免致辞退时有所借口。招集学童学制机器，系因储备雇用，借资就地取材起见。矿局应用夫工，只准雇募就近土著，庶后来遣散易于为力。第三、第四两条，拟集商股银五十万两，每曹平足银一百两为一股，以招齐五千股为止。按期交清，给予股票并取利折。每年结算时先提官利一分，下余花红银两，以二成酬劳办事诸人，以八成按股均分。均准照议办理。第五条开采铜山续招股分，自应先尽旧股附搭，方昭平允。第六条所请矿务一应事宜，概照买卖常规，以免糜费，最为扼要。第七条所议商股至银一万两，准派一人在局司事。其如何位置及薪水及多寡，应由总办主持。倘其人不甚安分，应听随时辞退，由原人另派妥人接办。亦甚公平。第八条所请给发股票，由该职员签名，及地方交涉事宜，由局移请徐州道府经理，自是正办。惟商本赢亏虽由商任，该道亦当随时查察，勿任滥用，以免亏本续招为难。每届一年结帐，准免造册报销，仍应将结帐大略及按月销售总数各情，开具四柱简明清册呈报，以备查考。第十一条所请加札该职员总办徐州矿务，并援照各省矿局之例，刊发木质关防。应即准行，以专责成。第九、第十、第十二三条均如所议办理。

仰即遵照，转饬该职员悉心经理。如有未尽事宜，仍准随时筹议，禀请核示，勿稍合混迁就。切切。并候漕都堂、抚部院批示。缴。

---

① 据光绪八年十二月初六日《申报》；《徐州利国矿务招商章程》。

咨札

札陕西各州县递送难民交原籍地方官安辑
（1869 年）

　　照得本爵大臣节驻泾州以来，各处难民随营领赈者不少。见大营将次前进，该难民等觅食无方，加以身皆蓝缕，御寒无具，深堪悯恻。除由大营按名发给寒衣外，亟宜札饬沿途府州县，选派妥差递交各原籍地方官，传知该亲属具领。如无亲属，应由各地方官设法赈济，免致流离失所，以副本爵大臣轸念灾黎至意。沿途并不准差役欺凌，致干查究。

札陕鄂粮台翻刻《六经》
（1871年）

照得陕、甘回变以来，古籍销亡，诵习久废，《五经》、《四子书》坊间素无善本，近并坊本亦购觅维艰。屡据汉、回士民禀求颁发书籍，虽经随时由西安购取散给，既属无多，且坊本讹舛相因，无从校正。因念本爵大臣同治三年戡定浙江时，曾捐廉觅匠影刊鲍刻《六经》，最为精好，亟应翻刻。此本散布各府厅州县书院乡塾，俾边隅士子于古籍销亡之后，复得善本，以资诵习，庶经正民兴，异时有望也。

除一面饬驻陕军需局沈守迅速采办枣梨各木板，一面雇募刻手外，应饬驻鄂、陕、甘后路粮台王道于湖北招致刻手三四十名，送陕西省城关中书院，交山长、太常寺少卿王督饬开雕。其刻匠辛工饭食由该道酌定。凡刊印经费，均由陕西藩司于本爵大臣督部堂养廉项下随时拨交驻陕军需局支付。

札陕甘各州县试种稻谷桑棉
（1871 年）

照得甘省久遭兵燹，遗黎仅存。本大臣爵督部堂安插、发赈，所以求庶之之道。然庶而不教，则日流于非，何以靖乱？教而不先之以富，则执衣食不足之民绳以礼法，为上者亦大不仁。上古圣王躬耕为治，两汉循吏莫不讲求水利者，诚以衣食为人生所急需，必有以开利赖之源，而后民可得而治也。

本大臣爵督部堂度陇以来，见民间种谷只有大小麦、黄白粟、糜子、油麻、包谷诸种。虽终岁勤动得获再收，而皆穗短苗单颗粒细小，计问一亩之地不过收百余斤，其价又贱，每岁除留自食外，易钱必不能多，则一切人生日用之需费将安出？本大臣爵督部堂因思南方稻谷利似倍之，遂于去岁驻平凉时令军士试种。乃以所购之种皆系晚稻，初甚秀发，终竟无成。彼时以为土地非宜，已作罢想。近日据代理平凉县事王令启春呈送白米来辕，禀称系该令今年试种所得，每亩可四百斤上下，民间效种收获亦多，本大臣爵督部堂实深欣慰。大约平川足水之地，以之种稻本无不宜。惟须购得六七十日可收之种乃能成熟，否则天寒较早，露结为霜，即有秀而不实之虑也。

至于丝缕布匹，甘省素未讲求，全恃商贩，又不能有南方舟楫可资重载，以故价值昂贵异常。民间耕作所入不多，本地银钱向本缺乏，遂不得不忍受风寒。每至隆冬，念吾民短布单衣，而为上者方轻裘重茵，实为悯恻。查桑树最易长成，村堡沟坑墙头屋角一隙之地皆可种植；棉则喜燥恶湿，宜种山坡沙碛间，平地则只须四面掘沟，以泄水潦。二者皆不须肥美之地，与种谷田亩毫无相碍。且初种不甚费资本工力，迨及台用，则养蚕、纺织诸务又皆妇女所能，不至有妨农事。此皆自然之利，只待人自取之者也。或有谓土性非宜，天时早冷，则似未必尽然。

女桑之咏,《豳风》具有明征,陕之邠、甘之泾即其故地。闻民间蚕茧见在亦复盛行,甘省土壤相连,岂数百里之间别有天地? 若棉花一种,本大臣爵督部堂于来安定时,蒋臬司谒见,面称省城外种者颇多;近有镇番绅士蓝佩青具其上条陈,亦以彼处试种甚美为说,则棉花之利更觉可行。

总之,甘省地偏西北,温和之气少,长养自不如东南。然天备四时,寒暑亦自叠代;地育万物,草木亦既繁生,断无处处不宜之理。愚民生长穷乡,未读诗书,又鲜闻见,即有为之倡者,亦多畏难苟安,莫与图始。如为上者先详察夫土地之宜,更勤求夫种植之法与夫秧种之宜,召乡中父老明告其利,剀切晓示,俾咸知之,然后督其试种,一二年后稍有利益,小民即趋之若鹜矣。十年之后,有不家给人足,歌诵父母者哉?

本大臣爵督部堂前曾通饬各州县严禁罂粟,如有抗违种莳者,将地充公,各州县谅已办有成案。若从前犯种罂粟之人,以后能报种稻谷、棉、桑,该州县验看确实,即着将原充公地亩仍还该地主管业。仰即一并晓示,俾知本大臣爵督部堂兴利除害之至意也。

该各州县奉札之后,即当各察所属地方,何者宜桑,何者宜棉,逐一禀明。或有平昔讲求农桑之学,于种植之法实有心得,及该处另有他利可筹、水利可兴者,均着详悉各陈所见,并绘图贴说,以便采择施行,本大臣爵督部堂亦以觇该各州县之留心民事否。至民力有实难自办籽种之处,当及早据实禀报,本大臣爵督部堂必当设法也。又昔贤陈榕门先生抚陕时,有《广行山蚕檄》,内开养蚕树名五种。如有此树可养山蚕,亦大利事。今开列于后,仰即一并查访禀闻。

此事为甘省开万年之利,本大臣爵督部堂志愿虽奢,要非一手一足所能办,是赖该各州县尽乃心力,襄兹善政,该各州县毋得视为迂远,不急举行。将来政绩可书,功德无量,本大臣爵都部堂实与有荣施焉。

养山蚕树名:

槲树大者为大叶槲,小者为小叶槲。

橡树叶多棱,结子上圆下尖,状如莲子,名曰橡子。橡子落地,以土掩之,即可成树。

青杠树类橡叶而小,结子与槲树同。

柞树红皮者名红柞,白皮者名白柞。叶皆青色,似柳叶而较宽,经霜不落,结子与青杠同而较大。——以上喂养山蚕。

椿树即臭椿。嫩芽时红色,成叶后青色,似香椿而微臭。子结瓣中,如目之有珠,名凤眼草。喂养椿蚕全赖此种。

札甘藩司发《学治要言》
（1872 年）

照得服古入官，学优而仕，往训攸章，未有不学而临民者。近世士夫竞习帖括，尚词章记诵，而经术早荒；骛利禄功名，而儒修罕觏。甲科之选已不古若，军兴捐例频开，保叙辈出，宦途日益猥杂。求仕风之进于古不已难哉？

治军余暇，蒐前人书论有关吏事者都为一编，题曰《学治要言》，付手民锓诸木，颁诸寅僚。自惭德薄能鲜，于诸老先无能为役，冀同志诸君子玩索是编而有得焉。发为经猷，见诸事业，岂惟关陇孑遗实受厥赐？善气所召，休祥应之，造福于民者，己必与焉，即不佞亦可借寡愆尤矣。因公接晤时，当即是编相与考订往复，以求一是，幸勿泛常视之。合行札发。为此，札仰该司知照，照单录札移送各道，通饬各守牧丞倅令佐一体收阅具报。

札陕甘藩司通饬各属禁种植罂粟
（1872 年）

为通饬分别办理事。前准户部咨开，内阁抄出浙江道监察御史吴奏《私种罂粟并将洋药税按亩摊征请饬严禁》一折，同治十年八月十九日奉上谕：民间栽种罂粟，地方官即应认真查禁。至洋药税一项，取之商贩，何得科派农民？着各该督抚严饬所属，于征收洋药税务只宜稽察商贩，不准按粮摊征，以免扰累。并随时晓谕农民，不得违禁私种罂粟，致干功令等因。钦此。当即钦遵分行陕甘藩司会同臬司节录谕旨出示晓谕，并通饬各属一体分别办理在案。

查罂粟一种，非沃肥地亩不能滋长繁茂，而愚民无知，贪其重利，遂将宜谷腴土栽种罂粟，废嘉禾而植恶卉，不但流毒无穷，且乱后耕垦无多，民食军粮尤虞不继。本爵大臣督部堂入关后，即通饬陕、甘两省严禁种植罂粟，违者惩处，地亩充公，刊发告示《四字谕》，本俾各属军民咸知遵守，庶期拔除祸本，以厚民生。惟罂粟既严禁栽种，自无复抽烟土税厘之理，比饬各局立将烟土厘税停止抽收，俾免借口。近据甘南税厘局详称，奸商因禁种罂粟、停抽烟厘，所有一切过往货物多冒称烟土闯卡骗税，殊出意料之外。复刊简明告示，如有外来烟土，查出一律焚烧。并于刊示之先飞饬预行晓谕，俾其早知禁令，免致误犯科条。诚以内地禁种罂粟，久已奉旨通行，则烟土之来自外省者本系违禁之物，自应一律不准入境，始可杜绝本地私种之弊也。至洋药一项产自外海，所废者外国之腴地，于内地农功无所妨碍，向本不在禁例。且货远价昂，觅买零切，购觅尚艰，吸食之徒自较稀少，非若内地罂粟广种多收，取携甚便，易于沾染可比。陕、甘两省从前民间未种罂粟，并无西土之名，彼时吸食者少，见则贫民小户因吸烟成瘾者几于无处不有，即其明证。功令洋药税取之商贩，不准科派农民，而农民禁止私种罂粟者以此。嗣后陕、甘辖属农民如有仍种罂粟者，地方官于根苗初发时即饬拔除。严禁丁差借端扰索，不肖官吏如敢按亩收费，即照枉法贪赃严参治罪。其洋药一项虽例所不禁，如果照章纳税，原可勿庸查办。唯外来商贩，或以洋药冒称土烟希图免税，或以土烟冒称洋药希图多得利息，一经官司访察得实，准即随时禀请批示办理，不准含糊徇隐，亦毋许牵混讹索，致滋弊窦。合行札饬。为此，札仰该司等即便移知税厘总局，并通饬各属一体遵照，分别办理。

安插西宁迁出回民札各州县营局
（1873 年）

照得西宁第二起迁出回民，大小共四千三百八十一丁口，总为大批，定于二十一日由省起程，至清水县安插。仍饬老湘军营官陈提督启明原率马队八十骑、马殿林回马队一百三十骑暨化平川回目阎兴春沿途护送，并由大营加派差官副将陈南波、参将林得贵沿途照料。所需行粮，按大口每日一斤、小口每（月）〔日〕半斤。除省城已发行粮四日外，至安定，应由安定县粮局给发行粮二日；至马营，应由马营粮局筹发一日；至通渭，应由通渭县给发二日；至秦安，应由秦安县给发二日；至清水，应由清水县筹发，陆续安插。迨安插定妥，择其贫者，照给赈章程大口半斤、小口五两发给赈粮。至行粮以麦面、小米、扁豆为宜，唯未去壳者不宜。所有该回等日需柴薪以及随带骡马并护送之马队食粮料草，均须沿途按日发给，于传牌内随时登注，以凭查核。至住站地方，应由各州县及驻防各营局就见有窑洞地方安置住宿，一面换给车骡。到清水后，应由清水县高令妥为分派安插，点验造册具报。

札统带安远军易提督查复弁勇需索情形
（1877 年）

案据敦煌县周令禀称，近有弁勇赴该县侦探，需索车马、粮食等情。经本大臣爵阁部堂批饬，将需索弁勇指名禀究在案。查昨据管带恪靖卫队营黄令长周禀报，该令带队出关，途次闻敦煌有警。嗣抵安西，晤易提督开俊、黄副将本富，言已派弁往探。据敦煌周令报称并无其事等情。是周令所禀前赴该县弁勇当即易提督派往之人，系何衔名？在该县如何需索车马、粮食？应饬该提督查明禀复，毋许袒护干咎。

该提督所设之差官大旗皆系久在军营，难免不沾染恶习。吐鲁番一带自安夷踞后，横征暴敛，民人不堪其苦。今春收复以来，本大臣爵阁部堂迭派员携银前往办理善后抚辑，复派该提督带营赴吐鲁番驻扎，以资镇压。亟应整饬所部，严申禁令，加意保卫地方，以安人心而副委任。倘任所部弁勇骚扰民间，本大臣爵阁部堂定惟该提督是问。合行檄饬。为此，札仰该提督即便遵照办理，仍禀复查考。

通饬文武印委员弁删除庆贺礼节勤思职守（1877 年）

照得新疆军务未竣，本大臣爵阁部堂驻节肃州，启处不遑，所有关内外文武及营局各员，凡遇庆贺礼节概应删除。即谓长属分义攸关，宜随时通候以表虔恭之意，禀启将意亦无不可，断不准擅离职守来辕进谒，致旷职守。其有专差呈送礼物者尤干例禁，已早饬文武摈弃不收。各文武印委均应勤思职业，毋得非分相干，自取咎戾。懔之！除分行外，合行檄饬。为此，札仰该司即便转饬遵照毋违。

札甘肃两司及宁夏镇道府
查办宁属偷种罂粟
（1878 年）

查栽种罂粟之禁，本大臣爵阁部堂不啻三令五申，州县官如能实心实力，认真稽查，不难立时拔除尽净。兹经刘寺堂委员密查，宁夏各厅州县违禁偷种罂粟者多。迨会同地方官查禁，乃称地方辽阔，民间栽种罂粟久已相习成风，一时难以禁尽等语。该各地方官胆玩已极，咎无可辞，该管道府因循玩泄不知振作亦可概见。若不严密查办，何以肃功令而儆效尤？亟应饬藩、臬两司委员再往，密速查明宁属各厅州县何处偷种罂粟，地方官查禁不力者立予撤任，照例详参。其种植罂粟地亩，由宁夏镇派拨兵勇速即拔除，将地亩丈出充公。如有刁生劣监军功人等恃符抗违，即行查拿，按章究办。除分行外，合行严饬。为此，札仰该司等立即遵照办理，仍将遵办情形先行报查，勿稍徇延。

札镇迪周署道筹办善后事宜
（1878 年）

案准金军门牍呈，拟请兴民屯、复营制、修城堡、行钱法及牧厂、塘站一切善后应办各事宜。又称北路前被胁去难民，请饬南路各局遣送回乌，以便安插等情。具见留心治体，大局关怀，深堪嘉尚。

见在南路八城虽已一律肃清，而首恶未获，伊犁未还，此心未能释然。乌垣地方凋弊，军糈、民食在在维艰，屯垦诚为第一急务。本大臣前已咨请金军门筹度情形，于阜康、古牧地及乌城附近一带，选派愿意耕作弁勇，由该军存饷内酌发牛、籽，拨地耕垦。并经檄饬该道，督饬迪化各州县筹办牛、籽，招民耕垦在案，无庸另设屯局。见在无论军屯、民屯，收获之后，除缴还牛、籽外，余粮由官给价收买，以备军需。地亩暂缓升科，俾耕作之人咸知利乐，以广招徕。惟兵民杂处，易启猜嫌，应由金军门妥筹布置，务期彼此相安，方于公私有益。

新疆南北各城，经本大臣奏请改设行省，所有各处营制，应候统筹全局再行酌定。见在金军门应即督率本部并定西、振武等营将兴屯各弁勇，察其愿留塞外，按名另册登记，以为异日挑选制兵之用。

各处城堡倾废，亟宜修筑，应请金军门于各营操练农作之暇，先将紧要城工次第修筑，务使坚厚耐久。其于零星庄堡，姑俟一二年后，民气渐苏，再为筹办。

钱法一事首贵流通，本大臣前已檄饬库车、阿克苏善后各局采铜鼓铸普尔钱，以利民用。乌垣向用制钱，近年所以不行者，盖因缠民狃染安夷使用银钱之习，遂将制钱置若无用。但经官为之倡，首重制钱，酌中定价，使银钱易换两相平准。凡民间一切交租、纳厘等事均准以钱折银投收。小民渐知制钱利用而可宝，自必流通无滞。仰该道传知古城厘金局，转饬印委员弁一体遵照办理。至于开设钱店汇庄，应候地方富庶，商贾流通，听民自谋，无须官为之强，强亦不行也。

屯垦农具，铁器为多。乌属既产铁斤，尚可就地铸造农器，以资耕作。见在该处能否招商设厂开炉试办，应由该道查明议复。

南山林木最茂，金军门应饬各该防营就近伐木储材，于沿途各店修盖官店房屋，以通商贾而便休憩。至于开设木厂，教民纺绩，以及养蚕、种靛等事，姑缓图之。

北路军塘、驿站，自哈密属之星星峡起，至绥来属之靖远驿止，中间三十余站，业经刘总统、邹镇、郝副将先后禀定章程安设塘站，均系变通办理。其自乌兰乌苏以西暂由金将军安设马拨，俟局势大定再行查照成案，规复旧制。

边塞牧养本与耕垦并重，惟成本甚巨，一时筹措不易。且各属兵燹之后户口凋零，亦苦牧放难得其人，虚数浮领，将来收缴成本必多拖欠。前已批饬该道转饬各属查明户口，分别先后次第举办，汇复再予酌夺。

其余善后庶务，款目繁多，统由该道察酌情形，随时请示核办。

至另单请将北路被胁难民遣送回乌，并候分饬南路各局知照可也。

通饬陕甘各州县禁种罂粟并发戒烟药方
（1879 年）

　　照得陕、甘地方近年广种罂粟，收浆熬膏，吸食成瘾，恶习相沿，实堪痛恨！本大臣爵阁部堂同治八年入关度陇，目击心伤，出示严禁，并刊刻四字韵文成本，遍发各府厅州县，俾知儆悟，力挽颓风。上年复严饬印委各员，躬历乡村查拔罂粟。据各府厅州县陆续禀报，见已一律查拔。良民既知悔艾，湔除旧染，不敢复干禁令，本大臣爵阁部堂深为嘉许。

　　唯思本地罂粟既经禁种，外来烟土不准入境，是鸦片来源可期断绝。而从前吸食业已成瘾之人，脏腑久已受伤，瘾发病生，奄奄待毙，坐视其死，诚难为怀，亦须设法拯救。查外间所传戒烟各方，多用烟灰配制，究竟药不能离，即瘾终难断，仍属无益。本大臣爵阁部堂前据静宁州程牧禀陈戒烟全法，按脏腑受病之处对证立方，如法施治，无不获效，觉其理可信，其言有征，迥非寻常戒烟成法漫无分别可比。兹特将药方详加考订，取其简明易知刊刻成本，颁发陕、甘各府厅州县，转给绅耆广为传布。凡戒烟难于断瘾者，可即察证抄方，次第服药，自可培元固本，断除瘾害，庶几康强逢吉，同为盛世良民，无负本大臣爵阁部堂谆谆告诫一片苦心也。其有乐善官绅士民，能捐资合药，照方施治，全活多人者，准由地方官核明，照捐赈章程一律请奖。

　　除将告示药方札发饬令遵照外，合行札饬。为此，札仰该某即将发去告示、药方分发各属，即行张挂晓谕，务使一体遵照。

咨直隶总督述履勘永定河工情形①
(1881 年)

照得本爵阁大臣本月十二日具奏《赴涿州履勘水利工程商定修浚事宜》一折，奉旨："知道了。钦此。"即日出京，取道芦沟桥、良乡县，过永定、小清、琉璃、胡良各河，十三日抵涿州永济桥行营。连日履勘拒马河永济桥工程及胡良河、牤牛河、马头村、金门闸、减河各水入大清河合流处。接见营务处知府王诗正、督带左营前福建藩司王德榜与清河道叶伯英、永定河道游智开、候补直隶州邹振岳、石景山同知吴士湘、涿州知州查光泰、在籍绅宦前湖北藩司张建基及各汛弁等，延访河务利弊。该员等各抒所见，就地指陈，足资采择。

按拒马河发源于广昌城东，由紫荆关下流出，至涿州永济桥，中间各大涵洞岁久失修，淤垫日积，驯致桥同虚设，激水北漾，泛滥为灾。每遇汛涨，田地驿道一片汪洋，官民俱困。查光泰前禀所指为"修浚万不可缓"之工是也。

永济桥下淤沙六七里，占阻中泓去路。王德榜、王诗正督率将弁勇丁自五月初一日开工，先将淤沙挑掘，以复故道。计下游河面已挑宽二十丈、深八尺，桥上游淤沙挑掘二里有奇，而起出淤沙堆积两岸者已成冈阜。拟俟积淤挑尽后，再于南面开小减河分泄盛涨，北面再筑斜堤一道，束泛滥之水通归中流。庶西北一带村庄驿道可免横溢之虞，而下游亦资冲刷之力。惟土堤不若石堤坚固耐久，虑非永图，而石工较土工需费之多，奚翅数倍？永济桥近地，弥望淤沙，刨沙取土，致力殊艰。即仿三合土办法，以黄泥、粗沙、石灰和匀筑实。虽较石土稍为节省，而粗沙净土均须取之数里以外，石灰尤须于数十里外运致，劳费亦略相

---

① 据《永定河上源兴办水利全案》李鸿章与恭亲王、醇亲王咨文摘录。该咨札作于光绪七年五月。

等。王德榜议修建石堤，仿在甘肃狄道修渠办法，用火药轰取石块，较开凿稍省工力。惟石块堆砌，仍须用加工三合土弥缝罅缺，始能粘成一片，乃免穿漏，劳费亦属不资。且时近伏汛，水势涨落未可预知，即使三合土工有成，而灰泥粗沙性未凝定，一经漫流浸润，必致散乱，正恐劳费徒增终无实济也。比饬赶备石块、石灰、黄泥，俟秋汛过兴工修筑，庶期一劳永逸。此见定办法次第也。

十九日履勘永定河之金门闸。石坝坚固，足资宣泄。南岸同知桂本诚指视此为险工。所谓险工者，率因河身高于民田，汛发须防溃决之故。次日循南岸河堤而下，均以中泓停淤、急溜冲啮为虑。二十二日抵距天津六十里之王庆坨。大庄宛在水中，形势虽似危险，而土沃产丰，居民四千余户，丁口日繁，随水栽种，差能自给，相安已久。濒河一带榆柳成荫，岁计亦出于此。从前屡议迁居堤外高地，而百姓终以田园庐墓所在不愿迁移，非禁令所可强也。自此而东，故道已淤成平陆，水流倏南倏北，仍然无定。两岸宽五十余里，每逢汛涨，官民俱以为忧。

窃维直隶五河，以永定、大清、滹沱、南运、北运为经，群水附之，达沽入海。五河之患，以桑乾、滹沱为重；而工程之繁，以桑乾为尤。论治桑乾者，其策有三：或拟添筑遥堤，意以宏其渟滀，毋以水争地也；或拟以南岸改作北岸，意以水行地中，即以河身涸出之地拨补民田，于民无损，而于治河则大有益也；或拟规复故道，意以持论近正，怨咨可免，旧轨可循，水安其宅也。然遥堤既筑，则水之占地过宽，目前有工作之烦，日后增占垦之害，是违其理；改南岸为北岸，瘠土之民怨官弃之度外，无祝而有诅，是拂其情；故道已塞，水不之由，必强之使行，是逆其性，更无论时绌举赢，效未可期，而费已无措也。

察看情形，治上游之法宜以去淤为务。课众挑沙，束水刷沙，而后旧淤可涤，新淤不留。治下游之法，以开通中泓，引水治水为务。而后水有所归，无泛滥之虞，兼获刷淤之效。询之土人，谋之汛弁，佥谓永定锡名，因无定而起。河流悍急，由于挟沙。往往左见沙嘴，即右出险工，瞬息异形，难于施治。若于积淤平地开挖中泓，引溜进口，宽浚口门，俾入水有吸川之势，而湍流迅指，出水有建瓴之形。庶几大溜可行，淤沙可刷，堤岸险工可减。迨中泓浚定，野潦争趋，水势顺迅，诸险将化而为平。每岁所需抢险木桩料垛、防险夫力皆可随之俱减，积为岁修经费，亦不患筹措之无从矣。其积注之处，水无销路，仍留为水柜，蓄芦苇植榆柳，稍高者作稻田。所取河身之泥用培堤岸，盖以胶泥可避雨淋风刮，免扬尘蔽明之患。若是，则无定之河亦可永定矣。

至王庆坨以上，自南七工尾至下八工头，自光绪五年大水，河流改道，迫近南岸二十余里，顿成险工，自应及时修治。又自南八工三号之马家柳经葛渔城以下至萧家场，共计五十余里，旧为中泓故道，今多淤塞。其青光村、韩家树一带出口通仄，宣泄不利，皆不可缓之工。贵爵阁部堂见饬游道智开督率各汛弁兵，咨询相度，拟俟妥议核定，调营兴作，尤为全工要举。本爵阁大臣见饬王藩司、王守等俟永济桥工竣，悉索敝赋以从。分地受赋所不敢辞，同心协力以襄王事，庶于古义或有当也。

兹将履勘拟办情形并绘图咨送贵爵阁部堂核酌，挈衔咨呈恭亲王、醇亲王核定会奏，并希咨明都察院左都御史兼管顺天府尹童、署顺天府尹堂张察照施行。须至咨者。

告示

谕汉回民示
（1869 年）

大军西征，由秦趋陇，杀贼安民，良善无恐。匪盗纵横，害吾赤子，剿绝其命，良非得已。多杀非仁，轻怒伤勇，诛止元恶，锄必非种。凡厥平民，被贼裹胁，归诚免死，禁止剽劫。

汉、回仇杀，事起细微，汉既惨矣，回亦无归。帝曰："汉、回，皆吾民也。匪人必诛，宥其良者。使者用兵，仁义节制：用剿用抚，何威何惠。告谕吾民，俾晓吾意，勿比匪人，以死为戏。大军所至，如雷如霆，近扫郊甸，远征不庭！"

禁种罂粟四字谕
（1869 年）

谕尔农民：勿种罂粟。外洋奸谋，害我华俗，借言疗病，实以纵欲。吁我华民，甘彼酖毒！广土南土，吸食不足，蔓连秦、晋，施于陇、蜀。土敝不长，荣必肥沃，恶卉繁滋，废我嘉谷。红花白花，间以紫绿，劙果取浆，兼金一束。欹枕燃灯，俾夜作昼，可衣无棉，可食无肉，盎可无粮，栈可无豆，唯腥是闻，唯臭是逐。农辍耒耜，士休卷轴，工商游嬉，男妇瑟缩。小贩零沽，蜷聚破屋。家败人亡，财倾命促。

乱后年荒，民生愈蹙，俵赈督耕，散种给犊，移粟移民，役车接毂。言念时艰，有泪含目。勉搜颗粒，聊实尔腹，尔不谋长，自求饘粥，乃植恶卉，奸利是鹜。我行其野，异华芳郁，五谷美种，仍忧不熟。亦越生菜，家尝野菽。葱韭葵苋，菘芥莱菔，宜食宜饲，如彼苜蓿，锄种壅溉，饔飧可续。胡此不勤，而忘旨蓄？饥与馑臻，天靳尔禄。大命曷延？生聚曷卜？尚耽鸦片，槁死荒谷。乃如之人，宁可赦宥！

自今以往，是用大告：罂粟拔除，祸根永劚。张示邮亭，刊发村塾。起死肉骨，匪诅伊祝。听我藐藐，则有大戮。发言成韵，其曰可读。

安插回民告示
(1873 年)

　　谕尔安抚回民知悉：尔等被胁十载有余，辗转兵燹之中。惨目伤心，于斯已极！兹蒙朝廷恩施浩荡，免罪收抚；复准迁地安插，计人授土，令其耕垦，还为良民，散给行粮，委员保护到地，酌发赈粮种籽，为尔等奠安室家、保全性命之计。虽天地之于万物，父母之于子女，恩德优渥，复何以加。尔等具有天良。应如何安分守法，务正归农，共享升平之福？兹定各条开示于后。俾其咸知遵守。

　　一、初到迁插地方，应候地方官点名造册，计户按口分地安插。尔等各以分地为业，尽力垦种，毋得出外游荡，滋生事端。

　　一、到地安插后，地方官查明户口，每户发一良民门牌，填写姓名、年岁、籍贯、男女丁口，分晰开载。每十户，由官择立一人充十家长，给十家长门牌一张；每百户，由官择立一人充百家长，给百家长门牌一张，均张挂门口。其限于地势不满十户、百户，或过十户、百户者，均随多少约计，一律设立十家长、百家长，以资约束而便稽察。

　　一、安插定妥，由官划给地亩，酌发种籽农器，俾得及时耕种。并发赈粮，大口每日半斤，小口每日五两，俾免饥饿，秋后停止。其力能自给之户，应听自行籴买，由地方官出示邻近地方，招致商贩，任其彼此交易。

　　一、迁徙各户内，有极贫孤寡、老弱残废不能自食其力者，应由官查明人数，另编一册，酌给赈粮，秋后亦不停止，以广皇恩。

　　一、迁徙各户内有从前被掳汉民丁男妇女，其有家可归者，应令其归家完聚，该回民不得阻留；其无家可归者，应由该十家长、百家长报明地方官，资遣各归原籍。倘各回民希图收留汉民子女作为奴婢雇工匿不呈报者，一经访察得实，定将该回民照例治罪，决不宽饶。其妇女被掳已久，生有子女，不愿回籍者听。

一、各回民既经收抚，即属平民，从前过恶概置不问。不但汉民不得以从前仇怨借口寻衅，即回民与回民从前积有嫌隙亦不准申理。唯收抚后犯事，应按照所犯情罪科断，其情浮于罪者，照本律加等治罪。

一、回民安插地方，由地方官指定，不得擅自出外闲游，混入城市，致滋事端。如须赴城关、市集买物、探亲，应由各百家长诣州县官衙门预领本牌号签，令其执持，以凭察验照护。每百家准领板号签三十枝，一签以两人为度，不得过三人。如有事远赴各厅州县境，由百家长报明地方官请给路票，注明所往何处，所干何事，限期缴销；每张取路票纸朱钱四文。如无路票，定行查办。纵途中遇有损失，亦不准究。至过省行走，必须由各州县申明该管道衙门发给护照，始凭盘验。倘无护照私行往来，查出一律严办。

一、士农工商各有执业。见发新刻《六经》善本，分给汉、回士子诵习。其回民业儒者，准附就近州县考试，由府而院，即以安插地方为其籍贯。见在平凉取进文生及补廪出贡者已多，尔等如肯立志读书，岂患无进身之阶，何至自甘废弃？至士人以外，唯力农之民足重，以其有益于世无损于人也。百工为世所必需，亦能自食其力。商贾转移货物，足通有无，亦于世有济。惟为农者不准栽种罂粟，为士者不准干预外事、出入衙门，为商贾者不准贩运鸦片，致干禁令。

一、回教以穆罕默德为宗，即今回民所行老教，其经典亦是教人学好向正，并无异端参杂其中，千数百年未之有改，亦无悖乱不经之事自干刑戮，久为圣世所兼容。惟乾隆四十余年马明心、苏四十三、田五等犯自西域归，传授新教，煽惑愚回，驯致结众为逆，随经天威扫荡，诛灭无遗。近如马化漋潜以新教煽惑各处回民，凶焰日炽，经大军剿灭净尽。即马桂源自称得受西方圣人玉印，能号召回部，曾因办教起衅，致启兵端，复以诡词效顺，得守乡郡，旋与其兄本源勾通客回，抗拒官军，公然背叛，见在该叛兄弟妻子均已悉数就擒，解省审办。是新教在天方为异端，本穆罕默德之罪人；在中国为妖孽，乃国家必讨之贼。尔等试思从前千余〔年〕老教久享太平，何以百余年新教一兴，屡遭诛夷之祸？前鉴不远，后患宜防。既经奏明严禁新教，奉旨尤应一律遵守，永杜异端，共沾圣化。嗣后遇有海里飞、满拉等复敢以新教潜相煽惑者，十家长、百家长即拘送官司，审明严办，勿为所惑，自取灭亡。其从前误被新教煽惑者，准其递具甘结，概予免究。如敢阳奉阴违，仍从新教者，查出严办，断不姑容！

一、民间畜养骗马，私藏枪炮军火，本干例禁。自此次搜缴之后，如有隐藏马匹枪炮军火者，一经访察得实，或被告发，除将马匹枪炮入官外，仍行照律治罪。

一、各处外来亲友到家，必须报知百家长方准招留，违者察究。如容留匪人，滋生事端，即将容留之户照匪人治罪。

以上各条，均系保全尔等抚回起见，仰即一一恪遵，毋再以身试法。切切。

说帖

艺学说帖[①]

为呈具说帖，商请核酌，挈衔汇奏请旨事。

闰五月十九日钦奉谕旨："国子监司业潘衍桐奏请特开艺学一科以储人才一折。着大学士、六部、九卿会同总理各国事务衙门妥议具奏。钦此。"

窃艺事系形而下者之称，然志道、据德、依仁、游艺，为形而上者所不废。《经》称工执艺事以谏，是其有位于朝，与百尔并无同异。况自海上用兵以来，泰西诸邦以机器轮船横行海上，英、法、俄、德又各以船炮互相矜耀，日竞其鲸吞蚕食之谋，乘虚蹈瑕，无所不至。此时而言自强之策，又非师远人之长还以治之不可。宗棠在闽浙总督任内时，力请创造轮船，并有正谊堂书局、求是堂艺局之设，所有管驾、看盘、机器均选用闽中艺局生徒承充，并未参杂西洋师匠在内。洋人每言华人明悟甚于洋人，亦足见其言之不诬也。见闻广东正绅多延访深明艺事者课其子弟。此风一开，则西人之长皆吾华之长，不但船坚炮利可以制海寇，即分吾华一郡一邑之聪明才智物力，敌彼一国而有余。行之数年，各海口船炮罗列，并可随时分拨协济，人力物力互相通融，处处铜墙铁壁，以守则固，以战则克，尚何外侮之足虑乎！所宜预为筹策者，船炮之制购宜精也，人才之登进宜广也。海上用兵以来，华人于造船制炮之法讲求有日，其精良殆可与泰西各国比。就经费而言，无泰西保险及长途运脚等项，虚糜之耗又较省也。人才惟广东称盛。缘绅民仇视泰西由

---

① 《艺学说帖》和《时务说帖》二篇，原未著明撰述年月。

来已久，如令自相固结，筹兵筹饷不患无人。无论购制船炮，固可期克日蒇事；即令其选募成营，用其所长，亦必踊跃争先。而战于其乡，勇气自倍，更无论也。沿海如闽、浙两省，士民之气稍近疲玩，非督抚切实经理，于劝勉之中益加督责不为功。至于江南，则渔团不撤，正可资以集事。船可制购拨用，火炮则储备尚多，且由局增制亦易，人才物力均非所乏也。此言艺学之宜行也。

至原奏所请特开一科之说，则似可无庸置议。缘古人以道、艺出于一原，未尝析而为二，周公以多材多艺自许，孔子以不试故艺自明。是艺事虽所兼长，究不能离道而言艺，本末轻重之分固有如此。惟登进之初，必先由学臣考取，录送咨部，行司注册，然后分发各海口效用差委，补署职官乃凭考核。立法之初，应由海疆督抚饬委海关道及候补道员专司察验考生三代籍贯，具册开报，一呈送督抚，一由督抚咨送学政。其愿就文、武两途，由各考生自行呈明注册，听候学政考试，分别去取，移明督抚传验，会同出榜晓示。一面饬司注册，由司饬考生本籍州县传知各考生知照。其流寓各考生，即呈由寄籍各州县开列，加结具文申送备案。其取中文、武两科艺事各生，均听各考生自呈，愿就何项差使，填注试卷面旁，钤用文科艺事、武科艺事戳记，以便识别。大约艺事以语言、文字、制造三者为要。能通中西语言、文字，则能兼中西之长，旁推交通，自成日新盛业。其有取于语言、文字者，为其明制造之理与数，虽不能亲手制器，尚可口授匠师，令其制造也。其能制造而不谙文理者，即以武科开列，以之充当末弁，深其历练，究胜于趋跄应对、以弓箭枪炮得差缺补署之流也。至于取中额数，以应考名数为断，大约学额十名，取录艺事两三名。于学额无所损，而于人才则大有益，省虚文而收实效。自强之策，固无有急于此者。谨毕其愚虑，作为说帖，敬希同事诸君子核定，挈衔汇奏。幸甚，幸甚！

时务说帖

　　谨查天津电报，法使福禄诺在天津议简明条约五条，内称法、越息兵，中国撤回北圻各防营，中、法永敦和好等语。究系如何立约，宗棠未见明文，本可无庸置喙。惟途间细思中、法议和，上关国家大计，有不能无疑者，应即条陈所见，聊效一得之愚。

　　查第三条内称"中国宜许以毗连越南北圻之边界，所有法、越与内地货物听凭购销，商约税则务期格外和衷，期于法国商务极为有益"等语。查越南南圻西贡六省沦为异域，该国精华已竭，局势岌岌不支，犹幸有北圻堪以支格。而北圻尤滇、粤屏蔽，与吾华接壤，五金之矿甚旺，法人垂涎已久。若置之不顾，法人之得陇望蜀，势有固然。迨全越为法所据，将来生聚、训练、纳税、征粮，吾华何能高枕而卧？若各国从而生心，如俄人垂涎朝鲜、英人觊觎西藏、日本并琉球、葡萄牙据澳门，鹰眼四集，圜向吾华，势将猎糠及米，何以待之？此固非决计议战不可也。

　　论者谓兵凶战危，一动而凶、悔、吝居其三，未容不慎。试观北宁官军之溃败、兴化官军之退扎，其初何尝不发扬蹈厉，自信为可用之军。卒至一败莫支，气息奄奄不振，并其饷军银米弃以资寇。悔已难追，前车之鉴犹在，可不慎诸？不知滇、粤之丧师辱国，误在视事过轻，并非势力之真有不逮。

　　夫团练之力，但可资其保卫地方，不能必其抵御狡寇，夫人而知之矣。无论其技艺未能一律，营制未能谙悉，不若制兵。即以饷事言之，团练月饷实银不过二两四钱，纵无刻扣，每日口分不过八分。以之糊口，常虞不给，所需盐菜柴薪一切日用之需从何取给？饷、粮两乏，望其安静与民杂处，势必不能。始而骚扰哗嚣，继之淫掠劫杀，法令有所不行，团练变为盗贼，是驱越民从法，安望其以守为战哉？

宗棠今春有增灶之请，意在令黄少春纠集旧部，添造水师船只，会同王德榜札饬刘永福挑选熟习海战弁丁，为其管带驾驶，冀收桑榆之效。偿蒙俞允，宗棠亲往视师。窃自揣衰庸无似，然督师有年，旧部健将尚多，可当丑虏。揆时度势，尚有可为，冀收安南仍列藩封而后已。不效则请重治其罪，以谢天下。此一劳永逸之策也。

或谓边衅一开，兵连祸结，恐成难了之局，因其请和而姑许其成，未为非策。然亦必划疆分护，方合体制。法人保护南圻，吾华保护北圻。论通商，必指定南北圻交界之所设立通商码头，红河行船必权操自我。而与欧洲各国公立条约，皆得通商，毋使法人专利，庶彼此钤制，俾法人不另生希冀之心。如犹不从，则仍示以战。照万国公法，闭关绝约，撤回彼此公使、领事，照会有约各国，告以誓与决战。法人虽强，当亦不敢违诸国公论，或可不战仍归于好。且法人欺弱畏强，夸大喜功，实躁急而畏难。近时国内党羽纷争，政无专主，仇衅四结，实有不振之势。吾华果示以力战，必不相让，持之期年，彼必自馁。况虚悬客寄之师，劳兵数万里之外，炎地烟瘴异常，疫疠流行，死亡踵接，有此数忌，势难持久。此议和之应从缓者也。

如虑内地海口绵长，则沿海各省设防有年，早有准备。近复奉谕旨，命吴大澂会办北洋，陈宝琛会办南洋，张佩纶会办福建，布置更为周密，诸大臣才智均足以当之。陈宝琛督学江西，书简常通，本与宗棠素相契洽。长江提督李成谋、江南提督李朝斌、狼山镇总兵杨明海，久任江海，有勇有谋，与宗棠共事一方，意见契合。增制快船，到者三艘，兵轮炮台林立，声势已张，无虞侵犯。

至宗棠督两江，时逾两载，所创举者，增制船炮、兴办水利、增复盐引为三大宗。船炮费银百数十万两，为南洋防务起见，早经会同彭玉麟奏明有案。兴修水利，首开朱家山河。此河载籍已详，自前明至我朝，开办十数次未竟。此次克观厥成，于滁州、来安、全椒、江浦、六合数州县利赖无穷。疏浚赤山湖及金陵城内外暨各处河工、水闸、圩堤、桥梁，通共用银三十六万余两，系于盐票之费项下开支，并未动用正款。

此外建议办理沿海二十余州县渔团保甲，为收罗渔户豪俊之士，以杜教民奸宄、为外人引水暗通消息起见，数月以来成效渐著。通州、海门一带，素称盗案层出者，上年冬防皆已敛戢，并无报案。崇、东、通、海四州县绅民知渔团办成，足以自卫身家，今春该州县士绅候选同知施元海、贡生杨召棠、候选通判王道湟、蔡凤岐、贡生张云抟、顾思义等带领甲长数人来省叩谒，禀留委员久办，以收实效。足见时论指渔团无益有损，未为确论也。近日浙江、福建均仿办渔丁保甲，似渔团之有益无损，所见佥同。自开办至今，所用经费不过三万余两，尚属无多。而海上新闻纸传播，竟称江南练得渔团二万余人，外人颇为震慑。若令一旦议撤，不惟见诸实效者为可惜，今并虚声而无之，良可惜也。

其建议复淮入海故道，系为淮扬谋百世之利。甫经奏明兴办，尚未开工，亦未动用经费。然以国计民生言之，则断不宜久作罢论。

其增复引盐，本系各岸未复之额引。迭奉部文催复，宗棠以为有裨国计，到任后即招商认领。计湘、鄂岸增复三万引，皖岸增复一万七千七百六十引，淮北增复十六万余引，当收票费银一百三十二万余两。此后如果缉私严密，每岁每纲可增收课厘银八十余万两，于江南经入之款不无裨补。特当时新票甫出，旧票价值少减，于是业盐之富商大贾谣啄纷乘，言官交章论列。至今课增案结，是非已不辨自明矣。

至江南库款，本年三月交卸篆务，查据各司道报文截止数目，计藩司、运司及各道局库共存银四百余万两，并无挪欠支销。其细数另有清折。

宗棠情殷补过，而时抱未安，谨即下怀所欲白者据实缕陈，伏祈钧鉴。

诗文

文

名利说

天下员顶方趾之民无算数，要其归有二，曰名也，利也。人率知之，能言之。然试察其志之所分与其途之所自，合则亦曰利而已矣，乌有所谓名者哉！

名有三，曰道德之名，文章之名，一艺一伎之名。古人吾弗能知，吾思夫今人之于名。以道德名者，人因其道德而名之乎？抑已因其名而道德者也？或市于朝，或市于野，归于厚实已矣。以文章名者，亭林顾氏所谓巧言令色人哉？负盛名招摇天下，屈吾身以适他人之耳目，期得其直焉，不赢则又顾而之它尔。以一艺一伎名者，其名细，今之君子不欲居，然亦百工之事也。吾益人而不厉乎人，尽吾力食吾功焉，斯亦可矣。顾伎庸术劣，抑人炫己以求自利者又何比比也！

徇私灭公，适己自便，此皆宋儒谢氏所谓小人儒者也，利也。夫恒情所谓求利者有其具，农之畔，工之器，商贾之肆，此以其财与力易之者也。此之所谓求利者亦有其具，不以其财，不以其力，以其廉耻易之而已。《诗》曰："不素餐兮"，"胡取禾三百廛兮"，"不狩不猎，胡瞻尔庭有悬貆兮"。古人盖以为诧矣，今何以恬然若无足深诧，且相与睨而艳之，恤恤乎恐彼之不如耶？廉耻之道衰，嗜利之心竞。意其弊必有受之者，而非斯人之谓哉？

《广区田制图说》序①

区田之制，农书传之。创自伊尹与否未可知，若语农务之精良，古近无以过。盖论农之理，具六善焉；论农之事，兼三便焉。

今法田必秧种。宿水渍谷，夜晾昼沉，畲酿郁蒸，逼使芽。甫芽布诸秧田，春阴多雨，秧悴不耐，谚谓之酣。晴乃起，否竟浥（澜）〔烂〕不成。苗长二寸以上始分栽，并手忙插，一夫日毕二三亩，嫩绿数茎，欹卧白水中，贵种贱植，于兹甚矣。夫嘉禾视乎种，未有种不善而禾善者。一谷三移，元气屡泄，亲下之本既久去地，伤母之体，岂能全天？儿在胎中，贼其天和，堕地而哭，尪悴善疴，良媪其将如尔何？世传撒谷种宜稼而丰苗，利较恒田倍。然指撒谷，足踏水，水漾谷，不安簇，耘荡艰，且托根已浅，不耐酣，病差与秧种等。区田法布谷于区，手覆按令着土，足履区旁高土，水不绐，谷不易其所，有撒谷之利而无其病。善一也。

凡农之道，厚之为宝。土宜禾，粪益土。粪欺土者穰，土欺粪者荒。是故上农治田先治粪，粪与田称，禾之良也。今农田一亩，粪多者十数箕而止。农粪之薄，禾亦报之薄。徐文定公称张宏言以粪壅法治田。今田一亩亦得谷二十余斛，多恒田三之一。区种法，区用熟粪二升，一亩一千三百五十二升，旁土不粪，土受粪者止亩四之一，实土载粪，粪匮禾，质取其熟，力取其多，以视恒田倍十有加。善二也。

禾畏旱畏风。今田竟亩不为畎，费水多。宿水尽，辄翘首望泽，不时则损。区种法费水止今田四之一，水易足。又禾根深，禾叶茂，雨泽虽迟，实土常润，荫谷能旱。凡灌稼，沟纳外水，自区角斜入递注之，

① 据《年谱》：道光十八年，会试榜发，复见遗，遂决计不复会试。"始留意农事，于农书探讨甚勤，以区种为良，作《广区田图说》指陈其利。"

岁甚旱，五六番足矣。区深一尺，禾自出叶已上至结实时，旋助区土壅之，无虑七八寸，振林之风不损。善三也。

禾畏虫。今农田一亩为禾二千余科，疏者千数百科，禾长掩亩，气不得利，郁蒸所至，并钟五贼。积热在土，盛雨卒加，为湿裹燥，根则受之，是生蟊。日正烈忽小雨，雨自叶底流注节间；或当午纳新水，热与湿薄，厥病均，是生贼。露未晞而朝暾红，雾未散而温气蒸，着叶而凝，是生蟘。热附于根，湿行于稿，时雨时旸，二气交错，是生螟。不雨不旸，蕴气难泄，日霾宵暍，是生蝗。凡厥五贼，贼禾之渠。未化之先，遇风乃除。区种法，空四旁，风贯行间，緬緬然，郁者通，结者解，虫类无由滋。《书》曰"上农治未萌"，此故胜也。惟蝗与蟓末由独免。然耕道交互，足不践稼，卯午之间勤扑逐，视它田便。善四也。

有农焉，地饶而粪强，苗长而叶光，望之非不油油然蕃且良矣。逮日至实暍叶丰，十谷五空，于谚为肥暍。美其始而恶其终者，何也？纤根旁出，遇浮泥而滋，直根力衰，遇实土而止，得浊气也多，得清气也微，阳极阴绌，叶繁而心不充。拙农不知，乃专咎夫风。旨哉，周髭之论稼也。耨禾时，足躐禾四旁，令浮根断，如是者再，其谷倍丰，其米耐舂。区种务勤锄厚壅。禾生叶马耳已上即锄，比稼成，数不啻十遍。陨土附根，深可七八寸，旁根绝，正根王，穗蕃硕而长，圆粟而少糠，米饴以香，多沃而食之疆。善五也。

先农尽地力，又惧地力乏，息者欲劳，劳者欲息，棘者欲肥，肥者欲棘，岁易之法易其田，代田之法易其圳，禾不欺土，土不窃谷，上之上也。今农为田，宁普种而薄收，地稀种则诧，禾稀谷则无究之者。嘻！其惑矣。区田岁易其所，不甚其取，旋相为代，地气孔有。善六也。

匪唯六善，是有三便。今农惟壮丁治田，老弱妇稚供馈饷小运，鲜以充耦。区田用力虽频，不甚劳累，力小者亦任。开区治田，担粪引水，壮夫任之；和土布谷，锄草土壅根，余丁力可给。地近足力省，锄小手力省。陇土高，体不沾，足不涂。犁既废，省牛牧与刍。肩不重负，腰脚便无前牵后拽之劬。老自六十已下，稚自十岁已上，主妇童女自治馈应饷外皆量力而趋。循行耕道来徐徐，尽室作活如嬉娱，人无冗而力无虚。其便一。

贫农赁田，先奉田主上庄钱，岁租多寡，视此为差。吾乡上田亩约钱二千许，岁租石五斗。湘潭西南乡上田亩十金，或减其二，岁租一石。大率湘潭上农赁耕一亩，得谷可四石，岁租一石，一石充粪直、庸钱、杂费，上庄子钱应除一石，余乃为佃农利。吾乡上农赁耕一亩，得谷三石六斗有奇，岁租石五斗，一石充粪值、庸钱、杂费，上庄子钱应除斗许，余乃为佃农利。它郡县佃例不一。兹固其概也。岁歉收，或丰而谷贱，佃农挣挣终岁，仅及一饱；次亏子钱，又次乏耕资，负租不能偿，或以上庄钱抵，或径谢赁地，还取上庄钱，弃耕图暂活。中、下农与田更无论尔已。区田法治田少而得谷多。壮丁一人，但佃二三亩，上庄钱少，租不外科，余丁合作，自庸其家，粪虽多，准恒年广种所需，又何加焉？其便二。

旧说区获四五升，亩计三十石，食五人，糠少粒圆，斗得八升，总为米二十余石。初年学种以半计。即以半计，计亦非左。数口之家，力作不惰，凶岁能飧，丰年大可，既高吾廪，复通人货，易乏为饶，反瘠为沃，效莫捷焉。其便三。

是故读书养素之士，世富习耕之家，末作趁食之民，游手无俚之子，皆能自营转雇，称力而食，一家为之一家足，一邑为之一邑足，天下为之天下足。聚民于农，人朴心童，几蓬之理，于焉隆矣。嗟乎！吾言区田之利，吾农重思之，不诚如此乎？乃惊其土省而获多，又畏其烦数不易治，辄置之。嗟嗟！人心无古。今习故安常，莫适为倡。或间为之，而不悉其法，或厌其烦数，而意为增损，利不及古，则倦生矣。嗟夫！此区田之制所为旋作旋废，彼作此废，孤良法于数千百年而未能多睹其验也夫！

《海国图志》序①

　　邵阳魏子默深《海国图志》六十卷，成于道光二十二年，续增四十卷成于咸丰二年，通为一百卷。越二十有三年，光绪纪元，其族孙甘肃平庆泾固道光焘惧孤本久而失传，督匠重写开雕，乞余叙之。

　　维国家建中立极，土宇宏廓。东南尽海，岛屿星错，海道攸分，内外有截。西北穷山水之根，以声教所暨为疆索，荒服而外，大陋无垠，距海辽远。以地形言，左倚东南矣，然地体虽方，与天为圆，固无适非中也。以天气言，分至协中，寒暑适均，则扶舆清淑所萃，帝王都焉，历代圣哲贤豪之所产也。海上用兵，泰西诸国互市者纷至，西通于中，战事日亟，魏子忧之，于是蒐辑海谈，旁撮西人箸录，附以己意所欲见诸施行者，俟之异日。呜呼！其发愤而有作也。

　　人之生也，君治之，师教之。上古君、师一也，后则君以世及而教分，撮其大凡，中儒西释，其最先矣。儒以道立宗，受天地之中以生者学之；释氏以慈悲虚寂式西土，由居国而化及北方行国。此外为天方，为天主，为耶苏，则肇于隋、唐之间，各以所习为是，然含形负气，钧是人也。此孟子所谓君子异于人者也。其无教者，如生番，如野人，不可同群。此孟子所谓人异于禽兽者也。释道微而天方起，天方微而天主、耶苏之说盛。俄、英、法、美诸国奉天主、耶苏为教，又或析而二之，因其习尚以明统纪，遂成国俗。法兰西虽以罗马国为教皇，其人称教士，资遣外出行教，故示尊崇，然国人颇觉其妄，聊以国俗奉之而已。今法为布所败，教皇遂微，更无宗之者。是泰西之奉天主、耶稣，固不如蒙与番之信黄教、红教也。佛言戒杀绝纷，足化顽犷，时露灵

---

① 据《海国图志》，序末原署"光绪元年岁在乙亥长至日湘阴左宗棠撰"。长至日即夏至节，该序作于光绪元年六月十九日。

异，足慑殊俗。其经典之入中国，经华士润饰，旨趣玄渺，足以涤除烦苦，解释束缚，是分儒之绪以为说者，非天方所可并也。天主、耶苏，非儒非释，其宗旨莫可阐扬，其徒亦鲜述焉。泰西弃虚崇实，艺重于道，官、师均由艺进，性慧敏，好深思，制作精妙，日新而月有异，象纬舆地之学尤征专诣，盖得儒之数而萃其聪明才智以致之者，其艺事独擅，乃显其教矣。

百余年来，中国承平，水陆战备少弛，适泰西火轮车舟有成，英吉利遂蹈我之瑕，构兵思逞，并联与国，竞互市之利，海上遂以多故。魏子数以其说干当事，不应，退而箸是书。其要旨以西人谈西事，言必有稽；因其教以明统纪，征其俗尚而得其情实，言必有伦。所拟方略非尽可行，而大端不能加也。

书成，魏子殁。廿余载，事局如故，然同、光间福建设局造轮船，陇中用华匠制枪炮，其长亦差与西人等。艺事，末也，有迹可寻，有数可推，因者易于创也。器之精光淬厉愈出，人之心思专一则灵，久者进于渐也。此魏子所谓师其长技以制之也。鸦片之蛊，痈养必溃，酒过益醒，先事图维，罂粟之禁不可弛也。异学争鸣，世教以衰，失道民散，邪慝愈炽，以儒为戏不可长也。此魏子所谓人心之寐患，人才之虚患也。宗棠老矣，忝窃高位，无补清时，书此弥觉颜之厚，而心之负疚滋多，窃有俟于后之读是书者。

《铜官感旧图》序①

　　章君寿麟《铜官感旧图》册，纪旧游也。

　　道、咸之际，粤寇洪秀全逾岭下湘，攻长沙不下，则掠民船蔽江而东，所过城邑不留；踞金陵，分党四出，为天下患。湘乡曾文正公时以礼部侍郎忧居在籍，诏起讨贼，集乡兵水陆东下。公在朝以清直闻，及率师讨贼，规画具有条理，卒克复江东枝郡，会师金陵，歼除巨憝。顾初起之军，水陆将才未集，阅历又少，往往为猾寇所乘，时形困踬。公不变平生所守，用能集厥大勋，中兴事功彪炳世宙，天下之士皆能言之。推事功之所由成，必有立乎其先者，而后以志帅气，历艰危险阻之境而不渝。是故明夫生死之故者，祸福之说不足动之；明夫祸福之理者，毁誉之见忘，吉凶荣辱举非所计，斯志壹动气，为其事必有其功矣。志士仁人成其仁，儒者正其谊，功且在天下万世，奚一时一事之足云乎？而即一时一事言之，则固有堪以共喻者。

　　咸丰四年三月，金陵贼分党复犯长沙，先踞长沙城北七十里之靖江，凭水结寨，步贼循岸而南，潜袭上游湘潭县城。县城繁富，廛市鳞比，贾舶环集，贼速至据之。文正闻贼趋湘潭，令署长沙协副将忠武塔齐布公等率陆军，杨千总岳斌、彭秀才玉麟等率水军往援。侦贼悉锐攻湘潭，靖江守寨之贼非多，遂亲率存营水陆各营击之。战事失利，公麾从者它往，投湘自溺。随行标兵三人急持公，叱其去，不释手。章君瞰公在舟时书遗属寄其家，已知公决以身殉也，匿舟后，跃出援公起。公曾戒章君勿随行，至是诘其何自来，答以适闻湘潭大捷，故轻舸走报耳。公徐诘捷状，章君权词以告。公意稍释，回舟南湖港。其夜得军

---

　　① 据《年谱》：光绪八年，作《铜官感旧图序》。

报，水陆均大捷，奸悍贼甚多，毁余之败船断桨蔽流而下，湘人始信贼不足畏，而气一振。其晨，余缒城出，省公舟中，则气息仅属。所着单襦沾染泥沙，痕迹犹在。责公事尚可为，速死非义。公瞑目不语，但索纸书所存炮械、火药、丸弹、军械之数，属余代为点检而已。时太公在家，寓书长沙，饬公有云："儿此出以杀贼报国为志，非直为桑梓也。兵事时有利钝，出湖南境而战死，是皆死所；若死于湖南，吾不尔哭也。"闻者肃然起敬，而亦见公平素自处之诚。后此沿江而下，破贼所据坚城巨垒，克复金陵，大捷不喜，偶挫不忧，皆此志也。

夫神明内也，形躯外也。公不死于铜官，幸也；即死于铜官，而谓荡平东南，诛巢馘让，遂无望于继起者乎？殆不然矣。事有成败，命有修短，气运所由废兴也，岂由人力哉！惟能尊神明而外形躯，则能一死生而齐得丧，求夫理之至是，行其心之所安，如是焉已矣。且即事理言之，人无不以生为乐、死为哀者；然当夫百感交集，怫郁忧烦之余，亦有以生忧为苦、速死为乐者。观公于克复金陵后，每遇人事乖忤，郁抑无聊，不禁感慨系之，辄谓生不如死，闻者颇怪其不情。余比由陕甘、新疆移节两江，亦觉案牍之劳形，酬接之纷扰，人心之不同，时局之变易，辄有愿得一当以毕余生之说，匪惟喻诸同志，且预以白诸朝廷。盖凛乎晚节末路之难，谣诼之足损吾素节。实则神明重于形躯，诚不以外而移其内，理固如是也。而论者不察，辄以公于章君及三兵皆不录其功，疑公之矫。不知公之一生死、齐得丧，盖有明乎其先者，而事功非所计也。论者乃以章君手援之功为最大，不言禄而禄弗及，亦奚当焉？

余与公交有年，晚以议论时事两不相合，及莅两江，距公之亡十有余年，于公所为多所更定，天下之相谅与否非所敢知，而求夫理之是即夫心之安，则可告之己亦可告之公也。章君寿麟出此卷索题，识之如此。

《林文忠公政书》叙①

　　侯官《林文忠公疏稿》三十七卷，海内士大夫争相传诵。宗棠尝取而读之，有以知公居官行政之大略，如景星庆云照耀天半，郁郁然动人瞻仰而不能已也。光绪甲申，宗棠奉命督师，重莅闽峤，距公之卒三十六年矣。孙工部员外郎泂淑丐宗棠叙。忆道光己酉，公由滇解组归闽，扁舟迂道，访宗棠于星沙旅次，略分倾接，期许良厚。忽忽四十年，久欲一书感念而未得一当，是书之叙何敢以不文辞。

　　间尝论之，士生隆盛之世，位至疆圻，凡夫民生国计，轻重利病，罔非一心之贯注，而究其所以维国脉而示后人者，只落落数事而已足。嘉、道以来，天下切要之政莫如讲求吏治、整顿钱漕、加意海防诸端。公之密陈僚属考语，则曰：察吏莫先于自察，必将各属大小政务逐一求尽于心，然后能举以验属员之尽心与否。其陈漕运利弊也，则有一本原，一补救；一本原中之本原，一补救中之补救。道光己亥、庚子之岁，西夷英吉利称乱粤东，公衔命查办海口事件，修筑虎门、横挡各炮台，击夷船于尖沙嘴、潭仔洋、官涌等处，斩馘甚多，夷目义律遁澳门。公虑夷人之窜扰邻省也，疏请敕下闽浙、江苏各督抚严防海口。其陈夷性无厌，得一步即进一步，若使威不能克，即恐患无已时等语，皆洞悉奸谲，如烛照数计。迄今数十年，谈海防者必推公，天下无贤不肖皆知公为国朝名臣，非可企而及也。

　　宗棠荷三朝知遇，屡膺重寄，自维服官临民之际，未能希踪先哲。今老矣，属以法夷构衅，海疆多事，莅公桑梓之邦，亲历各海口，见公所建炮台，形势扼要，证以是书所云，益叹公忠诚体国，独有千古。然

---

　　① 据《林文忠公政书》。序末原署"光绪乙酉仲春，湘阴左宗棠叙于榕城皇华馆"，乙酉，光绪十一年。

则公之传固不必以是书，而是书已足以传公矣。小驷迫促索叙，谨缀数言付之。军书旁午，心绪茫然，刁斗严更，枕戈不寐，展卷数行，犹彷佛湘江夜话时也。

徐熙庵先生家书跋后①

　　右熙庵师道光壬辰科湖南闱中寄公子董园书。书中所称同事胡公为藕湾编修；鉴龙年伯为白华编修（瑛龙）〔龙瑛〕②，本公丁丑同年进士，是科亦主山西乡试；所称先生，为常德陈海阳孝廉永皓，后官直隶知县者也。

　　故事，乡试同考官以各省州县官由科目进者为之，凡试卷经同考官阅荐而后考官取中，同考所斥为遗卷，考官不复阅也。是科宣宗特命考官搜阅遗卷，胡编修既以疾先卒，公独披览五千余卷，搜遗得六人，余忝居首，书中所称十八名者也。当取中时，公令同考官补荐，不应，徐以新奉谕旨晓之，旋调次场经文卷传视各同考，乃无异议。礼经文尤为公所欣赏，题为《选士厉兵简练桀俊专任有功》，书中所称经文甚佳者也，后并进览。当时闱中自内帘监试官以下，颇疑是卷为温卷。比启糊名，监临巡抚南海吴公荣光贺得人，在事诸公多有知余姓名者，群疑益解。

　　越三十七年，余视师秦陇，公孙韦佩襄治军书。为言榜前一日，公曾有书寄家，今存箧中。亟取视之，大致完好，余与仲兄癸巳春闱后上公启事亦附存焉。岁月不居，距公撤瑟之期已三十余年，公子董园亦下世十余年。计同举四十五人中，余齿最少，今亦五十有九，仲氏则近七十矣。关中回乱八年，古籍散佚飘零，百不存一，白头弟子尚得于横戈跃马时得瞻遗翰，不得谓非幸也。

---

　　① 据跋云，左宗棠时年五十九，上距壬辰徐法绩为同考官"越三十七年"，该序盖作于同治九年。

　　② 据王家相《清秘述闻续》卷四，道光十二年（壬辰）乡试山西考官：编修龙瑛，字伯华，湖南湘潭人，丁丑进士。

抑余尤有慨焉。选举废而科目兴，士之为此学者其始亦干禄耳，然未尝无怀奇负异者出其中。科名之能得士欤？亦士之舍科名末由也？惟朝廷有重士之意，主试者不忍负其一日之长，则兴教劝学其效将有可睹，于世道人心非小补也。爰检付手民锓诸木，俾三秦之士有所观焉，夫岂徒文字投契知遇私感云尔哉！原本仍付韦佩藏之。

薛庐美树轩题额跋尾①

张鲁生星使自日本归，寄我美利加国蔬树各种子。有树种名明石屋树者，才盈咫耳，余以贻慰农山长。山长种之龙蟠里薛庐，未期年而已壮如儿臂，高出檐上矣。因颜其树旁小斋曰美树轩，索余作榜书并志之。

余维树木树人同一理也。广厦未启，先储众材。有度之山林者，有取之异地者，惟其材之适于用而用之，彼此奚择焉？海上兵事起，泰西诸国乘吾守御未设，群起侮之。然彼以火轮车船、枪炮相耀而已。款议成，且取所有机器市于我无靳也。未几而中国仿造益精，彼固无所挟以傲我，且羡中士之人敏慧胜于西。过此以往，人其人而物其物，其于古者立贤无方、楚材晋用之说不益有合乎？策士之言曰"师其长以制之"是矣。一惭之忍，为数十百年之安，计亦良得，孰如浅见自封也。

余于薛庐之植美树窃有感焉。慰农果勤灌溉，广求其种类，令更蕃滋长大，异时用其材为广厦，人称薛庐用美树，而断不能指薛庐之为美屋也，断可知矣。世之论学者盍鉴诸？

---

① 据《清代职官年表·出使各国大臣年表》，张斯桂为驻日副使，自光绪二年十二月至光绪六年十一月一日。按跋"张鲁生星使自日本归""未期年"云云，该文之作不得晚于光绪七年。

吴县冯君家传①

　　君讳桂芬，字林一，又字景庭。吴县冯氏先世由常州迁吴，遂为吴县人。君幼颖异，弱冠补县学生员，道光十二年举于乡，二十年一甲二名进士，授职编修。文宗御极，大臣疏举人材，以君与林文忠同荐。旋以忧归。比服阕，而贼已陷金陵，承诏劝捐输、练乡团。事办，叙克复诸城劳晋五品衔，特旨擢中允。有间之者，告归不复出也。

　　金陵师溃，贼犯吴中。时泰西海舶鳞集沪上，众议藉以御寇，君亦谓然。比和春、张国梁师又败，沪益不支，所望者曾侯驻皖之军。吴人画赴皖乞援之策，虑侯不遽许，推君具草。君为陈危急情状并时局利钝及用兵先后所宜，语甚辨。曾侯许之，令福建延建邵道今相国李公以水陆诸营东下。李公益召淮扬豪俊与俱，遂成平吴之功。吴平，李公开府吴中，就君咨访郡县利病诸时政，多取决焉。如苏松减漕额，长洲、元和、吴三县减佃租，举八百数十年历代名公卿思为民请命不可得、积歉终古者，一旦如其意而涤雪之，如沉痾之去体。非遇圣仁在上，当事无所顾虑，民间呻吟疾苦奚由彻诸殿陛也？吴人兵燹余生，蠲贷及于宽政，幸矣。兹于常制更减除数十万租赋，永为太平幸民，微君有言而孰贻之？第以赴皖请援谓君大有造于乡邦，抑又浅矣。君著述甚富，堪裨实用，算学尤邃，称于时。兹撮其有关国故者录之。

　　君卒于同治十三年四月，年六十又六。子二：芳缉、芳植，有闻于时。余与君同壬辰乡举，今亦七十矣。头白临边，久荒文字，因芳缉书来，求为君家传，不获以不文辞，乃书此诏史氏。

　　论曰：士之有意用世者，盖欲行其志焉。而行之有难易，成之有迟

────────────

① 按光绪六年六月十四日《与孝同书》云："近作《冯林一家传》，尚觉得意。"

速,则时为之。使君于大臣论荐时遽膺重寄,固宜大有设施。然时会未值,议论或足以害其成,未可知也。观君所为,如雷霆之乘风载响,霖雨之因云洒润也,事成而神功亦敛如此。语曰"识时务者在于俊杰",谅哉!

陶氏三台山石墓记①

　　资水东流入安化县东南境小淹乡，屈曲经诸山峡间，潆为石门潭。潭上峻岭盘互，峭石当其前，南北崖对立如堵，水流两崖间。潭心有石如印矗巨流中，石屋俯其滨，故光禄大夫、太子太保、兵部尚书、江南江西总督陶文毅公微时侍其父荑江先生读书所，今天子御书四大字以赐，天下所称"印心石屋"者也。循北崖上三里许，地稍夷，村闾相望，陶氏世居其中，曰陶湾，公之私第在焉。第西北百步许有山曰三台，中峰日月山高十数仞，迤南尽于资滨，小溪绕其麓。山之半坯土微起，高不尽四尺者，则公子慧寿墓也。

　　公子名葆贤，小字慧寿。幼颖异，不类凡儿，公奇爱之，人亦谓此子必世公之家。生十年而殇，实道光十一年九月十六日也。明年十一月瘗于此。公尝自书其事状及一时名人哀诔铭志之词著于小淹《陶氏谱》，而新化邓先生显鹤亦尝录其诗入《资江耆旧集》。嗟嗟！孺子何幸得此也。

　　公子死之八年，公薨于位。其年子桄奉丧归。明年余客公第，授子桄经，陶氏之党为余言公子者犹痛惜之。呜乎！世称公子早慧而善识道理如此，使不遽死而终以有成，宁独陶氏之赖耶？

　　初，公子死，公恸之甚，人谓如公子者宜勿以凡殇论，盍立后主其墓，公勉从之。公薨而所立者亦废，母夫人乃重以为公子哀也。一日命子桄乞余文其墓之碑。余谓：古人无为童子墓碑者，蔡邕虽尝为袁满来、胡根之碑，要近于不典，是不可为也。而桄蹙然，恐遂无以永其兄之墓者。嗟夫！天地寿于人，其消息变化之迹人无从窥之，吾乌知数千

---

　　① 据《年谱》，该文作于道光二十年。

百年，兹山之高者不颓然以污，溪之深者不更隆然以冈耶？而于墓乎何有！以公子纤形弱质，阅世近而取精未多，其犹有存诸冥冥之中者否耶？人死神气无所不之，藉有知也，亦徜徉游嬉于广莫之野而已矣，吾乌知其灵之必徘徊故乡，重恋此坵墟之藏耶？而亦于墓乎何有！虽然，人之用情固将无所不至，而托于文字者，可以起沦逸而传之无穷，吾又安能不思所以塞其悲也，作《三台山石墓记》授之。

抑余又有感焉，自余客此，颇习其乡里风土之故。大抵滨资数百里间狭乡田少，山农勤瘁鲜获，并力耕种尝忧贫，兹里之人顾多俯仰足自赡者。人言文毅名业烂然，乃其为德于乡亦甚厚也。《传》曰思其人犹爱其树，况其子乎？过公子之墓者，悄然念公之德而思致其爱于子焉，则斧斤之入，牛羊之践踏，吾知免矣。

饮和池记

轮挹河流上西城，傍堞迤行，东入节园。园西北阜叠石崚嶒，高逾仞，疑积石也。阜下抟泥沙，煅石为灰，剂为三池款之，静极明生，黄变为碧，如湘波然。绕澄清阁，供烹饪、汲饮、灌溉。暇游其上，谋目谋耳者应接靡暇，树石其发肤，风其态度，月其色，或作响如球钟，或涓涓如笙磬，则其声也。祷曰：河伯丐我多矣，其有以溉吾人民。池溢北出，少东，迤而南绕瑞谷亭，如经三受降城，曲折银夏间也。又南趋隆阜下，如出壶口，过龙门而面二华。渠中石起，上立数石，则砥柱然。遵射堂东而南，清流汩汩，注大池中，命曰"饮和"，与古之大陆何以异也？用工万九千余，皆亲军力，未役一民也。用钱五百余缗，使者之俸余也。弥月毕工，役之征缮之暇，未废事也。呼民取饮，则瓶罍瓢勺罂盘之属早具，乏者或以织柳之器来，或手匊而饮，老者、弱者、盲者、跛者群熙熙然知惠之逮我也。记此落之。凡有事于此者，条其衔名碑阴。

会宁县平政桥碑记①

　　逾陇而西，道出会宁，由县东张陈堡至古城翟家所，为车道所经。山冈逶迤，中惟坡埕，车行必于两山之隘。水从东来，入于隘中，左旋右薄，一里数曲。前车蓦坡，后车涉涧，盘折迂回，七十二曲，陟则为涂，降则为川。每夏秋山水骤发，泛溢汹涌，遇其冲激，摧折立致，叫号神明，末由挽救。冬春冰凌欲解，轮蹄滑汰，寸进尺退，一日之间数见倾陷，行者苦之。邵阳魏君光焘备兵平庆泾固，巡视斯道，良用恻然。请于余，率所部屯军循山凿石，□去廉利，填塞洼坎，起翟家所，讫张陈堡，于旧路北别开新路二十余里。又于董家沟、白家沟、古城子沟野水通川处建大桥三，黑耶沟建小桥一。尽岁俸所入以充用，率所部将士千数百人就工作，昼夜罔间。经始今年闰月，凡五阅月而功成。余闻而嘉之，命其桥曰"平政"，并为之记。

　　客有谓余曰：孟子平政之说，就役民言也。会宁之治道建桥，所役者军，公以此义当之，有说乎？余曰：惟其时耳。凡厥庶民修桥治道，力役有征，农隙为之，其常经也。若夫役不可已而民力不足举之，商旅俱病，又适当征调络绎，军书旁午，驿传攸经，而乃脱辐没踝，灾及行役，将若之何？会宁乱后，遗黎仅存。魏君慨民力之艰，不得已以屯军代役之，其恤民也。役师人之力修桥治道，师人欣然，如营其私，事以速蒇，军不知劳，其兵民之杂处相安抑可知矣。桥修道治，会宁休息有年，丁男蕃衍，足任斯役，异时缮其坍圮，补其缺坏，有不待催呼而自亟者，追维始事之功不益晓然平政之义矣哉！

　　襄是役者：总兵郑君连拔，副将杨君玉兴，副将武君万才，参将邓君高魁，例得并书。

---

① 秦翰才据原刻拓本辑录。文末原署"光绪二年十月记"。

新建通济门外石闸碑记①

秦淮源于句容、溧阳，西流至江南省城通济门外分两支：一沿城濠绕至江东桥入江，一由东水关入城，与珍珠河、青溪诸水会流，出西水关入江。春夏水涨，兼江潮灌输，朝夕不断。至秋冬水涸流停，舟楫难通，即汲饮亦皆秽浊，民甚病之，往昔官斯土者屡议疏瀹未果。

光绪七年，余奉命移节南下，首议大兴水利。饬江苏候补道王诗正沿江勘视源委，饬所部亲军及中军副将谭碧理、城守副将钟南英、署游击易玉林新兵各营鸠工。诗正议于中和桥下建立石闸，秋冬闭之蓄水；修复东西两水关闸板，相时启闭，开东关闸以灌清流，启西关闸以泄蓄水，涤除秽浊，便民吸饮烹饪，如是秦淮永无淤垫之患，而民气乐矣。余韪其议，命江宁盐巡道德寿总司其事，遴员勘估，鸠工庀材；命记名提督曹德庆督饬庆军营弁丁，开掘引河建闸；又命记名提督刘端冕、喻先知各率所部营勇助之。经始于光绪八年十月。讵土性松软，桩深至二尺余，鳞次密排，始能筑石。又兼天雨不时，诸将士日事畚揭，经营于烈风霾雨之中，劳瘁周一寒暑，至九年十二月而闸工始成，命曰"通济闸"。计长二十四丈，宽三丈六尺，高二丈六尺。闸门五道，上建屋五楹，存闸板，派员专司启闭。于是水源以清，又无碍舟楫，人称便焉。总计工料所需，为银四万数千两。督修者，江宁布政使梁肇煌也；总办工程者，江宁盐巡道德寿暨署盐巡道赵佑宸也；会办工程，则江苏候补道刘佐禹、礼部主事王金彝也；原估委员，见署扬州府、江苏候补知府黄波；工程提调委员，江苏候补同知李春藻也；监修委员，候补典史李章贵、何汉也。例得书名。

---

① 该文作于光绪九年十二月。

太常寺少卿徐公神道碑铭 并序①

公讳法绩，字定夫，晚自号熙庵，陕西泾阳人也。嘉庆十八年举于乡，逾四年成进士，改翰林院庶吉士。明年，授职编修，以亲老请急，家居十年，读书娱亲。亲丧服阕，补官。道光九年改江南道监察御史，寻转掌云南道监察御史。

时天下无事，中外晏安，言官多计资待擢，希言时政得失。公屡疏言国家大计，在求人才，捐文法，重守令，严绳贪墨。因劾疆吏不职者两人，风采甚著。宣宗异之，召对称旨，擢刑科给事中，命稽察银库。库丁多大猾，每隐匿官帑，所司不问，亦不知其弊所在。故事，稽察银库，给事中、御史满汉各一员。上库时或入丁贿，即不（服）〔复〕检校。十二年春，公分校礼部试，库丁乘隙贿同事者某，隐云南解部银四十余万两，公出亟按之，奸谋遂沮。嗣是部库大狱兴，御史有以赃败者，讞词多连，惟无一语及公。

其年秋，公以礼科掌印给事中主湖南乡试。特诏考官搜遗卷，副考官胡以疾卒于试院，公独校五千余卷，得士如额。解首为湘阴左宗植，搜遗所得首卷为左宗棠。榜吏启糊名，监临、巡抚使者吴公荣光避席揖公，贺得人，四座惊叹。

时议重治河，诏选中朝有望实者赴两河习方略。公赴东河工所，昼亲畚锸，与河壖老卒处，讨论琐屑。夜画图册，计道里，凡河形曲折，流势缓急，宣防之宜，一一箸录。暇成《东河要略》一篇，闻于时。河工官吏务侵牟，所领巨帑先实私囊，习为豪靡。馈遗甚丰，公一无所受。东河总督尝从容为公言："此俗例耳，拒之无以顺人情。"公笑不

应。年余，宣宗念公，以太常少卿内召，还朝补官。召对毕，上语大学士曹公振镛，深叹异之。向用方殷，会疾大作，解官。

十五年春归泾阳，以十七年八月七日终于泾阳里第，春秋四十又八。子正谊奉公丧葬于泾阳村西之原，卯首西趾。同治八年门下士左宗棠督师西征，驻节长安，距公之殁已三十二年矣。正谊亦先卒，公长孙韦佩以举人从征，暇奉公状征铭。

铭曰：昔在中叶维庆光，日中月盈时太康。文恬武嬉乐已荒，孰饬簋簋陈纪纲？先生有道出羲皇，黄门三疏何琅琅。帝曰俞哉臣之良，众正俯首师汝昌。有沮之者言如簧，谓宜明试勤宣防。九河禹迹穷芒芒，习坎匪险吾道藏。关节不到清以强，河伯弭伏蛟蛇藏。帝思前席久不忘，河壖起官贰太常。乞身归卧泾之阳，岁禄振乏谋发棠。收恤里族恭维桑，清心惠问史牒彰。我来自东征戎羌，持节度陇瞻公乡：墓门宰树森成行，遗阡岿然妥平冈。小子有述慎且详，樵采讥禁世秦望，泾山高高泾水长。

张叔容墓碣^①

叔容名起毅，湘潭张氏。父声玠，字玉夫，先余一年举于乡，同试礼部，同放归，相得甚欢，复同婿于湘潭辰山周氏。玉夫之配茹馨夫人，余妻弟也。余与玉夫时皆贫甚，同居周氏桂在堂西，两宅中隔一院。两人旅食于外，每腊归，辄设茗酒相温，出箧中文字共评之，或道时务所宜为者，谐谑间作，嬉醉跌宕，兴甚豪渐。顾玉夫所生三儿，已参差绕坐矣。叔容于兄弟次三，朗慧可爱。余时未举子，尝抱叔容戏语玉夫："盍以此乞我？"辄相顾而笑。后数年，玉夫谒选，以知县发直隶，权元氏县事，茹馨夫人挈所生三儿及前室子起新赴之。余前已移家湘阴，治田柳庄，两家相距数千里，音问遂疏。道光二十七年，玉夫病卒保定，叔容同母兄文保、弟癸保未二十日相继而殇，茹馨夫人扶其丧并棺载二子归辰山。余吊之长沙舟中，哀之甚。见叔容甫九岁，已能读书，又颇用为慰。

咸丰二年，广西金田贼窜湖南，攻长沙，茹馨夫人携叔容及其兄起新避寇来柳庄。余方徙居湘东白水洞，诛茅筑屋，为自保计。亲党多从避乱，叔容兄弟与焉。居未定，当事礼余入长沙守城，嗣赴武昌，回长沙，皆居戎幕治兵事。虑诸儿遭乱失学，延师课之。叔容尝与儿子孝威、孝宽读书山中。既徙居长沙，叔容兄弟亦同来，岁一归宁其亲而已。起新旋附县学籍，叔容试辄黜，余索所作文字观之，又未尝不佳也。八年，叔容辞我去，余强其留不可得，心常念之。一日遇辰山急足至，报我叔容溺死矣，伤哉！

叔容内敏外朴，寡言笑，锐志为有用之学。童年从母读书，即知古

---

① 该文作于咸丰十年春。

人必可学。言动如礼，无子弟之过。居山中五年，日课毕，尽发余家藏书观之，有所得辄一一劄记，夜分不寐，所然膏烛倍他人。尝以巨木箧自随，启闭甚密，殁后起新发之，所抄经史及己意论列者为文数十万，均甫有端绪。近更留意方舆之学与时务所宜先者，规画甚大，深自韬匿，不以示人，人亦莫能窥其涯际，闻时事艰危，辄闷损累日。闲寄诸歌诗以见志，多可诵者。尝自以《易》推其命，谓九年六月二十八日当大凶。恐母知之，书而扃诸箧。果以是年月日堕园池死。死时夜黑，池水尽沸，园中若呜呜有声。墙外人知有异，排门入视，不敢近。比舅家兄弟毕集，举火照之，则叔容半身立池中，面微俯，手握书一卷。胸头气犹温，百方救之，竟不复活矣。

叔容死时年才十九。所著诗古文词及制义律赋数百首，起新录以视余。十年春，将祔葬叔容于元氏君墓侧，余为选其文刻之，并铭其墓，俾世知蕴奇负异可必其成，成必远乎侪俗，如叔容者竟郁郁强死为可悼惜，亦知余之悲叔容者非仅亲党之私也。

呜呼！以叔容之早慧勤学如此，未见其止而遽死，死且不以其理，胡天生之艰而厄之惨耶？抑所谓数不可违者固有之耶？噫！

铭曰：貌癯而鬑准高垂，眉疏锐下削两颐。低头行迟有所思，读书彻旦声唔咿。少小奇伟刊浮词，穷探奥妙如渴饥。珠树未实先凋萎，生儿欲可将安为？呜呼！叔容与鬼嬉。吾思尔，尔宁知之？

亡妻周夫人墓志铭①

夫人湘潭周氏，名诒端，字筠心。年十九，余兄中书君以赠光禄公遗命，聘为余室，盖议婚有年矣。道光十二年八月，余以贫故赘于周。与夫人生齐年，至是皆二十一岁。婚未逾月，湖南省试名录至，余忝乡举。其冬会试北行，有讹言半道病剧者，夫人微有所闻，忧思成疾。迨得南归之耗忧始解，然肝气上犯之证则迄不愈。逾年长女生。余居妇家，耻不能自食，乞外姑西头屋别爨以居。比三试礼部不第，遂绝意进取。每岁课徒自给，非过腊不归。夫人与妾张茹粗食淡，操作劳于村媪。

道光二十三年，余举积年脩脯买田柳庄，明年移居湘上，此为有家之始。又三年长子孝威生，夫人虽爱怜之甚，然自能言以后，教必以正。儿甫三岁，即削方寸版书千文，日令识数字，检前人《养正图》为其讲释，坐立倾欹，衣履不整，必呵之。常时敛衽危坐读书史，香炉茗碗，意度翛然。每与谈史，遇有未审，夫人随取架上某函某卷视余，十得八九。自患肝疾后尪弱善病，斋食日多，非祭祀、宾客不杀鸡鹜。朔望分肉，必先婢媪。见贫苦残废必思所以周之。仆媪受雇久辞归，临行无不感且泣者。柳庄地近湖墙；西北文泾港，《水经》所称门径口者也。道光末，沅、湘、资连岁盛涨，饥民多取道门径口赴高乡求食，络绎过柳庄，夫人散米表食并丸药乞病者。

咸丰二年秋，粤寇犯长沙，举家避居白水洞，亲故多就之。余旋以当事礼赴戎幕，昼夜调军食，治文书，以暇宁家者岁不过数日，山中诸务一委之夫人从容就理。比湖南抚部骆文忠公、湖北抚部胡文忠公功余迁居长沙，为醵金买屋，乃得司马桥今宅居焉。

九年冬，湖广总督某公以骆文忠劾永州镇总兵樊燮之嫌，谓疏出余手，嗾樊上诉，词连余。余辞骆北行，将直之于朝，胡公固止勿行。返长沙，与夫人谋将老于柳庄，夫人喜谓："从此庶免婴世网矣"。未十日，文宗命以四品京卿襄办今大学士、侍郎曾公军务，乃募军长沙，率以东征。自是转战江西、皖南，定浙江，移军而闽，复漳州、龙岩。时余已由太常寺卿抚浙，督闽浙，封一等伯，复奉命节制广东、江西，尽歼粤寇于嘉应丰顺之黄沙嶂。班师还闽，夫人率家人省余福州，相见呜咽久之，诚不意有聚晤之一日。

无何西事急，余奉移督陕甘之命，总师西发。行至夏口，适夫人挈家累返长沙航海东来，复得一晤。余登舟饯别，慨后会之难期，夫人亦凄然相对，勉以吉语慰藉，而孰知此别即终古也。

余以寒生骤致通显，自维德薄能浅，忝窃已多，不欲以利禄为身家计。又念吾父母贫约终身，不逮禄养，所以贻妻子者诚不忍多有所加。廉俸既丰，以输之官，散之军中，公之族郰乡邦，每岁寄归宁家课子者不及二十之一，夫人安之若素。书来每询军中苦乐、饷粮赢缩，不以家人生产琐屑恩余。虽频年疾病缠绕，于药品珍贵者概却勿进。儿辈多方假贷，市以奉母，不敢令母知也。呜呼！妇人适人，由穷苦而充裕，患难而安荣，虽贤知鲜不移其志。若夫人黾勉同心，初终一致，已非寻常所能，矧其心之所存尚有进于此者！衰老余年，不遑启处，失兹良助，内顾堪虞，而谓能已于悲乎？

夫人生于嘉庆十七年五月二十一日，殁于同治九年二月初二日，春秋五十有九。子男四：孝威、孝宽、孝勋、孝同。孝威，同治元年举人，承三品荫，蒙恩特赏主事；孝宽，县学生，议叙主事。女四：孝瑜、孝琪、孝琳、孝瑸。孝瑜适按察使衔四川候补道员安化陶桄；孝琳适江西知县湘潭黎福昌；孝瑸适湘潭从九品周翼标，周氏婿殁，孝瑸忧念成瘵，先母七日而逝，夫人伤之，肝疾大作，遂不起。孙三：长念谦，次、三甫生数月。长、次两孙孝威所出；孝威，夫人出也。

余方督师剿逆回，驻节平凉，军中不可持私服，长沙赴至，乃书此塞余悲。饬威、宽卜壤湘阴东数十里玉池山外营母葬，虚左穴以待我。志夫人墓，亦所以自志也。

铭曰：珍禽双飞失其俪，绕树悲鸣凄以厉。人不如鸟翔空际，侧身南望徒侘傺。往事重寻泪盈袂，不获凭棺俯幽窀。人生尘界无百岁，百岁过半非早逝，况有名德垂世世。玉池山旁泪之澨，冈陵肬肬堪久憩。敕儿卜壤容双榰，虚穴迟我他年瘗。

云贵总督张公墓志铭①

　　公讳亮基，字采臣，号石卿，江苏徐州府铜山县人。道光中，林文忠公应诏举贤良，首荐公，由郡守一岁三迁，授云南巡抚。咸丰元年辛亥入朝，召见者凡十五，陛辞后，奉诏兼云贵总督。厥后，扬历封疆几二十年，抚山东，督湖广，三至云贵。及公薨，湖南绅民追念公守长沙功，于是相与合词吁大吏，请奏建专祠，天子许焉。

　　公少负经世才，道光甲午科举人，援例为中书，京察一等，迁侍读。初授云南临安府知府，一年郡内大化。调守永昌，治如临安。其由滇调抚湖南也，发逆陷道州，围长沙。公行次闻警，率兵驰至城下，縋而入。贼攻城急，垂陷者再，力御之。八十余日，贼退，陷武昌。而浏阳土匪起，复掩捕覆其巢。事定，奉命署湖广总督。时武昌初复，公未半年，民气以苏。甲寅三月，调抚山东，值发逆犯临清，公以部卒千八百人再战再破之。而经略某公嫉厥功，以索犒师银不得，遂密疏入，公坐是得罪，戍军台。明年召还，会兰、仪河决，命查河道。疏陈三策，报可。迨丙辰云南汉、回煽乱，列郡残破，督部某公惧祸自裁，公奉命往办军务，遂抚滇，旋授总督。日集将士，议剿抚策。总兵褚克昌谓：回祸起于迤西，西回不平，乱不已。公韪其议，属以西征。转战数百里，克昌殁。公闻报，愤急，患咯血疾以归。今天子御极之初元，复奉命入滇，将至蜀，而滇之提督林自清纠众入川，势将为乱，川督飞章入告，请公解援。公斩其悍将二人，余众骇散。将至黔，黔之提督田兴恕与西人不协，上命赴川，听处分，不即行。公驰谕兴恕，始解印以去。于是复以公为贵州巡抚兼提督，越五年，以吏议归。贵州军兴以来，屯

---

　　① 据林绍年编《张制军年谱》（清光绪三十一年刻本）。原题"诰授光禄大夫、兵部尚书、都察院右都御史、云贵总督张公墓志铭"。该墓铭盖作于同治十年。

军数万,仰食邻省。及公再至,兵赢饷竭,已知时事不可为,然犹力筹全局,慷慨疏陈,蹶而复振,至于再三,而卒赍志以终。呜呼!其可悲也已。

公幼以孝闻,廉介,寡嗜好。晚岁喜作楷,手抄《十三经》,惟《礼记》未竟,疾作遂绝笔。初以中书从文恪公办祥符河工,却河员馈金,未尝告人。后见林文忠,出示日记,详载其事,既乃叹,受知文忠盖自此始。公豁达明敏,善知人,所荐胡文忠、江忠烈、塔忠武、罗忠节咸为一代名臣。今者黔疆削平,公不及见矣,然在事诸人半出公门下,则知中兴之业固有自也。

公曾祖栋,祖元禄,以武职起家。父泰道,廪贡生,官直隶永定河道。以公贵,封赠皆如例。公生嘉庆十三年三月初八日,同治十年四月十七日薨于扬州,年六十五。初娶杨夫人,生子一,向宸,三品荫生,通政司经历,刑部主事,候选道;女一,适山西何福奎,辛亥举人,陕西宁羌县知县。继娶汪夫人,生子三:光宸,候选道;翊宸,候选郎中;拱宸,候选同知。女二:一适山西贾璜,候选郎中;一未字。孙五:祖启、祖祐、祖厚、祖良、祖武。孙女三。同治十年四月二十九日,归葬于象山新阡,杨夫人合葬焉。

宗棠,湘人也,辱公一日之知,佐幕府,守危城。今公子向宸不远数千里,乞铭幽之文,乃为铭曰:云龙苍苍,灵异潜藏。笃生我公,其道大光。以臣事君,大臣之义。出入三朝,惟力是视。帝有褒言:能谋能断。孰坏长城,英雄浩叹。当时部曲,为名将相。瞻望南天,甘棠万丈。

天山扶栏铭

天山三十有二般，伐石贯木树扶栏。谁其化险贻之安？嵩武上将唯桓桓。利有攸往万口欢，恪靖铭石字龙蟠。戒毋折损毋钻刓，光绪二年六月刊。

祭胡文忠公文^①

　　我生于湘，公产于资，岁在壬申，夏日、冬时。詹事、文学，读书麓山，两家生子，举酒相欢。我甫逾冠，获举于乡，见公京师，犹蹀文场。纵言阔步，气豪万夫，我歌公哼，公步我趋。群儿睨际，诧为迂怪，我刚而褊，公通且介。谐谑杂遝，不忘箴言，庭诰相勉，道义是敦。公官翰林，我蛰乡里，中间契阔，盖数稘耳。公守黔中，我居婿乡，岁比不登，盎无余粮。使来自黔，缄金贶我，欣欣度腊，返券举火。

　　道、咸之交，盗起苍黄，红巾白梃，逾岭下湘。我治军书，入居湘幕；公帅湘人，建牙于鄂。六七年间，湘固鄂完，我司其隐，公任其难。江汉滔滔，用武之国，公总上游，以规皖北。前罗后李，楚之良也，公帅以听，位高心下。曾侯觥觥，当世所宗，公与上下，如云如龙。养士致民，恤农通商，敛此大惠，施于一方。我方忧谗，图隐京门，晤公英山，尊酒相温。公悯我遭，俛焉若盦，忧蕴于中，义形于色。我反慰公，何遽至此？天信吾道，犹来无止。流连经时，辞公返湘，有命自天，襄事戎行。载旆东徂，数挫贼氛，公闻则喜，谓我能军。我尝戏公：吾岂妄耶？忧虞方殷，谬语相夸。安庆既下，黄州随之，桐、舒叠克，复徽与池。贼萃吴越，犹痈敛口，协力并规，庶歼群丑。

　　何图我公，积劳成瘵，中兴可期，长城遽坏。书来诀我：劳者思憩，君等勉旃，吾从此逝。启函涕零，亟致良药，苍头驰赍，七日至鄂。使还告我，详讯寝食。公卧射堂，屏退妇稚。血尽嗽急，肤削骨

---

　　① 据梅英杰《胡文忠公年谱》，胡林翼于咸丰十一年八月卒于武昌。是年《答李希庵书》云："祭润公文一首附览，不自知辞之哀也。"

峙，频闻吉语，笑仅见齿。鼎湖龙去，攀号不遂，以首触床，有泣无泪。呜呼公乎，而竟已矣！彭、殇、渊、蹶，均之一死。况公名业，震今铄古，绛、灌无文，随、陆无武。劳臣斯瘅，殁乃暂逸，委形观化，祛烦已疾。君子曰终，得正斯可，以此哀公，公应笑我。

悠悠我思，不宁惟是。交公弱年，哭公暮齿。自公云亡，无与为善，孰拯我穷，孰救我褊？我忧何诉，我喜何告？我苦何怜，我死何吊？追维畴昔，历三十年，一言一笑，愈思愈妍。公之嗣子，我外孙夫，今我于外，罔恤其孤。公之先茔，屡思改卜，执绋未能，莫相负筑。遗文无多，可以饷蠹；章疏琅琅，关系国故。当以暇时，为之校删，上之史馆，藏之名山。我当力战，罔敢定居，以终公志，以实公誉。倘遂生还，梓洞、柳庄，当展公墓，兼省福郎谓公嗣子。灵辀西返，不获走送，陈词酹酒，聊以志恸。有酒如池，有泪如丝，尽此一哀，公其鉴兹。

诗

癸巳燕台杂感八首①

世事悠悠袖手看，谁将儒术策治安？国无苛政贫犹赖，民有饥心抚亦难。天下军储劳圣虑，升平弦管集诸官。青衫不解谈时务，漫卷诗书一浩叹。（其一）

纥烈全金功亦巨，李悝策魏术非疏。公孤自有匡时略，灾异仍来告氽书。不惜输金筹拜爵，初闻宣檄问仓储。庙堂衮衮群英在，休道功名重补苴。（其二）

西域环兵不计年，当时立国重开边。橐驼万里输官稻，沙碛千秋此石田。置省尚烦它日策，兴屯宁费度支钱？将军莫更纡愁眼，生计中原亦可怜。（其三）

南海明珠望已虚，承安宝货近何如。攘输呰俗同头会，消息西戎是尾闾。邾小可无惩蛮毒，周兴还诵《旅獒》书。试思表饵终何意，五岭关防未要疏。（其四）

湘春门外水连天，朝发家书益悯然。陆海只今怀禹迹，阡庐如此想尧年。客金愁数长安米，归计应无负郭田。更忆荆沅南北路，荒村四载断炊烟。（其五）

青青柳色弄春晖，花满长安昼掩扉。答策不堪宜落此苏句，壮游虽美未如归。故园芳草无来信，横海戈船有是非。报国空惭书剑在，一时乡思入朝饥。（其六）

已忍伶俜十年事杜句，惊人独夜老雅声。一家三处共明月，万里孤

① 癸巳，道光十三年。

灯两弟兄。北郭春晖悲草露，燕山昨日又清明。宵深却立看牛斗，寥寞谁知此际情。（其七）

二十男儿那刺促长吉句，穷冬走马上燕台。贾生空有乾坤泪，郑繁元非令仆才。洛下衣冠人易老，西山猿鹤我重来。清时台辅无遗策，可是关心独草莱？（其八）

二十九岁自题小像八首①

犹作儿童句读师，生平至此乍堪思。学之为利我何有？壮不如人他可知。蚕已过眠应作茧，鹊虽绕树未依枝。回头廿九年间事，零落而今又一时。（其一）

锦不为帱自校量，无烦詹尹卜行藏。君王爱壮臣非老，贫贱骄人我岂狂。聊欲弦歌甘小僻史馆誊录，积劳得叙，例与一令，谁能台省待回翔？五陵年少劳相忆，燕雀何知羡凤皇。（其二）

只恐微才与世疏，圣明何事耻端居。河渠贾让原无策，《盐铁》桓宽空著书。学道渐知箴快犊，平情敢妄赋枯鱼。幽闲岁月都无累，精舍优游乐有余。（其三）

十数年来一鲜民，孤雏肠断是黄昏。研田终岁营儿哺父授徒长沙先后廿余年，非脩脯无从得食，糠屑经时当夕飧嘉庆十二年，吾乡大旱，母屑糠为饼食之，仅乃得活。后长姊为余言也。伤哉。五鼎纵能隆墓祭，只鸡终不逮亲存。乾坤忧痛何时毕，忍属儿孙咬菜根。（其四）

机云同住素心违，堪叹频年事事非。许靖敢辞推马磨，王章犹在卧牛衣。命奇似此人何与，我瘦如前君岂肥。来日连床鸡戒晓，碧湘宫畔雨霏霏兄所居，五代马氏碧湘宫废址也。（其五）

九年寄眷住湘潭，庀下栖迟赘客惭。娇女七龄初学字，稚桑千本乍堪蚕。不嫌薄笨妻能逸，随分齏盐婢尚谙。赌史敲诗多乐事，昭山何日共茅庵素爱昭山烟月之胜，拟买十笏地，它日挈孥老焉。（其六）

旅馆孤怀郁不舒，屋梁见月更愁余。可怜禽鸟犹求友，独隔关山只寄书。楚泽凉风吟别夜，燕台斜日恶归初。安能飞梦四千里，人海茫茫

一执裾。（其七）

　　唐初身判原无格，汉室侏儒例免饥。仕宦何心争速化，人材似此不时宜。秋山缀石灯前影，春笋闻雷颌底髭。只待它年衰与老，披图聊得认参差。（其八）

感事四首①

爱水昏波尘大化，积时污俗企还淳。兴周有诰拘朋饮，策汉元谋徙厝薪。一怒永维天下祜，三年终靖鬼方人。和戎自昔非长算，为尔豺狼不可驯。（其一）

司马忧边白发生，岭南千里此长城。英雄驾驭归神武，时事艰辛仗老成。龙户舟横宵步水，虎关潮落晓归营。书生岂有封侯想，为播天威佐太平。（其二）

王土孰容营狡窟，岩疆何意失雄台。痴儿盍亦看蛙怒，愚鬼翻甘导虎来。借剑愿先卿子贵，请缨长盼侍中才。群公自有安攘略，漫说忧时到草莱。（其三）

海邦形势略能言，巨浸浮天界汉蕃。西舶远逾师子国，南滇雄倚虎头门。纵无墨守终凭险，况幸羊来自触藩。欲效边筹裨庙略，一尊山馆共谁论？（其四）

---

① 按《年谱》：道光二十一年，"英人据香港，总督琦善逮问。官军战，数不利，夷船进逼广州。公闻之，为《感事》诗四章以寄愤。"

秋日泛舟泉湖作①

　　我心如白云，舒卷无定着。身世亦如此，得泊我且泊。昔岁来兰州，随槎想碧落。黄河横节园，牛女看约略。以槎名其亭，南对澄清阁。走笔题"一系"，乡心慰寂寞。今我访酒泉，异境重湖拓。杖摘出新泉，堤周三里廓。洲渚妙回环，树石纷相错。渺渺洞庭波，宛连湘与鄂。扁舟恣往还，胜蹑游行屏。邦人诧创见，旁睨喜且愕。吾党二三子，时复举杯杓。

　　频年南风竞，靖内先戎索。出关指疏勒，师行风扫箨！强邻壁上观，殚伏一丘貉。老我且婆娑，勉司北门钥。桓桓夫子力，盛美吾敢掠？西顾幸无它，吾归事钱镈。水国足鱼稻，笋蕨耐咀嚼。梓洞暨柳庄，况旧有丘壑。一舸酹飞仙，有酒盈陂泺。不饮酒不溢，十日饮不涸。仙来笛悠扬，我来歌且咢。丰年醉人多，仙我共此乐。他年倘重逢，一笑仍凫诺。

---

　　① 左宗棠以光绪三年四月抵肃州（酒泉）。据诗云："老我且婆娑，勉司北门钥。""出关指疏勒，师行风扫箨。"该诗盖作于受命为钦差大臣督办新疆军务，指挥湘军收复南八城之时，时当光绪三年秋。

题 《疏勒望云图》①

　　男儿有志在四方，欲求亲显须名扬。目来尽忠难尽孝，征人有母不遑将。

　　提戎自少贫且贱，学书不成去学剑。膂力刚强原过人，手挽乌号长独擅。适值潢池盗弄兵，东南半壁烽烟横。我时陈师扫群丑，三千貔虎屯长营。提戎牵裾别慈母，誓志从戎来江右。隶我军籍随我征，勇气百倍无与偶。浙闽东粤及秦中，转战所向皆有功。戎马驰驱度西陇，勋名懋著何英雄！嗣后回酋肆猖獗，我复出关持节钺。提戎敌忾效前驱，马蹄蹴破天山雪。万里遄征久未归，远羁疏勒隔庭闱。登亭南望一翘首，多情时逐白云飞。云弥高兮不可步，亲舍迢遥渺何处？边塞秋风匝地寒，吹起心旌无定住。迩年捧檄来闽疆，絜养犹然憾未遑。同是异乡空陟岵，此怀绵邈长更长。

　　嗟呼举世趋薄俗，每以途人视骨肉。提戎雅有至性存，尚有一言为尔勖：我今解组老归田，不忘魏阙心犹悬。海防善后事孔急，将士还须猛着鞭。提戎素来禀慈训，身受君恩逾感奋。终当移孝作忠臣，为我国家扶厄运！

　　桂舲大兄提戎从余定回疆，驻军疏勒，将母不遑，因结屋数椽，榜曰"疏勒望云"。复图之索题，爰赋七古志之。

---

① 秦翰才据《疏勒望云图题咏》辑录。该诗作于光绪十一年六月。

左宗棠年谱简编

说明：

（一）本简编以阴历（括弧内为阳历）为时间顺序，逐条记事：内容以左宗棠活动为主线，旁及与其有关的重要史实。

（二）简编内所记左宗棠的年龄均为周岁。

清仁宗嘉庆十七年　壬申（1812）左宗棠诞生

十月初七（11月10日），生于湖南省湘阴县左家塅，父亲左观澜年三十五岁，是一个以教读为生的下层知识分子，当时正在长沙岳麓书院读书。

嘉庆二十年　乙亥（1815）　三岁

随祖父左人锦在湘阴家中读书。

嘉庆二十一年　丙子（1816）　四岁

左观澜挈全家迁居长沙，设馆授徒，左宗棠与长兄左宗棫、次兄左宗植均从父读书。

嘉庆二十二年　丁丑（1817）　五岁

始读《论语》、《孟子》。

九月，祖父左人锦去世。

嘉庆二十五年　庚辰（1820）　八岁

父亲教以制艺。

七月（8月），嘉庆皇帝死，旻宁即帝位，改元道光。

道光三年　癸未（1823）　十一岁

始学书法，临摹《北海法华寺碑》帖。

二月，长兄左宗棫病故。

道光六年　丙戌（1826）　十四岁

应童子试。

次兄宗植任新化县训导。

道光七年　丁亥（1827）　十五岁

五月，应府试，列第二。因母病，未参加院试。

十月，母余氏卒。

道光九年　己丑（1829）　十七岁

好经世致用之学，熟读《皇朝经世文编》，尤好顾炎武《天下郡国利病书》、顾祖禹《读史方舆纪要》及齐召南《水道提纲》。

道光十年　庚寅（1830）　十八岁

正月，父亲左观澜病故。

十月，江宁布政使贺长龄丁母忧归，宗棠为贺赏识，许为"国士"，向贺家借阅各种图书。

道光十一年　辛卯（1831）　十九岁

在长沙城南书院从贺长龄之弟贺熙龄读书，赖书院膏火以佐食。

道光十二年　壬辰（1832）　二十岁

四月，捐得监生，应本省乡试，正考官为都察院掌印给事中徐法绩，中第十八名举人。

八月，就婚湘潭周家，娶周诒端为妻，年二十。岁末，与仲兄宗植北上参加会试。

道光十三年　癸巳（1833）　二十一岁

正月，至北京。写成组诗《燕台杂感》，关注新疆形势。四月，会试放榜，落第南归。上书徐法绩，表示要讲求经世之务。回乡后，将其父遗产都给予侄儿世延，自己寄居湘潭妻家。

八月，长女孝瑜生。

道光十四年　甲午（1834）　二十二岁

十二月，次女孝琪生。

道光十五年　乙未（1835）　二十三岁

第二次参加会试，仅取为眷录。经湖北樊城南归。

道光十六年　丙申（1836）　二十四岁

居住湘潭辰山周家，研究地理，绘制全国分省地图。纳妾张氏。

道光十七年　丁酉（1837）　二十五岁

主讲醴陵渌江书院。两江总督陶澍过醴陵，倾谈竟夕，与订交而别。

八月，三女孝琳生。九月，四女孝瑸生。

冬，北上第三次参加会试。

道光十八年　戊戌（1838）　二十六岁

第三次参加会试，落第，南下至江宁，谒陶澍于两江总督衙署。

始留意农事，读农书，并作《广区田图说》，又抄录各省通志。

闰四月，鸿胪寺卿黄爵滋奏请严禁鸦片。十一月，林则徐受命为钦差大臣，赴广东禁烟。

道光十九年　己亥（1839）　二十七岁

正月，林则徐至广州。四月，于虎门销毁鸦片。

六月，陶澍病死于江宁，丧归，贺熙龄致书左宗棠，嘱其教陶澍子陶桄。

道光二十年　庚子（1840）　二十八岁

至安化，就馆于陶家。

五月，英舰封锁广州，鸦片战争爆发。六月，英军攻陷定海。七月，英舰驶至大沽口外。九月，林则徐被撤职，琦善任两广总督。十二月，英军攻陷大角、沙角炮台。

在陶家研读昔日海防记载。数次贻书贺熙龄，论战守机宜。

道光二十一年　辛丑（1841）　二十九岁

清军在前线屡败；左宗棠作感事诗四首，以抒愤懑。

八月，英军攻陷浙江定海、镇海、宁波，左宗棠益忧之。

道光二十二年　壬寅（1842）　三十岁

七月底，清廷与英国签订丧权辱国的《江宁条约》十三款。

闻讯愤极，欲买山而隐。

道光二十四年　甲辰（1844）　三十二岁

秋九月，自湘潭前往湘阴柳家冲居住，自号"湘上农人"。

道光二十五年　乙巳（1845）　三十三岁

在陶家读时人论著甚多。

道光二十六年　丙午（1846）　三十四岁

在柳庄种茶、种树。

八月，长子孝威生。

十月，贺熙龄去世。

道光二十七年　丁未（1847）　三十五岁

四月，次子孝宽生。八月，长女孝瑜嫁安化陶桄。

道光二十八年　戊申（1848）　三十六岁

湘阴发生水灾，家人皆病。

道光二十九年　己酉（1849）　三十七岁

在长沙设馆授徒。

十一月二十一日（1850 年 1 月 3 日），与林则徐会见于长沙湘江舟中,彻夜长谈。

道光三十年 庚戌 (1850)   三十八岁

正月,道光皇帝死,奕詝继位,改元咸丰。

八月上旬,天地会起义军逼近广西桂林。九月,咸丰皇帝下旨,以林则徐为钦差大臣,从福州赴广西镇压。十月,林病死于广东普宁县行馆。

十二月十日 (1851 年 1 月 11 日),洪秀全等在广西桂平县金田村起义。

咸丰二年 壬子 (1852)   四十岁

四月十六日 (6 月 3 日),太平军占领全州,向湖南进军。二十三日,在蓑衣渡被江忠源击败,南王冯云山中炮战死。七月二十七日 (9 月 10 日),西王萧朝贵率部抵长沙城下。

八月,左宗棠从柳庄迁往湘东白水洞以避;应新任湖南巡抚张亮基之聘,随其入长沙城。

十月,太平军从长沙撤围北上。

十一月,左筹画镇压浏阳"忠义堂"(即征义堂)起义。

咸丰三年 癸丑 (1853)   四十一岁

正月,随张亮基往湖广总督衙门,二十二日 (3 月 1 日),至武昌。

二月十日 (3 月 19 日),太平军攻克南京。

三月,三子孝勋生。六月,与张亮基赴黄州(今湖北黄冈)。九月,张亮基调山东巡抚,左宗棠辞归,二十三日 (10 月 25 日),至湘阴。

咸丰四年 甲寅 (1854)   四十二岁

二月,西征之太平军攻克岳州、湘阴,左全家避居白水洞。三月,应湖南巡抚骆秉章聘,再入幕府,并送家眷至湘潭。

六月,太平军退出岳州。

八月,湘军攻占武昌、汉阳。十一月,湘军东进,直扑九江城外。十二月,太平军在湖口击败湘军水师。

咸丰五年 乙卯 (1855)   四十三岁

正月，湘军再败于九江。二月，太平军第三次克复武昌。八月，清军大败于汉口、汉阳。

左力主援江西。

咸丰六年　丙辰（1856）　四十四岁

二月，刘长佑、萧启江从湖南援江西。清廷任左宗棠为兵部郎中。

八月，太平天国发生"天京事变"。

九月，英军进攻广州，发动第二次鸦片战争。

咸丰七年　丁巳（1857）　四十五岁

全家自湘阴柳庄移居长沙司马桥。九月，四子孝同生。

十一月十五日（12月30日），英、法联军攻占广州。

咸丰八年　戊午（1858）　四十六岁

四月，英、法联军攻占大沽炮台。沙俄通过逼迫清廷签订的《瑷珲条约》，夺去黑龙江以北六十万平方公里土地。

五月，中英、中法《天津条约》签字。

九月，经骆秉章保举，清廷加左四品卿衔。

咸丰九年　己未（1859）　四十七岁

二月，石达开率军入湖南，左急调兵截堵。

十二月，因樊燮案，离开湘抚幕府。

咸丰十年　庚申（1860）　四十八岁

正月，自长沙出发，拟赴北京参加会试。三月，至襄阳，为胡林翼劝阻。乘船由汉水、长江至英山、宿松，会见胡林翼、曾国藩。五月，返抵长沙，召募五千人。六月，在长沙城南金盆岭操练成军，号"楚军"。

七月，英、法联军焚烧北京圆明园。

八月初八日（9月22日），率军从长沙出发，取道醴陵入赣。十一月，攻占江西德兴、婺源，败太平军于景德镇。

咸丰十一年　辛酉（1861）　四十九岁

三月，败太平军李世贤部于乐平。五月，任太常寺卿，奉命入浙，六月，至皖南婺源。

七月，咸丰皇帝病死。八月一日（9月5日），湘军攻占安庆。

十一月二十八日（12月29日），太平军攻破杭州。十二月，清廷擢左为浙江巡抚。

同治元年　壬戌（1862）　五十岁

正月，左军从皖南越岭入浙江开化县境，占领开化、马金街。二月，复北占遂安，以固后路。三月，亲自率军南下江山，败李世贤于清湖。

三月，太平军杨辅清部南攻遂安，左自常山回援。五月，再回军衢州。六月，调魏喻义一军驻马金街、昏口，以蔽皖南。十月，上书清廷，主张对中外混合军"稍加裁抑，予以限制"。

同治二年　癸亥（1863）　五十一岁

正月，清军攻占汤溪、金华府城及兰溪、诸暨等县。左自金华驻严州，令刘典、王文瑞防皖南后路。二月，在严州接见中法混合军头目德克碑。四月，清廷任左为闽浙总督，仍兼浙江巡抚。八月，攻占富阳。

十月，淮军攻占苏州，太平军慕王谭绍光死难。

十二月，致书宁绍台道史致谔，提出自造轮船的设想。

同治三年　甲子（1864）　五十二岁

二月，攻入杭州城。清廷加左太子少保衔，赏穿黄马褂。左进入杭州城。

四月，洪秀全病逝于天京。六月十六日（7月19日），天京为湘军曾国荃部攻破。九月，太平军侍王李世贤、康王汪海洋部进入福建，闽中大震。

九月，左调各军入闽，受封为一等伯爵。仿造轮船，试行于西湖。

十月，自杭州经金华、衢州南下。

十二月，中亚浩罕野心家阿古柏入侵我国新疆南部。

同治四年　乙丑（1865）　五十三岁

四月十五日（5月9日），至福州。二十一日（15日），清军攻占漳州。五月，至漳州。六月，奏请在福建改行票盐。

七月，太平军侍王李世贤在广东镇平被康王汪海洋刺死。

八月，左调各军分路入广东。十二月太平军康王汪海洋战死。二十一日（1866年2月6日），左亲屯嘉应州城东。二十二日，太平军偕王谭体元弃嘉应州。二十三日，太平军余部被镇压。二十四日，谭体元被执而死，南部太平军的战斗至此结束。

左被赏戴双眼花翎。

同治五年　丙寅（1866）　五十四岁

二月，从广东回到福州。三月，设正谊堂书局于福州。五月，上奏清廷要求试造轮船。七月，与日意格至福州罗星塔，选择马尾山下为造船厂厂址。九月，调任陕甘总督，奏请由沈葆桢出主船政。

九月十五日（10月23日），新捻军在河南许州（今许昌）分成两支：赖文光、任化邦转战中原，为东捻；张宗禹、张禹爵进军陕、甘为西捻。

十月，左从福州启程。十二月十八日（1867年1月23日），西捻军在西安附近十里坡击败清军。二十六日，左至武昌，调集各军。

同治六年　丁卯（1867）　五十五岁

正月，驻军汉口，清廷以为钦差大臣、督办陕甘军务。王柏心从监利来见，与之商定三路进兵之策。二月，发汉口。五月，确定"先捻后回，先秦后陇"的战略方针。六月十八日（7月19日），至潼关。八月，驻临潼。九月，至泾西召集各将领会议，图围歼西捻军于泾、洛两水之间。

西捻军突破包围，进入陕北。十一月二十二日（12月17日），从宜川壶口踏冰渡过黄河，至山西吉州。刘松山、郭宝昌两军尾追过河。

十二月十八日（1868年1月12日），左从临潼率五千人向东，二十八日，至潼关。

同治七年　戊辰（1868）　五十六岁

正月，抵山西介休，出井陉，自河北正定至保定。西捻军逼近京郊卢沟桥。二月，西捻军在冀中饶阳、深州地区往返游动作战，左督诸军自祁州（今河北安国）分道南下。

三月，西捻军由豫北北上，四月初，抵天津外围。

五月，左军在海丰、吴桥击败西捻军。

六月二十八日（8月16日），西捻军覆没。梁王张宗禹突围至徒骇河边，不知所终。左晋升太子太保衔。

八月，左至北京"入觐"。十月，至西安。十二月，刘松山部击破陕北反清武装，董福祥等投降。

同治八年　己巳（1869）　五十七岁

二月，清军进攻陇东回军，攻下董志原等城堡及庆阳府城。

五月，驻泾州。

八月，老湘军刘松山部进至磁窑，屯下桥，攻马化龙。

十一月，自泾州进驻平凉。

同治九年　庚午（1870）　五十八岁

正月，刘松山在金积堡战死，以刘锦棠统率"老湘军"。

二月，周夫人卒于家。

五月，"天津教案"发生，主张加强海防，防患未然。

九月，金积堡合围。

十月，阿古柏侵占新疆吐鲁番地区。闰十月，又侵占乌鲁木齐。

十一月，马化龙投降，清军攻占金积堡。

同治十年　辛未（1871）　五十九岁

正月，刘锦棠将马化龙及其家属部下一千八百余人处死。清廷加左一骑都尉世职。

二月，始命军队种树。

三月，沙俄入侵我国伊犁地区，五月十五日（7月2日），俄军侵占宁远城。

六月，檄各将进攻河州回军。七月，由平凉进驻静宁。写信给刘锦棠，表示对沙俄入侵要"急为之备"。八月，进驻安定。

十月，清军攻占甘南洮河以西三甲集。

同治十一年　壬申（1872）　六十岁

正月，河州回军首领马文禄投降。二月，徐占彪率蜀军进至肃州

（今酒泉）城外。六月，派刘锦棠、何作霖进军西宁。

七月，从安定入驻兰州。不久，刊发《学治要言》。

八月，刘锦棠至碾伯，西宁回军首领马桂源率回军撤出西宁城，推其兄马本源为元帅。十月，刘锦棠在小峡口击破回军，马桂源兄弟等走东川，逃入巴燕戎格。

年底，设"甘肃制造总局"于兰州。

同治十二年　癸酉（1873）　六十一岁

正月，刘锦棠击破向阳堡，杀马寿等。金顺军进至肃州城外。陈湜、沈玉遂等攻占巴燕戎格。二月，马桂源兄弟投降，被处死。左上书总理衙门，指出："欲杜俄人狡谋，必先定回部；欲收伊犁，必先克乌鲁木齐"。

七月，自兰州启程赴肃州"督师"。长子孝威卒于家。八月十二日（10月3日），至肃州。九月十五日（11月4日），马文禄投降。二十三日，杀毙降众数千人。晋协办大学士。十一月，在巡视嘉峪关后返回兰州省城。十二月，上疏说明各军出关准备。

同治十三年　甲戌（1874）　六十二岁

正月，刊发《种棉十要》和《棉书》。张曜一军抵玉门。三月，金顺、额尔庆额两军相继出关。

三月下旬，日本入侵我国台湾，在琅峤登陆。五月初，沈葆桢奉命径赴台湾，调兵设防。

七月，晋升东阁大学士，留督陕、甘。清廷以景廉为钦差大臣，督办新疆军务，金顺为帮办大臣。左贻书张曜，嘱其兴屯。八月，清廷命左为督办粮饷转运，袁宝恒副之。

九月，中日北京专约签订。总理衙门提出加强海防的六条应变措施，清廷命部分督抚、将军筹议，十一月，直隶总督李鸿章上奏，主张停撤塞防之师，将其饷"匀作海防之饷"。

十二月初五日（1875年1月12日），同治皇帝病死，载湉即位，改元光绪。

光绪元年　乙亥（1875）　六十三岁

二月初三日（3月10日），清廷密谕左宗棠，命其对塞防和海防问题"妥筹密奏"。三月初七日（4月12日），左上《复陈海防塞防及关外剿抚粮运情形摺》，力主出兵收复新疆。二十八日（5月3日），任钦差大臣，督办关外剿匪事宜。

五月，俄国总参谋部军官索斯洛夫斯基抵兰州，窥探军情。

六月二十八日（7月30日），上疏陈述出关的筹划情形。八月，奏以刘锦棠总理行营营务处，率老湘军从征。起刘典帮办陕、甘军务。

十月，清丈甘肃地亩。

光绪二年　丙子（1876）　六十四岁

正月二十八日（2月22日），老湘军自凉州（武威）进肃州。二月初八日（3月3日），刘典至兰州，与商留后事。二十一日（3月16日），率亲军自兰州西进。三月，借外商款三百万两以充军费。十三日（4月7日），抵肃州。是月，湘军分别出关。四月初三日（4月26日）刘锦棠督大军继发，左嘱以"缓进急战"。运储巴里坤存粮达六百余万斤，运至古城四百余万斤，运储安西、哈密达千万斤。五月，湘军前锋至巴里坤，闰五月，进古城，时金顺驻济木萨（距古城九十里），刘锦棠会见金顺，共商进兵之策。六月二十一日（8月10日），夜袭黄田。二十八日（8月17日），攻克古牧地，歼敌六千人。翌日，收复乌鲁木齐。

七月二十六日（9月13日），中英《烟台条约》签字。英使威妥玛诱中国从新疆撤兵。

八月，刘锦棠派罗长祜、谭拔萃率十一营助金顺攻玛纳斯。九月，收复玛纳斯南城。十月，左致书刘锦棠，决计于来年开春发动第二次攻势。金顺任伊犁将军，进军库尔喀喇乌苏。十一月，左建议将金顺部裁并为二十营。十二月，上奏折要求借洋款一千万两，以济军需。

威妥玛在伦敦与中国第一任驻英公使郭嵩焘会谈，无理要求中国停止进攻阿古柏。

光绪三年　丁丑（1877）　六十五岁

二月，金运昌率"卓胜军"出关，左通饬前线各军申明纪律，严禁杀并宽待降者。三月初一日（4月14日），刘锦棠率湘军从乌鲁木齐逾岭南攻达坂。张曜部嵩武军从哈密，徐占彪部署军从巴里坤同时西进，会攻吐鲁番。初六日（19日），攻克达坂城，全歼守敌四千人。初八日，蜀军、嵩武军破七克腾木，初九日，取辟展。十二日，湘军抵白杨河，刘锦棠派罗长祜、谭拔萃率六营趋吐鲁番会攻，左自率大队直捣托克逊。十三日，蜀军、嵩武军会合罗长祜部湘军克复吐鲁番。是月，左奏请将新疆设省。四月十七日（5月29日），阿古柏为部下所杀。六月，左将蜀军调回巴里坤、古城，派易开俊率"安远军"接防吐鲁番。

五月二十七日（7月7日），英国外交部照会郭嵩焘，再次玩弄缓兵之计。

八月初一日（9月7日），刘锦棠调各军西进。九月初一日（10月7日），抵喀喇沙尔。初三日，入库尔勒城，掘得窖粮。十二日，取库车城。十七日，阿克苏维吾尔族居民迎清军入城。十一月十三日（12月17日），清军克复喀什噶尔。伯克胡里和白彦虎窜至俄国境内。二十九日（1878年1月2日），董福祥收复和田。

是年，陕西与宁夏庆阳府大旱，左组织救灾。

光绪四年　戊寅（1878）　六十六岁

正月，再次奏请将新疆改设行省。七月，奏参查禁种罂粟不力人员。

二月，左被晋封二等侯。

九月，总理各国事务大臣、吏部左侍郎崇厚动身赴俄国交涉收回伊犁。

十月，上奏新疆善后方略，第三次请将新疆建为行省。

十二月，刘典卒于兰州。

是年，奏准在兰州创设机器制呢局。

光绪五年　己卯（1879）　六十七岁

正月，阿古柏残部爱克木汗等从俄境窜扰南疆，刘锦棠指挥各军击溃之。三月，左上奏清廷，就崇厚赴俄谈判事，提出具体意见。六月，在肃州开金矿。

七月，艾克木汗等再次犯境，进攻色勒库尔。八月，刘锦棠遣军击之，歼残匪二千余人，从此不复犯境。崇厚擅自在俄签署丧权辱国的《里瓦基亚条约》。

十月，复陈边务，痛陈"目前之患既然，异日之忧何极！"

十一月，部分织呢机器运抵兰州。

十二月，崇厚返京，被革职，交刑部治罪。

是年，倡办新疆蚕桑。

光绪六年　庚辰（1880）　六十八岁

正月，清廷命出使英、法大臣曾纪泽赴俄复议。二月，左上疏拟分兵三路规复伊犁：以金顺一军扼精河为东路；张曜一军出阿克苏，由冰岭之东沿特克斯河径趋伊犁为中路；刘锦棠一军取道乌什，由冰岭之西经布鲁特游牧地向伊犁为西路。

四月，四次奏请将新疆建省，请派督、抚筹备。十八日，启程出关，舆榇以行。五月初八日（6 月 15 日），抵哈密，饬各军戒备。调新至各营设防于巴里坤、古城、安西，在科布多和古城间增设台站。

六月二十九日（8 月 4 日），曾纪泽与俄国代表进行第一次谈判。七月初六日（8 月 11 日），清廷发出诏书，调左宗棠回京陛见，避免与俄国发生冲突。

八月十二日（9 月 16 日），甘肃织呢总局开工生产。

十月十二日（11 月 14 日），从哈密启行入关。十一月二十一日（12 月 22 日），行抵兰州。十二月初四日（1881 年 1 月 3 日），从兰州出发向东。

是年，用机器治泾河。

光绪七年　辛巳（1881）　六十九岁

正月二十六日（2 月 24 日），"伊犁条约"在彼得堡签字，伊犁地区西部被并入俄国，争回部分利益。左至北京，入值军机，任总理衙门大臣，管理兵部事务。

四月，调所部兴修直隶水利。五月，亲至涿州视察水利工程。六月，取道石景山还京。闰七月，永济桥堤工成。

九月，出任两江总督兼南洋通商大臣。十月，永济河下游河工成，出京南下，十一月，抵长沙。十二月初二日（1882 年 1 月 21 日），至湘阴故里。初八日，启程赴两江总督任。二十二日，至江宁。

光绪八年　壬午（1882）　七十岁

正月，出江宁阅兵。二月，巡视江北水利工程，二十五日（3 月 14 日），还江宁。四月，奏复淮盐引岸。出阅江南防军，出吴淞口，至上海。法军占领越南河内。二十七日（6月12日），溯江还江宁。

七月，五次奏请将新疆建省。

十一月，修筑范堤。请减徐州利国驿煤铁矿（民营）税。

光绪九年　癸未（1883）　七十一岁

正月，自江宁沿江而下，巡视水利工程。三月，疏请筹办海防，创立渔团。

四月十三日（5月19日）黑旗军在河内纸桥击败法军。

五月，范堤工成。六月，广筹军火，派王德榜自湖南永州解济边军，自请赴滇、粤督师。

七月，法海军攻越南首都顺化海口，法越签订第一次顺化条约，越南沦为法国的"保护国"。

九月，出阅渔团。至崇明，集各军申明纪律。十月，还江宁，目疾加剧。檄王德榜在永州募十营，组成"恪靖定边军"。

十一月，法军攻陷越南山西。

光绪十年　甲申（1884）　七十二岁

正月，目疾更重，扶病至清江，考察水利形势。又乘军舰阅靖江、通州、崇明渔团。王德榜军抵广西南宁。二月，还江宁，朱家山河工成。因病给假四个月。法军攻占北宁、太原。

四月，李鸿章与法国代表福禄诺在天津签订《简明条款》五条。五月二十日（6月13日），左奉命至北京，入值军机。

闰五月初一日（6月23日），法军进攻北黎观音桥，被击退。六月，法海军进攻台湾基隆，被击退。七月初三日（8月23日），法海军袭击马尾军港，毁福建水师舰艇多艘。

七月初六，清政府对法宣战。十八日，以左为钦差大臣、督办福建军务。二十六日，启程出京，八月二十六日（10月14日），抵江宁。

八月，法军夺据基隆炮台，九月初五日，孤拔宣布封锁台湾海峡。

九月三十日（11月17日），新疆正式设省，以刘锦棠为首任巡抚。

十月二十七日（12月14日），抵福州。加强防务，设沿海渔团，并调兵援台。十二月，巡视长门、金牌炮台，严申军纪，封塞海口。

光绪十一年　乙酉（1885）　七十三岁

正月，王诗正（王鑫之子）援台军抵台南。法军占据镇南关。

二月，前广西提督冯子才会同王德榜等大败法军于镇南关，进克谅山，前锋逼朗甲。法国茹费理内阁倒台。

四月二十七日（6月9日），李鸿章与法国公使巴德诺在天津签订《中法会订越南条约》十款，承认法国占领越南。

左奏请开铁矿，造大炮，以固防海。六月，奏请移福建巡抚驻台湾。

七月二十七日（9月5日），病逝于福州。

明年（光绪十二年）十一月十五日（1886年12月10日），葬于湖南善化（今长沙）八都杨梅河柏竹塘。

后 记

今年是晚清爱国将领左宗棠诞生二百周年。适逢中国人民大学出版社拟出版一套《中国近代思想家文库》，左宗棠的诗文选集是其中的一种。出版社盛情邀我编辑左宗棠卷，我也就欣然接受了。

三十多年前，我开始研究左宗棠，出了一些学术文章，并在上世纪八十年代中期撰写、出版了《左宗棠评传》。以后，还围绕左宗棠这位历史人物，应邀做了十多场学术讲座及电视专题片的拍摄。近来，虽忙于其他任务，仍始终关注左宗棠研究的动态和现状。特别是看到湖南同行们历时十三年编就了《左宗棠全集》，更感到振奋和欣慰。相信，这会对进一步深入研究左宗棠起到重要的推动作用。

不过，《左宗棠全集》篇幅宏富，达 770 万字之多，一般读者是很难把它读完的。如果有一部简明的选本问世，让读者在有限时间内得窥这位近代著名爱国将领思想的精髓，岂不是一件幸事！这也是编者从事此项工作的初衷。

这部文集在选文过程中，主要参考了刘晴波、刘泱泱二位先生主编的《左宗棠全集》，在此，我谨向他们表示深深的感谢。同时，在文集的编选过程中，我也得到了一些同志的热情帮助，张晓玮、刘进炎、贺轶洋等都为此付出了辛劳。他们或协助借阅资料，或帮助打印文稿、拍摄图片。另外，人民大学出版社编辑王琬莹同志积极、热情地与编者沟通，并审定文稿。在此，一并向他们表示衷心感谢。

编者

2012 年 7 月 26 日

中国近代思想家文库

康有为卷	张荣华	编
宋育仁卷	王东杰、陈阳	编
汪康年卷	汪林茂	编
宋恕卷	邱涛	编
夏曾佑卷	杨琥	编
谭嗣同卷	汤仁泽	编
吴稚晖卷	金以林、马思宇	编
孙中山卷	张磊、张苹	编
蔡元培卷	欧阳哲生	编
章太炎卷	姜义华	编
金天翮、吕碧城、秋瑾、何震卷	夏晓虹	编
杨毓麟、陈天华、邹容卷	严昌洪、何广	编
梁启超卷	汤志钧	编
杜亚泉卷	周月峰	编
张尔田、柳诒徵卷	孙文阁、张笑川	编
杨度卷	左玉河	编
王国维卷	彭林	编
黄炎培卷	余子侠	编
胡汉民卷	陈红民、方勇	编
陈撄宁卷	郭武	编
章士钊卷	郭双林	编
宋教仁卷	郭汉民、暴宏博	编
蒋百里、杨杰卷	皮明勇、侯昂妤	编
江亢虎卷	汪佩伟	编
马一浮卷	吴光	编
师复卷	唐仕春	编
刘师培卷	李帆	编
朱执信卷	谷小水	编
高一涵卷	郭双林、高波	编
熊十力卷	郭齐勇	编
任鸿隽卷	樊洪业、潘涛、王勇忠	编
张东荪卷	左玉河	编
丁文江卷	宋广波	编

贺麟卷　　　　　　　　　　高全喜　编
陈序经卷　　　　　　　　　　田彤　编
徐复观卷　　　　　　　　　干春松　编
巨赞卷　　　　　　　　　　黄夏年　编
唐君毅卷　　　　　　　　　　单波　编
牟宗三卷　　　　　　　　　王兴国　编
费孝通卷　　　　　　　　　吕文浩　编

图书在版编目（CIP）数据

左宗棠卷/杨东梁编. —北京：中国人民大学出版社，2012.10
（中国近代思想家文库）
ISBN 978-7-300-16536-3

Ⅰ.①中… Ⅱ.①杨… Ⅲ.①思想史-研究-中国-近代②左宗棠（1812—1885）-
思想评论 Ⅳ.①B250.5

中国版本图书馆 CIP 数据核字（2012）第 238823 号

中国近代思想家文库
左宗棠卷
杨东梁　编
Zuozongtang Juan

出版发行	中国人民大学出版社	
社　　址	北京中关村大街 31 号	**邮政编码**　100080
电　　话	010－62511242（总编室）	010－62511770（质管部）
	010－82501766（邮购部）	010－62514148（门市部）
	010－62515195（发行公司）	010－62515275（盗版举报）
网　　址	http://www.crup.com.cn	
经　　销	新华书店	
印　　刷	唐山玺诚印务有限公司	
开　　本	720 mm×1000 mm　1/16	**版　　次**　2012 年 11 月第 1 版
印　　张	48.75 插页 2	**印　　次**　2025 年 4 月第 3 次印刷
字　　数	786 000	**定　　价**　149.00 元